大学赤本シリーズ

280

上智大学

神学部・文学部・総合人間科学部

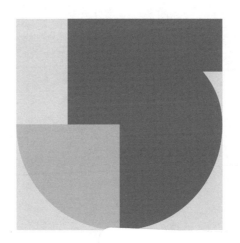

教学社

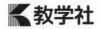

は　し　が　き

おかげさまで，大学入試の「赤本」は，今年で創刊70周年を迎えました。

これまで，入試問題や資料をご提供いただいた大学関係者各位，掲載許可をいただいた著作権者の皆様，各科目の解答や対策の執筆にあたられた先生方，そして，赤本を使用してくださったすべての読者の皆様に，厚く御礼を申し上げます。

以下に，創刊初期の「赤本」のはしがきを引用します。これからも引き続き，受験生の目標の達成や，夢の実現を応援してまいります。

本書を活用して，入試本番では持てる力を存分に発揮されることを心より願っています。

編者しるす

＊　＊　＊

学問の塔にあこがれのまなざしをもって，それぞれの志望する大学の門をたたかんとしている受験生諸君！　人間として生まれてきた私たちは，自己の欲するままに，美しく，強く，そして何よりも人間らしく生きることをねがっている。しかし，一朝一夕にして，この純粋なのぞみが達せられることはない。私たちの行く手には，絶えずさまざまな試練がまちかまえている。この試練を克服していくところに，私たちのねがう真に人間的な世界がはじめて開かれてくるのである。

人生最初の最大の試練として，諸君の眼前に大学入試がある。この大学入試は，精神的にも身体的にも，大きな苦痛を感ぜしめるであろう。あるスポーツに熟達するには，たゆみなき，はげしい練習を積み重ねることが必要であるように，私たちは，計画的・持続的な努力を払うことによって，この試練を克服し，次の一歩を踏みだすことができる。厳しい試練を経たのちに，はじめて満足すべき成果を獲得できるのである。

本書は最近の入学試験の問題に，それぞれ解答を付し，さらに問題をふかく分析することによって，その大学独特の傾向や対策をさぐろうとした。本書を一般の参考書とあわせて使用し，まとはずれのない，効果的な受験勉強をされるよう期待したい。

（昭和35年版「赤本」はしがきより）

挑む人の、いちばんの味方

赤本創刊70周年

1954年に大学入試の過去問題集を刊行してから70年。赤本は大学に入りたいと思う受験生を応援しつづけてきました。これからも，苦しいとき落ち込むときにそばで支える存在でいたいと思います。

そして，勉強をすること，自分で道を決めること，努力が実ること，これらの喜びを読者の皆さんが感じることができるよう，伴走をつづけます。

そもそも赤本とは…

受験生のための大学入試の過去問題集！

70年の歴史を誇る赤本は，500点を超える刊行点数で全都道府県の370大学以上を網羅しており，過去問の代名詞として受験生の必須アイテムとなっています。

…………… なぜ受験に過去問が必要なのか？ ……………

大学入試は大学によって問題形式や頻出分野が大きく異なるからです。

赤本の掲載内容

傾向と対策

これまでの出題内容から，問題の「**傾向**」を分析し，来年度の入試に向けて具体的な「**対策**」の方法を紹介しています。

問題編・解答編

- 年度ごとに問題とその解答を掲載しています。
- 「**問題編**」ではその年度の試験概要を確認したうえで，実際に出題された過去問に取り組むことができます。
- 「**解答編**」には高校・予備校の先生方による解答が載っています。

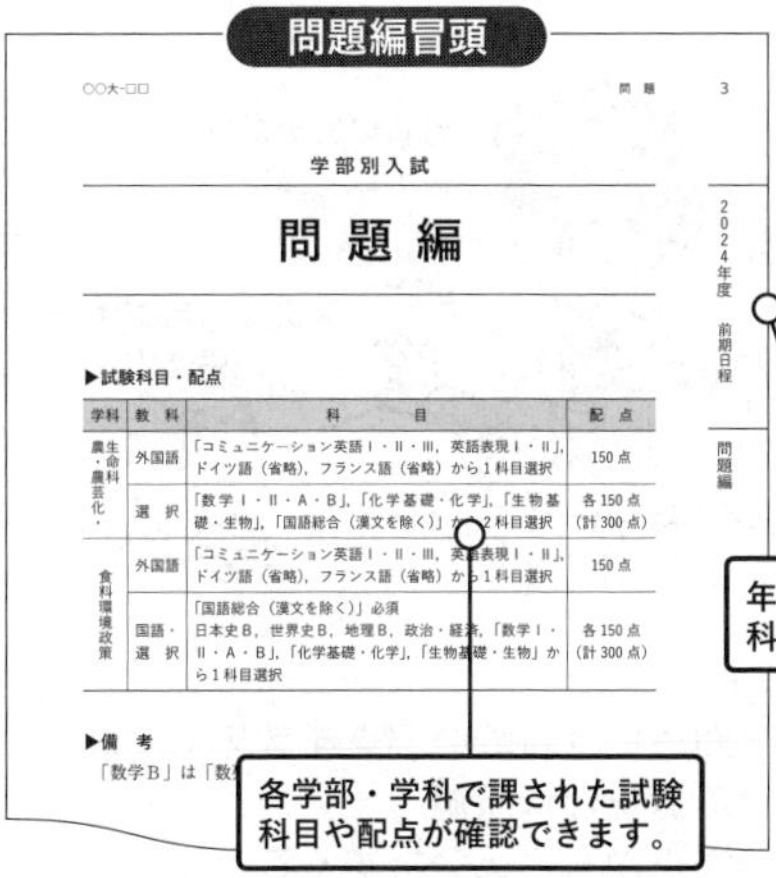

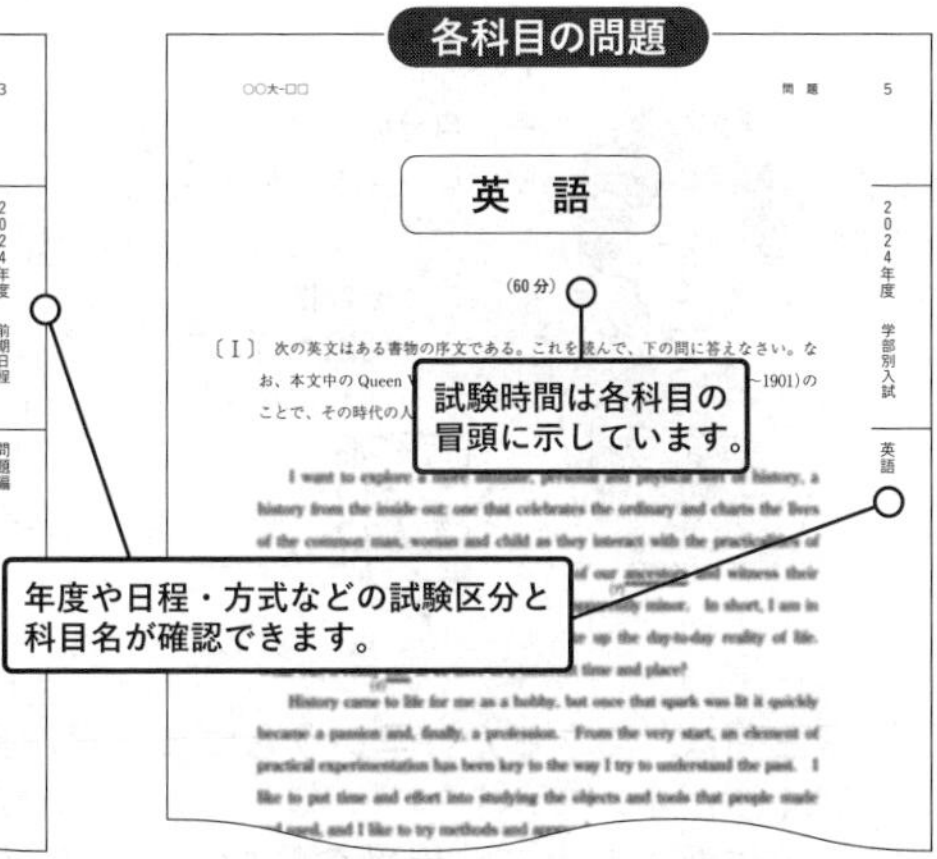

他にも，大学の基本情報や，先輩受験生の合格体験記，在学生からのメッセージなどが載っていることがあります。

掲載内容について

著作権上の理由やその他編集上の都合により問題や解答の一部を割愛している場合があります。

なお，指定校推薦入試，社会人入試，編入学試験，帰国生入試などの特別入試，英語以外の外国語科目，商業・工業科目は，原則として掲載しておりません。また試験科目は変更される場合がありますので，あらかじめご了承ください。

受験勉強は

過去問に始まり，

STEP 1

なにはともあれ

まずは解いてみる

しずかに…
今，自分の心と
向き合ってるんだから
ムーン
それは
問題を解いて
からだホン！

過去問は，**できるだけ早いうちに解く**のがオススメ！
実際に解くことで，**出題の傾向，問題のレベル，今の自分の実力**がつかめます。

STEP 2

じっくり具体的に

弱点を分析する

分析の結果だけど
英・数・国が苦手みたい
スリー
必須科目だホン
頑張るホン

間違いは自分の弱点を教えてくれる**貴重な情報源**。
弱点から自己分析することで，**今の自分に足りない力や苦手な分野**が見えてくるはず！

合格者があかす 赤本の使い方

傾向と対策を熟読
（Fさん／国立大合格）
大学の出題傾向を調べるために，赤本に載っている「傾向と対策」を熟読しました。

繰り返し解く
（Tさん／国立大合格）
1周目は問題のレベル確認，2周目は苦手や頻出分野の確認に，3周目は合格点を目指して，と過去問は繰り返し解くことが大切です。

過去問に終わる。

STEP 3

志望校にあわせて

苦手分野の重点対策

明日からはみんなで頑張るよ！
参考書も！ 問題集も！
よろしくね！
呼んだ？
なにを!?
どこから!?
グッ
グッ

参考書や問題集を活用して，苦手分野の**重点対策**をしていきます。**過去問を指針**に，合格へ向けた具体的な学習計画を立てましょう！

STEP 1▶2▶3

サイクルが大事!

実践を繰り返す

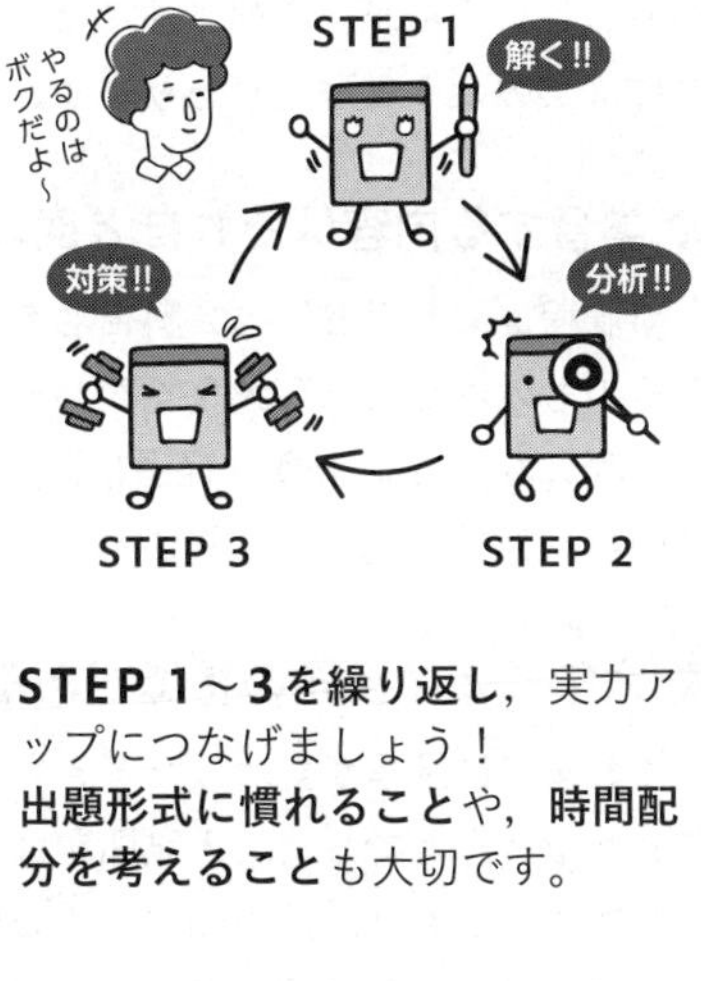
やるのはボクだよ～
STEP 1
解く!!
分析!!
対策!!
STEP 3
STEP 2

STEP 1～3を繰り返し，実力アップにつなげましょう！
出題形式に慣れることや，**時間配分を考えること**も大切です。

目標点を決める

(Yさん／私立大合格)

赤本によっては合格者最低点が載っているので，それを見て目標点を決めるのもよいです。

時間配分を確認

(Kさん／私立大学合格)

赤本は時間配分や解く順番を決めるために使いました。

添削してもらう

(Sさん／私立大学合格)

記述式の問題は先生に添削してもらうことで自分の弱点に気づけると思います。

新課程入試 Q&A

2022年度から新しい学習指導要領（新課程）での授業が始まり，2025年度の入試は，新課程に基づいて行われる最初の入試となります。ここでは，赤本での新課程入試の対策について，よくある疑問にお答えします。

Q1. 赤本は新課程入試の対策に使えますか？

A. もちろん使えます！

旧課程入試の過去問が新課程入試の対策に役に立つのか疑問に思う人もいるかもしれませんが，心配することはありません。旧課程入試の過去問が役立つのには次のような理由があります。

● 学習する内容はそれほど変わらない

新課程は旧課程と比べて科目名を中心とした変更はありますが，学習する内容そのものはそれほど大きく変わっていません。また，多くの大学で，既卒生が不利にならないよう「経過措置」がとられます（Q３参照）。したがって，出題内容が大きく変更されることは少ないとみられます。

● 大学ごとに出題の特徴がある

これまでに課程が変わったときも，各大学の出題の特徴は大きく変わらないことがほとんどでした。入試問題は各大学のアドミッション・ポリシーに沿って出題されており，過去問にはその特徴がよく表れています。過去問を研究してその大学に特有の傾向をつかめば，最適な対策をとることができます。

出題の特徴の例	・英作文問題の出題の有無 ・論述問題の出題（字数制限の有無や長さ） ・計算過程の記述の有無

新課程入試の対策も，赤本で過去問に取り組むところから始めましょう。

Q2. 赤本を使う上での注意点はありますか？

A. 志望大学の入試科目を確認しましょう。

過去問を解く前に，過去の出題科目（問題編冒頭の表）と 2025 年度の募集要項とを比べて，課される内容に変更がないかを確認しましょう。ポイントは以下のとおりです。科目名が変わっていても，実際は旧課程の内容とほとんど同様のものもあります。

英語・国語	科目名は変更されているが，実質的には変更なし。 ▶▶ **ただし，リスニングや古文・漢文の有無は要確認。**
地歴	科目名が変更され，「歴史総合」「地理総合」が新設。 ▶▶ **新設科目の有無に注意。ただし，「経過措置」(Q3参照) により内容は大きく変わらないことも多い。**
公民	「現代社会」が廃止され，「公共」が新設。 ▶▶ **「公共」は実質的には「現代社会」と大きく変わらない。**
数学	科目が再編され，「数学 C」が新設。 ▶▶ **「数学」全体としての内容は大きく変わらないが，出題科目と単元の変更に注意。**
理科	科目名も学習内容も大きな変更なし。

数学については，科目名だけでなく，どの単元が含まれているかも確認が必要です。例えば，出題科目が次のように変わったとします。

旧課程	「数学Ⅰ・数学Ⅱ・数学 A・数学 B（数列・ベクトル）」
新課程	「数学Ⅰ・数学Ⅱ・数学 A・**数学 B（数列）・数学 C（ベクトル）**」

この場合，新課程では「数学C」が増えていますが，単元は「ベクトル」のみのため，実質的には旧課程とほぼ同じであり，過去問をそのまま役立てることができます。

Q3. 「経過措置」とは何ですか？

A. 既卒の旧課程履修者への対応です。

多くの大学では，既卒の旧課程履修者が不利にならないように，出題において「経過措置」が実施されます。措置の有無や内容は大学によって異なるので，募集要項や大学のウェブサイトなどで確認しておきましょう。

○旧課程履修者への経過措置の例

- 旧課程履修者にも配慮した出題を行う。
- 新・旧課程の共通の範囲から出題する。
- 新課程と旧課程の共通の内容を出題し，共通範囲のみでの出題が困難な場合は，旧課程の範囲からの問題を用意し，選択解答とする。

例えば，地歴の出題科目が次のように変わったとします。

旧課程	「日本史 B」「世界史 B」から１科目選択
新課程	「**歴史総合**，日本史探究」「**歴史総合**，世界史探究」から１科目選択※ ※旧課程履修者に不利益が生じることのないように配慮する。

「歴史総合」は新課程で新設された科目で，旧課程履修者には見慣れないものですが，上記のような経過措置がとられた場合，新課程入試でも旧課程と同様の学習内容で受験することができます。

要チェックだホン

新課程の情報は WEB もチェック！
より詳しい解説が赤本ウェブサイトで見られます。
https://akahon.net/shinkatei/

科目名が変更される教科・科目

	旧課程	新課程
国語	国語総合 国語表現 現代文A 現代文B 古典A 古典B	現代の国語 言語文化 論理国語 文学国語 国語表現 古典探究
地歴	日本史A 日本史B 世界史A 世界史B 地理A 地理B	歴史総合 日本史探究 世界史探究 地理総合 地理探究
公民	現代社会 倫理 政治・経済	公共 倫理 政治・経済
数学	数学Ⅰ 数学Ⅱ 数学Ⅲ 数学A 数学B 数学活用	数学Ⅰ 数学Ⅱ 数学Ⅲ 数学A 数学B 数学C
外国語	コミュニケーション英語基礎 コミュニケーション英語Ⅰ コミュニケーション英語Ⅱ コミュニケーション英語Ⅲ 英語表現Ⅰ 英語表現Ⅱ 英語会話	英語コミュニケーションⅠ 英語コミュニケーションⅡ 英語コミュニケーションⅢ 論理・表現Ⅰ 論理・表現Ⅱ 論理・表現Ⅲ
情報	社会と情報 情報の科学	情報Ⅰ 情報Ⅱ

目　次

UNIVERSITY GUIDE

大学情報

基本情報

沿革

1913（大正 2）	専門学校令による上智大学の開校。哲学科，独逸文学科，商科を置く
1928（昭和 3）	大学令による大学として新発足
1948（昭和 23）	新制大学として発足。文学部，経済学部を設置
1957（昭和 32）	法学部を設置
1958（昭和 33）	神学部，外国語学部を設置
1962（昭和 37）	理工学部を設置
1973（昭和 48）	上智短期大学開設
1987（昭和 62）	比較文化学部を設置
2005（平成 17）	文学部（教育学科，心理学科，社会学科，社会福祉学科）を総合人間科学部に改組
2006（平成 18）	比較文化学部を国際教養学部に改組
2013（平成 25）	創立 100 周年
2014（平成 26）	総合グローバル学部を設置

エンブレム

エンブレムの鷲は「真理の光」を目指して力強く羽ばたく鷲をかたどったもので，その姿は上智大学の本質と理想とを表している。中央にしるされた文字は，本学の標語「真理の光」，ラテン語で Lux Veritatis の頭文字である。

「真理の光」を目指して力強く羽ばたく鷲のシンボルに，学生が優れた知恵を身につけて，よりよい未来を拓いてほしいという上智大学の願いが込められています。

学部・学科の構成

大　学

●神学部

神学科

●文学部

哲学科，史学科，国文学科，英文学科，ドイツ文学科，フランス文学科
新聞学科

●総合人間科学部

教育学科，心理学科，社会学科，社会福祉学科，看護学科

●法学部

法律学科，国際関係法学科，地球環境法学科

●経済学部

経済学科，経営学科

●外国語学部

英語学科，ドイツ語学科，フランス語学科，イスパニア語学科，ロシア語学科，ポルトガル語学科

●総合グローバル学部

総合グローバル学科

●国際教養学部

国際教養学科

●理工学部

物質生命理工学科，機能創造理工学科，情報理工学科

大学院

神学研究科 / 文学研究科 / 実践宗教学研究科 / 総合人間科学研究科 / 法学研究科・法科大学院 / 経済学研究科 / 言語科学研究科 / グローバル・スタディーズ研究科 / 理工学研究科 / 地球環境学研究科 / 応用データサイエンス学位プログラム

大学所在地

目白聖母キャンパス

四谷キャンパス

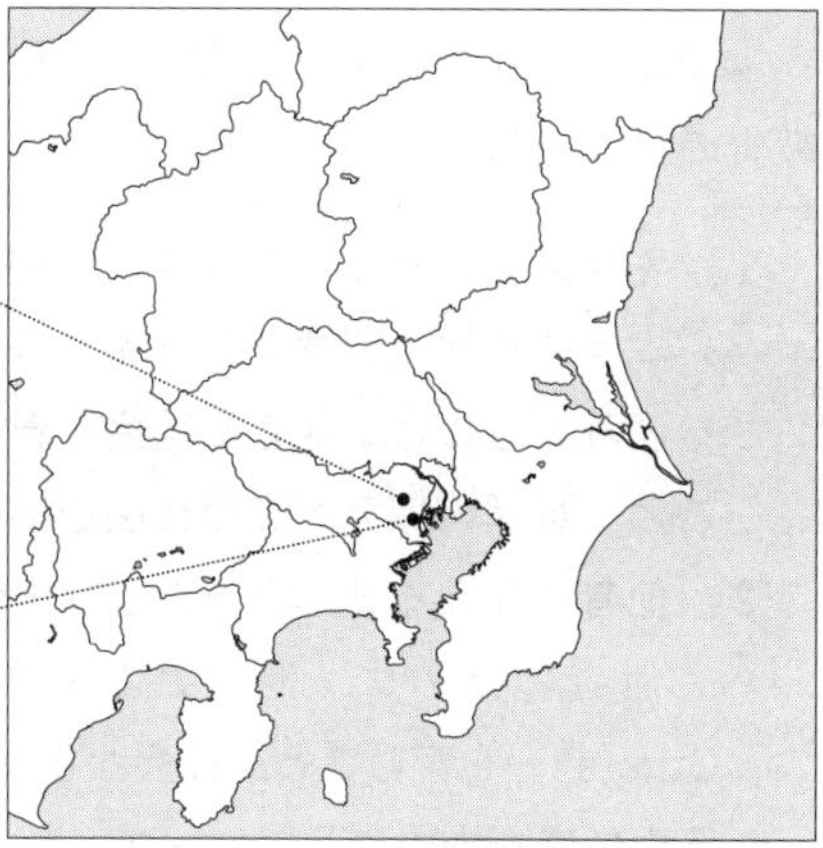

四谷キャンパス　〒102-8554　東京都千代田区紀尾井町 7 - 1

目白聖母キャンパス　〒161-8550　東京都新宿区下落合 4-16-11

アドミッション・ポリシー

大学より公表されているアドミッション・ポリシー（入学者受け入れの方針）を以下に示します。学部・学科ごとのアドミッション・ポリシーは大学ウェブサイト等を参照してください。

大学全体のアドミッション・ポリシー

本学は，カトリシズムの精神を基盤に，次の４つを柱とする人材養成を教育の目標としており，それらを高めたいと望む学生を受け入れます。

1．キリスト教ヒューマニズム精神の涵養

本学の建学の理念であるキリスト教ヒューマニズムに触れてこれを理解すること，他者や社会に奉仕する中で自己の人格を陶冶すること，真理の探究と真の自由を得るために自らを高めること。

2．他者に仕えるリーダーシップの涵養

他者のために，他者とともに生きる精神—“For Others, With Others”—を育むこと，社会から受ける恩恵を自覚し，それにともなう責任感を抱くこと，リーダーシップに必要な基礎能力を培うこと。

3．グローバル・コンピテンシーの養成

グローバル・イシューへの関心を抱くこと，複数の言語でコミュニケーションできること，さまざまな文化の違いを理解し，その違いを肯定的に受け止め，それらのかけ橋となれること。

4．幅広い教養と専門分野の知識・能力の修得

幅広い教養やコミュニケーション能力など社会人としての基礎能力，専攻する学問分野における専門的知識・能力を修得すること。

上記を学力の３要素に対比させると，１・２に関連して，「主体性・対話性・協働性」を高めていこうとする人，３に関連して，「思考力・判断力・表現力」を深めていこうとする人，４に関連して，「知識・教養・技能」の獲得を目指そうとする人を本学は求めています。

各方式におけるアドミッション・ポリシー

一般選抜の各方式で求める学生像は下記のとおり。

TEAP スコア利用方式

基礎的な学力（知識・技能）に加えて，高度な文章理解力，論理的思考力，表現力，実践的な英語力（４技能）を備えた入学者を受け入れることを目的としています。

学部学科試験・共通テスト併用方式

基礎的な学力（知識・技能）に加えて，高度な文章理解力，論理的思考力，表現力，各学問分野への意欲・適性を備えた入学者を受け入れることを目的としています。

共通テスト利用方式（３教科型・４教科型）

本学独自試験を行わないことで全国の志願者に受験機会を提供するとともに，他方式では設定されていない科目選択を可能にし，多様な入学者を受け入れることを目的としています。

一般選抜の各方式で特に重視する学力の要素は下記のとおり。

区　分	知識・教養・技能	思考力・判断力・表現力	主体性・対話性・協働性
TEAP スコア利用方式	○	◎	○ （面接該当学科）
学部学科試験・共通テスト併用方式	○	◎	○ （面接該当学科）
共通テスト利用方式（３教科型・４教科型）	◎	○	○ （面接該当学科）

入試データ

入試状況（志願者数・競争率など）

○競争率は第1次受験者数÷最終合格者数で算出。
○個別学力試験を課さない大学入学共通テスト利用選抜は1カ年のみ掲載。

2024年度 入試状況

●一般選抜 TEAPスコア利用方式

（ ）内は女子内数

学部・学科		募集人員	志願者数	第1次受験者数	最終合格者数	競争率
神	神	8	20(18)	20(18)	8(8)	2.5
文	哲	14	99(62)	97(61)	34(27)	2.9
	史	23	139(93)	139(93)	62(42)	2.2
	国文	10	80(66)	80(66)	38(30)	2.1
	英文	24	220(173)	218(173)	89(73)	2.4
	ドイツ文	13	126(95)	123(94)	45(37)	2.7
	フランス文	15	109(83)	108(83)	25(22)	4.3
	新聞	20	171(142)	169(140)	37(29)	4.6
総合人間科	教育	18	117(90)	117(90)	37(27)	3.2
	心理	15	105(83)	105(83)	16(15)	6.6
	社会	17	140(103)	137(102)	39(31)	3.5
	社会福祉	15	87(74)	86(74)	27(25)	3.2
	看護	15	41(39)	40(38)	15(15)	2.7
法	法律	44	230(149)	227(148)	83(58)	2.7
	国際関係法	29	260(175)	257(172)	93(64)	2.8
	地球環境法	18	131(88)	131(88)	48(32)	2.7
経済	経済（文系）	30	137(60)	133(57)	60(29)	2.2
	経済（理系）	10	99(30)	94(29)	25(10)	3.8
	経営	25	319(191)	316(188)	50(32)	6.3
外国語	英語	45	405(278)	403(277)	132(90)	3.1
	ドイツ語	15	146(100)	144(99)	44(31)	3.3
	フランス語	18	197(145)	197(145)	63(46)	3.1
	イスパニア語	18	194(120)	193(119)	85(55)	2.3
	ロシア語	14	220(133)	218(133)	87(54)	2.5
	ポルトガル語	14	209(137)	206(135)	87(64)	2.4
総合グローバル		65	562(393)	561(392)	112(80)	5.0

（表つづく）

学部・学科		募集人員	志願者数	第1次受験者数	最終合格者数	競争率
理工	物質生命理工	22	147(78)	145(77)	70(40)	2.1
	機能創造理工	22	135(34)	134(34)	61(16)	2.2
	情報理工	20	121(45)	118(43)	49(15)	2.4
合計		616	4,966(3,277)	4,916(3,251)	1,621(1,097)	—

（備考）最終合格者数には補欠入学許可者数を含む。

●一般選抜　学部学科試験・共通テスト併用方式

（　）内は女子内数

学部・学科		募集人員	志願者数	第1次受験者数	最終合格者数	競争率
神	神	12	38(25)	35(23)	14(10)	2.5
文	哲	19	140(77)	128(72)	54(36)	2.4
	史	23	298(139)	279(125)	121(52)	2.3
	国文	30	313(224)	294(209)	105(84)	2.8
	英文	37	386(254)	370(245)	181(118)	2.0
	ドイツ文	18	209(138)	204(135)	63(39)	3.2
	フランス文	20	160(119)	157(117)	40(30)	3.9
	新聞	40	228(163)	222(158)	71(51)	3.1
総合人間科	教育	23	227(158)	219(154)	70(50)	3.1
	心理	20	205(154)	192(145)	27(23)	7.1
	社会	25	374(252)	357(242)	93(61)	3.8
	社会福祉	20	118(83)	109(77)	45(33)	2.4
	看護	21	216(210)	207(201)	55(54)	3.8
法	法律	64	507(279)	484(267)	208(125)	2.3
	国際関係法	44	444(257)	424(243)	216(130)	2.0
	地球環境法	29	276(154)	265(145)	123(70)	2.2
経済	経済	85	1,108(334)	1,053(312)	402(120)	2.6
	経営	85	1,693(689)	1,624(661)	372(170)	4.4
外国語	英語	50	607(373)	580(356)	195(128)	3.0
	ドイツ語	21	258(166)	249(160)	99(66)	2.5
	フランス語	23	426(278)	413(273)	137(95)	3.0
	イスパニア語	28	368(232)	357(226)	191(123)	1.9
	ロシア語	20	337(187)	323(177)	156(88)	2.1
	ポルトガル語	20	275(171)	268(165)	146(90)	1.8
総合グローバル		70	745(507)	690(470)	279(180)	2.5
理工	物質生命理工	45	893(380)	818(344)	350(140)	2.3
	機能創造理工	44	754(143)	692(128)	275(51)	2.5
	情報理工	45	789(177)	721(159)	218(41)	3.3
合計		981	12,392(6,323)	11,734(5,989)	4,306(2,258)	—

（備考）最終合格者数には補欠入学許可者数を含む。

●一般選抜　共通テスト利用方式（3 教科型）

（　）内は女子内数

学部・学科		募集人員	志願者数	第 1 次受験者数	最終合格者数	競争率
神	神	2	87(　54)	87(　54)	7(　6)	12.4
文	哲	2	265(　135)	265(　135)	36(26)	7.4
	史	2	203(　107)	203(　107)	37(20)	5.5
	国文	2	341(　220)	341(　220)	40(27)	8.5
	英文	3	155(　104)	155(　104)	55(43)	2.8
	ドイツ文	2	99(　75)	99(　75)	24(19)	4.1
	フランス文	2	123(　101)	123(　101)	26(24)	4.7
	新聞	2	268(　195)	268(　195)	34(27)	7.9
総合人間科	教育	3	198(　128)	198(　128)	33(25)	6.0
	心理	2	62(　43)	62(　43)	6(　6)	10.3
	社会	2	108(　74)	108(　74)	13(　8)	8.3
	社会福祉	3	74(　56)	74(　56)	11(11)	6.7
	看護	2	65(　63)	65(　63)	16(16)	4.1
法	法律	2	352(　192)	352(　192)	67(38)	5.3
	国際関係法	2	677(　352)	677(　352)	86(52)	7.9
	地球環境法	2	135(　74)	135(　74)	19(10)	7.1
経済	経済	2	302(　109)	302(　109)	34(15)	8.9
	経営	5	572(　259)	572(　259)	70(34)	8.2
外国語	英語	2	302(　173)	302(　173)	37(26)	8.2
	ドイツ語	2	173(　107)	173(　107)	21(12)	8.2
	フランス語	3	130(　94)	130(　94)	25(16)	5.2
	イスパニア語	2	245(　133)	245(　133)	46(28)	5.3
	ロシア語	2	318(　164)	318(　164)	71(41)	4.5
	ポルトガル語	2	433(　251)	433(　251)	50(32)	8.7
総合グローバル		3	493(　336)	493(　336)	63(45)	7.8
理工	物質生命理工	3	388(　187)	388(　187)	110(47)	3.5
	機能創造理工	2	303(　81)	303(　81)	88(18)	3.4
	情報理工	3	419(　109)	419(　109)	81(22)	5.2
合計		66	7,290(3,976)	7,290(3,976)	1,206(694)	—

（備考）最終合格者数には補欠入学許可者数を含む。

●一般選抜　共通テスト利用方式（4 教科型）

（　）内は女子内数

学部・学科		募集人員	志願者数	第1次受験者数	最終合格者数	競争率
神	神	2	22(12)	22(12)	2(2)	11.0
文	哲	3	128(58)	128(58)	32(17)	4.0
	史	2	123(59)	123(59)	39(22)	3.2
	国文	3	85(51)	85(51)	26(11)	3.3
	英文	3	69(45)	69(45)	26(18)	2.7
	ドイツ文	2	107(55)	107(55)	32(16)	3.3
	フランス文	2	34(24)	34(24)	9(6)	3.8
	新聞	3	118(86)	118(86)	29(23)	4.1
総合人間科	教育	3	116(70)	116(70)	27(19)	4.3
	心理	3	70(52)	70(52)	10(9)	7.0
	社会	3	140(90)	140(90)	41(28)	3.4
	社会福祉	2	102(70)	102(70)	19(14)	5.4
	看護	2	78(74)	78(74)	9(9)	8.7
法	法律	5	369(183)	369(183)	100(48)	3.7
	国際関係法	3	263(147)	263(147)	57(31)	4.6
	地球環境法	3	73(41)	73(41)	15(8)	4.9
経済	経済	4	596(178)	596(178)	88(30)	6.8
	経営	15	636(245)	636(245)	122(58)	5.2
外国語	英語	3	193(109)	193(109)	32(21)	6.0
	ドイツ語	2	87(43)	87(43)	20(11)	4.4
	フランス語	2	49(33)	49(33)	18(13)	2.7
	イスパニア語	2	60(34)	60(34)	17(13)	3.5
	ロシア語	2	92(40)	92(40)	31(14)	3.0
	ポルトガル語	2	151(76)	151(76)	24(13)	6.3
総合グローバル		2	355(204)	355(204)	48(32)	7.4
理工	物質生命理工	3	283(148)	283(148)	75(33)	3.8
	機能創造理工	3	301(75)	301(75)	100(18)	3.0
	情報理工	3	221(63)	221(63)	62(13)	3.6
合計		87	4,921(2,365)	4,921(2,365)	1,110(550)	—

（備考）最終合格者数には補欠入学許可者数を含む。

●一般選抜第 2 次試験合格状況

学部・学科		TEAP スコア利用方式			学部学科試験・共通テスト併用方式			共通テスト利用方式					
								3 教科型			4 教科型		
		第1次合格者数	第2次受験者数	最終合格者数	第1次合格者数	第2次受験者数	最終合格者数	第1次合格者数	第2次受験者数	最終合格者数	第1次合格者数	第2次受験者数	最終合格者数
神	神	16	11	8	26	26	14	27	13	7	14	5	2
総合人間科	心理	49	44	16	72	67	27	10	7	6	23	15	10
	看護	24	24	15	128	118	55	24	18	16	9	9	9

（備考）最終合格者数には補欠入学許可者数を含む。

2023 年度 入試状況

●一般選抜　TEAP スコア利用方式

（　）内は女子内数

学部・学科		募集人員	志願者数	第 1 次受験者数	最終合格者数	競争率
神	神	8	26(12)	26(12)	9(6)	2.9
文	哲	14	124(70)	121(68)	42(19)	2.9
	史	23	135(84)	133(83)	55(36)	2.4
	国文	10	90(64)	88(62)	24(14)	3.7
	英文	24	229(160)	227(159)	90(60)	2.5
	ドイツ文	13	139(105)	138(104)	47(35)	2.9
	フランス文	15	91(74)	91(74)	25(20)	3.6
	新聞	20	142(97)	139(94)	55(35)	2.5
総合人間科	教育	18	123(91)	121(89)	42(34)	2.9
	心理	15	101(71)	100(70)	22(17)	4.5
	社会	17	161(108)	159(106)	25(19)	6.4
	社会福祉	15	112(88)	111(88)	22(19)	5.0
	看護	15	40(39)	39(38)	21(21)	1.9
法	法律	44	269(159)	266(158)	94(65)	2.8
	国際関係法	29	255(179)	251(177)	100(75)	2.5
	地球環境法	18	113(70)	113(70)	37(26)	3.1
経済	経済(文系)	30	182(73)	179(71)	64(27)	2.8
	経済(理系)	10	88(29)	88(29)	27(9)	3.3
	経営	25	367(205)	363(204)	109(61)	3.3
外国語	英語	45	380(260)	378(259)	147(105)	2.6
	ドイツ語	15	129(91)	127(90)	58(37)	2.2
	フランス語	18	189(135)	188(134)	76(49)	2.5
	イスパニア語	18	174(117)	173(116)	66(42)	2.6
	ロシア語	14	180(103)	180(103)	106(63)	1.7
	ポルトガル語	14	142(80)	142(80)	77(43)	1.8
総合グローバル		65	555(392)	550(389)	192(150)	2.9
理工	物質生命理工	22	114(49)	111(49)	62(26)	1.8
	機能創造理工	22	141(37)	134(36)	77(19)	1.7
	情報理工	20	124(39)	122(39)	50(14)	2.4
合計		616	4,915(3,081)	4,858(3,051)	1,821(1,146)	—

（備考）最終合格者数には補欠入学許可者数を含む。

●一般選抜　学部学科試験・共通テスト併用方式

（　）内は女子内数

学部	学科	募集人員	志願者数	第1次受験者数	最終合格者数	競争率
神	神	12	30(15)	28(15)	12(7)	2.3
文	哲	19	145(65)	135(61)	49(21)	2.8
	史	23	274(143)	266(136)	98(33)	2.7
	国文	30	396(271)	380(260)	113(84)	3.4
	英文	37	364(236)	354(232)	168(109)	2.1
	ドイツ文	18	129(79)	121(74)	65(42)	1.9
	フランス文	20	119(92)	118(92)	40(33)	3.0
	新聞	40	193(130)	182(120)	84(52)	2.2
総合人間科	教育	23	268(179)	255(169)	68(47)	3.8
	心理	20	186(124)	171(115)	29(21)	5.9
	社会	25	363(228)	343(214)	91(61)	3.8
	社会福祉	20	109(83)	104(79)	40(28)	2.6
	看護	21	166(163)	157(155)	100(100)	1.6
法	法律	64	651(325)	633(321)	215(113)	2.9
	国際関係法	44	534(307)	519(300)	214(132)	2.4
	地球環境法	29	198(102)	195(101)	73(43)	2.7
経済	経済	85	1,058(329)	1,018(314)	454(136)	2.2
	経営	85	1,642(701)	1,573(670)	443(195)	3.6
外国語	英語	50	490(315)	468(305)	217(147)	2.2
	ドイツ語	21	171(106)	164(101)	94(60)	1.7
	フランス語	23	262(184)	256(179)	137(106)	1.9
	イスパニア語	28	276(167)	266(162)	156(94)	1.7
	ロシア語	20	226(122)	220(118)	158(90)	1.4
	ポルトガル語	20	200(112)	193(109)	129(71)	1.5
総合グローバル		70	778(522)	744(498)	355(232)	2.1
理工	物質生命理工	45	788(321)	746(301)	292(110)	2.6
	機能創造理工	44	838(176)	792(168)	279(53)	2.8
	情報理工	45	947(228)	892(214)	250(46)	3.6
合計		981	11,801(5,825)	11,293(5,583)	4,423(2,266)	—

（備考）最終合格者数には補欠入学許可者数を含む。

●一般選抜第 2 次試験合格状況

学部・学科		TEAP スコア利用方式			学部学科試験・共通テスト併用方式			共通テスト利用方式					
								3 教科型			4 教科型		
		第1次合格者数	第2次受験者数	最終合格者数	第1次合格者数	第2次受験者数	最終合格者数	第1次合格者数	第2次受験者数	最終合格者数	第1次合格者数	第2次受験者数	最終合格者数
神	神	17	15	9	20	18	12	13	12	5	7	5	3
総合人間科	心理	54	53	22	81	79	29	6	6	5	22	19	13
	看護	22	22	21	117	116	100	4	3	2	22	20	20

（備考）最終合格者数には補欠入学許可者数を含む。

2022 年度　入試状況

●一般選抜（TEAP スコア利用型）

（　）内は女子内数

学部・学科		募集人員	志願者数	第 1 次受験者数	最終合格者数	競争率
神	神	8	30(18)	30(18)	9(5)	3.3
文	哲	14	133(73)	130(72)	40(22)	3.3
	史	20	147(88)	147(88)	50(31)	2.9
	国文	10	78(64)	78(64)	41(33)	1.9
	英文	27	276(191)	273(189)	82(62)	3.3
	ドイツ文	13	116(78)	115(78)	41(26)	2.8
	フランス文	16	118(85)	117(84)	26(17)	4.5
	新聞	20	151(114)	149(112)	29(19)	5.1
総合人間科	教育	18	161(116)	159(114)	43(25)	3.7
	心理	16	112(77)	108(75)	16(13)	6.8
	社会	17	212(168)	208(164)	32(25)	6.5
	社会福祉	16	97(79)	97(79)	28(20)	3.5
	看護	16	46(44)	45(43)	18(17)	2.5
法	法律	45	269(168)	266(167)	80(54)	3.3
	国際関係法	30	233(165)	233(165)	79(58)	2.9
	地球環境法	19	126(80)	125(79)	42(29)	3.0
経済	経済（文系）	30	123(47)	122(47)	71(25)	1.7
	経済（理系）	10	85(24)	85(24)	31(10)	2.7
	経営	25	337(182)	336(182)	78(44)	4.3
外国語	英語	45	343(229)	340(228)	124(87)	2.7
	ドイツ語	16	147(93)	146(93)	44(27)	3.3
	フランス語	18	209(147)	207(146)	76(59)	2.7
	イスパニア語	18	236(153)	235(153)	71(41)	3.3
	ロシア語	15	199(122)	198(121)	81(50)	2.4
	ポルトガル語	15	201(119)	199(119)	61(31)	3.3
総合グローバル		65	660(466)	656(465)	160(119)	4.1
理工	物質生命理工	20	87(32)	86(31)	58(23)	1.5
	機能創造理工	20	85(24)	83(22)	58(16)	1.4
	情報理工	20	106(35)	103(33)	51(13)	2.0
合計		622	5,123(3,281)	5,076(3,255)	1,620(1,001)	―

（備考）最終合格者数には補欠入学許可者数を含む。

●一般選抜（学部学科試験・共通テスト併用型）

（　）内は女子内数

学部・学科		募集人員	志願者数	第1次受験者数	最終合格者数	競争率
神	神	12	55(　39)	54(　38)	12(　9)	4.5
文	哲	19	142(　68)	133(　60)	55(　26)	2.4
	史	27	386(　158)	374(　151)	116(　35)	3.2
	国文	32	431(　292)	423(　286)	142(　97)	3.0
	英文	37	418(　254)	400(　243)	158(　84)	2.5
	ドイツ文	18	142(　83)	138(　81)	54(　35)	2.6
	フランス文	20	154(　112)	146(　107)	63(　50)	2.3
	新聞	50	265(　178)	258(　172)	50(　32)	5.2
総合人間科	教育	26	390(　245)	381(　238)	71(　50)	5.4
	心理	21	211(　129)	197(　121)	21(　19)	9.4
	社会	25	531(　328)	514(　318)	91(　59)	5.6
	社会福祉	21	126(　90)	116(　83)	53(　42)	2.2
	看護	21	148(　138)	139(　131)	84(　80)	1.7
法	法律	65	679(　339)	648(　325)	235(　124)	2.8
	国際関係法	45	517(　282)	498(　270)	179(　98)	2.8
	地球環境法	30	307(　153)	298(　147)	91(　55)	3.3
経済	経済	85	984(　307)	925(　287)	339(　108)	2.7
	経営	85	1,791(　730)	1,725(　701)	457(　199)	3.8
外国語	英語	50	546(　349)	515(　327)	188(　125)	2.7
	ドイツ語	21	230(　140)	222(　134)	92(　55)	2.4
	フランス語	25	270(　194)	257(　185)	136(　101)	1.9
	イスパニア語	29	333(　199)	328(　197)	172(　103)	1.9
	ロシア語	20	272(　148)	264(　142)	165(　92)	1.6
	ポルトガル語	20	275(　150)	266(　144)	138(　75)	1.9
総合グローバル		70	980(　652)	939(　630)	334(　214)	2.8
理工	物質生命理工	40	697(　253)	660(　241)	340(　132)	1.9
	機能創造理工	40	723(　110)	680(　103)	275(　40)	2.5
	情報理工	40	915(　240)	853(　226)	297(　55)	2.9
合計		994	12,918(6,360)	12,351(6,088)	4,408(2,194)	―

（備考）最終合格者数には補欠入学許可者数を含む。

●一般選抜第 2 次試験合格状況

学部・学科		TEAP スコア利用型			学部学科試験・共通テスト併用型			共通テスト利用型		
		第1次合格者数	第2次受験者数	最終合格者数	第1次合格者数	第2次受験者数	最終合格者数	第1次合格者数	第2次受験者数	最終合格者数
神	神	15	14	9	30	29	12	5	2	2
総合人間科	心理	58	56	16	94	93	21	16	14	3
	看護	24	23	18	117	116	84	10	12	11

（備考）最終合格者数には補欠入学許可者数を含む。

募集要項（出願書類）の入手方法

入試種別	頒布開始時期（予定）	入手方法
国際教養学部募集要項	公開中	大学公式 Web サイトからダウンロード。 郵送は行いません。
SPSF募集要項	公開中	
理工学部英語コース募集要項	公開中	
推薦（公募制）入試要項	7 月上旬	
一般選抜要項	11 月上旬	

問い合わせ先

上智大学　入学センター

〒102-8554　東京都千代田区紀尾井町 7-1

TEL　03-3238-3167　　　FAX　03-3238-3262

【業務時間】10：00 ～ 11：30，12：30 ～ 16：00（土・日・祝日は休業）

www.sophia.ac.jp

上智大学のテレメールによる資料請求方法

スマートフォンから　QRコードからアクセスしガイダンスに従ってご請求ください。

パソコンから　教学社 赤本ウェブサイト(akahon.net)から請求できます。

合格体験記
募集

2025 年春に入学される方を対象に，本大学の「合格体験記」を募集します。お寄せいただいた合格体験記は，編集部で選考の上，小社刊行物やウェブサイト等に掲載いたします。お寄せいただいた方には小社規定の謝礼を進呈いたしますので，ふるってご応募ください。

応募方法

下記 URL または QR コードより応募サイトにアクセスできます。
ウェブフォームに必要事項をご記入の上，ご応募ください。
折り返し執筆要領をメールにてお送りします。
※入学が決まっている一大学のみ応募できます。

http://akahon.net/exp/

応募の締め切り

総合型選抜・学校推薦型選抜	2025年 2 月 23日
私立大学の一般選抜	2025年 3 月 10日
国公立大学の一般選抜	2025年 3 月 24日

受験にまつわる川柳を募集します。
入選者には賞品を進呈！
ふるってご応募ください。

応募方法　http://akahon.net/senryu/　にアクセス！

気になること、聞いてみました！

在学生メッセージ

大学ってどんなところ？　大学生活ってどんな感じ？
ちょっと気になることを，在学生に聞いてみました。

以下の内容は 2020 ～ 2022 年度入学生のアンケート回答に基づくものです。ここで触れられている内容は今後変更となる場合もありますのでご注意ください。

メッセージを書いてくれた先輩　［総合人間科学部］ K.M. さん　Y.O. さん　［法学部］ Y.S. さん　［外国語学部］ 石川寛華さん　N.T. さん

大学生になったと実感！

高校までと変わったことは，授業の時間割を自分で組めるようになったことです。必修科目もありますが，それ以外は自分の興味や関心に応じて科目を選択することができます。高校までは毎日午後まで授業がありますが，大学では時間割の組み方によっては午前中で帰れたり，授業を１つも取らない全休の日を作ったりすることもできます。空いた時間でアルバイトをしたり，自分の趣味を満喫したりできるのは，大学生ならではだと思います。また，大学は高校のときよりも主体性が求められます。レポートなどの提出物は締め切りを１秒でも過ぎると教授に受け取っていただけないこともあるため，自分でスケジュールを管理することがとても大切です。（石川寛華さん／外国語）

授業を自分で組めるようになったことです。高校までは嫌いな教科も勉強しなければならなかったけれど，大学では自分の好きなように時間割が組めます。興味がある授業をたくさん取ったり，忙しさの調整ができるようになったりした点で大学生になったと実感します。（K.M. さん／総合人間科）

高校とは違い，興味がある授業だけを選択して自分だけの時間割を作ることができるのは大学生ならではであると思います。また，リアペ（リアクションペーパー）と呼ばれる感想用紙を毎週提出するたびに大学生になったという実感が湧いてきます。（N.T. さん／外国語）

大学生活に必要なもの

授業中にメモを取るためのノートやルーズリーフ，シャープペンシル等の筆記用具は大学生になっても必要です。また，授業中にインターネット上で資料を参照したり，空き時間にレポート作成をしたりするために，パソコンが大学生の必須アイテムです。私は，大学生になってからパソコンを購入しましたが，レポートを作成するときにキーボードでたくさん文字を打つのに慣れていなくて時間がかかりました。大学生になったらパソコンを使って作業することが増えるので，入学前の春休み頃には購入してキーボードで文字を打つことに慣れておくとスムーズに大学生活を送れると思います。（石川寛華さん／外国語）

大学生として必要なものは計画性だと思います。高校までとは違い，自分で卒業に必要な単位数の取得を目指すため，学期ごとに自分で履修計画を立てなければなりません。（Y.S. さん／法）

大学の学びで困ったこと＆対処法

大学の学びで困ったことは，答えが１つではないことが多いということです。高校までのように課題は出されますが，レポートなどの課題は形式などに一定の指示はあるものの，自分で考えて作成するものがほとんどです。自分で問題意識をもって積極的に調べたりして考えていく姿勢が，大学では必要になります。問題意識をもつためには，様々なことに関心をもつことが大切だと思います。私は，外国語学部に在籍していますが，心理学や地球環境学などの自分の専攻とは異なる学部の授業を意識的に履修するようにしています。専攻とは異なる授業を履修することで，新たな視点から物事を見ることができています。（石川寛華さん／外国語）

問いに対する答えがないことですね。高校までは国語数学理科社会英語と明確な答えがある勉強をやってきたため，勉強をして点数が上がっていくという快感を味わうことができました。しかし，大学の勉強は考えてもそれが正しいのかわからないため，勉強をしている気になりません（笑）。だから，そのような事態に陥ったら高校の勉強に似た勉強をするといいと思います。つまり，答えのある勉強です。例えば TOEIC や資格試験の勉強なら将来にも役立つと思います。（Y.O. さん／総合人間科）

この授業がおもしろい！

キリスト教人間学と平和学です。キリスト教人間学は，イエズス会によって設立された上智大学ならではの科目です。聖書を読んだり，自分が今まで歩んできた人生を回想する「意識のエクササイズ」というものを行ったりします。時事的な事柄についてグループで話し合うこともあります。この科目は学部学科が異なる人とも授業を一緒に受けるので，多様な物の見方を知ることができておもしろいです。平和学は，国連の役割や紛争など国際関係に関する事柄について広く学びます。昨今の国際情勢についても授業で取り上げるので，現在の世界の状況を深く理解することができます。（石川寛華さん／外国語）

交友関係は？

入学式の日の学科別集会で，たまたま近くにいた人と話して意気投合しました。あとは授業で一緒になった人の中で自分と合いそうな人を見つけて話したりして交友関係を築きました。大学には様々なタイプの人がいるので，自分に合う人を見つけられると大学生活を有意義に過ごせると思います。なかには，入学前に SNS で交友関係を広げていたという友人もいました。（石川寛華さん／外国語）

授業前に話しかけたり，授業中のグループワーク，サークルで仲良くなりました。先輩とは授業で近くに座っていたり，サークルで出会ったり，学科のサポーターの人に相談したりして繋がりをもちました。自分から話しかけないとなかなか繋がりはもてません。（K.M. さん／総合人間科）

いま「これ」を頑張っています

専攻語であるイスパニア語（スペイン語）と英語の勉強を頑張っています。特にイスパニア語学科の授業は出欠確認が厳しく，内容もハードで毎日予習復習に追われるうえ小テストも多くて大変ですが，努力した分だけ結果が返ってきます。語学の習得は楽ではないですが，楽しみながら勉強を続けていきたいです。また，以前から興味のあった心理学の勉強にも熱中しています。人間の深層心理を知ることがおもしろく，日々新たな気づきを得ることを楽しんでいます。（石川寛華さん／外国語）

英語と専攻している言語の勉強を頑張っています。外国語の本を読んでみたり，外国の映画をじっくりと見てみたり，オンライン英会話レッスンを受けてみたりと楽しんでいます。（N.T. さん／外国語）

普段の生活で気をつけていることや心掛けていること

レポートなどの課題は，出されたらすぐに手をつけ始め，余裕をもって提出できるようにすることです。入学したての頃，他の課題に追われて3000字程度のレポートに締め切り3日前なのに全く手をつけておらず，慌てて作成したということがありました。それ以来，課題は早い段階から少しずつ進めるようにしています。(石川寛華さん／外国語)

おススメ・お気に入りスポット

大学内でお気に入りの場所は，図書館や1号館，6号館（ソフィアタワー）です。図書館1階には，世界各地から集めた新聞が並んでいます。日本では珍しいバチカン市国の新聞も読むことができます！　1号館は歴史が長く，都会の真ん中にありながら歴史を感じることができる場所です。6号館は2017年に完成した地上17階建ての建物で，1階にあるカフェでクレープを買ってベンチで友達と談笑することもあります。また，2号館17階からは東京の景色を一望することができるため，ここも私のお気に入りの場所です。その他にも上智大学やその周辺には魅力的な場所がたくさんあります！　いつか大学の近くにある迎賓館に行きたいと思っています。(石川寛華さん／外国語)

入学してよかった！

語学力の面において，レベルの高い学生がたくさんいることです。留学経験のある人や帰国子女などが多数おり，授業によっては英語が話せて当たり前という雰囲気を感じることもあります。また，法学部生は第二外国語が2年間必修であり，英語のみならず興味がある言語の実力も伸ばすことができます。(Y.S. さん／法)

国際色豊かなイメージ通り，国際交流できるイベントがたくさんあることです。私は，大学で留学生と交流したいと思っていました。上智大学は，留学生と交流できる機会が多いです。留学生の日本語クラスに日本語ネイティブスピーカーのゲストとして参加して日本語で留学生と交流し，日本人がいかに読書不足であるかに気づいたりと自分の視野が広がる経験ができています。もちろん英語や他の言語で留学生と交流することもできます。私は，留学生サポーターになっているため，今後留学生の日本での生活をサポートして，留学生に日本の魅力をもっと知ってもらいたいと思っています。（石川寛華さん／外国語）

高校生のときに「これ」をやっておけばよかった

高校生のときにもっと読書をしておけばよかったなと思っています。大学生になって高校のときよりも自分の時間を取ることができる今，様々なジャンルの本を読んでいます。留学生と会話をするなかで，留学生たちは私が知らない本をたくさん読んでいて，自分が今までいかに読書をしてこなかったかということに気づきました。読書の習慣がついてから新たな視点で物事を見ることができるようになったと思います。（石川寛華さん／外国語）

高校時代にもっと英会話力をつけておけばよかったなと思います。やはり上智大学には英語がネイティブレベルの人が多いですし，留学生もいるため，英語が喋れるに越したことはありません。英語で開講される授業も多く，英語力があれば選択の幅も広がると思います。（Y.S. さん／法）

合格体験記

みごと合格を手にした先輩に，入試突破のためのカギを伺いました。
入試までの限られた時間を有効に活用するために，ぜひ役立ててください。

（注）ここでの内容は，先輩方が受験された当時のものです。2025 年度入試では当てはまらないこともありますのでご注意ください。

・アドバイスをお寄せいただいた先輩・

Message

R.H. さん　文学部（国文学科）
学部学科試験・共通テスト併用型
2021 年度合格，東京都出身

合格の最大のポイントは，過去問の分析だったと思います。過去問を解いて間違えた箇所はもちろん，正解した問題も復習して大学の問題傾向を分析しました。受験生の皆さん，頑張ってください。

その他の合格大学　青山学院大（文），立教大（文）

入試なんでもQ&A

受験生のみなさんからよく寄せられる，
入試に関する疑問・質問に答えていただきました。

Q 「赤本」の効果的な使い方を教えてください。

A 受験校を決定した時点で最新年度の問題を解き，問題の大まかな傾向と自分に不足していることを把握しました。試験日の１カ月前から赤本に掲載されている分の問題をすべて解き，間違えた問題だけでなく，正解した問題も復習して出題傾向と解答の仕方のコツをつかむことに励みました。このときに意識したのは，問いを読んでから解答するまでの考え方を覚えることです。また，試験の直前にも赤本を読み返し，頭を問題に慣れさせてから試験に挑みました。

Q 学校外での学習はどのようにしていましたか？

A 私は予備校（河合塾）に高校３年の10月から通っていました。ただ通うだけでは実力はつきませんので，予習復習に必ず取り組み，テキストを読み込み，悩んだときはチューターさんに相談するなど，最大限に活用するようにしました。勉強はもちろんですが，有益な受験情報を得られたり，快適な自習環境を確保することができたので，予備校に通ってよかったと思っています。予備校を選ぶときは学校，または自宅から通いやすいところがいいと思います。移動時間がもったいないからです。

Q 時間をうまく使うために，どのような工夫をしていましたか？

A 時間をうまく使うために，１週間単位くらいで何を勉強するか決めていました。そうすることで何となく勉強することがなく，自分に足りていないことを効率的に身につけていくことができました。また，移動時間は暗記系の科目（漢文の重要語句や，漢字，古文単語など）を繰り返し見るようにして，覚えました。私はスタディプラスという勉強記録アプリを利用し，自分の勉強内容を可視化するようにもしていました。これはモチベーションの維持にもつながったので，おすすめです。

Q スランプに陥ったとき，どのように抜け出しましたか？

A スランプといっていいのかわかりませんが，点数が伸び悩んだときは，基礎に戻るのがよいと思います。私は古文がなかなか伸びなかった時期があり困っていましたが，いつも使っていた参考書で古文単語や助動詞の活用法を確認したり，また１周することによって，スラスラと内容が読めるようになりました。勉強のやる気が出ないという意味のスランプであれば，１日ほど勉強から離れて好きなことをしたり，長時間寝てみたり，運動をしたり出かけてみたりするのがいいと思います。私は友達と話すことでやる気を取り戻していました。

Q 併願する大学を決めるうえで重視したことは何ですか？また，注意すべき点があれば教えてください。

A 併願校を決めるにあたって最も重視したのは試験日程です。最高2日連続で，絶対に3日以上連続で試験を受けることにならないように試験日程を組んでいきました。これは，疲れてしまってすべての大学に落ちてしまうのが怖かったからです。実際，試験を受けに行くだけでも移動に疲れてしまったので，併願校をあまり多くしなくてよかったと思っています。また，併願校とはいえ受かっても行かない（興味のない）学部・学科は受験費用の無駄と考え，選びませんでした。

Q 試験当日の試験場の雰囲気はどのようなものでしたか？緊張のほぐし方，交通事情，注意点等があれば教えてください。

A 試験当日の試験会場の雰囲気は想像していたよりもピリピリしてはいませんでした。緊張しやすい人はなるべく試験会場に早く行って，会場の雰囲気に慣れておくといいと思います。上智大学はトイレの数が多く，私が試験を受けた6号館の女子トイレには20個ほどの個室があったのでトイレの心配もあまりしなくていいと思います。大学が駅から近くて迷うこともなかったですが，電車の遅延の可能性を考慮して，やはり早めに大学に着くようにしてください。

Q 受験生へアドバイスをお願いします。

A 何回も聞いたことがあるとは思いますが，諦めないことが最も大事だと思います。私は3年生で受けた模試の判定はすべてD判定かE判定で，共通テストの得点も合格できるかどうか危うい点数でしたが，親の「一応出願したら」という言葉に背中を押され，出願しました。試験日まで合格できないのではという思いで不安しかありませんでしたが，過去問を精密に分析したおかげか，大学独自の問題ではほぼ満点を取ることができ，合格しました。ぜひ諦めないで頑張ってください。

科目別攻略アドバイス

みごと入試を突破された先輩に，独自の攻略法や
おすすめの参考書・問題集を，科目ごとに紹介していただきました。

国　語

上智大学の国語は難しいことで有名だと思います。現代文と古文・漢文で分けて説明させていただきます。現代文は内容一致の選択問題の選択肢がややこしいです。本文・選択肢ともに意味を捉え，選択肢眼を鍛える必要があります。これは過去問を解き，なぜその答えになるのか，根拠に線を引けるようになるまで練習してください。古文・漢文はまず基礎的な知識を完璧といえるくらい覚えてください。因果関係をつかめれば，内容がわかりやすいと思います。文学史の問題も出るので覚えてください。

おすすめ参考書　**『古文単語 330』**（いいずな書店）
『新版完全征服　頻出現代文重要語 700』（桐原書店）

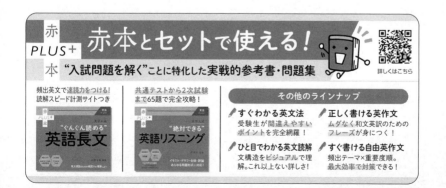

TREND & STEPS

傾向と対策

科目ごとに問題の「傾向」を分析し，具体的にどのような「対策」をすればよいか紹介しています。まずは出題内容をまとめた分析表を見て，試験の概要を把握しましょう。

注　意

「傾向と対策」で示している，出題科目・出題範囲・試験時間等については，2024年度までに実施された入試の内容に基づいています。2025年度入試の選抜方法については，各大学が発表する学生募集要項を必ずご確認ください。

神学部

神 学 部

▶キリスト教と聖書の基礎に関する理解力と思考力を問う試験

年度	番号	内　容
2024 ◑	〔1〕	**第二バチカン公会議の「教会憲章」** (1)・(3)・(4)・(6)～(8)・(10)・(13)・(15)空所補充 (2)・(5)語句選択 (9)・(11)・(12)・(14)キリスト教の語句（50字2問他） (16)内容説明（200字）
2023 ◑	〔1〕	**聖書から読み取れる古代人の人間観・世界観** (1)空所補充（10問）(2)・(3)内容説明
	〔2〕	**ユダヤ社会とイエスの行動** (1)空所補充（12問）(2)内容説明（100字）
	〔3〕	**神への愛と隣人への愛** 意見論述（500字）
2022 ◑	〔1〕	**神の啓示に関する教義憲章** (1)～(3)語句選択 (4)内容説明（40字） (5)・(6)空所補充 (7)「わたし」は誰か・空所補充 (8)キリスト教の語句 (9)「救いの歴史」の意味説明（200字）

（注）●印は全問，◑印は一部マーク式採用であることを表す。

傾向　キリスト教や聖書への理解を試す出題　論述対策も必須

01　出題形式は？

試験時間は75分。2022・2024年度は大問1題，2023年度は大問3題と，年度によって課題文の分量や設問数に変動がある。例年，空所補充問題を中心にマーク式の設問と，2，3問程度の論述問題が出題されているが，論述問題の総字数も，2022年度は240字，2023年度は600字，2024年度は300字と変動が大きい。

02 出題内容はどうか？

例年，課題文はキリスト教や聖書に関連するものであり，課題文の読解だけでなく，キリスト教の基礎知識が必要な問題もある。論述問題も聖書の時代の社会的・文化的背景を問うものや，キリスト教と人間や社会との関係を考察させるものなど，幅広い内容が出題されている。

03 難易度は？

基本的なものではあるが，キリスト教や聖書の知識が必要なものが多く，高校の世界史的な知識だけでは対応できない問題も多い。また，論述問題への対策が必須で，年度によっては，かなりの字数が求められることもあるので，時間配分にも注意する必要がある。

対策

01 キリスト教や聖書に関する知識

キリスト教や聖書について，一定以上の知識を有していることを前提とした出題になっている。ダイレクトに知識を問う問題もあるので，基本的な事項で取りこぼしのないように準備をしておきたい。

02 論述力の養成

年度によって字数に変動があり，75 分という試験時間を考えると，相当な訓練が必要である。過去問を参考に，さまざまな問いを想定して，実際に書いてみる練習を積んでおくこと。また，特に意見論述については，答案を誰かに読んでもらい，客観的な評価を確認するようにしたい。

文学部

哲学科

▶哲学への関心および読解力・思考力・表現力を問う試験

年度	番号	内容
2024 ◑	〔1〕	哲学史に関する知識
	〔2〕	**フーコーにおける権力と批判** ⑴書き取り　⑵〜⑸内容説明（80字2問，140字2問）
	〔3〕	哲学的な問いについての意見論述（600字）
2023 ◑	〔1〕	哲学史に関する知識
	〔2〕	**カントの道徳法則について** ⑴〜⑷内容説明（80・100字，150字2問）
	〔3〕	哲学的な問いについての意見論述（600字）
2022 ◑	〔1〕	哲学史に関する知識
	〔2〕	**相対主義を主張するということ** ⑴〜⑷内容説明（120字2問，160字2問）
	〔3〕	哲学的な問いについての意見論述（600字）

（注）●印は全問，◑印は一部マーク式採用であることを表す。

傾向　読解力と簡潔な論述力が要求される　教科書から発展した哲学的教養を高める学習を

01　出題形式は？

大問3題，試験時間75分。マーク式と記述式の併用である。

02　出題内容はどうか？

〔1〕は，哲学史についての知識を問う選択問題である。

〔2〕は，短めの課題文を用いた論述問題である。80～160字程度の内容説明が中心だが，2024年度には漢字の書き取りも出題されている。

〔3〕は，3～5つの哲学的な問いの中から1つを選択し，その問いに対する「自身の考え」を500～600字（2022年度は400～600字）で論述するという内容である。

03 難易度は？

初見の課題文について，著者の意見・立場を理解したうえでの内容説明問題が，例年出題されており，高度な読解力・文章力が要求されている。哲学的テーマについての意見論述問題も合わせると，制限時間内で解答をまとめるのはかなり難度が高いと言える。

対策

01 専攻内容に関する知識・理解を深めよう

哲学への興味・関心が問われており，相応の知識・理解を身につけておく必要があると言ってよい。哲学的な問いについての説明を求める問題や，哲学史の基本的な知識を試す問題が見られる。高校倫理の教科書で基本を押さえたうえで，読書などを通じてさらに理解を深めておきたい。

02 論述力を高める

〔2〕の内容説明に関しては，設問の要求をふまえたうえで，該当箇所の内容をわかりやすくまとめる訓練が必要である。国語の記述問題などで練習を積んでおきたい。

〔3〕の意見論述については，学科の問題意識に即した論述が求められている。読書などのインプットを通してそうしたものの見方に親しみ，過去問を参考にさまざまな問いを想定して，指定の字数でアウトプットする練習をしておきたい。「倫理」の資料集のテーマ別のコラムなども，思想史

の流れを把握するのに役立つので目を通しておくとよい。

なお，〔2〕〔3〕いずれにおいても，実際に書いた答案を誰かに読んでもらい，内容や構成について客観的な評価を受けるようにすると効果的である。

03 読解力の養成

〔2〕では，課題文は短めだが，論点を的確につかむ力が求められている。国語の問題演習や新聞・新書類などを通して，読解力を養成するように努めよう。また，わからない言葉は辞書を引いて語意を確認する習慣をつけること。

史学科

▶歴史学をめぐる試験

年度	番号	内　容
2024 ◑	〔1〕	**ウクライナ戦争とウクライナの歴史について** (1)意味説明（100字）　(2)選択 (3)意味説明（50字）　(4)語句記述・選択 (5)内容説明（100字） (6)語句記述・内容説明（2つより1つ選択，100字） (7)内容説明（200字） (8)選択（11問より7問選択）
2023 ◑	〔1〕	**文化財の破壊について**　**✓視覚資料・資料** (1)空所補充，選択（19問より8問選択） (2)具体例説明（100字）　(3)内容説明（100字） (4)理由説明（2問より1問選択，80字） (5)内容説明（200字）
2022 ◑	〔1〕	**樺太のアイヌの国際交流**　**✓地図** (1)空所補充，選択（14問より7問選択） (2)内容説明（80字）　(3)空所補充 (4)内容説明（2問より1問選択，200字） (5)内容説明（100字）　(6)内容説明（200字）

（注）●印は全問，◑印は一部マーク式採用であることを表す。

傾向　歴史学全般に関する知識・理解を問う 読解力も重要

01　出題形式は？

大問1題，試験時間は75分。マーク式と記述式の併用で，論述は課題文をふまえたうえでの内容説明が中心となっている。総字数は2022年度が約580字，2023年度が約480字，2024年度が550字となっている。

02 出題内容はどうか？

課題文は日本史・世界史の両方にまたがり，歴史に関する知識や理解を幅広く問う内容になっている。なお，１つの問題について日本史・世界史のいずれかの知識だけでほぼ対応できるように配慮されている。

03 難易度は？

全体的に難度が高い。空所補充や正文・誤文選択についても教科書レベルを超える問題が見られ，かなりの知識量が要求される。論述問題は，課題文の主張や資料を正しく読み取ることはもちろん，簡潔にまとめる力も求められるので，相当な訓練が必要である。

対策

01 専攻内容に関する知識・理解

歴史学への興味・関心が問われており，相応の知識・理解を身につけておく必要があると言ってよい。設問自体は日本史・世界史のいずれかの知識で対応できるよう配慮されているが，高校社会の各科目をしっかりと学んでおくことはもちろん，日本と世界との歴史的な関わりや比較を扱う文章には多く触れておくようにしたい。教科書に関しては，本文だけでなく注釈の文章や写真・図版の説明文まで丁寧に読み込んでおきたい。また，歴史学に関係するようなニュース，新聞記事には日頃から目を通すようにしておきたい。

02 論述力を高める

課題文中の内容説明に関しては，設問の要求をふまえたうえで，該当箇所の内容をわかりやすくまとめる訓練が必要である。国語の記述問題なども利用して練習を積んでおきたい。

歴史用語や事項を説明させる問題については，教科書の太字の用語を数行でまとめる練習をしておこう。また，問題集なども活用して，同じくらいの字数の論述問題にあたっておきたい。

なお，いずれにおいても，実際に書いた答案を誰かに読んでもらい，内容や構成について客観的な評価を受けるようにすると効果的である。

03 読解力の養成

歴史に関する知識・理解だけでなく，課題文の読み取りや考察が求められる設問も見られる。国語の問題演習や，新聞や新書類などを通して，読解力を養成するように努めよう。わからない言葉は辞書を引いて語意を確認する習慣をつけること。

国文学科

▶現代文・古文・漢文の読解力を問う試験

年度	番号	種　類	類　別	内　容	出　典
2024 ◑	〔1〕	現代文	評　論	内容説明（40・50字他），内容真偽，書き取り	「エロスの世界像」 竹田青嗣
	〔2〕	古　文	歌　論	空所補充，文学史，和歌修辞，文の構造，和歌解釈，内容説明（40字他）	「石上私淑言」 本居宣長
	〔3〕	漢　文	詩　話	内容説明，口語訳，訓点，読み，書き下し文	「柳橋詩話」 加藤善庵
2023 ◑	〔1〕	現代文	評　論	語意，内容説明（40・60字他），書き取り	「明治の表象空間」 松浦寿輝
	〔2〕	古　文	物　語	語意，指示内容，敬語，内容説明，人物指摘	「浜松中納言物語」
	〔3〕	漢　文	文　章	文学史，内容説明，書き下し文，口語訳	「孔子世家議」 王安石
2022 ◑	〔1〕	現代文	評　論	内容説明（30・40字他），内容真偽，書き取り	「善悪は実在するか」 河野哲也
	〔2〕	古　文	歴史物語	文法，敬語，口語訳，内容説明，文学史，和歌解釈	「栄花物語」
	〔3〕	漢　文	思　想	口語訳，語意，内容説明，文学史，書き下し文	「荀子」

（注）●印は全問，◑印は一部マーク式採用であることを表す。

傾向　設問数が多く，紛らわしい選択肢も多い　古文・漢文のレベルが高い

01　出題形式は？

試験時間は75分。解答形式はマーク式と記述式の併用である。記述式では，内容説明や書き下し文，口語訳のほかに，書き取り，読みなども出

題されている。2024年度はなかったが，2023年度までは複数資料問題を意識した出題も見られた。

02 出題内容はどうか？

現代文は，例年評論が出題されている。内容や主題は，文化・社会・教育・人間考察などさまざまであるが，いずれも高度な内容の文章である。設問は漢字・語意など知識系の問題もあるが，ほとんどは読解力（部分読解と全体把握）を問う内容説明問題である。選択肢の表現には紛らわしいものもあり，丁寧な吟味が必要である。各選択肢は短いが，細かな言いまわしまで含めて正誤を見分ける必要があるので，過去問によって十分に研究しておきたい。記述問題も出題されており，時間配分に注意が必要である。

古文は，様々なジャンルから出題されている。和歌が含まれている部分から出題されることが多く，2024年度は近世の歌論書からの出題であった。設問数は多く，和歌解釈，和歌修辞，内容説明，口語訳，人物関係の把握などが多角的に問われている。記述問題への対応も必要である。平生からきめ細かな読解力の養成を心がけたい。和歌の読み取りがポイントの１つになる。引歌との関わりや修辞法などをきちんと学習しておこう。また，文学史も出題されている。古典常識も読解の大きな助けになる。

漢文は，思想や文章から出題されている。2024年度は日本漢文が出題された。本文，設問ともに手ごわいものが少なくない。内容読解を中心として，書き下し文や訓点，字義の問題などもある。読解には漢字や句法の知識など，正確な読みの力が求められている。

03 難易度は？

問題の種類が多様で，問題文のレベル，記述式の出題，解答個数と試験時間の関係などを考えると，総合的に見て標準以上の難度である。まず全体を見渡し，どこから解くと効率がよいか見極めたい。

対策

01 現代文

これまでの出題傾向から見て，最優先は評論文対策である。論理的文章を中心とした問題集を解いて，読解の基本的な考え方や技法を学ぼう。それを繰り返し実地に応用することで，自分なりの読解法も身につくものである。初期の段階ではあまり時間を気にせず，じっくりと文章を読み取ろう。選択問題の場合は，まず問題文をしっかり読み込んで問いの内容から解答の方向性をつかみ，納得のできる解答を見つける習慣を身につけよう。正解が得られないときは，何度でも本文に戻って読み，かつ考える。そうすることによって柔軟で幅のある読解力が鍛えられ，選択肢の微妙な差異を読み取る力が身につく。最終段階では本番を意識して，正確さと速さを一体とする練習に取り組もう。その際，過去問を十分に検討しておくことは言うまでもない。

また，評論において取り上げられる主題は多様であり，筆者の主張もさまざまである。それらを柔軟に受け入れ，的確に理解することが読解の大前提なので，平生から新書などの読書に取り組み，人間・文化・社会などへの興味・関心を広げておくとよいだろう。『高校生のための現代思想エッセンス ちくま評論選』（筑摩書房）などを活用するとよい。なお，文芸評論も出題されているので，国語便覧などで作家だけでなく，評論家の主張にも注意しておくとよい。

02 古 文

毎日の予習と授業中の集中を欠かさず，じっくりと古文に取り組むことが第一段階である。古典文法（特に助動詞）を完璧にマスターし，古文単語も確実に覚えよう。敬語についても出題されている。大切なのは例文と一緒に覚えていきながら，文章全体を把握することである。古語辞典，文法テキストを手元に置いて基礎力を習得することが肝要である。国語便覧は古典常識，時代背景，文学史などの知識を深めてくれる。和歌は頻出であり，修辞法，引歌などについての知識を習得し，有名歌人の和歌を通じて理解を深めておくことが大切である。文学評論，歌論にも注意が必要。よく読み慣れておくことが望まれる。

古文学習の第二段階は，積極的に問題集に取り組むことである。現代とは違う当時の習慣や行動パターンを前提とした読み取りが必要になることも多いため，古文の世界での行動形式や約束事，さらには和歌の解釈についての知識を身につけるのに最適な『大学入試 知らなきゃ解けない古文常識・和歌』（教学社）などの問題集を繰り返し演習しておくとよいだろう。上智大学の問題はやや難のレベルなので中古から近世まで，さまざまなジャンルの文章を読み慣れ，正答率を上げる練習を繰り返そう。現代文の場合と同じく，解答は答え合わせで終わりにせず，わからないところや不安なところがあれば指導の先生に質問して確実に解決しておくようにしよう。有名作品からの出題が多いので，文学史的な知識があると読解の助けになることもある。

03 漢　文

授業を学習の中心に据えて訓点・書き下し文・基本句形・用字法などの基礎を習得しよう。しかし，授業で読む漢文の量だけでは不十分である。この点を補うためには，古文と同様，積極的に参考書・問題集に取り組む必要がある。出題されている文章が比較的長いので，単発的に句法を暗記するやり方では不十分であり，文章を読解する中で句法を理解する方法をとってほしい。設問箇所は白文なので，白文で読む練習は必須である。文学史も出題されており，意表を突く問題も見られるので，対策を怠らないようにしたい。

04 知識の蓄積

現代文，古典ともに古今東西，さまざまな人間世界の事象を扱っており，受験生にも旺盛な知的好奇心が求められる。読書を通じてその「知の世界」にふれ，知識を蓄積すると同時にその質を高めよう。本格的な読書に取り組むのはもちろんだが，国語便覧なども活用し，作品の解説，文学史，古典常識，和歌の修辞，故事成語，四字熟語など，入試に役立つ基礎知識を得ておきたい。細かい知識を軽視せず積み重ねることによって，読解力に深みと幅が加わるだろう。また漢字の知識は読解力の基本的要素だから，市販の漢字練習帳などで計画的に学習しておくべきである。

05 文章力の養成

現代文では，抽象度の高い評論問題の読解を中心に演習すべきであろう。記述問題も必須であり，国公立大学の二次試験と同様の対策が望まれる。古文，漢文は古典文法，古文単語，漢文の句法などの知識を基盤にした正確な読解力が必須である。和歌の解釈や文学史を含めた高いレベルでの総合力が必要である。また，本文をもとに考察して解答する問題が出題されている。これは大学入学共通テストと同様の方向性であり，共通テスト対策が有効だと思われる。記述式の設問に対しては，必要な事柄を要領よくまとめる練習も欠かせない。記述式の問題集や過去の入試問題を利用して，手を動かして書いてみることによって，文章で答える力を養おう。

英文学科

▶英語適性検査（英語長文読解とその内容に基づく英語小論文により，理解力・思考力・表現力を問う）

年度	番号	項目	内容
2024 ◑	〔1〕	読解	空所補充，内容説明（50字，5語他），同意表現，英文和訳，同一用法，箇所指摘，内容真偽
	〔2〕	英作文	意見論述（60語）
2023 ◑	〔1〕	読解	空所補充，英文和訳，内容真偽，内容説明，同意表現，反意表現，主題
	〔2〕	英作文	意見論述（50語）
2022 ◑	〔1〕	読解	同意表現，内容説明，空所補充，内容真偽，要約
	〔2〕	英作文	要約（120語）

（注）●印は全問，◑印は一部マーク式採用であることを表す。

読解英文の主題

年度	番号	主題	語数
2024	〔1〕	世界の終わりを想像する	約760語
2023	〔1〕	忘れられた余暇の意味	約950語
2022	〔1〕	現代的な食料需要が引き起こす危機	約1070語

傾向 読解問題とその内容に関する英作文が出題される

01 出題形式は？

試験時間は75分で，大問数は2題。

〔1〕は読解問題で，2024年度は設問数が15問。内訳は，マーク式による選択問題が9問，記述式では英文和訳が3問，内容説明が3問であった。

設問文は日本語で，選択肢が日本語の設問が 4 問あった。2023 年度が 18 問あったのに比べると，設問数は減ったが，記述の量は増えた。一方，2022 年度は，設問数が 15 問で，全問マーク式，設問文はすべて英文であった。

〔2〕は，〔1〕の文章の内容をふまえて，2023・2024 年度は自身の考えを英語で述べるという設問，2022 年度は英文の内容を英語で要約するという設問であった。

02 出題内容はどうか？

○読　解

評論，小説，エッセーのほか，新聞記事など時事的なテーマを扱ったものも多い。設問には以下のようなバリエーションがある。

- **空所補充問題（主に単語・句）**　空所 1 つに対して 4 つの選択肢が与えられるのが一般的。2023 年度は，空所に入る単語を記述するものも出題された。文脈の把握と語彙の知識が問われる問題。
- **内容把握問題**　内容説明，内容真偽，主題によって内容の理解を問うものだけでなく，長文中の下線部に関して，同意表現を選ぶ問題もある。設問はおおむね段落ごとに設定されているが，そうでない場合もある。段落に番号が付されている場合，段落の主題を問う問題もある。

○英作文

〔1〕の読解英文の内容に関連した英作文で，2022 年度は 120 語以内，2023 年度は 50 語以内，2024 年度は 60 語以内の語数指定があった。

03 難易度は？

読解問題は標準的な難度であるが，内容が概念的で難解な英文が多い。また，読解問題の内容に基づく英作文によって，より深い英文の理解が求められている。要求されている英作文は，2024 年度のように比較的身近なテーマもあるものの，内容的にも分量的にも難度が高いので，十分な解答時間を確保できるよう，時間配分に注意したい。

対策

01 長文読解問題対策

出題される英語長文で取り上げられる題材は時事的な話題から小説，エッセーまで非常に幅広い。したがって，普段からいろいろなことに興味をもち，幅広くさまざまな内容の英文に親しむ必要がある。

英文読解力の向上には，語彙力，文法・語法の知識，構文を把握する力，そして政治・経済・文化・科学などの一般教養がすべて関わってくる。このような総合的な英語力を身につける方針のもとで勉強に臨まないと，上智大学の読解問題に対処する英語力を身につけることは難しいと言えよう。

まだ長文を読み慣れていない人は，無理に難解な文章を読むのではなく，速読を意識して，平易でまとまりのある文章に数多く接するようにしよう。教科書を Lesson 単位で速読するなど，まずは簡単な英文ならば数ページを一息で読めるだけの実力をつける必要がある。『速読のプラチカ 英語長文』（河合出版）や『基礎英語長文問題精講』（旺文社），『大学入試 ぐんぐん読める英語長文』（教学社）などを使い，直読直解と精読を組み合わせた学習を心がけたい。英文を読むときには語彙力をつけることも意識したい。上智大学の入試では，単語帳の先頭にある訳語を暗記するような学習の仕方では対応できない。英文中で使われている品詞を見極め，辞書で意味を確認することが必要である。単語帳を使って学習する際も単語の本質的な意味を理解すること。このような練習を積むことで，英文和訳においても文脈に合った単語の訳出ができるようになる。

次に実際の入試問題を使って，所定の時間内で長文を読んで解答する訓練を行う。素材としては何よりも過去問がよい。試験日の組み合わせが変更されることで傾向が変わる可能性もあるので，本書以外の上智大学他学部の問題もやっておくと心強いだろう。各学部の問題を解いて設問形式ごとに十分練習しておこう。また難関クラスの他大学の問題にも挑戦しよう。

02　意見論述型・要約型英作文の力をつける

2023・2024 年度は意見論述型の英作文が，2022 年度は要約型の英作文が課された。自由英作文の問題集や国公立大学の過去問なども利用して，意見論述型・要約型の英作文の練習をしておくとよい。『大学入試 英作文実践講義』（研究社）などの英作文対策問題集に早めに取り組むとよいだろう。

また，英語力に加えて，言語や文学に対する探究心も試されていると言ってよい。文学が好きであるというだけでなく，そこから何を学べるか，学びたいかを明確にしておきたい。そのためには，文学や言語に関連する話題に敏感であることが必要である。

上智大「英語」におすすめの参考書

Check!

- ✓『速読のプラチカ 英語長文』（河合出版）
- ✓『基礎英語長文問題精講』（旺文社）
- ✓『大学入試 ぐんぐん読める英語長文』（教学社）
- ✓『大学入試 英作文実践講義』（研究社）

ドイツ文学科

▶文化・思想・歴史に関するテクストの読解力および思考力・表現力を問う試験（日本語の文章の読解力および思考力・表現力を問う）

年度	番号	内　容
2024 ◑	〔1〕	**カフカ『審判』と老年期について** ⑴・⑵語意　⑶内容真偽　⑷語意 ⑸・⑹世界史・日本史　⑺空所補充　⑻内容説明 ⑼・⑽空所補充　⑾内容説明
	〔2〕	**音楽と〈聖なるもの〉について** ⑴～⑶内容説明　⑷空所補充 ⑸内容説明　⑹指示内容　⑺内容説明　⑻空所補充 ⑼書き取り　⑽内容説明　⑾同一用法 ⑿内容説明（50字）　⒀文化史
2023 ◑	〔1〕	**孤独と表現の関係** ⑴読み　⑵内容説明　⑶空所補充　⑷語意　⑸空所補充 ⑹～⑻内容説明　⑼文化史
	〔2〕	**風景画家の眼目** ⑴書き取り　⑵世界史・日本史　⑶文化史　⑷空所補充 ⑸・⑹語意　⑺・⑻内容説明　⑼空所補充　⑽内容説明 ⑾内容説明（60字）　⑿・⒀内容真偽
2022 ◑	〔1〕	**円形図書室の原理** ⑴書き取り　⑵読み　⑶内容説明　⑷文学史 ⑸・⑹空所補充　⑺・⑻内容説明
	〔2〕	**自画像の精神** ⑴書き取り　⑵内容説明　⑶内容説明（80字） ⑷内容説明　⑸文化史　⑹空所補充　⑺内容説明 ⑻～⑾空所補充　⑿世界史・日本史

（注）●印は全問，◑印は一部マーク式採用であることを表す。

傾向　読解力と文化・思想・歴史に関する知識が問われる

01　出題形式は？

大問2題，試験時間は75分。マーク式と記述式の併用で，50～80字の内容説明問題も出題されている。

02 出題内容はどうか？

〔1〕〔2〕ともに課題文が提示されており，2024年度は〔1〕がカフカ『審判』を題材とした古井由吉のテクスト，〔2〕がモーツァルトを中心とした18世紀の音楽についての饗庭孝男のテクストであった。文化や歴史の知識を問う設問では，日本に関する問題も選ぶことができるように配慮されている場合もある。ドイツだけでなく，ヨーロッパ全体，さらには日本との文化的関係を重視する内容であると言える。

03 難易度は？

課題文読解型の総合問題としては，個々の設問の難易度は標準的と言える。ただし，テクストの難度はやや高めで，日頃この種のものに触れて用語法や論の運び方に慣れていないと，空所補充や語彙の問題には苦戦する可能性があり，全体としてはやや難と言える。

対策

01 読解力の養成

空所補充や内容説明など国語的な設問も多く，論点を的確につかむ力が求められている。国語の問題集などを用いて，テーマや設問形式の近い問題の演習を重ねておきたい。また，日頃から新書などで文化・思想・歴史に関する論説文を読んでテクストの様式に慣れ，読解力を養成するように努めよう。わからない言葉は辞書を引いて語意を確認する習慣をつけること。

02 専攻内容に関する知識・理解

ドイツの文化・歴史に関する課題文が用いられ，基本的な知識を前提とした設問も見られる。高校社会の各科目をしっかりと学んでおくことはもちろん，地理や世界史の教科書や用語集・資料集から関連する部分を重点的に確認しておきたい。

03 論述力を高める

課題文中の内容説明に関しては，設問の要求をふまえたうえで，該当箇所の内容をわかりやすくまとめる訓練が必要である。国語の記述問題などで練習を積んでおきたい。

実際に書いた答案を誰かに読んでもらい，内容や構成について客観的な評価を受けるようにすると効果的である。

フランス文学科

▶フランス文学・文化・歴史に関するテクストの読解力および思考力・表現力を問う試験

年度	番号	内　容
2024 ◑	〔1〕	**ジュール・ヴァーブルによる「翻訳」の試み** (1)語意　(2)空所補充　(3)〜(6)内容説明　(7)文学史 (8)フランス史　(9)内容説明（30字）　(10)内容説明（60字）
	〔2〕	**セザンヌの個性** (1)語意　(2)・(3)内容説明　(4)指示内容 (5)内容説明　(6)指示内容　(7)主旨（90字）
2023 ◑	〔1〕	**「先史時代」という現代的な概念** (1)・(2)空所補充　(3)箇所指摘　(4)〜(6)内容説明 (7)内容説明（65字）　(8)内容説明（35字2問）
	〔2〕	**「ヴィジョン」を引き出すプルーストの文体** (1)〜(5)内容説明 (6)内容説明（100字2問）
2022 ◑	〔1〕	**日本文化の定義と一個の人間としての個人の定義の違い** (1)空所補充　(2)語意　(3)〜(6)内容説明　(7)文学史 (8)内容説明（80字）　(9)内容説明（70字）
	〔2〕	**ゴーギャンにとってのタヒチ** (1)語意　(2)主旨　(3)内容説明（60字）　(4)主旨（100字）

（注）●印は全問，◑印は一部マーク式採用であることを表す。

傾向　記述を含めた総合力重視　フランスの文学・思想・歴史に対する関心を

01　出題形式は？

大問2題，試験時間は75分。いずれも課題文を用いた出題で，マーク式と記述式の併用である。

02 出題内容はどうか？

大問は2つとも評論文で，フランス（ヨーロッパ）の思想や芸術にまつわる文章からの出題となっている。設問は1題につき4～10問で，空所補充や語意，内容説明といった国語的な問題が中心だが，フランスの歴史や文学史といった教養が問われることもある。

03 難易度は？

課題文の量とレベルは標準的。マーク式の設問のレベルも基本～標準的だが，記述式の設問数や文字数を考えると，「解答時間内に解く」という観点では「やや難」と言える。

対策

01 読解力の養成

空所補充や内容説明など国語的な設問も多く，論点を的確につかむ力が求められている。『体系現代文』（教学社）などの問題集を用いて，テーマや設問形式の近い問題の演習を重ねておきたい。また，日頃から新聞や新書類を読み，読解力を養成するように努めよう。わからない言葉は辞書を引いて語意を確認する習慣をつけること。

02 論述力を高める

課題文中の内容説明に関しては，設問の要求をふまえたうえで，該当箇所の内容をわかりやすくまとめる訓練が必要である。国語の記述問題などで練習を積んでおきたい。

実際に書いた答案を誰かに読んでもらい，内容や構成について客観的な評価を受けるようにすると効果的である。

03 専攻内容に関する知識・理解

フランスの文化・歴史に関する課題文が用いられ，基本的な知識を前提とした設問も見られる。高校社会の各科目をしっかりと学んでおくことはもちろん，地理や世界史の教科書については関連する部分を重点的に確認しておきたい。また，新聞や新書などで関連する話題に触れるように努めておきたい。

新聞学科

▶ジャーナリズムに関する基礎的学力試験

年度	番号	内　容
2024 ◑	〔1〕	時事用語に関連する語句の選択（6問）
	〔2〕	**ドキュメンタリーにおける「演出」について** 意見論述（1000字）
2023 ◑	〔1〕	時事用語に関連する語句の選択（6問）
	〔2〕	**「ネガティブ・ケイパビリティ」の重要性** 意見論述（1000字）
2022 ◑	〔1〕	時事用語に関連する語句の選択（6問）
	〔2〕	**「呼びかけ」のなかにある権力関係** 意見論述（1000字）

（注）●印は全問，◑印は一部マーク式採用であることを表す。

傾向　ジャーナリズムに関する基礎的知識と論述力を問う

01　出題形式は？

大問2題，試験時間は75分。マーク式と記述式の併用で，〔1〕はマーク式で時事用語に関する選択問題が6問，〔2〕は課題文を読んだうえでの1000字の意見論述である。

02　出題内容はどうか？

〔1〕は，6つの時事用語について，それぞれ5つの選択肢の中から関連深い2つの語句を選ばせる問題である。

〔2〕は，1000字前後の課題文を読んで，その内容と関連する事例を挙げて1000字程度の意見論述をする問題である。課題文の内容は，2022年

度は「『呼びかけ』のなかにある権力関係」，2023年度は「『ネガティブ・ケイパビリティ』の重要性」，そして2024年度は「ドキュメンタリーにおける『演出』について」で，いずれも人間のコミュニケーションや社会的事象の理解に関わるものであった。

03 難易度は？

〔1〕は，最近の社会的事象について幅広く理解しておかなければならないが，それを心がけて準備していれば平易である。

〔2〕は，課題文の内容を的確に理解したうえで，関連する事例を挙げて意見論述しなければならない。これを試験時間内で素早く行わなければならないので難度はかなり高い。

対策

01 さまざまな社会的事象についての関心と理解

〔1〕は，時事用語に関する出題である。政治・経済・国際社会に関するものから最近の社会事象や芸能にいたるまで，幅広いジャンルから出題されている。『新聞ダイジェスト』『最新時事用語』（ともに新聞ダイジェスト社）や『現代用語の基礎知識』（自由国民社），『朝日キーワード』（朝日新聞出版）などで知識をストックしておく必要がある。特に最新のトピックについては，日頃から新聞やネットニュースなどでも注意しておくとよいだろう。

〔2〕の意見論述では，さまざまな社会的事象の理解に関わる課題文が示され，それをふまえ，新聞学科としての問題意識に即した論述が求められている。日頃から新聞や新書類などからも幅広く知識・情報を蓄えるとともに，上記の新語事典類にも目を通し，社会的事象をさまざまな視点から捉え，理解しておきたい。

02 論述力を高める

〔2〕の意見論述では，素早く的確な論述が求められる。課題文は例年1000字前後で短く，また内容も読みやすいが，〔1〕と〔2〕をあわせて75分という試験時間で，具体的な事例を挙げながら1000字程度の意見論述をしなければならない。論述するにあたって，その切り口から論文の構成，結論にいたるまでしっかり考えたうえで書きはじめること。途中で逡巡しすぎると時間内で仕上げることは難しい。過去問を参考に，何度も練習しておきたい。

なお，実際に書いた小論文は経験ある人の添削を受け，その内容や構成について客観的な評価を受けるとよい。

総合人間科学部

教育・社会・看護学科

▶人間と社会に関わる事象に関する論理的思考力，表現力を問う総合問題

年度	番号	内　容
2024 ◑	〔1〕	**ストライキの「原理」**　⊘グラフ ⑴書き取り　⑵内容真偽　⑶空所補充 ⑷・⑼内容説明（40 字他）　⑸～⑻公民・歴史知識
	〔2〕	**日本の家庭教育のあり方** ⑴空所補充　⑵・⑷公民・歴史知識 ⑶・⑸～⑺内容説明（30 字 2 問，40 字他）
2023 ◑	〔1〕	**ネット右翼とはどのような人か**　⊘図・統計表 ⑴書き取り　⑵具体例選択　⑶用語説明 ⑷・⑹・⑺空所補充　⑸表題（15 字） ⑻内容真偽　⑼資料読解・理由説明（50 字）
	〔2〕	**第 4 次産業革命と小学校教育** ⑴～⑹・⑻空所補充　⑺内容真偽 ⑼～⑾内容説明（40・60 字他）
2022 ◑	〔1〕	**世論調査と日本人の意識**　⊘統計表・グラフ ⑴・⑻～⑽空所補充　⑵・⑾数値補充 ⑶表題（20 字）　⑷欠文挿入箇所　⑸具体例列挙 ⑹理由説明　⑺グラフ選択　⑿空所補充（45 字）
	〔2〕	**考えることと自由の感覚** ⑴書き取り　⑵～⑷・⑻空所補充 ⑸～⑺内容説明（40 字他） ⑼理由説明（60 字）

（注）　●印は全問，◑印は一部マーク式採用であることを表す。

傾向　専攻に関する課題文で読解力・表現力を問う

01　出題形式は？

例年，大問 2 題，試験時間 75 分。いずれも日本語の課題文を読解する形式で，〔1〕は表やグラフを含む。マーク式と記述式の併用で，設問は，空所補充，漢字の書き取り，図表の読み取り，見出し作成，課題文の内容説明など，国語的な出題（現代文）である。2024年度は，公民・歴史の基本知識も問われた。内容説明の記述式は30～60字と比較的短い字数設定となっている。

02 出題内容はどうか？

社会・労働問題や人間の認知，子ども・教育などを題材とする課題文が出題されている。文章スタイルとしては，抽象的な評論文から，数値やデータに即した調査・分析的な文章まで，多種多様である。例年，〔1〕で出題される統計表やグラフはアンケート結果をまとめたものなどが多く，2024年度は厚生労働省による統計調査であった。

03 難易度は？

マーク式・記述式ともに，基本的にはさほど難解ではないが，慎重な判断を要する選択問題も散見される。なかには，統計データに関する計算が必要な設問もあるが，ごく平易である。グラフも含めると，読解量は比較的多いので，テンポよく解く能力が求められる。

対策

01 読解力の養成

それなりの長さの課題文が用いられている。空所補充や要約なども出されるので，評論文を取り扱う国語の入試問題などで精密な読解の練習を積んでおきたい。

また，表やグラフの読み取りを求める問題も見られる。社会科学系の文章で表やグラフが出てきたら，本文の内容と対照しながらデータを読み取る訓練をしておこう。

02 論述力の養成

要約や理由・内容説明が多く出題されている。課題文全体の論旨をふまえた上で，設問の要求にしたがって簡潔にまとめる訓練が必要である。実際に書いたものを添削してもらい，内容や構成について客観的な評価を受けると効果的である。

03 社会全体の問題に広く関心をもつ

どの年度の問題からも，社会をとりまく諸問題に広く関心をもってほしいというメッセージが伝わってくる。総合人間科学部としての共通の問題意識とも言える。志望学科の専攻内容に関わる部分を中心に，日頃から新聞や新書などでそうした問題にふれ，理解と考察を深めておきたい。

04 過去問の活用

その他の学科についても，テーマや問題意識は共通しているので，できれば目を通しておくことをお勧めする。少なくとも，課題文は読んでおくとよいだろう。

心理学科

▶心理学のための理解力と思考力を問う試験

年度	番号	内容
2024 ◑	〔1〕	**「オモテ」と「ウラ」という言葉が表すもの** ⑴〜⑹空所補充（30字他）⑺要約（150字）
	〔2〕	**日本における出入国者の状況と実態**　**✓統計表・グラフ** ⑴〜⑻グラフ・表の読み取り
2023 ◑	〔1〕	**子どもは他者の気持ちをどう読み取るか** ⑴・⑵・⑸・⑹空所補充　⑶内容説明（50字） ⑷欠文挿入箇所　⑺要約（150字）
	〔2〕	**高齢化の進行状況とその実態**　**✓グラフ・統計表** ⑴〜⑻グラフ・表の読み取り
2022 ◑	〔1〕	**「音の眺望」について**　**✓表** ⑴〜⑶・⑸空所補充　⑷表の読み取り ⑹内容説明（10・30字）⑺要約（150字）
	〔2〕	**食習慣についてのアンケートから読み取り**　**✓表** ⑴〜⑺表の読み取り

（注）●印は全問，◑印は一部マーク式採用であることを表す。

傾向　課題文の論理展開を把握する読解力と基本的な統計処理能力が問われる

01　出題形式は？

試験時間は75分。大問2題の構成が続いている。マーク式と記述式の併用で，〔1〕は，課題文を読んで設問に答えるもので，マーク式の空所補充のほか，記述式で空所を補充する形式での内容説明や，要約（150字）が出題されている。〔2〕は統計資料を読み取るもので，マーク式の正文選択が出題されている。

02 出題内容はどうか？

〔1〕の課題文は心理学や認知科学など，心理学科の専門領域に関係する内容である。空所補充・内容説明・要約のいずれも，文章の前後関係や課題文全体の論理展開を把握する力が問われている。2024年度は「オモテ」と「ウラ」という言葉が，どのように関係しながら，どのような意味を表すかを述べた文章が出題された。

〔2〕では，1つのテーマに関する10前後の統計表やグラフから，設問ごとに対応する図表を見定め，設問文の正誤を判断する。テーマは心理学や認知科学に限定されておらず，広く社会問題一般と言ってよい。2024年度は，日本における出入国者の状況とその実態についての資料が出題された。

03 難易度は？

課題文は論点が明確で比較的読みやすく，統計資料もさほど複雑なものではない。しかし，75分という試験時間の中で，読解と計算量の多い資料の読み取りをこなさなければならないことを勘案するに，「やや難」と言える。

対策

01 読解力の養成

それなりの長さの課題文が提示されている。空所補充や要約などが出題されているので，評論文を扱う国語の入試問題などで，論理展開や文章の前後関係を正確に捉える練習を積んでおきたい。

また，統計表やグラフの読み取りも求められる。社会科学系の文章で図表が出てきたら，本文の内容と対照しながらデータを読み取る訓練をしておこう。一つのテーマについて数多くの資料を用意することは難しいので，他大学の過去問などにも目を向けるとよい。

02 論述力の養成

要約や内容説明が出題されている。課題文全体の論旨をふまえたうえで，設問の要求にしたがって要点をまとめる訓練が必要である。実際に書いたものを添削してもらい，内容や構成を客観的に評価してもらうと効果的である。

03 社会全体の問題に広く関心をもつ

どの年度の出題からも，社会をとりまく諸問題に広く関心をもってほしいというメッセージが伝わってくる。総合人間科学部としての共通の問題意識とも言える。心理学や認知科学に関わる話題を中心に，日頃から新聞や新書などでそうした問題にふれ，理解と考察を深めておきたい。

04 過去問の活用

心理学科以外の学科についても，出題テーマや論点に共通する部分が多いので，できれば過去問に目を通しておくことをお勧めする。少なくとも，課題文は読んでおくとよいだろう。

社会福祉学科

▶社会および社会福祉に関する理解力と思考力を問う試験

年度	番号	内　容
2024	〔1〕	**社会福祉に関わる用語問題** (1)〜(10)説明にあてはまる適切な語句を答える
	〔2〕	**性別役割意識がもたらす問題**　⊘グラフ 資料読解・意見論述（600字）
2023	〔1〕	**社会福祉に関わる用語問題** (1)〜(10)説明にあてはまる適切な語句を答える
	〔2〕	**格差と社会保障**　⊘グラフ 資料読解・意見論述（600字）
2022	〔1〕	**ワーク・ライフ・バランスに関わる用語問題** (1)〜(10)説明にあてはまる適切な語句を答える
	〔2〕	**ワーク・ライフ・バランスを実現するには** 意見論述（600字）

傾向　社会福祉学に関連する基礎知識が問われる出題

01　出題形式は？

大問2題で，試験時間は75分。〔1〕が基本的な知識を問う問題で，与えられた説明にあてはまる適切な語句を答えるもの，〔2〕は意見論述が500〜600字で出題されている。2023・2024年度はグラフの読み取りも求められた。

02　出題内容はどうか？

例年，社会福祉関連の制度的な基礎知識と時事問題への理解を問う出題となっている。2022年度はワーク・ライフ・バランスについての出題であった。また 2023・2024 年度の〔1〕は社会保障に関わる設問を中心に出題され，2023 年度の〔2〕はジニ係数に関するグラフの読み取りと格差社会の問題や対策についての出題，2024 年度の〔2〕は日本における性別役割意識に関するグラフの読み取りと，性役割がもたらす問題点や対策についての出題であった。

03 難易度は？

〔1〕〔2〕ともに，基本的な知識があれば解答することができる。〔1〕は社会福祉に関連する法・制度や基礎用語が比較的広範に出題される。やや専門性が高いものも含まれるが，「公民」の教科書・参考書，新聞・ニュースで日頃から知識を得ておけば問題はない。また，〔2〕も時事問題やその動静を把握していれば，一般的な内容をまとめる形で論述することで対応できる出題となっている。総じて難易度は「やや難」。

対策

01 論述力の養成

用語や事項の説明問題が出題されている。「公民」の教科書で専攻内容に関係のあるものについておさえておくとよいだろう。また，意見論述については過去問を参考にさまざまな問いを想定して，実際に書いてみる練習をしておきたい。基礎的な知識を適切にまとめることができるかが問われているので，奇をてらう必要はない。実際に書いたものを添削してもらい，内容や構成を客観的に評価してもらうと効果的である。

02 社会全体の問題に広く関心をもつ

どの年度の問題からも，社会をとりまく諸問題に広く関心をもってほしいというメッセージが伝わってくる。ヤングケアラーやワーク・ライフ・バランス，格差社会，ジェンダー平等など，社会福祉に関わる時事問題について，基本的な論点と課題，対策などの動静を理解しているかが問われている。日頃から新聞や新書などでそうした問題にふれ，理解と考察を深めておきたい。また，2023 年度からはグラフの読み取りも出題されている。新聞でデータが提示されている記事や，白書類を使い，データ読解にも慣れておこう。

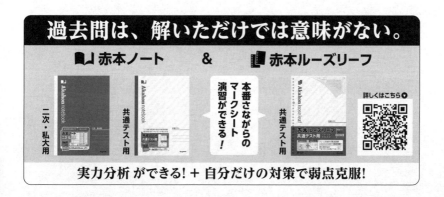

2024年度

問題と解答

一般選抜（学部学科試験・共通テスト併用方式）：神学部

問題編

▶試験科目・配点

試験区分		試験教科・科目	配　点
大学入学共通テスト	外国語	『英語（リーディング，リスニング）』，『ドイツ語』，『フランス語』のうちから１科目選択	60 点
	国語	『国語』	40 点
	地理歴史または公民	「日本史Ｂ」，「世界史Ｂ」，「地理Ｂ」，「倫理」，「政治・経済」，『倫理，政治・経済』のうちから１科目選択	40 点
大学独自試験	学部学科適性試験	キリスト教と聖書の基礎に関する理解力と思考力を問う試験	100 点

▶備　考

＊面接試験を実施する。２段階での選抜とし，第１次試験合格者にのみ第２次試験として面接を実施し，最終合否判定を行う。

＊大学入学共通テストの英語の技能別の配点比率は，リーディング100点：リスニング100点（200点満点）とする。

＊大学入学共通テストの国語は，古文・漢文を含む。

＊大学入学共通テストの選択科目を指定科目数以上受験した場合は，高得点の科目を合否判定に利用する。第１解答科目・第２解答科目の区別も行わない。

＊大学入学共通テストの得点は，各学科の配点に応じて換算して利用する。

＊任意で提出した CEFR レベル A2 以上の外国語外部検定試験結果は，CEFR レベルごとに得点化し，大学入学共通テストの外国語の得点（200点満点）に加点する。ただし，加点後の得点は，大学入学共通テストの外国語の満点を上限とする。

神学部

◀キリスト教と聖書の基礎に関する理解力と思考力を問う試験▶

（75分
解答例省略）

（注）記述式の解答は，各解答欄にていねいに記入すること。数字，ローマ字については，1マスに2字とする。

以下の問題文はすべて，第二バチカン公会議の「教会憲章」からの抜粋である。文章をよく読んで以下の問に答えなさい。なお，冒頭の番号は，原文に付されている段落番号である。

9　このメシア的な民の頭《かしら》1は，「われわれの罪のために死に渡され，われわれが義とされるために復活し2」，今はすべての名にまさる名を得て，天において栄光のうちに支配するキリストである。この民の法は，神の子らとしての品位と自由を備え，彼らの心の中には，あたかも神殿の中におけるように，聖霊が住んでいる。この民の法は，キリスト自身がわれわれを愛したように愛せよという新しいおきて3である。さらに，この民は神の国4を目的とし，その国は神自身によって地上に始められたが，さらに拡張されるべきものである。ついには世の終わりに，われわれのいのちであるキリストが現れるとき，神によって完成され（コロサイ3：4参照），「被造物も，いつか滅びへの隷属から解放されて，神の子どもたちの栄光に輝く自由にあずかる」。したがって，このメシア的な民は，現実にはすべての人を含まず，またしばしば小さな群れのように見えるが，それは全人類にとって，一致と希望，救いのもっとも確かな芽生えである。この民は，いのちと愛と真理の交流のためにキリストによって設立され，すべての人のあがないの道具として用いられ，世の光，地の塩5として，全世界に派遣されている。

かつて荒れ野を旅していた肉によるイスラエルが，すでに神の教会と呼ばれていたように，現世の中を進みながら未来の永続する国を追求する新しいイスラエルも，キリストの教会[6]と呼ばれる。なぜなら，キリストが自分の血をもってそれを獲得し，自分の霊をもって満たし，目に見える社会的一致のための適切な手段を与えたからである。神は，救いの実現者，一致と平和の本源であるイエスを信じ仰ぐ人々を招き集めて，教会を設立した[7]。それは，教会が，すべての人一人ひとりにとって，救いをもたらす一致の目に見える秘跡[8]となるためである。この教会は，すべての地域に広められるべきものとして，人間の歴史の中に場を占めていくが，同時に，時代と民族の境界を超越したものである。誘惑と苦難を通って進む教会は，主が教会に約束した神の恵みの力に強められ，肉の弱さの中にあっても，完全な忠実さを欠くことなく，主にふさわしい花嫁としてとどまり，聖霊の働きのもとにたえず自らを新たにし，ついに十字架を経て，沈むことのない光に達する。

13　すべての人が，神の新しい民に加わるように招かれている。したがって，この民は，単一，唯一のものとして存続しながら，全世界に向かって，またあらゆる時代を通して広められるはずのものである。それは，初めに人間性を一つのものとして造り，分散してしまった自分の子らを一つに集めることを決意した神のみ心の計画が成就されるため[9]である。そのため神は，万物の世継ぎと定めた子[10]を派遣し，子をすべての者の教師，王，祭司，神の子らの世界的な新しい民の頭にしようとした。神が最後に，子の霊，すなわち主，いのちの与え主を派遣したのも，そのためであった。この霊は，全教会およびすべての信じる人々を，使徒たちの教えと相互の交わりにおいて，またパンを裂く[11]ことと祈りにおいて，結集させ一致させる本源である。

したがって，地上のすべての民族の中に神の一つの民が存在している。それは，地上的ではなく天上的性格をもつ自国の市民をすべての国民から受け入れるからである。実際，世界中に散在しているすべての信者は，聖霊において他の信者たちと交わっており，こうして，「ローマに住んでいる者は，インド人が自分のからだの一部であることを知っている」。しかし，キリストの国はこの世のものではない。そのため，教会，すなわち，神の民は，この国を建設するにあたって，どの国民からも物質的富を決して取り去らず，かえって，諸国民の能力や資質や習慣を，それらがよいものであるかぎり，受け入れ，しかも受け入れつつそれらを清め，強め，高めている。実際，教会は，あの王(メシア)とともに異邦人を集めなければならないことを承知している。異邦人は，その王に遺産として与えられ，その王の都に贈り物と供え物を携えていくからである。神の民を飾るこの普遍性は，主自身からのたまものであり，このたまものによってカトリック教会は頭であるキリストのもとに，全人類をそのすべての富とともに，キリストの霊による一致において統合するよう，効果的にたえず努力している[12]。

17　実際，子は，父から派遣されたように，自ら使徒たちを派遣して[13]次のようにいった。「だから，あなたがたは行って，すべての民をわたしの弟子にしなさい。彼らに父と子と聖霊[14]の名によって洗礼を授け，あなたがたに命じておいたことをすべて守るように教えなさい。わたしは世の終わりまで，いつもあなたがたとともにいる[15]」。教会は，使徒たちから，救いの真理を告げよというキリストの厳然たる命令を，地の果てまで実行すべきものとして受けている。したがって教会は，「福音を告げ知らせないなら，わたしは不幸なのです」という使徒のことばを自分のものとし，そのため，たえず宣教者を送り続けている。それは，若い諸教会が十分に確立され，自らも宣教活動を続けるようになるまで続けられる。実際，教会は，キリストを全世界の救いの源泉と定めた神の計画を実現するために協力するよう，聖霊から迫られている。教会は，福音を宣教することによって，聞く人々が信じて信仰告白をするように誘い，洗礼に導き，誤謬への隷属から解放し，キリストに合体させ，こうして，彼らが愛を通してキリストにおいてその完成に至るまで成長してゆくようにする。教会はその働きをもって，人々の心や考え，あるいは各民族固有の風習や文化の中に見いだされる，すべてのよいものが滅びることのないように心を配るだけでなく，神の栄光をたたえ，悪霊を狼狽《ろうばい》させ，人間を幸福にするために，それを改め，高め，完成させるようにする。キリストのすべての弟子には，自分にできるかぎり信仰を広める義務が課せられている。しかし，信じる人々はだれでも洗礼を授けることができるが，預言者を通して「日の出る所から日の入る所まで，諸国の間でわが名はあがめられ，至るところでわが名のために香がたかれ，清いささげものがささげられている」と告げた神のことばを成就して，聖体のいけにえによってからだの建設を完遂するのは司祭の務めである。このように[16]教会は祈り，また同時に働いているが，それは，全世界のすべての人々が神の民，主のからだ，聖霊の神殿となり，すべてのものの頭であるキリストにおいて，万物の創造主である父にすべての栄誉と栄光が帰せられるためである。

「教会憲章」第２バチカン公会議文書公式訳改訂特別委員会監訳『第二バチカン公会議公文書　改訂公式訳』(カトリック中央協議会，2013年。一部改変。)

問１　下線部１について。ヘブライ語の「メシア」(ギリシア語では「キリスト」)とは，「(　　　)を注がれた者」という意味である。

(　　　)の中に入る適切な語句を記しなさい。

問２　下線部２について。以下の文章は，ある人物が書いた手紙の一節である。

最も大切なこととしてわたしがあなたがたに伝えたのは，わたしも受けたものです。すなわち，キリストが，聖書に書いてあるとおりわたしたちの罪のために死んだこと，葬られたこと，また，聖書に書いてあるとおり三日目に復活したこと，ケファに現れ，その後十二人に現れたことです(コリントの信徒への手紙　一15：３－５)。

この手紙を書いた人物は誰か。次の中から適切なものを選び，記号で答えなさい。

①モーセ　②アンデレ　③トマス　④パウロ　⑤バルナバ

問３　下線部３について。イエスは，最後の晩餐の席で，弟子たちの足を洗った後で次のように語った。

あなたがたに新しい掟を与える。互いに愛し合いなさい。わたしがあなたがたを愛したように，あなたがたも互いに愛し合いなさい。互いに愛し合うならば，それによってあなたがたがわたしの弟子であることを，皆が知るようになる(ヨハネ13：34－35)。

イエスは，「わたしがあなたがたを愛したように，わたしを愛しなさい」とは言わない。「神への愛」と「(　　　　)への愛」は，端的に同じものではない。しかし同時にまた，分かつこともできない。なぜなら，前者は後者の根拠であり，後者は前者の具体的な現れだからである。

(　　　　)の中に入る適切な語句を記しなさい。

問4　下線部4について。イエスは，ヨハネが捕らえられた後，ガリラヤへ行き，神の福音を宣べ伝えて，次のように語る。

時は満ち，神の国は近づいた。悔い改めて福音を信じなさい。

「時が満ちる」とは，終末における救いの時を意味する。終末とは，神による裁きの時とも言われるが，その本質において，神の計画が成就する救いのとき・希望のときでもある。「神の国」とは，(　　　　)，すなわち「神がすべてにおいてすべてとなられる」ことにほかならない。イエスにおいて，この「神の国」は，確かに到来した。しかしそれは，すでに完成したというわけではない。そのために，神は，私たち一人ひとりを招いている。

(　　　　)の中に入る適切な語句は何か。次の中から適切なものを選び，記号で答えなさい。

①神の喜び　②神の祈り　③神の支配　④神の領土　⑤神の再臨

問5　下線部5について。この言葉は，有名なイエスの一連の話の一部である。

（1）　それは，一般的に何と呼ばれているか。次の中から適切なものを選び，記号で答えなさい。

①海上の説教　②山上の説教　③喜びの説教　④慰めの説教　⑤愛の説教

またその中では，次のようなことも語られる。

人にしてもらいたいと思うことは何でも，あなたがたも人にしなさい。これこそ律法と預言者である。

（2）　この一節は，一般的に何と呼ばれているか。次の中から適切なものを選び，記号で答えなさい。

①十戒　②道徳律　③新しい契約　④福音　⑤黄金律

問6　下線部6について。以下の文章の(　あ　)(　い　)のそれぞれに入る人名は何か。次の中から適切なものを選び，記号で答えなさい。

シモン・(　あ　)が，「あなたはメシア，生ける神の子です」と答えた。すると，イエスはお答えになった。「シモン・バルヨナ，あなたは幸いだ。あなたにこのことを現したのは，人間ではなく，わたしの天の父なのだ。わたしも言っておく。あなたは(　あ　)。わたしはこの岩の上にわたしの教会を建てる。陰府の力もこれに対抗できない。わたしはあなたに天の国の鍵を授ける。あなたが地上でつなぐことは，天上でもつながれる。あなたが地上で解くことは，天上でも解かれる」。

またその後継者として，第266代目となる現在のローマ教皇は，（　い　）

である。

①グレゴリオ　②レオ　③ヨハネ・パウロ２世　④フランシスコ　⑤パウロ６世　⑥ペトロ　⑦ドミニコ　⑧ヤコブ　⑨ヨハネ23世　⑩ベネディクト16世

問７　下線部７について。イエスが，人類の身代わりとして，十字架上で犠牲となることによって，人間の罪を贖い，人間を罪から解放したと考えられている。これが，贖罪と言われるものである。このイエスは，「平和の君」とも言われ，復活の後，弟子たちの前に現れた時に「あなたがたに平和があるように」と語られた。

イエスにおける，受難・死・復活という一連の出来事は，（　　　）と言われる。

（　　　）に入る適切な語句は何か。次の中から適切なものを選び，記号で答えなさい。

①過越の秘義　②いのちの秘義　③奇跡の秘義　④神託の秘義　⑤歴史の秘義

問８　下線部８について。ここでは，教会がある意味で秘跡として捉えられている。一方，カトリック教会では，キリストに由来するものとして，７つの秘跡が大切にされている。その中で入信の秘跡と呼ばれているのが，（　①　），（　②　），（　③　）である。入信の秘跡では，まず（　①　）が授けられ，次いで，（　②　），（　③　）が授けられる。さらに，ゆるし，病者の塗油，（司祭）叙階，婚姻などがある。

（　①　）～（　③　）に入る適切な語句を記しなさい。

問９　下線部９について。「エフェソの信徒への手紙」には，次のような記述がある。その中で語られる下線部の「秘められた計画」とは，いったいどのようなものか。このエフェソ書の中の言葉を踏まえながら，50字以内でまとめなさい。

わたしたちはこの御子において，その血によって贖われ，罪を赦されました。これは，神の豊かな恵みによるものです。神はこの恵みをわたしたちの上にあふれさせ，すべての知恵と理解とを与えて，秘められた計画をわたしたちに知らせてくださいました。これは，前もってキリストにおいてお決めになった神の御心によるものです。こうして，時が満ちるに及んで，救いの業が完成され，あらゆるものが，頭であるキリストのもとに一つにまとめられます。天にあるものも地にあるものもキリストのもとに一つにまとめられるのです(エフェソ１：７－10)。

問10　下線部10について。イエスの言葉と行いは，福音書という書物に書き記されている。まず，(　①　)による福音書が書かれ，続いて(　②　)による福音書とルカによる福音書が，そして最後に(　③　)による福音書が書かれた。

(　①　)～(　③　)に入る適切な語句を記しなさい。

問11　下線部11について。この行為は，今日に至るまで，カトリック教会において行われ続けている共同体としての祈りであるが，それは何と呼ばれているか。適切な語句を記しなさい。

問12　下線部12について。「エフェソの信徒への手紙」には，次のような記述がある。

神はまた，すべてのものをキリストの足もとに従わせ，キリストをすべてのものの上にある頭として教会にお与えになりました。教会はキリストの体であり，すべてにおいてすべてを満たしている方の満ちておられる場です(エフェソ１：22－23)。

これを参考にして，「キリストの体としての教会」とは，どのようなものであるか，50字以内で述べなさい。

問13　下線部13について。イエスは，自らが御父からこの地上に派遣されたことについて，以下のように語る。

わたしが天から降って来たのは，自分の意志を行うためではなく，わたしをお遣わしになった方の御心を行うためである。わたしをお遣わしになった方の御心とは，わたしに与えてくださった人を一人も失わないで，終わりの日に復活させることである。わたしの父の御心は，子を見て信じる者が皆(　　　)を得ることであり，わたしがその人を終わりの日に復活させることだからである(ヨハネ６：38－40)。

(　　　)に入る適切な語句は何か。次の中から適切なものを選び，記号で答えなさい。

①永遠の勝利　②神の国　③永遠の命　④心の平和　⑤福音の喜び

問14　下線部14について。キリスト教において，神は，父と子と聖霊という三つの位格(ペルソナ)を持っていると言われる。このことは，一般的に何と呼ばれているか。漢字で記しなさい。

問15　下線部15について。イエスの誕生にあたって，主の天使が次のように語ったと記されている。

「見よ，おとめが身ごもって男の子を産む。その名は(　　　)と呼ばれる。」この名は，「神は我々と共におられる」という意味である(マタイ１：23)。

(　　　)に入る適切な語句は何か。次の中から適切なものを選び，記号で答えなさい。

①ナタナエル　②インマヌエル　③エゼキエル　④ダニエル　⑤イスラエル

問16　下線部16について。これまで見てきた問題文(9，13，17)は，「神の民としての教会」について語っている。はたして，教会が「神の民」であるとは，いったいどういう意味なのだろうか。問題文9をよく読んで，「神の民」は，どのような特徴を持っているのか，200字以内で述べなさい。

(問2～問6，問9，問12，問13，問15) 聖書の出典：日本聖書協会『新共同訳 新約聖書』

一般選抜（学部学科試験・共通テスト併用方式）：文学部

問題編

▶試験科目・配点

学科	試験区分	試験教科・科目		配　点
哲	大学入学共通テスト	外国語	『英語（リーディング，リスニング）』，『ドイツ語』，『フランス語』のうちから１科目選択	60 点
		国語	『国語』	40 点
		地理歴史または公民または数学	「日本史Ｂ」，「世界史Ｂ」，「地理Ｂ」，「倫理」，「政治・経済」，『倫理，政治・経済』，『数学Ⅰ・数学Ａ』のうちから１科目選択	40 点
	大学独自試験	学部学科適性試験	哲学への関心および読解力・思考力・表現力を問う試験	100 点
史	大学入学共通テスト	外国語	『英語（リーディング，リスニング）』，『ドイツ語』，『フランス語』のうちから１科目選択	60 点
		国語	『国語』	40 点
		地理歴史	「日本史Ｂ」，「世界史Ｂ」のうちから１科目選択	40 点
	大学独自試験	学部学科適性試験	歴史学をめぐる試験	100 点
国文	大学入学共通テスト	外国語	『英語（リーディング，リスニング）』，『ドイツ語』，『フランス語』のうちから１科目選択	60 点
		国語	『国語』	40 点
		地理歴史または公民	「日本史Ｂ」，「世界史Ｂ」，「地理Ｂ」，「倫理」，「政治・経済」，『倫理，政治・経済』のうちから１科目選択	40 点
	大学独自試験	学部学科適性試験	現代文・古文・漢文の読解力を問う試験	100 点
英文	大学入学共通テスト	外国語	『英語（リーディング，リスニング）』	50 点
		国語	『国語』	50 点
		地理歴史または公民	「日本史Ｂ」，「世界史Ｂ」，「地理Ｂ」，「倫理」，「政治・経済」，『倫理，政治・経済』のうちから１科目選択	50 点
	大学独自試験	学部学科適性試験	英語適性検査（英語長文読解とその内容に基づく英語小論文により，理解力・思考力・表現力を問う）	100 点

学科	試験区分	試験教科・科目		配　点
ドイツ文	大学入学共通テスト	外国語	『英語（リーディング，リスニング）』，『ドイツ語』，『フランス語』のうちから１科目選択	60 点
		国語	『国語』	40 点
		地理歴史または公民	「日本史Ｂ」，「世界史Ｂ」，「地理Ｂ」，「倫理」，「政治・経済」，『倫理，政治・経済』のうちから１科目選択	40 点
	大学独自試験	学部学科適性試験	文化・思想・歴史に関するテクストの読解力および思考力・表現力を問う試験（日本語の文章の読解力および思考力・表現力を問う）	100 点
フランス文	大学入学共通テスト	外国語	『英語（リーディング，リスニング）』，『ドイツ語』，『フランス語』のうちから１科目選択	60 点
		国語	『国語』	40 点
		地理歴史または公民	「日本史Ｂ」，「世界史Ｂ」，「地理Ｂ」，「倫理」，「政治・経済」，『倫理，政治・経済』のうちから１科目選択	40 点
	大学独自試験	学部学科適性試験	フランス文学・文化・歴史に関するテクストの読解力および思考力・表現力を問う試験	100 点
新聞	大学入学共通テスト	外国語	『英語（リーディング，リスニング）』，『ドイツ語』，『フランス語』のうちから１科目選択	60 点
		国語	『国語』	40 点
		地理歴史または公民	「日本史Ｂ」，「世界史Ｂ」，「地理Ｂ」，「倫理」，「政治・経済」，『倫理，政治・経済』のうちから１科目選択	40 点
	大学独自試験	学部学科適性試験	ジャーナリズムに関する基礎的学力試験	100 点

▶備　考

＊大学入学共通テストの英語の技能別の配点比率は，リーディング100点：リスニング100点（200点満点）とする。

＊大学入学共通テストの国語は，古文・漢文を含む。

＊大学入学共通テストの選択科目を指定科目数以上受験した場合は，高得点の科目を合否判定に利用する。第１解答科目・第２解答科目の区別も行わない。

＊大学入学共通テストの得点は，各学科の配点に応じて換算して利用する。

＊任意で提出したCEFRレベルA2以上の外国語外部検定試験結果は，CEFRレベルごとに得点化し，大学入学共通テストの外国語の得点（200点満点）に加点する。ただし，加点後の得点は，大学入学共通テストの外国語の満点を上限とする。

哲学科

◀哲学への関心および読解力・思考力・表現力を問う試験▶

(75分)

(注) 記述式の解答は，各解答欄にていねいに記入すること。数字，ローマ字については，1マスに2字とする。

問題Ⅰ　以下の設問について，正しい解答をa，b，c，dのなかから1つ選択し，その記号を解答欄にマークせよ。

(1) 「万物は流転する(パンタ＝レイ)」という言葉で有名なイオニアの哲学者は誰か。

a．タレス　b．ヘラクレイトス　c．パルメニデス　d．デモクリトス

(2) キリスト教神学の基礎を築いたラテン語教父アウグスティヌスの著作でないものはどれか。

a．『神の国』　b．『告白』　c．『魂について』　d．『三位一体論』

(3) モナド論や予定調和論を唱えた哲学者は誰か。

a．デカルト　b．スピノザ　c．ライプニッツ　d．カント

(4) 人を孤立した個人としてではなく間柄的存在とみなし，『人間の学としての倫理学』や『風土』を著した日本の哲学者は誰か。

a．三木清　b．西田幾多郎　c．柳田国男　d．和辻哲郎

(5) 絶対的な他者を「顔」と表現し，『全体性と無限』や『存在の彼方へ』などを著したユダヤ系哲学者は誰か。

a．ハイデガー　b．サルトル　c．レヴィナス　d．アーレント

問題Ⅱ　以下の文章を読んで，1～5の問いに答えよ。文字数には句読点を含める。

（出題にあたって表記を一部改めた。）

膨大な言説を調べ上げて今が生まれてくる過程を明らかにするフーコー[注1)]の著作を読むと，批判の有効性を感じると同時に，批判はフーコーのような大哲学者のやることであって，私たちには㋐ムエンの事柄と感じられるかもしれない。しかしそうではない。批判とは，私たちごく普通の人が自分の生活や生き方を捉え直す実践でもある。ここで私たちの日常と批判をつなぐのが権力という考え方だ。

Ⓐ突然だが，こんな場面を想像してみよう。あなたは友達からSNSのメッセージを受け取った。メッセージを読んだあなたは，今すぐ返信せずにはいられない。ここであなたは，誰に強制されるわけでもなく，自らすすんでメッセージを返そうとしている。今返信する，あとで返信する，ずっと返信しない。こういった無数の選択肢のなかで自由に振る舞えるにもかかわらず，なぜかすぐに返事をしなくてはいけない気持ちに駆られるあなた。フーコーは，ここであなたが感じる返信を「促される感じ」を「権力」と表現するよう提案した。

こういった日常の「感じ」を権力と表現することには馴染みがないかもしれない。確かに，これはフーコー独特の言葉遣いだ。普通権力とは偉い人が持つもの，私たちの行動を㋑シバるもの，私たちの自由を制限しようとするものを意味することが多いし，そういう働き方をする権力もある。しかし，権力は私たちを押さえつけるものだと考えるばかりでは，近代以降の世の中をうまく捉えられないとフーコーは考えた。そこで，『知への意志』という本を書いて，これまでとは異なる，私たちの日常を語れるような権力の考え方を提示した。

フーコーの「権力」とは，簡単に言えば，関係のなかで人をある振る舞いへと促す働きのことだ。権力という言葉が大げさであれば，「力」と言い換えるとわかりやすいかもしれない。権力も力も，原語は同じpouvoir（仏），power（英）だ。

先のSNSの例にとどまらず，私たちの日常はなんとなく促される場面に溢れている。飲み会で先輩にタイミングよくビールを注ぐよう，駅できちんと並んで電車を待つよう，恋人を作るよう，促される感じがする。はたから見れば，私たちの振る舞いは自由な選択の結果だ。いや，実際に私たちは自由に振る舞っているはずなのだ。だからこそ，自由な日常で湧いてくるこの促される感じは，①わざわざ名づけなければ，なかったことにされてしまう。時に違和感や疑問とも表現できる，「自由な選択」に回収しきれない私たちの「感じ」は，権力と呼ぶことによってはじめて，語り，共有できるようになる。

この「権力」という言葉が，あくまでも説明や理解のための概念，もっと言えば名づけに過ぎない点に注意しよう（フーコーは「権力について語る時には唯名論者であらねばならない」と言っている）。権力それ自体は，よい意味も悪い意味も持たない。権力と呼ぶことは，そう呼ばれる事態がよくないものだったり，否定すべきだという評価を含んでいるわけではない。あらゆる関係のなかで人を動かす何かが働いているとみなしてみる，そしてその何かを「権力」と名づけてみる。そうすることによって，今まで見えなかったもの・語れなかったものを，見える・語れるようにしようとフーコーは提案している。「権力」という考え方は，まさに世界をよりクリアに説明し理解するための試みなのだ。

批判と権力という考え方は密接な関係にある。批判とは，出来事の重なりを調査することによって，今の成り立ちを明らかにする作業のことだった。個々の出来事それ自体も関係のなかで成り立つわけだから，そこには必ず権力が働いている。それゆえ，権力の働きを捉えることは出来事の調査，つまり批判には不可欠だ。

批判の作業において，権力という考え方は出来事の生成を説明する概念として機能する。権力という概念を使えば，出来事がどのように生じたのかを個人の自由の水準に留めず，関係のなかで人を振る舞いへと促す働きの効果として説明し，その働きについて考えることが可能になる。

フーコーは，西洋社会における今のセクシュアリティが，どのような出来事の上に成立し，出来事が生じ積み重なる時にどのように権力が働いたのかを，百年単位で調査することを計画した。『知への意志』では，今のセクシュアリティの成立には，人々にセクシュアリティについて語るよう促す権力や，本当のセクシュアリティがどこかにあるはずだと信じさせる権力が働いてきたことが論じられている。今のセクシュアリティの成立を，人々が自由に語ったり振る舞ったりした結果ではなく，そうさせる権力が働いた結果と捉えることによって，私たちが当たり前と信じているセクシュアリティの実践や考え方が必然性を持たないことを，フーコーは読み解こうとした。この読み解きとは，過去を生きた人々の日常で何が起こっていたのか，何が語られたのかを，権力という概念を用いて説明する作業にほかならない。②権力という考え方は出来事の生成を理解するための概念であり，今を批判するための道具なのだ。

さて，今を生きる私たち自身の日常もまた，権力の働く場として読み解くことができる。今の自分や自分を取り巻く世界のあり方をフーコー的批判の観点から㋒ナガめれば，これまでは気づかなかった権力の働きが見えるようになる。権力の働きに意識的になり，今のあり方がどのように出来上がっているかに気づくと，私たちは，日常が必ずしも今のままであらねばならないわけではないと考えることができる。批判を通して，私たちの生は変化へと開かれるのだ。

これは③別に大層なことではない。SNSの返信を促されると感じ，そこに権力の働きを見いだすことによって，あなたは自分の振る舞いについて改めて考えることができる。その権力はスマートフォンという技術との関わりから生じるのか，友達との関わりから生じるのか。考える視点はさまざまだ。そして，考えた上で現状を維持することも，違う仕方で振る舞うこともできる(フーコーは今のあり方を変えなければならないと主張しているわけではない)。このように，フーコーの批判は，平凡な日常を送る私たちにとってこそ「使える」思想なのだ。

哲学者フーコーが批判を試みるのは，今は変えてもよいし，変えられるはずだという期待と確信があるからだ。私たちはフーコー思想という，今をよく知り，よく生きるための道具をすでに手にしている。彼のテクストを読んだ後でそこからどう生きるかは，読者のあなた次第だ。

(相澤伸依「フーコー」『現代フランス哲学入門』ミネルヴァ書房，2020，p.240-242.)

注1)　フーコー(Michel Foucault, 1926-1984)は，フランスの思想家。

問1　下線部㋐，㋑，㋒のカタカナを漢字に直せ。

問2　下線部①「わざわざ名づけなければ，なかったことにされてしまう」とは，どのようなことか。110字以上，140字以内で説明せよ。

問3　下線部②は，どのようなことか。110字以上，140字以内で説明せよ。

問4　下線部③は，なぜそう言えるのか。50字以上，80字以内で説明せよ。

問5　下線部Ⓐは，この文章の論の展開において，どのような役割を果たしているか。50字以上，80字以内で説明せよ。

問題Ⅲ　以下の３つのテーマのなかから１つ選択し，論述の最初の〔　〕内に自分の選んだテーマの記号を明記したうえで，500字以上，600字以内，横書きで，その選択したテーマについて現時点でのあなたの考えを自由に論じなさい。文字数には句読点を含める。

a．生成AIは，哲学をどう変える可能性があるか。

b．正義の戦争はあるか。正義の概念を明確化しつつ論ぜよ。

c．生成AIが生み出した作品は，芸術作品とみなされうるか。

史学科

◀歴史学をめぐる試験▶

（75分）

ウクライナ戦争と歴史にかかわる２つの文章［Ａ］・［Ｂ］をよく読み，以下の設問に答えなさい。

［Ａ］

「ウクライナ史とは何か？」という厄介な問題がある。例えば，新興ウクライナ国家が自前の国民史創出に躍起だった1995年，アメリカのウクライナ史家マーク・フォン・ハーゲンは，「ウクライナに歴史はあるのか？」という挑発的な問いを発した。発問者による冒頭の回答は，あるウクライナ人歴史家の発言を引いて，「もしもウクライナに未来があるのなら，その時はウクライナは歴史を持つことになろう」という意味深長なものだったが，この時も応答したウィーンのロシア帝国史家アンドレアス・カペラーは20年後，問題はいまも未解決だと指摘した。曰く，

> ウクライナ史とみなされるべきものは何か。ウクライナ民族とウクライナ民族国家を作ろうとする企てに焦点化したウクライナ人のナショナルな語りによってのみ代表されるものなのか。それとも，古代から現在にいたるまで多民族からなる住民を抱えたウクライナの領域を扱ったものなのか。他民族の語りはロシア，ポーランド，ユダヤ，ソヴィエトの歴史に属し，ウクライナ史には属さないのか。それとも多様なウクライナ史があるのか。あるいは，もっと急進的に，ウクライナ史は時代遅れなのか。ヨーロッパ統一とグローバル化の時代には，ヨーロッパ史やグローバル・ヒストリーによって代替されるべきものなのか。

カペラーの示した問題群は，原初主義的な民族観・国家観を批判し，近代国家形成と国民史との抜き差しならぬ関係を自覚的に問い直してきた現代歴史学にとって常識的な問いかけである。同時に，新興ウクライナにおいて，ソ連史学由来で独立後も残存する集合的記憶（ロシアとの歴史的な不可分性を強調，ウクライナ東部・南部で有力）

と，19世紀末以降に創造された民族主義的歴史とが衝突し，ウクライナ国内の地域的・言語的分断を強化し紛争を招いてきた，深刻な事態を直視したものでもある。

後者の像が，北米の亡命歴史家によって継受・発展させられ，これがソ連末期に還流して，特にウクライナ西部の民族主義的政治勢力の主導する(あ)記憶政治に利用されたことも，専門家には常識に属するだろう。(い)ウクライナ史を①民族主義者の観点でとらえるのか，②境界線の度重なる変動を視野に入れながら，いまは「ウクライナ」と呼ばれる領域に暮らした多様な人々の歴史ととらえるのか，が問われている。

しかるに，2022年，「西側」世界や日本で突如流布されたウクライナ史像では，ロシア・ウクライナ・ベラルーシ共通の始祖であったはずのキエフ・ルーシ(*)をもっぱらウクライナ国家の起源のように語り，その後の「(a)モンゴル支配のためにアジア的性格を深めた専制的ロシア」と，「西方教会の影響を受けて自由と民主主義を尊ぶヨーロッパ文明に属するウクライナ」との差異を本質的なものとみなす，原初主義的で(う)オリエンタリズムの気配さえ湛えた言説が有力である。そこには，周辺大国の抑圧に抗して古来の民族性を一貫して守り抜いたウクライナ人という，(え)バルト諸国とも共通する(b)建国神話の基調音が鳴り響いている。１世紀半も前の「民族覚醒」さながらのこの種の議論は，今回のウクライナ戦争を宿命的な民族対立の図式に落とし込んで理解させる機能を果たしている。(中略)

問題は，原初主義的で民族主義的な歴史叙述を批判し相対化するウクライナ人歴史家も少なからずいるとはいえ，民族主義派の政権が推進する(あ)記憶政治への迎合が多く見られた点にある。荒っぽい政権交代のたびに支配的言説が入れ替わるため，乏しい紙幅で詳しい事情の説明は困難だが，争点は，キエフ・ルーシからの系譜に加えて，近世(c)コサック国家と(d)モスクワ国家の関係，革命・内戦期の「人民共和国」の位置づけ，スターリンの強制的集団化と大量餓死，独ソ戦期のウクライナ民族主義者組織とステパン・バンデラの扱い，ホロコーストとその慰霊，と多岐に及ぶ。いち早く1990年代後半に松里公孝は，ウクライナにおけるキエフ・ルーシの系譜学の変転について，「権力の都合にあわせて，支配学説が交替しただけである。しかもそれは，研究者の間で何の抵抗も呼び起こさない」と喝破した。(中略)「記憶史」の観点に立つならば，個々の争点の事実性の吟味にもまして，中世にまで遡って過去の諸事件が党派的な(あ)記憶政治に利用され，歴史学自体がそれに左右されるあり様への洞察が重要，ということになろう。(お)歴史家は，つねにそれほど自律的で「高潔」なわけではない。

(出典：橋本伸也「「歴史」の書かれ方と「記憶」のされ方」，『歴史評論』第878号，2023

年６月，12～13頁。ただし，作問の都合上，一部の文言を改変・省略している。)

(＊) ９世紀から13世紀のキエフ(今次のウクライナ戦争でキーウと呼称を変更)を首都とする古代ロシア帝国。ルーシはロシアの古名。13世紀前半のモンゴル軍の侵入によって解体。

[B]

2022年２月に始まったロシアによるウクライナ侵攻(以下，ウクライナ戦争)は，日本近代史研究の立場からすると，(e)日本がかつて行なった大陸への侵攻，とりわけ日中戦争(1937～45年)との類似性を看取できる。(中略)

この２つの戦争の類似性として第１にあげられるのは，現在のロシアもかつての日本もともに世界的な軍事大国であり，基本的には国際秩序を維持する側だったということである。

日中戦争の前段階にあたる満州事変期まで日本は，国際連盟理事会の常任理事国であり，連盟を支える側であったにもかかわらず，満州事変と(f)「満州国」建国によって，力による国際秩序の変更を行なった。発端は，日本軍の出先機関である(g)関東軍と朝鮮軍による計画的な謀略であり，日本政府は事態の「不拡大」を表明し，陸軍首脳も関東軍を抑制しようとしたが，結局は関東軍の行動を追認するに至る。その後，日本政府は，1933年に連盟に脱退を通告する(発効は1935年)。

現在のロシアは，国際連合安全保障理事会常任理事国であり，拒否権を有する国連の柱の１国である。これまでにも，常任理事国，とりわけアメリカ合衆国や旧ソ連が深く関わった戦争はあったにせよ，(か)概ね内戦への介入という形式をとるか，あるいは「多国籍軍」という形式が取られてきた。しかし，今回のロシアによるウクライナ戦争は，ロシア側の言い分はともかく，常任理事国による直接的な他国侵略である点は疑いの余地がない。

かつての(h)日本による連盟脱退は，(i)ドイツ・イタリアの脱退の呼び水となり，連盟による戦争抑止・平和維持機能を明らかに低下させた。現在のロシアによる戦争は，国際連合とりわけ安保理の機能不全をもたらしている。つまり，過去と現在の事例から，国際秩序の維持者の側がその破壊者に回ってしまった時，既存の国際秩序維持のシステムは大きく動揺することが見えてくる。

類似性の第２は，日中戦争においても，ウクライナ戦争においてもその発端は，侵略側が過去の「成功事例」を繰り返そうとしたということである。

日本の場合，満州事変と(f)「満州国」建国が「成功事例」と認識されていたといってよいであろう。(中略)かくして，その「成功事例」の再現が目論まれることになる。支那駐屯軍による華北分離工作である。これは，1936年1月に閣議決定された，華北5省を国民政府(蔣介石政権)の影響下から分離させようとする政治工作で，あわせて華北に日本の経済圏を拡大させるための「冀東特殊貿易」(密貿易)も展開された。方向性としては，第2の「満州国」形成を狙うようなものであったと言えよう。この華北分離工作という戦略発想が存在する中で勃発したのが(j)盧溝橋事件である。現地では日本側の要求を盛り込んだ停戦協定が結ばれたにもかかわらず，戦火が拡大していく背景には，陸軍中央と出先の双方に，この機会を捉えて「華北分離」実現を図る思惑があったことは想像に難くない。つまり，日中戦争は，「成功事例」の再現というベクトルの中で引き起こされたといえるだろう。

それでは，ウクライナ戦争に先立つロシアの「成功事例」とは何か。これは，時間が経過すればいずれ明らかになるであろうが，ロシア国家指導層は，2014年の「クリミア併合」を「成功事例」として認識していたのであろう。ロシア側は，ハイブリッド戦争によって軍事的にも，またロシア系住民による「併合」世論を形成させた点でも「成功」した。ウクライナ戦争は，「成功事例」の再現を目論んだものだと思われる。

類似性の第3は，侵攻した側が，一撃によって相手が降伏する，あるいは政権が崩壊すると誤算したことである。

日中戦争の場合，1946年3月時点での天皇の回想である『昭和天皇独白録』には，日中戦争開始時のこととして「参謀総長と陸軍大臣の将来の見通しは，天津で一撃を加へれば事件は一ヶ月内に終わるといふのであった」とあるし，1941年9月5日にも天皇は当時の杉山元参謀総長に「御前ノ大臣ノ時ニ蔣介石ハ直ク参ルト云フタカ未タヤレヌテハナイカ」と言っているので，陸軍首脳部は対中国戦争がただちに，蔣介石側の敗北によって終わると考えていたことがわかる。だが，実際には，戦火は華北にとどまらず，華中に飛び火し，(k)日本軍は南京を攻略するも蔣政権は屈服しなかった。これは，日本側にとって全く予想していなかった大きな誤算であった。

ウクライナ戦争の場合においてもロシア側は，ロシア軍の侵攻によってウクライナのゼレンスキー政権が早期に崩壊するとみなしていたと思われる。おそらく，戦争初期にロシア軍は，ウクライナ東部・南部に侵攻すると同時に，別働隊を首都キーウ方面に侵攻させたのは，首都に脅威を与えれば政権首脳が国外に脱出するのではないかと見ていたのであろう。だが，現実には，ゼレンスキー政権は崩壊するどころか，積極的な対内・対外宣伝戦を展開して，ロシア側の侵略者としてのイメージを決定的なものにした。これは，ロシア側にとっては予想外の展開だったであろう。

（出典：山田朗「日本史からみたウクライナ戦争」，『歴史学研究』第1037号，2023年7月，48～50頁。ただし，作問の都合上，一部の文言を改変・省略している。）

問1　下線部(あ)について，本文の著者はどのような意味で使っているのか。100字程度で説明しなさい。

問2　下線部(い)の問いかけのうち，本文の著者は①・②のどちらの立場が望ましいと考えているのか。前後の文脈から判断して答えなさい。

問3　下線部(う)について，ここではどのような意味で使われているのか。50字程度で説明しなさい。

問4　下線部(え)は，第二次世界大戦中にソ連の支配を受けたバルト海沿岸の３つの国家を指す。

(1)　その３つの国名を答えなさい。

(2)　この３国の説明として誤っているものはどれか。次のうちから２つ選び，記号で答えなさい。

①　この３国は，ロシア革命後の1918年にロシアから独立を宣言した。

②　この３国は，第二次世界大戦中にドイツ軍に占領されることはなかった。

③　この３国は，1991年にソ連でクーデタが発生した後に独立が承認された。

④　この３国のEU加盟は，2004年に申請がなされたものの，なお実現に至っていない。

問5　下線部(お)について，本文全体の論旨をふまえて，どのような問題を指しているのか。100字程度で論述しなさい。

問6　下線部(か)に関連する以下の問いに答えなさい。

(1)　20世紀において，①内戦への介入という形式をとって行われた戦争の事例，②

「多国籍軍」という形式をとって行われた戦争の事例を，それぞれ1つずつ答えなさい。

(2)　(1)で答えた2つの事例のうち1つを選び，その概要を100字程度で説明しなさい。

問7　ウクライナ戦争と日中戦争との類似性は，文章［B］で指摘されている3点以外にもいくつも存在する。そのうちの1つについて何がどのように類似しているのか。以下のキーワードのいずれかを手がかりとして，200字程度で説明しなさい。
［キーワード：国際関係，メディア，国民］

問8　以下の(1)～(11)のうちから<u>7問を選んで</u>答えなさい（8問以上選んだ場合は0点とする）。

(1)　下線部(a)についての説明として<u>誤っているもの</u>はどれか。次のうちから1つ選び，記号で答えなさい。

①　バトゥの率いる西征軍は西北ユーラシアの草原を制圧して東ヨーロッパに侵入し，ワールシュタットの戦いでドイツ・ポーランド連合軍を破った。

②　13世紀半ばまでに，モンゴル帝国の支配は，東は中国北部から西はロシア・イランにいたる広大な領域におよんだ。

③　モンゴル帝国の内部には，チンギス＝ハンの子孫たちがおさめる地方政権が複数存在し，そのうち南ロシアを支配したのがキプチャク＝ハン国であった。

④　サライに首都をおくモンゴルの地方政権は，イスラーム文化も盛んであったが，15世紀後半にキエフ公国が自立した後，分裂・解体した。

(2)　下線部(b)について，日本の「建国神話」にかかわる記述として<u>誤っているもの</u>はどれか。次のうちから1つ選び，記号で答えなさい。

①　日本の建国神話は，19世紀後半において国民にひろく流布された。

②　紀元節は『日本書紀』にもとづいて神武天皇の即位日であるとされた。

③　「炎黄の子孫」という始祖伝説は，特定の政治目的と表裏一体であった。

④　紀元節は戦後に廃止されたが，後に「建国記念の日」として復活した。

(3)　下線部(c)の説明として<u>誤っているもの</u>はどれか。次のうちから1つ選び，記号で答えなさい。

① ステンカ＝ラージンやプガチョフの反乱などでロシアの圧政に抵抗したこともある。

② 15世紀頃，ロシアの圧政を逃れ南ロシア辺境地帯に住み着いた農民などを指す。

③ イェルマークのように，ロシアのシベリア進出を阻止しようとした者もいた。

④ 18世紀以降は，ロシア国家の辺境防備や革命運動・労働運動の弾圧において軍事的に貢献した。

⑷ 下線部(d)に関する記述として誤っているものはどれか。次のうちから1つ選び，記号で答えなさい。

① ギリシア正教会の主教座は，14世紀にモンゴルの侵攻を受けて荒廃したキエフからこの都市に移された。

② この都市は，ピョートル1世がサンクト＝ペテルブルクに遷都して以降，第2の首都であったが，第二次世界大戦後にふたたび首都にもどった。

③ 16世紀に，この都市は古代ローマ・ビザンツ両帝国を引き継いだ「第3のローマ」であるとする理念が生まれた。

④ この都市を中心とした国家をおさめたイヴァン3世は，東北ロシアを統一し，はじめてツァーリ(皇帝)の称号をもちいたことで有名である。

⑸ 下線部(e)について，日本が大陸に侵攻した歴史の記述として最も適切なものを，次のうちから1つ選び，記号で答えなさい。

① 日英同盟締結後，ロシアとの開戦機運が高まるなか，内村鑑三や徳富蘇峰らは非戦論・反戦論を唱えた。

② 天智天皇は，百済復興を支援するために大軍を派遣したが，唐・新羅連合軍に大敗した。

③ 豊臣秀吉の朝鮮出兵に対して，明は朝鮮を支援し，李成桂は水軍を率いて日本側の補給路を断った。

④ 日朝修好条規で日本は朝鮮の独立を認める一方，釜山とほか2港を開港させた。

(6)　下線部(f)が建国された同じ年に日本国内で発生した重要な出来事として誤っているものはどれか。次のうちから1つ選び，記号で答えなさい。

①　内務省・農林省が中心となって農山漁村経済更生運動が推進された。ここでは，農村の窮乏を農村自身の力で救済するために，自力更生と隣保共助が提唱されていた。

②　海軍青年将校が中心となって首相官邸・警視庁・日本銀行を襲撃し，犬養毅が射殺された。これによって，日本の政党政治に終止符が打たれる契機になった。

③　日本政府によって，天皇機関説を否定し，日本は古代以来天皇中心の国家であって天皇が主権者であることは明白であるという声明が二回にわたって出された。

④　一人一殺主義を掲げて政財界の要人暗殺を標榜する右翼団体が，前大蔵大臣の井上準之助や財界指導者の団琢磨を殺害した。

(7)　下線部(g)に関する説明として最も適切なものを，次のうちから1つ選び，記号で答えなさい。

①　1919年に設置され，設置当初は大連に司令部が置かれた。

②　主な任務は山東半島の日本租借地を含む関東州と，南満州鉄道の警備である。

③　満州事変勃発後は，司令部は新京(現在の長春)に移った。

④　満州国成立後は，その司令官は満州国大使と関東庁長官を兼任した。

(8)　下線部(h)にかかわる説明として誤っているものはどれか。次のうちから1つ選び，記号で答えなさい。

①　日本の国際連盟脱退通告時に全権代表を務めた人物は，第二次近衛内閣の外相として，日独伊三国同盟を締結した。

②　日本の国際連盟脱退のきっかけとなったリットン報告書は，「満州国」は満州人の自発的な独立運動の結果ではないと判断した。

③　日本が国際連盟を脱退する1年前に，日本軍は河北省や熱河省へ進撃し，塘沽停戦協定を締結した。

④　このとき国際連盟総会が採択した対日勧告案には，日本軍の撤兵とともに，

満州における日本の権益を認める内容も含まれていた。

(9)　下線部(i)に関する説明として誤っているものはどれか。次のうちから1つ選び，記号で答えなさい。

①　イタリアの連盟脱退は，日独伊三国同盟の成立を契機としている。

②　ヒトラーは1932年のジュネーヴ軍縮会議で軍備平等権を否決されたため，連盟脱退を宣言した。

③　イタリアはエチオピア侵略への非難に反発して連盟を脱退した。

④　ドイツの連盟脱退については，ドイツで実施された国民投票で95パーセントの国民が賛成票を投じた。

(10)　下線部(j)が勃発した時期に日本の総理大臣であった人物の説明として最も適切なものを，次のうちから1つ選び，記号で答えなさい。

①　立憲政友会の総裁。治安維持法を強化して国体を変革する活動の指導者を死刑にできるようにした。また，東方会議を開催して「対支政策綱領」を決定，強硬な対中外交政策を展開した。

②　貴族院議長から首相に就任。学者・官僚・ジャーナリストが参加する昭和研究会の支持を受け，東亜新秩序建設・新体制運動を推進した。第二次世界大戦後，戦犯指名を受け自殺した。

③　軍部大臣現役武官制の復活，日独防共協定の締結など，軍国主義国家体制への道を開いた。第二次世界大戦後，A級戦犯として死刑判決を受けた。

④　検事総長・枢密院議長などを歴任して首相に就任。日独軍事同盟の締結交渉中に，独ソ不可侵条約の締結にあい，情勢の激変に対応できず，総辞職。第二次世界大戦後，A級戦犯として終身禁錮刑中に病死した。

(11)　下線部(k)のような事態に直面し，日本政府が採用した対応の説明として誤っているものはどれか。次のうちから1つ選び，記号で答えなさい。

①　これ以降，ドイツの駐華大使トラウトマンを介した和平工作をはじめとして，水面下での和平工作を何度か試みた。

②　「爾後国民政府を対手とせず」という自らの声明に厳格にしたがって，和平解決を模索する道を完全に否定し続けた。

③　善隣友好・共同防共・経済提携の３原則を掲げて，中国との政治的・経済的提携を呼びかけた。

④　親日的な汪兆銘政権が樹立されると，日華基本条約を結んでこの政権を正式に承認した。

英文学科

◀英語適性検査▶

（75 分）

（注）記述式の解答は，各解答欄にていねいに記入すること。数字，ローマ字については，1マスに2字とする。

問題は2つのパートに分かれる。 1 のリーディング問題に解答した上で，その文章の内容に基づく 2 のライティング問題の答案を作成しなさい。

1 リーディング

以下の[1]〜[5]のパラグラフに分けられた英文を読み，問1〜問15の問いに答えなさい。なお，＊印のついた語句については，文章の末尾に注が与えられている。

[1] What are the main threats to the continued survival of humanity? What catastrophes lie ahead? These may seem like uniquely (1) questions posed by contemporary thinkers in the growing field of existential risk. Yet, millennia ago, ancient Greek and Roman philosophers were already formulating and debating such questions. While these thinkers had radically different ways of looking at the world and one's place in it, they all agreed that some form of apocalyptic catastrophe awaited humans in the future.

[2] It is often said that ancient Greek thought conceived of time as cyclical. Plato's and Aristotle's views of the repeated development of society would seem to bear out that point, at least from a human perspective: the world

is never destroyed, and it persists (3)indefinitely. (4)But cyclicality of time is not always the best way to define ancient philosophical thought. Democritus* and the Epicureans*, for instance, theorised the end of the world in the fullest sense. While they both argued that there are multiple worlds built up of atoms, and (5)that all worlds are headed for a definitive end, (6)they posited different methods of destruction. Democritus, a younger contemporary of Socrates, is reported to have claimed that worlds are destroyed when one world crashes into another. This scenario anticipates the contemporary awareness of the dangers of asteroid strikes and other 'near-Earth objects'. Epicurus*, who set up his philosophical garden in Athens around 307 BCE, argued that each world dies when it eventually dissipates and scatters into the void. Again, to put things in terms of modern risks, perhaps this idea has a resonance with the loss of the protective atmosphere. The Stoics*, who were the Epicureans' great philosophical rivals during the Hellenistic and Roman periods, endorsed a strong view of cyclical time and eternal return. They argued for the periodic destruction and rebirth of the world by fire, (7) they called the *ekpyrosis**.

[3] (8) ancient philosophical speculation on the end of the world was not only concerned with such big-picture cosmological questions. Thinking about the end of the world could also be put to more practical day-to-day purposes. This is particularly clear with Roman Stoic and Epicurean philosophers, who closely linked physics (the study of the nature of the Universe) with ethics and how to live a good life. Lucretius frequently uses the end of the world to help ease the fear of death. (9)The Stoic philosopher Seneca* discusses how imagining the end of the world can offer consolation after the death of a loved one or alleviate feelings of loneliness.

[4] (10)One of the main goals of Stoic philosophy was to be able to meet with

understanding, calmness and adaptability each event and challenge, including the end of the world. Even the Roman emperor Marcus Aurelius* wrote about the end of the world as part of (11) his daily practice of philosophy: 'Everything in existence will quickly be changed: either it will be turned into vapour, if the nature of the Universe is one, or it will be scattered.' Although Marcus Aurelius is typically seen as a Stoic philosopher, when it comes to envisioning the end of the world, (12) he is not dogmatic. He entertains the Stoic and Epicurean scenarios. Either the world will be burned and vaporised in the *ekpyrosis*, or its atoms will be scattered into the void. What is on display here is not only the emperor's acceptance of other philosophical systems but also the fact that thinking and writing about the end of the world is part of his spiritual exercises, his everyday engagement with philosophy that helps him live the good life. Modern psychological evidence seems to back up this ancient insight. Envisioning the end of the world may be good for you by aiding in developing (13) psychological resilience.

[5] Today, the ever-growing and multiplying threats of world catastrophe often seem overwhelming and incomprehensible. As such they may inspire fear, a feeling of helplessness and 'doomerism'. The ancient philosophical tradition on the end of the world does not offer a panacea* for our current anxieties about the future. These philosophers did not have to reckon with (14) the anthropogenic* existential risks we currently face, and no strand of Greek and Roman philosophy sought to prevent the end of the world. Nevertheless, this tradition may offer a way to reposition ourselves psychologically with respect to future catastrophes and existential risks. We could follow their advice and accept the end of the world with equanimity. Or we could build on their insights and move on to the next tasks of shaping, if not a catastrophe-free future, at least a more catastrophe-resilient one.

出典：Christopher Star, "How the Ancient Philosophers Imagined the End of the World." *Psyche*, 15 March 2023. https://psyche.co/ideas/how-the-ancient-philosophers-imagined-the-end-of-the-world（一部改変）

〈注〉

Democritus: デモクリトス。ギリシャの哲学者(紀元前460年頃～前370年頃)

Epicureans: エピクロス派

Epicurus: エピクロス。ギリシャの哲学者(紀元前341年頃～前270年頃)

Stoics: ストア派

ekpyrosis: ギリシャ語で，世界の終焉に関するストア派の理論の一つ

Seneca: セネカ。ストア派の哲学者(紀元前 4 年頃～後65年)

Marcus Aurelius: マルクス・アウレリウス。ローマ皇帝(121年～180年)

panacea: 万能薬

anthropogenic: 人間に起因する

〈設問〉

パラグラフ[1]について

問 1　空欄(　1　)に入る最も適切な語を選びなさい。

(a) ancient
(b) physical
(c) philosophical
(d) modern

問 2　パラグラフ[1]の内容を説明するものとして最も適切なものを以下から選びなさい。

(a) 人類の長い歴史を通じて，思想家や哲学者はみな，将来的になんらかの災禍が起こり，人類の存続が脅かされると考えていた。
(b) 古代ギリシアと古代ローマの哲学者は，世界観や人間観については異なる思想をもっていたが，人類を滅亡させる事態が将来に待ち受けているとの考

えでは一致していた。

(c)　古代ギリシアと古代ローマの哲学者と同様，現代の思想家は災禍について警鐘を鳴らしてきたが，人間が世界的大変動にどう対応するかについては新しい考え方を示した。

(d)　現代の思想家は人類の存続を脅かす脅威について議論しているが，古代の哲学者は，すでに同様の問題について議論し，一定の解答を示していた。

パラグラフ［２］について

問３　下線部(3)と最も近い意味の語を選びなさい。

(a)　loosely

(b)　doubtfully

(c)　infinitely

(d)　ambiguously

問４　下線部(4)を日本語に訳しなさい。

問５　下線部(5)と最も近い用法の "that"を選びなさい。

(a)　The writer of the story says he grew up in New York and mentions in passing <u>that</u> his parents came from Italy.

(b)　The announcement <u>that</u> all flights were canceled because of bad weather greatly distressed the waiting passengers.

(c)　There's nothing you can do <u>that</u> will make up to me for forgetting my birthday.

(d)　It is not how much you read but what you read <u>that</u> counts.

問６　下線部(6)で述べられている世界の終わり方に関して，デモクリトスとエピクロス派との見解の違いを50字以内の日本語で簡潔に述べなさい。

問７　空欄（　7　）に入る最も適切な語句を選びなさい。

(a) which

(b) while

(c) of which

(d) in order that

パラグラフ[3]について

問8　空欄(　8　)に入る最も適切な語句を選びなさい。

(a) Yet

(b) Therefore

(c) Besides

(d) This is because

問9　下線部(9)を日本語に訳しなさい。

パラグラフ[4]について

問10　下線部(10)を日本語に訳しなさい。

問11　下線部(11)と同じ内容を示す3語(words)の表現を同じ段落から抜き出しなさい。

問12　下線部(12)の意味として最も適切なものを選びなさい。

(a) マルクス・アウレリウスは，エピクロス派を擁護したため，自身の考え方に一貫性がなかったということ。

(b) マルクス・アウレリウスは，ストア派の哲学に加え，エピクロス派の考え方にも理解を示したということ。

(c) 古代哲学には，様々な哲学体系が存在しているため，マルクス・アウレリウスは，独断的に個々の哲学の優劣を決めてはならないと考えたということ。

(d) 世界の終わりを思い描くことに関しては，マルクス・アウレリウスの考えに独自性がなかったということ。

問13　下線部(13)の意味として最も適切なものを選びなさい。

(a)　災禍に対して覚悟をしておくこと

(b)　危機において他者の心理を推し量ることができる想像力

(c)　様々な事態に落ち着いて対応する精神力

(d)　災禍の際に共同体の存続の方法を考えること

パラグラフ［5］について

問14　下線部(14)の具体例を考えなさい。5語(words)以内の英語で書くこと。本文中から抜き出してはならない。

全体について

問15　本文の内容と一致するものを選びなさい。

(a)　世界の終わりが決して訪れることのないよう，古代より哲学者は知恵を絞ってきた。

(b)　世界の終わりについての哲学者らの考察は，人々の死への恐怖を増幅させる結果となった。

(c)　古代の哲学者の見解を発展させれば，人類は災害を未然に防ぐ方法を見つけ出すことができる。

(d)　古代からの哲学的見解に触れると，現代の災禍がもたらす恐怖に心静かに対峙することができる。

2　ライティング

Some environmentalists argue that our current lifestyle is not sustainable. Write a passage in no more than 60 words that discusses whether your current lifestyle is sustainable or not.

新聞学科

◀ジャーナリズムに関する基礎的学力試験▶

（75分）

（注）記述式の解答は，各解答欄にていねいに記入すること。数字，ローマ字については，1マスに2字とする。

問1 次の各事項について，もっとも関連の深い項目を選択肢の中から2つずつ選び，正しい組み合わせの番号を答えなさい。

(1) 入管法改正

〈選択肢〉

① 輸入制限　② 税収　③ 外国人労働者　④ 食料自給

⑤ 難民認定

〈組み合わせ〉

A．①と②　B．①と③　C．①と④　D．①と⑤　E．②と③

F．②と④　G．②と⑤　H．③と④　I．③と⑤　J．④と⑤

(2) PFAS

〈選択肢〉

① 米軍基地　② 店舗展開　③ 財務会計　④ 有機フッ素化合物

⑤ 国連機関

〈組み合わせ〉

A．①と②　B．①と③　C．①と④　D．①と⑤　E．②と③

F．②と④　G．②と⑤　H．③と④　I．③と⑤　J．④と⑤

(3) 2024年問題

〈選択肢〉

① 物流　② 省エネ　③ 少子化　④ 年金　⑤ 働き方改革

〈組み合わせ〉

A．①と②　B．①と③　C．①と④　D．①と⑤　E．②と③
F．②と④　G．②と⑤　H．③と④　I．③と⑤　J．④と⑤

(4) クラスター爆弾

〈選択肢〉

① ベルヌ条約　② オスロ条約　③ カンボジア　④ 核査察
⑤ コーヒー

〈組み合わせ〉

A．①と②　B．①と③　C．①と④　D．①と⑤　E．②と③
F．②と④　G．②と⑤　H．③と④　I．③と⑤　J．④と⑤

(5) エコテロリズム

〈選択肢〉

① ワグネル　② テリーザ・メイ　③ 動物虐待阻止　④ 名画
⑤ 核兵器

〈組み合わせ〉

A．①と②　B．①と③　C．①と④　D．①と⑤　E．②と③
F．②と④　G．②と⑤　H．③と④　I．③と⑤　J．④と⑤

(6) ピッチクロック

〈選択肢〉

① 大リーグ　② サッカー　③ 芝生　④ パソコン　⑤ 時間制限

〈組み合わせ〉

A．①と②	B．①と③	C．①と④	D．①と⑤	E．②と③
F．②と④	G．②と⑤	H．③と④	I．③と⑤	J．④と⑤

問2　次の文章を読み，述べられている内容と関連するとあなたが考える任意の事例をあげて，１０００字程度(横書き)であなたの考え(述べられている内容とその事例が関連するとあなたが考える理由を含む)を書きなさい。

かつてテレビ東京の「ドキュメンタリー人間劇場」で放送された『最后の刻』という番組があった。その中にホスピスで暮らすひとりの女性のもとへディレクターである藤井潔さんが彼女の故郷の手まりをおみやげに持って行くという印象的な場面がある。カメラは彼女がその手まりを受け取って感慨深そうに故郷を思い出す表情を映し出すのだ――この場合，ディレクターによって，それまでそこに無かったものが「持ち込」まれ，そのことによって生まれた被取材者のリアクションを番組として定着させるという演出がなされているわけだ。

放送当時，僕はこの番組の「演出」に批判的だった。彼女に生じた「郷愁」は，ディレクターによって無理矢理に生み出された「フィクション」であってドキュメンタリーではないと。

しかし，ディレクターは視聴者にはそうとわからせずにあたかもこの手まりがはじめから彼女の持ち物だったようにこっそりとベッドの脇に置くことも出来たのだ。

(中略)

演出放棄のスパイラル

そのように「演出」されたものは「事実」ではないではないか！と批判する人もいるかもしれない。ドキュメンタリーなのだから「ありのまま」を見せてくれよ，と。

しかし，そのような欲求が辿り着く先にあるのは隠し撮りの映像か，素人の投稿ハプニングの映像か，警察や病院に24時間はりついてひたすら事件や事故を待つといったそれこそディレクターの主体性の欠如した(つまり取材対象の広報に堕した)番組群である。カメラや取材者である私が入った時点でありのままなどというものは撮れないのだ，という対象や状況に対する冷静な自覚から出発するのがドキュメンタリーなのである。その自覚から自らの「演出」を考え，発展させたディレクター達が取材者と被取材者の出会いや関係によって生まれた「リアクション」を番組にする方法を考えたのだ。そのことが理解できないと，結局「やらせ」がメディアで話題にのぼる度に「演出」を放棄したような番組が志向され，視聴者もそれを「ありのまま」「事実」「ドキュメンタリー」であると受け入れてしまうような反メディアリテラシー的現象が永遠に繰り返されることに必ずなる。

ニュースとドキュメンタリーは分けて考えるという人も多いかもしれない。しかし「ストレートニュース」と呼ばれているものにしたって「客観」でないことなど自明ではないか。ならば新聞がやっているような「社説」だの「無署名性」へ逃げずに，この映像が誰の目（フィルター）を通して伝えられたものなのか？どのような対象への働きかけが行われたのかを視聴者に「開示」していくという態度の方が今日的だと思う。それがネットとの差異化にもつながるのではないだろうか？

（是枝裕和「演出といわゆる『やらせ』をめぐって・・・」『新・調査情報』65号から抜粋）

④ 現実を俯瞰《ふかん》的に捉えその全体像を示す遠近法のように、対象を多面的に理解し、その多様性の全てを包摂した平均値を提示することに重きを置く態度。

問六　傍線部(5)「このような彼の方法」の説明として、もっとも適切なものを次の選択肢①～④から一つ選びなさい。

① 世界から孤立し、現実の対象とは無関係に、混沌とした内面を独特のタッチで表現していく方法。
② 現実を描くという行為をあえて最後まで推し進めないことによって、対象を部分的にのみ捉え、対象との不和を乗り越える方法。
③ 本来不和の関係にある揺れ動く自己と対象との間に共鳴を引き起こすため、対象のあり方に呼応する構造を築く方法。
④ 画家の本性である世界からの孤独を最終的に捨て去り、描く行為のただなかで安定した和合を作り出す方法。

問七　二重傍線部「セザンヌの個性」について、筆者はピサロ、ゴッホと比較して何と述べているか。九〇字程度で説明しなさい。

② セザンヌ
③ モネ
④ ピサロ

（イ）「そういう画家」の説明として、もっとも適切なものを次の選択肢①～④から一つ選びなさい。

① タッチを一定の方向性で並べ、とりわけ画面の下方に重みが感じられるように描く画家。
② 自身の内面の孤独と自分を取り巻く世界との矛盾を抱えたまま、対象との合体を果たす画家。
③ リズミカルな筆遣いで対象を描き、表面的には対象と調和しているように見える絵を制作する画家。
④ 内面と自然との間に対立を感じることなく、対象へ安心して身を委ねる画家。

問五　傍線部(4)にある比喩「一種の遠近法」は現実に対する人間のどのような態度の説明として用いられているか。もっとも適切なものを次の選択肢①～④から一つ選びなさい。

① 一つの視点から見て整理された奥行きを作る遠近法のように、一面的に捉えられた現実と自己との間に、安定した調和を作って満足する態度。
② 遠くにあるものを合理的に表現できる遠近法のように、対象から冷静な距離を保ち、世界からの孤立を正しいものとして受け入れる態度。
③ 現実に奥行きを与えることでリアリティを表現できる遠近法のように、あくまで生活感覚と矛盾しない、真実味のある対象を捉えようとする態度。

④　これまでに見たセザンヌの絵画のおかげで、眼前の山がしっかりとした手触りで感じられ、親しみのあるものになったという感覚。

問三　傍線部(2)「一見とりたてて共通したところもない風景」が、「私の記憶を一種の動員状態におくことがしばしばあった」とあるが、それはなぜか。その理由として、もっとも適切なものを次の選択肢①〜④から一つ選びなさい。

①　おさない頃の絵の記憶が時と共に漠然となり、表面的な類似を超えて、根源的なものを捉えることができるようになっていたから。

②　セザンヌの絵の記憶が、現実に対する根本的なものの見方として残り続けており、それが風景との間に共鳴を引き起こしたから。

③　現実の風景は、筆者にとってセザンヌの絵との根源的な類似性を思わせ、画家の内面との深い共鳴を引き起こすものであったから。

④　セザンヌの絵の構図や色彩を正確に記憶していたおかげで、圧倒的に自分に迫るものとして、現実の風景を見ることができていたから。

問四

(ア)　傍線部(3)に「そういう画家」とあるが、本文中の説明からこれにもっとも当てはまるのは誰か。次の選択肢①〜④から一つ選びなさい。

①　ゴッホ

（c）　執拗《しつよう》に

① どこまでもこだわって
② ひねくれた考え方で
③ しばしば過剰に
④ 脅威的な態度で

（d）　諧調《かいちょう》

① 多数の部分からなる集合
② 調和の取れた全体の調子
③ 同じものが繰り返す連続
④ 色彩の違いから来る混乱

問二　傍線部（1）「不思議な感覚」の説明として、もっとも適切なものを次の選択肢①～④から一つ選びなさい。

① 自分の中で育っていたセザンヌの絵画、一枚一枚のイメージが、実際の山を見たことで肉付けされ、実体を持って現れてきたという感覚。
② 山を見るたびにセザンヌの絵画への理解が深まり、現実の山と絵の山との違いが明確になってきたという感覚。
③ おさない頃から自分の中で育んできたセザンヌの絵に対する理解が、山を見たことで更新され、自分が生まれ変わったという感覚。

注2　ピサロ：フランスの画家（一八三〇―一九〇三）。
注3　ゴッホ：オランダの画家（一八五三―一八九〇）。
注4　モネ：フランスの画家（一八四〇―一九二六）。
注5　シスレー：フランスの画家（一八三九―一八九九）。

問一　傍線部（a）～（d）の語の文中の意味として、もっとも適切だと思われるものを次の選択肢①～④から一つ選びなさい。

（a）　狷介《けんかい》な

①　思慮深い
②　感性豊かな
③　ずる賢い
④　頑固な

（b）　かくして

①　しばらくして
②　このようにして
③　とりたてて
④　隠れるようにして

のことを通して、描くという行為と地上とのあいだに、重力に身を任せて地上に降り落ちていては果せなかったような、或る全体的な共鳴関係が成立するのである。

　このとき、画家は、われわれが親しい事物や人間に出会ったとき普通そうするように、相手のなかの、たまたま眼についた一部分に、おのれの一部分を結びつけるだけで満足していることが出来ない。こういうときわれわれがそうするのは、そういう部分的な結びつきを背後で支えているお互いの全体的な結びつきへの信頼があるからだが、セザンヌにはそういうものが欠落しているからである。彼は、接触に対する恐怖そのものを通して、おのれの全体を、描くという行為のうちにあらわにせざるをえない。そしてまた一方、対象の方も、安定し静止した大地として、とどまり続けていることは出来ない。それらは、突如として身を起し、ほとんど脅迫的に、或る全体として、描く者に迫るのである。これではまるで、接触恐怖症の人間と、接触恐怖症の自然とを、突如として、同じせま苦しい穴のなかに投げこんだようなものだ。われわれは、そのときどきの事情に応じて、おのれの部分によって対象の部分に触れ、そういう(4)一種の遠近法によって、おのれの生活感覚のうちに或る平均値を作りあげるのだが、セザンヌのような触れ方では、平均値どころか平均値を計る計器そのものがはじけ飛ばざるをえない。画家は、その孤立のなかで無際限にふくれあがろうとし、対象もまた、無際限にふくれあがって画家をのみこもうとする。そして、セザンヌにとって、描くという行為は、このような本質的に不和の関係にあるおのれと、対象とのあいだに、何らかの和合を見出す唯一の方法だったのである。とすれば当然、彼にとって、描くとは、対象を写すことではない。対象と共鳴することである。つまり、対象の構造に対応する内的構造を作りあげることである。彼のあの独特のタッチは、(5)このような彼の方法の端的なあらわれにほかならぬ。

注1　セザンヌ：フランスの画家（一八三九―一九〇六）。代表作にサント＝ヴィクトワール山の連作がある。

合は、ピサロはもちろん、ゴッホのようなかたちでさえ、そういう信頼や確信をその作品から感じとることが出来ない。この画家には、いわゆる自然に対してばかりではなく、彼を取り巻き彼を包む世界全体に対する、或る深い孤立が感じられるのである。

セザンヌは、あのように(c)執拗《しつよう》に、エクスの自然を、また身近な人物や静物を描き続けたけれども、生れ故郷で暮すことで安らぎを覚えるような人物は、けっしてあんな描き方はしない。彼の絵のタッチは、充分に知り尽した親しい対象に触れるときに示されるものではない。そこには、どんな反応が生ずるかわからぬ未知のものにはじめて触れるときのような、不安な緊張が、触れるという行為への、異様な集中が感じられるのである。

C

セザンヌ独特の、★注4モネや★注5シスレーなどにくらべるとかなり幅広で長い、下方に重みがかかるように斜めに並べられた、勁《つよ》く意志的なタッチは、おのれを取巻きおのれを包むものへの、彼のこのような対し方から発している。それは、中期の諸作品においては、或る一定の方向性をもって並べられているのに対して、後期の諸作品においては、混沌《とん》とした内面の噴出といった観を呈するといったふうに、その制作時期によって多少そのおもむきを異にしているが、いずれの場合も、対象へ安心して身を委ねるといった態度からは程遠い。特に中期の諸作品などの場合、そのタッチが作り出すリズミカルな(d)諧調《かいちょう》はいかにも快く、画家と自然との幸福な合体を思わせるのだが、真に幸福な合体をとげている画家は、こんな描きかたをすることはないのである。(3)そういう画家の場合は、自然と画家とのあいだに、もっと親しみにあふれた協力関係がある。何と言うか、たとえば雨が地上に落ちるように、描くという行為が安んじて対象のうえに落ちてゆくようなところがある。ところが、セザンヌの場合は、そのタッチの執拗な持続を通して、描くという行為が、虚空にとどまり続けていると言っていい。そして、まさしくそきたものが、しっかりとした手触りのある実質をもって新たに生れ出て来るのを眼にするような、(1)不思議な感覚を味わっていたようだ。

もっとも、こういう感覚を味わったのは、このときだけではない。前日、エクス・アン・プロヴァンスへやって来るときも、この日、この町をたって北上するときも、私は、車の窓から見る風景が、突然身を起して、急速に私に向って迫ってくるような感覚を味わった。それは、その風景が、私が記憶しているセザンヌのあれこれの風景画と、構図や色彩の点で酷似していたからでは必ずしもない。この風景はセザンヌのあの絵とそっくりだなと思っても、その印象はただそれだけに終るのに、(2)一見とりたてて共通したところもない風景が、思いもかけぬときに、突如として私をつかみ、私の記憶を一種の動員状態におくことがしばしばあった。おそらくこれは、セザンヌの絵の記憶が、私においては、単なる構図や色彩の記憶にとどまるものではなく、もっと根源的な構造感として生き続けていたためだろう。そして、私が見た風景が、見かけのうえでは、彼のあれこれの風景画を思い起させることがないにもかかわらず、私のなかのこの構造感に触れ、それをゆり動かし、(b)かくして、私の抱くこの構造感とのあいだに根深い共鳴を生み出したせいだろう。私は、圧倒的に私に迫り、私のよって立つ根源から私をゆり動かすようなこの共鳴に、やっとの思いで耐えていたのである。

B

セザンヌの個性は、たとえば★注2ピサロのように、おのれを取巻く自然との、平静で安定した交感に身を委ねうるようなたちのものではなかった。★注3ゴッホのような不安な個性でも、その初期の、オランダの風景や人物を描いた作品には、現に眼前にある自然や、そこで働く人間の存在に対する、或《あ》る強い信頼を見てとることが出来る。描くというおのれの行為が、究極的には、そのような自然や人間の存在によって支えられるという確信のごときものを見てとることが出来る。ところが、セザンヌの場

問十　傍線部(6)「シェイクスピヤというミイラを取りに出かけ、自らもミイラになった」とはどういうことか、本文の内容にそって六〇字程度で説明しなさい。

二　次のA、B、Cの文章は、粟津則雄の評論「セザンヌ――孤立と共鳴」(『粟津則雄著作集X』所収)からの抜粋である。これを読んで、後の問いに答えなさい。

A

この春、西スペインのロマネスク美術を見たあと、南仏に入り、エクス・アン・プロヴァンスに一泊した。★注1 セザンヌの生地である。翌朝出かけたセザンヌの家は、あいにく休館中で、なかに入って見ることは出来なかったが、庭の植えこみごしに、いかにもセザンヌの家らしい、がっしりとした無愛想な建物が見え、私は、少年の頃から敬愛を注いできたこの画家の息づかいを間近にきくような思いをした。かなり高い石の塀からなかをのぞきこめば、ひとりの(a)狷介《けんかい》な老人が歩きまわっているのが見えるのではないかという、奇妙な感覚をも味わったのである。

このセザンヌの家は、なだらかな坂の途中にあったが、その坂をのぼり切ってしばらく行くと、はるか遠くに、セザンヌにとりついてはなれなかったあの有名なサント・ヴィクトワール山が見えた。私が実際にこの山を眼にするのは、このときはじめてだったのだが、そういう感じはまったくしない。それは、私が、おさない頃から、セザンヌの作品を通してこの山を見続け、その結果、この山が、実際に見た山以上に、私にとって身近な、親しいものと化していたからである。私は、記憶に刻みこまれていたセザンヌのさまざまな作品を、現に眼前にみる山の姿と重ねあわせ、そのたびに、自分が想像のなかに育くんで認できるから。

④ 我が国の外国文化・文学研究者にもまた、異国の変革精神の一部にあやかりたいという激情の残骸があることを知っているから。

問七 傍線部(ア)「ヴィクトール・ユゴー」の作品を次の選択肢①～④から一つ選びなさい。

① 『ボヴァリー夫人』
② 『赤と黒』
③ 『ゴリオ爺さん』
④ 『レ・ミゼラブル』

問八 傍線部(イ)「一八四八年の二月革命」について述べた文として、もっとも適切なものを次の選択肢①～④から一つ選びなさい。

① 国王ルイ＝フィリップは退位し、イギリスに亡命した。
② 蜂起した民衆によってバスティーユは包囲され、襲撃された。
③ 「人は生まれながらにして自由であり、権利において平等である」ことを謳った人権宣言が出された。
④ アルザス・ロレーヌのフランスへの復帰が認められ、ヴェルサイユにおいて講和条約が調印された。

問九 傍線部(5)「完全なミイラにならぬ前に」とはどういうことか、三〇字程度で説明しなさい。

② ゴーチエの何気ないむだばなしを真面目な警告だと考えて。
③ ゴーチエにからかわれたことをほめられたと誤解して。
④ ゴーチエが笑わせようとして言ったことを嫌味だと曲解して。

問五　傍線部(3)「ジュール・ヴァーブルの大計画」の説明として、もっとも適切なものを次の選択肢①～④から一つ選びなさい。

① 英語のみならずフランス語を一から学び直して、シェイクスピヤの作品を翻訳すること。
② シェイクスピヤが生きた当時のイギリスに近い環境の中で生活しながら、作家の作品を理解すること。
③ 翻訳の出版元をフランスで見つけ、各国の若者が交流できる施設を作って、シェイクスピヤの作品を広めること。
④ イギリス人と同じ考え、感性を身につけて、シェイクスピヤの作品を自国に紹介し、移入すること。

問六　傍線部(4)「我が国で、外国文化や文学を研究している人々の心のなかには、その破片《かけら》が残されているようにも思います」と筆者が言う理由として、もっとも適切なものを次の選択肢①～④から一つ選びなさい。

① 我が国の外国文化・文学研究者にもまた、異国の文化・文学を自分のものにしようとする激しい感情の片鱗《へんりん》を見い出すことができるから。
② 我が国の外国文化・文学研究者にもまた、異国の知られていない作家を発掘しようとする強い意気込みを時折見つけることができるから。
③ 我が国の外国文化・文学研究者にもまた、異国のロマンを自国のものにしたいという並外れた欲望が僅かながらも確

① 尚《なお》
② 再び
③ 正《まさ》しく
④ 或《ある》いは

問三　傍線部(1)「一種の感動と一種の困惑とを抱きつつ」の説明として、もっとも適切なものを次の選択肢①～④から一つ選びなさい。

① 若いシェイクスピヤのような生活に感銘を受けると同時に、フランス語がまったく通じなくなってしまったことに困り果てながら。
② イギリス人らしくなった姿を称賛すると同時に、話している言葉がわかってやれないことに申し訳なさを感じながら。
③ 初志貫徹した意志の強さに心を動かされると同時に、母国語をも忘れてしまうほどになっていることに戸惑いながら。
④ 英語風のフランス語の発音に驚嘆すると同時に、英語なまりがあまりにも強いことにあぜんとしながら。

問四　傍線部(2)「ゴーチエの冗談を訓戒と解しまして」の説明として、もっとも適切なものを次の選択肢①～④から一つ選びなさい。

① ゴーチエが誇張しふざけて言ったことをいましめととらえて。

② 深い理解と知識を持ち

③ 最後まで諦めの気持ちを持たず

④ 最初から明るい展望を抱いて

（b）微に入り細を穿《うが》って

① 非常に小さな部分にまで意識を注いで

② 体の隅々までじっくり染み込ませて

③ 誰にも知られず神妙に取り込んで

④ 一つ残らず詳細に列挙しながら

（c）健気な

① 誠実で殊勝な

② 頑固で偏屈な

③ 素朴で子供っぽい

④ 病気知らずで潑剌《はつらつ》とした

問二　文中の（　あ　）～（　え　）に入るもっとも適切な表現を、次の選択肢①～④から一つ選びなさい。ただし同じ選択肢を複数回選ぶことはできない。

彼にも、自ら陥った奈落から差しのべた手に握ったバトンを誰かに渡そうと願った志があったためか、フランスにおけるシェイクスピヤの全作品の科学的な研究を背景にした翻訳の最初の業績は、ジュール・ヴァーブル自身に生甲斐《がい》と一生の方針とを与えてくれたロマン派の頭目(ア)ヴィクトール・ユゴーの第二子フランソワ・ユゴー François Hugo (1828-1873) の努力によって、一八五七年から一八六四年にかけて完成されたのでした。（　え　）、ついでに記しますが、この訳業完成は、次のような時期になされたのでした。即ち、後でナポレオン三世皇帝となるルゥイ・ボナパルト Louis Bonaparte (1808-1873) が、(イ)一八四八年の二月革命後のフランスに、第二共和国を作ったと思ったのも束《つか》の間のことで、帝政の再現を夢見て共和主義者たちを迫害しました時、既にフランス一流の文豪として、また政治家としても数々の発言をしていたヴィクトール・ユゴー一家が追われて、ベルギーや当時イギリス領のジェルセー Jersey 島、ゲルヌゼー Guernesay 島に流浪の亡命生活を送っていた間（一八五一年—一八六九年）のことだったのです。

　ジュール・ヴァーブルの志も、フランソワ・ユゴーの仕事も、現在のフランスでは、十分に消化され、生かされています。

注1　ジュール・ヴァーブル：フランスの文学者（生没年不詳）。
注2　ゴーチエ：フランスの詩人・小説家（一八一一—一八七二）。
注3　ユゴー：フランスの詩人・小説家・劇作家（一八〇二—一八八五）。

問一　傍線部(a)〜(c)の意味としてもっとも適切なものを、次の選択肢①〜④から一つ選びなさい。

(a)　通暁し

①　ずっと心をひらき続け

B

ジュール・ヴァーブルのことは、我が国では全く知られて居りません。しかし、この人物は、フランス十九世紀初頭の変革的なロマン主義文学運動の激しい情熱の一面を示してくれる人々の一人ですし、その上、(4)我が国で、外国文化や文学を研究している人々の心のなかには、その破片《かけら》が残されているようにも思います。このようなことを記しています私にしても、豊かなフランス文学を、日本のものにしたいと志し、フランス語に通暁し、フランス人と同じような物の考え方、感じ方を身につけねばならぬと思ったことがありました。しかし、私などは、ジュール・ヴァーブルの、ひたむきな心を百万分の一も持ち続けることはできませんでした。そして、身勝手な言いわけとして、「私は、これまでしかできなかったから、君たち後をたのむ」と後進の方々に叫びかけ呟《つぶや》きかけて、僅《わず》かに、自らを慰めるよりほかにいたし方のないというのが正直な告白なのです。

「ミイラ取りがミイラになる」のを覚悟せねば、たいしたことはできないのかもしれませんが、ヴァーブルのようにミイラになっては、元も子もなくなることも事実でしょう。★注3 ユゴーやゴーチエやヴァーブルたちは、その青年時代に、五十五歳から六十歳ぐらいまでの人間を「ミイラ」momie と嘲笑したという確実な記録がありますが、この場合の「ミイラ」は、ヴァーブルがなってしまった「ミイラ」とは概念が勿論違います。精神的に老朽化した人間への蔑称でしょう。そして、自らを省みて、この意味での「ミイラ」期の終り頃にさしかかっている私は（一九六一年記）、(5)完全なミイラにならぬ前に、やはり、自ら握ったつもりのバトンを、後から走ってくる人々に渡すよりほかにいたし方ないような気がいたします。

ジュール・ヴァーブルは、確かに、ロマン派の情熱の権化でした。そして、(6)シェイクスピヤというミイラを取りに出かけ、自らもミイラになった高潔で「奇妙奇《き》天烈《てれつ》」な人物と申せましょう。しかし、これは必ずしも唯一無二の理想的人物ではないかもしれません。

彼が夢想したシェイクスピヤのフランス語訳は、彼によってはなし遂げられませんでしたが、ふしぎな因縁か、（　う　）、人になろうと努力したのでした。

★注2ゴーチエによりますと、一八四三年か四四年頃、彼がロンドンを訪れ、ロストビーフと麦酒《ビール》とを詰めこんだ連中、――（　あ　）、若いウィリヤム・シェイクスピヤが関係していた頃の「グローブ座」（一五九九年に建てられた由緒ある劇場）の常連たちと同じような人々が集まるハイ・ホルボーン High Holborn の居酒屋で、ジュール・ヴァーブルに出会った時、ヴァーブルは、昔はやしていたブロンドの口髭《ひげ》を、イギリス人らしく剃《そ》り落していましたし、英語なまりのアクセントで母国語のフランス語を話すようにまでなっていました。ゴーチエには、ヴァーブルのフランス語がなかなか判りませんでした。発音も英語ふうになったばかりか、シェイクスピヤをフランス語に訳す目的で、英語を身につけすぎたためか、フランス語をほとんど忘れていたようでした。ヴァーブルの志を知っていたゴーチエは、(1)一種の感動と一種の困惑とを抱きつつ、こう申しました。

――ねえ、ジュール・ヴァーブル君、シェイクスピヤを訳すためにすることは、君は、今度、フランス語を勉強することだけだね、と。

ヴァーブルは、昔の仲間の(2)ゴーチエの冗談を訓戒と解しまして、

――勿《もち》論やり始めるよ、と答えたそうです。

申すまでもなく、(3)ジュール・ヴァーブルの大計画は、実現しませんでした。恐らく、一八六〇年代の終り頃かと推定されますが、テオフィル・ゴーチエは、今度はパリで、（　い　）ジュール・ヴァーブルに会いました。その時には、ヴァーブルの頭髪は真白になっていました。彼は、そのシェイクスピヤの翻訳を出版してくれる出版元を探しに、フランスへ戻ってきたのでしたが、それも空しい夢となりましたので、各国の青年子女がお互いに理解し合えるような設備を作ろうとして懸命でした。この夢もまた、空しく消えさり、その後、ヴァーブルの消息はなくなってしまいました。

フランス文学科

（七五分）

▲フランス文学・文化・歴史に関するテクストの読解力および思考力・表現力を問う試験▼

一　次のA、Bの文章は、一九七四年に出版された渡辺一夫の『曲説フランス文学』からの抜粋である。これを読んで、後の問いに答えなさい。

A

★注1ジュール・ヴァーブルは、若いロマン派の文学者・芸術家のなかでも、やや度がすぎるのではないかと思われるほどシェイクスピヤに傾倒していました。そして、それまで、シェイクスピヤの作品の不完全な訳しかありませんでしたので、ヴァーブルは、自ら英語に(a)通暁し、イギリス国民生活を(b)微に入り細を穿《うが》って体得し、イギリス人と同じような物の考え方や感じ方になって、シェイクスピヤの全作品をフランスへ紹介せねばならぬと思いたちました。(c)健気な志でした。何年頃に、ジュール・ヴァーブルが、イギリスへ渡ったのか不明ですが、とも角も彼は、健気にも、その情熱と理想とに生きて、シェイクスピヤをフランスへ正しく輸入消化する目的でイギリスへ赴いたのです。そして、恐らく十数年の間、初志を貫くために、シェイクスピヤを理解し且つ祖国フランス文化の糧にしようと、一切のフランス的なもの（人間・言語・文学）を避け、ひたすらイギリス

問十三 （設問省略）

問十　傍線部(10)に「このようにモーツァルトのディベルティメントと、ミサ曲の『俗』と『聖』は一つのバランスをもっていたと言ってよい。あるいは彼のオペラと『レクイエム』の関係も同じであろう」とあるが、(A)「ディベルティメント」、(B)「ミサ曲」、(C)「オペラ」、(D)『レクイエム』のそれぞれの説明として当てはまるものは次の①～④のうちのどれか、本文の内容を参照して答えなさい。

① 死者のための鎮魂曲
② 歌唱を中心にして演じられる音楽劇
③ キリストの十字架上の犠牲を継承・再現する祭儀のための楽曲
④ 嬉遊《きゆう》曲、数楽章からなる娯楽を目的とした音楽

問十一　傍線部(11)に「リアリスティックな時代であったことも事実である」とあるが、ここで言う「リアリスティック」と同じ意味でこの語が**用いられていない**ものはどれか、次の①～④のうちから一つ選びなさい。

① 君のリアリスティックな考え方は味気ないと思う
② その画家は馬の姿をリアリスティックに描いている
③ 両者の力関係をリアリスティックに見極めることが大事だ
④ リアリスティックな到達目標を目指すことから始めよう

問十二　傍線部(12)で著者は、モーツァルトは十八世紀という「時代をこえていた」と述べているが、それはどういうことか、**四五～五〇字**で説明しなさい。

問六　傍線部(6)「それは私たちの裡《うち》に無限の『かわき』としてあらわれてくるものである」の「それ」は何を指すか、本文中の語を用いて答えなさい。

問七　傍線部(7)「音楽は、そうしたものを、いわば感覚より魂に直接する回路から私にもたらしてくれる」の「そうしたもの」とは何か、もっとも適切なものを次の①〜④のうちから一つ選びなさい。

① 自分自身が窮乏した生活を送っているという自覚
② 自分自身の心のみずみずしさが失われているという感覚
③ 自分自身が神に強く呼びかけられているという認識
④ 自分自身の存在ははかなく死は必然であるという意識

問八　(8) には二箇所とも同じ言葉が入る。もっとも適切なものを次の①〜④のうちから一つ選びなさい。

① ともに在る
② 神がいる
③ 自己がいる
④ 死と在る

問九　(9a) には「ツウテイ」、(9b) には「ヨギ」、(9c) には「タイハイ」という読みの漢字(それぞれ二文字)が入る。それを書きなさい。

③　バロック音楽は日常生活の音の中から生まれたから

④　バロック音楽は作曲家が意識しない音でできているから

問三　傍線部（3）「『個』をあえて突出させようとはしなかった時代」とはどういう時代か、もっとも適切なものを次の①～④のうちから一つ選びなさい。

①　芸術家が創作にあたって表現すべきものを探し求めていた時代

②　芸術家が作品を自身の内面の表現としては捉えてはいなかった時代

③　芸術家が思想よりも旋律の展開を重視し、作曲の技を競った時代

④　芸術家が本心の直接的な表出を避け、神の意志に身を委ねていた時代

問四　［（4）］に入る漢字二文字の語を本文中から探して書きなさい。

問五　傍線部（5）に「キリストとともに時の外に出るように思われる」とあるが、ここで言う「時の外に出るように思われる」とはどういう意味か、もっとも適切なものを次の①～④のうちから一つ選びなさい。

①　日常に没入するように思われる

②　中世の昔に戻るように思われる

③　永遠性に近づくように思われる

④　死へと向かうように思われる

注4：トマス・ヴィクトリア　スペインの作曲家（一五四八―一六一一）。
注5：シャルダン　フランスの画家（一六九九―一七七九）。
注6：マリヴォー　フランスの作家（一六八八―一七六三）。
注7：ラクロ　フランスの作家（一七四一―一八〇三）。
注8：マルキ・ド・サド　フランスの作家（一七四〇―一八一四）。

問一　傍線部(1)に「人間の感性というものは、さながらパイプ・オルガンのようにできている」とあるが、そのように著者が考える理由としてもっとも適切なものを次の①～④のうちから一つ選びなさい。

① 人間の感性は恒常に保たれているから
② 人間の感性は広い許容範囲をもつから
③ 人間の感性は美しい音だけを感受するから
④ 人間の感性は音楽の嗜好に左右されるから

問二　傍線部(2)に「けれども私は、どちらかと言えば『ロマン派』よりも『バロック音楽』を好んでいる」とあるが、著者がそのように述べる理由としてもっとも適切なものを次の①～④のうちから一つ選びなさい。

① バロック音楽は純粋な音の快楽を呼び起こすから
② バロック音楽は自然を音で表現しているから

★注6マリヴォーの『戯れに恋はすまじ』の戯曲のなかにもよくあらわれている。この時代の偽善と不正、道徳の（9c）タイハイは、★注7ラクロの『危険な関係』にもあざやかである。また★注8マルキ・ド・サドの文学は、ルソーの『新エロイーズ』の対極であった。〈自然〉はロマンティックに見られるとともに、即物的にも見られていた。ヴォルテールが、人間を「性悪説」から見たことも不思議ではない。社会的不公平を批判する声が、きたるべき「大革命」を予知するようにきこえていた時代である。

　このような時代にモーツァルトは生きていたのであった。彼が感覚の精妙なよろこびを求める時代の趣向にあった「俗」の部分の音楽をかいたとしても納得できる状況である。しかし、モーツァルトの、もう一方の視線は時代をこえて〈永遠〉を見つめていた。「個」の「生きる歓び」を表現するとともに、「個」がついに「聖」なる共同体のなかをおいては生きられず、救われないことを知っていたモーツァルトは、この点においても確実に、十八世紀の即物的で感覚的な(12)時代をこえていたのである。いや、ある意味でいえば、生を感覚主義のレヴェルから見れば、あのワトーの『シテール島への船出』の絵のように、快楽もつまるところ日常に回帰し、そこに屈折せざるをえない憂鬱な美しさをもっているからこそ、かえって感覚の果に、ただ存在の物質的な解体（死）をこえようという意志がモーツァルトの裡に、無意識に働いていたのであろう。

出典　饗庭孝男『幻想の伝統――世紀末と象徴主義』　筑摩書房（一九八八年初版）一四七〜一五二頁（一部改変）

※文中の表記は出典のまま。

注1：ラヴェル　フランスの作曲家（一八七五―一九三七）。
注2：フォーレ　フランスの作曲家（一八四五―一九二四）。
注3：パレストリーナ　イタリアの作曲家（一五二五頃―一五九四）。

「ひとり」の心をとおして知覚しながら作曲するという形になってきた。神の前におのれを低めながらも、曲をつくり出す自己の内面を結果としてそこに何らかの意味で投影するようになった。いいかえると、共同体のなかにありながら「個」の芸術を共同体の感性と思考の上でつくりあげる時代となっていた。共同体に奉仕する心が「個」の芸術家意識に反映しつつあらわれるのである。

十七世紀以後、貴族社会から市民社会へとひろがり、芸術が広く民衆に享受される度合がましてくる。日常の反映も当然のことながらそこにあらわれる。絵画も教会の共同体や貴族のために描かれるとともに、画家の工房で人々の求めに応じて売られる時代になってくる。たとえば十八世紀のシャルダン★注5の絵は、市民の日常の生活、その中の静物の表現に徹している点で、まぎれもなくバッハと同時代の感性と思想を示している。それを引きつぐモーツァルトも同様である。市民として「生きる歓び」が、神につかえる心とつり合っていた。(10)このようにモーツァルトのディベルティメントと、ミサ曲の「俗」と「聖」は一つのバランスをもっていたと言ってよい。あるいは彼のオペラと『レクイエム』の関係も同じであろう。

私はモーツァルトの音楽を聴く時、バッハと同じ古典主義を継承しながら、その構造的でゆるぎのないその音楽のかたちより、自由で自然な、あるいは自在な流れを感ずる。鳥のように歌い、蝶のように舞い、天使の合唱のように、物質性をもたないリズムとハーモニーをそこに見出すのだ。たしかにモーツァルトは、日常生活の中に、バッハのような確実で、ゆるぎのない根ざしをもっていたわけではない。時に気まぐれで、言語表現において卑猥《ひわい》であり、また、ベートーヴェンのような「思想」をもって、人生とは何かを自らに問いつめた人ではなかった。旅を愛し、ギャンブルが好きで、必ずしも (9b)ヨギ なく貧困であったわけではない、その人生のなかから、音楽と直結するような生への指針をよみとることはむつかしい。

また、十八世紀は理性を重んじたが、一方ある意味で、感覚的であり、たて前と本音をつかい分ける(11)リアリスティックな時代であったことも事実である。モーツァルトのオペラを見、聴くまでもなく、身分や役割をかえて相手の真意を知ることは、であるから、心の中でただ風と光のような音楽以上の深い感銘をつねに求めている。そして、この系譜をもっているのをたどれば、★注2フォーレの『レクイエム』にまでつながる音楽に私はいつも存在の根源的な歓びと慰めを覚えてきた。たとえば、ヨーロッパのなかの、どの町、どの村であれ、そこに必ずある教会のミサに接し、信者ではないものの、あの広大な夜の空間の一隅にたたずみ、パイプ・オルガンに耳を傾けている時、私は、自らを小さなものと感じ、また、時のなかの移りゆきにおいて、ほんのわずかな影のような存在と感じ、［(4)］という目に見えて、同時に見えない、この歴史をこえた空間に、(5)キリストとともに時の外に出るように思われる。私はそこで信ずる無名の人との共同体の一員であるような歓びを感じるのである。

宗教とは、私たちが自らを小さく、不完全なものと自覚する度合に応じて私たちのなかに入ってくるものではなかろうか。自らを小さく、束《つか》の間の存在として、しかし、また、同時に、不可避な「死」を前にそれを意識している存在として感ずる度合に応じ、(6)それは私たちの裡《うち》に無限の「かわき」としてあらわれてくるものである。教会の内で、私は中世のミサ曲を、あるいは、バッハやモーツァルト、また★注3パレストリーナや★注4トマス・ヴィクトリアなどの、カンタータやオルガン曲、コラール、モテットなどを聴く時、右にのべた自己認識を私は切実な思いでいだくものである。(7)音楽は、そうしたものを、いわば感覚より魂に直接する回路から私にもたらしてくれる。そして、この自己認識が、バッハのコラールのような歌に接するときに一そう、それら民衆の一人として、共同体の一人として自分がいると思うものである。

本来、音楽が、とくに西欧において教会の内より生まれたものであれば、教会という共同体と音楽は不可分のものとして存在する。私には、音楽は「ひとり聴く」ものであっても、つきるところ目にみえない形で「［(8)］」という意識が［(9a)ツウテイ］しているのでなければならないと思う。ところでバロックのバッハからモーツァルトの時代にかけては、作曲者も、中世の時代からルネサンスの「個」の時代を体験した以上、近代ほど自覚的ではないとしても「［(8)］」感情を応じ、それなりに適合してくる音楽をうけ入れる。たとえば夕ぐれ、仕事につかれた時は、むしろビートの利いたジャズだってぴったりとあてはまることもある。

さらにはベートーヴェンの歌唱性と、構造をもったダイナミズムの美しい重心移動がつくり出してゆく音楽を、夏のおわりに聴くということもたのしい。だから、モーツァルトだけが好きだ、などという人を私は信じないのである。彼らの主要な感性の基盤がどのようなものかを知っている人も、それを中心としながら、さまざまな音楽を時と場合に応じてうけ入れることができるものだ。すぐれた音楽というものは、つくった人の名とその時を失い、まさに「美しい音楽が鳴っている」としか言えないものとなっているのではなかろうか。私の感性は時のうつりゆきのなかで、まるでパイプ・オルガンのように多様な音色をもつのである。それは与えられる音楽と共鳴しながら、私の存在を時に鼓舞し、慰め、よろこびを与えてくれる。心身相関しながら、私は音楽によって今日を生き、明日をのぞむのである。

(2)けれども私は、どちらかと言えば「ロマン派」よりも「バロック音楽」を好んでいる。何故かというと、後者は、何ものも私にのぞまず、何ものをも強いることなく、私の存在にたいして、爽やかな風と光のように、泉のあふれ出るように、ただ爽やかに、透明に鳴っているからである。この音楽は無理をしない、自然であり、無雑で、調和のとれた、いいかえるならば、この人生の日常の範囲内で受けとめることのできる、聴く無心な歓《よろこ》びというものをもっている。そこには「思想」もなければ「叫び」もない、まるで「森林浴」のように心をいやす働きがある。きくともなく耳を傾け、風に和し、光に合して流れ去ってゆく。この場合、私はもっぱら、宗教性を別にし、技法の展開の美しい流れと調和という、バロックの「現象」としての特徴をかたっているのだが、この音楽は本来、芸術家意識がさほど自覚的ではなく(3)「個」をあえて突出させようとはしなかった時代であるだけに、私の「思想」や「精神」をひきとどめ、その前におこうとする意図をもたない音楽なのである。

しかしながら、私の心はそれだけにとどまらない。もともと中世の「グレゴリオ聖歌」を聴くことから音楽に入って行った私

問十　[（10）] に入る漢字二文字の語を本文中から探して書きなさい。

問十一　著者の考える壮年期と老年期の説明としてもっともふさわしいものを、次の①～④のうちから一つ選びなさい。

① 壮年期においては、ただ自らの行為自体が意味を持つが、老年期においては、その行為の結果が問われる

② 壮年期においては、自分の行為自体が主題となり、老年期においては、その行為が自己の存在の根拠となってくる

③ 壮年期においては、自分の行為の結果を振り返ることはないが、老年期においては、その結果こそが重要に思えてくる

④ 壮年期においては、ただ自らの行為そのものに思い悩むが、老年期においては、自己の存在の不確実性に思い悩む

二

次の文章は、饗庭孝男「音楽と〈聖なるもの〉」（『幻想の伝統――世紀末と象徴主義』所収）からの抜粋である。これを読んで、後の問一～問十三に答えなさい。

もとより私は、バッハやモーツァルトのみならず、「ロマン派」の音楽も好きである。あるいは、ドビュッシーやラヴェル★注1のような感覚の「印象派」的な表現も時に心をとらえるし、ワグナーのような「個」のロマン派的心情と、中世への回帰と、時間の流れよりイメージの表現を心がける、あたらしい技法で壮大、神秘的にうたいあげた音楽も好きである。また冬の夜、暖炉のかたわらで、窓外に降る雪をながめ、薪の燃える、赤い火の音をききながら、ショパンの『夜想曲』に耳を傾けるのも好きである。（1）人間の感性というものは、さながらパイプ・オルガンのようにできているのであって、どの感覚にも時やその精神状態に

適切なものを次の①〜④のうちから一つ選びなさい。

① (7a)行為 — (7b)存在　(7c)行為 — (7d)存在　(7e)存在 — (7f)行為
② (7a)行為 — (7b)存在　(7c)存在 — (7d)行為　(7e)行為 — (7f)存在
③ (7a)存在 — (7b)行為　(7c)行為 — (7d)存在　(7e)存在 — (7f)行為
④ (7a)存在 — (7b)行為　(7c)存在 — (7d)行為　(7e)行為 — (7f)存在

問八　傍線部(8)「このつぶやき、痛く身に染みる」で、なぜ著者には主人公の「つぶやき」が「痛く身に染みる」と思えたのか、その理由としてもっともふさわしいものを次の①〜④のうちから一つ選びなさい。

① 老境に入った今、自身のこれまでを反省しても何の役にも立たないことに気づいたため
② 老境に入った今、自分の来し方を振り返る以外になすすべがないことに気づいたため
③ 老境に入った今、弁明書をしたためる仕事が年寄りの恰好な仕事であると気づいたため
④ 老境に入った今、過去の自分を振り返れば、幼少期から成長していないことに気づいたため

問九　[(9)] に入るもっとも適切な言葉はどれか、次の①〜④のうちから一つ選びなさい。

① いまさら毛頭ない
② なかなか興味深い
③ 失礼極まりない
④ 何とももったいない

(あ)　① 清朝 ― 康熙帝
② ムガル朝(ムガル帝国) ― シャー=ジャハーン
③ ブルボン朝 ― ルイ十六世
④ チューダー朝 ― エリザベス一世

(い)　① 室町幕府 ― 足利義昭
② 平安朝(平安時代) ― 白河天皇
③ 鎌倉幕府 ― 源実朝
④ 奈良朝(奈良時代) ― 桓武天皇

問六　傍線部(6)の「ドイツ帝国」の成立は一八七一年である。同年の出来事として正しいものはどれか、**次の(あ)または(い)の問題のどちらかを選択し、**それぞれの①~④のうちから一つ選びなさい。**選択した問の記号(あ)または(い)もマークすること。**

(あ)　① アロー戦争勃発　② サン=ステファノ講和条約締結
③ パリ=コミューン　④ アメリカ南北戦争終結

(い)　① 西南戦争　② 日米和親条約締結
③ 樺太・千島交換条約締結　④ 岩倉具視ら欧米派遣

問七　［(7a)］と［(7b)］、［(7c)］と［(7d)］、［(7e)］と［(7f)］に入る語の組み合わせとして、もっとも

C　逮捕された者は身体の自由を制限される

D　裁判所は検察と弁護人のみから成り立っている

E　裁判において最終的な判断をくだすのは裁判所である

F　一度無罪判決を受けた事件について再度罪に問われることはない

G　裁判を申し立てるための手続きは口頭でのみ行われる

H　裁判においては被告人には証人や証拠についての情報が開示される

問四　傍線部(4)に「理不尽」とあるが、「理不尽」が正しい意味で**使われていない**ものを、次の①～④のうちから一つ選びなさい。

①　君の理不尽な態度には我慢できない

②　あなたの財産は理不尽きわまる

③　私は理不尽に扱われたとしか思えない

④　彼の申し立てはどうにも理不尽だ

問五　傍線部(5)「オーストリア・ハンガリア二重王国」(オーストリア＝ハンガリー帝国)の統治者であるハプスブルク家の最後の皇帝はカール一世である。次の王朝もしくは幕府とその最後の最高主権者の組み合わせのうち正しいものはどれか、**次の(あ)または(い)の問題のどちらかを選択し**、それぞれの①～④のうちから一つ選びなさい。**選択した問の記号(あ)または(い)もマークすること。**

問一　傍線部(1)「永日」とはどういう意味か、もっとも適切なものを次の①~④のうちから一つ選びなさい。

① 昼が長くなった春の日
② いつまでも続く夏休み
③ 読書に最適な秋の日曜日
④ 凍てつくような冬の朝

問二　傍線部(2)「世の常ならぬ」(三箇所)とはどういう意味か、もっとも適切なものを次の①~④のうちから一つ選びなさい。

① 不変の真理でない
② 平素と変わらない
③ 普通ではあり得ない
④ 世情に通じていない

問三　傍線部(3)に「この『世』とはあくまでも、近代法のまがりなりにも定まった近代の世のことである」とあるが、著者が「近代法」治下の世界においては当然と考えるものはどれか、次のA~Hのうち該当するものは○を、該当しないものは×を選びなさい。

A 被告人に問われている罪は裁判の進行中に変わることはない
B 被告人は弁護人を通してのみ裁判所と交渉を持つことができる

年を取るにつれて、一日は長くなる。年金生活者ではないので忙しくしていても、仕事がはかどらないにしては、一日が長く感じられる。日々の体力が一日分にはすこし足りなくなっているのではないか。

しかし一身上の、生涯の弁明書を綴《つづ》ろうなどという了見は［（9）］――と突っ放なすところだが、そこが本人にとってもいささか意外、いささか妙なのだ。人は［（7c）］の罪ではなくて、あくまでも［（7d）］の罪を問われる。壮年の間は自分の行為とその結果を考えれば、まず足りた。自分の行為に自分で絶望する。自分の行為が自分でわからなくて頭を抱えこむ。自分が自分の行為を見まいとしているのを感じてうしろ暗くなる。いずれ主題は行為である。

老年もそれには変わりがなく、もうここまで来たのだから俺のやったことを一々言うな、と自分自身にたいしても頑固になるのは、過去のもろもろの行為の取り返しのつかなさに自分で憤っているように、一見、見えるのだが、じつは過去の行為を振り返って、あれは何だったかと考えようとすると、結局、自分はこういう者なので、ああいうことをしたのだ、と行為がいちいち存在の中へ吸いこまれ、では、自分はどういう者なのか、何処の誰なのかと問い返すと、ほんとうのところ、何も知らない。知っていることをいくら投げこんでも、空欄は一向に埋まらない。

弁明などするつもりはないのに、弁明書を起こしかねている「審判」の主人公に似てくる。追及の網の目はしぼられて来たようなのに、罪状が知れない。法廷も見えない。［（7e）］ではなくて［（7f）］が問われているらしい。弁明書は果てしもなくなる。そして無拘留の日常は続く。老年とは「［（10）］以前」へ呼び出されることか。

出典　『私のエッセイズム　古井由吉エッセイ撰』　河出書房新社（二〇二一年初版）二九九～三〇三頁（一部改変）

注　一件書類：ある裁判事件に関するすべての書類をまとめて綴ったもの。

作中の主人公は近代都市の市民であり、有能な銀行員であり、近代合理主義に生きる三十一歳の壮年であるにもかかわらず、生涯にわたる一身上の弁明書を、街の中心部には正規の法院もあろうに、場末のあちこちの屋根裏に役所を置く得体の知れぬ法廷へ向かって、書こうとする。これを要するに、人は（7a）によって罪を問われるのであって（7b）によっては処罰されないという近代の法の大原理が、近代社会の真っ只中で破れて、その破れ目から主人公は「それ以前」の中へ吸いこまれつつある、ということではないか。

それはともかく、さすがに途方に暮れた主人公はこんなつぶやきを洩《も》らす。

――それにまた、生涯の弁明書をしたためるというような仕事は、何と哀《かな》しい仕事であることか。年金生活に入って子供っぽくなってしまった年寄りの、ありあまる閑をつぶして、毎日毎日長い一日を過ごさせるには、おそらく恰好《かっこう》な仕事ではあるのだろうけれど。

なるほど、これだったか。このつぶやきが記憶の端に引っ掛かっていて、今朝方の寝覚めに、ぽつりと滴り落ちたか。それで午後になりこの本を書棚からおろしたか。それにしても、お若いの、よくも言ってくれた。年金生活と言えるほどのものにも浴さず、今はたまたま端境にあって閑でも、いずれ近いうちにまた、無い智恵《ちえ》をしぼって相勤めざるを得ない身ではあるが、（8）このつぶやき、痛く身に染みる。

子供っぽくなったとは、これは認めよう。往年の童の透けて見えて来るようなのが円満な老熟のしるしと言われるが、そんな結構なものでもない。ひょっとして自分は生涯、なにやかにやあっても、小児から出なかったのではないか、とつい疑われるほどのものだ。

ならない。

(2)世の常ならぬ裁判、(2)世の常ならぬ法廷である。二十年ほども昔に私が読後にざっと数えあげただけでも、一、逮捕されたのに拘留されない。被告人は自由に日常の生活を続けている。二、罪状が一切知らされない。従って、弁護人はまず罪状を推し測らなくてはならない。罪状そのものも、どうも不定であるらしい。三、ただ一回の怪しげな、政治集会にも似た審問のほかは、法廷と被告人との間に正規の接触が持たれない、ように作中の限り見える。四、裁判の進行が被告人にも弁護人にも明らかにされない。五、裁判所と検察とが一体であるらしい。六、有罪判決が公開はおろか、被告人に直接くだされることもない。ある夜、嘱託の私人としか見えない処刑人が被告の家にやって来る。さらにつけ加えれば、一事不再理の原則がないようで、被告人が完全に無罪放免された例は、「伝説」としてあるだけで、実際にはこれまで一件もないはずだ、と事情通は見ている。

しかし、(2)この世の常ならぬ、とさきほど言ったが、この場合、(3)この「世」とはあくまでも、近代法のまがりなりにも定まった近代の世のことである。近代法以前には、いましがた列挙した(4)「理不尽」の多くは、現実であったらしい。ヨーロッパの中世から近世へかけて、ローマ法および教会法に則《のっと》り、訴訟手続は書面主義であり、裁判官は当事者から提出された★注一件書類により判決をくだすという。また秘密主義であり、証拠手続も秘密であり、証人は被告のいないところで訊問《じんもん》されたという。裁判官は職権により審理を開始し、被告人は弁護の機会こそあたえられたが、自分が何によって疑われているか、嫌疑材料について充分の知識をあたえられていなかったという。

聞いて背すじが寒くなる。しかも、これらのことが是正された近代法の体系のとにかく定まったのが、ヨーロッパの諸国において、十九世紀に入ってからと言うではないか。カフカの(5)オーストリア・ハンガリア二重王国のことは知らないが、(6)ドイツ帝国では一八七九年のことだそうで、カフカは一八八三年の生まれである。法学博士である。

ドイツ文学科

▲文化・思想・歴史に関するテクストの読解力および思考力・表現力を問う試験▼

（七五分）

一　次の文章は、古井由吉「休暇中――カフカ」（『私のエッセイズム』所収）からの抜粋である。これを読んで、後の問一〜問十一に答えなさい。

カフカの「審判」を読み返すことになった。つい前夜まで思ってもいなかったのに、例の遅い朝の寝覚めに作中の一場面が頭に浮かんで、午後からその箇所を読み始めた。疲れたら閉じて書棚に戻すつもりである。ようやく閑の心になったしるしか。気まぐれに本を読んで過ごす午後は、季節はいつであれ、（1）永日である。

主人公が裁判所へ提出するために一身上の弁明書を起こそうかと思案する場面である。これまでの生涯の「身上話」を簡略にしたためて、その中で取り分けて重要な出来事のひとつひとつについて、その時の行為がいかなる理由から出たか、現在の自分の判断からすれば非難されるべきか是認されるべきか、釈明を試みようとする。もとより、難儀な課題である。なぜなら、起訴の対象である罪状が何処《どこ》にあるかを知らされず、また起訴事実が今後どのように拡大されていくかも知れないので、それこそ全生涯にわたって、ごく些細《ささい》な行為と出来事まで記憶に喚《よ》び起こし、記述して、これをあらゆる方向から検討しなくては

問五　波線部A「頗」、B「蓋」のよみを、現代仮名遣いで記せ。

問六　波線部Cを書き下し文にし、口語訳せよ。

問三　傍線部3を返り点に従って読んだ場合、その口語訳として、もっとも適切なものを次の中から一つ選べ。

a　禅宗の修行に励む仲間の紹介によって、すぐに手に入ったのだろう。

b　同じ禅宗の僧侶の手になるものは、手早く調達できたからだろう。

c　禅の道を求める仲間の作と知っていたので、ただちに取り寄せたのだろう。

d　禅宗の僧侶同士の書状は、すみやかにやりとりすることができたためだろう。

問四　傍線部4について

（一）　返り点の付け方として、もっとも適切なものを次の中から一つ選べ。

a　必莫レ為二『書画譜』一所レ誤也。

b　必莫レ為二『書画譜』所レ誤也。

c　必莫下為二『書画譜』所一誤上也。

d　必レ莫下為二『書画譜』一所上レ誤也。

（二）　口語訳として、もっとも適切なものを次の中から一つ選べ。

a　決して『書画譜』が間違っているとみなしてはならない。

b　決して『書画譜』に惑わされたということにはならない。

c　決して『書画譜』のせいで間違ったのではない。

d　決して『書画譜』によって惑わされてはならない。

（加藤善庵『柳橋詩話』）

〈注〉○牧谿…宋末元初の禅僧。水墨画の名手。　○禅刹…禅宗の寺院。　○五大刹…五つの大寺。鎌倉五山を指す。　○衲子…禅僧。　○袱包…ふろしき。　○『書画譜』…『佩文斎書画譜《はいぶんさいしょがふ》』。清の康熙帝の命により編まれた、中国歴代の書画に関する文献を集成した書物。　○査初白…清代初期の詩人。『人海記』はその随筆。　○内府…宮中の蔵。　○「果蔬鳥雀図」…牧谿の画の題。　○琪璧…美しい玉。

問一　傍線部1はどのようなことをたずねているか。もっとも適切なものを次の中から一つ選べ。

a　日本に伝来した宋代の絵画が、他の時代のものに比べて少ない原因。
b　日本において、鎌倉時代以降、禅宗が広く受け入れられてきた理由。
c　宋代の絵画が、日本においてほとんど評価されてこなかった事情。
d　宋代の絵画の中で、牧谿のものだけが多く日本に存在している背景。

問二　傍線部2はどのような意味か。もっとも適切なものを次の中から一つ選べ。

a　北条氏が寺院を建て、中国から僧を招いたために、禅宗はそれまで以上に盛んになった。
b　北条氏に対抗するために、他の御家人たちは、禅宗を保護し、その勢力に頼ろうとした。
c　北条氏が実権を握ってから、海外僧の来日によって、日本の禅宗は独自の展開を見せた。
d　北条氏の、禅宗に対する手厚い支援は、それまでの経緯から見て当然のことであった。

三　次の文章は、筆者・加藤善庵（江戸時代後期の人。姫路藩の儒者・医師）が、絵画に詳しい知人との対話を記したものである。これを読んで後の問に答えよ。なお、設問の関係上、返り点・送り仮名を省いた箇所がある。

予嘗ツテ問ヒテ曰ハク、「宋人ノ画幅、伝ハルモノ㆓本邦ニ㆒僅僅タル耳。独リ牧《もっ》谿《けい》ノミ A頗多キハ、1何哉」。曰ハク、「禅《ぜん》刹《さつ》之遍キモ㆓天下ニ㆒、亦タ久シ矣。王侯士庶喜ビテ参ズルモ㆑禅ニ、亦タ非ズ㆓一日ニ㆒矣。2況当㆓北条氏之時㆒、建㆓五《ご》大《だい》刹《さつ》於鎌倉㆒、以延㆓海外衲《のっ》子《す》㆒。於イテ㆑是ニ一棒一喝之徒、来タル者如シ㆑雲ノ。而シテ人人袱《ふく》包《ほう》ノ中、莫シ㆑不ルコト㆘齎《もたら》シ㆓此ノ画ヲ㆒来タラ㆖。B蓋 3以㆓道侶之筆跡、易㆑獲㆓於咄《とっ》嗟《さ》㆒也。C其所以致多、何足以怪焉」。又タ問ヒテ曰ハク、「閲《けみ》スルニ㆓『書《しょ》画《が》譜《ふ》』ヲ㆒、牧谿頗ル有ルハ㆓貶議㆒、何也」。曰ハク、「否否、査《さ》初《しょ》白《はく》『人《じん》海《かい》記《き》』ニ載ス㆓内府収蔵ノ書画㆒、其ノ尤モ妙ナル者三十五種ヲ㆒。其ノ中ニ有リ㆓宋僧牧谿ガ「果《か》蔬《そ》鳥《ちょう》雀《じゃく》図《ず》」㆒。観レバ㆑是レヲ、則チ其ノ為ルコトモ㆓琪《き》璧《へき》㆒、亦タ可シ㆑知ル。足《そっ》下《か》、4必莫為『書画譜』所誤也」。

(二) ①の中の「絶えず」の主語は何か、もっとも適切なものを次の中から一つ選べ。

a 世　b 歌　c 神　d 恋

(三) ①～⑪に用いられている枕詞の中から、二つを書き抜け。

(四) ⑧には、二つの掛詞が用いられている。それぞれ何と何を掛けているのか説明せよ。

問四 後撰集の貫之歌について、以下の問に答えよ。

(一) 現代語に訳せ。

(二) 宣長は、この貫之歌にはどういう意図が隠されていると述べているか答えよ。

問五 宣長は、「物のあはれを知る」とは、どういうことであると述べているか、四〇字程度でまとめよ。

多かる」といへるも、うれしさのあまりに、その情に堪へずして、よみ出づる歌の多かりしとなり。うれしと思ふも、情の感くにて、物のあはれなり。

（本居宣長『石上私淑言』）

問一　空欄Xには西行の歌が入る。もっとも適切なものを次の中から一つ選べ。

a　かずかずに　我をわすれぬ　ものならば　山のかすみを　あはれとはみよ

b　よそにのみ　あはれとぞみし　梅の花　あかぬ色かは　折りてなりけり

c　さびしさは　その色としも　なかりけり　真木立つ山の　秋の夕暮れ

d　心なき　身にもあはれは　知られけり　鴫たつ沢の　秋の夕暮れ

問二『　』（二重カギ括弧）ABには書名が入る。それぞれ適切なものを次の中から選べ。

a　竹取物語　b　古今集　c　万葉集　d　伊勢物語　e　土佐日記　f　蜻蛉日記

問三　貫之の「古歌奉りし時の目録の長歌」とは、題通り、醍醐天皇に古歌を献上した際に、目録として歌の種類（四季・恋・賀・離別・哀傷・雑など）を詠み込んだものである。これについて、以下の問に答えよ。

（一）賀に相当するものと離別に相当するものの組み合わせとして、もっとも適切なものを次の中から一つ選べ。

a　⑦と⑨　b　⑥と⑧　c　⑨と⑩　d　⑦と⑪　e　⑧と⑩

⑤神無月　時雨《しぐ》れ時雨れて　冬の夜の　庭もはだれに　降る雪の　なほ消えかへり　⑥年ごとに　時につけつつ　阿波礼《あはれ》てふ　ことをいひつつ　⑦君をのみ　千代にと祝ふ　世の人の　⑧思ひするがの　富士の嶺《ね》の　燃ゆる思ひも　⑨あかずして　別るる涙　⑩藤ごろも　織れる心も　⑪やちくさの　言の葉ごとに云々

この奉る古歌は、貫之みづからよみおける歌といふことにはあらず。序に「『　B　』に入らぬ古き歌奉らしめ給ふ」とある、その古歌の目録の心なり。神代よりよみ来たれる四季・恋・雑のさまざまの歌はことごとく、一つの物のあはれより出で来たるといふ意《こころ》にて、この長歌の目録の中に、四季と恋・雑との間に「年ごとに　時につけつつ　あはれてふ　ことをいひつつ」といはれたる、「その前後の四季・恋・雑の歌はみな、時につけつつ物のあはれにふれて、あはれあはれと歎《たん》じつつ出で来たる歌どもなり」といふ義なり。その物のあはれの品々を目録によみたる長歌なり。

『後撰集』第十八に云はく、

　ある所にて、簾《す》の前にかれこれ物語し侍りけるを聞きて、内より女の声にて「あやしく物のあはれ知り顔なる翁かな」といふを聞きて　貫之

　　あはれてふ言《こと》にしるしはなけれどもいはではえこそあらぬものなれ

歌は物のあはれより出で来るゆゑに、歌仙とある人をさして「物のあはれ知り顔なる」といへること、面白し。さて返答に「あはれてふ言」とよまれたるは、前にもいへるごとく、物に感じて歎息する詞《ことば》なり。あはれあはれといひて歎じたればとて、何の益《やく》もあらねども、物のあはれに堪《た》へぬ時は、いはではあられぬものぞ、となり。さてこの詞書《ことばがき》に「あやしく物のあはれ知り顔なる」といへるは、貫之なることを知りて、「歌よみ顔なる」といふことをおぼめいていへる詞なり。返答もその意を得てよめり。歌よみたりとて何の益もなけれど、物のあはれに堪へぬ時は、よまではあられぬものぞといふ下心なり。『土佐日記』に「もろこしもここも、思ふことに堪へぬ時のわざとか」と、歌よむことをいへり。また「都のうれしきあまりに、歌もあまりぞ

二

次の文章を読んで、後の問に答えよ。

さてその物のあはれを知るといひ、知らぬといふけぢめは、たとへばめでたき花を見、さやかなる月に向ひて、あはれと情《こころ》の感《うご》く、すなはちこれ、物のあはれを知るなり。これその月花のあはれなる趣きを心にわきまへ知るゆゑに感ずるなり。そのあはれなる趣きをわきまへ知らぬ情は、いかにめでたき花見ても、さやかなる月に向ひても、感くことなし。これすなはち物のあはれを知らぬなり。

月花のみにあらず、すべて世の中にありとある事にふれて、その趣き・心ばへをわきまへ知りて、うれしかるべきことはうれしく、をかしかるべきことはをかしく、悲しかるべきことは悲しく、恋しかるべきことは恋しく、それぞれに情の感くが、物のあはれを知るなり。それを何とも思はず、情の感かぬが、物のあはれを知らぬなり。されば物のあはれ知るを心ある人といひ、知らぬを心なき人といふなり。西行法師の、

X

この上の句にて知るべし。『　A　』に云はく、「むかし、男ありけり。女をとかくいふこと、月日へにけり。岩木にしあらねば、心ぐるしとや思ひけむ、やうやうあはれと思ひけり」。『蜻蛉日記』に云はく、「いふかひなき心だにかく思へば、ましてこと人はあはれと泣くなり」。これらにて物のあはれを知るといふ味《あぢは》ひを知るべし。なほくはしく『紫文要領』にもいへり。

さて物のあはれを知るより歌の出で来ることは、『古今集』第十九、

古歌奉りし時の目録の長歌　貫之

①ちはやぶる　神の御代より　呉竹の　よよにも絶えず　②あま彦の　音羽の山の　春がすみ　思ひ乱れて　③五月雨の
空もとどろに　さ夜ふけて　山ほととぎす　鳴くごとに　誰も寝覚めて　④唐錦　立田の山の　紅葉《もみぢ》葉《ば》を　見てのみ忍ぶ

れている。

c　古典的生理学に見られる「感覚」という概念を批判したメルロ＝ポンティの見地は、ベルクソンの見地と軌を一にしている。

d　個別の生きものの「世界」が秩序化される原理を、科学によって明らかにされた「客観世界」のなかから取り出すことができる。

問七　波線部Xはどういうことか。句読点等を含めて四〇字程度で説明せよ。

問八　波線部Yのようにメルロ＝ポンティが述べるのはなぜか。句読点等を含めて五〇字程度で説明せよ。

問九　二重傍線部A～Eのカタカナをそれぞれ漢字に直せ。

くる。

c　ダニの「世界」に見られる秩序と構造は、人間の「世界」に見られる秩序と構造と重なっている。

d　匂いや明るさといった座標軸によって分節されたダニの「世界」から、あらゆる生きものを取り巻く秩序と構造を見てとれる。

問五　傍線部5の「客観世界」に関する説明としてもっとも適切なものを次の中から一つ選べ。

a　「客観世界」は生きものたちの「世界」を同一の座標軸で把握したものであり、人間の「知」の体系から独立する形で存在する。

b　科学による「客観世界」の探究によって、人間の持つ「世界」とは異なる、ダニ独自の「世界」を再現することが可能になる。

c　人間によって体験される世界が「客観世界」に該当し、その秩序をダニの「世界」に見いだすことは不可能である。

d　あらゆる生物によって体験されることがない、人間の「知」の体系によって生まれる「世界」が「客観世界」を形作っている。

問六　本文の内容に合致するものを次の中から一つ選べ。

a　十九世紀においてソクラテス＝プラトン以来の哲学を斥けたニーチェの哲学は、現代のポスト・モダン哲学によって批判にさらされた。

b　メルロ＝ポンティの主張は、「反射」「反応」「感覚」などの概念をもって生きものの行動を捉える古典的生理学に支えら

a 真理についてどのような認識が正しいかを言うことは不可能であり、真理は権力を伴った見方である。
b 人は生の力によって存在のカオスを斥《しりぞ》けつつ、客観存在に対して正しい認識を持たなければならない。
c 真理なるものはたしかに存在し、その解釈を通じて人は真理を司る神の世界へと進んでいかなければならない。
d 客観存在の正否を区別する努力を積み重ねることを通じて、形而上学の限界が乗り越えられ、新しい哲学が生まれる。

問三 傍線部3に関する筆者の考えとしてもっとも適切なものを次の中から一つ選べ。
a ベルクソンやメルロ＝ポンティは精神と物質の二項の因果的な関係の体系として、人間の存在を捉えようと努めた。
b 十九世紀以来の実証心理学の見方を引き継ぎながら、ベルクソンやメルロ＝ポンティは物質と精神の関係を考えた。
c ベルクソンやメルロ＝ポンティはかつての機械的唯物論に見られるような、自然科学に依拠した因果的な思考を否定した。
d ベルクソンやメルロ＝ポンティは物質と精神の二項のあいだの相互浸透に着目する古典的科学に立脚しつつ、人間の存在を捉えた。

問四 傍線部4の「世界」に関する説明としてもっとも適切なものを次の中から一つ選べ。
a 生きものはそれぞれの座標軸によって分節された「世界」を持っており、それは他の生きものの「世界」と異なっている。
b さまざまな生きものを取り巻く秩序と構造を総合していく作業を通じて、全ての生きものに共通する「世界」が見えて自然科学が生の世界を扱う際に現れるこの奇妙な矛盾をはっきりと解くためには、ひとつの根本的な視線変更が必要なのである。

ここに注意すべき点が二つある。ひとつは、いわゆる「客観世界」とは「知」の体系であって、さまざまな生きものによって実際に経験される「世界」ではないということ。もうひとつは、「客観世界」とは、すでにさまざまな生きものの中で成立した「世界」の「構造」をコードしたもの(共通項をEチュウシュツしたもの)にすぎず、ここからは、「世界」が「構造化」され「秩序化」される原理それ自体を取り出すことは、決してできないということである。

(竹田青嗣『エロスの世界像』)

〈注〉 ベルクソン…哲学者。
メルロ＝ポンティ…哲学者。

問一 傍線部1の「視線変更」はどのようなことを意味するか。もっとも適切なものを次の中から一つ選べ。

a ニーチェが価値評価の対象を、人間を超えて世界へと広げていったということ。
b ニーチェが真理を認識する対象としてではなく、信じる対象として捉えていったということ。
c ニーチェが世界を認識する能力を低い段階から高い段階へと引き上げていったということ。
d ニーチェが世界を認識するべき対象よりも、表現するべき対象として見いだしていったということ。

問二 傍線部2の説明としてもっとも適切なものを次の中から一つ選べ。

「世界」、匂い、明るさ、温度という三つの座標軸によってのみ分節された「世界」を持っている。また、ダニの「世界」と人間の「世界」はまったく異なった構造として存在している。このようにさまざまな生きもののさまざまな「世界」は、千差万別の秩序として存在しているのである。

科学という方法は、この限りなく多様な「世界」の構造を何らかの共通の座標軸によってコードしようとする。百万の生きものは百万の「世界」を持っているが、これらの諸世界を共通の座標軸で捉えたと考えうるものをわたしたちは「5客観世界」と呼んでいる。

しかし、じつはこの「客観世界」は、もはやそれぞれの生きものによって〝生きられている〟「世界」とは無関係なものである。というのは、この「客観世界」はどんな生きものにも体験されない「世界」であり、ただ人間の理性によって想定され記述されるだけの「世界」であるからだ。それはいわば「知」の体系なのであって、そのかぎりで人間の「世界」にとってのみ一定の意味を持つというにすぎない。

たとえば、メルロ＝ポンティは、古典的生理学が生きものの行動を、「反射」「反応」「感覚」「知覚」といった概念の系列に還元することに反論する。彼によればY「この感覚という概念こそ最も混乱した概念」であり、この概念こそ知覚という現象を不可解なものにしている張本人である（『行動の構造』）。

古典的生理学は、もしもそれをDゲンミツな「知」の体系に仕上げようとすれば、感覚を対象の性質に、性質の感覚的現われを刺激の束に、刺激を有機体の物理・化学的な因果的連鎖に〝還元〟するほかない。しかし、ゲンミツに考えるなら、どんな生体においても、「感覚」は物質の因果的秩序に還元されえない。こういう批判はベルクソンにおいても同様である。彼は人間の存在をどれほど高度で複雑な機械の組み合わせと考えても、そこから「意識する」あるいは「感覚する」という原理は理解されえないと言う（『物質と記憶』）。

そのポイントは、「世界とは〈力〉によって解釈された秩序である」という言い方を、「世界とはエロス的に経験された秩序である」という言い方に代えることにある。

たとえば、すでにベルクソンやメルロ＝ポンティは、十九世紀以来の機械的唯物論や実証心理学の発想を繰り返し批判した。その要点は、人間の経験を自然科学にもとづく因果的な関係の体系として捉えることは決してできない、ということである。この因果的な思考を強行すれば収拾しきれない矛盾が現われる。この矛盾は、両者がともに異様な熱意を持って取り組んだ「心身相関論」の領域で象徴的に露出するのである。

彼等は人間の「精神」の原理と「肉体」（＝物質）の原理の相関を、古典的科学とはまったく違った仕方で捉えようと努力した。たとえば、ベルクソンによれば、肉体とは「記憶」と「時間」を生きるような独自の物質である。またメルロ＝ポンティによれば、「精神」と「肉体」は「相互浸透」しあい、その存在自身がすでにひとつの「合一」である。

しかし、わたしの考えでは、3彼等の試みは問題の核心に十分届いているとは言いがたい。その理由は、彼等がともに人間の存在を、「物質」と「精神」という二つの項の相関的な関係式として把握しようとしたからである。わたしは記述の原理として新しい概念を置く必要があると思う。それが、「エロス」あるいは「欲望」という概念にほかならない。

「エロス」あるいは「欲望」という概念は、あるシステムを作動させる動力（＝エネルギー）についての概念ではない。つまり構造を作動させる原理という意味での「力」ではない。そうではなくてそれは、およそ「構造化」し「秩序化」する原理なのである。

4生きものは「世界」を持つ。このように言うとき、この「世界」とは、それ自体として即自的に存在する世界ではなく、X何らかのかたちで〝生きられている〟世界、を意味する。

この意味での「世界」は、必ずそれ独自の秩序と構造を持っている。つまり、「世界」とは、それ自体すでにある仕方で分節された秩序、構造のことなのである。生物学者のヤーコプ・フォン・ユクスキュルが論じたように、たとえばダニはダニ独自のこめられているのだが、その真意をよく理解するのは容易ではない。

たとえば、現代思想において、ニーチェのこの視線変更は、プラトニズム批判とか、ロゴス中心主義批判とか、また哲学、思想におけるカイギ的批判力の顕揚といったかたちで受け継がれている。しかし、このポスト・モダン的ニーチェ主義は、ニーチェの思想の最大の可能性を脱落させているのである。

世界体験の原理は「認識」ではなく「価値評価」であること。これはどういうことか。ニーチェが明らかにしている問題の力点をつぎのように整理することができる。

第一。一方に「客観存在」があって、他方にそれについての正確な、あるいは不正確な「認識」があるのではない。そうではなくて、一方に存在のカオス（混沌《こんとん》）があって、他方に「生の力」によるその「解釈」だけがある。この「生の力」による世界の「解釈」、これが「価値評価」ということにほかならない。

第二。したがって、「真理」なるものは、存在するものの正しい「認識」ということをまったく意味しない。「真理」とは、強力な、他を圧倒する、公認された、権力を持った、勝利した、「価値評価」にすぎない。

第三。だからまた、客観存在、正確な認識、これこれが正しいと信じる主観、真理、それを司るものとしての神、究極目的、本当の世界、そういった伝統的哲学（形而上学）のパラダイムは、すべて「没落」すべきものである。

第四。新しい哲学のパラダイムは、したがって、「力」の思想、生命がその力の保存と成長のために発動する「力」の構造として、根底から組み直されなくてはならない。

すでに述べたように、このうち第一から第三までの力点は、現代のポスト・モダン哲学によって、きわめて中途半端なかたちではあるがそれなりに理論化されている。しかしカンジンの第四の力点については、ほとんど手がつけられていない。わたしはひとつのチャクソウによって、このニーチェの構想を書き換えてみよう。

国文学科

▲現代文・古文・漢文の読解力を問う試験▼

（七五分）

一

次の文章を読んで後の問に答えよ。

人間がこの世に生をうけて「世界を体験する」ということ、このことの根本的な原理をどう捉え、どう表現すればいいか。これは古くから哲学の基本問題のひとつだった。多くの哲学者がこれに与えてきた答えはこうだ。「人間は世界をより深く認識していく」。これに対し、十九世紀になって、ひとりの哲学者がつぎのように主張した。

「これこれのものはこうであると私は信じる」という価値評価が「真理」の本質にほかならない。価値評価のうちには保存・成長の諸条件が保存されている。（ニーチェ『権力への意志』）

世界体験の原理は、「認識」ではなく「価値評価」である。あるいは、人間は世界を「認識」するというより「価値評価」するのだ。ニーチェはそう主張する。この主張には、人間存在を理解する上でのソクラテス＝プラトン以来の決定的な視線の変更が

解答編

哲学科

◀哲学への関心および読解力・思考力・表現力を問う試験▶

I　解答　(1)－b　(2)－c　(3)－c　(4)－d　(5)－c

解説

《哲学史に関する知識》

(1)　bが正解。イオニア地方出身のヘラクレイトス（紀元前540年頃～？）は，世界を流動するものとしてとらえ，万物の根源（アルケー）を火と考えた。

a．タレス（紀元前624年頃～紀元前546年頃）は，イオニア地方に生まれた自然哲学の祖で，万物の根源を水と考えた。

c．パルメニデス（紀元前544年頃～紀元前501年）は，南イタリアのエレア出身の自然哲学者で，世界には無や空虚はなく，「有るもの」のみがあると考えた。

d．デモクリトス（紀元前460年頃～紀元前370年頃）は，アブデラ出身の自然哲学者で，宇宙は原子（アトム）から成るという原子論を唱えた。

(2)　古代キリスト教会最大の教父アウグスティヌス（354～430年）の著作に該当しないものを選択する。

　cが正解。『魂について』は，「万学の祖」と呼ばれる古代ギリシアの哲学者アリストテレス（紀元前384年～紀元前322年）の著作。

a．『神の国』は，人類の歴史を神の愛に基づく「神の国」と自己愛に基づく「地上の国」との闘争としてとらえた。

b．『告白』では，アウグスティヌスの半生や罪の告白が語られている。

d．『三位一体論』は，父（神）と子（イエス）と聖霊（神のはたらき）がともに神性を持つという教義について説明している。

(3)　c が正解。ドイツ合理論の哲学者ライプニッツ（1646 ～ 1716 年）は，事物の究極的要素をモナド（単子）と呼び，無数のモナドは神によって調和的な関係が定められているという予定調和説を説いた。

a．デカルト（1596 ～ 1650 年）は，合理論の祖と呼ばれるフランスの哲学者。物体と精神はそれぞれ別の実体であるとする物心二元論を説いた。

b．スピノザ（1632 ～ 77 年）はオランダの哲学者で，合理論の立場に位置づけられる。この世のすべてのものは神のあらわれであるという汎神論を唱え，こうした考えを「神即自然」という言葉で表現した。

d．カント（1724 ～ 1804 年）は，経験論と合理論を批判的に総合したドイツの哲学者。

(4)　d が正解。和辻哲郎（1889 ～ 1960 年）は，人間を独立した個人としてとらえる西欧哲学に対し，人間を個人であると同時に社会的存在としてとらえ，社会との関係性において成り立つ「間柄的存在」と呼んだ。また，人間に影響を与える自然環境としての風土を，モンスーン型・砂漠型・牧場型の 3 つに分類した。

a．三木清（1897 ～ 1945 年）は，西田幾多郎のもとに学んだ哲学者。ハイデガーやマルクス主義からも強い影響を受け，独自の歴史哲学を展開した。主著は『パスカルにおける人間の研究』，『人生論ノート』。

b．西田幾多郎（1870 ～ 1945 年）は近代日本の代表的哲学者。主観と客観を対立させる西欧哲学を批判し，主観と客観が区別されない主客未分の状態を真の実在とした。主著は『善の研究』。

c．柳田国男（1875 ～ 1962 年）は日本民俗学の創始者。民間伝承を保持する人々を「常民」と呼び，その生活文化を研究対象とした。主著は『遠野物語』，『先祖の話』。

(5)　c が正解。レヴィナス（1906 ～ 95 年）はリトアニア出身の哲学者。自己の全体性を無限に超越する他者の存在を「顔」と表現し，他者の苦痛に対して責任を持つときに人間は倫理的主体となると説いた。

a．ハイデガー（1889 ～ 1976 年）はドイツの実存哲学者。日常生活に埋没した人間が「死への存在」であることに気づくことで，本来の自己にめざめると考えた。主著は『存在と時間』，『ヒューマニズムについて』。

b．サルトル（1905～80年）はフランスの哲学者・文学者。人間の本質は神によって定義されているのではなく，自由に行為するなかで自己の本質を定義していく存在であると考えた。主著は『実存主義はヒューマニズムである』。

d．アーレント（1906～75年）は，ドイツ出身のユダヤ人でアメリカに亡命した政治学者。スターリンの独裁やナチズムなどの全体主義に大衆が吸収される過程を分析した。また，政治の公共的世界に自由に参加することが，社会的存在としての人間の本来の活動であると考えた。主著は『全体主義の起源』，『人間の条件』。

Ⅱ　解答

問1． ㋐無縁　㋑縛　㋒眺

問2． 日常のなかで，自分が何かに促されることに対して違和感や疑問を感じることがあっても，それを「権力」として意識しなければ，自分の行動が自由な選択だけから成り立つと思い込み，自分の振る舞いを方向づける働きについて気がつかないということ。（110字以上140字以内）

問3． 権力という概念を使えば，関係のなかで人を振る舞いへと促す働きの効果として出来事を説明することが可能になる。そのため，権力という考え方は，出来事の重なりを調査する「批判」にとって不可欠であり，それによって，現在，当たり前と信じられているものを問い直すことができるということ。（110字以上140字以内）

問4． 批判とは，私たちとは無関係のことではなく，スマートフォンや友達との関わりのような平凡な日常を改めて考えるためにこそ有効だから。（50字以上80字以内）

問5． フーコーという有名な哲学者の手法として「批判」を紹介したうえで，「批判」が読み手にとっても身近なものとして感じられるように，具体的な事例を導入する役割。（50字以上80字以内）

解説

《フーコーにおける権力と批判》

問2． 下線部①「わざわざ…されてしまう」について説明する問題。下線部の「名づけ」るという表現は，意識して注目することを意味している。また，下線部直前の「促される感じ」とは，第4段落で「関係のなかで人をある振る舞いへと促す働き」と定義されている「権力」のことである。ふだん私たちは自由に選択を行うなかで，違和感や疑問を感じながらも「権力」についてはっきり意識することはない。だが，こうした「違和感や疑問」を「権力」と名づけることで，振る舞いを「促す働き」に注目することが可能となると筆者は述べている。

問3． 下線部②が述べていることについて説明する問題。「権力という概念」を使えば，出来事の生成を「人を振る舞いへと促す働き」によって説明することができる（第8段落）。他方，批判とは「出来事の重なり」の「調査」によって，今の成り立ちを明らかにする「作業」なので，出来事の説明に有効な「権力」という考え方は，批判の作業に「不可欠」となる（第7段落）。それによって，現在「私たちが当たり前と信じている」（第9段落）ものの問い直しが可能となるのである。

問4． 下線部③の「別に大層なことではない」が，なぜそう言えるのかを説明する。下線部の主語である「これ」とは，「権力」の働きを意識し，今の成り立ちを解明する「批判」を指しているが，それが「大層」ではないと言えるのはなぜか。それは同段落にあるように，「SNSの返信を促される」場合のような，「平凡な日常」を捉え直すためにこそ，「批判」が有効だからである。

問5． 下線部Ⓐがこの文章の展開において果たしている役割を説明する問題。下線部Ⓐの続きに，SNSのメッセージに返信をするかどうかという身近な場面が紹介されている。下線部Ⓐは，この部分を導入することで，「批判」という実践が，「フーコーのような大哲学者」（第1段落）だけのものではないことを，読み手に気づかせる役割を果たしている。

Ⅲ　解答例

テーマの記号：b

いまだに戦争は世界各地で続いている。「正義のための戦い」というが，そのようなものはあるのだろうか。

戦争の際に「正当防衛」という「正義」が掲げられることがある。隣接する他の国家が自国の権利を侵していることに対して，武器を取り戦うべきであるという主張である。この場合，侵略行為は不正義であり，それに抵抗するための戦争は「正義の戦争」として正当化される。

確かに，侵略行為が非難されるべきものである以上，「正当防衛」は，

「正義の戦争」かどうかを判断するための有力な基準であるようにも見えるだろう。しかし,「正当防衛」を掲げた戦争は本当に正義の戦争だと言えるのだろうか。

何をもって自国の権利が侵されるのかという基準はしばしば曖昧であり,恣意的なものになり得る。たとえば,ごく軽微な領海や領空の侵犯に対して,それを他国の重大な侵略行為であると政府が宣伝し,それを口実にむしろ他国の侵略に乗り出すような場合があったとする。「正当防衛」を「正義の戦争」の基準とした場合,こうしたケースに歯止めをかけることはできない。「正当防衛」に恣意性を許す曖昧さがつきまとう以上,「正当防衛」という正義は,侵略行為の隠れみのにもなり得るのである。以上の理由によって,「正当防衛」を正義とする戦争の正当化は不可能であると私は考える。(500字以上600字以内)

解説

《哲学的な問いについての論述》

与えられた3つの哲学的問いから1つを選び,自分の考えを述べる。〔解答例〕ではbの「正義の戦争はあるか」というテーマを選び,「ない」という立場から論じた。設問では正義の概念を明確にするという条件が課せられているが,〔解答例〕では侵略に対する「正当防衛」を正義とした場合の困難について議論を展開した。〔別解〕として,政治的に不安定な紛争地帯への「人道的介入」として軍事的行為を正当化する場合なども考えられるだろう。もちろん,この場合にも,それが軍事的あるいは政治的野心の隠れみのになっていないか厳しく吟味する必要がある。

テーマaとcは,いずれも生成AIに関連するものとなっている。生成AIとは,大量のデータを学習することで,新たなデータ(文章・画像・動画・音声など)を生成できる人工知能のこと。人間は人工知能とどのように向き合うべきかを問う,現代社会における最先端のテーマだと言えるだろう。

a.人間の本質を問う営みである哲学さえもAIが行うようになったとき,哲学は今までどおりであり続けることができるのだろうか。哲学とは,「善とは何か」「人生とは何か」といった問いを立てる学問であると言える。本来こうした問いは,自分自身にとっての切実な意味とともに立てられたものである。生成AIによって自分とは無関係に立てられた問いやそれへの回答には，果たして意味があるのだろうか。たとえば，こうした観点から，哲学とは何かを見つめ直すとともに，生成 AI を批判的に検討することができるだろう。

c．生成 AI によって生み出された作品は，はたして芸術と言えるのだろうか。すでに生成 AI を用いて小説や漫画が創作されているので，そうした作品を目にしたことのある受験生もいるだろう。生成 AI によって生み出された作品は，はたして芸術と言えるのだろうか。

確かに，生成 AI が制作した作品と違って，通常の芸術作品には作者となる人間が存在する。しかし，そもそも人間が作品を制作する際にも，過去の作品からの影響を免れ得ず，既存の素材を組み合わせているという点では生成 AI に共通する側面は少なくない。〈生成 AI の作品もまた芸術作品である〉という立場を取ることによって，作者の主体性や独自性といった概念の曖昧さを指摘するなど，芸術についての常識的な考え方を問い直すならば，より深い考察となるだろう。

史学科

◀歴史学をめぐる試験▶

解答 **問 1.** 政治勢力が政権運営や戦争遂行などにおける正当性を主張するため，自分たちにとって都合のよいように歴史の記憶を変更したり新しい解釈を作り上げ，それを利用して影響力を維持・拡大していくこと。(100 字程度)

問 2. ②

問 3. ヨーロッパ人が世界を二項対立的にとらえ，東洋を特異なものとする認識で，その根底には優越感や偏見を含んでいる。(50 字程度)

問 4. (1)エストニア・ラトヴィア・リトアニア　(2)―②・④

問 5.〔解答例〕民族主義派とそれを批判する歴史家がいるように，歴史家の言説は一つではない。彼らから提示される歴史をそのまま正しいと受け入れるのではなく，政治権力の都合に合わせて歴史が利用されることがあるという事実を認識すべきである。(100 字程度)

問 6. (1)①対ソ干渉戦争　②湾岸戦争

(2)〔解答例〕対ソ干渉戦争：ロシア十月革命で樹立されたソヴィエト政権と反革命派の内戦に対し，革命の波及を恐れる英仏が反革命派を支援してロシア領内に侵攻，日米もシベリアに出兵した。第一次世界大戦終了後も続いたが，1922 年にソヴィエト政権の勝利で終息した。(100 字程度)

湾岸戦争：1990 年，フセイン指導下のイラクがクウェートに侵攻したことで翌年勃発した。米ソともにイラクを非難し，国連安保理は武力行使を決議，アメリカ中心の多国籍軍が組織された。多国籍軍の攻撃を受け，イラク軍は短期間でクウェートから撤退した。(100 字程度)

問 7.〔解答例〕国際関係の変化が類似性として挙げられる。侵略を受けた側への各国支援が強まり，侵略側は国際社会での孤立化と物資不足が進む。ウクライナは脱ロシア化・NATO 接近を進めたこともあり，開戦後は NATO 諸国やアメリカ企業の物資や情報の支援を受ける一方，ロシアは国際社会での孤立化が進んでいる。中国は，抗日のため国共合作を行い，英米仏ソの支援を受けて対日戦を継続し得たが，一方日本は孤立を深めて物資不足に窮し独伊と接近することになった。(200字程度)

問8. **(1)**—④　**(2)**—③　**(3)**—③　**(4)**—②　**(5)**—④　**(6)**—③　**(7)**—④　**(8)**—③　**(9)**—①　**(10)**—②　**(11)**—②

解説

《ウクライナ戦争とウクライナの歴史について》

問1. 難問。本文中に，「記憶政治」という言葉は3カ所ある。まずはこの3カ所の前後を見てみよう。すると「民族主義的政治勢力」「民族主義派」「利用され」といった言葉に気づくだろう。民族主義者のような政治勢力が利用する「記憶」とは何かという視点で意味を考えていきたい。

本文中には，具体的にウクライナについて書かれており，［A］の第3段落に「周辺大国の抑圧に抗して古来の民族性を一貫して守り抜いたウクライナ人」という民族像を強調することで，ロシアとの差異を「本質的なものとみな」し，国民に「ウクライナ戦争を宿命的な民族対立」であると理解させるという内容が書かれている。こうした歴史像を利用する政治を，筆者は「記憶政治」と呼んでいると考えられる。

問2. 問1を踏まえて考えてみれば，筆者は記憶政治を，つまり民族主義者が考え利用する歴史像を否定的に捉えている。よって，筆者の立場は②である。

問3. 難問。「オリエンタリズム」の文字通りの意味は，オリエント世界への憧れから近代西欧で開花した芸術上の東洋趣味のことであるが，ここで問われている「オリエンタリズム」の意味は，パレスチナ系アメリカ人でコロンビア大学教授のサイード（1935～2003年）の主著『オリエンタリズム』で主張されたものである。サイードは，もともと美術分野において「東洋趣味」といった意味で使用された「オリエンタリズム」を，東洋に対する西洋人の偏った見方であるとし，人種主義や帝国主義の考えが内包されているとして批判的に検討した。

下線部の前に「アジア的性格」や「ヨーロッパ文明」とあることに着目し，「『西側』世界や日本で突如流布されたウクライナ史像」が，世界を東洋（東側世界）と西洋（西側世界）というように二項対立的にとらえ，ロシアを「アジア（東洋）的性格を深めた専制的（国家)」とみなし，ウクライナを「自由と民主主義を尊ぶヨーロッパ文明に属する」国家とみなしている点を読み取りたい。

問4．(2)　②誤文。バルト3国は第二次世界大戦中にドイツ軍に占領された。1940年8月のことである。

④誤文。バルト3国は2004年にEUに加盟している。

問5．難問。「歴史家は，つねにそれほど自律的で『高潔』なわけではない」という一文が，どのような問題を指しているかについて，本文全体の論旨を踏まえて100字程度で説明することが求められた。

作問者が「問題」と言っている点がポイントである。つまり，歴史家は自律的で高潔であるべきなのに，つねにそうではないから「問題」なのである。

筆者は問1・問2で見たように，民族主義者が歴史学説を記憶政治に利用することを批判しており，「原初主義的な民族観・国家観を批判し，近代国家形成と国民史との抜き差しならぬ関係を自覚的に問い直」(［A］第1段落）すことは現代歴史学の常識であるとしているが，実際ウクライナでは民族主義的な歴史学説が強調され，「今回のウクライナ戦争を宿命的な民族対立の図式に落とし込んで理解させる機能を果たしている」(［A］第3段落）と批判的に述べている。さらには第4段落冒頭で「問題は」と述べて，原初主義的・民族主義的歴史叙述を批判する歴史家がいる一方，民族主義政権の記憶政治に迎合する歴史家が多く見られた点を指摘している。また，同じく第4段落で松里公孝の「権力の都合にあわせて，支配学説が交替しただけである。しかもそれは，研究者の間で何の抵抗も呼び起こさない」との言葉を引き，「喝破した」と述べている。喝破という言葉を使用していることから，筆者の意見も同じであるとみることができる。最後に，下線部直前の「…記憶政治に利用され，歴史学自体がそれに左右されるあり様への洞察が重要」としている。これらから自分の歴史家や歴史に対する意見をまとめたい。

問6．(1)　①20世紀における内戦への介入という形をとった戦争の事例であるのでいくつか考えられるが，ここでは対ソ干渉戦争を取り上げた。スペイン内戦や中国の国共内戦でもよいだろう。

②20世紀において「多国籍軍」という形式をとって行われた戦争は，イラクのクウェート侵攻に対して行われた湾岸戦争を述べるのが書きやすい。

(2)　①対ソ干渉戦争の概容について100字程度で説明する。内戦への介入の事例であることを念頭に置き，以下のポイントをうまくまとめたい。

- ロシア十月革命でロシアにソヴィエト政権が樹立される。
- 反革命派がこれに抵抗し内戦勃発。
- 革命の波及を恐れるイギリス・フランス両国は，反革命派を支援し，ロシアに軍事介入した。
- 日本・アメリカ軍もシベリア側から侵入した。
- 第一次世界大戦終了後も対ソ干渉戦争は継続。
- 1922年，ソヴィエト政権の勝利で終息した。

②湾岸戦争の概容について100字程度で説明する。多国籍軍が結成された事例であること，戦争当事国などのポイントをうまくまとめたい。

- 1990年，フセインの指導するイラクが隣国クウェートに侵攻。
- 米ソともにイラクを非難し，国連安全保障理事会が武力行使を決議。
- 翌1991年アメリカを中心に，イギリス・フランス・サウジアラビアなどのアラブ諸国からなる多国籍軍が組織された。
- 多国籍軍の攻撃により，イラク軍は短期間でクウェートから撤退し戦争は終息。

問7．「国際関係」「メディア」「国民」の3つのキーワードのいずれかを手がかりとして，ウクライナ戦争と日中戦争の類似性を200字程度で指摘する。いずれを選んでもよいが，〔解答例〕では「国際関係」を選択した。

ウクライナ戦争・日中戦争両戦争では，ロシア・日本が侵略側，ウクライナ・中国が侵略を受けた側である。ウクライナは脱ロシア化とNATOへの接近を進めた（これがロシアの開戦を刺激した）こともあり，開戦後はNATO諸国やアメリカ企業から軍需物資の支援や戦争のための情報提供などを受ける一方，ロシアは国際社会での孤立化が進み，外国企業の撤退や貿易停止を受け，国内経済も混乱している。一方の中国でも，開戦前から抗日救国のため国共合作が行われ国内が結束し，ドイツの支援を受けて戦争準備を行っていたが，開戦後はドイツに代わり英・米・仏・ソが蔣介石政権を支援した。一方，日本はドイツの仲介による和平交渉に失敗，国際的孤立を深めて物資不足に悩まされ，国家総動員法を発するなど政府と国民生活は追い込まれていく。そして同じく国際社会から孤立するドイツ・イタリアと接近するのである。このあたりを要約すればよいだろう。

「メディア」ならば，世界の中で侵略側が野蛮な国として報道され，国際世論が批判に傾くと同時に，両国の国内では情報が統制され，自国民には都合の良い情報のみが流れている可能性があることをまとめるとよい。

「国民」ならば，戦争勃発後の国民生活の変化や困窮に言及するとよいだろう。ロシアでは兵力増強のための徴兵が行われ，外国企業の撤退やアメリカやEUなど西側による経済制裁により経済が混乱し，物資不足も深刻であり，国民生活が不安にさらされている部分がある。一方，当時の日本でも国家総動員法が発され，物資や権利の統制が行われるなど，国民生活は困窮の一途をたどった。また，侵略された側のウクライナ・中国でも，人々の避難生活，激しい戦闘による民間人の犠牲が多く出たことにも触れるとよい。

問8．⑵　③誤文。「炎黄の子孫」とは，漢民族が自らを伝説の炎帝・黄帝の子孫と称するものであり，日本の始祖伝説ではない。

⑷　②誤文。モスクワはロシア革命により政権を握ったソヴィエト政権が1918年に首都と定めた。

⑸　①誤文。ロシアとの開戦機運が高まるなか，非戦論・反戦論を唱えたのは，内村鑑三や幸徳秋水である。徳富蘇峰は三国干渉後に国家主義者となり，日露戦争では戦争機運を高める側にいた。

②誤文。百済支援のために朝鮮に大軍を派遣したのは斉明天皇の時である。斉明天皇が死去した後，中大兄皇子は天皇に即位しないまま（称制という）の立場で戦争を指導したが，敗北した（白村江の戦い）。戦後の668年，皇子は正式に即位し天智天皇となった。

③誤文。豊臣秀吉の朝鮮出兵の際，朝鮮水軍を率いて日本を苦しめたのは李舜臣である。李成桂は朝鮮王朝の建国者。

⑺　やや難。①誤文。1919年に設置された関東軍の司令部は，当初旅順に置かれた。

②誤文。関東軍の主な任務は遼東半島の租借地を含む関東州と南満州鉄道の警備であった。山東半島ではない。

③誤文。関東軍の司令部は，満州事変勃発とともに奉天（現在の瀋陽）に，満州国成立後に新京（現在の長春）に移った。

⑻　③誤文。日本が国際連盟を脱退したのは1933年3月のことである。脱退後，関東軍は熱河地方にさらに進撃し，1933年5月中国側に塘沽停戦協定を押し付けた。

⑼　①誤文。イタリアの国際連盟脱退は1937年であり，日独伊三国同盟の成立は1940年である。1936年のイタリアのエチオピア併合を国際連盟は非難し，経済制裁を行った。これを不服としたイタリアはドイツに接近，国際連盟脱退に至った。

⑾　②誤文。近衛内閣は「爾後国民政府を対手とせず」との声明を発した後，戦争収拾に苦しみ，1938年末には二度にわたり「善隣友好・共同防共・経済提携」の近衛三原則を発し，国民政府から同調者が出ることを期待した。和平解決の道を完全に断ったわけではない。

講評

「歴史学をめぐる試験」では，歴史に関係する長文の論説や資料などの課題文を読み，内容説明や考察，語句の意味説明などに加え，世界史・日本史に関する選択問題が出題される。前者については，歴史的な知識とともにかなりの読解力と表現力も求められる。2024年度は２つの課題文が出題された。１つ目はウクライナ戦争と歴史学の関係について，２つ目はウクライナ戦争と日中戦争の類似性についてである。論述問題はもちろん，選択問題も難易度が高かった。特に日本史関連の選択問題が難しかった印象である。課題文読解に時間がかかることもあり，苦戦した受験生も多かったであろう。なお，2023年度もウクライナ戦争と文化遺産をテーマとした課題文であった。

普段の教科学習のみならず，国際関係や歴史学などをテーマとした新書などを読み，基礎的な知識を身につけておくような姿勢が望まれる。新聞の海外・国際ニュースの欄には日頃から目を通しておきたい。

英文学科

◀英語適性検査▶

1 解答 **問1.** (d) **問2.** (b) **問3.** (c)

問4. 全訳下線部(4)参照。 **問5.** (a)

問6. デモクリトスは世界同士の衝突で破壊されると主張し，エピクロス派は各世界が虚空に四散すると主張した。(50字以内)

問7. (a) **問8.** (a) **問9.** 全訳下線部(9)参照。

問10. 全訳下線部(10)参照。

問11. his spiritual exercises **問12.** (b) **問13.** (c)

問14. global warming and climate change / sea level rise / exhaustion of national resources / environmental pollution and destruction

問15. (d)

全訳

《世界の終わりを想像する》

1 人類が生存し続けることに対する重要な脅威とは何か。どのような破局が前途に待ち受けているのか。これらは，存在に関わる危機という成長分野の現代思想家が提起した，現代に特有の問いのように思われるかもしれない。しかし，数千年も前に，古代ギリシアやローマの哲学者たちは，すでにそのような問いを立て，討論していた。これらの思想家たちは世界についてとその中での人の役割について根本的に異なる見方をしていたが，彼らの全員が将来何らかの破滅的な大災害が人類を待ち受けているという点で意見が一致していた。

2 古代ギリシアの思想では，時は循環するものと考えられていたと言われることが多い。社会は繰り返し発展するというプラトンとアリストテレスの考えは，少なくとも人間の視点からは，決して世界が破壊されることはなく，無限に続くという点を裏づけるように思われるだろう。(4)しかし，時の循環性は古代の哲学的思想を定義するのに必ずしも最適な方法ではない。例えば，デモクリトスとエピクロス派は本当の意味で世界の終わりを理論づけた。両者とも，原子からできている世界が複数存在すること，全世界は決定的な終末に向かっていることを主張しているが，両者は異なる破壊のされ方を仮定した。デモクリトスはソクラテスより若いがほぼ同時代の人で，１つの世界が別の世界に衝突して世界は破壊されると主張したと伝えられている。このシナリオは，小惑星の衝突やその他の「地球接近天体」の危険性に対する現代の認識を先んじたものである。エピクロスは紀元前 307 年頃にアテネで哲学庭園を設けた人で，それぞれの世界は最終的には虚空に消散して終わると主張した。再び，現代の危機に言い換えれば，この考えは保護大気圏の消失と共鳴するかもしれない。ストア派は，ヘレニズム時代とローマ時代においてエピクロス派の最大の哲学的ライバルであったが，時間の循環性と永劫回帰という強硬な見解を支持した。彼らは，周期的な大火による世界の破壊と再生を主張し，これを「エクピロシス」と呼んだ。

[3] しかし，世界の終わりについての古代の哲学的考察は，そのように大局的な宇宙論的問題に関係しているだけではなかった。世界の終わりについて考えることは，日々の実用的な目的にもかなっていた。このことは，物理学（宇宙の本質の研究）を倫理学とよい生き方に密接に関係づけたローマのストア派とエピクロス派の哲学者たちにおいて特に明らかだ。ルクレティウスは，死の恐怖を和らげる助けとして世界の終わりを頻繁に利用している。(9)ストア派の哲学者セネカは，世界の終わりを想像することが，いかに最愛の人を失ったあとに慰めを与えることができるか，あるいは，いかに孤独感を和らげることができるかについて論じている。

[4] (10)ストア派哲学の主な目標の一つは，世界の終わりを含む，一つ一つの出来事や難題に，理解と冷静さと順応性をもって対処できることだった。ローマ皇帝マルクス=アウレリウスでさえ，毎日の哲学の実践の一部として世界の終わりについて，「存在するものはすべて速やかに変化する。すなわち，もし宇宙の本質が一つならば，蒸気になってしまうか，あるいは四散するだろう」と書いた。マルクス=アウレリウスは一般的にストア派の哲学者として見られているが，世界の終わりを想像するとなると，彼は独断的ではない。彼はストア派とエピクロス派のシナリオを受け入れている。「エクピロシス」で世界は燃えて蒸気化するか，あるいは，世界の原子は虚空に四散するか。ここで示されていることは，皇帝が他の哲学体系

を受け入れていることだけでなく，世界の終わりについて考えて書くということは彼の精神的な鍛錬，すなわち，よい生き方をする助けとなる哲学に日々取り組むことの一部だという事実である。現代の心理学的証拠はこの古代の見識を裏づけているようだ。世界の終わりを思い描くことは，精神的な回復力を発達させるのに役立つことで，あなたのためになるのかもしれない。

5 今日，高まり，広がる一方である世界の破局の脅威は，圧倒的で理解しがたいように思われる。そのため，恐怖，無力感，「ドゥーメリズム」を呼び起こす。世界の終わりについての古代の哲学の伝統が，将来に対する今の私たちの不安に効く万能薬を与えはしない。これらの哲学者たちは，私たちが現在直面している，人間に起因する生存危機を考慮する必要はなかったし，ギリシアとローマ哲学の中で世界の終わりを阻止しようとした要素は一つもない。それにもかかわらず，この伝統は，将来の破局と存在に関わる危機に関して，精神的に私たち自身の位置を変える方法を与えるかもしれない。私たちは彼らの助言に従い，冷静に世界の終わりを受け入れることができるかもしれない。あるいは，私たちは彼らの見識に基づいて，破局を迎えない将来とまでは言わなくても，少なくとも，今よりも破局から立ち直る力がある将来を築くという次の課題に進むことができるかもしれない。

解説

［1］

問1． 空欄を含む文（These may seem …）の意味は，「これらは，存在に関わる危機という成長分野の現代思想家が提起した，（　　）特有の問いのように思われるかもしれない」である。直後の文（Yet, millennia ago, …）の文末の such questions と空所を含む文の主語 These はどちらも，第1段第1・2文（What are the … catastrophes lie ahead?）で提示された2つの問いを指し，空欄の文直後の文が逆接の意味をもつ Yet で始まっていることから，「現代に特有の問いに思われるかもしれないが，数千年も前に古代ギリシアやローマの哲学者たちがそれらの問いを討論していた」という文脈が適切と言える。よって，(d)「現代の」が正解。(c)「哲学の」も入りそうだが，ここは「現代の問いのようだが，古代にすでに討論されていた」という文脈を読み取ると，contemporary を補強する

modern がふさわしい。(a)「古代の」(b)「身体の，物理学の」

問 2． (a)については，第1段第1・2文（What are the … catastrophes lie ahead?）で「人類の存続を脅かす破滅的な出来事は何か」という質問が提示され，同段第3～最終文（These may seem … in the future.）で「これらの問いは現代の思想家のみならず，古代の哲学者たちも論じていた」とあるが，歴史を通じて，思想家や哲学者のみなが論じていたとは述べられていないので不適切。(b)は，同段最終文（While these thinkers …）の内容に一致しているので正解。最終文の these thinkers は，同段第4文（Yet, millennia ago, …）の ancient Greek and Roman philosophers を指している。apocalyptic は「破滅的な」の意味。(c)は，対応策については述べられていないので不適切。(d)は，古代の哲学者が一定の解答を示していたとは述べられていないので不適切。

［2］

問 3． indefinitely は，「無期限に」あるいは「漠然と」の意味をもつ副詞。下線部(3)を含む節の主語 it は，直前の節の主語 the world を指している。直前の節で「決して世界が破壊されることはなく」と述べられていることから，下線部(3)の直前の動詞 persist は「存続する」の意味だとわかる。よって，下線部(3)は「無期限に」の意味で用いられていると解釈するのが適切で，(c)「無限に」と最も意味が近い。indefinitely が「漠然と」の意味で用いられていれば，(a)「漠然と，ゆるく」と(d)「不明確に」に意味が近いと言えるが，ここでは不適切。(b)「疑わしく」は全く意味が異なる。

問 4． 主語 cyclicality of time「時の循環性」は，第2段第1・2文（It is often … it persists indefinitely.）の内容に関連している。cyclicality は第1文の cyclical「循環的な，周期的な」の名詞形。not always は部分否定「必ずしも～ない」を表す。define は「（語・概念など）を定義する，～の顕著な特徴である」の意味。define の目的語は ancient philosophical thought「古代の哲学的思想」。

問 5． 選択肢の訳は以下のとおり。

(a)「その物語の作者は，自分がニューヨークで育ったと話し，ついでに自分の両親はイタリア出身だと述べた」

(b)「悪天候により全フライトがキャンセルされたというアナウンスは，待っていた乗客をひどく困らせた」

(c)「私の誕生日を忘れたことの埋め合わせになるようなことで，あなたができることは何もない」
(d)「重要なのはどれくらい読んだかではなく，何を読んだかである」

下線部(5)の that は，While 節の動詞 argued の目的語の節を導く接続詞である。この用法に最も近い that は，動詞 mentions の目的語の節を導く接続詞の(a)である。that の直前の in passing は「ついでに，話の途中で」の意味の副詞句。(b)は，同格の節を導く接続詞。(c)は，関係代名詞で，先行詞 nothing you can do を修飾している。(d)は，It is ～ that …の強調構文。この count は自動詞で「重要である」の意。

問6． デモクリトスの見解は第2段第6文（Democritus, a younger …）の that 節中に述べられている。crash into は「～に衝突する」の意味。another の後には world が省略されている。一方，エピクロス派の見解は，同段第8文（Epicurus, who set …）の that 節中に述べられている。dissipate「(雲などが) 消散する，消える」 scatter「散る，四散する」 void「虚空，宇宙空間」

問7． コンマの前の the periodic destruction and rebirth of the world by fire「周期的な大火による世界の破壊と再生」を先行詞とする目的格の関係代名詞 which を入れれば，空欄を含む節が call O C「O を C と呼ぶ」の文構造になり，文意が通る。よって，(a)が正解。(b)は「一方で」を表す接続詞で，「一方で彼らは『エクピロシス』を呼んだ」となり，意味が通らない。(c)は call は前置詞 of をとらないので不可。(d)「～する目的で」は，「彼らは『エクピロシス』を呼ぶために」となり，意味が通らない。

［3］

問8． 空欄を含む文の such big-picture cosmological questions は，第2段の内容を指したものである。空欄を含む文では，「世界の終わりについての古代の哲学的考察は，そのように大局的な宇宙論的問題に関係しているだけではなかった」と述べて，さらにその直後の文（Thinking about the …）で「世界の終わりについて考えることは，日々の実用的な目的にもかなっていた」と続けている。したがって，前に述べたこととは対照的な内容を導入する，(a)「しかし」が適切。(b)「したがって」 (c)「さらに」 (d)「これは…だからだ」

問9． how から文末までの節が，動詞 discusses の目的語である。how で始まる節の主語は，imagining the end of the world「世界の終わりを想像すること」，述語動詞は can offer と alleviate で，接続詞 or でつながれている。alleviate の前にも can を補って解釈する。consolation「慰め」 a loved one「最愛の人」 alleviate「(苦痛など) を緩和する」

［4］

問10. 下線部(10)はＳＶＣの文構造で，was に続く to 不定詞（to be able …）以下が補語になっている。to meet 以下では，meet の直後に様態を表す句 with understanding, calmness and adaptability「理解と冷静さと順応性をもって」が続き，meet の目的語（each event and … of the world）が後置されていることに注意する。目的語の内容から，meet は「～に立ち向かう，～に対処する」のように訳出する。to be able to meet は「対処できるようになること」と訳出してもよい。

問11. 下線部(11)を含む節は「ローマ皇帝マルクス=アウレリウスでさえ，毎日の哲学の実践の一部として世界の終わりについて書いた」の意味。第4段第6文（What is on …）の the fact の同格節（that thinking and … his spiritual exercises,）に「世界の終わりについて考えて書くということは彼の精神的な鍛錬の一部である」という記述がある。よって，his spiritual exercises の3語を抜き出せばよい。

問12. dogmatic は「(人が) 独断的な，自説を譲らない」の意味。下線部(12)を含む文（Although Marcus Aurelius …）の Although で始まる節で「マルクス=アウレリウスは一般的にストア派の哲学者として見られている」と述べられ，下線部(12)の直後の文（He entertains the …）では「彼はストア派とエピクロス派のシナリオを受け入れている」と述べられている。さらに，第4段第6文（What is on …）では「ここで示されていることは，皇帝が他の哲学体系を受け入れていることだけでなく」という記述があることから，(b)が適切と言える。(a)については，エピクロス派を擁護したという記述はない。(c)については，個々の哲学の優劣を決めてはならないと考えた，という記述はない。(d)については，独自性に言及した記述はない。

問13. 下線部(13)を含む文では「世界の終わりを思い描くことは，精神的な回復力を発達させるのに役立つ」と述べて，直前の文（Modern psychological evidence …）「現代の心理学的証拠はこの古代の見識を裏づけているようだ」の意味するところを明確にしている。this ancient insight「この古代の見識」とは，第4段を通して述べられた，「世界の終わりについて考えることは哲学の実践の一部であった」ということに関連している。第4段第1文（One of the …）では，「ストア派哲学の主な目標の一つは，世界の終わりを含む，一つ一つの出来事や難題に，理解と冷静さと順応性をもって対処できることだった」と述べられていることから，(c)が適切と言える。(a)については，覚悟をしておくという記述はない。(b)については，他者の心理を推し量るという記述はない。(d)については，共同体の存続の方法についての記述はない。

［5］

問14. 下線部(14)は「私たちが現在直面している，人間に起因する生存危機」の意味。具体例としては，地球温暖化と気候変動，海面上昇，天然資源の枯渇，環境破壊と汚染などが考えられる。

［1］～［5］

問15. 第5段第1・2文（Today, the ever-growing … helplessness and ‘doomerism’.）で，世界の破局に対する現代の脅威が恐怖を呼び起こしていることが述べられた上で，同段第5・6文（Nevertheless, this tradition … world with equanimity.）で，「（古代の哲学の）伝統は，将来の破局と存続危機に関して，精神的に私たち自身の位置を変える方法を与えるかもしれない。私たちは彼らの助言に従い，冷静に世界の終わりを受け入れることができるかもしれない」と述べている。したがって，(d)が適切。(a)は，第5段第4文（These philosophers did …）で，古代の哲学者は世界の終わりを阻止しようとはしていなかったと述べられているので不適切。(b)は，第3段最終文（The Stoic philosopher …）の内容に合致しない。(c)は，第5段最終文（Or we could …）の内容に合致しない。

2 解答例 Admittedly, I do not think my current lifestyle is sustainable. Almost everything I use daily depends on natural resources, which will not be available in the future. For instance, most of the daily necessities around me are made of plastic, and my family uses a car to go anywhere. This means I consume nonrenewable crude oil on a daily basis. (60 語以内)

解説

「我々の現在のライフスタイルが持続可能ではないと主張する環境問題専門家もいる。あなたの現在のライフスタイルが持続可能なものかどうかを論じる文章を60語以内で書きなさい」

〔解答例〕の全訳は以下の通り。

「確かに，私は自分の現在のライフスタイルが持続可能なものだとは思わない。日常使用するもののほとんどすべてを，将来は使用できなくなる天然資源に依存している。例えば，私の身の回りの日用品はほとんどがプラスチック製だし，私の家族はどこへ行くにも車を利用している。つまり，私は毎日，再生不能な原油を消費しているのだ」

〔解答例〕のように「持続可能なものではない」と述べる立場では，自分のライフスタイルの中で環境に悪影響を及ぼしていると考えられるもの，例えばエアコン，自動車，プラスチック製品の使用などを具体的に挙げて説明する。「持続可能なものである」と述べる立場では，例えば電気をこまめに消している，移動には徒歩や自転車を使っているなど，環境を守るために自分が日々の生活の中で行っていることを述べるとよいだろう。

講評

2024年度も長文読解問題1題とその内容を踏まえた自由英作文1題の大問2題の出題で，試験時間は75分であった。

1の読解問題は，世界の終わりについて古代ギリシア・ローマの哲学者たちが考察していたことを論じた英文。英文の量は多くなく，難しい構文もないが，難解な単語が散見される。設問数は15問で，量的には多くないが，それだけに正確さがより求められることになるだろう。選択肢が日本語で提示された4問はいずれも深い理解が問われており，慎重に解答したい。語彙力が問われる問3は，文脈の意味に合った類義語を選ぶ必要があり，1単語に1訳語のみを対応させるような学習では対処できない。英文和訳問題の中では，問10は英文構造を見抜くことができるかどうかがポイントになる。記述問題の問14では，英文からの抜き出しではなく，自分で考えた具体例を英語で述べるよう求められた。

2の自由英作文は，1の英文の内容に関連してはいるものの，より身近なテーマが与えられている。自分の生活と関連づけて論じればよいので，比較的書きやすい。60語以内という制限があるので，簡潔な内容と表現を心がけ，極力誤りのない英語を目指したい。

自由英作文の語数は少ないものの，英文の難度を考えると，75分の試験時間に余裕はない。時間配分に十分注意しながら解答すること。英文和訳に加えて日本語での内容説明を求める設問もあり，英文読解力と英語・日本語両方の表現力が求められる出題であった。

新聞学科

◀ジャーナリズムに関する基礎的学力試験▶

1 **解答** (1)—I　(2)—C　(3)—D　(4)—E　(5)—H　(6)—D

2 **解答例** 事実にもとづくドキュメンタリーには，フィクションにはない重みがある。それだけに，そのドキュメンタリーに「演出」が加えられていたら，「事実」ではない，「やらせ」ではないか，と批判する人もいるだろう。しかしドキュメンタリーに「演出」はタブーなのだろうか。

NHKの『ドキュメント72時間』は，とある場所に72時間カメラをすえて，そこで出会う人々にインタビューをするというシンプルな番組である。霊場恐山にカメラを置いた回では，いろいろな事情を抱えて死者に会いに来た人々だけでなく，観光目的の人や温泉に入りに来た人，また御朱印を集めて全国を巡っている人などが映し出され，恐山を訪れる人々のリアルな様子が印象的だった。しかし，72時間ただカメラを回してインタビューをするというこの番組には，何の「演出」もないのだろうか。

課題文の筆者は，ドキュメンタリーから「演出」を排除して「ありのまま」の「事実」を追求していけば，それは制作者の主体性を喪失した取材対象の広報のようなものになってしまうという。『ドキュメント72時間』はその典型のようにも思われるかもしれないが，この番組ではマイクを向けた人々からさまざまなリアクションや人生の経緯が現れてきて，それが番組の魅力になっている。実は，72時間偶然まかせにインタビューをするというのがこの番組の「演出」であり，カメラを置く場所をどこに定め，何を狙うかというところに制作者の主体性が表れているのである。そのうえで制作側の予想を超えた「事実」が現れるのが，この番組の魅力のひとつなのである。

筆者は，カメラや取材者が入った時点で「ありのままなどというものは撮れない」と自覚したうえで，ドキュメンタリーではその映像が誰の目（フィルター）を通したものなのか，そこでどのような対象への働きかけが行われたのかを「開示」することが大事だという。たしかに，実際の『ドキュメント 72 時間』の取材では，カメラを見て逃げ出す人や取材を拒否する人，また身構えて本音を語らない人もいるかもしれず，映像がすべて「ありのまま」の「事実」であるとは限らない。それらはカメラを通して「NHK の者ですが…」などと声をかけられたうえで現れた「リアクション」であって,「客観」的な「事実」であるかのように流されるニュース報道や，無記名の情報が飛び交うネット世界とは異なる，事実にもとづきながらも「演出」されたドキュメンタリーになっていると考えられる。
（1000 字程度）

解説

《ドキュメンタリーにおける「演出」について》

課題文で述べられている内容と関連する任意の事例をあげて，意見論述をする問題である。2024 年度の課題文は，映画監督である是枝裕和の「演出といわゆる『やらせ』をめぐって…」という文章である。是枝監督は『そして父になる』（カンヌ国際映画祭，審査員賞），『万引き家族』（カンヌ国際映画祭，パルム・ドール賞）などの劇映画で有名だが，ドキュメンタリー映画の出身である。

課題文の内容は，ドキュメンタリー制作における「演出」をめぐる議論である。課題文冒頭の『最后の刻』のエピソードにも示されているように，ドキュメンタリーにおける「演出」はドキュメンタリー自体の客観性を損ない「やらせ」に通じるとして否定する意見がある。それに対して，筆者は「カメラや取材者である私が入った時点でありのままなどというものは撮れない」と冷静に自覚して，自らの「演出」を考え，番組として発展させたものがドキュメンタリーであるとする。そのうえで筆者は「この映像が誰の目（フィルター）を通して伝えられたものなのか？どのような対象への働きかけが行われたのかを視聴者に『開示』していくという態度の方が今日的だ」と主張する。そしてそれが「客観」を標榜しながらも報道する者が隠されている「ストレートニュース」とも，出所不明の情報が乱れ飛ぶネットとも異なる，ドキュメンタリーの特徴となっている。以上のように，ドキュメンタリーにおける「事実」と「演出」「やらせ」の関係，そしてドキュメンタリー制作側（課題文ではディレクター）の主体性のあり方が話題となっている。

このように課題文で述べられている内容に関連すると考えられる事例をあげて，意見論述する。〔解答例〕では，事例としてNHKのドキュメンタリー番組『ドキュメント72時間』を取り上げて，一見作為のないシンプルなこの番組も，制作側が主体性をもって「演出」するドキュメンタリーであるとして，筆者の主張に沿った論述にした。他にも，「演出」や「やらせ」の疑惑をもたれたドキュメンタリーや報道番組，バラエティー番組などの事例を取り上げて，「事実」と「演出」「やらせ」の関係について考えるのもよいだろう。また，課題文で「ディレクターの主体性の欠如した」ものとして否定的に取り上げられた「隠し撮りの映像」「素人の投稿ハプニングの映像」「警察や病院に24時間はりついてひたすら事件や事故を待つ」といった番組を事例にあげて，ドキュメンタリー制作側の主体性のあり方について議論を展開することもできるだろう。果たしてそれらが「ディレクターの主体性の欠如した」番組であると言い切れるのか，という議論も可能である。さらに，「演出」や「やらせ」をメディア・リテラシー（メディアから受け取った情報を批判的に読み解く能力）に関する問題として議論を展開することも可能だろう。

例年，問2では任意の事例をあげて1000字程度で論述することが求められている。実際の試験会場で適切な事例をすぐに思いつくのは難しいかもしれないが，これは論述内容に関係する事例をあげさせることによって，新聞学科への志望度をみるという意味もあるのであろう。問1とも共通するが，日頃からさまざまな社会事象に関心を向け，幅広い知識をもつよう努めなければならない。

る」に着目。〈想像→実質〉という関係を踏まえて選択肢を選ぶ。

問三　直後の「セザンヌの絵の記憶が、……もっと根源的な構造感として生き続けていたため」「私が見た風景が、……この構造感に触れ、……その構造感とのあいだに根深い共鳴を生み出したせい」という記述を踏まえて選択肢を選ぶ。

問四　**(ア)**　傍線部前の「画家と自然との幸福な合体……真に幸福な合体をとげている画家」および傍線部後の「描くという行為が安んじて対象のうえに落ちてゆく」という記述を手がかりにして該当する人物をさがす。Bの第一段落冒頭の「ピサロ……自然との、平静で安定した交感に身を委ねうる」が対応している。

(イ)　(ア)で確認したヒント、および傍線部前の「対象へ安心して身を委ねる」という記述を踏まえて選択肢を選ぶ。

問五　傍線部を含む一文の主語「われわれは」を手がかりにする。段落冒頭に「われわれが……相手のなかの、……一部分に、おのれの一部分を結びつけるだけで満足している」とあるので、「一面的に」「満足する」とある①が正解。

問六　二行前に「描くという行為は、……本質的に不和の関係にあるおのれと、対象とのあいだに、何らかの和合を見出す唯一の方法」「描くとは、……対象と共鳴すること……対象の構造に対応する内的構造を作りあげること」とあるので、この記述を踏まえた選択肢を選ぶ。

問七　「ピサロ、ゴッホ」と「セザンヌ」の比較がされているのはBの第一段落なので、その内容を押さえる。具体的には「ピサロ……自然との、平静で安定した交感に身を委ねうる」「ゴッホ……現に眼前にある自然や、そこで働く人間の存在に対する、或る強い信頼を見てとることが出来る」「描くというおのれの行為が、……自然や人間の存在によって支えられるという確信」「セザンヌ……そういう信頼や確信をその作品から感じとることが出来ない」「自然に対してばかりではなく、彼を取り巻き彼を包む世界全体に対する、或る深い孤立が感じられる」とあるので、これらを〈対比〉のかたちに整理して簡潔に記述をまとめる。

問九　まず傍線部の「ミイラ」については直前の「『ミイラ』とは……精神的に老朽化した人間への蔑称」という定義を踏まえる。次に傍線部の「ならぬ前に」という言い方が〈○○する前に〉という意味であることを確認する（例：転ばぬ先の杖→転ぶ前に杖を用いる→失敗する前に事前に対策を行う）。これらの点を踏まえて記述をまとめる。

問十　まず傍線部の記述が一段落前の冒頭「ミイラ取りがミイラになる」を踏まえたものであることを理解する。「ミイラ取りがミイラになる」とは〝人を捜しに行った者が捜される側になる・説得するはずが説得されてしまう〟といった意味。これをジュール・ヴァーブルの行ったことに即して考えると〈シェイクスピヤ（＝イギリス人）をフランスへ紹介するつもりでイギリスに渡ったら、自分の方がイギリス人（＝シェイクスピヤ側の人間）になってしまった〉ということになる。これらを踏まえて記述をまとめる。

二　解答

問一　**(a)**—④　**(b)**—②　**(c)**—①　**(d)**—②

問二　①

問三　②

問四　**(ア)**—④　**(イ)**—④

問五　①

問六　③

問七　ピサロやゴッホの作品には自然や人間に対する強い信頼や、描く行為がそれらに支えられているという確信があるが、セザンヌの作品にはそうした信頼や確信よりもむしろそれらに対する深い孤立がある。（九〇字程度）

解説

《セザンヌの個性》

問二　直前の「自分が想像のなかに育くんできたものが、しっかりとした手触りのある実質をもって新たに生れ出て来

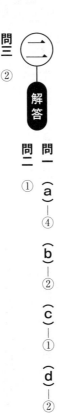

〈前後同一・言い換え・強調〉を表す語が入る。よって、③が該当。

い、直前の「今度はパリで」が第二段落第一文「ロンドンを訪れ、……ジュール・ヴァーブルに出会った」に対応していることを理解する。〈再会〉を示す語が入る。よって、②が該当。

う、直前の「ふしぎな因縁か」と直後の「志があったためか」が〈並列〉の関係であることを理解する。よって、④が該当。

え、直後の「ついでに記しますが」より〈補足・話題転換〉を表す語が入る。よって、①が該当。

問三　「感動」については直前「ヴァーブルの志を知っていたゴーチエは」がヒント。「志」については第一段落第二・三文「ヴァーブルは、……健気な志でした」の部分を参照。「困惑」については直前「フランス語をほとんど忘れていたようでした」を参照。これがそれぞれ③の「初志貫徹」「母国語をも忘れてしまう」に対応していることを理解する。

問四　傍線部の「訓戒」が〝物事の善悪などを教えさとすこと。いましめること〟という意味であることから選択肢を選ぶ。

問五　「大計画」の意味を踏まえて、置き換え可能な〈キーワード〉がある箇所をさがす。第一段落「ヴァーブルは、自ら英語に通暁し、……シェイクスピヤの全作品をフランスへ紹介……健気な志」「シェイクスピヤをフランスへ正しく輸入消化する目的」が該当すると理解し、これらのヒントを踏まえて選択肢を選ぶ。

問六　傍線部「その破片」の「その」が直前の「ロマン主義文学運動の激しい情熱」を指していると理解する。また直後に「豊かなフランス文学を、日本のものにしたいと志し」とあるので、ここから〈その＝激しい情熱／破片＝志〉の関係を踏まえた選択肢を選ぶ。

問七　①はギュスターヴ・フローベール、②はスタンダール、③はオノレ・ド・バルザックの作品。

問八　②は一七八九年七月一四日、③は一七八九年八月二六日、④は一九一九年六月二八日の出来事。

フランス文学科

▲フランス文学・文化・歴史に関するテクストの読解力および思考力・表現力を問う試験▼

一 解答

問一 (a)―② (b)―① (c)―①

問二 あ―③ い―② う―④ え―①

問三 ③

問四 ①

問五 ④

問六 ①

問七 ④

問八 ①

問九 精神が完全に老朽化した人間になってしまう前に、ということ。(三〇字程度)

問十 フランス人がイギリス人の作品を紹介するためにイギリスに渡ったら、自分がすっかりイギリス人のようになってしまった、ということ。(六〇字程度)

解説

《ジュール・ヴァーブルによる「翻訳」の試み》

問二 あ、 直前の「ロストビーフ……連中」と直後の「若い……人々」が〈同じような人間〉であることを理解する。

り、その意味で「時代をこえていた」と著者は主張している。そして、そこにはまた「存在の物質的な解体（死）をこえようという意志が……働いていた」ともしている（最終段落）。

問八　空欄のある段落冒頭で「教会という共同体と音楽は不可分」とあり、「音楽は『ひとり聴く』」「『ひとり』の心をとおして知覚しながら作曲する」「曲をつくり出す自己の内面」＝「『個』の芸術」⇕「共同体の感性と思考」「共同体に奉仕する心」のように「個」と「共同体」が対比して書かれている。「ひとり聴く」＝「個」、とすれば「共同体」とは多くの人々が（神と）「ともに在る」場である。

問十　設問文には「本文の内容を参照して」とある。傍線部を含む段落の内容をまとめれば、十七世紀以後、芸術は広く民衆に享受され、教会の共同体に向けた芸術＝「聖」と、市民に向けた芸術＝「俗」がある種のバランスを保っていたということになる。傍線部の冒頭に「このように」との指示語があることから、同様にモーツァルトのディベルティメント、オペラ＝「俗」、ミサ曲、レクイエム＝「聖」であることが読み取れる。最後から二段落目に「オペラを見、聴く」とあることから、「オペラ」は「音楽劇」であることがわかるため、(C)は②。残る「俗」は「ディベルティメント」なので、(A)は④。第四段落に「教会のミサに接し」とあることから、「ミサ曲」は「祭儀のための楽曲」であることがわかるため、(B)は③。残る「聖」は「レクイエム」なので、(D)は①。

問十一　「リアリスティック」の意味は以下の二つがある。(1)表現する対象をあるがままに写そうとするさま、写実的。(2)現実主義的、現実的。傍線部直前に「たて前と本音をつかい分ける」とあることから、傍線部⑾の「リアリスティック」は(2)の意味であり、選択肢中、①・③・④は(2)、②のみ(1)の意味で用いられている。

問十二　傍線部⑿で著者は、モーツァルトは十八世紀という「時代をこえていた」と述べているが、それはどういうことか説明する。傍線部のある最終段落の冒頭に「このような時代」とあるが、本文最後の五段落にあるように、モーツァルトが生きた十八世紀は、ルネサンスの「個」の時代を体験し、貴族社会から市民社会へと変化する中で、「理性を重んじたが、一方ある意味で、感覚的であり、たて前と本音をつかい分けるリアリスティックな時代」（最後から二段落目）であり、「聖」と「俗」＝「日常」が同居した時代であった。モーツァルトは「即物的で感覚的な」「個」の「生きる歓び」を「俗」な音楽としてかいたが、一方で「聖」なるもの＝〈永遠〉へのまなざしをもっておだ爽やかに、透明に鳴っている」「無理をしない、自然であり、無雑で、調和のとれた」「聴く無心な歓びというものをもっている」「『思想』もなければ『叫び』もない、まるで『森林浴』のように心をいやす働きがある」「宗教性を別にし、技法の展開の美しい流れと調和」とあるため、「純粋な音の快楽を呼び起こす」とある①が正解。④が紛らわしいが、「芸術家意識がさほど自覚的ではなく」との記述はあっても、「作曲家が意識しない音でできている」とまでは言い切れず、不適。

問三　問二で見たように、バロック音楽は「『思想』もなければ『叫び』もな」く、「私の『思想』や『精神』をひきとどめ、その前におこうとする意図をもたない音楽」である（第三段落）。「思想」「叫び」「精神」は「自身の内面」と考えられるため、正解は②。

問四　空欄の直後に「目に見えて、同時に見えない、この歴史をこえた空間」とあり、著者はこのとき教会のミサに接していることから「空間」＝「教会」である。

問五　傍線部の「時の外に出る」とは、直前にあるように「教会のミサに接し」「自らを……時のなかの移りゆきにおいて、ほんのわずかな影のような存在と感じ」、また、「不可避な『死』を前にそれを意識している存在」（次段落）である自身が「時のなかの移りゆき」の外に出るのであるから、「キリストとともに」「永遠性」へと導かれると考えられる。

問六　傍線部直前に「自らを小さく、束の間の存在として、……不可避な『死』を前にそれを意識している存在として感ずる度合に応じ」とある。同段落冒頭に「宗教とは、私たちが自らを小さく、不完全なものと自覚する度合に応じて」と同様の記述があるため、「それ」が指す語句は「宗教」である。

問七　傍線部の「そうしたもの」が指すのは直前の「右にのべた自己認識」であり、この「自己認識」とは同段落冒頭の「自らを小さく、不完全なものと自覚する」「自らを小さく、束の間の存在として、……不可避な『死』を前にそれを意識している存在として感ずる」認識と考えられるため、正解は④。

二 解答

問一 ②
問二 ①
問三 ②
問四 教会
問五 ③
問六 宗教
問七 ④
問八 ①
問九 (9a) 通底 (9b) 余儀 (9c) 退廃
問十 (A)—④ (B)—③ (C)—② (D)—①
問十一 ②
問十二 時代に合わせて感覚のよろこびを求める「俗」を表現しつつ、日常や死をこえる〈永遠〉を見つめていたこと。
(四五～五〇字)
問十三 (設問省略)

解説

《音楽と〈聖なるもの〉について》

問一 傍線部直後に「どの感覚にも時やその精神状態に応じ、それなりに適合してくる音楽をうけ入れる」とあり、第二段落にも「さまざまな音楽を時と場合に応じてうけ入れることができるものだ」「私の感性は時のうつりゆきのなかで、まるでパイプ・オルガンのように多様な音色をもつ」とあるため、「広い許容範囲をもつ」とした②が正解。

問二 傍線部のある第三段落に、バロック音楽の特徴として「何ものも私にのぞまず、何ものをも強いることなく」「たに生きる」「壮年であるにもかかわらず」「『それ以前』（＝近代以前）の中へ吸いこまれつつある」という内容なので、（7a）―（7b）は「行為」―「存在」。よって、正解は②。

問八　「このつぶやき」は直前の引用部分を指し、そこには「弁明書をしたためるというような仕事は、……年寄りの、……恰好な仕事ではある」とあるため、正解は③。次段落に「子供っぽくなったとは、これは認めよう」「小児から出なかったのではないか」などとあり、引用部にも「子供っぽくなってしまった」とあるので、④が紛らわしいが、引用部および傍線部次段落から「成長していないことに気づいた」は不適切。

問九　空欄直前に「しかし」と逆接の接続詞があり、空欄直後には「と突っ放なす」とあるため、著者は「年を取るにつれて、一日は長くなる」「一日が長く感じられる」にもかかわらず、『審判』からの引用のような「長い一日を過ごさせる」「生涯の弁明書をしたためる」仕事に抵抗感を感じており、正解は①。なお、「了見」とは〝考え、思慮、考えをめぐらすこと〟の意。

問十　問七で見たように、「人は行為によって罪を問われるのであって存在によっては処罰されないという近代の法の大原理」（第六段落）が破綻し、「『それ以前』の中へ吸いこまれ」るのが『審判』の世界であり、同様に「行為ではなくて存在が問われているらしい」（最終段落）のが「老年」であるため、空欄に入る語句は「それ」＝「近代」である。

問十一　最後から三段落目に「壮年の間は自分の行為とその結果を考えれば、まず足りた」とあり、その直後に著者が「自らの行為そのものに思い悩む」様子が記されている。また、次の段落では「自分はどういう者なのか、何処の誰なのかと問い返すと、ほんとうのところ、何も知らない」と、著者が老年期に至って「自己の存在の不確実性に思い悩」んでいることが読み取れるため、正解は④。①「行為の結果が問われる」のは壮年期なので誤り。②老年期に「行為が自己の存在の根拠となってくる」のは誤り。③壮年期に「行為の結果を振り返ることはない」が誤り。また、行為の「結果こそが重要」なのは、老年期ではなく壮年期なので誤り。

F、上記七にあるように、一事不再理の原則より、◯。

G、上記八より、近代以前には「書面主義」との記述はあるが、近代においては「口頭でのみ」とする記述はないため、×。

H、上記四・九・十に反するため、◯。情報の非開示は近代以前の裁判／法廷の大きな特徴の一つ。

問四　「理不尽」が正しい意味で使われていないものを選ぶ。「理不尽」とは〝物事の道理が通らないこと、道理に合わないこと、またそのさま〟を指す。②の主語である「財産」が〝道理に合わない〟というのは意味が通らないため、正解は②。

問五　**(あ)**　①「清朝」最後の皇帝は、愛新覚羅溥儀、②「ムガル朝」最後の皇帝は、バハードゥル＝シャー二世、③「ブルボン朝」最後の国王は王政復古を含めると、シャルル十世。

(い)　②「平安朝」最後の天皇は、仲恭天皇、③「鎌倉幕府」最後の将軍は、守邦親王、④「奈良朝」最後の天皇は、光仁天皇。

問六　**(あ)**　①「アロー戦争勃発」は一八五六年、②「サン＝ステファノ講和条約締結」は一八七八年、④「アメリカ南北戦争終結」は一八六五年。

(い)　①「西南戦争」は一八七七年、②「日米和親条約締結」は一八五四年、③「樺太・千島交換条約締結」は一八七五年。

問七　空欄(7c)と(7d)の直後に、「壮年の間は自分の行為とその結果を考えれば、まず足りた」「いずれ主題は行為である」とあるため、(7c)―(7d)は「存在」―「行為」であり、①・③は除外される。また、その直後の段落では「結局、自分はこういう者なので、ああいうことをしたのだ、と行為がいちいち存在の中へ吸いこまれ」とあり、老年期には「行為」ではなく「存在」が問われると著者は考えているため、(7e)―(7f)は「行為」―「存在」である。そして、空欄(7a)と(7b)を含む段落は、カフカの『審判』における主人公が「近代合理主義第三段落の記述はおよそ以下の通り。
一、逮捕されたのに拘留されない。
二、罪状が知らされない。
三、法廷と被告人との間に正規の接触が持たれない。
四、裁判の進行が被告人にも弁護人にも明らかにされない。
五、裁判所と検察とが一体であるらしい。
六、有罪判決が公開はおろか、被告人に直接くだされることもない。ある夜、嘱託の私人としか見えない処刑人が被告の家にやって来る。
七、一事不再理の原則がないようで、被告人が無罪放免された例はないらしい。

また、第四段落にも「近代法以前」の裁判／法廷について以下の記述がある。
八、訴訟手続は書面主義。
九、秘密主義。
十、被告人には弁護の機会こそあたえられたが、嫌疑材料について充分の知識をあたえられない。

設問文には「著者が『近代法』治下の世界においては当然と考えるものはどれか」とあるので、上記にあてはまらないものが○、あてはまるものが×である。
A、罪状の変更については記述がないものの、罪状が明らかにされることが大前提であるため、上記二より、○。
B、上記十より、弁護の機会の有無については記述があるが、交渉の制限については記述がなく、×。
C、上記一の逆なので、○。
D、上記五より、裁判所と検察は分離されていなければならないため、×。
E、上記六に反するため、○。

ドイツ文学科

▲文化・思想・歴史に関するテクストの読解力および思考力・表現力を問う試験▼

一　解答

問一 ①
問二 ③
問三 A—○　B—×　C—○　D—×　E—○　F—○　G—×　H—○
問四 ②
問五 (あ)—④　(い)—①
問六 (あ)—③　(い)—④
問七 ②
問八 ③
問九 ①
問十 近代
問十一 ④

解説

《カフカ『審判』と老年期について》

問三 「世の常ならぬ」＝「近代法のまがりなりにも定まった近代の世」ではありえない裁判／法廷についてまとめた、

講評

一　現代文。竹田青嗣『エロスの世界像』からの出題。二〇二二・二〇二三年度と違い、一続きの文章からの出題であった。筆者がニーチェの考え方をもとに「エロス」という新しい概念の必要性について論じている。文章自体は標準的なレベルであるが、抽象的な題材であるので、具体的にイメージできないとやや難解に感じるだろう。文章は、内容自体は標準的なレベルであるが、抽象的な題材であるので、具体的にイメージできないとやや難解に感じるだろう。また、文章どうしのつながりがやや読み取りにくいところもあり、少し理解しがたい箇所があったかもしれない。しかし、選択問題は、そこまで紛らわしい選択肢はなく標準レベルであった。ただし、記述問題は、丁寧な読解をしたうえで、制限字数内にまとめなければならないので、全体のレベルを考えるとやや難である。

二　古文。江戸時代の歌論書、本居宣長『石上私淑言』からの出題。「物のあはれ」について述べられた箇所である。主題は明確であるが、本文が長く、途中に西行、『古今集』、『後撰集』の引用があり、少し読みにくいものであった。設問にも和歌の知識を問うものが出題されており、高いレベルの知識を要求されていた。和歌の口語訳と解釈、筆者の主張を読み取る記述問題も出題され、正確な理解がなければ答えることが難しいものであった。やや難のレベル。

三　漢文。加藤善庵『柳橋詩話』からの出題。牧谿の絵画をめぐっての対話の場面である。選択問題は基本的な読み取りができていれば解答できるものであった。選択肢の表現に一部紛らわしいものもあったが、文脈と照らし合わせることで解くことができる。読み、書き下し文、口語訳の記述問題も基本的な知識で解答できるものであった。標準レベルの出題。

国語全体で見ると、大問三題で、各大問ごとに記述問題も用意されており、七十五分という試験時間を考えると、やや難の出題といえる。

ないが、「必《ズ》莫《カレ》レ～《スル(コト)》」の形で〝決して～してはならない〟と考えてよい。ここに受身の句形を加えた形で口語訳をする。したがって〝(あなたは) 決して『書画譜』に惑わされてはならない〟となり、dが適切。

問五 波線部A「頗」は「すこぶル」と読む副詞で〝たいへん〟の意味。波線部B「蓋」は文頭にあり、文末が「也」であることからも、「けだシ」と読み、〝思うに〟の意味でとるのが適切。「蓋」は再読文字で「なんゾ～(セ)ざル」と読み Why don't you ～の意味を表すこともあるので、文脈に即して判断する。

問六 波線部Cが、冒頭の筆者による質問に対する回答であることを念頭に置く。すると、「何足以怪焉」は反語表現であると考えるのが適切。あとは「怪」を動詞と考え「足」に返読することを考えれば「何ぞ以て怪しむに足らんや」となる。「や」はなくてもよいと思われるが、「焉」という置き字があるので「や」を送った。前半部分は「其所以致多」が牧谿の絵が多く存在していることの理由を尋ねているのであるから、「所以」は複合語として〝理由〟の意味でとるのが適切。波線部Cの読点より前全体で主部になるので、「～ハ」と送り仮名を送るのが適切。あとは「致多」を〝多く残っている〟の意味で取るためには「多きを致す」ととらえるのがよい。「其の多きを致す所以は、何ぞ以て怪しむに足らんや」と書き下す。口語訳は「其」の指示内容が明らかになるように訳せばよい。また「致」はここでは〝手に入れる〟、〝招き寄せる〟くらいの意味である。〔解答〕では、波線部Cの二文前の「莫不齎此画来」を踏まえ、「もたらされた」とした。総合すると〝牧谿の絵が多くもたらされた理由を、どうして怪しむことがあろうか、いや怪しむことはない〟となる。

問三　設問に「返り点に従って読んだ場合、その口語訳として」とあるので、この問題は内容理解や解釈ではなく、現代語訳の問題であると考えるべきである。したがって、文末は「〜ため・から」となるのが適切である。「以……也」は「……をもってテなり」と読み、原因・理由を表す用法である。すると、選択肢はbかdに絞られる。漢字については、それぞれ、「道侶」で〝同じ禅宗の修行仲間〟くらいの意味、「筆跡」は、ここでは〝書き残された文字や絵〟の意味、「咄嗟」は〝短い時間〟の意味、「獲」はここでは〝手に入れる〟の意味、「易」は〝〜しやすい〟の意味である。直訳すると、〝同じ禅宗の仲間の絵は、短い時間で手に入れやすかったからだろう〟となる。これを踏まえるとbが適切。bの選択肢の「手になる」は〝その人の作製である〟という意味で、ここでは〈制作した作品〉くらいの意にとるのがよい。dは口語訳としては非常に迷う選択肢であるが、「獲」を「やりとりする」と訳している点、傍線部3が牧谿の絵が日本に多く残されている理由を述べている部分である点を考えると不適となる。

問四　**(一)**「為《ル》二A《ノ》所《ト》レB《スル》」の形で「AのBする所と為る」と訓読する。受身を表す句形である。これを踏まえ、正しく返り点を付けているのはbである。念のため他の部分も検討する。「必」は主語（＝「足下」）の真下にあり、下に「為」という動詞があることから、副詞と考えるのがよい。したがって、返り点はつかないと考えるのが妥当。「莫」は動詞「為」の上にあるので、副詞と考えられるが、日本語で訓読する際には最後に読むしか方法はない（「不」などと同様、一般的には返読文字と言われている）ので、「為」の後に読むのが適切。総合して「必ず『書画譜』の誤る所と為る（こと）莫かれ」と訓読するのがよい。「莫」は「なシ」または「なカレ」と訓読する。「なシ」と読む際の多くは比較の句形で用いられ、nothing や nobody の意味で使われる。ここでは副詞「必」を伴って、禁止の「なカレ」と読むほうが適切。

(二)　(一) の訓読をもとに口語訳を考える。受身の対象が『書画譜』であるので〝『書画譜』によって〟、「誤」は〝まちがえる〟の意味もあるが、ここでは〝惑う〟の意味。「必」は副詞で〝きっと〟、〝〜しなければならない〟、〝どうしても〟の意味であるが、選択肢がすべて「決して」となっているので〝決して〟の意味でとってよい。句形ではを載せている。その中に宋の僧である牧谿の「果蔬鳥雀図」がある。これをかんがみると、それ（＝牧谿の画）が美しい玉のようであることも、またわかる。あなたは、決して『書画譜』に惑わされてはならないのだ」と。

読み　予嘗《か》つて問ひて曰はく、「禅刹《ぜんさつ》の天下に遍《あまね》きも、亦《ま》た久し。「宋人《ひと》の画幅《がふく》、本邦《ほんぽう》に伝はるもの僅僅《きんきん》たるのみ。独り牧谿《もっけい》のみ頗《すこぶ》る多きは、何ぞや」と。況《いはん》や北条氏の時に当たりて、五大刹《ごだいさつ》を鎌倉に建て、以て海外衲子《のっす》を延《まね》く。是《ここ》に於《お》いて一棒《ばう》一喝《かつ》の徒《と》、来たる者雲の如《ごと》し。而《しか》して人人袱包《ふくほう》の中、此の画を齎《もたら》し来たらざること莫《な》し。蓋《けだ》し道侶《どうりょ》の筆跡、咄嗟《とっさ》に獲《え》易きを以てなり。其の多きを致す所以《ゆゑん》は、何ぞ以て怪しむに足らんや」と。又た問ひて曰はく、「『書画譜《しょがふ》』を閲《けみ》するに、牧谿頗る貶議《へんぎ》有るは、何ぞや」と。曰はく、「否否《いないな》、査初白《さしょはく》『人海記《じんかいき》』に内府収蔵の書画、其の尤《もっと》も妙なる者三十五種を載す。其の中に宋僧牧谿が「果蔬鳥雀図《かそちょうじゃくず》」有り。是れを観《み》れば、則ち其の琪璧《きへき》たることも、亦た知るべし。足下《そっか》、必ず『書画譜』の誤る所と為《な》る（こと）莫かれ」と。

解説

問一　まずは傍線部1を含む一文を直訳する。「独リ〜ノミ」の形で限定形となり〝ただ〜だけ〟の意味になる。「頗」は「すこぶル」と読み、〝たいへん〟という意味の副詞ととる。傍線部1の「何哉」は「なんゾや」と読み、〝どうしてか〟と疑問の意味にとる。直訳すると〝ただ牧谿（の絵画）だけがたいへん多いのは、どうしてか〟となる。これに一番近い解釈はdである。

問二　まずは傍線部2を直訳してみる。「況」は「いはンヤ」と読み、〝まして〟の意味。「当」はここでは「北条氏之時」から返読するので「あタリ（テ）」と読む。「延」はここでは「まねク」と読む。少し難しい読みではあるが、直後の「海外衲子（＝海外の禅僧）」をヒントに推察できる。直訳すると〝まして北条氏のとき（＝鎌倉時代）には、五つの大寺を鎌倉に建て、海外の禅僧を招いた〟となる。これを踏まえて選択肢を吟味すると、aの「北条氏が寺院を建て、中国から僧を招いた」が解釈と合致する。「禅宗はそれまで以上に盛んになった」については本文では述べられてはいないが、推論の範囲としては適切といえる。したがって、aが適切。

三

出典　加藤善庵『柳橋詩話』

解答

問一　d

問二　a

問三　b

問四　(一)—b　(二)—d

問五　A、すこぶる　B、けだし

問六　〔書き下し〕其の多きを致す所以は、何ぞ以て怪しむに足らんや。

〔口語訳〕牧谿の画が（日本に）多くもたらされた理由を、どうして不思議に思うことがあろうか、いや不思議に思うことはない。

全訳

私は以前尋ねて言ったことには、「宋の人の画が、我が国に伝わったのはごくわずかのみである。ただ牧谿（の画）だけがたいへん多いのは、どうしてか」と。（知人が答えて）言うには、「禅宗の寺院が全国に広く行き渡っていることも、また長い（こと続いていた）。王や諸侯や一般の人々が喜んで禅宗（の寺院）に参詣するのも、また一日（という短い時間）ではない。まして北条氏の時代に当たり、五つの大寺を鎌倉に建て、海外の禅僧を招いた。そこで一棒一喝の（禅僧の）仲間が、雲のように（流れて）やってきた。そして人々はふろしきの中に、この画（＝牧谿の画）を持ってやって来ないことはなかった。思うに同じ禅宗の僧侶仲間の絵画は、短い時間で獲得しやすかったからだろう。それ（＝牧谿の画）が（日本に）多い理由を、どうして怪しむに足りるだろうか。いや、怪しむことはない」と。さらにまた尋ねて言うことには、「『書画譜』を改めて見ると、牧谿をひどく貶《おとし》めるような議論があるのは、どうしてか」と。（知人が答えて）言うには、「いやいや、査初白が『人海記』の中に宮中の蔵に収蔵されている画で、とりわけすぐれているもの三十五種そのものが歌の中心に据えられているので、かぎかっこをつけて「あはれ」と表現しても許容されると考えられる。それぞれ、「言」は〝言葉〟、「しるし」はここでは名詞で〝価値〟〝効果、効き目〟、「いはで」は動詞の「言ふ」に打消の接続助詞「で」が付く形で〝言わないで〟、「えこそあらぬ」は、副詞「え〜打消表現」で不可能表現に係助詞「こそ」を用いて強調しているので〝いることができない〟の意味となる。〝「あはれ」という言葉に価値はないけれども、言わずにはいられないものである〟が直訳となる。ここに〝言わずにはいられないもの〟が「『あはれ』という言葉」であることを加えるとわかりやすい現代語訳になる。

(二)宣長は、女の「物のあはれ知り顔なる」という発言は、「『歌よみ顔なる』といふことをおぼめいていへる詞」だと読みとっている。これは、その翁が貫之（＝歌を詠むのに長けた人物）だとわかった上で〝歌でも詠みそうだ〟と婉曲に表現したのである。そして、貫之もその意図を理解した上で、「あはれてふ」の和歌を詠んだのである。これについて宣長は「歌よみたりとて何の益もなけれど、物のあはれに堪へぬ時は、よまではあられぬものぞといふ下心なり」と貫之の和歌の意図を読み取っている。ここを踏まえて解答を作成すればよい。

問五　「物のあはれを知る」ということは、主に前半部分に書かれている。歌論書であるので、主張部分はわかりやすい。「〜なり」や「〜べし」などの表現を手がかりに、宣長の考える「物のあはれを知る」を探っていく。すると、第二段落の一文目に「月花のみにあらず、……物のあはれを知るなり」とあり、ここが「物のあはれを知る」ことを詳しく説明している。この一文の具体例（＝「うれしかるべき……恋しく」）を抽象化、一般化しつつ解答を作成すればよい。

が前の歌集と考えられる。したがって、cの『万葉集』が適切。

問三 **(一)**「賀」とは、長寿や繁栄を祝う歌のことである。「君をのみ　千代にと祝ふ」とある⑦。『古今集』の代表的な賀の歌は「わが君は千代に八千代にさざれ石の巌となりて苔のむすまで」であろう。「離別」は、文字通り別れについて詠んだ歌である。「あかずして　別るる涙」とある⑨。したがって、aが適切。ちなみに①は歌についての説明、②は春の歌、③は夏の歌、④は秋の歌、⑤は冬の歌、⑥は四季の歌をまとめている。⑦は賀の歌、⑧は恋の歌、⑨は離別と羇旅の歌、⑩哀傷の歌、⑪は雑の歌に相当する。

(二)「ちはやぶる」、「呉竹の」は枕詞であるので、「神の御代より」と「よよにも絶えず」の関係性で読んでいく。神の御代から世の中にも絶えないものは「歌」である。

(三) 枕詞とは、〝特定の語句の上について修飾や語調を整える語句〟で、通常は五音であるがそれ以外の音数のものもある。『万葉集』では枕詞が多く用いられている。「ちはやぶる」は「神」の枕詞、「呉竹の」は「節（よ・ふし）」と同音の「よ」、「ふし」の枕詞、「あま彦の」は「音」の枕詞、「唐錦」は「裁つ」と同音の「たつ」の枕詞、「富士の嶺の」は「燃ゆる」の枕詞である。このうちの二つを解答すればよい。

(四) 掛詞とは、一つの言葉に二つの意味を掛ける技巧。『古今集』以後に多く用いられるようになった。掛詞を見つけるときのポイントは、語句の意味が前後の文脈とつながりがあるかを確認することである。「思ひするがの」は、下に「富士の嶺の」があるので、〝(物思いを) する〟ということと、富士山のある地名の「駿河」が掛けられていることがわかる。ちなみに、地名は掛詞になりやすい（「宇治」は「憂し」、「因幡」は「往なば」など）ので注意する。また、「燃ゆる思ひ」の「思ひ」も、「燃ゆる」との関係、また「富士の嶺の（＝噴火）」との関係から「火」の意味がとれる。「思ひ」に「火」をかける掛詞はよく使用される（「かくとだにえやはいぶきのさしも草さしもしらじな燃ゆる思ひを」など）。

問四 **(一)**「あはれ」は〝しみじみとした情趣〟の意味。本来ならば訳すべきであるが、ここでは「あはれ」という言葉歌はしみじみとした情趣から生まれるので、すぐれた歌人と言われている人を指して「しみじみとした情趣を知ったふうな顔だ」と言っていることは、面白い。そうしてその返事に「『あはれ』という言葉」とお詠みになったのは、前にも言ったように、物事に感動して嘆息する言葉である。ああしみじみする、ああしみじみするといって嘆息したからといって、何の利益もないが、物事に対しての感動をこらえきれないときは、言わないではいられないものだ、ということである。そうしてこの詞書に「不思議にもしみじみとした情趣を知ったふうな顔である」と言っているのは、（その翁が）貫之であることを知って、「歌でも詠みそうな顔である」ということを婉曲に言った言葉である。返答もその意を理解して詠んでいる。歌を詠んだからと言って何の利益があるわけでもないが、感動をこらえきれないときは、詠まずにはいられないものだというのが（この歌の）心である。『土佐日記』に「（歌を詠むのは）唐の国でもここ（＝我が国）でも、思うことに堪えきれないときのことだとか（いうことだ）」と、歌を詠むことについて言っている。また「都（に着いたこと）がうれしいあまりに、歌も多すぎる（ほどであった）」と言っているのも、うれしさが極まって、その感情に耐えきれずに、詠み出す歌が多くなったということである。うれしいと思うのも、感情が動くことであって、（それが）物のあわれである。

解説

問一　空欄Xの前には「物のあはれ」を知ることと知らないことの区別について述べられている。空欄Xの直後に「この上の句にて知るべし」とあることからも、選択肢の上の句で「あはれを知る」ことについて述べているものを選べばよい。したがって、dが適切。bの上の句にも「あはれ」という表現はあるが、「あはれとぞみし梅の花」の文脈であるので〈しみじみと見た梅の花〉と解釈でき、「あはれ」を知る、知らないとは別の話である。

問二　Aの引用が「むかし、男ありけり」と始まっていることに着目する。また、続く文から女性への求婚が読み取れるので、dの『伊勢物語』が適切。Bは、「序に」とあることに着目する。話題が『古今集』の貫之の歌にあるので、ここでは『古今集』の「序」と考えてよい。「『　B　』に入らぬ古き歌」とあるので、ここでは『古今集』より成立しくは『紫文要領』でも述べている。

そうして物のあわれを知ることから歌ができてくることは、『古今集』第十九の、

古歌を献上したときの目録とした長歌　貫之

（歌は）神代より（始まり）、世々に絶えることなく（現在まで続いてきましたが、次のようなときに歌は詠まれます）、音羽山の春霞（を惜しみ）心が乱れる（とき）、五月雨が（降る）夜更けに空をとどろかせて山ほととぎすが鳴くたびに誰もが（眠りから）目覚める（とき）、龍田山の紅葉を見て賛美する（とき）、十月の時雨がしきりに降って、冬の夜の庭にもはらはらと降る雪のように（私の心も）いっそう消え入りそうになる（とき）、毎年時節に応じて賛美の言葉を伝えては、君の長寿を祝う（とき）、世の人が、（恋をして）富士山の噴火のように（はげしく）燃える思いも、心残りの思いのまま別れる涙、藤衣の織り糸のように乱れた心も、その他の様々の言葉などなど

この献上した古歌は、貫之が自分で詠んでおいた歌ということではない。序に「『万葉集』に入っていない古い歌を献上させなさる」とある。その古歌の目録の意向である。神代から詠んできた四季・恋・雑のさまざまな歌はすべて、一つのしみじみとした感動から現れたという意味であって、この長歌の目録の中に、四季と恋・雑との間に「毎年時節に応じて賛美の言葉を伝えては」とお詠みになったのは、「その前後の四季・恋・雑の歌はみな、時節に応じて物のあわれに触れて、ああしみじみする、ああしみじみすると感嘆しながら詠み出した歌たちである」という意味である。そのしみじみとした感動のいろいろな種類を目録として詠んだ長歌である。

『後撰集』第十八で言うことには、

ある所で、御簾の前であれこれ話をしていましたのを聞いて、内側から女の声で「不思議にしみじみとした情趣を知ったふうの老翁だなあ」というのを聞いて　貫之

「あはれ」という言葉に（言ったからどうというような）効果はないけれども、（「あはれ」と）言わないではいられないもの（が「あはれ」というもの）である。

（二） 歌を詠んだからといって何の効果もないけれども、「物のあはれ」に触れ、感情が抑えきれないときに詠まずにいられないものが歌であるという意図。

問五 この世のあらゆる物事に触れ、その趣向や意味を理解し、自然な感情に逆らわず感動すること。（四〇字程度）

全訳

さてその物のあわれを知るといい、知らないということの違いは、たとえばすばらしい花を見、くっきりと明るい月に向かって、しみじみと感動する、つまりこれが、物のあわれを知るということである。これはその月や花のしみじみとした情趣を心で理解しているから感動するのである。そのしみじみとした情趣を理解していない感情では、どれほどすばらしい花を見ても、くっきりと明るい月に向かっても、感動することはない。これがつまり物のあわれを知らないということである。

月や花だけでない、総じてこの世にあるすべての物事にふれて、その情趣や心を正しく理解して、うれしいはずのことはうれしく、おもしろいはずのことはおもしろく、悲しいはずのことは悲しく、恋しいはずのことは恋しく（感じるというように）、それぞれに感情が動くことが、物のあわれを知るということである。それを何とも思わず、感情が動かないのが、物のあわれを知らないということである。それゆえ物のあわれを知る人を情趣を理解する人といい、知らない人を情趣を理解しない人というのである。西行法師の、

情趣を解さない（私のような）身にも、（この情景は）しみじみと感じられることだなあ。鴫が飛び立つ沢の秋の夕暮れよ。

この上の句でわかるはずだ。『伊勢物語』に言うことには、「昔、男がいた。女をあれこれと口説くことで、長い年月が経ってしまった。（女は感情のない）岩や木ではないので、気の毒だと思ったのであろうか、しだいにしみじみと（男のことを）思うようになった」。『蜻蛉日記』に言うことには、「どうしようもない（私の）心でさえこのように思うのだから、まして他の人はしみじみと泣くのである」。これらのことで物のあわれを知るという味わいを知るがよい。さらに詳

である。これを踏まえると、「生きられている」とは、〈それぞれの生きものによって、独立することなく主観的に体験されている〉と解釈される。そして、「何らかのかたちで」は、次段落の内容から〈さまざまな生きものの持つ座標軸によって分節されて〉などのように言い換えられよう。これらを解答にまとめる。字数制限があるので、短く的確にまとめる必要がある。

問八　本文では「感覚という概念」に対するメルロ＝ポンティの考え方が詳しく述べられていないので、波線部Yの次の段落を手掛かりに考えるとよい。「古典的生理学は、……因果的連鎖に〝還元〟するほかない」とあり、これは「感覚」を「知」の体系である因果的連鎖に還元しようとするということである。しかし、「どんな生体においても、『感覚』は物質の因果的秩序に還元されえない」と述べている。この点をふまえて解答を作成すればよい。後半部分（＝「因果的秩序に還元されえない」）だけでは字数が足りないので、「古典的生理学」との対比で解答を作成するとよい。

二

出典　本居宣長『石上私淑言』〈巻一〉

解答

問一　d

問二　A―d　B―c

問三　**(一)**―a

(二)―b

(三)ちはやぶる、呉竹の、あま彦の、唐錦、富士の嶺の（から二つ）

(四)・「するが」が動詞の「する」と地名の「駿河」とを掛けている。

・「ひ」が「思ひ」の一部の「ひ」と噴火の「火」とを掛けている。

問四　**(一)**「あはれ」という言葉に効果はないけれども、言わないではいることができないものが「あはれ」である。

『世界』はまったく異なった構造として存在している」に合わないので不適。

d、「ダニの『世界』から、あらゆる生きものを取り巻く秩序と構造を見てとれる」とあるが、「ダニ」はあくまでも多様な生きものの「世界」の一例であるので不適。

問五　「客観世界」の説明は最後から五段落目、及び最終段落で述べられている。「客観世界」とは「どんな生きものにも体験されない『世界』」であり、「人間の理性によって想定され記述されるだけの『世界』」である。これを筆者は「『知』の体系」と言い換えているのである。これらを踏まえるとdが適切。

a、「人間の『知』の体系から独立する形で存在する」が不適。「客観世界」という概念そのものが「知」の体系であり、そこから「独立する」ことは不可能である。

b、「ダニ独自の『世界』を再現することが可能になる」が不適。「客観世界」は、生きものによって体験される世界ではないので、「ダニ独自の『世界』を再現すること」は不可能である。

c、「人間によって体験される世界が『客観世界』に該当し」が不適。「客観世界」とは「どんな生きものにも体験されない『世界』」であるので、人間も例外ではない。

問六　cは最後から三段落目（二重傍線部Dのある段落）の内容に合致する。aは第三段落（傍線部1のある段落）に「現代思想において、……受け継がれている」とあり、これを「ポスト・モダン的ニーチェ主義」と呼んでいるので合致しない。bは最後から四段落目（波線部Yのある段落）に「メルロ＝ポンティは、……反論する」とあるので合致しない。dは最終段落に「『客観世界』とは、すでにさまざまな生きものの中で成立した……原理それ自体を取り出すことは、決してできない」とあるので合致しない。

問七　波線部Xの「生きられている」の解釈を問う問題。波線部Xの直前にある「この『世界』とは、それ自体として即自的に存在する世界ではなく」を手掛かりに考える。「即自」とは〝自体、人間の認識も含め、他のものから独立した事物それ自体〟という意味である。つまり、「世界」は独立した形で客観的に存在しているのではないということの正しい『認識』ということをまったく意味しない」とあるので不適。

c、「その解釈を通じて人は真理を司る神の世界へと進んでいかなければならない」は、第三の力点で「『没落』すべきものである」と述べているので不適。

d、「客観存在の正否を区別する」「形而上学の限界が乗り越えられ、新しい哲学が生まれる」に該当する記述はないので不適。

問三　傍線部3「彼等」は「ベルクソンやメルロ＝ポンティ」のことであり、「試み」とは、「十九世紀以来の機械的唯物論や実証心理学の発想を繰り返し批判した」こと、また、「人間の『精神』の原理と『肉体』（＝物質）の原理の相関を、古典的科学とはまったく違った仕方で捉えよう」としたことである。これらを踏まえるとcが適切。

a、「精神と物質の二項の因果的な関係の体系として、人間の存在を捉えようと努めた」は「古典的科学」に基づく考え方であるので不適。

b、「十九世紀以来の実証心理学の見方を引き継ぎながら」は「古典的科学とはまったく違った仕方」にそぐわないので不適。

d、「古典的科学に立脚しつつ」はcの選択肢と同様に「古典的科学」に即しているので不適。

問四　傍線部4「世界」については、傍線部4の次の段落から述べられている。「『世界』は、必ずそれ独自の秩序と構造を持っている」と述べ、「ダニ」についての例を示した後、「さまざまな生きもののさまざまな『世界』は、千差万別の秩序として存在している」とまとめている。これらをふまえるとaが適切。

b、「全ての生きものに共通する『世界』が見えてくる」という表現は適切ではない。あくまでも「多様な『世界』の構造を」「共通の座標軸によってコードしようとする」だけであり、生きものの「『世界』は、千差万別の秩序として存在している」のである。

c、「ダニの『世界』に見られる秩序と構造は、人間の『世界』に……重なっている」は「ダニの『世界』と人間のて解釈された秩序である」ということも含まれており、筆者はこの点を「世界とはエロス的に経験された秩序である」と言い換え、「エロス」という新しい概念をおく必要があると主張する。筆者の言う「エロス」とは、システムを作動させる動力についての概念ではなく、生きものがそれぞれ独自の座標軸によって世界を分節しているように、「構造化」し「秩序化」する原理である。科学という方法は、多様な「世界」の構造を共通の座標軸で捉えた「客観世界」を生み出すが、これはどんな生きものにも体験されない世界であり、さまざまな「世界」の「構造」をコードしただけのものであるので、世界が構造化され、秩序化される原理自体を取り出すことはできないのである。

解説

問一　傍線部1の直前に指示語がある。「古くから」の「視線」から「十九世紀」における「視線」変更を指している。この「視線変更」についてニーチェは、「世界体験の原理は、『認識』ではなく『価値評価』である」と述べており、これが「視線変更」の内容となる。「価値評価」とは、「これこれのものはこうであると私は信じる」とニーチェの引用文にあるので、bの「信じる対象として捉えて」は適切である。したがって、bが適切。a、「人間を超えて世界へと広げていった」に該当する記述はない。c、「認識する能力を低い段階から高い段階へと引き上げていった」は「認識」を基盤としているので不適。d、「表現するべき対象として見いだしていった」は、本文冒頭に「どう表現すればいいか」とあるように、古くからの基本問題として問われている内容であるため不適。

問二　傍線部2の「力点」は、ここでは〝重点を置かれている箇所〟の意味。次段落以降、第一〜第四の内容を踏まえる。第二の力点の説明で、「『真理』なるものは、……正しい『認識』ということをまったく意味しない。『真理』とは、強力な、他を圧倒する、公認された、権力を持った、勝利した、『価値評価』にすぎない」とあるので、a、「真理についてどのような認識が正しいかを言うことは不可能」「権力を伴った見方」という表現は適切。したがって、aが適切。

b、「客観存在に対して正しい認識を持たなければならない」は、第二の力点で「『真理』なるものは、存在するもの

国文学科

▲現代文・古文・漢文の読解力を問う試験▼

一

出典　竹田青嗣『エロスの世界像』（講談社学術文庫）

解答

問一　b

問二　a

問三　c

問四　a

問五　d

問六　c

問七　生きものによって、それぞれ独自の座標軸により分節され、体験されているということ。（四〇字程度）

問八　古典的生理学は感覚を物質の因果的連鎖という秩序に還元しようとするが、感覚は因果的秩序に還元されえないから。（五〇字程度）

問九　**A**、懐疑　**B**、肝心〔肝腎〕　**C**、着想　**D**、厳密　**E**、抽出

要旨

ニーチェは、世界体験の原理を「認識」ではなく「価値評価」であると主張する。その内には「世界とは〈力〉によっ

一般選抜（学部学科試験・共通テスト併用方式）：総合人間科学部

問　題　編

▶試験科目・配点

学科	試験区分	試験教科・科目		配　点
教育・社会	大学入学共通テスト	外国語	『英語（リーディング，リスニング）』，『ドイツ語』，『フランス語』のうちから１科目選択	60 点
		国語	『国語』	40 点
		地理歴史または公民または数学	「日本史Ｂ」，「世界史Ｂ」，「地理Ｂ」，「倫理」，「政治・経済」，『倫理，政治・経済』，『数学Ⅰ・数学Ａ』のうちから１科目選択	40 点
	大学独自試験	学部学科適性試験	【教育・社会・看護学科　共通試験】 人間と社会に関わる事象に関する論理的思考力，表現力を問う総合問題	100 点
※心理	大学入学共通テスト	外国語	『英語（リーディング，リスニング）』，『ドイツ語』，『フランス語』のうちから１科目選択	60 点
		国語	『国語』	40 点
		地理歴史または公民または数学	「日本史Ｂ」，「世界史Ｂ」，「地理Ｂ」，「倫理」，「政治・経済」，『倫理，政治・経済』，『数学Ⅰ・数学Ａ』のうちから１科目選択	40 点
	大学独自試験	学部学科適性試験	心理学のための理解力と思考力を問う試験	80 点
社会福祉	大学入学共通テスト	外国語	『英語（リーディング，リスニング）』，『ドイツ語』，『フランス語』のうちから１科目選択	60 点
		国語	『国語』	40 点
		地理歴史または公民または数学	「日本史Ｂ」，「世界史Ｂ」，「地理Ｂ」，「倫理」，「政治・経済」，『倫理，政治・経済』，『数学Ⅰ・数学Ａ』のうちから１科目選択	40 点
	大学独自試験	学部学科適性試験	社会および社会福祉に関する理解力と思考力を問う試験	80 点

学科	試験区分	試験教科・科目		配　点
※看護	大学入学共通テスト	外国語	『英語（リーディング，リスニング）』,『ドイツ語』,『フランス語』のうちから１科目選択	60 点
		国語	『国語』	40 点
		数学または理科	下記①～④のうちから１つ選択 ①『数学Ⅰ・数学Ａ』および『数学Ⅱ・数学Ｂ』,②「化学基礎」および「生物基礎」（基礎を付した科目は２科目の合計点を１科目の得点とみなす），③「化学」，④「生物」	40 点（数学は各 20 点）
	大学独自試験	学部学科適性試験	【教育・社会・看護学科　共通試験】 人間と社会に関わる事象に関する論理的思考力，表現力を問う総合問題	100 点

▶備　考

※心理学科・看護学科では，面接試験を実施する。２段階での選抜とし，第１次試験合格者にのみ第２次試験として面接を実施し，最終合否判定を行う。

＊大学入学共通テストの英語の技能別の配点比率は，リーディング100点:リスニング100点（200点満点）とする。

＊大学入学共通テストの国語は，古文・漢文を含む。

＊大学入学共通テストの選択科目を指定科目数以上受験した場合は，高得点の科目を合否判定に利用する。第１解答科目・第２解答科目の区別も行わない。

＊大学入学共通テストの得点は，各学科の配点に応じて換算して利用する。

＊任意で提出したCEFRレベルA2以上の外国語外部検定試験結果は，CEFRレベルごとに得点化し，大学入学共通テストの外国語の得点（200点満点）に加点する。ただし，加点後の得点は，大学入学共通テストの外国語の満点を上限とする。

教育・社会・看護学科

**◀人間と社会に関わる事象に関する
論理的思考力，表現力を問う総合問題▶**

(75分)

(注) 記述式の解答は，各解答欄にていねいに記入すること。数字，ローマ字については，1マスに1字とする。

I 次の文章は，労働運動の社会的な働きについてその原理を整理したものである。これを読んで，後の設問に答えなさい。

A 自動販売機補充員，保育士，引っ越し会社，教員，図書館などでストライキが相次いでいる。日本でストライキといえば，国鉄※や公務員を思い起こさせるが，最近では，そうではない運送業やサービス業で目立っているのだ。また，これまでのような「大きな工場」とか「大きな職場」で多数の労働者が連帯するというイメージとも違い，例えば小さい保育所のストライキなど，小規模・分散化していることも特徴だろう。さらには，保育士の一斉退職や，ワンオペで働く牛丼チェーン店で一斉に休むことが呼びかけられるなど，もはやこれまでの常識では「ストライキ」と呼べないような形態(つまり「法律」の上ではストライキとされないような形態)も目立ってきている。

こうしたストライキの「イメージ」の変化からは，両者が同じ「ストライキ」と考えてよいのかがよくわからなかったり，あるいは両者をストライキだと考えたとしても，「何が新しい」のかを理解することはできないだろう。そこで本章では，今日のストライキについて，その原理に遡り，何が新しいのか，そしてどんな潜在力を秘めているのかを考えていきたい。

(　ア　)，ストライキの「原理」を確認していこう。「デジタル大辞泉」によれば，「ストライキ」の意味とは「労働者が労働条件の改善・維持などの要求を貫徹するため，集団的に労務の提供を拒否すること」であると説明されている。この端的な一文を手がかりに，いくつか補足を加えることでストライキの「原理」が理解できるはずである。補足すべきことは，第一に，ストライキは労働市場の取引をめぐる行為であるということ，第二に，ストライキが交渉の手段とされる労働市場は特殊かつ非対称であるということ，第三に，労働者の根源的な交渉資源は労働力商品※そのものであるということ，第四に，ストライキは労働力の取引をめぐる意識的行為だということ，第五に，それゆえストライキは「法律で認められた範囲の外」にも及ぶということ，である。

(　イ　)，ストライキは，労働者が使用者に「労働条件の改善・維持などを要求」するための手段であるが，労働者と使用者の関係は，一般的な人間同士の関係ではない。労働者と使用者が争い，立場を異にしているのは，彼らが労働力を取引する労働市場において，その値段や命令の内容(労働条件)をめぐって交渉する立場にあるからだ。つまり，ストライキとは，単なる圧力手段一般ではなく，何よりも「労働市場での取引」をめぐる行為なのである。とはいえ，労働市場という取引の場で，なぜストライキは重要な意味をもつのであろうか。通常の市場での取引の場合にも，売り手と買い手は交渉によって値段を決めるわけだが，ストライキのような方法が採られるわけではない。一般的な商品の場合には，市場における需要と供給によって変動しながらも，取引の価格はモノやサービスを提供するために必要とされるコストで決定される。原価が安いにもかかわらず，あまりにも高額に商品を売り続けていれば，やがてその商品は市場から淘汰されてしまうだろう。逆に，あまりに安く販売し続ければ，事業そのものが成り立たなくなってしまう。また，ひとたび購入された商品の「扱い方」が問題となることもない。

(　ウ　)，B労働力の場合には，それが直接の人間である労働者と切り離せないために，一般商品のような「コスト」が定かではない。つまり，同じ市場でも，労働市場では人間と不可分の労働力が取引されるところに特殊性があり，それゆえ，何時間働きどのくらいの賃金を得ることが妥当であるのかは，その社会の文化水準や慣習(労使の力関係)によって決定されることになる。また，労働力商品は購入された後，どのような作業をどの程度のきつさ(スピード)で行うことが求められるのかなど，取り扱いが必ずしも明確ではない。突発的な業務の発生など事情が変わる場合もある。職務が比較的明確であるとされる欧米でさえ，あらゆる業務をあらかじめ職務記述書※に書き込むことはおよそ現実的ではないとされており，労働契約は「不完備契約」とも称される。この点でも，通常の商品とは異なり，それを引き受けるのは生身の人間であることが重大な問題となる。企業の事情によってあまりにもカコク[1]な命令を押し付けられれば，労働者は心身を毀損し，最悪の場合過労死してしまう。だからこそ，労働力商品の取引は常に対抗的な場になる。

とはいえ，実際の労働市場を見れば明らかなように，労働者個人と使用者との間には，あまりにも大きな力の格差がある[C]。企業は個々人を失業者[D]や，正社員になりたい非正規雇用労働者などのなかからピックアップすることができる立場にある。また，企業が大量の失業者のプールから労働力をピックアップできるのに対し，労働者は常に仕事をしなければ生きていくことができないという窮迫状態に置かれている。奨学金の返済や，病気，要介護の家族を抱えていれば尚更である。さらに，労働者は今日の労働力を販売しなければ，それをストックしておくことはできず無駄な時間を過ごすことになるため，ますます窮迫販売に駆り立てられる。このように，使用者と労働者の間の力の非対称性は明らかだ。

そこで，労働者は労働市場での取引をなんとか有利に進めようとする。そのために，彼らが取り得る手段としてもっともイメージできるのは常識や道徳へ訴えかける方法かもしれない。現在では，「ブラック企業」としてマスコミに取り上げられることを懸念する企業は多い。だが，いくら道徳的に訴えられても，失業者がいる限り，賃金は下がり続ける。それは生きていくことができない水準，あるいは「ドレイ[2]的」と形容されるような水準にまで落ち込んでいくこともある。現在の日本の賃金水準も，次世代を再生産する水準すら割り込んでいる。非正規や「ブラック企業」が散々問題になっているにもかかわらず，である。

ストライキは，確かに企業の不当な行為を告発するデモンストレーション的効果を持っている。労働組合はストライキの世論へのソキュウ[3]効果を狙っているし，実際に，世論への「訴えかけ」の手段として機能する。しかし，少なくとも，

「原理」の次元では世論への「訴えかけ」はストライキの本質ではない。単なる道徳的な訴えかけとは異なる方法で，労働者たちが賃金の上昇を勝ち取る手段こそが，物質的な基礎をもったストライキという行為なのである。

先ほど労働者は労働力と不可分であると述べたが，これを言い換えれば，彼らは具体的な交渉の資源として，労働力を所持しているということである。あるいは，本質的な交渉資源は，究極的には労働力しか持っていないということもできる。一方で，企業は労働者に働いてもらわなければ，どれだけ高性能な生産設備や事業のアイデアを持っていたとしても，それを実現することはできない。だから，ストライキはこの物理的な影響力を行使することで，交渉手段として絶大な効力を持つのだ。

（　エ　），今日ではこうした物理的な力を背景とした交渉手段を行使せずとも，労働法によって最低限度の基準（労働基準法）が定められていたり，不十分な水準ではあるが最低賃金制度が整備されている。あるいは，ストライキそのものが「法律」によって保護されている。しかし，歴史をひもとけば，法律が先に整備されることで，まともな労働条件が実現してきたのではない。実際に先行したのは法律に保護されないストライキの方であった。労働条件に法律の規制が存在せず，ストライキも非合法化されていたなかで，労働者が頼りにすることができたのは，労働者が本質的に保持している労働力という交渉資源だけだったのだ。社会の道徳的な基準や法律は，この交渉手段を行使することで，作り出されてきた。

E労働者が労働力の販売を停止すれば，生産が混乱する。これを押さえ込むためにはじめは労働運動を禁圧する戦略がとられたが，ますます事態は混乱していった。そこで，事態を収拾するために，労働条件を引き上げる法律を整備すると同時に，団結やストライキもむしろ「合法化」して速やかに紛争を解決できる方向に動いていった。労働法が整備された背景には，労働者たちが働かないことにはこの社会が運営できないという本質的な圧力が存在したのである。このような意味で，ストライキは法的規範を生成する根源であったと言っても良い。

ただし，労働者がいくら物理的な意味での強力な交渉資源を持っていると言っても，それが有効に発揮されなければ，効果は薄い。そもそも，労働者たちはそれを持っているにもかかわらず，労働市場で劣位に置かれているのであった。そこで，この労働力という資源を意識的にコントロールすることが重要になる。ほうっておけば，市場社会の発展の中で労働者は競争と支配に順応していき，それは彼らの労働条件を引き下げていってしまう。ストライキは，これに対抗する労働者による意識的な共同行為なのである。なお，歴史的には，ストライキはイギリスで発展した。19世紀半ばまでは，労働者たちは彼らの基準に満たない労働条件の職場を去ることによって，労働条件を維持していた。19世紀の後半以降は，F機械化によって熟練が解体し労働者の力が弱くなるなかで，個別企業との直接交渉の手段としてもストライキが用いられるようになり，デモンストレーションによって社会的な圧力をかけるということも行われることになった。

最近注目されているG「保育士一斉退職」のような現象は，原理的にはストライキの要素を持ちながらも，それが意識的に労使交渉に生かされてはいないという意味で，ストライキに至っていない。「保育士一斉退職」に限らず，「ブラック企業だから辞めてやる」という行動は，一つの「抵抗」のかたちとして広く見られるものだが，現状を見れば明らかなように，それだけでは「ブラック企業」を変えることはできない。また，Hワンオペで働く牛丼チェーン店の労働者たちが，SNSで一斉に休もうとした行為については，労働組合に加入しておらず法律上のストライキ権の行使ではないことから「ストライキではない」という指摘も目立っていたが，原理的にはストライキであった。ストライキは法律の範囲内で「許された」行為ではなく，労働力を有する労働者たちがこれを自分たちの戦略に基づいて能動的に扱う営みである。繰り返しになるが，法律があるからストライキができるのではない。働いているからストライキを行うことができるのだ。

（出典：今野晴貴『賃労働の系譜学：フォーディズムからデジタル封建制へ』青土社，2021年　による。一部改変）

［注(※)］

○国鉄　日本国有鉄道の略。かつて国が保有していた鉄道事業。1987年に民営化され，事業はJR各社に分割して継承された。

○労働力商品　人間の持つ肉体的・精神的な潜在的能力のことを労働力と呼ぶ

が，これを労働市場で売買する商品として扱う時，これを労働力商品と呼ぶ。

○職務記述書　仕事の内容や難易，要求される能力や責任の範囲などが，詳しく，明確に記された書類。いわゆるジョブ・ディスクリプション。

設　問

(1)　下線部1から3のカタカナに相当する漢字を楷書で書きなさい。

(2)　下線部Aの記述を確認するため，厚生労働省の行う労働争議統計調査から図1を作成した(ストライキと争議を同じものと考える)。以下の①から⑤の文章について，正しければ○を，間違っていれば×を，選びなさい。

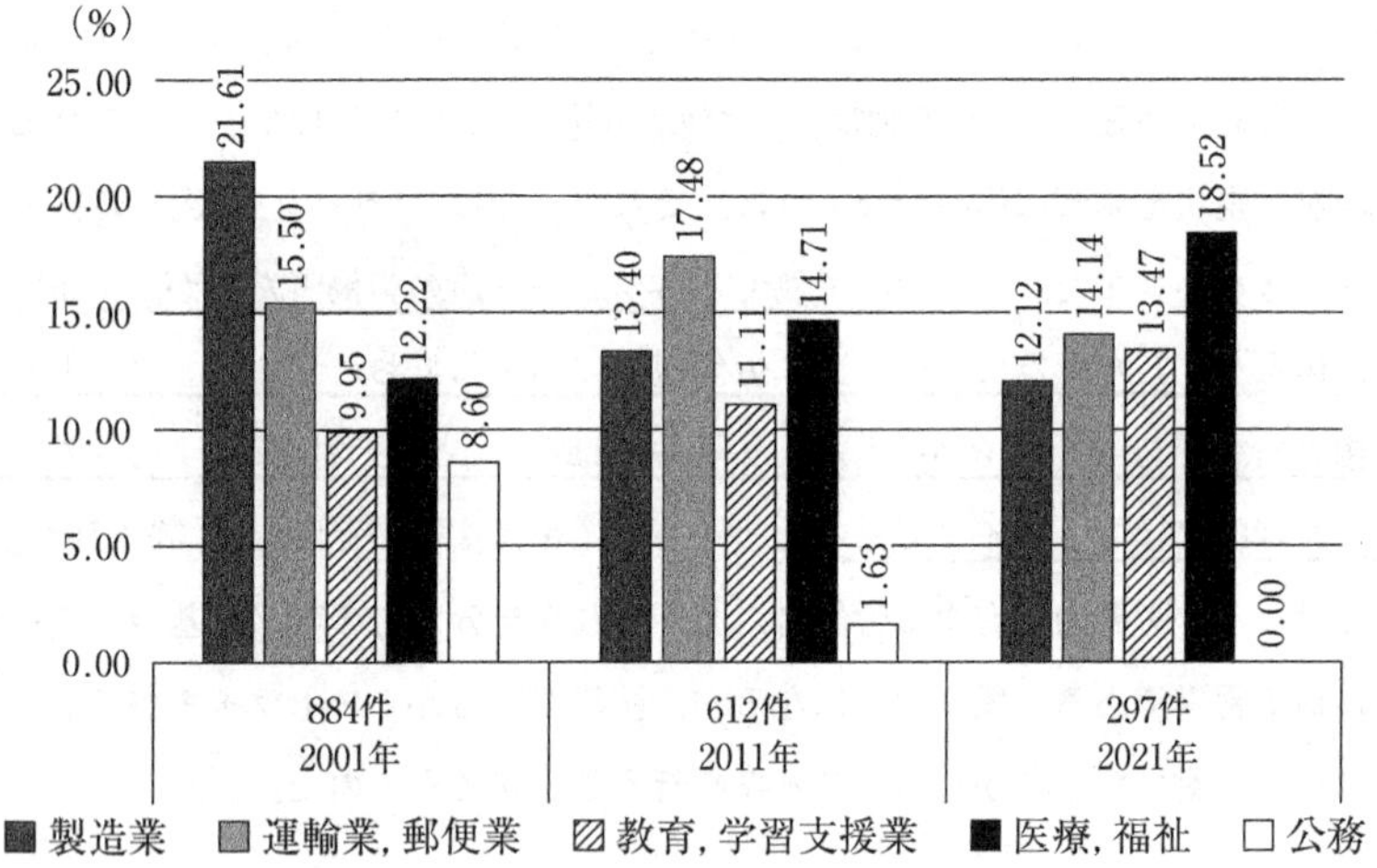

図1．産業別，総争議件数中の構成比(%)—2001年から2021年
(西暦の上の数字が年ごとの総争議件数)

①　この図では折れ線グラフが使われている。

②　2001年の製造業における争議件数の全体に対する割合は21.61％だった。ということは，180件の争議があったということになる。

③　「運輸業，郵便業」の構成比は，2001年が15.50％，2021年は14.14％だった。よって争議件数はほとんど変わっていない。

④　2001年と2021年を比べると，「医療，福祉」の構成比は伸びており，保育士の争議件数は増えている。

⑤　筆者の言う「ストライキ」は，この統計に含まれていない可能性がある。

※設問(2)については，設問に不備があったため，受験生全員を正解とし一律加点する措置が取られたことが大学から公表されている。

(3)　空欄(　ア　)(　イ　)(　ウ　)(　エ　)に入る接続詞の組み合わせとして，最も適当なものを，次のうちから1つ選びなさい。

①　まず・そもそも・ところが・そこで

②　ところで・つまり・さて・よって

③　さて・なお・ところで・そもそも

④　まず・そもそも・ところが・もちろん

(4)　下線部Bで筆者は「労働力を提供するために必要とされるコストは定かではない」と主張しています。ここで言う「コスト」の意味として，明らかにふさわしくないものを，次のうちから1つ選びなさい。

①　労働者が毎日帰って休むことのできる住居の維持にかかる費用

②　労働者の作業スピードを上げるために経営者が必要とする費用

③　労働者が自己啓発するための費用

④　労働者が休日にレジャーのために使う様々な経費

⑤　労働者がその肉体を維持するために必要とする食費

(5)　下線部Cのような状況において労働者に対する不利益を排除し，労働者の権利を守るために保障された労働基本権を具体的に法制化したものには，(本文中にある)労働基準法の他，以下の二つの法律があり，労働三法として知られている。適当な二法の組み合わせを，次のうちから1つ選びなさい。

①　労働組合法・労働契約法

②　雇用安定法・労働関係調整法

③　労働組合法・労働関係調整法

④　最低賃金法・雇用安定法

⑤　労働契約法・労働関係調整法

(6)　下線部Dにある「失業者」の定義として最も適当なものを，次のうちから1つ選びなさい。

①　専業主婦のように，労働市場に参加していない状態にある人

②　各地のハローワークで，仕事のあっせんを受けた人

③　企業から能力に問題ありとみなされ，解雇された人

④　労働する意欲と能力を持ちながら，職業に就けない状態にある人

⑤　職業機会を得るために，様々な教育機関で技能習得に励んでいる人

(7)　下線部Eのような動きは世界的なものです。特に20世紀初頭の国際労働機関(ILO)の創設(1919年)は象徴的なものでした。この機関についての説明として間違っているものを，次のうちから1つ選びなさい。

①　第一次大戦後，ヴェルサイユ条約を基に創設された。

②　この機関の創設は，ロシア革命に対する危機感に後押しされている。

③　創設の年に採択された1号条約は(1日)8時間労働制を定めたものだが，日本は現時点で批准していない。

④　各加盟国からは代表者が一人，最高機関である総会に出席している。

(8)　下線部Fのような状況は，19世紀前半にはすでに労働者による抵抗の対象となっていました。その例として最も適当なものを，次のうちから1つ選びなさい。

①　生活協同組合運動

②　チャーティスト運動

③　ロマン主義運動

④　ラッダイト運動

⑤　ブラウン運動

(9)　下線部GやHの例について筆者は，それらが「原理的にはストライキ」であると指摘しています。どのような意味でそう言えるのか答えなさい(句読点とも40字以内)。

Ⅱ 次の文章は，日本の子育てや家庭教育のあり方について，歴史的な視点から考察したものである。これを読んで，後の設問に答えなさい。

1．日本における子育ての伝統

生理的にも社会的にも全くひ弱な子どもを，何とか一人前の村人にまで育て上げるために，人々は長い育児経験の中で様々な子育ての手続きと知恵を蓄積し，伝承してきた。その子育ての手続きの全体が今日，産育習俗と呼ばれているものである。その中心は行事であり，妊娠５ヶ月の帯祝から始まって，臨月を祝う臨月祝，産立《うぶたて》式，名付祝，出初め，宮参り，食初め，初誕生祝と続く。その後，３歳の紐落とし，５歳の袴着，７歳の氏子入りの祝いがあり，15歳の成人式で終わる。また，子どもが生まれると，地域の有力者などに名付親や褌《ふんどし》親などの仮親を頼み，（　ア　）親子関係を結びながら，子どもの成長を地域ぐるみで見守ろうとしたのである。

そうした伝統的な社会において，人々は子どもをどのような人間に育てようとしたのだろうか。一言でいえば，それは後ろ指を指されない（　イ　）の人間になるということであった。なかでも，共同作業の多い農作業においては，十分な働きができなければ，その土地で生きていくのは難しく，仕事が担えることは重要であった。それは女子についても例外ではなく，男子の７，８割の労働が求められた。また，社会人としての行動規範を身につけることも求められており，そのためのしつけが家と地域社会の双方で行われた。

つぎに，具体的なしつけのあり方をみてみよう。まず，家のしつけにおいては，「習うより慣れろ」「体で覚えろ」といった言葉で表現されるように，計画的に教え込むのではなく，見よう見真似でやらせてみて矯める，共に働かせて欠点を直す，という方法がとられていた。そして，子どもは親と一緒に働くなかで，農業の知識・技術だけでなく，社会人としての態度も身に付けていったのである。

そのしつけは，群れの教育，すなわち子ども組や若者組に参加するなかでも行われた。子ども組は７歳から15歳までの子どもたちによって組織されており，年中行事や祭を集団で執り行うなかで，子どもたちは集団の一員としての行動規範と態度を身に付けていった。その後，15歳で成人式を終えると，若者組に入り，村の祭祀を執り行う司祭者集団としての役割を果たすとともに，村を守る自衛組織として活動した。そして，社会的な機能を集団として遂行していくなかで，一人前の村人としての行動体系を身に付けたのである。

2．近代学校の登場と「家庭教育」の創出

近代に入り，学校が登場すると，伝統的な子育てのあり方にも変化が現れてくる。学校教育に対応して，「家庭教育」という新たな領域が創出され，地域共同体によらない学校主導の家庭教育が行われるようになるのであった。

1882(明治15)年に文部省が打ち出した『文部省示《じ》諭《ゆ》』には，「家庭教育」について，次のように述べられている。

> 学齢児童を学校に入れず，又巡回授業に依らずして，別に〔　a　〕を授くるものを総称して家庭教育と云《い》う，これ則《すなわ》ち学校教育に対するの称にして，必ずしも一家団欒の間に行う所の教育を指すに限らざるなり。

A ここでいう「家庭教育」とは，家庭での広義の人間形成を意味するものではなかった。そして，文部省は1941(昭和16)年の国民学校令の公布まで，「家庭教育」を例外的な教育として規定し続けたのである。

近代学校の登場とともに，「家庭教育」が創出されたことは，今日の家庭学習につながる新しい家庭教育像を誕生させる一つの契機となったといえるだろう。

その後の資本主義の進展は様々な社会問題を生み出し，社会運動や労働運動が組織されていく。他方，経済発展に伴う大衆社会的状況は「軽佻《けいちょう》浮薄《ふはく》」「堕落」等と指摘される傾向を顕在化させ，学校生徒に対する「風紀紊乱《びんらん》」「危険思想」の取締が行われるようになる。1908(明治41)年10月に発布された(　ウ　)では風紀の振粛《しんしゅく》を国民に要請したが，1909年９月に文部省は改めて「文部省直轄諸学校修身教育ニ関スル注意」(文部省訓令第13号)を出し，生徒の道徳上の観念を強固なものとするために，修身の教育に力を尽くし，〔　b　〕および(　ウ　)の聖旨を貫徹させるように求めた。そうしたなかで，1910(明治43)年に「小学校作法教授要項」，翌年に「師範学校中学校作法教授要項」が出され，児童生徒の日常作法が明

文化された。

これらの作法教授要項の作成は，次代の国民形成という視点からなされたもので，そこでは家庭はあくまで学校教育を補完するものとして，その役割が規定されていたのであった。この時期には小学校で通信簿を作成したり，教師による家庭訪問が実施されるようになるが，それも学校の教師の指導のもとで家庭教育の改善を図ろうとする試みの一環であった。

3．大正期における「教育家族」の誕生

大正期に入ると，デモクラシー運動の盛り上がりに触発されて，次々と欧米からの新教育思想が紹介され，子ども中心主義の思潮は学校教育のみならず，様々な分野に影響を与えていった。児童文化運動も盛んになり，人々の「子ども」への認識も高まっていくが，また，子どもに照準をあてた博覧会も全国各地で開催され，子どもとその父母に望ましい子ども像を呈示した。とりわけ，この時期台頭してきたデパートは，店舗内で盛んに子ども博覧会を開催して，子ども用品の啓蒙宣伝を行った。そして，子ども博覧会における子どもを中心とした家庭生活や子ども向け商品の宣伝を通して，新しい子どもイメージの普及に寄与したのである。

大正期における「子ども」をめぐる動きの背景には，明治末から大正にかけての(　エ　)層の急速な増大があった。とりわけ，大都市部では彼らが新中間層を構成し，消費を中心とする新しい生活スタイルを現出させていた。また，彼らは個人的努力，学業，能力によって生活を切り拓かなければならない存在であり，それは学歴社会の出現という社会状況と相まって，子どもの教育への関心の高さとなって現れた。子どもによい教育を受けさせることが，社会での地位を獲得する手段と捉えたのである。

こうして新中間層の家族は，「教育家族」となっていくが，そこにおける家庭教育は，生活を通して子どもに労働のしつけをし，一人前に育てていくというような伝統的なあり方ではなく，教育的環境を準備して，親が子どもに意識的，意図的に働きかけて能力開発を行い，親が望ましいと思う元気で利発な子どもらしい子どもを育てようとするものであった。

新中間層の子どもへの教育の関心の高まりを背景に，B「よい子」に育てるための育児書や家庭教育書の出版，子ども向け雑誌の発刊が相次いでなされた。なかでも「世俗的な下卑た子供の読物を排除して，子供の純正を保全開発する」というスローガンのもとに創刊された鈴木三重吉主催の『赤い鳥』は，多くの新中間層の親たちの支持を得て子どもに与えられたのであった。

また，彼らは子どもの玩具に対しても強い関心を示した。それは1925(大正14)年に東京市が行った玩具に関する教育資料の募集に，多くの人が原稿を寄せたことからも知られる。東京市社会教育課編『玩具の選び方と与へ方』(実業之日本社，1926年)に掲載された20編に及ぶ当選論文の大半は，「おもちゃの選択は母親の責任」「玩具を計画的に使用したる効果の実例」「玩具による教育の実験」「おもちゃの使命」「玩具の価値」という題名からもわかるように，玩具の教育的価値を前提として，親の玩具選定のあり方やその実践の成果を論ずるものであった。たとえば，西野哲二「おもちゃの使命」と題する論文には，次のように述べられている。

> 子供は玩具でその性質を造られるものであるから，その選定を誤りなからしめたい。僅か一銭の竹細工に，その推理力，注意力，忍耐力の意識に偉大なる効を奏しているもののある事を見逃している者が多い。根気を続けさせるに適する玩具もあろう。しかるに「宅の子は乱暴で困ります」「家のは飽き易くて弱って居ります」など愛《いと》し子をなげく悲痛な声を余りに多く聞こえている時，その子の性情も考えず却って反対な素質を植つけさせてやるような玩具を与えていはせぬかと思える事が随分沢山ある。世の親たる人々はよくよく子供の性情と玩具の性質とに留意することを要する。

Cこのような態度は，当時の新中間層の親たちの玩具に対する教育的関心のありようを象徴するものであったといえよう。

そうしたなかで，倉橋惣三は「家庭教育」(『岩波講座教育科学』第10冊，岩波書店，1932年)において，家庭教育という言葉が二つの意味で用いられているとして，次のように述べた。「第一は，家庭生活それ自体の裡《うち》に自然に存する教育，

D 第二は，家庭に於て特に施行せらるゝ方法によって行はるゝ教育」であり，二つは判然として分かちがたいが，世間の一般的な傾向としては，家庭教育を第二の意味で考えることが多く，そのために家庭教育を重んじて，かえって家庭教育を失うような結果さえ生じている，と。

以上のように，近代日本における学校教育の普及と学歴社会の出現は，新中間層の家族を「教育家族」化させ，そこで倉橋のいう第二の意味の家庭教育が主流となっていくが，戦後，日本が高度経済成長期に入ると，戦前期は一部の新中間層の家族が抱いていた子どもと教育に関する意識が一般化していった。親は子どもの教育の責任をすべて引き受けつつ，家庭教育に力を入れるようになるが，その一方で，家庭の教育力の低下が問題にされるようになった。しかし，家庭の教育力を高めるように求められても，実際に何をしたらよいのかわからないのが一般の状況であろう。家庭の教育力の向上を求める前に，家庭と地域・学校が連携して子どもを育てることのできる仕組みをいかに築いていくかが問われているのである。

設　問

(1)　空欄(　ア　)から(　エ　)に入る最も適当な語句を，選択肢から1つ選びなさい。

(選択肢)

①　仮想的　　②　擬制的　　③　自然的　　④　中産階級

⑤　労働者　　⑥　ホワイトカラー　　⑦　青少年学徒ニ賜ハリタル勅語

⑧　国民精神作興ニ関スル詔書　　⑨　戊申詔書　　⑩　人並み

⑪　人並み以上　　⑫　正直者

(2)　空欄〔　a　〕に入る適当な語句を漢字4文字で記しなさい。なお，この語句は，日本国憲法第26条の2項においても，「すべて国民は，法律の定めるところにより，その保護する子女に〔　a　〕を受けさせる義務を負う。義務教育は，これを無償とする」と記されている。

(3)　下線部A「ここでいう『家庭教育』とは，家庭での広義の人間形成を意味するものではなかった」とあるが，その「家庭教育」とはどのような教育のことをいうのか，説明しなさい(句読点とも30字以内)。

(4)　空欄〔　b　〕に入る適当な語句を漢字4文字で記しなさい。なお，これは1890(明治23)年に出されている。

(5)　下線部B「よい子」とはどのような子どものことか，説明しなさい(句読点とも40字以内)。

(6)　下線部C「このような態度」という語句の説明として最も適当なものを，次のうちから1つ選びなさい。

①　子どもの楽しさを第一に考えて，玩具を選択しようとする態度。

②　すべての玩具を教育玩具と捉えて，玩具遊びを子どもの学力向上の手段としようとする態度。

③　すべての玩具に教育的効果を期待し，子どもの資質の向上に役立てようとする態度。

④　すべての玩具を教育に役立つ道具に改良していこうとする態度。

(7)　下線部D「第二は，家庭に於て特に施行せらるゝ方法によって行はるゝ教育」に示された，第二の意味の家庭教育とはどのような教育のことをいうのか，説明しなさい(句読点とも30字以内)。

心理学科

◀心理学のための理解力と思考力を問う試験▶

（75 分）

（注）記述式の解答は，各解答欄にていねいに記入すること。数字，ローマ字については，1マスに2字とする。

1 次の文章を読んで後の問い（問1～問7）に答えなさい。

オモテとウラという言葉は，「物事の表裏」というように，事柄の両面を示すとともに，対概念としていろいろな組み合わせで使われる。例えば，「表通り，裏通り」「表向き，裏向き」「表書き，裏書き」「表地，裏地」「表芸，裏芸」などのごとくである。またオモテとウラをそれぞれ単独に成句の中で用いる時もオモテと云えばウラ，ウラと云えばオモテという風に，その反対を連想として伴うのが常である。例えば，「表を立てる」「表を繕う」「表を張る」「裏を見る」「裏をかく」「裏には裏がある」などという場合のことを考えてみればわかるであろう。果してこれに類する言葉の使い方が外国語にあるものかどうか，詳しいことは私にはわからない。ただ私の印象では，物事をオモテとウラの両面においてとらえる意識が日本語で特に発達しているような感じはする。それというのは，オモテとウラはそれぞれ外と内という日本で特に意識されることの多い人間関係の区別に対応すると考えられるからである。すなわちオモテとは外に出すもの，ウラは外に出さずに内にしまっておくものというわけである。このように考えると，「表向き，裏向き」の意味が一層よくわかる。「表を立てる」「裏をかく」も同じである。実際，オモテとウラを含むすべての成句がそうだとは云わぬが，大部分のものがこれで説明がつくと考えられるのである。

次に，オモテとウラが古語では顔と心を意味することを述べておこう。オモテが顔を意味することは，今でも「オモテを挙げる」という云い方をするので，一般に知られていると思うが，ウラが心を意味することはそれほどには知られていないかも知れない。もっとも古語でウラが心を意味するのは，「何気なく」という意味に使われた「うらもなく」という成句だけらしく，それ以外はすべて他の言葉と結びついた形である。例えば，「羨む」はウラすなわち心が病むこと，「裏切る」は（相手の）心を切ること，「恨む」は（相手の）隠れた心を見ること，「うら悲しい」「うら淋しい」は，何となく心が悲しいことである。このようにオモテとウラはもともと顔と心を意味するので，オモテとウラの関係も顔と心の関係に則り，それを一般化し抽象化したものであると考えられる。ところで顔と心は一般に顔が心を表現する関係にあり，「顔が輝いている」「顔が曇っている」「考え深い顔だ」と言えば，直接には顔のことを云いながら，間接には顔に現われた心のことを意味している。もちろんここで顔というのは，単に見られるだけの，肉体の一部としての顔ではない。それは見たり聞いたり話したりまた行動する（　　　　ア　　　　）顔である。顔はしかし必ずしも正直に心を表現するものではなく，鬼面仏心というように，却って心を隠していると見える場合がある。すなわち顔は心がむき出しにならぬようそれを表現しながら隠し，隠しながら表現すると云ったらよいであろう。もっとも顔が心を表現したり隠したりするのも，それ自体が心の働きであるという方が正確なのかもしれない。このように顔と心の関係は一様ではないが，ともかく顔と心が不即不離の関係にあることだけは間違いないと云ってよいのである。

このことと関連し，英語で人間を意味するpersonが，芝居で役者がつけるお面を意味するペルソナ（personaラテン語）から来たということは大変面白い。いったいなぜ役者はお面をつけるのか。それは役者の演ずる役割を一目瞭然たらしめるためである。お面は手の込んだ扮装よりもっと端的に役割を表現する。今でも劇の登場人物のことをdramatis personaeというのはそのためである。したがってはじめお面を意味するペルソナが登場人物を意味するようになり，そこから更に人間一般を意味するようになったのであろう。これに引きかえ，日本語のお面という言葉には，このような発展は見られなかったが，しかし能において面が独自の芸術的発展を遂げ，人間の表情をぎりぎりの線まで抽象化することに成功したということは注目に値する。大体，表情というものが，先にのべたように，(　　　　　　　　　　　イ　　　　　　　　　　　)である。能の面はこのプロセスを様式化し，表情の一面を誇張してそれ以外はすべてそぎ落すので，「能面のよう」と云えば無表情を意味するほどである。しかし，実際に能が演じられる際は，能面に表情の動きが感じられ，いわゆる幽玄な効果が生まれるのはまことに妙と云わざるを得まい。

以上，顔と心の関係について述べたことはそのままオモテとウラの関係に妥当する。すなわちオモテは見えるが，ウラはオモテのかげに隠れている。オモテはしかしただオモテだけを現わすのではなく，またウラを隠すためだけのものでもなく，ウラを表現するものでもある。あるいはウラがオモテを演出していると云ってもよい。であるから人はオモテを見る時，ただオモテだけを見るのではなく，オモテを通してウラも見ている。いや，オモテを見るのはもっぱらそこにウラを見るためだという方が当っているかもしれない。このようにオモテとウラは(　ウ　)はっきり区別されるが，その実，相互に密接な関係にある。すなわちオモテなくしてウラなく，ウラなくしてオモテなく，両者は文字通り表裏一体である。オモテとウラは別々に存在するのではなく両者相まって一つの存在を形造る。一つの存在を認識する上でオモテとウラの区別が生ずるのであって，この二つは分裂ではなく，むしろ統一を示唆すると云うことができるのである。

ここでこのようなオモテとウラの概念に相当するものが他にもあるかどうか見てみよう。まず最初に連想されるのは現象と本質という西洋伝来の哲学概念である。現象とは知覚にとらえられた存在の様相を云い，本質とは現象の背後にあってそれを規定している特性を云う。とすると前者はオモテ，後者はウラに相当するということになろう。

同じように言葉の(　1　)とその(　2　)，更に原文を意味する(　3　)とその(　4　)もオモテとウラの関係にあると見ることができる。なおテキストの解釈それ自体においてオモテの意味とウラの意味という云い方ができるが，すでに江戸時代の歌人で富士谷御杖という者が歌の解釈においてこのような云い方をしているそうである。(　エ　)彼以前に本居宣長がつぎのようにのべているので，オモテとウラを二重の意味に使う使い方は，かなり前から行なわれていたと想像することもできるであろう。

「表はたはむれにいひなせるところも，下心はことごとく意味ありて，褒貶抑《ほうへんよく》揚《やう》して論点したるものなり。しかも文章迫切ならず，ただ何となくなだらかに書きなし，また一部の始めにも書かず，終りにも書かずして，何となきところにゆるやかに大意を知らせ，さかしげにそれとはいはねど，それと聞かせて書きあらはせること，和漢無双の妙手といふべし。しかるに古来注解多しといへども，ただうはべばかりひとわたりの注にて，作者の本音あらはれがたく，また誤りて注せること多きゆゑに，大きに本意にそむき，義理を取りそこなひたること多きゆゑに，今くはしく注解をなし，ことに表裏の義をつまびらかに注し分くものなり。見む人よくよく心をとどめて，表の義と下心に含めたる裏の義とをわきまへて，混ずることなかれ」(傍点筆者)

さてこの最後にあげた例，すなわちオモテとウラが二重の意味をさすということと，オモテとウラを以て物事の二面性を示唆させるのとは結局同じことであると思われる。面白いことに，先にオモテとウラに相当するものとして挙げた現象と本質あるいはテキストと解釈は，オモテとウラのようには二面性を示唆しない。これはオモテとウラが一見単純な概念のように見えながら，その中に視点を含むためではないかと思われる。オモテといえば眼に見える側，ウラといえば眼の届かない側である。したがって視点が移動すれば，オモテとウラが入れ替って不思議はない。この点は，前にのべたようにオモテとウラが人間関係の外と内に対応すると考えれば，一層明らかであろう。すなわち人間関係の外と内は個人個人によって異なるから，自分にとって外であるものも外に属する人にとっては内となり，当然前者のオモテが後者のウラとなる。このようにオモテとウラはすぐれて相対的であり，そのことが二面性を暗示させる理由となったのだろうと考えられるのである。

実際，日本人はよく物事にはオモテとウラの二面があるという云い方をする。そしてこの二面が言葉の上では矛盾しても，それは視点が異なるためで，両者ともに真であると考える。そして両者の間に論理的な一貫性がないことはふつう問題としないが，これはオモテとウラの論理を言葉の上での論理的一貫性に優先させるためであると云ってよいかもしれない。ともかくふつう日本人は言葉を分析的に使用して論理的整合性を期することにあまり熱心ではない。すなわち言葉はもっぱら一義的に，多くはそれに善悪の価値判断を付加して使用される。例えば，現時点においては，自由とか平等と云えばよいものだが，権威とか差別は芳しくないといった具合である。そして通常はよいと思われるものがオモテに出され，芳しくないと判断される恐れがあるものはウラにしまいこまれる。これは建前と本音と云われる場合に最もよくあてはまる。

なお日本人がよく物事の二面性を云い，言葉の上での矛盾をあまり意に介しないといっても，常にそうだというわけではないことについて一言しておこう。というのは日本人で物事の一面に固執する者はいくらもいる。また西洋人が言葉を分析的に使用するのに長けているといっても，すべての西洋人がそうなのではない。更にまた，日本人が得意な物事の二面性の認識と，西洋人が得意な言葉の二義性の認識とは，相通ずる節があるようにも思われる。例えば，外で甘えるのはよくないが，内で甘えるのはかまわないという時は，オモテとウラの論理で物を言っているのである。これに対して，この場合同じ甘えという言葉を使っているが，両者は根本的に違うのであって，自分勝手の甘えと親しい関係において自然に芽生える甘えとは全く別物であると云う時は，甘えという言葉の二義性を指摘しているのである。

同じように自然(nature)という言葉は，「自然の摂理」とか「日本人は何事も自然であることを尊ぶ」という場合のように，存在の根源にあると信ぜられる秩序を指示することもあり，また「自然の本能」「自然の衝動」また「自然児」という場合のように，(　　　　　　　　オ　　　　　　　　)。そしてこのような自然という言葉にみられる二義性は，単に言葉の意味上の問題ではなく，まさに自然という存在自体の二面性を指示していると考えることができるのである。

問1　空欄(　ア　)に入れるのに最も適当なものを，次の①～⑤のうちから一つ選びなさい。

①　人間の主体を代表するものとしての

②　本質と表面の葛藤を表すものとしての

③　実質的視座から所与のものとしての

④ 規範と内実の統一的状態としての

⑤ 具象的な表現の不完全性としての

問2 空欄(イ)に入れるのに適切な文言を30字以内で記しなさい(句読点を含む)。ただし,「表現」という言葉を必ず2回使うこと。

問3 空欄(ウ)に入れるのに最も適当な語を,次の①～⑤のうちから一つ選びなさい。

① 情緒的には

② 概念的には

③ 政治的には

④ 実務的には

⑤ 間接的には

問4 空欄(1)～(4)に入れる語の組み合わせとして最も適当なものを,次の①～⑧のうちから一つ選びなさい。

ただし,aテキスト b意味 c解釈 d字面 とする。

①	(1) d	(2) b	(3) a	(4) c
②	(1) b	(2) a	(3) c	(4) d
③	(1) d	(2) c	(3) a	(4) b
④	(1) a	(2) b	(3) c	(4) d
⑤	(1) a	(2) c	(3) d	(4) b
⑥	(1) b	(2) d	(3) c	(4) a
⑦	(1) c	(2) b	(3) a	(4) d
⑧	(1) c	(2) d	(3) b	(4) a

問5 空欄(エ)に入れるのに最も適当な語を,次の①～⑤のうちから一つ選びなさい。

① つまり

② なぜなら

③ したがって

④ すなわち

⑤ もっとも

問6　空欄(　オ　)に入れるのに最も適当な語を，次の①～⑤のうちから一つ選びなさい。

① 実存をめぐる葛藤に言及していることもある

② 規範に反対する状態を指示することもある

③ 動機への懐疑的視線の基礎となることもある

④ 人工的環境との調和を示していることもある

⑤ 発達上の問題を回避するために使われることもある

問7　本文の内容を150字以内で要約しなさい(句読点を含む)。

【出典】

土居健郎，表と裏，弘文堂，1985年　一部改変

2　以下の問1から問8の文章を読み，資料(図表1～11)から読み取れる結果として，最も適当なものを①～③のうちから一つ選びなさい。なお，資料はすべて日本で行われた調査・統計である。

問1　外国人入国者数のうち新規入国者数の2020年から2021年の減少率は，再入国許可による入国者数の同時期の減少率と比較すると，後者の方が高い。

①　資料から読み取れる内容として正確である。

②　資料から読み取れる内容として誤りである。

③　この資料だけでは正誤を判断できない。

問2　外国人留学生数における，2019年から2020年の減少率は，大学等が把握している日本人学生の留学者数の2019年から2020年の減少率の9分の1以下である。

①　資料から読み取れる内容として正確である。

②　資料から読み取れる内容として誤りである。

③　この資料だけでは正誤を判断できない。

問3　2021年の外国人入国者数と日本人出国者数において，男女の比率を見ると，両者同様に男性が6割を超えている。

①　資料から読み取れる内容として正確である。

②　資料から読み取れる内容として誤りである。

③　この資料だけでは正誤を判断できない。

問4　外国人留学生数は，2017年から，新型コロナウイルス感染症の感染が拡大した2020年より前までは，在留資格が「留学」である新規入国者数の増加と同様に，数が伸びていた。

①　資料から読み取れる内容として正確である。

②　資料から読み取れる内容として誤りである。

③　この資料だけでは正誤を判断できない。

問５　日本人の2021年の出国者数を見ると，留学による出国は女性の方が多く，留学以外の理由による出国は男性のほうが多い。

①　資料から読み取れる内容として正確である。

②　資料から読み取れる内容として誤りである。

③　この資料だけでは正誤を判断できない。

問６　専門的・技術的分野での就労を目的とする在留資格による中長期在留者数は，2017年以降2021年まで増加し続けている。

①　資料から読み取れる内容として正確である。

②　資料から読み取れる内容として誤りである。

③　この資料だけでは正誤を判断できない。

問７　大学に在学している人に対して，2019年に留学していた大学等が把握している日本人学生の割合は，3.5%以上である。

①　資料から読み取れる内容として正確である。

②　資料から読み取れる内容として誤りである。

③　この資料だけでは正誤を判断できない。

問８　高等専門学校，短期大学，大学，専修学校に在学している人に対して，高等教育機関に在籍している外国人留学生の割合が３％を超えるのは，2005年が初めてである。

①　資料から読み取れる内容として正確である。

②　資料から読み取れる内容として誤りである。

③　この資料だけでは正誤を判断できない。

図表1　在学者数(年次別)

(単位：人)

区分	合計	幼稚園	幼保連携型認定こども園	小学校	中学校	義務教育学校	高等学校	中等教育学校	特別支援学校	高等専門学校	短期大学	大学	専修学校	各種学校
昭和25年度	19,427,182	224,653	…	11,191,401	5,332,515	…	1,935,118	…	16,865	…	15,098	224,923	…	486,609
35	24,457,713	742,367	…	12,590,680	5,899,973	…	3,239,416	…	35,778	…	83,457	626,421	…	1,239,621
45	23,235,009	1,674,625	…	9,493,485	4,716,833	…	4,231,542	…	50,796	44,314	263,219	1,406,521	…	1,352,686
55	27,451,909	2,407,093	…	11,826,573	5,094,402	…	4,621,930	…	91,812	46,348	371,124	1,835,312	432,914	724,401
平成2年度	26,349,707	2,007,964	…	9,373,295	5,369,162	…	5,623,336	…	93,497	52,930	479,389	2,133,362	791,431	425,341
12	19,825,238	1,773,682	…	7,366,079	4,103,717	…	4,165,434	1,702	90,104	56,714	327,680	2,740,023	750,824	222,961
17	20,367,965	1,738,766	…	7,197,458	3,626,415	…	3,605,242	7,456	101,612	59,160	219,355	2,865,051	783,783	163,667
22	19,541,832	1,605,912	…	6,993,376	3,558,166	…	3,368,693	23,759	121,815	59,542	155,273	2,887,414	637,897	129,985
29	18,886,465	1,271,918	505,740	6,448,658	3,333,334	22,370	3,280,247	32,618	141,944	57,601	123,949	2,890,880	655,254	121,952
30	18,799,367	1,207,884	603,954	6,427,867	3,251,670	34,559	3,235,661	32,325	143,379	57,467	119,035	2,909,159	653,132	123,275
令和元年度	18,678,598	1,145,576	695,214	6,368,550	3,218,137	40,747	3,168,369	32,153	144,434	57,124	113,013	2,918,668	659,693	116,920
2	18,514,963	1,078,496	759,013	6,300,693	3,211,219	49,677	3,092,064	32,426	144,823	56,974	107,596	2,915,605	661,174	105,203
3	18,346,309	1,008,815	796,882	6,223,395	3,229,697	58,568	3,008,172	32,756	146,285	56,905	102,232	2,917,998	662,135	102,469
(男)	9,441,664	510,275	407,829	3,183,677	1,651,765	30,083	1,520,519	16,037	96,412	44,976	12,608	1,620,942	291,734	54,807
(女)	8,904,645	498,540	389,053	3,039,718	1,577,932	28,485	1,487,653	16,719	49,873	11,929	89,624	1,297,056	370,401	47,662
(国立)	735,345	4,902	—	36,171	27,267	3,894	8,254	2,886	2,905	51,316	—	597,450	300	—
(公立)	11,692,069	128,534	96,451	6,107,702	2,957,185	54,480	1,989,287	23,000	142,525	3,772	5,363	160,438	22,953	379
(私立)	5,918,895	875,379	700,431	79,522	245,245	194	1,010,631	6,870	855	1,817	96,869	2,160,110	638,882	102,090

図表2　外国人留学生数の推移

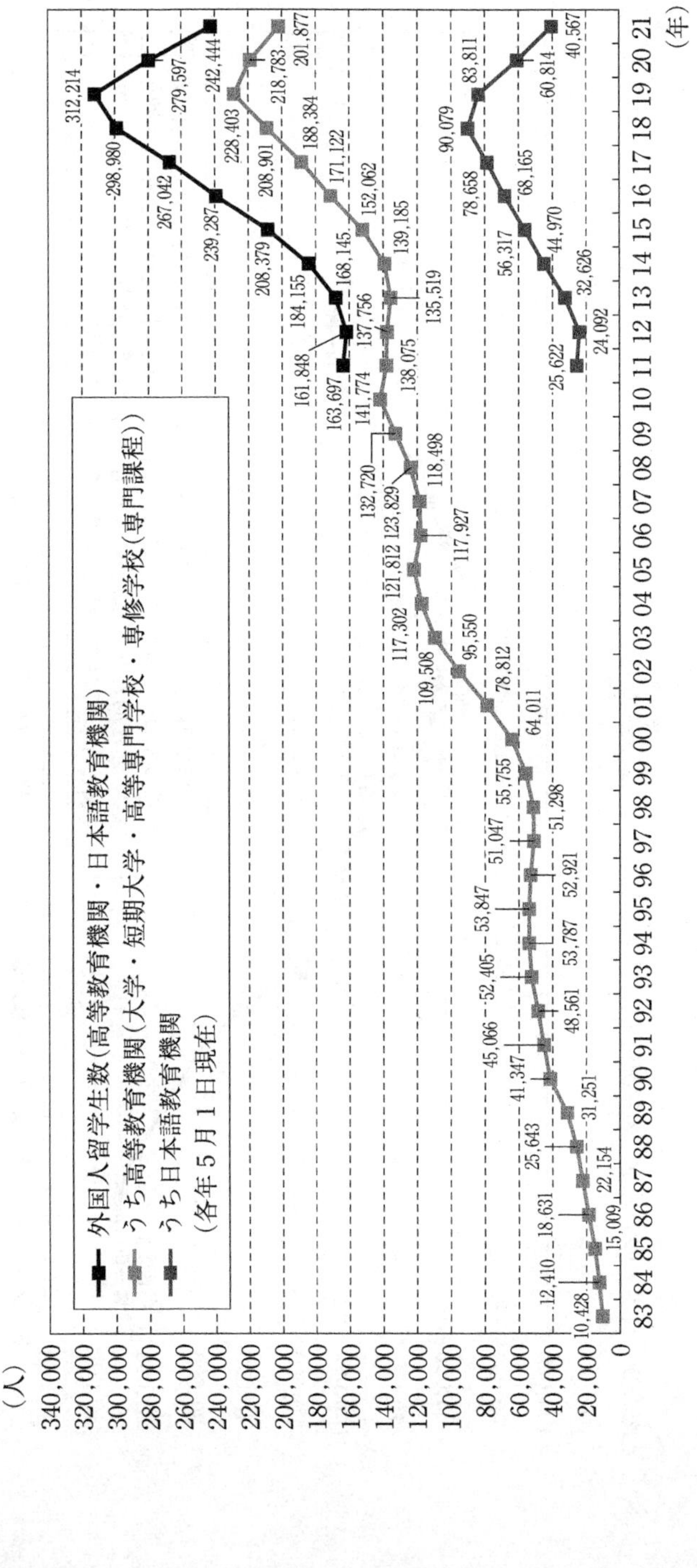

図表3　日本人の海外留学の状況

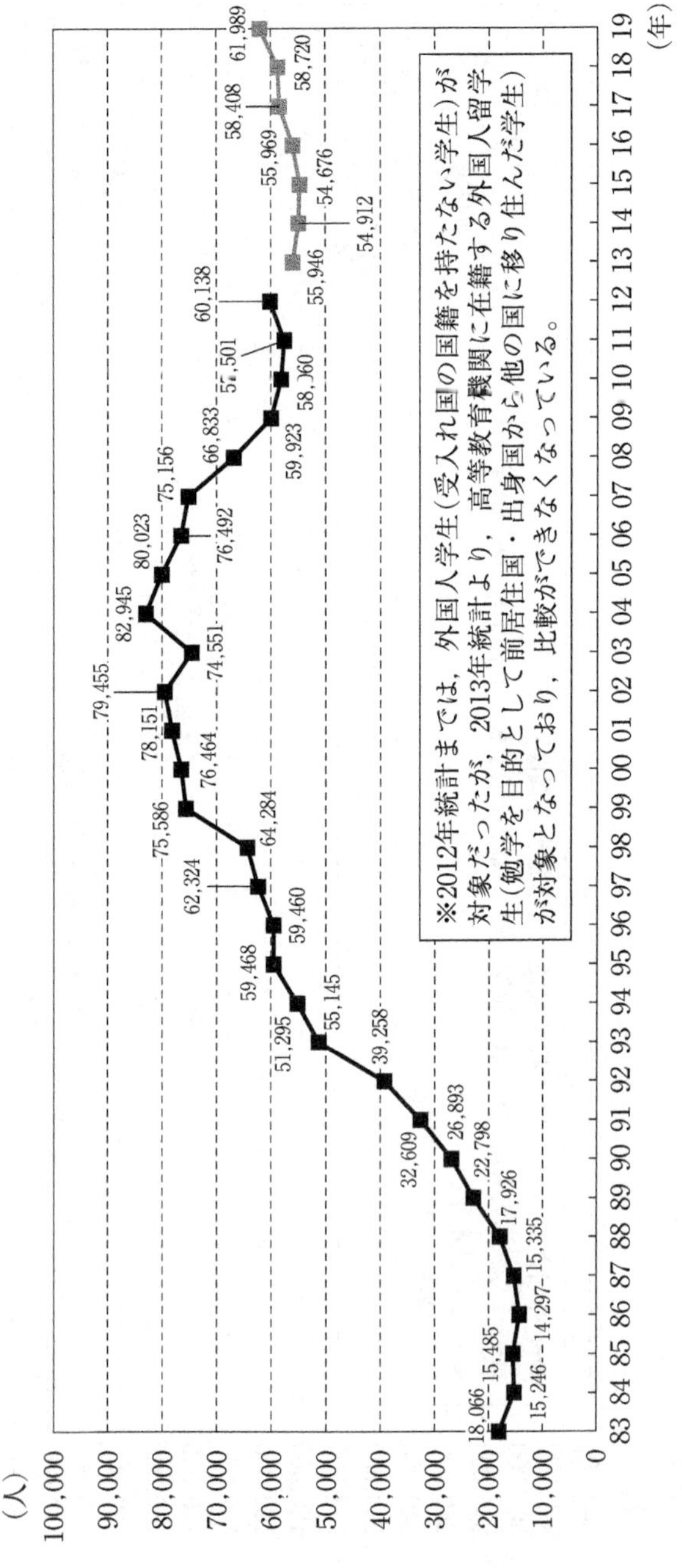

表4　大学等が把握している日本人学生の留学状況

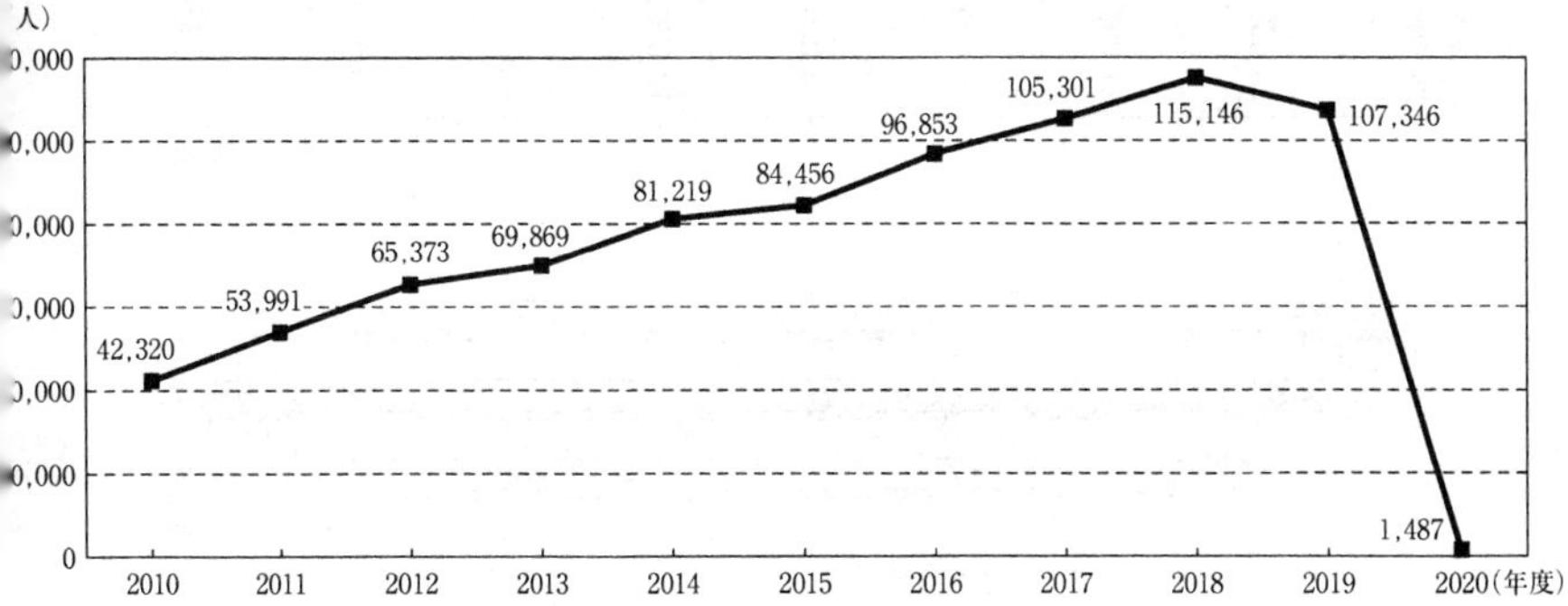

図表５　外国人入国者数の推移

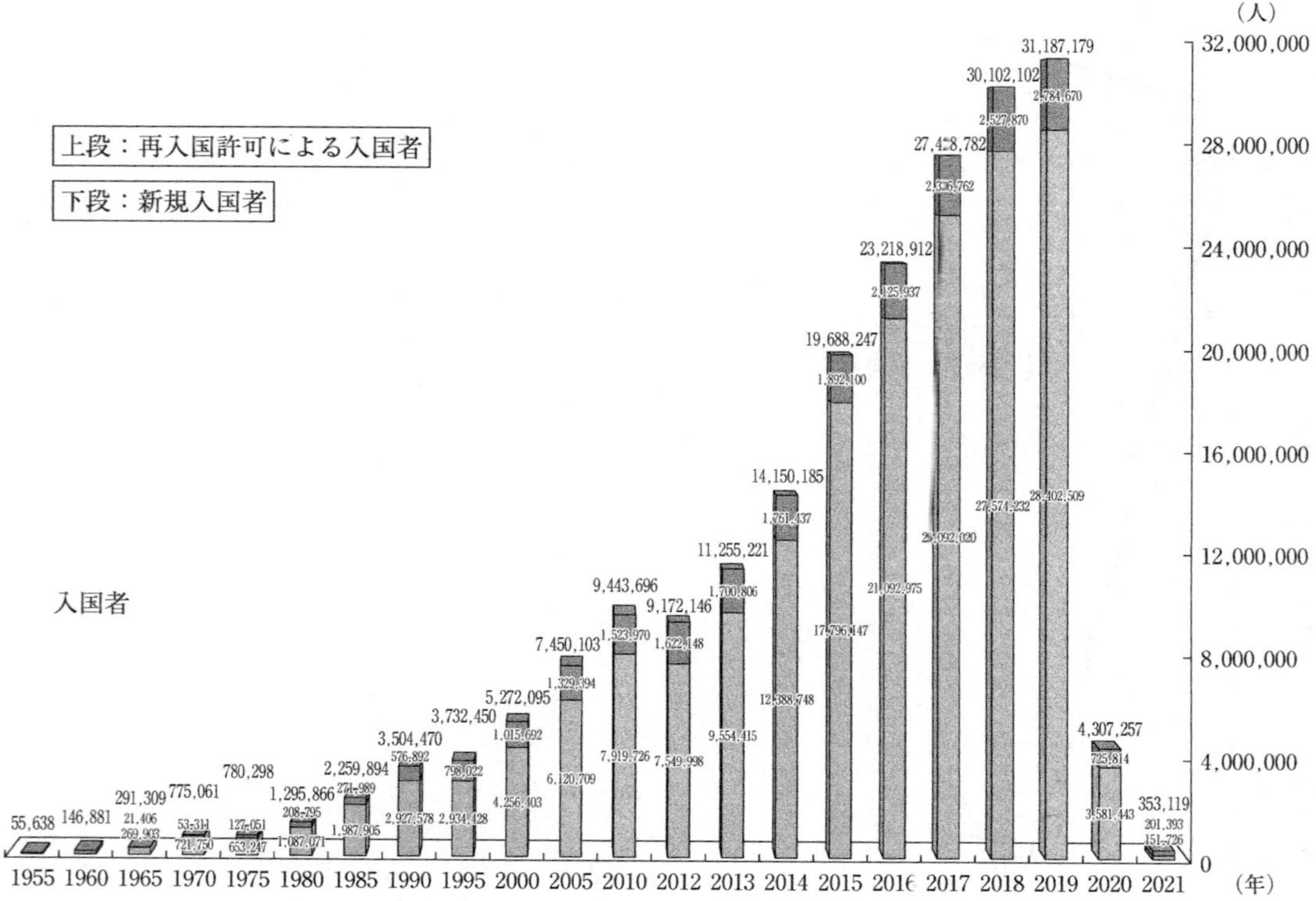

（注）　1955年及び1960年は，入国者の内訳を算出していない。

図表 6　男女別・年齢別外国人入国者数(2021年)

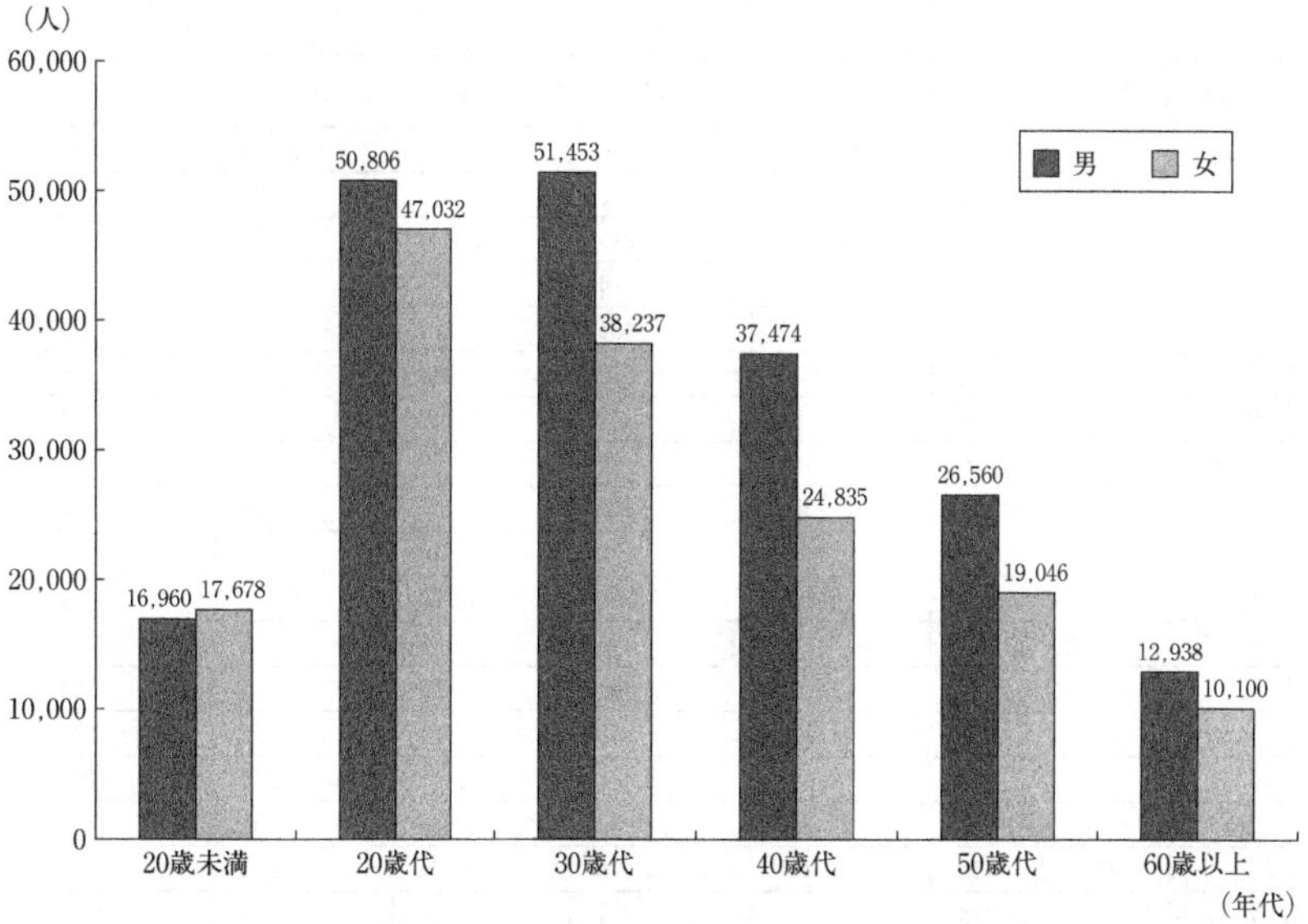

図表７　在留資格別新規入国者数の推移

（人）

在留資格＼年	2017	2018	2019	2020	2021
総数	25,092,020	27,574,232	28,402,509	3,581,443	151,726
外交	9,092	9,072	12,206	2,120	2,109
公用	29,684	33,217	42,934	3,708	1,973
教授	3,166	3,194	3,185	992	921
芸術	394	435	474	117	13
宗教	924	872	949	329	45
報道	88	43	69	29	19
高度専門職１号イ	16	26	37	26	10
高度専門職１号ロ	250	432	624	354	74
高度専門職１号ハ	36	73	118	76	18
経営・管理	1,660	1,790	2,237	1,537	474
法律・会計業務	2	4	5	2	1
医療	63	55	58	38	19
研究	380	368	364	155	89
教育	2,992	3,432	3,463	1,280	2,757
技術・人文知識・国際業務	25,063	34,182	43,880	19,705	2,532
企業内転勤	8,665	9,478	9,964	3,188	497
介護	1	1	4	23	3
興行	39,929	42,703	45,486	7,218	1,570
技能	3,692	3,551	4,355	1,729	388
特定技能１号			563	3,760	1,093
特定技能２号			0	0	0
技能実習１号イ	7,492	6,222	6,300	1,652	218
技能実習１号ロ	120,179	137,973	167,405	74,804	21,899
技能実習２号イ	0	12	8	2	0
技能実習２号ロ	9	242	183	116	23
技能実習３号イ	0	64	226	63	3
技能実習３号ロ	8	5,648	14,750	7,189	1,280
文化活動	3,377	3,539	3,793	815	202
短期滞在	24,617,024	27,054,549	27,810,548	3,360,831	71,771
留学	123,232	124,269	121,637	49,748	11,651
研修	16,393	13,389	12,985	2,392	179
家族滞在	27,288	27,952	31,788	17,056	11,313
特定活動	22,444	27,752	31,712	7,381	3,508
永住者				166	1,861
日本人の配偶者等	9,998	10,466	10,694	6,306	7,356
永住者の配偶者等	2,170	2,081	1,990	1,151	1,174
定住者	16,309	17,146	17,515	5,385	4,677

図表８　専門的・技術的分野での就労を目的とする在留資格による新規入国者数の推移

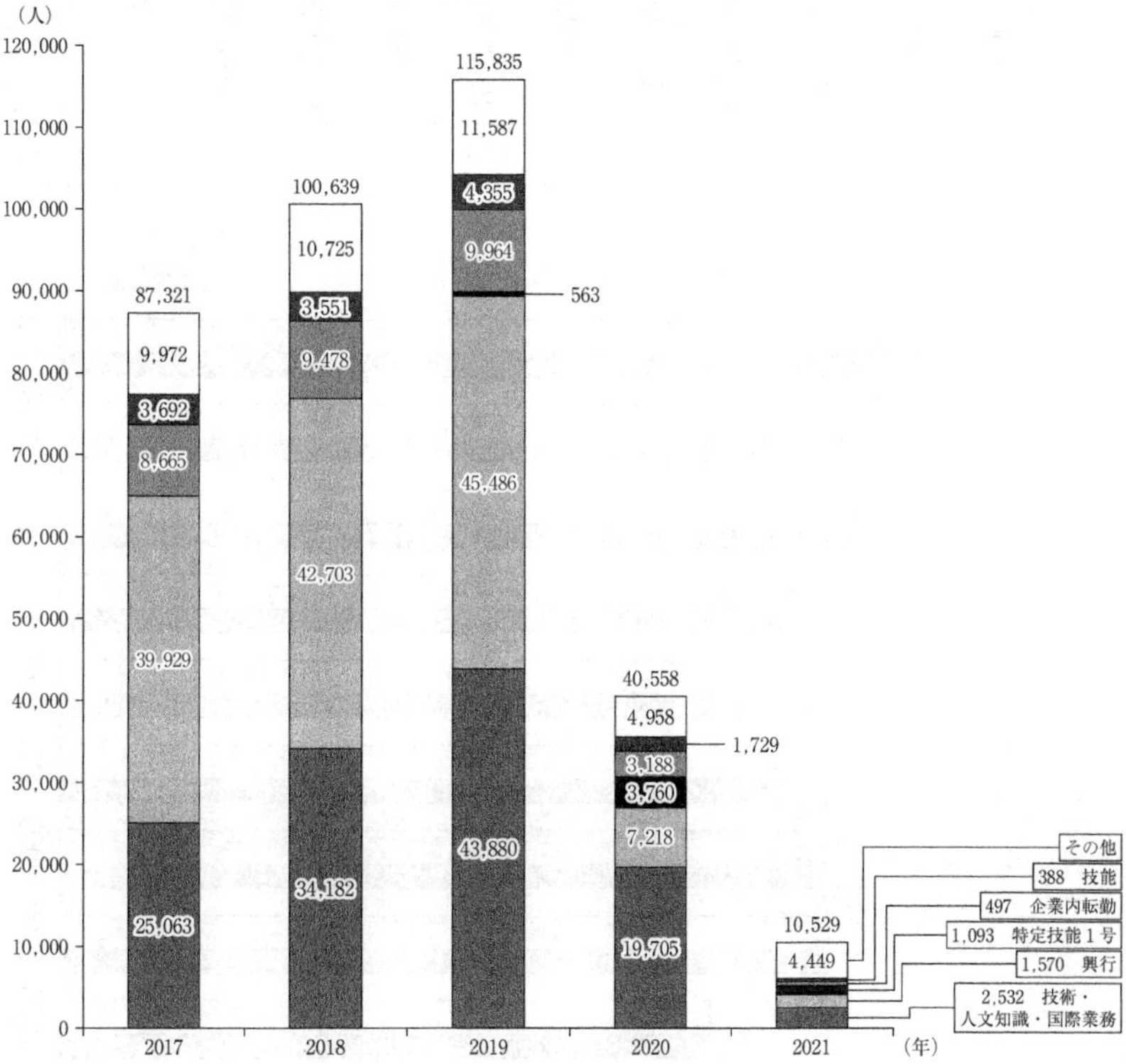

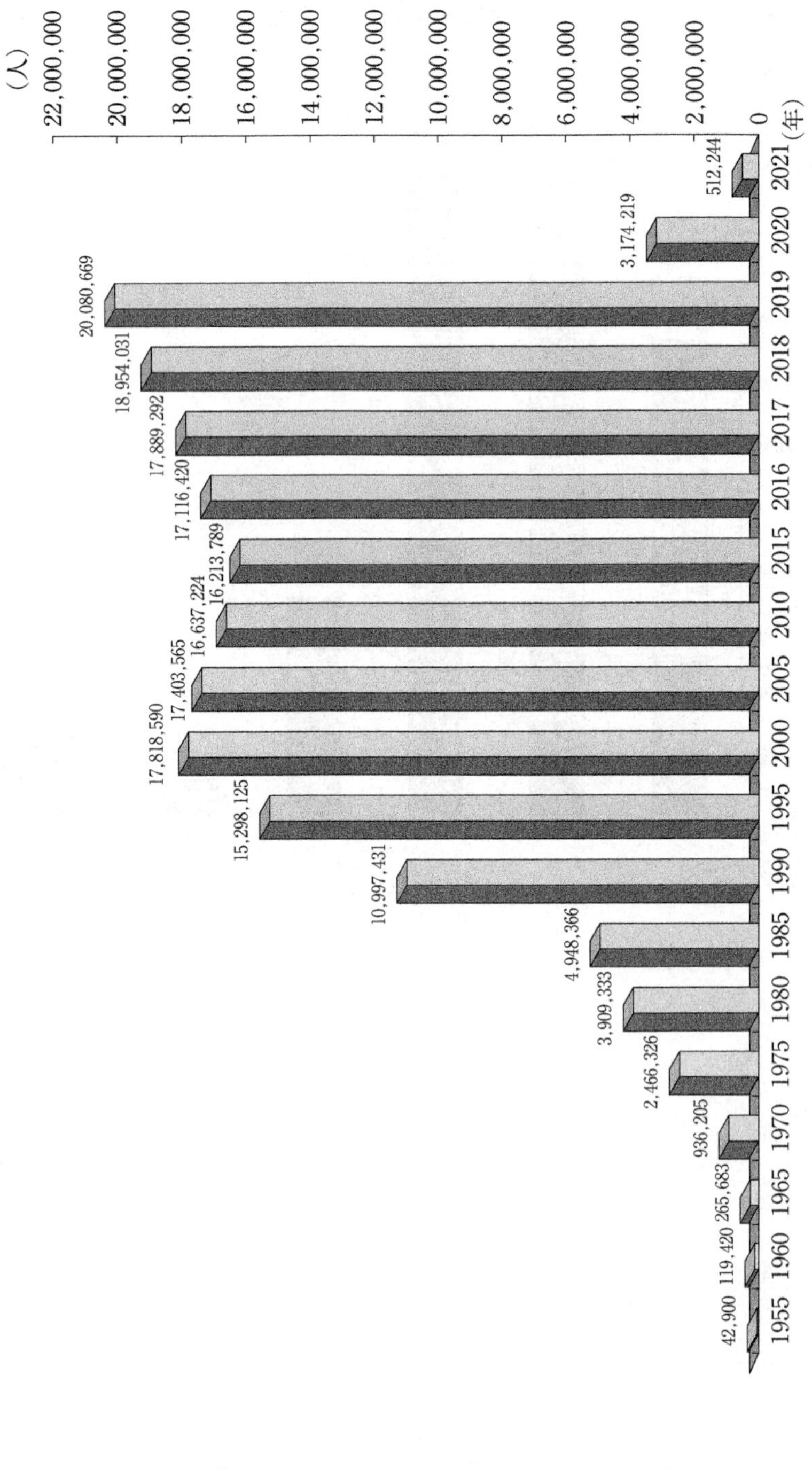

図表9　日本人出国者数の推移

図表10　男女別・年齢別日本人出国者数(2021年)

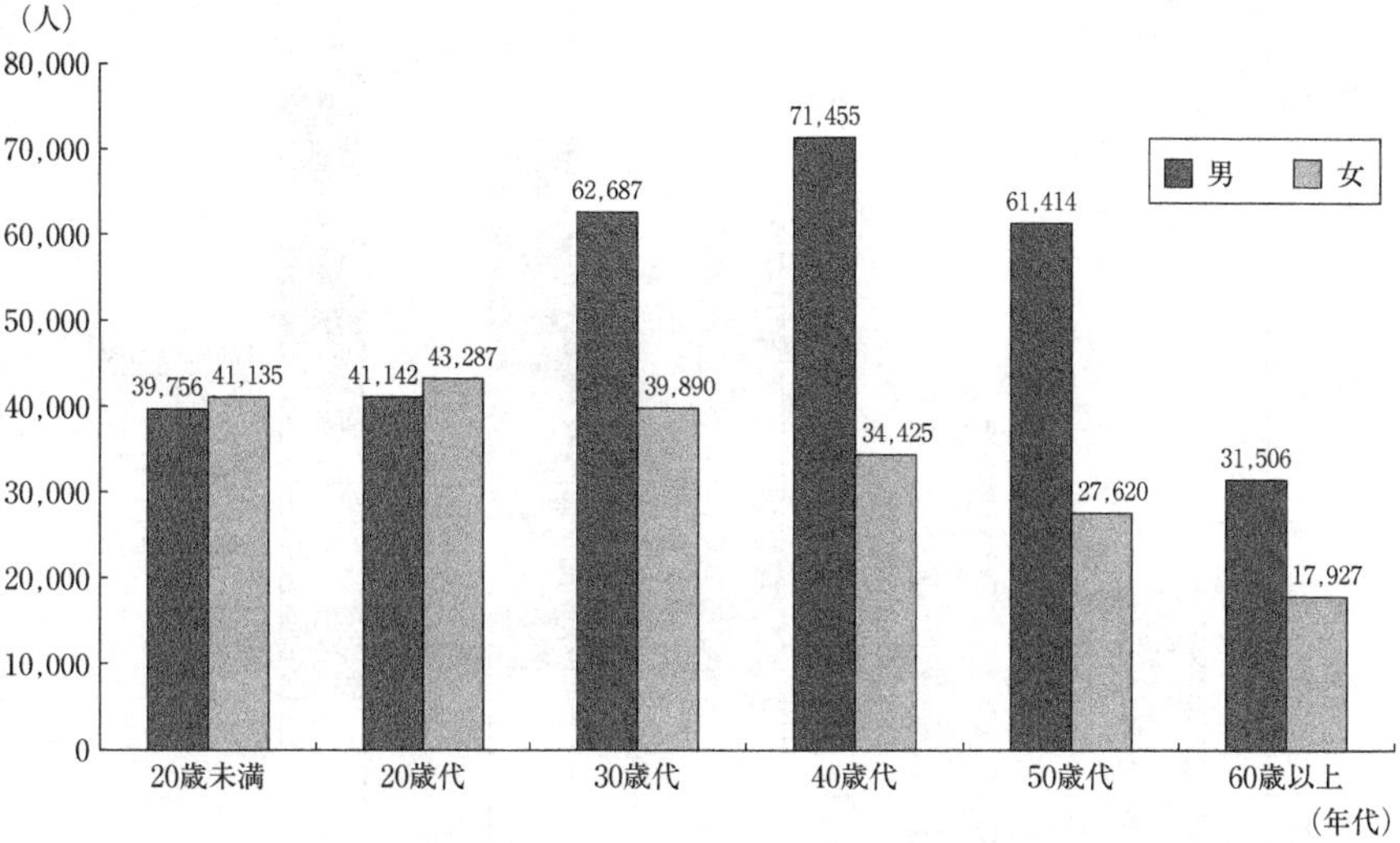

図表11　専門的・技術的分野での就労を目的とする在留資格による中長期在留者数の推移

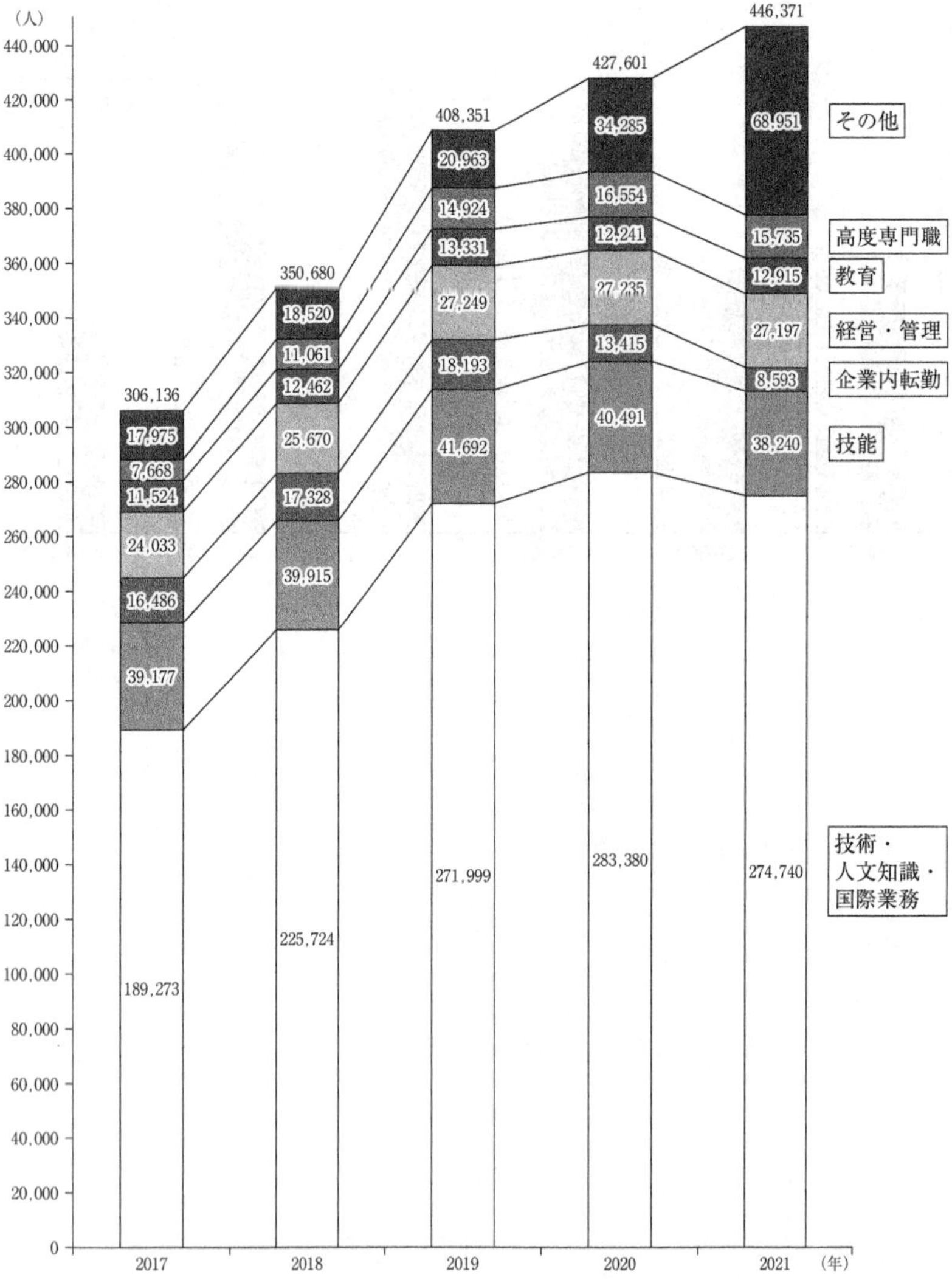

【出典】

令和 3 年度 文部科学白書

https://www.mext.go.jp/b_menu/hakusho/html/hpab202001/1420041_00010.htm

https://www.mext.go.jp/content/20220719-mxt_soseisk02-000024040_210.pdf

https://www.mext.go.jp/content/20220824-mxt_soseisk02-000024040_215.pdf

2022年版「出入国在留管理」日本語版

https://www.moj.go.jp/isa/policies/policies/03_00031.html

https://www.moj.go.jp/isa/content/001385111.pdf

（2023年 6 月 4 日アクセス）

社会福祉学科

◀社会および社会福祉に関する理解力と思考力を問う試験▶

（75 分）

（注）記述式の解答は，各解答欄にていねいに記入すること。数字，ローマ字については，1マスに2字とする。

1 次の説明にあてはまる適切な語句を解答欄に記入しなさい。

問1 社会保障政策と完全雇用とによる国民の福祉の増進を主要目標とする国家。

問2 自分の属している民族や人種などの集団の文化を最も正しく優れたものとみて，他の集団のそれらを劣ったものとみなす見方や態度。

問3 政治・経済・社会・文化などのあらゆる領域において，多くの情報と生産物によって標準化，画一化された人々が重要な役割を果たす社会。

問4 ワイマール憲法によってはじめて制定されたとされる，実質的な人間らしい生活に必要な諸条件の確保を国家に要求する生存権を含む国民の権利。

問5 地方公共団体間の財源の不均衡を調整し，どの地域に住む住民にも一定の行政サービスができるように国が地方に代わって徴収し，地方公共団体の財政状況を考慮して配分する税。

問6 人種，宗教，政治的意見などを理由に迫害を受けたかその恐れがあるため，自国外にいて，自国の保護を受けることができない人。

問7　法律を実際に運用するために内閣が制定する命令。

問8　青年期において社会的義務や責任を一時的に免除あるいは猶予されている状態。

問9　健康で文化的な最低限度の生活を保障するため，国が生活困窮者に対し，困窮の程度に応じて必要な保護を行い，その自立を助けることを目的とした法律。

問10　本人・家族の経済状況や働く意思の有無などに関係なく，すべての個人に対して生活に最低限必要な所得を無条件に給付する考え方。

2　以下の問いに答えなさい。

問1　下記の図は，日本における性別役割意識の性別及び世代別の現状を示したものである。図から読み取れることを説明したうえで，社会的・歴史的な条件のもとで作られてきた性役割がもたらす問題点を複数あげ，その対応策として行われていることや，今後考えられることについて述べなさい。字数は全て合わせて500字以上600字以内とする。

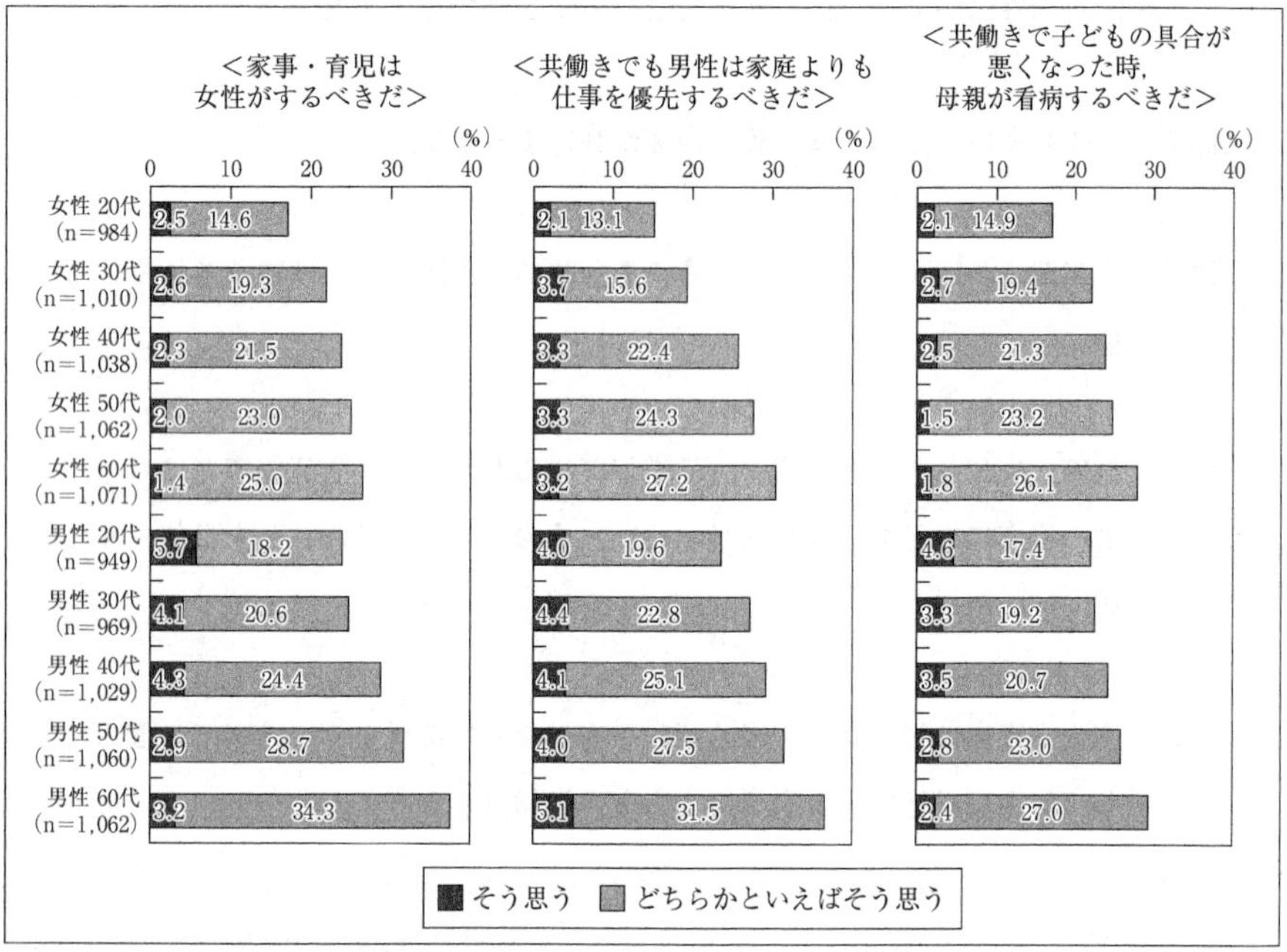

出典：令和4年度男女共同参画白書　特-67図

解答編

教育・社会・看護学科

◀人間と社会に関わる事象に関する論理的思考力，表現力を問う総合問題▶

I　解答　**(1) 1.** 過酷（または苛酷）　**2.** 奴隷　**3.** 訴求

(2) ※　**(3)**—④　**(4)**—②　**(5)**—③　**(6)**—④　**(7)**—④　**(8)**—④

(9) 労働者が労働力を交渉資源として用いて労働条件を改善させようとしているという意味。(40字以内)

※(2)については，設問に不備があったため，受験生全員を正解とし一律加点する措置が取られたことが大学から公表されている。

解説

《ストライキの「原理」》

(4)　下線部Bの「労働力を提供するために必要とされるコスト」として，明らかにふさわしくないものを選ぶ。下線部Bの「コスト」は，労働力を商品とする場合に，労働者が（使用者に）労働力を提供するための費用を指すが，②で挙げられているのは経営者，つまり使用者が必要とするコストであり，これが不適。

(5)　労働三法は，労働組合法と労働基準法，および，労働関係調整法の3つを指す。したがって，③が適当。関連事項として，労働基本権は，具体的には労働三権（団結権，団体交渉権，団体行動権）を指す。

(7)　ILOに関する説明文として，間違っているものを選ぶ。④が誤り。国際労働会議（総会）を構成するのは，各加盟国の政府代表と使用者代表および労働者代表の三者からなる。細かい知識だが，この「三者構成の原則」を採用する国連機関はILOのみである。

(8) 19世紀前半の労働者による抵抗の例として最も適当なものを選ぶ。④が適当。ラッダイト運動は繊維工業に携わる労働者による機械打ち壊し運動であるが，これは，英国の産業革命初期である1810年代に起こった。

(9) 下線部G・Hの事例が「原理的にはストライキ」であるとの筆者の指摘について，どのような意味でそう言えるのかを答える。「保育士一斉退職」は，「意識的に労使交渉に生かされては」おらず，また，牛丼チェーン店の労働者たちが一斉に休もうとする行為も，「法律上のストライキ権の行使ではない」から，「ストライキではない」と言えるが，空所エの1つ前の段落にあるように，労働者たちが働かないことには企業は運営できず，労働者が労働力を交渉資源としているという意味では，これらはストライキであると言える。

Ⅱ 解答

(1)ア—② **イ**—⑩ **ウ**—⑨ **エ**—⑥

(2)普通教育

(3)学校で授業を受けない児童に親が家庭で行う，学校主導の教育。(30字以内)

(4)教育勅語

(5)学歴社会の中で親の望む社会的地位につけそうな，元気で利発な子どもらしい子ども。(40字以内)

(6)—③

(7)親が環境を準備し，子どもに働きかけて能力開発を行う教育。(30字以内)

解説

《日本の家庭教育のあり方》

(3) 下線部Aの「家庭教育」がどのような教育かを説明する。下線部Aに「ここでいう」とあるので，第2節（近代学校の登場と「家庭教育」の創出）第1段落の内容を踏まえて，下線部A直前の『文部省示諭』引用文を中心に，家庭教育の記述をまとめる。

(5) 下線部Bの「よい子」を説明する。誰からみた「よい子」なのかと言えば，教育に関心を寄せる新中間層の親の目線なので，下線部Bの直前段落の最終文「親が望ましいと思う元気で利発な子どもらしい子ども」が

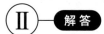

「よい子」と考えられる。ただ，この部分だけでは文字数が足りないので，説明を補う。親の目線での説明が求められているので，親の考え方やその背景に注目する。下線部Bの２段落前「大正期における…」に，新中間層の親が，学歴社会という社会状況の中で，社会での地位獲得のために，子どもの教育への関心を高めたとある。この部分を盛り込めばよい。

(6)　下線部C直前の引用文には，「子供は玩具でその性質を造られるもの」であり，例えば「僅か一銭の竹細工」にさえ，様々な教育効果があるとしている。また，引用文直前の段落には，「玩具の教育的価値を前提として」という記述もある。これらより，①と④は不適である。また，引用文には，親は子どもの「性情」を見極めながら，その子どもにふさわしい玩具によって子どもの「素質」を伸ばすべきとの考えが示されている。「素質」という言葉の言い換えとして，③の「子どもの資質」が最も適当である。

(7)　最終段落の冒頭の文に「学歴社会の出現は，新中間層の家族を『教育家族』化させ，…第二の意味の家庭教育が主流となっていく」とあることから，「第二の意味の家庭教育」は，新中間層の家庭での教育と理解できる。新中間層の家庭教育の内容については，第３節「大正期における『教育家族』の誕生」の第３段落後半「教育的環境を準備して，…能力開発を行い」で確認できるので，この部分をまとめる。

心理学科

◀心理学のための理解力と思考力を問う試験▶

1 **解答**　**問1.** ①

問2. 心を演出しつつ表現しながら隠し，隠しながら表現するもの（30字以内）

問3. ②　**問4.** ①　**問5.** ⑤　**問6.** ②

問7. オモテとウラは対概念として事柄の両面を示すとともに，相対的で，表裏一体となって一つの存在を形造り，物事の二面性を示唆させる。これは「顔」と「心」，また「現象」と「本質」の関係性と同じである。日本におけるこのような物事の二面性の認識は，西洋では二義性として見られるが，相通ずるところがあると考えられる。（150字以内）

解説

《「オモテ」と「ウラ」という言葉が表すもの》

問1. 空欄アの直前に，「もちろんここで顔というのは，単に見られるだけの，肉体の一部としての顔ではない。それ（＝顔）は見たり聞いたり話したりまた行動する」とあるので，“自覚や意志に基づいて自ら他へ作用を及ぼす”という意味の「主体」という言葉を用いた，①「人間の主体を代表するものとしての」が適当。

問2. 空欄イの直前の「大体，表情というものが，先にのべたように」と，空欄イの直後の「能の面はこのプロセスを様式化し，表情の一面を誇張してそれ以外はすべてそぎ落すので」という部分がヒントになる。また，設問文の「『表現』という言葉を必ず2回使うこと」という指示もヒントになる。「表情」つまり「顔」が人に対してどのように目に見える形で表現されているのかということを述べた部分を課題文中から探すと，空欄アの2文後に「すなわち顔は心がむき出しにならぬようそれを表現しながら隠し，隠しながら表現する」とある。ここから解答を作るとよい。また，問1の通り「主体」を表す語を加えるとよい。〔解答〕では，次段落の「ウラがオモテを演出している」を参照して「演出しつつ」とした。

問3． 空欄ウを含む段落の次の段落に「このようなオモテとウラの概念」とある。また，第1段落に「オモテとウラという言葉は，…対概念としていろいろな組み合わせで使われる」とある。これらを手がかりに，②「概念的には」を選ぶ。

問4． 空欄4の直後から，空欄1と2，空欄3と4がそれぞれ「オモテとウラの関係にある」ことがわかる。3の直前には「原文を意味する」とあるので，3には「テキスト」が入る。さらに，次文の「なおテキストの解釈それ自体において…」をヒントに，4には「解釈」が入るとわかる。残る1，2には，3の「テキスト」（オモテ），4の「解釈」（ウラ）と同じ順で，それぞれ「字面」（オモテ）と「意味」（ウラ）が入る。よって，①が適当。

問5． 空欄エの前は，江戸時代の歌人，富士谷御杖の歌の解釈を紹介しており，空欄エの後は，同じく江戸時代の国学者，本居宣長が富士谷御杖以前にのべたことを紹介している。したがって，空欄エの前の言葉を，空欄エの後で補足していると考えることができる。したがって，補足の接続詞である，⑤「もっとも」が適当。

問6． 空欄オの直前にある「自然の本能」「自然の衝動」「自然児」という言葉の中の「自然」にどのような意味が含まれているかを考える。「本能」「衝動」という語を手がかりにする。また，「自然児」は一般的に“社会の枠組みにとらわれず，自分の意のままに生きる者”といった意味でとらえられる。こうしたニュアンスを含む，②「規範に反対する状態を指示することもある」を選ぶ。

問7． 150字以内での要約。短い字数なので，要点だけを簡潔にまとめる。筆者は「オモテ」と「ウラ」の関係をベースにして，「顔」と「心」（第2段落），「現象」と「本質」（第5段落），「テキスト」と「解釈」（第6段落）といった言葉や概念のそれぞれの関係について，両者は表裏一体であり，両者が相まって「一つの存在を形造る」（第4段落）と述べている。また，第1段落で，こうしたとらえ方が「日本語で特に発達しているような感じはする」と述べつつ，最後から2段落目では「日本人が得意な物事の二面性の認識と，西洋人が得意な言葉の二義牲の認識とは，相通ずる節があるようにも思われる」と述べている。つまり，「オモテ」と「ウラ」のような二面性の認識は日本だけに限ったものではないと筆者は考えているのである。以上の点をまとめるとよい。

2 解答 **問1.** ② **問2.** ① **問3.** ② **問4.** ② **問5.** ③
問6. ① **問7.** ① **問8.** ③

解説

《日本における出入国者の状況と実態》

問1から問8の文章を読み，資料（図表1～11）から読み取れる結果として，最も適当なものを選ぶ。参照する図表を迅速に見極めること。

問1. 減少率は「(開始値－終了値)×100／開始値」で求められる。図表5より，2020年から2021年の新規入国者数は3,581,443人から151,726人に減少しており，減少率は約95.76％である。再入国許可による入国者数は725,814人から201,393人に減少しており，減少率は約72.25％である。したがって，新規入国者数の減少率のほうが高い。よって，答えは②。

問2. 図表2より，2019年から2020年の外国人留学生数は312,214人から279,597人に減少しており，減少率は約10.45％である。図表4より，同期間の大学等が把握している日本人学生の留学者数は107,346人から1,487人に減少しており，減少率は約98.61％である。したがって，前者は後者の9分の1以下である。よって，答えは①。

問3. 図表5より，2021年の外国人入国者数は353,119人である。図表6より，すべての年齢における男性外国人入国者数を合計すると196,191人であり，外国人入国者数の約55.56％である。また，図表9より，2021年の日本人出国者数は512,244人である。図表10より，すべての年齢における男性日本人出国者数を合計すると307,960人であり，日本人出国者数の約60.12％である。したがって，外国人入国者数は男性が6割を超えていない。よって，答えは②。

問4. 図表2より，外国人留学生数は2017年から2019年まで増加している。しかし，図表7より，新規入国者数の在留資格が「留学」である項目は，2017年から2018年まで増加しているが，2018年から2019年には減少している。したがって，設問文の「数が伸びていた」は不適当。よって，答えは②。

問5. 日本人出国者数を示す図表9には総計しか示されていない。図表10には2021年の日本人出国者数の男女別は示されているが，理由は示されていない。したがって，資料から問5の内容を読み取ることはできない。よって，答えは③。

問6． 図表11より，専門的・技術的分野での就労を目的とする在留資格による中長期在留者数は，2017年以降2021年まで増加し続けている。よって，答えは①。

問7． 図表1より，2019年（平成31年・令和元年）に大学に在学している人は2,918,668人である。図表4より，2019年の大学等が把握している日本人学生の留学者数は107,346人である。したがって，前者に対して後者の割合は約3.68％であり，3.5％以上である。よって，答えは①。

問8． 図表1より，2005年（平成17年）に高等専門学校，短期大学，大学，専修学校に在籍している人は各数値を合計して3,927,349人である。図表2より，同年に高等教育機関に在籍している外国人留学生は121,812人である。したがって，後者は前者の約3.10％で，３％を超えている。しかし，図表1において，平成17年より前のデータは平成12年であるため，３％を超えるのは2005年が初めてかどうかはわからない。よって，答えは③。

社会福祉学科

◀社会および社会福祉に関する理解力と思考力を問う試験▶

1　解答

問1． 福祉国家
問2． エスノセントリズム（自文化中心主義，自民族中心主義も可）
問3． 大衆社会　**問4．** 社会権
問5． 地方交付税（地方交付税交付金も可）　**問6．** 難民
問7． 政令　**問8．** 心理社会的モラトリアム（モラトリアムのみも可）
問9． 生活保護法　**問10．** ベーシックインカム

解説

《社会福祉に関わる用語問題》

与えられた説明にあてはまる適切な語句を答える。社会福祉学に関わる法・制度・専門用語などについて，基本的な定義が示されている。

問1． 国家の役割を安全保障や治安維持など最小限のものに抑える夜警国家と対比される。社会権的基本権は，夜警国家（近代）から福祉国家（現代）へと，政府機能が変化する過程で登場してきた。

問3． 20世紀はじめ，産業革命および市民革命を経て，大衆の意見が国家の方針に大きく影響する社会が到来した。

問5． 少子高齢化や人口減少という社会の変化にあって，地域社会の自立を考える上で，地方交付税への依存が重要な論点のひとつとなっている。

問6．「自国外にいて，自国の保護を受けることができない」とあるので，難民が正しい。自国内の別地域に避難生活を送る人は国内避難民と呼ぶ。

問8． モラトリアムは，エリクソンのライフサイクル論において，青年期の発達課題であるアイデンティティの確立に関連する。

問9． 生活保護法は，国が生活困窮者に対して，その程度に応じて必要な保護を行うことにより，最低限度の生活を保障しようとする法律。日本における社会保障の4つの柱，社会保険・公的扶助・社会福祉・公衆衛生のうち，公的扶助はこの法律を中心に実施されている。

問10. ベーシックインカムは年金制度が持続困難になり，ワーキングプアなど貧困が社会問題化する中で，新たな社会保障のあり方のひとつとして議論されている。

2 解答例

問 1. 図から，「家事・育児」「仕事」「子どもの看病」のいずれについても，「そう思う」ないし「どちらかといえばそう思う」と答えた人の割合は，世代が上がるほど大きく，女性より男性が大きいことが読み取れる。一方で，どの質問に対しても，もっとも割合の大きい 60 代男性が 3 割前後であるのに対し，20 代女性でも 2 割弱と，世代間の差はそれほど大きくない。日本における性別役割意識は，世代が上がるほど強くなる傾向があり，女性よりも男性の方が強いが，世代間・性別間の差は小さいことがわかる。

社会的・歴史的な条件のもとで作られてきた性役割は，現代の社会状況には適合しない。ジェンダーの不平等を助長し，経済格差や教育格差を再生産する。また，職場・地域・家庭におけるバイアスとなって，人々の多様な自己実現を妨げる。さらに，性役割に基づく制度・慣習が，変化する社会状況への対処を難しくする。

こうした問題点について，日本では，教育やメディアを通じて，性別役割意識を問い直す啓発活動が行われ，具体的な法整備も行われてきた。しかし，人々の意識を直接変化させることは難しく，保育所や出産・育児退職後の復職支援など，特に女性の就労に関する環境整備は不十分である。今後は，環境整備に加えて，政治・経済の場に参画する女性の数を増やす，男性の育休取得を義務化するなど，性役割に基づく不平等を積極的に是正する措置が，さらに広く展開されていくであろう。(500 字以上 600 字以内)

解説

《性別役割意識がもたらす問題》

問 1. 与えられた図から読み取れることを説明したうえで，社会的・歴史的な条件のもとで作られてきた性役割がもたらす問題点を複数あげ，その対応策として行われていることや，今後考えられることについて 500 字以上 600 字以内で述べる問題。

まずは，図を読み取る。図中の「家事・育児は女性がするべきだ」「共働きでも男性は家庭よりも仕事を優先するべきだ」「共働きで子どもの具合が悪くなった時，母親が看病するべきだ」は，いずれも“男は仕事，女は家事・育児”という性別役割意識に基づく考えであるといえよう。つまり，そこに同意する（「そう思う」ないし「どちらかといえばそう思う」と答える）割合が大きいほど，性別役割意識も強いと考えられる。

性別・世代別に見ると，「家事・育児」「仕事」「子どもの看病」のいずれも，男女ともに，年齢が高いほど割合が大きく（60代男女で約26～38%），年齢が低いほど割合が低く（20代男女で約15～24%）なっている。一方で，世代間の差自体は大きくないことから，若い世代であれば性別役割意識が解消しているというわけではないことがわかる。また，数値的な差は小さいものの，すべての項目において男性＞女性であることから，性別役割意識は男性の方が強いこともわかる。

次に，社会的・歴史的な条件のもとで作られてきた性役割がもたらす問題点を複数あげる。図の読み取り以外の部分では，ジェンダー平等などに関する社会福祉の基本的な知識が問われている。日本では，戦後の高度経済成長期に“男は仕事，女は家事・育児”の性役割意識が再び強まり，それが企業による一家の生活保障と相まって，高度経済成長期を支えてきた。しかし，そうした性役割に基づく慣行は，社会・経済状況が変化し，家族や自己実現のあり方が多様化する現代において，男女の雇用・所得格差，教育を受ける機会の不均等，政治・行政分野における女性の不在など，様々な不具合を生じている。

性別役割意識は他の欧米諸国やアジア圏にも見られ，ジェンダー不平等とその再生産を是正するという課題は，国際的にも共通している。こうした点も指摘可能である。

最後に，これらの問題点への対応策として行われていることや，今後考えられることについてまとめる。〔解答例〕では，根強い性別役割意識に対し，国や自治体のレベルで，職場・地域・家庭における意識改革を求める啓発活動や，若い世代へのジェンダー平等に関する教育が推進されていることを挙げた。「今後考えられること」については，現状の問題点から考えるとよい。たとえば，格差社会や経済不安を背景に，若い世代が具体的なライフコースを想像できず，現実への適応として性役割を受け入れていることなどは，単なる意識の問題として扱うだけでは不十分だという立場から，具体的な法整備や社会制度を通して，不平等を積極的に是正する方策が想定できる。議会に「クオータ制」を導入して議席の男女比率を割り当てる，大学に女性入学枠を設ける，女性に限定して管理職を登用するといった，ポジティブ・アクションの事例・可能性を提示することもできるだろう。

　いずれにせよ，字数が限られているので，具体例や論点を絞り込む必要がある。また，限られた時間の中で十分に論じることができる問題点を選んで取り上げるなど，複数の設問要求への対応を明確にした上で，論旨の一貫性が保たれるよう，構成を工夫することが肝要である。

////////////////// ・memo・ //////////////////

//////////////////// · memo · ////////////////////

////////////////// · memo · //////////////////

· memo ·

/////////////////// ・memo・ ///////////////////

2023年度

問題と解答

■一般選抜（学部学科試験・共通テスト併用方式）：神学部

問題編

▶試験科目・配点

試験区分	試験教科・科目		配　点
大学入学共通テスト	外国語	『英語（リーディング，リスニング）』，『ドイツ語』，『フランス語』のうちから１科目選択	60 点
	国語	『国語』	40 点
	地理歴史または公民	「日本史Ｂ」，「世界史Ｂ」，「地理Ｂ」，「倫理」，「政治・経済」，『倫理，政治・経済』のうちから１科目選択	40 点
大学独自試験	学部学科適性試験	キリスト教と聖書の基礎に関する理解力と思考力を問う試験	100 点

▶備　考

＊面接試験を実施する。２段階での選抜とし，第１次試験合格者にのみ第２次試験として面接を実施し，最終合否判定を行う。

＊大学入学共通テストの英語の技能別の配点比率は，リーディング 100 点：リスニング 100 点（200 点満点）とする。

＊大学入学共通テストの国語は，古文，漢文を含む。

＊大学入学共通テストの選択科目を指定科目数以上受験した場合は，高得点の科目を合否判定に利用する。第１解答科目・第２解答科目の区別も行わない。

＊大学入学共通テストの得点は，各学科の配点に応じて換算して利用する。

＊任意で提出した外国語外部検定試験結果は，CEFR レベル（A2 以上）ごとに得点化し，大学入学共通テストの外国語の得点（200 点満点）に上限付きで加点される。

神学部

◀キリスト教と聖書の基礎に関する理解力と思考力を問う試験▶

（75分
解答例省略）

(注) 記述式の解答は，各解答欄にていねいに記入すること。数字，ローマ字については，1マスに2字とする。

問題1 以下の文章を読み、（1）、（2）、（3）の問いに答えなさい。

「初めに、神は天地を創造された」(創世記1章1節)。これは聖書の最初のことばである。「初め」とは単純に時間的意味だけではなく、根本とか基本といった意味が込められている[1]。したがって、聖書の冒頭のこの一文には、天地万物、人間も含めての森羅万象が、(　①　)の神にその存在根拠を持ち、それゆえに神は(　②　)であるという思想が表されている。

創世記は、たとえば神が「光あれ」と言って光が存在したように、神がことばによって、無から、地上のあらゆるものを造っていく様を物語る。神はまず、光と闇、天と地、海と陸とを分けてこの世界に秩序をもたらし、続いてそのようにして整理された空間を満たす動植物を造り、それらの造られたものを「見て、(　③　)」という。最後に神は、自分自身に似せて人間を造り、それを祝福し、他の造られたものをすべて「支配」する使命を与えたと記されている。

このように、象徴的言語で語られる創造の物語は、世界の初めに関する自然科学的描写であるというよりも、神と人間と世界の本来の関係についての教えであると解釈される。すなわち、ⓐ<u>人間も含めてこの世界とそこにあるすべてのものは、神の意志に基づいて存在するものであり、その意味で本来良いもの、尊いものであるということ、また人間は神の似姿として造られ、創造された世界を保ち導く使命を授けられているということである。キリスト教は、こうした聖書の記述に基づいて、人間の尊厳の根拠を、神に由来するものであると理解している。</u>

続いて聖書は、こうして造られた人についての物語を展開する。そこでは神が、この最初の人アダムのために、彼に合う(　④　)として、その肋骨からもう一人の人を造ったところ、人は喜び、後にこのもう一人の人を(　⑤　)と名付けたこと、しかしこの人祖たちは、園の中にある、あらゆる木の中で唯一「いのちの木」または「善悪の知識の木」と呼ばれる木からは食べないようにと神から言われていたにもかかわらず、へびにそそのかされてこの果実を食べ、神によって(　⑥　)と語られる。こうして人は土を耕さなければ生きていけないものとなったという(創世記3章)。

次に、最初の人間たちの子どもである兄弟の話が述べられる。その物語においては、兄の(　⑦　)が、弟アベルと比べて、自分は神に目を留められていないと思い込んで激しく怒り、神に反抗して、ついには弟を殺してしまう。こうしてこの兄は土地を耕しても作物を生み出すことができずに、地上をさまよい、さすらう者となったという(創世記4章)。

これらの物語もまた、古代人の人間理解と信仰を表している。すなわち人間は、神の意志に反して、したがって神から自らを切り離して、自分の意志だけで生きようとする傾きを持っているということである。このような傾きを、キリスト教は(　⑧　)と呼んでいるが、聖書はこのような傾向は、抗い難いほど、人間存在の奥深くに巣食っていると語っている。こうして神との関係における調和が乱れるところから、人間関係にも亀裂が生じ、それが社会にも広がっている。

この兄弟殺しの物語に続いて、聖書は11章までにわたり、関係と秩序の乱れが全世界に広がっていったさまを描いている。(　⑨　)が経験した「洪水」の物語では、地上に人間の悪が増し、人が常に悪いことばかり思っていることに目をとめた神が、人を創造したことを後悔して洪水を起こしたことが語られている(創世記7～9章)。また神は、人間が結束して高い塔を建て、自らを世界に優位に立つものとしようとしたことを見て、その結束を乱すために言語を混乱させたという、(　⑩　)の塔の話(創世記11章)もある。

こうして創世記の最初の物語に、人間が自ら経験する崇高な召命と深刻な悲惨さについて、その究極的な説明を見出すことができるのである。

[1] 岩島忠彦「キリスト教の信仰」(新要理書編纂特別委員会編、日本カトリック司教協議会監修『カトリック教会の教え』第一部、カトリック中央協議会、2003年)、43頁参照。

（1）①から⑩までの空欄に当てはまることばを、それぞれ㋐から㋓までの４つの選択肢の中から一つ選びなさい。

① ㋐やおよろず、㋑流出、㋒唯一、㋓二元

② ㋐不動の動者、㋑イデア、㋒審判者、㋓創造主

③ ㋐良しとされた、㋑優劣を定めた、㋒従わせた、㋓後悔した

④ ㋐競争相手、㋑助け手、㋒しもべ、㋓主人

⑤ ㋐サラ、㋑エバ、㋒ルツ、㋓ハガル

⑥ ㋐楽園を追われた、㋑神と絶縁した、㋒園の奴隷とされた、㋓飢え乾くものとされた

⑦ ㋐セト、㋑ヤコブ、㋒カイン、㋓レメク

⑧ ㋐傷、㋑原罪、㋒サタン、㋓本性

⑨ ㋐アブラハム、㋑エリヤ、㋒ノア、㋓ヤコブ

⑩ ㋐バブル、㋑マレム、㋒ソドム、㋓バベル

（2）下線部ⓐの文が意味していないことは、㋐から㋓の４つのうちどれか。一つ選びなさい。

㋐ 人間は人格的存在であるため、他の被造物や他の人を大切にして、親しく交わることができる。

㋑ 一人ひとりの人間存在は、神に由来するものであり、はかり知れない尊厳を有する。

㋒ 人間は他のすべての被造物を支配する能力を持ち、その能力をよりよく発揮するならば、神から認められる。

㋓ あらゆる生き物の共通の家であるこの地球を、人間が保全し導くことは、人間に託された使命である。

（3）　聖書の最初に書かれているこれらの物語から、古代人のどのような人間観、世界観が読み取れるか。聖書の思想を正しく表現しているものを、㋐から㋓の4つの中から一つ選びなさい。

㋐　人間と世界は、神によって造られ、秩序のうちに配置されたにもかかわらず、人類史の最初の人が神の掟を破ったために、そのことを怒った神によって、この世界に次から次へと不幸が生じ、救いは不可能となった。

㋑　人間と世界のあらゆる生物は、神の意志に基づいて存在するもので、その意味で良いものであるが、同時に人間は与えられている自由ゆえに、神から離反する傾向を持ち、その結果として互いの関係性において生まれる亀裂が、人間を苦しめている。

㋒　人類史が語るように、人間世界はまったき平和、完全な秩序を、一度も経験したことがないが、それは神にも制御できない悪がこの世界に入ったためであり、その意味で神の創造は失敗したと言える。

㋓　人間の幸福も不幸も、すべては神が操作して生じるものであり、人間の自由も、一切の努力をも超えるものである。

問題2　以下の文章を読み、（1）、（2）の問いに答えなさい。

今から約二千年前のユダヤは、（　①　）の支配下にある地中海沿岸世界の、東の端に位置する小国であった。そこには、太古からの信仰を忠実に守ってきた、ユニークな民族が住んでいた[2]。この民族は、異教の強国によって支配され、税金を搾り取られ、さまざまな弾圧と屈辱を受けてはいたが、苦境の中でも忠実に自分たちの信仰を守り、（　②　）の律法を規範として生活していた。

この民族が誇りとしていたのは、自分たちこそが神から選ばれた民であり、世界の救いはそのような神の民イスラエルを通して来るという、かつて先祖（　③　）に与えられた神の契約であった。その後、歴史を通して神に導かれて成長した民族は、その歴史を代表する王、（　④　）の子孫から「メシア」が現れ、神の民を再興するという約束を信じ、その期待を膨らませるようになる。メシアとはヘブライ語で「(　⑤　)」の意味で、そのギリシャ語が「クリストス」すなわち「キリスト」である。メシアとなるこの儀式は、神の民のために特別の使命を受けることを意味していた。

しかし歴史的に、ユダヤの国は衰退の一途をたどり、近隣の列強諸国に蹂躙され、幾度となく滅亡の危機に追いやられることになる。こうして民衆のあいだにはますます、決定的な意味での「来《きた》るべき」メシアへの待望が大きく膨らんでいった。

イエスはこのような状況において生まれた。彼は、ユダヤの首都エルサレムからは、100 km以上北に位置する(　⑥　)地方のナザレで育ったため、「ナザレのイエス」と呼ばれる。新約聖書によるなら、このイエスは、(　⑦　)を使って人々に語りかけることによって、また病んでいる人を癒し、湖の嵐を鎮め、さらにはわずかなパンで大勢の人を満足させるなどの力あるわざを行うことによって、(　⑧　)を宣べ伝えた。さらにⓐイエスは、社会で顧みられない立場の人や貧しい人々に近づき、そのような人々を大切にした。しかしながらそうしたイエスの活動は、当時、弱者を生み出し、排斥する社会を構成していたユダヤ社会の指導者層の人々にとっては危険因子とみなされるものであり、結局イエスは十字架刑に処せられてしまう。

イエスと同様、イエスの弟子たちのほとんどは、もともとユダヤ教の文化圏で生きていたが、イエスが死んだ後、イエスは(　⑨　)していつも自分たちと共にいると主張するようになり、次第にユダヤ教から離れていった。この弟子たちの証言を受け入れて、イエスこそが世界の救いを完成させるキリストであると信じる人々のグループは、地中海沿岸地域に広がり、やがて「キリスト者」と呼ばれるようになった。こうしてイエスをキリストと信じる宗教は、一民族に限定されない普遍宗教として世界に広がった。

このような展開の中で、キリスト教徒たちは独自の聖典を生み出し、イスラエル民族が神と結んだ旧い契約に対して、神は神の子キリストにおいて、イエスをキリストと信じる人々と新しい契約を結んだと理解し、その聖典を新約聖書と呼んだ。新約聖書はまず、イエスの言動についてそれぞれマタイ、(　⑩　)、ルカ、ヨハネの4人の著者が書いたとされる4つの(　⑪　)で始まる。続いて、初期の教会の歴史やイエスの弟子たちの活動を物語る使徒言行録、後からイエスの弟子となった(　⑫　)などが書いた、諸教会宛ての書簡が収められている。そして新約聖書の最後は終末を描く黙示録で締めくくられる。こうしてキリスト教の聖書の全体は、ユダヤ教から引き継いだ旧約聖書と、キリスト教独自の新約聖書から構成される。

[2] 百瀬文晃『生涯学習のためのキリスト論』(女子パウロ会、2021年)13頁参照。

(1) ①から⑫までの空欄に当てはまることばを、それぞれ㋐から㋓までの4つの選択肢の中から一つ選びなさい。

① ㋐バビロニア帝国、㋑エジプト、㋒ローマ帝国、㋓ペルシャ帝国

② ㋐モーセ、㋑イザヤ、㋒ラビ、㋓ヤコブ

③ ㋐アダム、㋑アブラハム、㋒サムソン、㋓サムエル

④ ㋐メルキゼデク、㋑ヨシュア、㋒ダビデ、㋓ソロモン

⑤ ㋐選ばれた民、㋑律法を守る者、㋒誓いを立てた者、㋓油注がれた者

⑥ ㋐サマリア、㋑デカポリス、㋒フェニキア、㋓ガリラヤ

⑦ ㋐昔話、㋑たとえ話、㋒新約聖書、㋓流行歌

⑧ ㋐神の国、㋑民主的な国、㋒理想郷、㋓来世

⑨ ㋐受洗、㋑蘇生、㋒降下、㋓復活

⑩ ㋐ペトロ、㋑トマス、㋒マルコ、㋓マルタ

⑪ ㋐預言書、㋑福音書、㋒詩集、㋓律法書

⑫ ㋐アリマタヤのヨゼフ、㋑シモン、㋒パウロ、㋓エマオ

(2) 次は、下線部ⓐのイエスの行動の一例を示す、新約聖書の箇所(マタイ9章9-13節)である。下記の箇所で言及されるマタイという人物は、「収税所」の「徴税人」であるとされている。イエスがこのマタイと「一緒に食事をする」ことは、なぜファリサイ派の人々から疑問視されたのか。当時のユダヤ社会における「ファリサイ派」と「徴税人」の社会的位置付け、また「一緒に食事をする」ことの意味に言及しながら、100字以内で説明しなさい。

イエスはそこをたち、通りがかりに、マタイという人が収税所に座っているのを見かけて、「わたしに従いなさい」と言われた。彼は立ち上がってイエスに従った。イエスがその家で食事をしておられたときのことである。徴税人や罪人も大勢やって来て、イエスや弟子たちと同席していた。ファリサイ派の人々はこれを見て、弟子たちに、「なぜ、あなたたちの先生は徴税人や罪人と一緒に食事をするのか」と言った。イエスはこれを聞いて言われた。「医者を必要とするのは、丈夫な人ではなく病人である。『わたしが求めるのは憐れみであって、いけにえではない』とはどういう意味か、行って学びなさい。わたしが来たのは、正しい人を招くためではなく、罪人を招くためである。」

『聖書 新共同訳』

問題3 以下の文章は、教皇フランシスコの『回勅 兄弟の皆さん』の一部[3]で、前半はこの著作に引用されている新約聖書の一節、後半は教皇フランシスコ自身のことばである。この文章を読んだ上で、神への愛と隣人への愛はどのように関連しているかについて考察し、500字以内で論述しなさい。

すると、ある律法の専門家が立ち上がり、イエスを試そうとして言った。「先生、何をしたら、永遠の命を受け継ぐことができるでしょうか。」イエスが「律法には何と書いてあるか。あなたはそれをどう読んでいるか」と言われると、彼は答えた。「『心を尽くし、精神を尽くし、力を尽くし、思いを尽くして、あなたの神である主を愛しなさい、また、隣人を自分のように愛しなさい』とあります。」イエスは言われた。「正しい答えだ。それを実行しなさい。そうすれば命が得られる。」しかし、彼は自分を正当化しようとして、「では、わたしの隣人とはだれですか」と言った。イエスはお答えになった。「ある人がエルサレムからエリコへ下って行く途中、追いはぎに襲われた。追いはぎはその人の服をはぎ取り、殴りつけ、半殺しにしたまま立ち去った。ある祭司がたまたまその道を下って来たが、その人を見ると、道の向こう側を通って行った。同じように、レビ人もその場所にやって来たが、その人を見ると、道の向こう側を通って行った。ところが、旅をしていたあるサマリア人は、そばに来ると、その人を見て憐れに思い、近寄って傷に油とぶどう酒を注ぎ、包帯をして、自分のろばに乗せ、宿屋に連れて行って介抱した。そして、翌日になると、デナリオン銀貨二枚を取り出し、宿屋の主人に渡して言った。『この人を介抱してください。費用がもっとかかったら、帰りがけに払います。』さて、あなたはこの三人の中で、だれが追いはぎに襲われた人の隣人になったと思うか。」律法の専門家は言った。「その人を助けた人です。」そこで、イエスは言われた。「行って、あなたも同じようにしなさい。」（新共同訳聖書より　ルカ10章25－37節）

イエスは、一つの問いに答えるために、このたとえを示されました。わたしの隣人とはだれですか、という問いです。イエスの時代の社会では、「隣人」という語は、もっとも近しい人、すぐそばの人を指すのに用いられていました。助けはまず、自分の集団や民族に属する人に向けるべきだと理解されていました。サマリア人は、当時の一部のユダヤ人からは、卑しく汚れた存在とみなされており、助けるべき親しい人ではありませんでした。ユダヤ人であるイエスが、この発想を完全に覆します。自分にとって近しい人はだれかと自らに問うのではなく、自分自身が近しい者、隣人となるよう招いておられるのです。（中略）

キリスト者にとって、イエスのことばには、また別の超越的な次元があります。そこには見捨てられた兄弟、排除された兄弟、その一人ひとりのうちに、キリストご自身を見ることが含まれているのです（マタイ25・40、45参照）。事実、信仰は、かつてない動機づけをもって他者を認識させるのです。信じる者は、神は一人ひとりの人間を永遠の愛をもって愛しておられ、「それによって、人には無限の尊厳が与えられている」ことを認識できるようになるからです。そしてさらに、キリストはすべての人のため、一人ひとりのために血を流してくださり、それゆえ、だれ一人として、このかたの普遍の愛が及ばぬ者はいないことを信じています。そしてわたしたちが、神との親しいいのちである究極の源泉へと至るならば、交わりにあるすべてのいのちの完全な起源にして模範である、三つの位格の交わりに出会うのです。神学は、この偉大な真理の考察によって、豊かになり続けています。

[3] 教皇フランシスコ『回勅　兄弟の皆さん』(カトリック中央協議会、2021年)、52 - 53、69 - 70、72 - 73頁。

■一般選抜（学部学科試験・共通テスト併用方式）：文学部

問題編

▶試験科目・配点

学科	試験区分	試験教科・科目		配　点
哲	大学入学共通テスト	外国語	『英語（リーディング，リスニング）』，『ドイツ語』，『フランス語』のうちから１科目選択	60 点
		国語	『国語』	40 点
		地理歴史または公民または数学	「日本史Ｂ」，「世界史Ｂ」，「地理Ｂ」，「倫理」，「政治・経済」，『倫理，政治・経済』，『数学Ⅰ・数学Ａ』のうちから１科目選択	40 点
	大学独自試験	学部学科適性試験	哲学への関心および読解力・思考力・表現力を問う試験	100 点
史	大学入学共通テスト	外国語	『英語（リーディング，リスニング）』，『ドイツ語』，『フランス語』のうちから１科目選択	60 点
		国語	『国語』	40 点
		地理歴史	「日本史Ｂ」，「世界史Ｂ」のうちから１科目選択	40 点
	大学独自試験	学部学科適性試験	歴史学をめぐる試験	100 点
国文	大学入学共通テスト	外国語	『英語（リーディング，リスニング）』，『ドイツ語』，『フランス語』のうちから１科目選択	60 点
		国語	『国語』	40 点
		地理歴史または公民	「日本史Ｂ」，「世界史Ｂ」，「地理Ｂ」，「倫理」，「政治・経済」，『倫理，政治・経済』のうちから１科目選択	40 点
	大学独自試験	学部学科適性試験	現代文・古文・漢文の読解力を問う試験	100 点
英文	大学入学共通テスト	外国語	『英語（リーディング，リスニング）』	50 点
		国語	『国語』	50 点
		地理歴史または公民	「日本史Ｂ」，「世界史Ｂ」，「地理Ｂ」，「倫理」，「政治・経済」，『倫理，政治・経済』のうちから１科目選択	50 点
	大学独自試験	学部学科適性試験	英語適性検査（英語長文読解とその内容に基づく英語小論文により，理解力・思考力・表現力を問う）	100 点

学科	試験区分	試験教科・科目		配　点
ドイツ文	大学入学共通テスト	外国語	『英語（リーディング，リスニング）』，『ドイツ語』，『フランス語』のうちから１科目選択	60点
		国語	『国語』	40点
		地理歴史または公民	「日本史Ｂ」，「世界史Ｂ」，「地理Ｂ」，「倫理」，「政治・経済」，『倫理，政治・経済』のうちから１科目選択	40点
	大学独自試験	学部学科適性試験	文化・思想・歴史に関するテクストの読解力および思考力・表現力を問う試験（日本語の文章の読解力および思考力・表現力を問う）	100点
フランス文	大学入学共通テスト	外国語	『英語（リーディング，リスニング）』，『ドイツ語』，『フランス語』のうちから１科目選択	60点
		国語	『国語』	40点
		地理歴史または公民	「日本史Ｂ」，「世界史Ｂ」，「地理Ｂ」，「倫理」，「政治・経済」，『倫理，政治・経済』のうちから１科目選択	40点
	大学独自試験	学部学科適性試験	フランス文学・文化・歴史に関するテクストの読解力および思考力・表現力を問う試験	100点
新聞	大学入学共通テスト	外国語	『英語（リーディング，リスニング）』，『ドイツ語』，『フランス語』のうちから１科目選択	60点
		国語	『国語』	40点
		地理歴史または公民	「日本史Ｂ」，「世界史Ｂ」，「地理Ｂ」，「倫理」，「政治・経済」，『倫理，政治・経済』のうちから１科目選択	40点
	大学独自試験	学部学科適性試験	ジャーナリズムに関する基礎的学力試験	100点

▶備　考

＊大学入学共通テストの英語の技能別の配点比率は，リーディング100点：リスニング100点（200点満点）とする。

＊大学入学共通テストの国語は，古文，漢文を含む。

＊大学入学共通テストの選択科目を指定科目数以上受験した場合は，高得点の科目を合否判定に利用する。第１解答科目・第２解答科目の区別も行わない。

＊大学入学共通テストの得点は，各学科の配点に応じて換算して利用する。

＊任意で提出した外国語外部検定試験結果は，CEFRレベル（A2以上）ごとに得点化し，大学入学共通テストの外国語の得点（200点満点）に上限付きで加点される。

哲学科

◀哲学への関心および読解力・思考力・表現力を問う試験▶

(75分)

(注) 記述式の解答は，各解答欄にていねいに記入すること。数字，ローマ字については，1マスに2字とする。

問題Ⅰ　以下の設問について，正しい解答をａ，ｂ，ｃ，ｄのなかから1つ選択し，その記号を解答欄にマークせよ。

(1) エピクロス派に分類される哲学者は次のうち誰か。

ａ．ルクレティウス　ｂ．マルクス＝アウレリウス＝アントニヌス

ｃ．エピクテトス　ｄ．セネカ

(2) トマス＝アクィナスが『神学大全』を著したのは何世紀のことか。

ａ．11世紀　ｂ．12世紀　ｃ．13世紀　ｄ．14世紀

(3) デカルトの著作であるのは次のうちどれか。

ａ．『ノヴム・オルガヌム』　ｂ．『社会契約論』

ｃ．『情念論』　ｄ．『パンセ』

(4) フッサールが創始者とされる哲学潮流は次のうちどれか。

ａ．現象学　ｂ．論理実証主義　ｃ．構造主義　ｄ．精神分析学

(5) 九鬼周造の著作であるのは次のうちどれか。

ａ．『風土』　ｂ．『正法眼蔵』　ｃ．『善の研究』　ｄ．『「いき」の構造』

問題Ⅱ　以下の文章を読んで，1～4の問いに答えよ。文字数には句読点を含める。(訳を一部改めた。)

〔カントによれば〕道徳的な行動というものは，神の法にせよ，人間の法にせよ，外部から与えられた法への服従とはまったくかかわりがないということです。カントはこの違いを表現するために，適法性と道徳性という用語を使っています。適法性は道徳的にみると中立的な立場です。制度化された宗教と政治では，適法性が問題になりますが，道徳性とはかかわりがないのです。政治的な秩序において求められるのは，道徳的な健全さではなく，法を守る市民にすぎません。(中略)カントはこれを次のように表現しています。「国家の樹立の問題は，たとえどれほど困難なものと感じられようとも，解決できる問題である。①悪魔たちであっても，知性さえそなえていれば国家を樹立できるのだ」。(中略)政治的な秩序でも，宗教的な秩序でも，服従は重要な要素となるでしょう。(中略)

ところが，わたしが〔道徳的な〕定言命法[注1]にしたがっていると言いうるのは，みずからの理性にしたがっている場合だけです。そしてわたしがみずから定めるこの理性の法は，すべての理性的な生物に，どこに住んでいるかを問わず，すべての知的な生物に妥当する法なのです。というのも，わたしが自分と矛盾したくなければ，わたしはみずからの行為の格率[注2]が普遍的な法則となるように行動するからです。わたしは立法者としてふるまうのです。他者の定めた法にしたがわないから罪や犯罪が生まれるのではありません。②わたしが世界の立法者としてふるまうことを拒むときに，罪や犯罪が生まれるのです。(中略)

道徳的な行為とは，普遍的に妥当する法を定める行動であり，〈命題〉としてではなく〈命法〉として表現される法であるとされているのです。カントはその際にある誤解に陥っているのですが，その大きな理由は，西洋の思想の伝統では「法」という語がきわめて多義的に使われてきたことにあります。

カントが道徳的な法について語るとき，政治的な意味で「法」という語を使っています。ある土地の法は，その土地に住むすべての住民がしたがわなければならない法です。ところが土地の法に服従しなければならないというこの政治的な定めに，宗教的な法の用語が加わって，ある転換が生じたのです。「汝……せよ」という命令の形だけで人間に語りかける神の法という宗教的な意味で使われたために，「法」という語の使用が変化してきたためなのです。すでに指摘しましたように，この義務は，法が定める事柄によるのではありませんし，わたしたちが服従することに同意したために生まれるものでもありません。神がわたしたちに命じたからこそ，この義務が生まれるのです。この場合には，重要なのは服従することだけです。

「法」という語はこのように，③政治的な意味と宗教的な意味の両方で使われてきたのですが，さらに法の概念を自然概念と結びつけるという非常に重要で異なった用法があることにも注目する必要があります。ある意味では自然の法も，わたしたちに義務を課すのです。わたしが死ぬとき，わたしは自然の法に〈したがって〉いるのですが，比喩的な用法を除いて，わたしが自然の法に〈服従している〉とは言えません。ですからカントは，「自然の法」と道徳的な「自由の法」を区別しています。道徳的な自由の法には必然性ではなく，義務だけが伴います。

しかし法という語で，わたしが服従しなければならない命令を考えるか，わたしがいずれにせよしたがわねばならない自然の必然性を考える場合には，④「自由の法」という語には矛盾があります。わたしたちにこの矛盾が自明のものとみえないのは，法という語を使うときに，古代のギリシア，とくにローマの時代から伝えられてきた古い文脈がまだ響いているからです。この古い文脈はさまざまなものを意味するのですが，命令や服従，そして必然性とはまったくかかわりがないのです。

（ハンナ・アレント「道徳哲学のいくつかの問題」『責任と判断』中山　元訳，
ちくま学芸文庫，2016，p.114-117）

注１　意志を無条件的に規定する道徳法則。

注２　「格率」とは，自身の行為を規定する主観的原理のこと。普遍妥当的な客観的原理とは区別される。

問１　下線部①について，なぜ「悪魔たちであっても，知性さえそなえていれば国家を樹立できる」とされるのか。「悪魔たち」の含意を明確にしつつ，80字以上，100字以内で答えよ。

問２　下線部②はなぜそうなるのか，50字以上，80字以内で説明せよ。

問３　下線部③では「法」の意味が３種類に区別されるが，それらの違いを，120字以上，150字以下で簡潔に説明せよ。

問４　下線部④に関して，なぜ「自由の法」という語には矛盾があるのか。カントの場合と対照させつつ，120字以上，150字以内で答えよ。

問題Ⅲ　以下の５つのテーマの中から１つ選択し，論述の最初の〔　〕内に自分の選んだ問いの記号を明記した上で，500字以上，600字以内，横書きで，その選択したテーマについて現時点でのあなたの考えを自由に述べなさい。字数には句読点も含まれる。

a．哲学的関心と好奇心との相違，もしくは両者の関係について

b．倫理は，一定の歴史的伝統を通して共有された共同体的な善の理解の下で成り立つのか，或いは時代や文化・社会機構の制約と関わりなく普遍的に妥当するものか

c．自然美と芸術美の相違について

d．人格の同一性(〈わたし〉が他ならぬ〈わたし〉であること)に基準は存するのだろうか

e．今日における〈教養〉の在り方と哲学の関係について

史学科

◀歴史学をめぐる試験▶

（75 分）

次の問題文をよく読んで，関連する以下の問いに答えなさい。

【問題文】

2022年２月24日，ロシアによるウクライナ侵攻が現実のものとなり，誰もが望んだはずの平和な日常は，一転して灰燼《かいじん》に帰した。衝撃的な映像が世界を駆けめぐって間もなく，Twitterに，「歴史と記録に携わる職業は，人類の失敗を繰り返さないためにある。しかしいま，このような事態を招いてしまったことは，歴史学者，学芸員，図書館司書，アーキビストら全員の敗北である」旨の投稿があった。戦争や大規模な激甚災害が起きれば，人間に限らず他の動植物，そして〈文化財〉も被害を受ける。文化財保護は，生命の安全が最優先される緊急時にはなおざりにされがちだが，結果として地域や国，民族のアイデンティティーを守ることにも繋がる。文化財が残存しているかいないかで，そののちの復興の進捗が（物心両面で）左右されるし，近年では，(a)歴史的遺物を人類全体で共有すべきとの考え方もある。その破壊に際して為す術がなかった責任は，歴史学に関わる者として，確かに，深く重く受けとめなければならないだろう。

戦争にともなう文化財の破壊は，概ね付随的か，意図的かに大別することができるかもしれない。前者の事例として世界史レベルで重要なのは，1687年，大トルコ戦争[※1]における（　ア　）の破壊だろう。当時，オスマン帝国はアクロポリスを要塞化し，（　ア　）を弾薬庫として使用していた。これに対し，フランチェスコ・モロジーニ率いる（　イ　）軍が砲撃を加え，結果として弾薬が誘爆，神殿の内部構造は彫刻類を含めて崩壊した。モロジーニは，その彫刻の断片を戦利品として略奪したという。また19世紀の初めには，イギリスの駐トルコ大使エルギン卿が，廃墟となっていた

(　ア　)から，彫刻などの施された移動可能な大理石のほとんどを，買い取って持ち去ってしまった。それらはエルギン・マーブルとして，現在は大英博物館に所蔵されている。

一方，後者の事例として記憶に新しいのは，ターリバーン政権による(　ウ　)石仏の破壊である。同仏教遺跡はアフガニスタン北西の渓谷地帯に位置し，1世紀頃からバクトリアによって1,000以上の石窟寺院が営まれた。20世紀の学術調査によりその歴史的価値が注目を集めたが，1979年以降のアフガン戦争によって大きな被害を受け，とくに2001年のターリバーンによる意図的な爆破(イスラムの(b)偶像崇拝禁止に違反することを名目としたもの)は，2体の大仏像と8割の壁画を失う壊滅的被害をもたらした。ターリバーンは世界中の非難を受け，のちにその行為を誤りと認めているが，イランの映画監督モフセン・マフマルバフは，世界がアフガニスタンにおける100万人の餓死よりも仏像の破壊を嘆いた現実に絶望し，「(c)仏像は，恥辱の為に崩れ落ちたのだ」と記した。

しかし，ヨーロッパにおける偶像破壊の歴史は古く，ターリバーンのみが一方的に非難されるのも，西洋至上主義的といえるかもしれない。例えば，東ローマ帝国のイコノクラスムは，726年のレオン3世による(　エ　)以降，100年余りにわたって続き，聖像制作者の拠点であった修道院が容赦のない弾圧にさらされた。また，16世紀半ばの宗教改革期，ネーデルラントを中心に巻き起こったビルダーシュトゥルムでは，(d)ゴシック／ルネサンスの端境期《はざかいき》に位置する貴重な初期フランドル派の作品が，多くその破壊運動の犠牲となった。

古典古代の神像彫刻からキリスト教，イスラム教，仏教のさまざまな建築・彫刻・絵画に至るまで，王権や国家が宗教芸術にその技術と資金を費やしてきたとすれば，宗教と政治が絡みあうなか，それらは常に消滅の危機にさらされえたということになろう。イコノクラスムやビルダーシュトルムがそうであるように，かかる破壊行為は，必ずしも紛争や戦争を契機としない。その意味では中国の，三武一宗《さんぶいっそう》の廃仏なども典型的といえようか。三武一宗とは，(　オ　)のことで，彼らの治政のもと，寺院の破壊，資財の没収，経典の焼却，僧尼の還俗などの仏教弾圧が行われた。その主たる目的は，仏教そのものの否定というより，戦乱時の兵力や物資，税収の確保などにあったといわれる。うち，最大規模の会昌《かいしょう》の廃仏では，845年4～8月の間に，寺院・招提《しょうだい》・蘭若《らんにゃ》※2約45,000ヶ所が廃止，還俗させられた僧尼は260,500人，寺田の没収は数千万頃《けい》※3にのぼったという。この時期，長安に滞在していた日本の留学僧

(　カ　)は，事件の様相を旅行記『入唐求法巡礼行記』に詳しく記録している。それによると，廃仏はすでに842年の段階から始まっていたらしい。(　カ　)も最終的には還俗のうえで国外退去となり，845年5月に長安を離れている。中国での廃仏は，1966年に始まる(　キ　)においても各地で生じ，とくに(　ク　)では深刻なダメージを及ぼし，民族対立の底流をなしている。

もちろん，日本でも，結果的に上記の廃仏に類するような文化財の破壊があった。治承・寿永の乱の嚆矢《こうし》※4に当たる1180年，以仁王の発した平家追討の令旨を契機とした南都(　ケ　)，(　コ　)の反平家の動きに対し，平清盛は息子重衡に鎮圧を命じ総大将として派遣した。大軍が木津・河内(e)から南都に殺到，重衡は(　ケ　)北部の般若寺に陣を構え，周囲の民家への放火を命じたが，折柄の強風に煽られて火焔は予想外に燃え広がり，現在の奈良市中央部の大半を焼き尽くしてしまった。(　ケ　)では，大仏殿，中門，講堂，東塔，東南院，尊勝院，戒壇院，八幡宮など，(　コ　)では，中金堂，東金堂，西金堂，講堂，北円堂，南円堂，食堂，僧坊，五重塔，三重塔2基など，いずれも主要な建築物のほとんどを失った。創建時に遡る無数の文物が灰燼に帰したのはいうまでもないが，(f)その出来事が鎌倉美術の勃興に結びついた点も否定できない。しばらくのち，室町後期に京都を焼いた(　サ　)では，貴族や芸能者，優れた芸術の担い手たちが地方へ逃れたが，それによって各地で小京都の文化(g)が花開いたこともある。いうまでもないことだが，破壊の果てにいかなる道筋が選択されるかも，重要になってくるのである。

しかし，復興の願いを託された鎌倉美術の優品も，近代に喪失の危機に直面することになる。いわゆる(　シ　)である。神仏分離は，国学の発展にともない，江戸期にも水戸藩などで進められてきたが，神道国教化を指向した明治政府は，1868年，神仏判然令と総称される幾つかの通達を発した。これによって，奈良時代以来の〈伝統〉ともいうべき(　ス　)状態は解体されてゆく。政府の通達自体は，必ずしも，神社等に包括される仏教的要素を破壊するものではなかったが，一般の解釈のずれにより，やがて，(　ウ　)石仏爆破に相当するような破壊運動へ展開する。石造彫刻は首を折られ，木造彫刻は薪に割られる光景が，各地で頻繁にみられたという。このときに難を免れた作品も，二束三文で海外へ売却され，流出していった。また，一部は当時の御雇外国人たちが救出し，海外の博物館や美術館へ「保護」されることになった。明治政府はこの件の反省に基づき，1871年に古器旧物保存方を布告，1897年には古社寺保存法を制定，文化財保護行政を整備していった。

一方で，近代の帝国日本が，植民地とした国々から文化財を収奪したこともあった。例えば，朝鮮王朝の歴史書である『朝鮮王朝実録』，儀式書である『朝鮮王室儀軌』は，1910～1920年代に（　セ　）を通じてそれぞれ東京帝国大学，宮内省へもたらされた。2000～2010年にはそれらの返還が行われたが，かつての入手が収奪に当たるかどうかは両国で認識の相違がある。1965年に締結された（　ソ　）には，文化財・文化協定が付随し，日本にある未返還の文化財の取り扱いを定めている。しかし，未だにあるべき場所へ戻されていない文化財は10万点に及ぶといわれている。

大規模な総力戦となって多くの人びとの生活圏を破壊した第二次世界大戦では，結果として無数の文化財が地球上から姿を消した。これを受けて1954年には，オランダのハーグで，「武力紛争の際の文化財の保護に関する条約」が締結されるに至る。同条約は，紛争当事者によるあらゆる文化財への敵対行為を禁止し，いかなる民族の文化財をも平等に尊重するよう兵士へ教育することを要請している。また1999年には，（　タ　）の主催で，ハーグ条約を補完する「第二議定書」が制定され，とくに故意の破壊に対する処罰を求めている。ただし，冒頭で述べた（　ウ　）石仏の破壊や，いま現在わたしたちの直面しているウクライナ侵攻は，かかる国際的な努力を踏みにじる行為であり，かつその実効性を検討に付す事態でもある。今後もその試行錯誤は，弛まず続けられてゆくことになろう。

※1……17世紀後半に生じた神聖同盟とオスマン帝国の戦争で，1699年のカルロヴィッツ条約締結を契機に後者の衰勢が明確になった。

※2……招提・蘭若は，いずれも仏教の寺院や道場のこと。梵語の音写。

※3……面積の単位。1頃は100畝に当たる。

※4……かぶら矢。これを放って開戦の合図としたことから，物事の初めを指す。

問1　以下の問い⑴～⒆のうちから，8問を選んで答えなさい（9問以上選んだ場合は0点とする）。

⑴　空欄（　ア　）に当てはまる建築物は，次の古代アテネ中心部復元図に付した①～④のうち，いずれに当たるか。最も適切なものを1つ選び，記号で答えなさい〔復元図は，現地説明板をトレースし加工したもの〕。

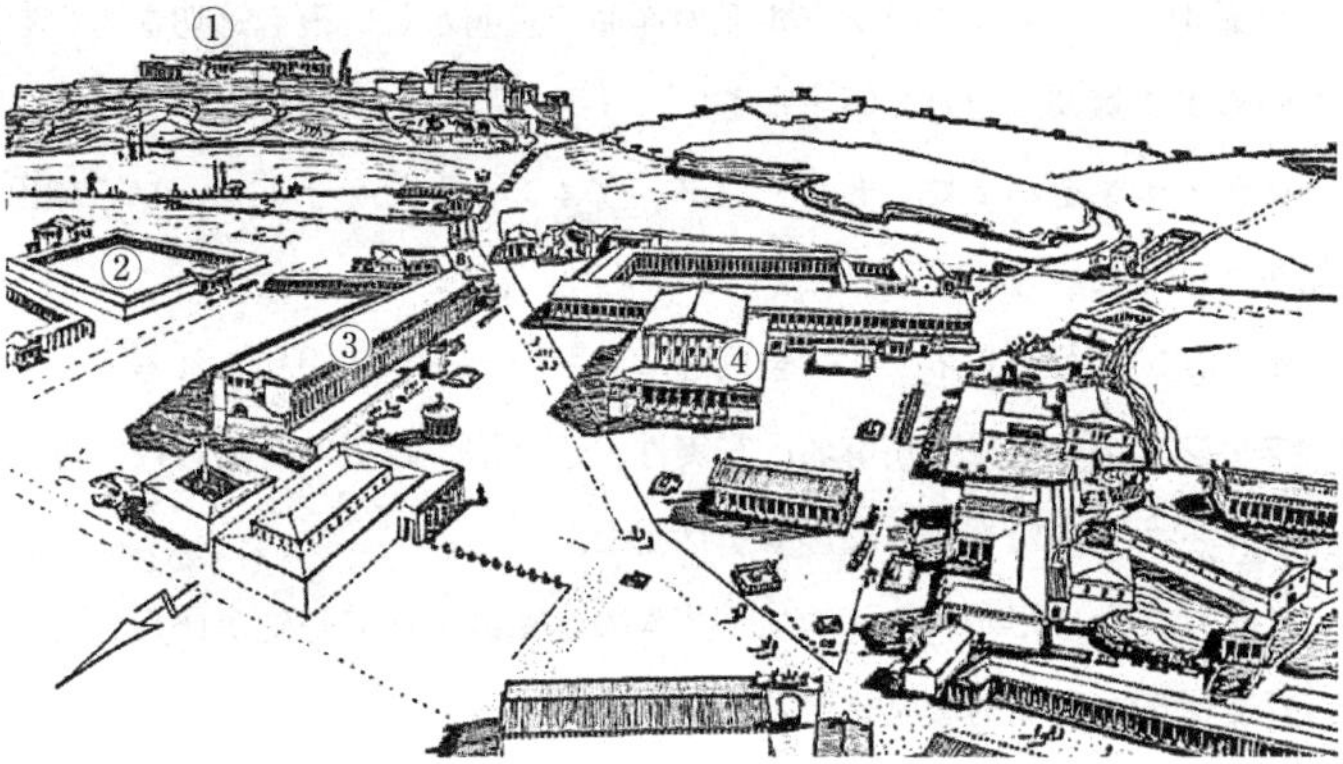

⑵ 空欄(イ)に当てはまる語句は何か。最も適切なものを，次のうちから１つ選び，記号で答えなさい。

① ヴェネツィア ② ジェノヴァ ③ トランシルヴァニア

④ ロンバルディア

⑶ 空欄(ウ)には，ある仏教遺跡の名称が当てはまる。同遺跡の説明として相応しいものはどれか。最も適切なものを，次のうちから１つ選び，記号で答えなさい。

① 前２世紀に遡る最古のストゥーパが現存する。四方の石造の門には，ブッダやアショーカ王の伝記が彫刻されている。

② ７世紀前半，唐の玄奘三蔵もこの地を訪れ，参拝したことがある。

③ ７世紀に吐蕃を建国したソンツェン＝ガンポの居城であった場所と伝えられ，現在はチベット仏教の中心となっている。

④ ８～９世紀に栄えたシャイレンドラ朝が，大乗仏教を保護して建設した。

⑷ 空欄(エ)に当てはまる政令によって，東ローマ帝国内には深刻な軋轢が生じた。のちにこの間隙をとらえたローマ教皇が，皇帝権からの離脱を図って採った行動は何か。最も適切なものを，次のうちから１つ選び，記号で答えなさい。

① キルデリク３世の廃位 ② ピピンの寄進

③ カール１世との連携 ④ ルートヴィヒ１世の教会・修道院改革

(5)　下線部(d)について。フランドル派の作品の説明として最も適切なものを，次のうちから1つ選び，記号で答えなさい。

①　メディチ家をパトロンとして，ダ・ヴィンチやミケランジェロら傑出した才能が活躍した。

②　イタリア旅行でルネサンス絵画を学んだデューラーが知られる。

③　ファン＝アイク兄弟が有名。写実性・遠近法が特徴的な油彩技法は，イタリア・ルネサンスにも大きな影響を与えた。

④　イタリアから招かれたマニエリスムの画家によって基礎が作られ，フランス宮廷で展開。官能的な題材が多い。

(6)　空欄(　オ　)には，三武一宗に総称される，4つの国(王朝)名・皇帝諡号が当てはまる。その正しい組み合わせを，次のうちから1つ選び，記号で答えなさい。

①　北魏：武帝，北周：太武帝，唐：武宗，後周：世宗

②　北魏：太武帝，北周：武帝，唐：武宗，後周：世宗

③　北魏：太武帝，北周：武帝，唐：玄宗，後周：世宗

④　北魏：武帝，北周：太武帝，唐(周)：武則天，後周：世宗

(7)　空欄(　カ　)には，ある日本の僧侶の名前が当てはまる。その人物の説明として相応しいものはどれか。最も適切なものを，次のうちから1つ選び，記号で答えなさい。

①　唐で天台の奥義と密教を学び，日本天台宗の基礎を築いた。天台宗独自の大乗戒壇の設立を申請，死の7日後に勅許される。

②　唐・青竜寺の恵果に密教を学び，高野山に金剛峯寺を開く。平安京にも教王護国寺を与えられ，真言宗を広めた。

③　唐で天台教学と密教を学び，第3代天台座主として，比叡山の堂塔の整備や天台密教の大成に努めた。

④　唐で天台教学と密教を学び，第5代天台座主として，天台宗の密教化を進め，園城寺を復興した。

(8)　空欄(　キ　)の先頭に立った集団の説明として，誤っているものはどれか。次

のうちから1つ選び，記号で答えなさい。

① 上山下郷運動が発展したものである。

② 毛沢東を熱烈に支持し，「造反有理」を掲げた。

③ 党幹部や知識人，芸術家らに自己批判を強要した。

④ 赤い腕章を付けた少年少女が主体となっていた。

(9) 空欄(　ク　)に当てはまる語句は何か。最も適切なものを，次のうちから1つ選び，記号で答えなさい。

① ウイグル　② チベット　③ 満州　④ モンゴル

(10) 空欄(　ケ　)には，ある寺院の名称が当てはまる。その説明として相応しいものはどれか。最も適切なものを，次のうちから1つ選び，記号で答えなさい。

① 天武天皇が皇后の病気平癒を祈って創建。698年，藤原京でほぼ完成したが，平城京への遷都にともなって現在の場所へ移転した。

② 総国分寺とも称され，仏教の国家鎮護の思想を具現。創建の四聖として，聖武天皇，行基，良弁，菩提僊那が尊崇されている。

③ 講堂は，平城宮の朝集殿を移築したもので，奈良時代宮殿建築の唯一の遺構である。

④ 13世紀に叡尊が出てから真言律宗となり，戒律の修行道場として発展した。

(11) 空欄(　コ　)に当てはまる寺院は，7世紀後半に山背国山科に創建され，のち平城京に移されたものである。その前身寺院の創建者の説明として，相応しいものはどれか。最も適切なものを，次のうちから1つ選び，記号で答えなさい。

① 用明天皇を父に持ち，国政にも携わった。仏教信仰に篤く，四天王寺や法隆寺など，その創建と伝える寺院は多い。

② 大化改新を遂行した中心人物の一人。669年の臨終に際し，天智天皇から大織冠と藤原の姓を賜与された。

③ 672年の壬申の乱に勝利し，飛鳥浄御原宮で即位。律令や国史の編纂，新京造営など，のちの律令国家の基礎を作った。

④ 大化改新を遂行した中心人物の一人。641年に創建した氏寺の本尊の頭部が，奈良の寺院に現存している。

⑿　下線部(e)について。木津・河内は，それぞれ南都からみていずれの方角になるか。正しい組み合わせを，次のうちから１つ選び，記号で答えなさい。

①　北・西　　②　西・南　　③　南・東　　④　東・西

⒀　空欄(　サ　)の一局面を捉えた絵画作品に，1524年成立の『真如堂縁起絵巻』があるが，それは次のうちどれか。最も適切なものを１つ選び，記号で答えなさい。

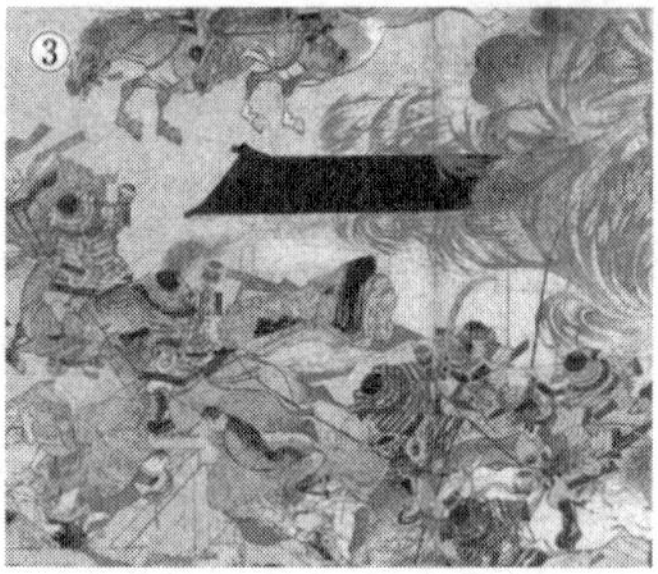

⒁　下線部(g)について。小京都山口の文化財は，次のうちどれか。最も適切なものを，次のうちから１つ選び，記号で答えなさい。

①　西芳寺庭園　　②　三宝院庭園　　③　常栄寺雪舟庭

④　大徳寺大仙院庭園

⒂　空欄(　シ　)に当てはまる語句は何か。最も適切なものを，次のうちから１つ選び，記号で答えなさい。

① 新政府反対一揆　② 神本仏迹　③ 神社合祀
④ 廃仏毀釈

⒃ 空欄（　ス　）には，「神仏判然」とは対照的な宗教の形態を表す語句が当てはまる。次の芸術作品のうち，この宗教形態を体現しているものはどれか。最も適切なものを，次のうちから1つ選び，記号で答えなさい。

① 法隆寺夢殿救世観音像　② 興福寺世親像
③ 神護寺薬師如来像　④ 東大寺僧形八幡神像

⒄ 空欄（　セ　）には，韓国併合後の朝鮮を統治した機関の名称が当てはまる。その機関の説明として最も適切なものを，次のうちから1つ選び，記号で答えなさい。

① 第二次日韓協約に基づき，漢城に置かれた日本政府の代表機関。統監は天皇に直属し，内政にも関与した。
② 遼東における関東州の管轄と満鉄の保護・監督に当たった。1906年には旅順に移転，都督は陸軍大将・中将から任命された。
③ 朝鮮最大の土地所有者として，営農・灌漑・金融を行い，1917年以降は東アジア全体へ活動を拡大した。
④ 天皇に直属し，軍事・行政の一切を統轄したが，1919年には軍事権を分離した。

⒅ 空欄（　ソ　）には，韓国と日本の間で締結されたある条約が当てはまる。それは何か。最も適切なものを，次のうちから1つ選び，記号で答えなさい。

① 日韓協約　② 日韓議定書　③ 日韓4協定　④ 日韓基本条約

⒆ 空欄（　タ　）は，世界遺産の登録や保護を管掌する，国際連合の機関の名称が当てはまる。それは何か。最も適切なものを，次のうちから1つ選び，記号で答えなさい。

① 国際環境計画　② 国際司法裁判所
③ 国際連合教育科学文化機関　④ 世界復興開発銀行

問２　下線部(a)について。空欄(　タ　)の機関が進める世界遺産への登録・保全事業は，下線部(a)のような思想に基づくが，各国の歴史認識の相違から，その登録が新たな紛争を生じることもある。かかる具体例を，100字程度で説明しなさい。

問３　下線部(c)について。マフマルバフの言葉にある，仏像が感じた「恥辱」とは，具体的にどのようなことか。100字程度で説明しなさい。

問４　次の問いのうちいずれか１つを選び，選択した問い番号に◯をつけたうえで，解答しなさい。

(1)　下線部(b)について。イスラム教は現在でも偶像崇拝を厳しく禁じているが，キリスト教や仏教もかつては偶像の製作・崇拝に対する忌避が強かった。それはなぜだろうか。80字程度で説明しなさい。

(2)　下線部(f)について。なぜ南都焼打ちが，鎌倉美術の勃興に繋がるのか。その具体的な担い手を挙げて，80字程度で説明しなさい。

問５　問題文は，文化財をどのようなものと定義して論述しているだろうか。また，その議論に矛盾や課題はあるだろうか。〔資料〕として載せた「文化財保護法」を参考に，200字程度で論述しなさい。

〔資料〕文化財保護法(部分)

第二条　この法律で「文化財」とは，次に掲げるものをいう。

一　建造物，絵画，彫刻，工芸品，書跡，典籍，古文書その他の有形の文化的所産で我が国にとつて歴史上又は芸術上価値の高いもの(これらのものと一体をなしてその価値を形成している土地その他の物件を含む。)並びに考古資料及びその他の学術上価値の高い歴史資料(以下「有形文化財」という。)

二　演劇，音楽，工芸技術その他の無形の文化的所産で我が国にとつて歴史上又は芸術上価値の高いもの(以下「無形文化財」という。)

三　衣食住，生業，信仰，年中行事等に関する風俗慣習，民俗芸能，民俗技術及びこれらに用いられる衣服，器具，家屋その他の物件で我が国民の生活の推移の理解のため欠くことのできないもの(以下「民俗文化財」という。)

四　貝づか，古墳，都城跡，城跡，旧宅その他の遺跡で我が国にとつて歴史上又は学術上価値の高いもの，庭園，橋梁《りょう》，峡谷，海浜，山岳その他の名勝地で我が国にとつて芸術上又は観賞上価値の高いもの並びに動物(生息地，繁殖地及び渡来地を含む。)，植物(自生地を含む。)及び地質鉱物(特異な自然の現象の生じている土地を含む。)で我が国にとつて学術上価値の高いもの(以下「記念物」という。)

五　地域における人々の生活又は生業及び当該地域の風土により形成された景観地で我が国民の生活又は生業の理解のため欠くことのできないもの(以下「文化的景観」という。)

六　周囲の環境と一体をなして歴史的風致を形成している伝統的な建造物群で価値の高いもの(以下「伝統的建造物群」という。)

英文学科

◀英語適性検査▶

（75分）

問題は2つのパートに分かれる。 1 のリーディング問題に解答した上で，その文章の内容に基づく 2 のライティング問題の答案を作成しなさい。

1 リーディング

以下の［1］～［6］のパラグラフに分けられた英文を読み，問1～問18の問いに答えなさい。なお，＊印のついた語句については，文章の末尾に注が与えられている。

［1］ In some arts and sciences disciplines* we recognize great historical progress; in others we develop extraordinary admiration for past achievements. Whereas science is almost always measured in terms of advancements, in the arts and humanities many outstanding works derive from （　1　） eras. We do not today seek to understand the world via eighteenth-century biology, but we don't hesitate to read Plato and Sophocles, Dante and Goethe to engage in rich intellectual and aesthetic experiences and to understand the world better. (2)Few would argue that such writers have somehow been superseded. The distinction between science as necessarily progressive and the arts and humanities as not participating in progress in quite the same way was one of the principal reasons for the historical separation of the arts and sciences in the seventeenth century. Some of the preconditions for the production of great works in the arts and humanities—emotional richness, the cultivation of diverse virtues, and breadth of knowledge—may diminish through the ages. Certainly, within the arts and humanities we recognize the introduction of new forms and more contemporary themes. However, the greatness of a work is measured not simply by its formal innovation or the local currency of its theme.

[2] This lack of progress is not necessarily to be regretted; on the contrary, it means that (4)the past is alive. We are not alone in our age but can find enriching perspectives in the past, which thereby becomes very much a part of the present. We have reason to look toward other ages with great (5)humility as we reflect on great works.

[3] A humbling sense of the value of the past is essential for us as we recognize that not everything can be addressed via advances in instrumental or technical rationality. The balanced self requires not only rationality, analysis, and discipline, but also playfulness, sympathy, and beauty. Today, philosophical synthesis* and reflection on eternal values have for the most part given way to specialization and utility. The pragmatic concept of truth as utility is intimately connected to the supremacy of instrumental reason, which overthrows (6)the traditional hierarchy of *theoria* (contemplation) and *poiesis* (production). In an era that elevates the act of making, we tend to neglect the value of contemplation and the leisure that makes (7)it possible. The British philosopher Bernard Bosanquet captures the concept well, writing that "leisure" was for the Greeks "the expression of the highest moments of the mind":

> It was not labor; far less was it (8)recreation. It was that employment of the mind in which by great thoughts, by art and poetry which lift us above ourselves, by the highest efforts of the intelligence, and by

religion, we obtain occasionally a sense of something that cannot be taken from us. That makes us feel that whatever happens to the present form of our little (9) ephemeral personality, life is yet worth living because it has a real and sensible contact with something of eternal value.

For the early Christians this ancient concept was still important and became in their eyes *otium sanctum*, or sacred leisure. St. Augustine writes: "the love of truth seeks sacred leisure".

[4] In modernity leisure seems to disappear. Technical inventions and eventually social techniques increase the pace of life. With technology the world moves more quickly. From television screens in waiting rooms to iPhones on the streets, meaningful solitude, which allows us to gain distance from the distractions of the age, is threatened. Already in the seventeenth century, Pascal took note of the range of human distractions and the hesitancy to spend quiet time with one's own thoughts; the developments of technology only increase this universal temptation.

[5] (11) Contemporary society has little patience for the apparent idleness of learning for its own sake. Today we elevate an instrumental form of thinking, a means-end rationality, in ways that tend to obscure what is of intrinsic* value. Ironically, means-end thinking does not lead to happiness or well being. Happiness is not something that can be bought, purchased, sought; it comes to (12) one with meaningful values as a gift. In addition, the elements of spontaneity* and vitality, play and tranquility, which also belong to happiness, are neglected to the very extent that instrumental reason is elevated. Moreover, when reflection on how to reach certain ends becomes supreme, it easily overshadows the question, which ends should I seek to achieve.

[6] Students today tend to view college as a full schedule of industrious

activities and a means toward further advancement. (14) A liberal arts education, however, is more than a means to an end; it offers a moment of leisure in a world driven by speed and utility. To devote one's time to exploring the great questions is not to climb the ladder of success, but to step out, pause, and (15) deliberate. The origin of the word "school" or Latin "scola" derives from the Greek term for leisure (*scholē*). This is not leisure in the sense that most Americans think of leisure. It represents the values of rest and focus—presuppositions for meaningful communication with God. When we are gripped by great works and questions, we may be so absorbed in them that we forget the external world. We lose ourselves in what we are reading and thinking. Through the leisure of contemplation we abandon the contingent* and engage the eternal; we conceive of ourselves as more than merely material beings. Such joy does not, and need not, serve a purpose beyond itself. If we believe Aristotle, we do not rest primarily in order to work more effectively; on the contrary, the business of work serves the external purpose of giving us the conditions for leisure and repose, (16) which the joy of contemplation, our highest end, depends.

出典：Mark William Roche, *Why Choose the Liberal Arts?*
University of Notre Dame Press, 2010. pp. 23-26.（一部改変）

〈注〉

discipline: 学問分野

synthesis: 統合

intrinsic: 本質的な，内在的な

spontaneity: 自発性，内発性

contingent: 偶発的な，偶然の

〈設問〉

パラグラフ[1]について

問1　空欄(　1　)に入るもっとも適切な語を選びなさい。

(a)　contemporary

(b)　earlier

(c)　new

(d)　recent

問2　下線部(2)を日本語に訳しなさい。

問3　パラグラフ[1]の内容に合致するものとしてもっとも適切なものを以下から選びなさい。

(a)　18世紀の生物学が現在では無効になったのと同様，プラトンやダンテは後世の著者によってその知的・美的な価値を否定されたと考える人は少なくない。

(b)　17世紀に科学と人文学が分離したことが発端となり，それ以後科学は常に進歩によって特徴づけられるようになり，人文学においては過去の文化遺産が重んじられるようになった。

(c)　人文学の領域においては，博識や感情の豊かさなど，偉大な作品を生み出す諸前提が時代の経過とともに失われていくことがある。

(d)　人文学の歴史は，形式の実験やテーマの革新性によって押し進められるにもかかわらず，そうした実験と革新性は，作品の偉大さを評価する指標として軽視されがちである。

パラグラフ[2]について

問4　下線部(4)の意味としてもっとも適切なものを選びなさい。

(a)　過去の書物が現代のものの見方を豊かにする。

(b)　過去の事実が生き生きと描かれている。

(c)　現代と違って過去の人々は豊かに知恵を使って生きていた。

(d) 過去の書物には普遍性があり，現代の書物よりも優れた価値をもつ。

問5 下線部(5)ともっとも近い意味の語を選びなさい。

(a) modesty

(b) insult

(c) pride

(d) regret

パラグラフ[3]について

問6 下線部(6)が指し示す内容についてもっとも適切なものを選びなさい。

(a) 西洋思想史においては，伝統的に思索と実用的生産活動を融合させることの意義が認められてきた。

(b) 西洋思想史においては，伝統的に思索と実用的生産活動が同等のものとみなされてきた。

(c) 西洋思想史においては，伝統的に進歩が重んじられ，実用的生産活動が重要視されてきた。

(d) 西洋思想史においては，伝統的に思索が実用的生産活動より上位に位置づけられてきた。

問7 下線部(7)が指すものをパラグラフ[3]から1語で抜き出しなさい。

問8 下線部(8)とほぼ同義の言葉をパラグラフ[4]から探し，1語で抜き出しなさい。

問9 下線部(9)と反対の意味の言葉としてもっとも適切なものを選びなさい。

(a) trivial

(b) intelligent

(c) accidental

(d) everlasting

パラグラフ[4]について

問10 現代の科学技術に関する議論の中に17世紀の著述家であるパスカルへの言及が挟まれている意図は何か，もっとも適切なものを選びなさい。

(a) 余暇や孤独が失われることへの懸念がはじめて表明されたのは17世紀であり，現代の科学技術がもたらす弊害を理解するためには17世紀以降の歴史の展開を考慮に入れる必要があることを主張するため。

(b) パスカルが現代科学技術の展開とそれがもたらす弊害を少なくとも部分的には正しく予見していたことを示し，パスカルの思想を現代に甦らせる意義を主張するため。

(c) さまざまな気晴らしによって余暇や孤独から目を背けたくなる誘惑はどこにでも存在するもので，現代における科学技術の進歩は単にそれを加速させたにすぎないということを示すため。

(d) 17世紀に存在したさまざまな娯楽は，科学技術の発達した現在のものとは異なり，生活のペースを加速させるものではなく，むしろ孤独に沈思黙考することを助けてくれるものであったことを示すため。

パラグラフ[5]について

問11 下線部(11)の大意としてもっとも適切なものを選びなさい。

(a) 現代社会において，目的のない学びが無意味な営みとみなされていることは明白であって，そうした学びの余地はほとんど存在しない。

(b) 現代社会において，実利を目指した学びが有意義な営みとみなされていることは明白であって，そうした学びには少なからぬ自由が認められている。

(c) 実利を目指した学びは一見したところでは有意義な営みであり，現代社会ではそうした学びに少なからぬ自由が認められている。

(d) 目的のない学びは一見したところでは無意味な営みであり，現代社会にはそうした学びの余地はほとんど存在しない。

問12 下線部(12)を言い換えるのにもっともふさわしいものを選びなさい。

(a) a person

(b) a society

(c) unity

(d) understanding

問13 次の英文はパラグラフ[5]に関して書かれたものである。下線部に入るもっとも適切なものを選びなさい。

An exclusive focus on achieving a particular goal might lead to ________.

(a) fast advancement of learning technology

(b) lack of reflection on the validity of the goal itself

(c) spontaneity and vitality of our lives

(d) a temporary reduction in educational development

パラグラフ[6]について

問14 下線部(14)を日本語に訳しなさい。

問15 下線部(15)ともっとも近い意味の言葉を選びなさい。

(a) rest

(b) contemplate

(c) represent

(d) abandon

問16 空欄(16)に入る1語を書きなさい。

問17 次の英文はパラグラフ[6]に関して書かれたものである。下線部に入るもっとも適切なものを選びなさい。

The author refers to the origin of the word "school" in order to ________.

(a) defend the significance of reading and thinking while forgetting the passage of time in education

(b) emphasize the joy of a college life filled with industrious activities and concrete achievements

(c) maintain the necessity of good rest for those who devote themselves to studying effectively

(d) reveal the difficulty of reaching a point where a student can fully communicate with God

全体について

問18 この文章にタイトルを付す場合，本文の主旨をもっとも的確に示すものを以下から選びなさい。

(a) A Brief History of Human Inventions

(b) The Future of the Arts and Humanities

(c) Forgotten Meanings of Leisure

(d) Culture and the Death of God

2 ライティング

Despite the author's argument above, some people believe that the study of humanities including literature, history, and philosophy could be useful and even yield practical outcomes. Choose any humanities discipline and write a passage in no more than 50 words that shows how the subject could serve practical purposes.

新聞学科

◀ジャーナリズムに関する基礎的学力試験▶

（75 分）

（注）記述式の解答は，各解答欄にていねいに記入すること。数字，ローマ字については，1マスに2字とする。

問1　次の各事項について、もっとも関連の深い項目を選択肢の中から2つずつ選び、正しい組み合わせの番号を答えなさい。

(1)　ヤングケアラー

〈選択肢〉

①　ロックバンド　②　子ども　③　家族　④　看護師
⑤　新型コロナウイルス

〈組み合わせ〉

A．①と②　B．①と③　C．①と④　D．①と⑤　E．②と③
F．②と④　G．②と⑤　H．③と④　I．③と⑤　J．④と⑤

(2)　公益通報者保護法

〈選択肢〉

①　マスク会食　②　内部告発　③　公益法人　④　ふるさと納税
⑤　消費者被害

〈組み合わせ〉

A．①と②　B．①と③　C．①と④　D．①と⑤　E．②と③

F．②と④　G．②と⑤　H．③と④　I．③と⑤　J．④と⑤

(3) 優生保護法

〈選択肢〉

① 英才教育　② 子孫　③ 寄り添い　④ 不妊手術強制

⑤ 生活保護

〈組み合わせ〉

A．①と②　B．①と③　C．①と④　D．①と⑤　E．②と③

F．②と④　G．②と⑤　H．③と④　I．③と⑤　J．④と⑤

(4) 核の傘

〈選択肢〉

① 日米安保条約　② 自衛隊　③ 抑止　④ こうもり傘

⑤ 集中豪雨

〈組み合わせ〉

A．①と②　B．①と③　C．①と④　D．①と⑤　E．②と③

F．②と④　G．②と⑤　H．③と④　I．③と⑤　J．④と⑤

(5) 新しい資本主義

〈選択肢〉

① マルクス　② 岸田文雄　③ 分配　④ 貯蓄重視

⑤ 新自由主義推進

〈組み合わせ〉

A．①と②　B．①と③　C．①と④　D．①と⑤　E．②と③

F．②と④　G．②と⑤　H．③と④　I．③と⑤　J．④と⑤

(6) BTS

〈選択肢〉

① 少年サッカー団　② バイデン大統領　③ 3人組　④ Jポップ
⑤ 兵役

〈組み合わせ〉

A．①と②　B．①と③　C．①と④　D．①と⑤　E．②と③
F．②と④　G．②と⑤　H．③と④　I．③と⑤　J．④と⑤

問2　次の文章を読み、述べられている内容と関連するとあなたが考える任意の事例をあげて、1000字程度(横書き)であなたの考え(述べられている内容とその事例が関連するとあなたが考える理由を含む)を書きなさい。

ネガティブ・ケイパビリティ(negative capability　負の能力もしくは陰性能力)とは、「どうにも答えの出ない、どうにも対処しようのない事態に耐える能力」をさします。

あるいは、「性急に証明や理由を求めずに、不確実さや不思議さ、懐疑の中にいることができる能力」を意味します。

(中略)

目の前に、わけの分からないもの、不可思議なもの、嫌なものが放置されていると、脳は落ちつかず、及び腰になります。そうした困惑状態を回避しようとして、脳は当面している事象に、とりあえず意味づけをし、何とか「分かろう」とします。世の中でノウハウもの、ハウツーものが歓迎されるのは、そのためです。

「分かる」ための窮極の形がマニュアル化です。マニュアルがあれば、その場に展開する事象は「分かった」ものとして片づけられ、対処法も定まります。ヒトの脳が悩まなくてもすむように、マニュアルは考案されていると言えます。

ところがあとで詳しく述べるように、ここには大きな落とし穴があります。「分かった」つもりの理解が、ごく低い次元にとどまってしまい、より高い次元まで発展しないのです。まして理解が誤まっていれば、悲劇はさらに深刻になります。

私たちは「能力」と言えば、才能や才覚、物事の処理能力を想像します。学校教育や職業教育が不断に追求し、目的としているのもこの能力です。問題が生じれば、的確かつ迅速に対処する能力が養成されます。

ネガティブ・ケイパビリティは、その裏返しの能力です。論理を離れた、どのようにも決められない、宙ぶらりんの状態を回避せず、耐え抜く能力です。

キーツはシェイクスピアにこの能力が備わっていたと言いました。確かにそうでしょう。ネガティブ・ケイパビリティがあったからこそ、オセロで嫉妬の、マクベスで野心の、リア王で忘恩の、そしてハムレットで自己疑惑の、それぞれ深い情念の炎を描き出せたのです。

私たちが、いつも念頭に置いて、必死で求めているのは、言うなればポジティブ・ケイパビリティ（positive capability）です。しかしこの能力では、えてして表層の「問題」のみをとらえて、深層にある本当の問題は浮上せず、取り逃してしまいます。いえ、その問題の解決法や処理法がないような状況に立ち至ると、逃げ出すしかありません。それどころか、そうした状況には、はじめから近づかないでしょう。

なるほど私たちにとって、わけの分からないことや、手の下しようがない状況は、不快です。早々に解答を捻り出すか、幕をおろしたくなります。

しかし私たちの人生や社会は、どうにも変えられない、とりつくすべもない事柄に満ち満ちています。むしろそのほうが、分かりやすかったり処理しやすい事象よりも多いのではないでしょうか。

だからこそ、ネガティブ・ケイパビリティが重要になってくるのです。私自身、この能力を知って以来、生きるすべも、精神科医という職業生活も、作家としての創作行為も、随分楽になりました。いわば、ふんばる力がついたのです。それほどこの能力は底力を持っています。

（帚木蓬生『ネガティブ・ケイパビリティ　答えの出ない事態に耐える力』から抜粋）

④　他人の気に入ろうとして執筆すると、快適に読まれたとしても作品の本質は絶対に理解されないという考え。

問六　傍線部（a）で筆者は「プルーストを難解な作家にしている理由はその二つしかない」と述べている。その「二つ」の「理由」をそれぞれ百字程度で書きなさい。

④ 出来事の起きている時間と場所を理解するために、時間と場所それぞれについて、変化に比例しただけの努力を要求される。

問四　傍線部（4）で「作家の義務に反する」と書かれているのはなぜか。もっとも適切なものを、次の選択肢①～④から一つ選びなさい。

① ある読者層を想定し、その好みに合わせて書くことは、ヴィジョンの問題と思想を切り離すことになるから。

② 習慣は、人間の性格を形作るのと同じく、作家の文体をも作り上げるため、作家は常に自分に試練を課さなければいけないから。

③ 文体は技法よりもヴィジョンの問題であり、そのヴィジョンを示すためには、特定の読者層だけでなく、後世の読者も含めた読者に対して広い視野を持つべきだから。

④ 作家は自分が書く時の快適さや読者が読む時の快適さよりも、自分のヴィジョンをその真実において表現することを優先するべきだから。

問五　傍線部（5）「作家プルーストを支えた確信」とは何か。もっとも適切なものを、次の選択肢①～④から一つ選びなさい。

① 他人の好みと自分の作品の傾向がどれだけ一致しているか考慮して書くことが、作品の成功を左右するという考え。

② 他の人々が知らないことや関心を持っていないことを探して、それを独自の想念を通して文字にし、世に示すことが作家の使命であるという考え。

③ 自らの理想や探究心を深めた結果生まれた仕事は、他人にも興味深いものとなることがあるという考え。

と。

④ 時間の枠づけが伝統的な小説と異なるため、冒頭で読む気をなくし、続きをいい加減に読んで後に後悔すること。

問二　傍線部(2)「意識的な操作だった」とはどのようなことか。もっとも適切なものを、次の選択肢①〜④から一つ選びなさい。

① 読者を煙に巻くためにわざと時間と空間の指標をあいまいにした。

② 文学の古典的な法則をふまえ、登場人物の意識を故意に混濁させた。

③ 時間、場所、人物に関する指標を、意図的に不確定なものとして提示した。

④ 一部の読者を意識して、時間、場所、人物に関する指標をあえて複雑化した。

問三　傍線部(3)に書かれた「ひとつの文章が完結するまでに、読者は複数の時点、複数の地点をひきまわされる」ことが読者に与える影響はどのようなものとされているか。もっとも適切なものを、次の選択肢①〜④から一つ選びなさい。

① 時間と場所を関連づけつつ、時間・空間の変化を理解するために、作品に現れる時点や地点の数の倍以上の努力を求められる。

② あるまとまった概念を単一のかたちで積み上げることができなくなり、考えを対立させるというよりは調和させる思考を求められる。

③ 時、場所、人物、動作、状態についての概念を得るよりも、示されているさまざまな時点、地点を一つずつ追いかけていくことになる。

注3　NRF：一九〇九年に創刊されたフランスの文芸誌。
注4　グラッセ社：一九〇七年、パリに創設された出版社。
注5　フィガロ：十九世紀から発行されている新聞。
注6　ジード：アンドレ・ジッド。フランスの作家（一八六九—一九五一）。
注7　コンブレー：『失われた時を求めて』に出てくる地名。
注8　タンソンヴィル：『失われた時を求めて』に出てくる地名。
注9　三一致の法則：戯曲は一日（二十四時間）以内に、一つの場所で起こる、一つの行為を完結させるべきだとする劇作上の規則。
注10　オレンドルフ社：フランスの出版社。
注11　ラスキン：英国の批評家（一八一九—一九〇〇）。
注12　サルトル：フランスの哲学者、作家、批評家（一九〇五—一九八〇）。

問一　傍線部（1）「同質の反応」はどのように説明されているか。もっとも適切なものを、次の選択肢①～④から一つ選びなさい。

① 新聞に寄稿するアマチュア作家の作品だと思いこんで、さまざまな注文をつけること。
② 登場人物がはっきり性格づけられないまま心理的な描写が続く冒頭を読んで、フランス文学の伝統を冒涜する作家だと非難すること。
③ 登場人物についての詳しい情報も、時間・空間についての明確な要素も提示しないまま続く小説の冒頭に困惑するこ

しかし実はプルーストの文体は、彼自身も言うように「技法の問題ではなくヴィジョンの問題」なのだ。いわば彼の世界は文体それ自体のなかにこめられている。

「習慣は、人間の性格を形作るのと同じく、作家の文体をも作りあげるのであって、自分の思想を表現するのに、ある種の快適さに到達するだけで満足するといったことを何度か繰り返した作家は、そうすることによって、自分の才能に、永遠の限界を設けることになる」とプルーストは言う。言いかえれば彼が目ざしたのは、自分のヴィジョンをその真実において表現することであって、わかりやすく、快適に読める文章を書くことではなかった。ましてや、ある種の読者層を想定し、その好みにあわせて書くようなことは、プルーストに言わせれば、(4)作家の義務に反することであり、自らの才能に枠をはめることに他ならなかった。彼自身が仏訳したラスキン★注11の『アミアンの聖書』への序文で、プルーストは「他人の気に入ろうとして仕事をする場合には成功しないこともありうるが、自分自身を満足させるためにやったことは、つねに誰かの関心を惹きつける可能性をもつ」と述べている。それこそが(5)作家プルーストを支えた確信だった。

「われわれ自身の努力によって解読し解明する必要のないもの、われわれ以前に明白だったものはわれわれのものではない。われわれ自身から出てきたと言えるのは、自分のなかの暗闇からわれわれが引き出すもの、そして他の人々が知らないものだけなのだ」とも彼は言う。そこにはサルトル★注12の言う独自な普遍の問題が提示されており、プルーストはまさに「自分のなかの暗闇」からあの作品を引き出すことによって、あるいは、もっと正確に言えば、そうしなければならないという結論に達する過程を書きつくすことによって、「普遍性」を獲得したのだった。

注1　プルースト：マルセル・プルースト。フランスの作家（一八七一—一九二二）。

注2　『スワン家のほうへ』：プルーストの小説『失われた時を求めて』の第一巻。

古典劇における三一致★注9の法則とも無縁ではないと思うのだが、これほど意識的に《いつ、どこで、だれが》がぼやかされている場合、オレンドルフ社★注10の編集者が頭をかかえこんだのも無理はない。しかも彼は、これが(2)意識的な操作だったことを見抜けなかったわけなので、その困惑はますます深まったのであろう(『失われた時を求めて』を原稿で読んだだけでその点を読みとるのは、たしかに至難の技である。ことに『スワン家のほうへ』しかあたえられなかった場合には)。そしてもし、日本の読者が、小説に関するさまざまな歴史的・理論的知識にもかかわらず、人物と時と場所の確定ないし推定可能な描写なり叙述なりを、あいかわらず小説の冒頭に求めているとすれば、プルーストのこの作品は彼にたいして第一の関門を閉ざすだろう。

　わかろうがわかるまいがとにかく読み進むというかたちででも、その関門を突破した場合、読者のまえに立ちはだかる第二の関門は文体である。より具体的に言えば、時には数ページにもおよぶ文章の長さである。読者は途中で文意をたどることができなくなってしまう。プルーストの場合、あるひとつのまとまった観念――時、場所、人物、動作、状態――が読者のなかに作りあげられるよりまえに他の要素が混じりこんできて、単一の形で積み重ねられた観念を関連させ、対立させるという操作が不可能になり、具体的に言えば、(3)ひとつの文章が完結するまでに、読者は複数の時点、複数の地点をひきまわされるのである。「寝るまえに服を脱いだ」とか、「おいでになるころには終っているでしょう」とかいう文章の場合のように、二つの時点の関係ならば短い文章でも充分に表現できるし、その理解もまったく容易であるが、時点が三つになり四つになり、それにつれて場所も変るということになると、われわれの思考は、それを倍数にした以上の努力、自乗し三乗した量の努力を要求される。

　(a)プルーストを難解な作家にしている理由はその二つしかない。したがって、ひとつには、文学や小説についての既成概念を捨て去ること、すくなくとも既成の概念を彼の作品にあてはめようとする意識をもたないこと、ひとつには、息の長い文章をたどる努力を惜しまないこと、その二つがプルーストを読むための鍵なのだと思う。

なぜそうなのか？

「神経の過敏な少年が眠りこむまでの話を冒頭に延々と三十ページも使って書く理由がわからない」――出版交渉を受けて『スワン家のほうへ』★注2の原稿を読んだ編集者が、そう言って頭をかかえこんだという話がある。結局この作品は、NRF社★注3をふくむいくつかの出版社との交渉が不成功に終ったのち、自費出版のかたちでグラッセ社★注4から上梓されたのだが、そして、プルーストを《フィガロ★注5に寄稿する右岸のアマチュア作家》と思いこんでいたジード★注6が、原稿をろくに読みもせずに突返し、後年、「あなたの原稿を拒否したことは私の生涯の最大の過ちでした」という手紙を書くことになるといった経緯もその間に生じたのだったが、それはさておくとして、日本の読者を考えた場合、今いった(1)編集者と同質の反応を示す人が圧倒的に多いのであろうと思う。そのことはたんに一般読者だけではなく、一応文学愛好者とみなされる層についても言えるのではあるまいか。つまり、小説というものは、登場人物がはっきりと性格づけられた形で、できれば冒頭に要領よく提示され、筋を追って物語が展開されるものだという固定観念がぬきがたく根づいているのである。時間と空間の枠づけもなるべく早く、明確になされなければならない。フランスの伝統的な小説は、すべてそういう大きなパターンにはまっており、それゆえにフランス小説の伝統を作りえたわけだった。基本的には日本の小説についても同じことがいえるだろう。

ところがプルーストの場合、《いつ、どこで、だれが》という三つの不可欠な要素がちっとも明確でないばかりか、逆に不確定なものとして提示される。真夜中に目を覚した「私」は、意識がたちもどってきたその瞬間が、自分の人生のどの時期に属しているのかを自問する。言いかえればその瞬間は、時の持続から切り離され孤立した瞬間なのであって、「私」にはそれがいつなのかわからない。のみならず、《どこ》にいるのかもわからない。コンブレー★注7なのかタンソンヴィル★注8なのか――彼の目のまえで暗闇の萬華鏡《まんげきょう》が回転し、自分の今いる場所が確定できない。「真夜中に目をさましたとき、私は自分がどこにいるかを知らなかったので、最初の瞬間には、自分が誰なのかさえわからなかった。」

④　パリ万国博覧会に展示するために壁画が著しく損傷されたこと。

問七　「先史時代」が傍線部(5)「「現代性」そのものへのアンチテーゼとしても機能していた」のはなぜか。六十五字以内で書きなさい。

問八　傍線部(6)「自己の倒立した理想像の投影という点において「先史時代」はより都合が良かった」とあるが、その要因と考えられるものを二つ、それぞれ三十五字程度で書きなさい。

二

次の文章は、岩崎力の著作『ヴァルボワまで』からの抜粋である。これを読んで、後の問いに答えなさい。

★注1プルーストは難解な作家の代表のように言われる。そのくせ、論じられ引用されることは多い。ということは、二十世紀文学のなかで絶対に無視できない存在であり、二十世紀に入って文学の方向を大きく転換させた存在だという評価がすでに確立されているので、そしてそれだけに年々発表される研究書の類は枚挙にいとまがなく、一方、どんなに簡単な入門書や文学史を開いてみても彼の名前はかならず見出されるので、フランス文学ないし世界文学のなかに彼を位置づけることや、作品のなかの有名な挿話を知識として仕入れることは比較的容易であり、なにも苦労して彼の作品を詳しく全部読む必要はないということなのであろう。とにかく、文学史や入門書でプルーストへの興味をそそられ、あるいはその重要性を認識させられて、作品を実際に読もうと試みる人は多いが、最後まで読み通す人はさほど多くないように思える。

の選択肢①〜④から一つ選びなさい。

① ラスコー洞窟のイメージ群の巡回展示を世界各地で行うため。
② 洞窟内の壁画の損傷が目立ってきたため。
③ ラスコー洞窟壁画を最新の技術を使って甦らせる国家的事業が計画されていたため。
④ ラスコーⅡと命名されることになる洞窟が近くで発見されたため。

問五　傍線部(3)「ダーウィンの進化論と同等かそれ以上のインパクト」を「先史時代」が与えたのはなぜか。もっとも適切なものを、次の選択肢①〜④から一つ選びなさい。

① 聖書に語られる神に作られた「人間」という世界観を覆すものだったから。
② 二十世紀初頭の芸術の「退行」を目指す動きに歯止めをかけたから。
③ パリ万国博覧会を通じて「先史時代」という概念が大衆に流布したから。
④ 進化を遂げてきた人間に対する見方を根底から否定するものだったから。

問六　傍線部(4)「アルタミラの洞窟壁画発見にまつわる悲劇」とは、文中からどのようなことだと推察されるか。もっとも適切なものを、次の選択肢①〜④から一つ選びなさい。

① ドイツ占領開始間もないころに破壊されてしまったこと。
② 遺物や器物の盗難が絶えなかったこと。
③ 先史時代の遺物によくあるように、偽物だという疑義にさらされねばならなかったこと。

① さらに
② そのため
③ それにしても
④ つまり
⑤ ところが

問二　文中の [A] ～ [F] に入るもっとも適切な語を、次の選択肢①～⑥から一つずつ選びなさい。ただし同じ選択肢を複数回選ぶことはできない。

① 遠近法
② 過激思想
③ 疑似体験
④ 原寸大
⑤ 最終到達点
⑥ 聖堂

問三　傍線部(1)「オリジナル」の対義語を本文中から四字で抜き出しなさい。

問四　傍線部(2)「アンドレ・マルローが洞窟入口の閉鎖を命じ」とあるが、そうしたのはなぜか。もっとも適切なものを、次

C

この状況をやや斜めに眺めるならば、「先史時代」という現代的な概念は、もう一人の「他者」の発明であったとも言える。啓蒙主義の時代において、空間的に遠く離れた非西洋圏文化の「野蛮」な人々が西洋社会にとっての「他者」であったのと同じく、先史時代の人間たちもまた時間的に遠く離れた「他者」として機能したのである。そして、前者が大衆の想像界の中で「未開」で「野蛮」なイメージで表象される反面、ユートピア思想家たちには楽園を生きる理想的な他者すなわち「高貴な野蛮人」として表象されるのと同じく、後者もまた、恐竜やマンモスが跋扈《ばっこ》する大地を徘徊する「未開」で「野蛮」な色合いで描かれる反面、当時の文明社会に対置するべき理想の他者像が投影されたのである。しかも、(6)自己の倒立した理想像の投影という点において「先史時代」はより都合が良かった。空間的に遠く離れていた「高貴な野蛮人」が、帝国主義下の植民地の原住民として現実に観察される身近な存在となって、ヨーロッパ人の勝手なユートピア観を投影するエキゾチックな余地を失っていったのに対して、数万年以上を隔てて、化石や器物、遺物からしか推測するしかない先史時代の人々は、あまりに遠いその時間的な距離ゆえに、「他者」としての自己の倒立像を託すのに好都合な存在であり続けた。さらに言えば、非西洋圏ではなく、自らの足下の地層から発見される先史時代の人々は、ヨーロッパ人の直系の祖先であるという想像的な血縁関係もこうした傾向を後押ししたのかもしれない。

注　アルタミラの洞窟：スペイン北部の旧石器時代の絵画で有名な洞窟。

問一　文中の(あ)〜(お)に入るもっとも適切な語を、次の選択肢①〜⑤から一つずつ選びなさい。ただし同じ選択肢を複数回選ぶことはできない。

ろ「先史時代」という概念は前衛そのものだったのである。

「先史時代《プレイストワール》」という言葉が使われ出したのは、一八三〇年頃の北欧の考古学界に端を発し、フランスでその使用が確認されるのは、ようやく一八七〇年頃である。キリスト教の世界観において、時間的に最も古いとされる天地創造は、最大で見積もっても紀元前六千年あたりと標定されている。したがって、それよりも数万年単位で先立つ人類の歴史という見方はこうした世界観を大きく外れるものであり、(3)ダーウィンの進化論と同等かそれ以上のインパクトをもたらすものであったに違いない。それは、(4)★注アルタミラの洞窟壁画発見にまつわる悲劇が典型であるように、先史時代の遺物が常に偽物という疑義との戦いから始められていたことからもわかる。「先史時代」という最古の時代は、言ってみれば、眼前の世界を揺るがす　F　であり、当時最先端の現代思想だったのである。そして、この「先史時代」という概念は、近代の発明品の一つである写真術や植民地から届けられる非西洋世界の文物とともに、ナポレオン三世治下の一八六七年のパリ万国博覧会を通じて大衆に流布していった。「先史時代」とは紛れもなく「現代性《モデルニテ》」の産物なのである。

　だから、二十世紀初頭の芸術家たちが先史時代に興味を持ったのは、言わば必然だった。両者は同じ「現代性」という時代から生まれたのである。しかも、興味深いのは、「先史時代」という概念が、聖書に語られる神に造られた「人間」という世界観を転覆させただけでなく、自らがそこから生まれた(5)「現代性」そのものへのアンチテーゼとしても機能していたことである。（　お　）、「先史時代」は、現代の発見でありながら、その現代そのものをも解体しようとする。具体的に言えば、二十世紀初頭が第一次世界大戦の戦禍と科学技術を利用した近代兵器によって刻印されているとしたならば、そうした大量殺戮《さつりく》兵器を作り出した文明の存在しない先史時代は、第一次世界大戦という惨劇に幻滅した人々にとって、まさしく憧憬の対象として現れたのである。

ラスコー洞窟をめぐる状況は複雑化している。この洞窟の(1)オリジナルはドイツ占領開始間もない一九四〇年にマルセル・ラヴィダらの四人の少年によって発見された。戦争が終わり、一九四八年からラスコー洞窟のイメージ群の一般公開が始められるものの、押し寄せる観光客のために洞窟内の環境が急激に悪化し、壁画の損傷が指摘され始める。（ い ）一九六三年には、当時の文化大臣である(2)アンドレ・マルローが洞窟入口の閉鎖を命じ、ラスコーは一般の人々の目から永遠に切り離される。一九八三年には、その代用として、オリジナルの洞窟から丘を約二百メートル下った地点にラスコーⅡが作られる。それは洞窟入口と「牡牛の広間」を手作業で再現した立体的なレプリカであり、その内部に入った訪問者たちは、暗闇の中から浮かび上がるイメージ群によって本物の洞窟内に入ったかのような［ C ］を得ることができる。（ う ）、二〇一二年には最新の三次元レーザースキャン技術によって一ミリ単位の精度で複製された動物イメージ群とその壁面のレプリカが完成し、ラスコーⅢと名付けられて、日本も含めて世界各地で巡回展示されていく。そして、二〇一六年にはついに、「牡牛の広間」と「軸状ギャラリー」、「通路」の壁面部分だけでなく、ラスコーの洞窟の空間全体を［ D ］で複製・再現したラスコーⅣが建設される。それはオリジナルの洞窟の閉鎖から始まる一連の複製作業の［ E ］である。ラスコーⅣは、ラスコー洞窟のある丘の麓に国際壁画芸術センター（ＣＩＡＰ）として開館し、一般公開された初年度の来館者数は五十万人と発表されている。

B

（ え ）、何故、先史時代だったのだろうか。今回のポンピドゥーの展示の解説によれば、芸術家たちにおける先史時代ブームは二十世紀初頭をその始まりとしている。当時の前衛に位置する彼らが、何故、先史時代の地層や洞窟から発掘された遺物や器物、装飾壁画に興味を持ったのだろうか。もちろん、形の斬新さに引かれたということがあったのは確かだろう。だが、そもそも「先史時代」という概念自体が、時代の先に向かおうとする前衛という概念と矛盾してはいなかった。いや、むし

フランス文学科

▲フランス文学・文化・歴史に関するテクストの読解力および思考力・表現力を問う試験▼

（七五分）

一　次のA、B、Cの文章は、福島勲の評論「ポンピドゥー・センターからラスコー洞窟へ――美しい動物たちと消尽する芸術」（『洞窟の経験　ラスコー壁画とイメージの起源をめぐって』所収）からの抜粋である。これを読んで、後の問いに答えなさい。

A

現在が過去から常に遠ざかっていくものだとすれば、現代は先史時代から最も遠く離れた時代である。（　あ　）、そうした時間の［A］に異議を唱えるかのように、二〇一九年の五月八日から九月十六日にかけて、パリのポンピドゥー・センター内の国立近代美術館（以下、ポンピドゥー）で「先史時代、現代の謎」と題した大々的な展示が行われた。なぜ二十一世紀の現在というタイミングに「現代」美術の［B］ともいうべき国立の施設における展示なのだろうか。その遠因として思い当たるのが、二万年前のラスコー洞窟壁画を最新の技術を使って蘇らせようとする国家的事業ラスコーⅣの二〇一六年十二月の開館である。

① ただ一つ描き込まれた人間の情景が広大な自然空間を際だたせている
② 川の湾曲と反対方向に曲線をつくる雲により奥行きを演出している
③ 樹々や川中の洲が消えかかる薄明に紛れゆくさまがとらえられている
④ 夕暮の静寂と残照の表現は観る人に日々の労働の意味を伝えている

かもしれぬ厄災に適切に対応できる想像力をもつこと

② 日常的な風景の中に、得体の知れない強大な存在が潜んでいることを想像しながら、自分たち人間の矮小さ、人の世のはかなさをしっかりと把握する能力をもつこと

③ 夕映えの中、舟に乗って川を渡る人間の孤独な心情に共感することによって、いかなる他者に対しても優しく接し、人間を包み込む雄大な自然を尊重する心構えをもつこと

④ 人間の営みや考えとは無関係に、自然が厳として存在していることに思いをいたし、卑俗な日常を超え出て、世界の内奥へと沈静し、その本質に迫ろうとする志をもつこと

問十一 著者は、風景画を描くフリードリヒの眼目がどこにあると考えているか、本文の最後の段落(11)の主張をふまえて**五〇～六〇字**で答えなさい。ただし、必ず文中に「自然」「精神」「人間」の三つの語を使用すること。

問十二 著者による《氷の海》の評価と**異なるもの**はどれか、次の①～④のうちから一つ選びなさい。

① 厳冬期の海の恐ろしいまでの様相をありのままに描いている

② 観察力と想像力を駆使して自然の諸相を表現しようとしている

③ 人間の尺度を超えた自然の強大な力をことさらに強調している

④ 突き出す氷と難破船の対比により自然の冷酷さを表わしている

問十三 著者による《エルベ川の夕暮》の評価と**異なるもの**はどれか、次の①～④のうちから一つ選びなさい。

① 自然の姿が人間に恐怖に近い感情を引き起こすこと
② 自然の見事に屹立するさまに人間が思慕を抱くこと
③ 自然の営為の底知れない深みを人間が感受すること
④ 自然の強大さが人間の精神を圧倒し硬直させること

問八　傍線部(8)に「人間の感情に馴染みやすい光景」とあるが、その説明としてもっとも適切なものを次の①～④のうちから一つ選びなさい。

① 人間の心に違和感なく寄り添ってくれる自然の光景
② 人間の甘えを大らかに受け入れてくれる自然の光景
③ 人間の内に切ない郷愁の念をかきたてる自然の光景
④ 人間の卑小さをいつの間にか忘れさせる自然の光景

問九　(9) には二箇所とも同じ言葉が入る。もっとも文意に合うものを、次の①～④のうちから一つ選びなさい。

① 悪意　② 精神　③ 詐術　④ 錯誤

問十　傍線部(10)の「精神的な深さ」とはどういうことか。その説明としてもっとも適切なものを次の①～④のうちから一つ選びなさい。

① 眼前の自然が平安で美しくとも、自然は人知を越えた激しさをはらんでいることを常に考慮に入れて、人間を滅ぼす

④ （4a） 無限性　（4b） 神性

問五　傍線部(5)に「氷の切先の峻厳さ」とあるが、「峻厳」が正しく使われているものを次の①〜④のうちから一つ選びなさい。

① 峻厳に式典に参加する
② 峻厳な刃物で切る
③ 彼の運命は峻厳だ
④ 検問は峻厳を極める

問六　傍線部(6)の「相貌をそばだたせる」とはどういう意味か、もっとも適切なものを次の①〜④のうちから一つ選びなさい。

① 様相をひとりでに一転させる
② 対決姿勢を浮かび上がらせる
③ 存在をごく身近に感じさせる
④ 顔かたちを一段と際だたせる

問七　傍線部(7)の「人間の側に崇高さを喚《よ》び覚ます」とはどういうことか、その説明としてもっとも適切なものを次の①〜④のうちから一つ選びなさい。

空爆によって徹底的に破壊された。**次の（あ）または（い）の問題のどちらかを選択し**、それぞれの①～④から正しい日付を一つ選びなさい。**選択した問の記号（あ）または（い）もマークすること。**

（あ）　ドレスデンの無差別空爆が始まった日付はどれか。

①　一九四五年二月十三日　②　一九四五年五月八日

③　一九四五年六月二十六日　④　一九四五年七月十七日

（い）　深川や浅草など下町地区の住宅密集地が攻撃目標とされた、いわゆる「東京大空襲」の日付はどれか。

①　一九四五年三月十日　②　一九四五年四月七日

③　一九四五年六月二十三日　④　一九四五年八月六日

問三　傍線部（3）に「大航海時代」とあるが、この時代に活躍した芸術家は誰か、**次の（あ）または（い）の問題のどちらかを選択し**、それぞれの①～④から正しい人名を一つ選びなさい。**選択した問の記号（あ）または（い）もマークすること。**

（あ）①　シケイロス　②　ジョット　③　ドラクロワ　④　ボッティチェリ

（い）①　狩野永徳　②　尾形光琳　③　下村観山　④　藤島武二

問四　（4a）と（4b）に入る語の組み合わせとして、もっとも適切なものを次の①～④のうちから一つ選びなさい。

①　（4a）無感動　（4b）脅威

②　（4a）無関心　（4b）孤独

③　（4a）無慈悲　（4b）非情

(11) フリードリヒは、世界の姿を描くことに最大の精力を注いだ。しかし、彼の風景画は、自然の［(1c)ヒソウ］を写し取るものではなかった。フリードリヒの眼目はそんなところにあるのではなく、自然の外観が契機を与えはするが、その背後に存在するはずの、世界の「精神」を可視化することにあった。自然景観として現われる世界は、崇高さや気高さで人間の側の精神を浄化し、卑俗な日常から飛翔させる大きな「精神」を本源としている。その本源に達するためには、自然景観が感動的であってもなお、そこから不要なものを捨て、必要なものを加え、現実の猥雑さを整え、強調や演出によって世界の精神性にふさわしい姿へと練磨を重ねていった。彼の風景画は神としての自然を表わしているなどと言うのではない。物質的な世界を司る、あるいは世界そのものである、確かに存在する深遠で大きな精神を彼は絵画によって捉える。その精神は、自然の皮膜に隠されているが、その端々をときおり、自然の構造、自然の現象のうちに覗かせる。画家のなすことは、それを逃さず、人間に及ぼすその「精神」の働きを可視化することに尽きる。フリードリヒの風景画は、精神性をめぐる世界とのそういう関係を核心にしている。

出典　山梨俊夫『風景画考 世界への交感と侵犯　第Ⅱ部――風景の近代へ』
ブリュッケ(二〇一六年)四九六～五〇〇頁(一部改変)

問一　［(1a)］には「ソウアン」、［(1b)］には「カンゲキ」、［(1c)］には「ヒソウ」という読みの漢字(それぞれ二文字)が入る。それを書きなさい。

問二　傍線部(2)の「ドレスデン」はドイツ東部に位置する古都である。第二次世界大戦の末期、この都市は連合国軍の無差別

《氷の海》で自然は峻厳なおのれの姿を晒していた。それに対して《エルベ川の夕暮》は、(8)人間の感情に馴染みやすい光景を表わしている。菫色の雲の上に広がるオレンジ色の残照が夕空を染める。薄闇が降りてきた地上では、密集して並ぶ樹々が黒々としたシルエットをなして、点々と川中に散る洲もまた暗がりに浸されようとしている。残照は川面に反映を光らせ、夕映えの空の下では遠ざかるほどに光にはオレンジ色が加わる。遠くの草原も余光を受けてわずかにオレンジ色を漂わせている。空が広く、緩やかに流れは蛇行し、ほとんど水平に近いなだらかな丘が地平線をつくり、樹々のシルエットが水平線に凸凹を織りこんでいく。何事も起こらない夕暮の静寂に佇んで、空一面の残照に誘われ、この光景に包まれる人は、思考の焦点を曖昧にしたまま、だが確実に沈思に引きこまれて抜け出せない。

ふたつに別れた黒い林の（1b）カンゲキ を遠のく奥行きの中心にして、この絵にはかすかな （9） が仕組まれている。夕映えに光る川は中央付近で湾曲し、緩やかな斜線を描く地平線は空間の一番奥で水平を得る。湾曲する流れの曲線に対応して軽やかな双曲線をなすように、菫色の雲はやはり樹林の切れ目あたりを最低部にして、川の湾曲と反対方向に曲線をつくっている。この双曲線様の構造は、川辺とその向こうに続く平原の平らかな空間自体を曲げるように作用して、空間の深さを演出する。それは、画家が川の中洲に立って眼にした光景から受ける感動をどう表わすかについて工夫した絵画的な （9） となっている。

流れが曲がるところに、一艘の帆かけ舟が浮かぶ。夕映えの色を映した水面の上で、帆かけ舟も黒く、消えかかる薄明に紛れようとする。この舟を、ただひとつの人間の情景にして、画家は激しさもなければ異変があるわけでもない夕暮の自然を、人間の傍らにありながら人間の思惑を凌駕していく大きな深さをもつものとして表わしている。その深さは、自然空間の広大さであり、この眼前の光景を世界の全体的な存在に連絡させる作用をもち、そしてそれはそのまま人間にとって(10)精神的な深さになっていく。

カスパー・ダヴィット・フリードリヒ《氷の海》1823〜24年　油彩、画布
96.7×126.9 cm　ハンブルク美術館

カスパー・ダヴィット・フリードリヒ《エルベ川の夕暮》1833年　油彩、画布
73.5×102.5 cm　国立近代絵画館、ドレスデン

(3)大航海時代やグランド・ツアーの時代を経て、植民地主義の伸長とともに地球上の探索はさらに辺境に向かい、探検旅行がさまざまな地域に延びていった。それと同時に、未知の秘境の自然景観は、経験的な想像を凌ぐ様相をもたらして、画家たちの空想をかきたてる。驚異を伴う崇高な世界が眠る地帯に想像力を届かせて、それを切り開いてみせる。画家たち自ら辺境の探索に出かけたことはあまり例がないが(中略)未知の辺境を描くことは彼らにとって、想像力の飛翔を誘う魅力的な契機となって強く関心を引いたであろう。

　フリードリヒが《氷の海》を制作した少し前、ドレスデンでは、グリーンランド一帯の北極探検を表わしたパノラマが公開されたという。また、フリードリヒ自身はドレスデン在住の美術愛好家からグリーンランドの難破船を主題にした北方の自然を注文された。その作品が現存しないため、《氷の海》との関連の度合いはわからない。こうした経緯を背後にもってフリードリヒは、ときに人間を脅かす恐ろしいほどの自然の相貌を表わした。黄味を帯びた厚い板状の氷は、とげとげしく上空に突き出し、船を呑み、樹幹を抱く。船に比して巨大さを強調された氷群は、遭難した帆船を圧し潰し、人間の尺度を超えた力を露わにしている。北の厳冬期の海で部厚い氷がみせる実際の表情がどうであるかはともかく、人間には到底抗いがたい自然の力を強調することによって画家は、無人の海の大いなる (4a) を表わしていく。動きを絶やした静けさのなかで難破船の無惨と、遠い氷山の尖塔に呼応してわずかな晴れ間の天を目指す(5)氷の切先の峻厳さとの対比は、人間の営みとは無縁のところで自らの営為を冷淡に展開する自然の (4b) を鮮明にする。そこに、人間を顧みることのない自然の冷酷さや恐ろしさを読み取るのも可能ではあるけれど、画家はもっぱら、自然から人間が受け取る感情的な反映を超えて、さらにその向こうで存在する自然の人間精神への働きかけ、人間が自然のただなかに存在することを直接揺するような自然の生動の巨大さを表現している。砕かれた巨大な氷塊にいま光が降りかかり、自然はそれ自身でおのれの(6)相貌をそばだたせる。(7)人間の側に崇高さを喚《よ》び覚ますのは、自然自体が壮大な全体を暗示しながら、存在の深さを湛えて現われてくるからにほかならない。

(あ)
① モリエール ― シェークスピア ― ゲーテ
② モーツァルト ― バッハ ― ヴァーグナー
③ ウェルギリウス ― ダンテ ― ミルトン
④ スピノザ ― ニーチェ ― ヘーゲル

(い)
① 滝廉太郎 ― 高三隆達 ― 山田耕筰
② 紀貫之 ― 井原西鶴 ― 上田秋成
③ 観阿弥 ― 鶴屋南北(四世) ― 近松門左衛門
④ 契沖 ― 道元 ― 吉田松陰

二

次の文章は、ドイツの画家カスパー・ダヴィット・フリードリヒ(一七七四〜一八四〇)の作品について書かれた、山梨俊夫『風景画考 世界への交感と侵犯　第Ⅱ部——風景の近代へ』の一部である。これを読んで、後の問一〜問十三に答えなさい。

《氷の海》は、極北の冬の海を写生として再現したものではない。凍てつくような灰青色の寒気に霞んだ遠方に鋭く尖った氷山も見えるけれど、前景を大きく占める砕けて折り重なる巨大な氷の群れは、現実には起こり得ない凍結のさまを見せている。その大きさは、板状に突き立つ氷塊の右下で転覆し半ば埋もれている帆船と比べるとわかる。こうした氷塊の様子は画家の (1a)ソウアン によるけれど、(2)ドレスデンに暮らしていたフリードリヒは、一八二一年初め、厳冬のエルベ川を氷が流れるのを見て、油彩スケッチに残している。その自然観察は部分的に活用されていても、全体は想像で組み立てられている。

きをかければかけるほど、他者に対する優位性の獲得が可能になるということ

問八　本文の最後の段落(8)で述べられた孤独と表現の関係について、著者の見解に沿ったものを、次の①～④のうちから一つ選びなさい。

① 真の孤独が実現されたとき、人間は事物と自己の認識を深め、自分自身と対象をそれぞれまったく個別の存在として尊重し、愛をもって自然を表現できるようになる

② ひとり事物の本源に迫ることで、人間は対象をわがものとし、さらにこれを芸術的に表現することを通じて、他者の要請に応えるという社会性を獲得することができる

③ 事物が、人間の表現によって初めてその存在を全うすることができるように、人間は事物と向かい合うことによって自己を実現し、孤独を乗り越えることができる

④ 孤独の中で、世界はその完全な姿を表すのであるから、人間もまた実在的存在として、もはや孤独を恐れることなく、自立的な世界と相対していくことができる

問九　著者は、パスカル、キェルケゴール(キルケゴール)、アウグスティヌスを引き合いに出しながら「孤独について」考察している。これら三人の思想家を、活躍した時代の古い順に並べると**例**のようになる。この**例**と同じように、活躍した時代の古い順に名前が並ぶ組み合わせはどれか、**次の(あ)または(い)の問題のどちらかを選択し**、それぞれの①～④のうちから一つ選びなさい。**選択した問の記号(あ)または(い)もマークすること。**

例　アウグスティヌス　―　パスカル　―　キェルケゴール(キルケゴール)

④ （5a）ともすれば　（5b）だから

問六　傍線部(6)で示されている筆者の見解と**相いれない内容**をもつ歌を、次の①〜④のうちから一つ選びなさい。

① 寂しさに宿を立ち出でてながむればいづくも同じ秋の夕暮れ
② もろともにあはれと思へ山桜花よりほかに知る人もなし
③ 白鳥はかなしからずや空の青海の青にも染まずただよふ
④ ふるさとの訛りなつかし停車場の人ごみの中にそを聴きにゆく

問七　傍線部(7)で著者が、「普通の見解」とは異なって、「感情は多くの場合客観的なもの、社会化されたものであり」、他方「知性こそ主観的なもの、人格的なものである」と主張するのはどういうことか。その説明としてもっとも適切なものを次の①〜④のうちから一つ選びなさい。

① 感情は、各々の内面に限定されているようにみえるが、他者の感情を理解したり、他人に影響されることもある一方で、知性は個々人の存在の根幹をなしており、堅固な自己意識と不可分であるということ
② 感情は、社会の構成員それぞれに特有のものであり、他者と共有することはしばしば困難であるが、知性の他者に対する人格的な働きかけを通じて、感情を社会的に共有することもできるようになるということ
③ 感情は、他者との交わりの中で生じる社会的現象であり、その点で極めて高い倫理性が要求されるが、知性は、個々人が学びにおいて獲得していくものであるため、人格的な特性をもっているということ
④ 感情は、社会生活の中で他者との共有が可能であり、共感しあうことで各人を倫理的な高みへと導くが、知性は、磨

様々な出来事を恐怖している

④ 人間は、死や孤独を、それ自体として把握することは困難ないし不可能であるが、じつは死や孤独に至る諸条件以外にその実体は存在しない

問三 （3a） （3b） （3c） に入る語の組み合わせとして、もっとも適切なものを次の①〜④のうちから一つ選びなさい。

① （3a） 実在性　（3b） 実体性　（3c） 実体性
② （3a） 実在性　（3b） 実体性　（3c） 実在性
③ （3a） 実体性　（3b） 実在性　（3c） 実体性
④ （3a） 実体性　（3b） 実在性　（3c） 実在性

問四 傍線部（4）の「しかるに」の言い換えとして、もっとも適切なものを次の①〜④のうちから一つ選びなさい。

① すなわち　② したがって　③ そうであるので　④ ところが

問五 （5a） と （5b） に入る語の組み合わせとして、もっとも適切なものを次の①〜④のうちから一つ選びなさい。

① （5a） とりわけ　（5b） つまり
② （5a） けれども　（5b） なぜなら
③ （5a） しかも　（5b） むしろ

けに応《こた》える自己の表現活動においてのほかない。アウグスティヌスは、植物は人間から見られることを求めており、見られることがそれにとって救済であるといったが、表現することは物を救うことであり、物を救うことによって自己を救うことである。かようにして、孤独は最も深い愛に根差している。そこに孤独の実在性がある。

出典 『三木清全集』第一巻 岩波書店(一九八四年第二刷)二六一～二六五頁(一部改変)

問一 傍線部(1a)、(1b)、(1c)の漢字の読みを、それぞれカタカナで書きなさい。

問二 著者は傍線部(2)で「孤独が恐しいのは、孤独そのもののためでなく、むしろ孤独の条件によって」であり、それは人が「死の条件によって」死を恐れることと同じであると述べているが、**これと相いれない説明**を次の①～④のうちから一つ選びなさい。

① 人間は、孤独によって自ら死を選ぶことがあるから、死の本質を把握するために、その条件となりうる孤独のことを正しく理解しなければならない

② 人間は、自身の死を体験したことがないため、死を恐れるときには、自分に死をもたらすかもしれない具体的な出来事に怯えているにすぎない

③ 人間は、孤独の本質を知ることがないままに、孤独そのものではなく、結果として自分を孤独に陥れる可能性のある

明である。薄明の淋《さび》しさは昼の淋しさとも夜の淋しさとも性質的に違っている。

孤独には美的な誘惑がある。孤独には味わいがある。もし誰もが孤独を好むとしたら、この味わいのためである。孤独の美的な誘惑は女の子も知っている。孤独のより高い倫理的意義に達することが問題であるのだ。

その一生が孤独の倫理的意義の探求であったといい得るキェルケゴールでさえ、その美的な誘惑にしばしば負けているのである。

感情は主観的で知性は客観的であるという普通の見解には(1c)誤謬がある。むしろその逆が一層真理に近い。(7)感情は多くの場合客観的なもの、社会化されたものであり、知性こそ主観的なもの、人格的なものである。真に主観的な感情は知性的である。孤独は感情でなく知性に属するのでなければならぬ。

真理と客観性、従って非人格性とを同一視する哲学的見解ほど有害なものはない。かような見解は真理の内面性のみでなく、また特にその表現性を理解しないのである。

いかなる対象も私をして孤独を超えさせることはできぬ。孤独において私は対象の世界を全体として超えているのである。

孤独であるとき、我々は物から滅ぼされることはない。我々が物において滅ぶのは孤独を知らない時である。

(8)物が真に表現的なものとして我々に迫るのは孤独においてである。そして我々が孤独を超えることができるのはその呼び掛古代哲学は（3a）のないところに（3b）を考えることができなかった。従ってそこでは、死も、そして孤独も、恰も闇が光の欠乏と考えられたように、単に欠乏（ステレーシス）を意味するに過ぎなかったであろう。(4)しかるに近代人は条件に依《よ》って思考する。条件に依って思考することを教えたのは近代科学である。だから近代科学は死の恐怖や孤独の恐怖の(1b)虚妄性を明らかにしたのでなく、むしろその（3c）を示したのである。

孤独というのは独居のことではない。独居は孤独の一つの条件に過ぎず、（5a）その外的な条件である。（5b）ひとは孤独を逃れるために独居しさえするのである。隠遁《いんとん》者というものはしばしばかような人である。

孤独は山になく、街にある。一人の人間にあるのでなく、大勢の人間の「間」にあるのである。孤独は「間」にあるものとして空間の如きものである。「真空の恐怖」——それは物質のものでなくて人間のものである。

孤独は内に閉じこもることではない。孤独を感じるとき、試みに、自分の手を伸《の》ばして、じっと見詰めよ。孤独の感じは急に迫ってくるであろう。

(6)孤独を味うために、西洋人なら街に出るであろう。ところが東洋人は自然の中に入った。彼等《ら》には自然が社会の如《ごと》きものであったのである。東洋人に社会意識がないというのは、彼等には人間と自然とが対立的に考えられないためである。

東洋人の世界は薄明の世界である。しかるに西洋人の世界は昼の世界と夜の世界である。昼と夜との対立のないところが薄

■ドイツ文学科■

▲文化・思想・歴史に関するテクストの読解力および思考力・表現力を問う試験▼

（七五分）

一

次の文章は、三木清「孤独について」（『人生論ノート』所収）である。これを読んで、後の問一～問九に答えなさい。

「この無限の空間の永遠の沈黙は私を（1a）戦慄させる」（パスカル）。

（2）孤独が恐しいのは、孤独そのもののためでなく、むしろ孤独の条件によってである。恰《あたか》も、死が恐しいのは、死そのもののためでなく、むしろ死の条件によってであるのと同じである。しかし孤独の条件以外に孤独そのものがあるのか。死の条件以外に死そのものがあるであろうか。その条件以外にその実体を捉《とら》えることのできぬもの、――死も、孤独も、まことにかくの如《ごと》きものであろうと思われる。しかも、実体性のないものは実在性のないものといえるか、またいわねばならないのであるか。

b　諸国を巡って道を説いた孔子の事績は、伝承によってしか知ることができないから。

c　孔子は聖人とも称すべき徳により人々を教化した人物であり、その取り上げ方で評価が変わることはないから。

d　孔子は理想の政治を実現するため、各地を旅した人物であり、領国を持ったことはないから。

問四　傍線部3はどのような意味か。もっとも適切なものを次の中から一つ選べ。

a　それによることが偉大だということにはならない。

b　それによらなくても大きな効果を発揮する。

c　それによらなければ大きな禍《わざわい》を招く。

d　それによって偉大になるわけではない。

問五　波線部Aについて

(一)　書き下し文を、ひらがなで記せ。

(二)　口語訳せよ。

問六　波線部Bはどのようなことを指すか。本文の内容に即して具体的に説明せよ。

〈注〉○棲棲…落ち着かないさま。　○尺土之柄…わずかな土地を支配するだけの権力。　○躬…身につける。　○将聖…ほぼ聖人同様の人物。　○焜奕…光り輝くさま。　○抗…地位や名声を高める。　○極摯之論…考え尽くされた至当な議論。　○其家…卿・大夫といった高位高官の領地。　○抵牾…食い違う。

問一　この文章で議論の対象となっている書物は何か。もっとも適切なものを次の中から一つ選べ。

a　孔子家語
b　春秋左氏伝
c　史記
d　論語

問二　傍線部1はどのようなことを言っているのか。もっとも適切なものを次の中から一つ選べ。

a　孔子の扱い方が、編纂《へんさん》方針に合っていないことを批判している。
b　孔子の身の処し方が、首尾一貫していないことを嘆いている。
c　孔子の位置付けが、はっきりしないのはなぜなのかと問うている。
d　孔子の評価が、史料に基づかず、誤っていることを指摘している。

問三　傍線部2のように述べるのはなぜか。もっとも適切なものを次の中から一つ選べ。

a　衰え乱れた世に儒教の教えを説いた孔子の功績は、後世まで伝えられるべきであるから。

三

次の文章を読んで、後の問に答えよ。なお、設問の関係上、返り点・送り仮名を省いたところがある。

太史公、叙《のブルニハ》二帝王《ヲ》一、則《チ》曰《ヒ》二本紀《ト》一、公侯《ノ》伝《フルニハ》レ国《ヲ》、則《チ》曰《ヒ》二世家《ト》一、公卿《ノ》特起《スルニハ》、則《チ》曰《フ》二列伝《ト》一、此《レ》其《ノ》例也。其《ノ》列《シテ》二孔子《ヲ》一為《スハ》二世家《ト》一、[1]奚其進退無所拠耶。孔子《ハ》、旅人也。棲《せい》二棲《せいトシテ》衰季之世《ニ》一、無《シ》二尺《せき》土《ど》之柄《へい》一。[2]此列之以伝宜矣。曷《ゾ》為《サン》二世家《ト》一哉。豈《ニ》以《テノ》下仲尼《ノ》躬《みニシ》二将聖之資《ヲ》一、其《ノ》教化之盛《ンナルコト》、舃《せき》中奕《えきタルヲ》万世《ニ》上故《ニ》、為《シテ》二之《ヲ》世家《ト》一以《テ》抗《たかクスルカ》レ之《ヲ》。又《タ》非《ザル》二極《きょく》摯《し》之論《ニ》一也。夫《レ》仲尼之才《ハ》、帝王《タルモ》可也。[A]何特公侯哉。仲尼之道《ハ》、世《よよニスルモ》二天下《ヲ》一可也。何特世其家哉。処《おクモ》二之《ヲ》世家《ニ》一、仲尼之道《ハ》、[3]不従而大。置《クモ》二之《ヲ》列伝《ニ》一、仲尼之道《ハ》、不従而小。而遷《ルニ》也、自《ラ》乱《セリ》二其《ノ》例《ヲ》一。所謂多《キ》レ[B]所二抵《てい》梧《ごスル》一者也。

（王安石「孔子世家議」）

a　娘に見放された過去をまだ受け入れられない気持ち。
b　出家した身でありながら、現世への執着が断ちきれない気持ち。
c　夫と別れた身であるにも関わらず、男女の愛執から離れられない気持ち。
d　まだ夢を見ているようで現実味がなく感じられる気持ち。

問五　傍線部4「御こころざし」とあるが、その内容としてもっとも適切なものを次の中から一つ選べ。
a　並の人では思い及ぶはずもない吉野の山の奥深くまで、尊くも自ら尼君を捜し求めて来た中納言の御厚情。
b　恐れ多くも、並大抵ではたどりつけない遠い日本の山奥まで、直々に中納言を使者として送った唐后の御愛情。
c　普通の人では決断できないほど厳しい出家への道に、自ら進もうとしている尊い中納言の御意志。
d　普通では思いつかないほどの山奥に籠もってしまった尼君の心情を、進んで理解し寄り添う唐后の御温情。

問六　傍線部5「憚らはしうおぼせど」について次の問に答えよ。
(一)　何が憚られるのか。説明せよ。
(二)　憚られるのはなぜか。説明せよ。

問七　傍線部6とはどういうことか。説明せよ。

問八　傍線部7は尼君の言葉である。「しるべ」とあるが、誰を案内するのか、記せ。

しつるに、よろこびつつまうで給ふ。（波線部エ：まうで）

〈注〉○君…尼君。唐后の生母。　○世を隔てたり…この「世」は「国」を指す。　○身を代へたる…「私（唐后）が中納言に生まれ変わっている」の意。　○この世…世俗。

問一　傍線部1の意味としてもっとも適切なものを次の中から一つ選べ。

a　一度　　b　おおよそ　　c　ひたすら　　d　静かに

問二　傍線部2「かかること」は何を指すか。もっとも適切なものを次の中から一つ選べ。

a　唐后が尼君の夢に見えたこと。

b　唐后ともう二度と会えないこと。

c　聖が日々勤行《ごんぎょう》して暮らしていること。

d　中納言が唐后の手紙を持って尋ねてきたこと。

問三　波線部ア～エの敬語のうち、敬意の対象が他の三つと異なるものを次の中から一つ選べ。

a　ア　　b　イ　　c　ウ　　d　エ

問四　傍線部3「さめがたげにおぼされて」とあるが、この時の尼君の心情としてもっとも適切なものを次の中から一つ選べ。

二

次の文章は『浜松中納言物語』の一節である。唐に渡った中納言は、そこで出会った唐后から行き別れた生母への手紙を託される。唐后は、唐人の父と日本人の母との間に生まれた姫君であり、その母は日本で尼となっていた。帰国した中納言は手紙を持って吉野を訪れ、唐后の母の隣に住む聖に、託された手紙を渡して取り次ぎを頼む。これを読んで後の問に答えよ。

竹の中に通ひ路ありければ、聖、この文箱を取りて持てまうでぬ。君は[1]ひとへにうちおこなひ給ひて、今宵夢に、もろこしの后の見え給へりければ、片つかたの心にはおぼしやりつつ、おこなひ暮らし給ひけるに、[2]かかることなどうち聞きつけ[ア]給へる心地、夢か何ぞと胸つぶれて、この御消息をあけて見給ふに、あはれにかなしとも世のつねなり。かばかりおぼし捨て果てにたる世の思ひ、この御消息見給ふに、[3]なほさめがたげにおぼされて、何の契りにて、さすがに親子とは結びながら、聞き通はすことだになく、つばくらめのあらむ別れのやうにては別れにしぞ、などおぼしつづくるも、前《さき》の世まで、いみじううらめしき御契りなり。聖、「いとやむごとなく、おぼろけの人の思ひ寄るべうもはべらぬ山路を、みづからたづね入り給へる[4]御こころざし、世のつねにはあらざんめるを、こなたに入れたてまつり給ひて、つぶさなることのむねを、聞こしめし申させ給はむや、よく[イ]さぶらはむ」と聞こゆ。

思ひかぎりたる住まひなどの、草の庵はづかしきさまなるを、見え知られたてまつらむも、世を隔てたりとは言ひながら、かたじけなき御かげどもの、御おもて伏せにてもあるべきかなと、[5]憚《はばか》らはしうおぼせど、この御文に、「うとうとしく思ひ聞こえず、みづから何ごとも[ウ]聞こえよ」とあり、「身を代へたるとさへ思ひなせ」とあるは、さるべきやうこそはあらめ。わが心も、あまりこの世のほかになりにけるにや、もののはづかしさもおぼえず。かたへは[6]この消息の伝へに、よろづ忘れ給ふなるべし。南おもてだつかた、とかくひきつくろひて、[7]「さらば、しるべし聞こえよ」とあれば、「かうかう。おはしましなむや、となむはべる」と申す。おぼしやるかたなく、はるかなる御名残のあたりと思ふには、いみじうなつかしう、心もとなくおぼ史的意義があると言えるから。

b 『言海』の編纂が日本の伝統的な研究を引き継ぐ形ではなく、西欧の「外圧」がある中で企図されたことを端的に示しているから。

c 『言海』が「洋学」の媒介を経ながらも、『オクタボ』の翻訳だけでは辞書の語釈が成立しなかったところに、辞書というものの本質がかいま見えるから。

d 西欧の「外圧」が伝統的な日本の言語文化の否定をもたらしたというところが、『言海』という言語装置の特徴といえるから。

問七 二重傍線部ア～エの片仮名を漢字に直せ。

問八 二重傍線部Xで、筆者は対象が植物であっても言語であっても、「恣意的」で「趣味的な記述」が不可能になったと述べるが、それでは言語の記述において、どのような態度が求められるようになったのか。本文を踏まえて、四十字以内で説明せよ。

問九 二重傍線部Yにおける『言海』本文と『語法指南』の間の「相補的な関係」とはどのようなことを意味するか。六十字以内で具体的に説明せよ。

ものを次の中から一つ選べ。

a　辞書の記述のために創造された高尚な文体
b　話すとおりに書いた言文一致体のような文体
c　読者の琴線に触れることのできる身近な文体
d　文語であっても必要な情報が簡潔に伝わる文体

問五　傍線部4のように筆者が述べるのはなぜか。その理由としてもっとも適切なものを次の中から一つ選べ。

a　単語の意味を直感的に理解することからは、それを定義の形で表現することは始められず、従って簡潔明快な文章に到達することも不可能と考えられるから。
b　一つの単語の意味を直感的に理解することは、意味の本質的な理解とは言えないため、それを広く通じる文章に表現し直すことは、出発点から誤った作業になるから。
c　一つの単語の意味を直感的に理解することができても、それを大量の単語に対して行い続けることは困難なため、広く読者に通じる文章表現は結果的に実現できないと考えられるから。
d　単語の意味を直感的に理解していても、それを的確に言語化し、誰にでもわかる形で読者に伝えることは難しいことだから。

問六　傍線部5で「きわめて徴候的」と筆者が述べるのはなぜか。その理由としてもっとも適切なものを次の中から一つ選べ。

a　英語辞典の背後にあるナショナリズムが、『言海』がナショナリズムの形成のために編纂される契機となった点に、歴

問三　傍線部2の「『言海』の野心」とは、どのようなことを意図した「野心」か。もっとも適切なものを次の中から一つ選べ。

a　国学者たちが古語の意味をそれが使われた当時のままに一つ一つ復元しようとするのに対して、主として大槻が生きた明治時代の「普通語」を網羅的に記述しようとすること。

b　共時的な「現在」の日本語を「普通語」の範囲を超えてもすべて取り上げながら、明治時代の日本語の実態を記述しようとすること。

c　洋学の枠組みをそのまま採用し、日本語の語義を英語を通した目で記述し尽くすことによって、近代的な「普通語」を創造しようとすること。

d　契沖以来の古言の研究が文献学的な考証や古代の人々の精神性にこだわったのに対して、古語についても、洋学の手法を用いながら網羅的に記述しようとすること。

問四　傍線部3について、以下のA・Bに答えよ。

A　傍線部3の「普通語」は、本文からどのような語彙と考えられるか。もっとも適切なものを次の中から一つ選べ。

a　文献学的知識や詩的感性が無くても収録できる雅語や方言以外の語彙

b　古語・現代語を問わず誰もが理解できる平易な語彙

c　日本人が日常会話の中で多く用いる基礎的な語彙

d　教養ある人間になら誰にでも広く通じる語彙

B　傍線部3の「普通語」について「普通」に書いている文体とは、本文からどのような文体と考えられるか。もっとも適切な

①
a 絶えず力を加えながら
b きしみを生じさせながら
c 我慢できずに
d 最後まであきらめず

②
a 運命的に出会った
b 人生全体をかけた
c 人生で最後の
d 命を縮める結果となった

問二 傍線部1の「近代的体裁」を持った日本語辞書『言海』は、どのような方法を採用しているか。適切でないものを次の中から一つ選べ。

a アメリカで出版された英語辞典を範とする。
b 見出し語を五十音順に配列する。
c 江戸時代の国学者たちの研究成果は利用しない。
d 和語・漢語・外来語から日本語の普通語を広く収録する。
e 単語を意味の部門別に分類する方法は取らない。

通語」の総体をメタ的に記述し尽くすという大業は、日本語に格別関心の深い専門家ではなく、洋学者の手で為《な》された――いやむしろ、洋学者の手でしか為されえなかったと言うべきだろう。

ウェブスター英語辞典という「洋学」の媒介を経ることで、「日本普通語」の総体は初めて視界にくっきりと浮上しえたのである。日本における植物知が西欧の「外圧」下に本草学《ほんぞうがく》からの脱皮と再編成を迫られたように、日本語をめぐる「知」のシステムにおいてもまた、ウェブスター英語辞典という「外圧」が『言海』という言語装置を創出させたということだ。ちなみに、クイーンズ・イングリッシュを規範化せずアメリカ英語の記述に重点を置くウェブスター英語辞典それ自体、みずから独立戦争に参戦し、合衆国は英国から政治的のみならず言語的にも独立すべきだとするノア・ウェブスター（一七五八―一八四三）の、熱烈な愛国精神の発露によって成し遂げられた仕事である。そして、『言海』もまた明治日本のナショナリティの形成に一定の政治的役割を演じたことは言うまでもない。

〈注〉　○ノンシャラン…無頓着なさま。のんきなさま。　○契沖、賀茂真淵、本居宣長、富士谷成章、鈴木朖…江戸時代に国語・国文の研究に携わった国学者。　○解読グリッド…ここでは解読のための枠組の意味。　○共時的…ある現象を、時間の流れの一断面における静止現象としてとらえ、その構造を体系的に記述しようとするさま。　○メタ言語…対象とする言語の構造や真偽を一段高い次元から論じる言語。高次言語。　○本草学…中国の薬物学で、薬用とする植物・動物・鉱物について、その形・産地・効能などを研究するもの。　○ナショナリティ…国民性。

問一　波線部①・②はここではどのような意味か。それぞれもっとも適切なものを一つ選べ。

ようとしたのである。2『言海』の野心はそれとはまったく異なっている。『言海』に当時の日本人にとっての古語（ないし「漢文体」など書き言葉にしか現われないような語彙）が少なからず含まれているのは事実であるが、それが包摂しようと試みているのは基本的には日本語の共時的「現在」である。要するに、大槻が対象としたのは、樹木や草花のように自然な何かとして今現に日本人の日常生活の一部分をかたちづくっている「普通語」だったのである。「ことばのうみ　の　おくがき」によれば、語義の確定に苦心した言葉が多く、或る外来語に関して専門家から専門家へ、施設から施設へとウホンソウしなければならなかったという苦心談なども語られているが、それでも大槻に、契沖や真淵や宣長のように文献学の深い迷路に踏み行ったり、語義の把握に独特な詩的感性を働かせたりする必要がなかったことだけはたしかである。

『言海』はいわば3「普通語」について「普通」に書いているだけの著作であり、このテクストの歴史的意義はその点にこそある。実際、そこに収録された語彙の大部分をエシめるのは、当時の「普通」に教養ある日本人ならば直感的に理解可能なものばかりだと言ってよい。ただし、4意味を直感的に理解していることと、それを正確に定義する簡潔明快な――すなわちこれもまた「普通」の――文章を書き下ろすこととの間に、天地の隔たりがあるのは言うまでもない。大槻は、「普通語」を「普通」に記述する或るメタ言語の文体を創始したのである。しかも彼は、それを「普通語」の全体に対して網羅的に行なった。彼は、日本語の「現在」を余すところなく記述し尽くそうとしたのであり、この徹底的な網羅性こそが『言海』を日本語をめぐる学知の歴史において画期的なモニュメントたらしめているのである。

大槻は「ことばのうみ　の　おくがき」で、当初の目算では、「収むべき言語の区域、または解釈の詳略など」はウェブスター英語辞典のオクタヴォ（八つ折）版（簡略小型本）に倣《なら》おうとしたと述べている。語義もまた、「『オクタボ』の注釈を翻訳して、語ごとにうづめゆかむに、この業難からずとおもへり」。ところがそんな甘い見通しはたちまち潰《つい》えた、と大槻の回顧談は続くのだが、ともあれ、5参考にした先行辞書の筆頭にこの「オクタボ」が挙げられていることはきわめて徴候的である。「日本普い）、二十二年五月から『日本辞書　言海』の刊行を開始、二十四年四月に完結した。和語・漢語・外来語にわたって三万九千語余が収録されて、それが五十音順に配列されている。

1近代的体裁による初めての日本語辞書『言海』の歴史的意義は二つあり、それは、辞書本文に表われた「網羅性」と文典部分の『語法指南』が明示する「システム性」であるが、この両者は結局は表裏一体をなして成立していると言ってよい。

まず、『言海』は「日本普通語」の総体を網羅的に記述し尽くした最初の辞書である。

此書ハ、日本普通語ノ辞書ナリ。凡ソ、普通辞書ノ体例ハ、専ラ、其国普通ノ単語、若シクハ、熟語（二三語合シテ、別ニ一義ヲ成スモノ）ヲ挙ゲテ、地名人名等ノ固有名称、或ハ、高尚ナル学術専門ノ語ノ如キヲバ収メズ、又、語字ノ排列モ、其字母、又ハ、形体ノ順序、種類、ニ従ヒテ次第シテ、部門類別ノ方ニ拠ラザルヲ法トスベシ。其固有名称、又ハ、専門語等ハ、別ニ自ラ其辞書アルベク、又、部門ニ類別スルハ、類書ノ体タルベシ。

これは『言海』冒頭部分に置かれた「本書編纂ノ大意」の書き出しであるが、ここで何度も繰り返されている「普通」の概念に注目したい。「普通語」の範疇《はんちゅう》の外に排すべしとしてここに挙げられているのは、固有名詞と学術語・専門語であるが、特殊な雅語や古語、また方言などもここからやはり省かれていることは明らかだ。国学系の言語論とは畢竟《ひっきょう》、古典に現われた高雅な文学的古言を正確に理解するための補助学問であったわけだが、洋学の教養で武装した新時代の文部官僚たる大槻にとっては、それらは参照の対象でこそあれ、「普通語」辞書の編纂の主要目的との関わりが薄かった。たとえば『言海』の「あはれ」の項目は、『源氏物語』以来のこの語の多様なニュアンスにも仏教的含意にも触れず、現今の簡便な字引きさながら「憐ムベキコト。傷《イタ》ハシキコト。フビン」と、ごく簡単に済まされている。

契沖以来の古言の研究の眼目は、年月の経過とともに忘れ去られてしまった起源の復元にあった。難解化《オブスキュア》してしまった意味の混濁を晴らし、万葉なら万葉の時代に「言の葉」が魂と直結するかたちで湛《たた》えていた——と彼らの信じる——透明性を回復し

B　明治二十年代初頭に至って、契沖、賀茂真淵、本居宣長、富士谷成章《ふじたになりあきら》、鈴木朖《すずきあきら》といった国学の系譜に連なる日本語論を受け継ぎつつ、それに西洋文典の解読グリッドを合理的に組み合わせ、日本語の特性はそれとして記述しつつ、かつ西欧文典と比べて遜色のない網羅的な形式性をも整備した、きわめて説得力のある日本語文法が出現する。それが大槻文彦の『語法指南』である。

ここでただちに付け加えておくべきは、『語法指南』がもともと辞書『言海』(明治二十二―二十四年)の冒頭に付載されたものであるという点だ。『語法指南』は明治二十三年にはそれだけ独立した単行本としても刊行されているが、Y本来、『語法指南』と『言海』本文の二者は相補的な関係にある一対の著作であり、その相補性それ自体に大槻の仕事の意義が存していることは明らかだろう。

大槻文彦(一八四七―一九二八)は元来、洋学者であった。明治五年に文部省に入省した大槻の初期の仕事は、日本語学とも言語学一般とも無縁のもので、小学校用教科書『万国史略』の編纂《へんさん》(二巻、明治七年)、『羅馬《ローマ》史略』の翻訳(十巻、同七―八年)などである。前者は中国史と西洋史を扱ったもの、後者は「米人セヱル氏ノ訓蒙《くんもう》羅馬史略」(一―五巻)、「英人テイトレル氏、ビートン氏、米人リコルド氏、グードリッチ氏等ノ羅馬史及ビ万国史等」(六―十巻)に拠《よ》るものだ。宮城師範学校(後の宮城教育大)の創立に携わり、校長としてアフニン、明治八年に本省に戻って報告課の勤務となる。この時点までの大槻は、英語に堪能で文才に長《た》けた文部官僚以上のものではない。

大槻が文部省に戻った明治八年二月、当時の報告課長西村茂樹が彼に国語辞書の編纂を命じる。以降、『言海』完成後もなお引き続きその増訂にイフシンした歳月まで含めれば、結局彼の後半生の丸々全体はこの②畢生《ひっせい》の事業に捧《ささ》げられることになった。

大槻は様々な困難を経て(西村の転任もあって原稿の完成にもかかわらず出版のめどが立たなかったこと、最終的には下賜された原稿の自費出版を余儀なくされたこと等々、その詳細は『言海』巻末に収められた「ことばのうみ　の　おくがき」に詳し

国文学科

▲現代文・古文・漢文の読解力を問う試験▼

（七五分）

一

次の文章A・Bは、松浦寿輝『明治の表象空間』の中から日本初の近代的国語辞典『日本辞書　言海』について述べた部分を抜粋したものである。よく読んで、後の問に答えよ。

A　明治日本の植物知の発展の軌跡と言語知のそれは、或《あ》る相似の曲線を描いているように見える。世界の現象に貫徹している普遍的な法（法則）を解明することが学問の使命であると信じた主体にとっては、もはやXその対象が植物の場合であろうと言語の場合であろうと、ノンシャランな足取りで思いつくまま恣意的に繰り広げてゆく趣味的な記述に自足していることは不可能となった。ひとたび選択した方法を、収集した資料体の全体に対して貫徹し、原理の解明へ向かって①ぎりぎりと引き絞ってゆく或る徹底的な思考の持続が要請されることになったのである。では、言語の探求におけるそれは、いったいどのようなものであったか。

解答編

哲学科

◀哲学への関心および読解力・思考力・表現力を問う試験▶

I

解答　(1)―a　(2)―c　(3)―c　(4)―a　(5)―d

◀解　説▶

≪哲学史に関する知識≫

(1) aが正解。ルクレティウス（紀元前94年頃〜紀元前55年）はエピクロスの原子論を継承し，原子論に基づく世界観を叙述した哲学詩『物の本質について』を著した。教科書や用語集に記載のない人物であるが，他の選択肢がストア派の思想家なので，消去法で正解を導くことができる。

b．マルクス＝アウレリウス＝アントニヌス（121〜180年）は，後期ストア派の哲学者で，ローマ皇帝となった。主著に『自省録』がある。

c．エピクテトス（55年頃〜135年頃）はローマ時代の後期ストア派の哲学者。もともと奴隷であったが，解放された後は学園を開き，すべてを神の摂理に任せ，運命を生きることを説いた。

d．セネカ（紀元前4年頃〜紀元後65年）は後期ストア派の哲学者で，皇帝ネロの家庭教師や政治顧問を務めた。

(2) cが正解。『神学大全』を著した，スコラ哲学の大成者であるトマス＝アクィナス（1225年頃〜74年）は13世紀の人物である。

(3)合理論の祖デカルト（1596〜1650年）の著作はc．『情念論』である。

a．『ノヴム・オルガヌム』は経験論の祖ベーコン（1561〜1626年）の著作。

b．『社会契約論』はフランスの啓蒙思想家ルソー（1712〜78年）の著作。

d．『パンセ』はフランスのモラリストであるパスカル（1623〜62年）

の著作。

(4) aが正解。フッサール（1859～1938年）によって創始された現象学は，純粋な意識の内面にあらわれる現象をありのままに記述する方法を取る。

b．論理実証主義は，1920年代に形成されたウィーン学団の思想で，検証不可能な命題は無意味であるとする立場。ウィトゲンシュタイン（1889～1951年）から影響を受け，分析哲学の成立に寄与した。

c．構造主義とは，ある事象の意味を社会的・文化的な構造から理解する立場。ソシュール（1857～1913年）の言語学に始まり，レヴィ＝ストロース（1908～2009年）らによる文化人類学によって確立された。20世紀後半を代表する思想潮流のひとつ。

d．精神分析学とは，フロイト（1856～1939年）が創始した理論で，人間の深層心理を解明しようとするもの。

(5) dが正解。九鬼周造（1888～1941年）は，『「いき」の構造』において，江戸時代の美意識である「いき」を分析した。

a．『風土』は日本の代表的倫理学者である和辻哲郎（1889～1960年）の著作。

b．『正法眼蔵』は日本曹洞宗を開いた道元（1200～53年）の著作。

c．『善の研究』は日本の代表的哲学者である西田幾多郎（1870～1945年）の著作。

II　解答例

問1．カントによれば，政治的な秩序において求められる適法性は，道徳性と区別される。そのため，道徳的な健全さをまったく持たない「悪魔」であっても，法を守る知性さえあれば，国家を樹立することができるから。(80字以上100字以内)

問2．自分が立法者となって定めた定言命法に従うことによってのみ道徳的行為が可能になるため，立法者であることを拒むということは道徳的行為から外れることになるから。(50字以上80字以内)

問3．政治的な法とは，共同体によって定められたルールであり，すべての構成員が従うべきものである。宗教的な法とは，人間が服従しなければならない神の絶対的な命令をいう。自然の法とは，たとえば人間は必ず死を迎えるというような，自然によって定められた，人間が逃れることのできない必然性を意味する。(120字以上150字以内)

問4．カントの「自由の法」の場合は，みずからの理性によって法を制定し，みずからがその法に従うため，法に従うことと自由は矛盾しない。それに対して，政治的・宗教的な法や自然の法の場合は，土地の法，神の命令，自然の必然性など，自分の外部から与えられたものに服従するため，「自由の法」という表現には矛盾が生まれる。(120字以上150字以内)

◀解　説▶

≪カントの道徳法則について≫

ハンナ＝アーレントが道徳について考察した著書の中で，カント哲学を取り上げた箇所の引用を読み，下線部に関する設問に答える。カントの道徳法則についての知識も，手がかりになるだろう。

問1．下線部①について，知性があれば「悪魔たち」でさえ，国家を樹立できると言われる理由を説明する。下線部の前の部分では，カントが適法性と道徳性を区別しているという議論が紹介されている。適法性とは，「法を守る」ということであるが，政治的な秩序において求められるのは，あくまでこの適法性であり，道徳性ではない。この点を踏まえながら，「悪魔たち」の含意を明確にした解答を作成しよう。政治秩序を形成する適法性は，道徳性と無関係であるとされていた点に注目すれば，「悪魔たち」とは，法を守るための「知性」を備えてはいるが，道徳とは無縁の存在であると考えられる。

問2．「わたしが世界の立法者としてふるまうことを拒むときに，罪や犯罪が生まれる」とカントが考える理由を説明する。ここでいう「罪や犯罪」とは定言命法から外れた行為を意味する。カントによれば，「他者の定めた法に従うこと」は他律にすぎず，人間は自分でルールを定めてそれを守る能力を備えている。そのような人間を世界の立法者と呼んでいる。よって立法者であることを拒むということは，ルールが守られないことになり，罪や犯罪が生まれることになる。

問3．カントが用いている3種類の「法」の意味の違いを説明する。3種類の法とは，政治的な法，宗教的な法，自然の法を指す。政治的な法と宗教的な法については第4段落に，自然の法については第5段落に書かれているので，これらの箇所からそれぞれの法の特徴を読み取ってまとめるとよい。基本的に本文の表現に即してまとめることができるが，宗教的な法に関しては，人間が服従することに同意したかどうかは無関係であると述べられているので，「神の絶対的な命令」という側面を指摘するのが適当だろう。

問4．カントの場合と対照させながら，「自由の法」という表現が矛盾する理由について説明する。問3で問われた，「法」という語のさまざまな意味も手がかりとしたい。カントが道徳的な自由としたのは，内面的な自由であり，自分が立てた法則に義務として従うことである。それは，自分に従うことであるから，この場合，「自由の法」という表現に矛盾はない。他方，政治的・宗教的な法や自然の法の場合は，共同体のルールや神の命令，自然の必然性という外部からの要求に従うことになるため，「自由の法」という表現は矛盾することになる。

Ⅲ　解答例

テーマの記号：b

人間は古来から普遍的な真理を探究し続けてきた。たとえば，古代ギリシアのソクラテスは，真理の基準は場所や時代・人によって異なるから客観的真理はないと考える相対主義に対し，いつでも・どこでも・だれにでもあてはまる普遍的真理を探究することを人々に求めた。また近代ではカントが，自分が何か行為をなそうとするとき，それがいつでも・どこでも・だれにでも通用する普遍的な法則となるように行為せよと説いた。彼らの立場によれば，時代や文化・社会機構の制約と関わりなく妥当する真理や倫理が存在することになる。しかし，人間は自分がおかれた状況とは無関係に，善い・悪いという判断をすることは可能だろうか。たとえば，物事をはっきりと主張することを美徳とする社会もあれば，曖昧な意思表示のほうが好ましいとされる社会もある。このように，普遍的に善いとされる価値を見つけるのは実際には難しい。そこで参考にしたいのは，言語の意味はその共同体が持つ言語体系全体の中で決定されるとする構造主義の考え方である。自分の行動や相手に投げかけた言葉が適当なものであるかどうかは，共同体の中でどのように位置づけられるのかによって決定される。こうした点に注目すれば，「倫理は一定の歴史的伝統を通して共有された共同体的な善の理解の下で成り立つ」といえるのではないだろうか。(500字以上600字以内)

◀解　説▶

≪哲学的な問いについての論述≫

与えられた5つの哲学的問いの中から1つを選び，自分の考えを述べる。〔解答例〕ではbを選び，構造主義の主張を参考にしながら，正しさは状況や関係の中で決まるという立場に立って論述を展開した。他に，サンデルの共同体主義もこの立場の意見として参考にすることができるだろう。設問で挙げられた2つの立場をそれぞれ理解した上で，自分なりの批判・検討を加えるとよい。

〔解答例〕以外のテーマについて，論述を作成する際のヒントを挙げておく。

ａ．哲学的関心と好奇心との相違，もしくは両者の関係について論じる。好奇心とは物事を探究しようとする心で，学問などの知的活動のエネルギーとなる。この好奇心が哲学的関心と異なるものであるか，または哲学の探究を行う上で好奇心が欠かせないものであるか，両者の相違や関係性について考察する。哲学とは知を愛し求めるという活動であることをふまえ，人間が持つ，真理や美を追求したいという根源的なエネルギーについて考察すると，両者の関係性がとらえやすくなる。

ｃ．自然美と芸術美の相違について論じる。人が身体的行為を用いて作り上げる創作活動としての芸術を，人工的なものと解釈すれば，自然（「自然美」）と人工（「芸術美」）は対立するものといえる。しかし，自然を貫く理法であるロゴスを理解したいという人間の根源的欲求に注目すれば，芸術とは，自然から離れたものを造形するのではなく，自然の理法を再現しようとする試みであるととらえることも可能である。古代ギリシアでは「真・善・美」は同一であると考えたことなどをヒントにして，自然とは何か，芸術とは何かについて考察することができるだろう。

ｄ．人格の同一性に基準は存するかについて考察する。青年期の課題はエリクソンによればアイデンティティを確立することであるとされ，受験生自身も進路選択などにおいて「自分とは何者か」という問いに直面させられる機会が多いだろう。高校生から大学生となっても同一の「わたし」であるといえるのはなぜなのか。腕や足を失ったら以前の「わたし」とはいえないのか。人生観の変化を余儀なくされアイデンティティクライシスに陥っても同一の「わたし」であり続けられるのか。属性，嗜好や身体的特徴，能力，価値観といった自分を構成する要素を見つめ，「わたし」の存在証明はどこにあるのかを問うことで，人格の同一性について考察を深めることができるだろう。

ｅ．今日における〈教養〉の在り方と哲学の関係について論じる。

「人は哲学を学ぶことはできない。哲学することを学ぶだけである」というカントの言葉があるが，「知識」と「教養」の違い，「哲学的知識を獲得すること」と「哲学することを学ぶこと」との違いについて考察することで，教養の意味や，教養と哲学の関係について考えを深めることができるだろう。教養とは，単なる知識の集積ではなく，人生を豊かにしたり，人格を高めるのに役立つ体系的な知識のことであるが，設問では「今日における〈教養〉の在り方」という条件があるので，情報や知識が容易に手に入る現代社会における，単なる情報としての知識とは異なる教養の意味について触れておく必要がある。

■史学科■

◀歴史学をめぐる試験▶

解答 問1．(1)—① (2)—① (3)—② (4)—③ (5)—③ (6)—②
(7)—③ (8)—① (9)—② (10)—② (11)—② (12)—① (13)—④
(14)—③ (15)—④ (16)—④ (17)—④ (18)—④ (19)—③

問2．原爆ドームの世界遺産登録に際し，アメリカ合衆国が原爆投下肯定の立場から反対した事例や，明治日本の産業革命遺産の世界遺産登録に際し，韓国が朝鮮人強制労働の存在を主張して反対した事例などがある。(100字程度)

問3．仏像とは本来，人々を救う思いが具現化されたものであるのに，100万人もの餓死者が出たことよりも，ターリバーンによる仏像の破壊が非難されている事態に対し，仏像は世の中や人々を正しく導くことができない無力を恥じている。(100字程度)

問4．(1)旧約聖書にもあるように，全知全能の唯一神を人の手でかたどり拝むことは，神を冒涜することであるから。また仏教ではブッダが偶像を否定し，法を拠り所とするように述べたから。(80字程度)

(2)南都焼打ちによって奈良の伝統的な多くの建築や仏像が失われたが，運慶や湛慶，快慶といった奈良仏師がその復興に活躍し，力強く写実性にあふれる新たな美術を生み出したから。(80字程度)

問5．問題文は，文化財を歴史的な建築物や偶像，絵画などと定義し，これらが今まで戦乱や宗教的・政治的理由から破壊されてきたことを批判し，国家・民族のアイデンティティーを守るためにも人類全体で保護していくべきと主張する。しかし「文化財保護法」第二条の二や五のように，文化財とは演劇，音楽といった形のないものや，地域における人々の生活景観なども含むのであり，問題文ではそれらに関する言及は見られない。この点は課題と言える。(200字程度)

◀解　説▶

≪文化財の破壊について≫

問1．⑴最初の空欄(ア)の後ろに「…オスマン帝国はアクロポリスを要塞化し，…」とあり，古代アテネ中心部復元図から，アクロポリスを示している①を選択する。

⑶空欄(ウ)にはバーミヤンが入る。②が正解。唐の玄奘はバーミヤンを訪れ，地域の信仰心の厚さやバーミヤン石仏についての記録を残している。①はサーンチーのストゥーパ，③はラサのポタラ宮殿，④はジャワ島のボロブドゥールに関する説明文である。

⑸③が正解。精密な写実性を特徴とするフランドル派の代表として有名なのはファン＝アイク兄弟である。フランドル地方は現在のベルギーを中心とした地域。①はイタリア＝ルネサンス，②はドイツ＝ルネサンス，④はフランス＝ルネサンスの絵画芸術の説明。なお，マニエリスムとは盛期ルネサンスとバロック様式の移行期に現れた芸術思潮を指す。

⑺難問。最初の空欄(カ)の後ろに著書『入唐求法巡礼行記』があることから，(カ)は円仁。①～④のうち，円仁を説明する文章は③。①は天台宗の開祖である最澄，②は真言宗の開祖である空海の説明。③と④の区別が難しいが，④に園城寺の復興とあることから，比叡山に拠った円仁の山門派と，園城寺に拠った円珍の寺門派の対立を想起したい。

⑻難問。空欄(キ)の直前に「1966年に始まる」とあるのでプロレタリア文化大革命であることは，すぐに了解できよう。その先頭に立った集団とは紅衛兵で，①～④より紅衛兵の説明として誤っているものを選択するのだが，非常に詳細な内容で判断が難しい。正解は①。上山下郷運動とは，毛沢東の指示で青年らを地方の農村に送り農業に従事させた運動のことで下放とも言われる。はじめ毛沢東を熱狂的に支持していた紅衛兵は，次第に派閥分裂を起こし，毛沢東も統制ができなくなった。このため農村支援の名目のもとに，紅衛兵運動の青年らが農村や辺境に追放された。

⑽やや難。「南都」は奈良を指す。空欄(ケ)に入る寺院は，3つ目の空欄直後の「大仏殿」というヒントから東大寺であるとわかる。東大寺を説明している選択肢は②。①は薬師寺，③は唐招提寺，④は西大寺の説明だが，③・④は詳細で難しい。

⑾やや難。空欄(コ)に入る寺院は，設問文の「山背国山科に創建され，の

ち平城京に移された」という記述から，興福寺であるとわかる。興福寺の前身，山階寺の創建者は中臣鎌足であるので，鎌足の説明である②が正解となる。①は聖徳太子，③は天武天皇，④は蘇我倉山田石川麻呂の説明である。

⒀空欄（サ）には応仁の乱が入る。応仁の乱の一場面を描いた『真如堂縁起絵巻』を示すのは④である。応仁の乱で活躍した足軽が描かれている。なお，①は鑑真の伝記である『東征伝絵巻』，②は『信貴山縁起絵巻』，③は『平治物語絵巻』である。

⒁やや難。雪舟が大内氏の支配する山口で活躍したことを知っていれば，③「常栄寺雪舟庭」を選択できる。①西芳寺庭園，②三宝院庭園，④大徳寺大仙院庭園はすべて京都にある庭園。

⒃「神仏判然」とは聞きなれない用語であるが，リード文の空欄（ス）の前にある「神仏分離は…進められてきた」「神仏判然令…を発した。これによって，…（　ス　）状態は解体されてゆく」という部分をヒントにすると，空欄（ス）には「神仏分離」の反対を指す言葉が入ると考えられる。ここから神仏習合を想起しよう。選択肢①～④のうち神仏習合を体現するものは，④の東大寺僧形八幡神像である。「僧形＝仏教」「八幡神＝神道」の習合と言える。

⒄やや難。空欄（セ）に入る機関は，「韓国併合後の朝鮮を統治した機関」であると設問文にあるので，朝鮮総督府を想起したい。④が正解。選択肢はどれも詳細な説明で難しいが，①は「統監」とあるので統監府の説明と判断できる。②は関東都督府の説明。それがわからなくとも「1906年」は韓国併合（1910年）以前なので対象外となる。③は東洋拓殖会社の説明。朝鮮半島の土地開発推進のため，日韓両国政府によって設立された国策会社である。

問2．やや難。世界遺産登録に際し，各国の歴史認識の相違から，紛争や対立が起こった具体例について，100字程度で説明する。さまざまな答えが考えられるが，教科書や図説・図録，新聞などの報道で見たことのある事例を端的にまとめよう。その際「なぜその国は登録に反対するのか」という根拠についても説明を付すとよいだろう。ここでは「原爆ドーム」と「明治日本の産業革命遺産」を取り上げた。ポイントは以下の通り。

①「原爆ドーム」←アメリカ合衆国の反対

理由：アメリカは「第二次世界大戦を終わらせるために米国は原爆を使用した。その前段階で一体何があったかを理解することが重要だ」と主張。つまり原爆投下は必要だったとの認識から，核の悲劇の側面のみを強調する原爆ドームの登録に反対した。

②「明治日本の産業革命遺産」←韓国の反対

理由：遺産を構成する一部，端島炭鉱（通称：軍艦島）で朝鮮人に対する強制労働があったと主張。非人道的な強制労働があった炭鉱を含む施設群を，世界遺産としては認定するべきでないとして反対した。

問3．アフガニスタンでターリバーンによって爆破された「仏像が感じた『恥辱』」について，100字程度で説明する。「仏像が恥辱を感じる」とはもちろん比喩表現であるので，まずは「A：仏像とは何か」ということと，Aを踏まえた上で，「B：仏像にとって恥・屈辱とは何か」を考えることになろう。

「A：仏像とは何か」

仏像は，1世紀以降に隆盛したインドの仏教美術であるガンダーラ美術期に初めて作成されたとされる。同時期に「利他行」を特徴とする大乗仏教が興り，これと相まって衆生が救いを求めて仏像を拝むことが現れはじめた。つまり，仏像は人々を救済する思いが込められたものと考えられる。これは，衆生救済の利他行に励むとされる「菩薩」の像が多く制作されたことからもわかる。

「B：仏像にとって恥・屈辱とは何か」

仏像は「人々を救済する思いが込められた」ものであるから，比喩的に言えば，仏像は人々を救いたいと思っている存在である。しかし，アフガニスタンで起こったバーミヤンの石仏破壊において「世界がアフガニスタンにおける100万人の餓死よりも仏像の破壊を嘆いた」という現実に際して，仏像はそれを恥・屈辱と考えているのである。

問4．(1) 難問。〔解答〕では，キリスト教および仏教における偶像の製造，崇拝に対する忌避の理由についてまとめた。

キリスト教はユダヤ教から派生した宗教であり，ユダヤ教の『旧約聖書』も聖典としている。この中に偶像崇拝禁止の規定があることは周知であろう。モーセが授かった十戒の第二条そのものを想起してもよい。よってキリスト教でも当初偶像崇拝は禁止であった。本来不可視で絶対的な存在であるはずの全知全能の唯一神を，人の手で目に見える形に表し，それを崇拝することは，神を冒涜することに他ならない。よって偶像崇拝は認められないのである。

仏教の偶像崇拝禁止については諸説あるので，詳しい言及は難しいところである。教科書や用語集などでも触れられることはない。しかし仏像が作られるようになるまで，初期仏教の崇拝対象が仏舎利を納めたストゥーパ等であったことは学習しているはずである。また，ブッダが自ら修行により悟りを開くべきという教えを説いたことも学習済みであろう。ここから，ブッダが偶像を作り崇拝することを否定していたと類推したい。仏教で説かれたのは，自ら悟りを開くべく法に則って正しい行動をすることであって，偶像を崇拝することではなかった。

⑵南都焼打ちが鎌倉美術の勃興につながった理由について，具体的な担い手を挙げつつ記述する。下線部(f)の直前にもあるように，南都焼打ちによって数々の建物や仏像が焼け落ち，灰となってしまった。そこで立て直し復興が始まるのだが，その際活躍したのが運慶・湛慶父子や快慶ら奈良仏師であった。彼らは奈良時代の彫刻の伝統を受け継ぎつつも，力強く写実性にあふれる新たな仏教美術を生み出した。これが鎌倉美術の一つの特徴である。以上を 80 字程度でまとめればよい。

問５．問題文における文化財の定義とその議論に矛盾や課題はあるかについて，〔資料〕の「文化財保護法」を参考にしながら 200 字程度で説明することが求められた。

まずは文化財の定義を問題文から読み取り，それと〔資料〕の「文化財保護法」を比較することで，論述すべきポイントが見えてくる。

●問題文における文化財の定義

まずは問題文における文化財の定義とそれに対する主張を要約したい。問題文の第２段落でパルテノン神殿の破壊，第３段落ではバーミヤン石仏の破壊，第４段落ではヨーロッパの偶像破壊，第５段落では会昌の廃仏，第６段落では南都焼打ち，第７段落では廃仏毀釈，第８段落では近代日本による朝鮮の文化財の収奪について述べられている。

これらを通してみると，問題文では「文化財」を歴史的な建築物や偶像，絵画などと定義していることが了解できよう。そしてこれらがさまざまな理由から破壊されてきたことについて述べており，それに否定的であり，かつ人類は文化財を保護していく使命があると考えている点も全体から読み取れる。

では，文化財破壊の理由は何であろうか。その視点で改めて問題文を見れば，第１段落で「戦争や大規模な激甚災害が起きれば…〈文化財〉も被害を受ける」とあり，第２段落以降では，宗教的理由や政治的理由から破壊が行われていることがわかる。

そして文化財を保護すべきという問題文の根拠は何であろうか。第１段落で「文化財保護は，…地域や国，民族のアイデンティティーを守ることにも繋がる」とあり，「歴史的遺物を人類全体で共有すべきとの考え方もある」とも述べている。さらに最終段落では，第二次世界大戦で無数の文化財が破壊され，ターリバーンによる石仏破壊やロシアによるウクライナ侵攻は，文化財を守る国際協力を踏みにじる行為と断罪している。

●問題文の議論における矛盾や課題

問題文の主張における文化財定義と〔資料〕の「文化財保護法」における文化財の定義を比較すると，問題文が文化財を建築物や偶像・絵画などと規定しているのに対し，〔資料〕の「文化財保護法」では第二条の二「演劇・音楽などの無形文化財」や五「地域における人々の生活景観＝文化的景観」のようなものも含んでいる点がわかる。とすれば，問題文には二や五に対する言及が欠けていると指摘できることに気づくだろう。以上をまとめればよい。

英文学科

◀英語適性検査▶

1　**解答**　問1．(b)

問2．全訳下線部(2)参照。

問3．(c)　問4．(a)　問5．(a)　問6．(d)

問7．contemplation

問8．distraction(s)

問9．(d)　問10．(c)　問11．(d)　問12．(a)　問13．(b)

問14．全訳下線部(14)参照。

問15．(b)

問16．on〔upon〕　問17．(a)　問18．(c)

◆全　訳◆

≪忘れられた余暇の意味≫

［1］　人文学と科学の分野には，私たちが大きな歴史的進歩を認めるものもあれば，過去の業績に対する特別な敬意を抱くものもある。科学はほとんど常に進歩という観点から評価されるのに対して，人文学では，多くの傑出した作品は遠い昔に由来している。今日，私たちは18世紀の生物学によって世界を理解しようとはしないが，豊かな知的・美学的な経験を積んだり，世界をより理解したりするためには，プラトンやソフォクレス，ダンテやゲーテを読むのをためらわない。(2)そのような著者たちが何らかの方法で取って代わられてしまったと主張する人はほとんどいないだろう。進歩するのが必然である科学と，全く同じようには進歩しない人文学との相違が，17世紀に起きた人文学と科学の歴史的な分離の主な理由のひとつであった。人文学の偉大な作品を生み出す前提のいくつか――感情の豊かさ，さまざまな美徳の修練，知識の広さ――は，時代を経て減少することがある。確かに，人文学の枠内で新しい形式やより現代的なテーマが採用されているのは認められる。しかし，作品の偉大さは，形式の革新性や

テーマの地域的な普及だけでは測れない。

［2］　このような進歩の欠如は必ずしも嘆かれることではなく，それどころか，それは過去がまだ生きていることを意味する。私たちは自分たちの時代に孤立しているのではなく，過去の中に豊かなものの見方を見つけることができるので，それによって過去はまさに現在の一部になる。私たちが偉大な作品についてよく考えるとき，非常に謙虚な気持ちで他の時代に目を向けるだけの理由がある。

［3］　過去の価値に対する謙虚さが私たちにとって極めて重要であるのは，すべてのことが有益なあるいは技術的な合理性の進歩を通じて処理できるわけではないと認識するときだ。つり合いのとれた自己は，合理性，分析，鍛錬だけではなく，遊び，共感，美しさも必要とする。今日，哲学の統合と永遠の価値に対する熟考の大部分は，専門化と有用性に道を譲ってしまった。真理を有用性とみなす実用的な考えは，手段的理由の優位性と密接に結びつき，*theoria*（思索）と *poiesis*（生産）の伝統的な階層制を覆す。生産活動を高める時代では，私たちは思索の価値とそれを可能にする余暇を軽視しがちである。イギリスの哲学者バーナード＝ボーザンケトはこの考えをうまくとらえ，「余暇」はギリシア人にとって「精神の最高の瞬間の表現」だったと書いた。

> それは労働ではなかったし，娯楽とは程遠いものだった。それは精神的な活動で，偉大な思想や，我々を有頂天にさせる芸術や詩や，知力の最も高度な働きや，宗教によって，我々はそこで時折，我々から決して奪われることがない感覚を得ている。それによって我々が感じるのは，小さくてつかの間の我々人間という現在の姿形に何が起ころうとも，永遠の価値があるものと現実に知覚できる接触が持てるのだから，人生にはそれでも生きる価値があるということだ。

初期のキリスト教徒にとって，この古い考えはやはり重要で，彼らの目には *otium sanctum*，すなわち神聖な余暇となった。聖アウグスティヌスは「真理への愛は神聖な余暇を求める」と書いている。

［4］　現代性の中で，余暇は消え去ったようだ。技術的発明とそれがもたらした社会的な技術は生活のペースを加速させている。科学技術によって，世界はより速く動いている。待合室のテレビ画面から路上での iPhone に至るまで，時代の気晴らしから距離を置くことを可能にする有意義な孤独

が脅かされている。すでに 17 世紀には，パスカルはさまざまな人間の気晴らしがあることと思索にふけって静かなときを過ごすことへのためらいに注目していた。つまり，科学技術の発展はこの普遍的な誘惑を高めているにすぎない。

［5］　現代社会は，学びのための学びという，一見したところ怠けた過ごし方をほとんど受け入れない。今日，私たちは，本質的な価値があるものをわかりにくくしがちな方法で手段的思考形態，手段・目的合理性を高めている。皮肉なことに，手段・目的思考は幸福や健康につながらない。幸福は買ったり，獲得したり，求めたりできるものではなく，それは有意義な価値観を持つ人に贈り物としてやって来る。加えて，自発性と活気，遊びと静寂の要素，これらもまた幸福に属しているのだが，それらは手段的理由が高められているのとまさに同程度に軽視されている。さらには，何らかの目的を達成するための方法を考えることが最も重要になるとき，どの目的を達成しようとするべきかという問題を簡単に見劣りさせる。

［6］　今日の学生は，大学を勤勉な活動に満ちたスケジュールとさらなる進歩に向けた手段として見る傾向がある。(14)しかし，一般教養教育は，目的のための手段以上のもので，短い余暇のときをスピードと有用性で動かされている世界に提供する。重要な問題の探究に時間を充てることは成功へのはしごを登ることではなく，その場を離れ，休止し，熟考することである。「スクール」という語，ラテン語の「スコラ」の語源は，ギリシア語で余暇を表す語（*scholē*）に由来している。これは，ほとんどのアメリカ人が考える意味での余暇ではない。これは，休息と集中――神との有意義なコミュニケーションの前提――の価値を表している。私たちが偉大な作品と問題に引きつけられているとき，それらに没入するあまり外の世界を忘れることがある。私たちは読んでいること，考えていることの中で我を忘れる。熟考する余暇を通して，偶発的なものを放棄し，永遠に変わらないものにかかわり，結果，自分自身を単なる物質的な存在以上のものと考える。そのような喜びは，それ以上の目的を果たさず，果たす必要もない。アリストテレスの言葉を信じれば，私たちはより効率的に働くことを第一の目的として休息するのではない。それどころか，仕事の務めは余暇と休息に必要な条件を与えるという外部的な目的を果たすことで，そこに，熟考する喜び，私たちの最高の目的はかかっている。

◀解　説▶

［1］

問1．空所を含む文（Whereas science is …）は，第1段第1文（In some arts …）の内容を科学と人文学に分けて述べ，明確にしたものである。コンマまでの前半部「科学はほとんど常に進歩という観点から評価される」が，第1文の前半部の「大きな歴史的進歩を認めるもの」に相当する。コンマ以下（in the arts …）は人文学について述べており，第1文後半部（in others we …）の「過去の業績に対する特別な敬意を抱くもの」に沿った内容になるべきだから，(b)「より初期の」を選び，「人文学では，多くの傑出した作品は遠い昔に由来している」の意味になるようにする。直後の第3文（We do not …）の but 以下に挙げられている著者から判断しても，(b)が適切とわかる。(a)「現代の」，(c)「新しい」，(d)「最近の」は，「過去」と反対の意味になるので不適切である。

問2．主節の主語 Few は「ほんのわずかの人」の意味だが，a を伴っていないので否定的な意味になる。argue は that 節を伴って「～だと主張する」の意味。助動詞 would が用いられているので，「～だろう」と婉曲的に訳す。supersede は「（古いものなど）に取って代わる」の意味。such writers は直前の文（We do not …）の but 以下に挙げられている著者たちを指し，それらの著者の作品は現在も読まれていると直前の文で述べられていることから，supersede の意味を推測することもできる。somehow「何らかの方法で」

問3．(a)は，「プラトンやダンテは」以下が，第1段第3文（We do not …）の but 以下の内容に合致しない。(b)は，「17世紀に科学と人文学が分離したことが発端となり」の部分が，同段第5文（The distinction between …）の内容に合致しない。(c)は，同段第6文（Some of the …）の内容に合致する。(d)は，同段第7・8文（Certainly, within the …）の内容に合致しない。

［2］

問4．下線部(4)の直後の第2段第2文（We are not …）の but 以下に「過去の中に豊かなものの見方を見つけることができる」と述べられていることから，(a)が適切である。

問5．humility は「謙虚，謙遜」の意味だから，(a)「謙遜，慎み深さ」

と最も意味が近い。(b)「侮辱」　(c)「誇り」　(d)「後悔」

［3］

問6．下線部(6)を含む第3段第4文（The pragmatic concept …）は，「真理を有用性とみなす実用的な考えは，手段的理由の優位性と密接に結びつき，*theoria*（思索）と *poiesis*（生産）の伝統的な階層制を覆す」の意味。直後の同段第5文（In an era …）に「生産活動を高める時代では，私たちは思索の価値を軽視しがちである」と述べられている。これらのことから，「伝統的には思索が生産よりも重要視されていた」とわかる。よって，(d)が適切である。hierarchy「階層制」 contemplation「思索」 elevate「〜を高める」

問7．下線部(7)を含む the leisure that makes it possible は「それを可能にする余暇」の意味。the leisure は the value of contemplation「思索の価値」とともに，neglect の目的語になっており，it が contemplation を指すと考えれば文意が通る。

問8．下線部(8)は「娯楽，気晴らし」の意味。第4段でこれとほぼ同義の語は，第4文（From television screens …）と第5文（Already in the …）中で用いられている，distraction(s) である。distraction には「注意散漫，注意をそらすもの」の意味がある。

問9．下線部(9)は「つかの間の，短命の」の意味で，(d)「永久に続く」が正解。ephemeral が修飾している personality は「人間としての存在，人」の意味。下線部(9)を含む文（That makes us …）の life 以下で，「永遠の価値があるものと接触できるのだから，人生にはそれでも生きる価値がある」という内容が述べられていることから，ephemeral が eternal「永遠の」と反対の意味を持つと推測することができるだろう。(a)「ささいな」　(b)「理性的な」　(c)「偶然の」

［4］

問10．パスカルへの言及がなされているのは，第4段最終文（Already in the …）の前半部（セミコロン（；）まで）で，「17 世紀には，パスカルはさまざまな人間の気晴らしが存在し，思索にふけって静かなときを過ごすことをためらう人々がいたことに注目していた」とある。これを受けて，同文後半部では「気晴らしという普遍的な誘惑は科学技術の発展以前から存在していて，現在はそれが加速しているにすぎない」と述べているのだから，(c)が適切と言える。take note of ～「～に注目する」

［5］

問11．have little patience for ～ は「～にほとんど我慢ができない」の意味で，Contemporary society「現代社会」が擬人化された表現になっていて，「現代社会は～をほとんど受け入れない」という意味になる。apparentには「(事実かどうかは別として) 外見上の，一見～らしい」あるいは「明白な」の意味があるが，文脈から判断して前者が適切と言える。idlenessは「怠惰，むだに時を過ごすこと」の意味。for its own sakeは「それ自体が目的で」の意味で，learning for its own sakeは「他の目的のためではなく学びのための学び」を意味する。したがって，下線部(11)は「現代社会は，一見怠惰な学びのための学びをほとんど受け入れない」の意味とわかり，(d)が適切である。

問12．下線部(12)を含む文の主語itは，直前の節（Happiness is not …）の主語Happinessを指している。直前の節は「幸福は買われたり，獲得されたり，求められたりできるものではない」の意味で，能動態で考えれば「幸福とは人が買ったり，獲得したり，求めたりするものではない」と言える。したがって，oneを(a)「人」と言い換えれば，セミコロン（；）以下は，「幸福は有意義な価値観を持つ人に贈り物としてやって来る」の意味になり文脈に合う。(b)「社会」　(c)「単一性」　(d)「理解」

問13．「ある特定の目標を達成することだけに集中することは…につながるかもしれない」

設問文のAn exclusive focus on achieving a particular goalは，第5段最終文（Moreover, when reflection …）のwhenで始まる節「何らかの目的を達成するための方法を考えることが最も重要になるとき」を言い換えたものなので，最終文のit以下の「どの目的に到達しようとするべきかという問題を簡単に見劣りさせる」に合致するものを選べばよい。overshadow「～の影を薄くする，～を見劣りさせる」 よって，(b)「目標自体の妥当性についての考察不足」が適切。(c)「私たちの生活の自発性と活気」は，同段第5文（In addition, the …）に言及があるが，「自発性と活気は，手段的理由が高められているのとまさに同程度に軽視されている」とあるので不適切。(a)「科学技術の学習の急速な進歩」と(d)「教育開発の一時的な縮小」は，本文中で触れられていない。

［6］

問14.　a liberal arts education は「一般教養課程，一般教養科目による教育」の意味。more than ～ は名詞の前に置かれているので，「～以上の(もの)，～どころではなく」と訳せる。means to ～ で「～の手段，方法」の意味。セミコロン（；）の後ろの it は，A liberal arts education を指す。leisure は「余暇」の意味。「余暇」という訳語は，問10の選択肢で用いられているので，これを参考にすることができるだろう。なお，日本語の「レジャー」は余暇に行う娯楽やレクリエーションの意味で用いることが多いが，英語の leisure は「働いていない暇な時間」の意味で，「娯楽」の意味はない。過去分詞 driven で始まる句は，a world を修飾している。drive は「〈動力などが〉(機械・装置など）を動かす」の意味だが，ここでは比喩的に用いられている。utility「有用性」

問15.　下線部⒂を含む文の主語は「重要な問題の探究に時間を充てること」で，to 不定詞が文の補語。not *A* but *B*「*A* ではなく *B*」 deliberate は but 以下の to 不定詞を形成していて，「熟考する」の意味の動詞。よって，(b) contemplate「じっくり考える，熟考する」が正解。(a)「休息する」 (c)「～を表す」 (d)「～を見捨てる」

問16.　空所⒃の後ろの which は関係代名詞で，文末の動詞 depends に続くように前置詞 on あるいは upon を入れる。depend on〔upon〕～「～によって決まる，～にかかっている」

問17.「著者は，…するために『スクール』の語源に言及している」

第6段第4文（The origin of …）で「『スクール』の語源は，ギリシア語の余暇を表す単語に由来している」と述べ，同段第6文（It represents the …）では「それ（余暇）は休息と集中の価値を表している」と述べている。同段第7～10文（When we are …）では，「外の世界を忘れて読み考えること，つまり余暇を通して，自分自身を単なる物質的な存在以上のものと考える喜びが感じられる」という内容が述べられる。一方で，同段第2文（A liberal arts …）では「一般教養教育は余暇の時を提供する」と述べていることから，(a)「教育の中で時の流れを忘れて読み考えることの重要性を擁護する」が適切である。(b)「勤勉な活動と具体的な達成に満ちた大学生活の喜びを強調する」は，同段第1文（Students today tend …）に関連した内容ではあるが，続く第2文で「一般教養教育は，目的のための手段以上のもの」と述べられているので不適切とわかる。(c)「効果的な勉強に専念している人たちに十分な休息が必要であることを主張する」については，最終文（If we believe …）前半部の「私たちはより効率的に働くことを第一の目的として休息するのではない」は筆者の考えを示しているのだから，(c)は不適切と言える。(d)「学生が神と十分にコミュニケーションができるところに到達することの難しさを明らかにする」については，同段第6文（It represents the …）で「神とのコミュニケーション」に触れているが，(d)のような内容は述べられていないので不適。

［1］～［6］

問18．各段の要旨をまとめる。第1段「人文学は進歩の有無で評価されるものではない」，第2段「過去の時代に目を向けることは有意義である」，第3段「実用性が優先された結果，伝統的に重視されてきた思索と余暇の価値が軽視されている」，第4段「科学技術は余暇や孤独の喪失を加速させている」，第5段「目的のない学びが存在する余地は現代社会にはほとんどない」，第6段「ギリシア語の余暇という語から『スクール』という語ができた。最高の目的である熟考の喜びは余暇によって得られ，教養教育は余暇を提供するものである」 したがって，(c)「忘れられた余暇の意味」が本文の主旨を的確に示していると言える。人文学の重要性には触れられているが，その未来に関する言及はないので，(b)「人文学の未来」は不適切。(a)「人間の発明品の簡略な歴史」，(d)「文化と神の死」は本文と無関係である。

2

解答例 Studying literature is an excellent method for learning about a country's language, culture, history, and society. Meanwhile, developing a deep understanding of other countries is essential for succeeding in the globalized world. Therefore, the knowledge gained by studying foreign literature can certainly help your career.（50語以内）

◀解　説▶

「先に示された著者の論拠にもかかわらず，文学，歴史，哲学を含む人文学研究は有益で，実用的な成果をもたらしさえすると考える人もいる。人文学の分野を選び，その科目がどのように実用的な目的を果たすかを示す文章を50語以内で書きなさい」

〔解答例〕の全訳を以下に示す。

「文学を学ぶことは，ある国の言語，文化，歴史，社会を知るための素晴らしい方法だ。また一方では，グローバル化した世界において成功するには，他国に対する深い理解は不可欠である。したがって，外国文学の研究を通じて得られる知識は間違いなく仕事上の役に立ちうる」

[1]の英文では，人文学系の学問は何らかの目的の手段ではないという主張が述べられたが，[2]では，目的の手段になりうることを示す英文を書くよう求められている。〔解答例〕は文学を選んで論じているが，他には，歴史を選び，過去の失敗を学ぶことで現在に生かすことができる，といった解答も可能だろう。

❖講　評

2023年度も長文読解問題1題とその内容を踏まえた自由英作文1題の大問2題の出題で，試験時間は75分であった。

[1]の読解問題は思索・余暇の重要性を論じた英文で，難しい構文はないが，内容が概念的で難解である。小問18問中，日本語で示された選択肢が5問あり，設問に目を通しながら英文を読むことで理解の助けになるだろう。語彙力が問われる設問が選択式・記述式を合わせて6問あるが，問8や問15は，1単語に1訳語のみを対応させていたような受験生はまごついたかもしれない。問2の英文和訳問題は，supersedeの意味を知らなくても，文脈から推測できるかがポイントになる。選択肢が日本語で提示されている設問では，問3の選択肢がやや紛らわしい。

[2]の自由英作文は，[1]の英文の内容に関連してはいるものの，自分の考えを書けばよいので，比較的書きやすい。50語以内という制限があるので，簡潔な内容と表現を心がけ，極力誤りのない英語を目指したい。

自由英作文の語数は少ないものの，英文の難度を考えると，75分の試験時間に余裕はない。時間配分に十分注意しながら解答すること。英文和訳の設問が加わり，英文読解力と英語・日本語の表現力が求められる出題であった。

新聞学科

◀ジャーナリズムに関する基礎的学力試験▶

1　**解答**　(1)—E　(2)—G　(3)—F　(4)—B　(5)—E　(6)—G

2　**解答例**　私たちは，わけのわからないもの，不可思議なものがそのままであることに耐えられない。そこでとりあえず意味づけをし，わかったつもりになる。2022年夏，安倍元首相銃撃事件が起きた。最初は政治テロではないかと思われたが，事件の容疑者は母親が宗教教団に全財産を献金したことによって人生を狂わされた宗教二世で，元首相がその教団と近い関係にあると思い込んでの犯行であったことが判明した。すると，メディアの関心は数多くの信者から莫大な献金を集めていたこの教団と，その教えを信じて霊感商品を買い巨額の献金をし続けている信者たちに向かった。しかし，思慮も分別もありそうな人々が自分の生活や家族が崩壊しても献金し続けていることについては，多くのメディアは教団による「洗脳」や信者の思慮のない「愚かさ」で説明するしかなかった。それは何事に対しても真相を明らかにしようとするメディアの宿命であるが，それはまた理解不能なものに性急に答えを求める私たちの欲求に応じたものともいえるだろう。

この教団の熱心な信者もまた，わからないものに性急に答えを求める欲求に突き動かされているのかもしれない。私たちは自分の不運や社会の理不尽さに直面したとき，なぜそうなるのかわからないままであることには耐えられない。そのとき，先祖からの因果や霊的な働きといった，にわかには信じられないが完全に否定もできないような理屈が示され，しかもそれによって自分が直面している問題が全て説明されたとしたら，人々はその理屈に引き込まれていくに違いない。その教えはおそらくあらゆる人々の不運，不幸を説明できるようにマニュアル化されているのだろう。

しかし，政教分離の原則や自己責任論など「説明されていない」要因もあるにもかかわらず，「説明された」事象だけで全体像が捉えられているとするなら，深層にある本当の問題を取り逃してしまうことになる。もし，ネガティブ・ケイパビリティの能力があれば，理解不能な事象がそのままの状況に向き合うことができる。懐疑のなかを耐え抜く能力は，事象の深層にある問題へ近づくために不可欠な力である。(1000 字程度)

◀解　説▶

≪「ネガティブ・ケイパビリティ」の重要性≫

課題文で述べられている内容と関連すると自身が考える任意の事例をあげて，意見論述をする問題である。2023 年度の課題文は，小説家で精神科医である帚《ははき》木《ぎ》蓬生《ほうせい》の『ネガティブ・ケイパビリティ――答えの出ない事態に耐える力』からの抜粋である。

課題文で述べられている内容をまとめると，次のようなものになる。

- ネガティブ・ケイパビリティとは「どうにも答えの出ない，どうにも対処しようのない事態に耐える能力」「性急に証明や理由を求めずに，不確実さや不思議さ，懐疑の中にいることができる能力」のことである。(第１・２段落)
- 私たちは「わけの分からないもの，不可思議なもの，嫌なもの」にとりあえず意味づけしようとする。そこでノウハウものやハウツーものが歓迎され，マニュアル化も行われる。しかしそこでの「分かった」つもりの理解はごく低い次元にとどまり，より高い次元まで発展しない。(第３～５段落)
- 問題が生じれば的確かつ迅速に対処する能力の裏返しの能力が，「論理を離れた，どのようにも決められない，宙ぶらりんの状態を回避せず，耐え抜く」ネガティブ・ケイパビリティの能力である。この能力が備わっていたから，シェイクスピアは戯曲の中で（論理では理解できない）深い情念の炎を描き出せた。(第６～８段落)
- ポジティブ・ケイパビリティは，表層の問題のみをとらえて，深層にある本当の問題を取り逃がしてしまう。(第９・10 段落)
- 私たちの人生や社会は，どうにも変えられない，とりつくすべもない事柄に満ち満ちているが，だからこそネガティブ・ケイパビリティが重要になってくる。(第 11・12 段落)

著者は，「分からない」ものを迅速にわかろうとするポジティブ・ケイパビリティという能力は，表層の「問題」のみをとらえて深層にある本当の問題を取り逃がしているとし，これに対して「分からない」ことに耐えるネガティブ・ケイパビリティという能力の重要性を指摘する。ポジティブ・ケイパビリティがもっとも求められるのは報道メディアの世界であり，新聞学科の小論文問題でこの課題文が取り上げられたのは興味深い。

論述の方向性としては，①課題文において著者が述べている内容（ポジティブ・ケイパビリティの問題点とネガティブ・ケイパビリティの重要性）を確認する，②具体的な事例をあげて，そのなかで著者の指摘（ポジティブ・ケイパビリティの問題点とネガティブ・ケイパビリティの重要性）を展開する，③そのうえで（課題文がエッセー風の意見提起なので）自分なりのコメントをつけるという形になればよいだろう。

取り上げる事例については，ポジティブ・ケイパビリティの問題点や限界を示し，ネガティブ・ケイパビリティの重要性が納得できるものである必要がある。課題文では，ネガティブ・ケイパビリティが重要になってくるものとして，「私たちにとって，わけの分からないことや，手の下しようがない状況」「どうにも変えられない，とりつくすべもない事柄」をあげている。論理では簡単に理解できない謎や不可解さを含んだもの，あるいは「ノウハウもの」「ハウツーもの」「マニュアル化」という形では理解しきれないものを取り上げればよいだろう。〔解答例〕では，新聞学科の入試小論文であることをふまえ，時事的な事例（安倍元首相銃撃事件）を取り上げた。多額献金をし続ける信者の行為と，それを「洗脳」や「愚かさ」で説明するメディアをともに，ポジティブ・ケイパビリティと関わらせて論述した。

所、人物、動作、状態」が読者のなかで確立する前に「他の要素」が入り、理解するのに「倍数にした以上の努力」が要求される、ということである。

かえこんだ（＝非常に困った）」とある。〈編集者はなぜプルーストの小説を読んで頭をかかえたのか＝小説の問題点は何なのか？〉という観点から見ると、次段落に「プルーストの場合、《いつ、どこで、だれが》という三つの不可欠な要素が……不確定なものとして提示される」とある。これを「登場人物について……明確な要素も提示しないまま……小説の冒頭に困惑」としている③を選ぶ。

問二　傍線部前文の「意識的に《いつ、どこで、だれが》がぼやかされている」という記述を踏まえる。

問三　傍線部後の「時点が三つになり四つになり、それにつれて場所も変るということになると、われわれの思考は、それを倍数にした以上の努力、自乗し三乗した量の努力を要求される」という記述を踏まえる。

問四　傍線部直前の「プルーストに言わせれば」より〈プルーストの考える作家の義務〉であることを踏まえて前後を見る。まず、前に「彼が目ざしたのは、自分のヴィジョンをその真実において表現すること」とあり、後を見ると「他人の気に入ろうとして仕事をする場合には成功しない」とあるので、これを踏まえて「自分のヴィジョンをその真実において表現することを優先するべき」とする④を選ぶ。

問五　直前の「それこそ」を踏まえて前を見ると、「自分自身を満足させるためにやったことは、つねに誰かの関心を惹きつける可能性をもつ」とある。この記述を踏まえて「自らの理想や探究心を深めた結果……他人にも興味深いものとなる」とある③を選ぶ。

問六　傍線部の「難解」「その」という表現を踏まえて前を確認すると、第五段落の末尾に「第一の関門」、第六段落のはじめに「第二の関門」とある。ここから〈関門＝難解（読み進めるのが難しい）〉という図式を理解して第五段落、第六段落の内容をそれぞれまとめる。

理由となるのは、一つめが第五段落より、プルーストの小説は《いつ、どこで、だれが》が意識的にぼやかされていること、日本の読者が「人物と時と場所の確定」もしくは推定できる叙述を小説の冒頭に求めていると、読み進めるのが困難になる、ということである。二つめは第六段落より、「数ページにもおよぶ文章の長さ」そして「時、場

問七　傍線部の「『現代性』そのものへのアンチテーゼ」と直後の「現代そのものをも解体」が同一内容であることを踏まえて、その後の「具体的に言えば」以降の内容をまとめる。その際、傍線部後半の「機能していた」を手がかりにして、文章Cの「『他者』として機能した」という部分までが解答に含まれると理解する。

問八　傍線部の「理想像の投影」において「都合が良かった」理由は、二行後の「先史時代の人々は……あり続けた。さらに言えば……後押しした」に示されている。「さらに言えば」という語の〈前と後〉とに分けて、それぞれの内容をまとめればよい。

二　解答

問一　③
問二　③
問三　①
問四　④
問五　③
問六　(一)　意識的に《いつ、どこで、だれが》がぼやかされているので、読者は、人物と時と場所を確定もしくは推定するための叙述を求めることができないために、作品を読み進めるのが難しくなってしまうという理由。(百字程度)
(二)　一つの文章の長さが数ページにもおよび、その中に複数の時点、複数の地点が混じり込んでいる文体であるため、読者は観念の関連・対立操作が不可能になり、途中で文意をたどることができなくなってしまうという理由。(百字程度)

▲解　説▼

《「ヴィジョン」を引き出すプルーストの文体》

問一　まず傍線部直前の「編集者」がしたことを確認すると、「『スワン家のほうへ』の原稿を読んだ編集者が……頭をか

接〉を表す語が入る。

（い）直前の「壁画の損傷」と直後の「洞窟入口の閉鎖」より、〈原因→結果〉を表す語が入る。

（う）空欄前後の文脈をたどると、洞窟の「代用」に関して、「一九八三年……ラスコーⅡ」〈前部〉に加えて、「二〇一二年……ラスコーⅢ」が新たに作られた、という関係であるとわかる。〈添加〉を表す語が入る。

（え）空欄前の〈事実の列挙〉と直後の〈新しい問題提起〉から、〈話題転換〉を表す語が入ると理解する。

（お）直前の「『現代性』そのものへのアンチテーゼ」と直後の「現代そのものをも解体」は同じ意味である。〈同一・言い換え〉を表す語が入る。

問二　A、直前の「現在が過去から常に遠ざかっていく」「最も遠く離れた時代」という記述を踏まえる。

B、直後の「国立の施設」の〈価値＝高い〉という理解を踏まえて選択肢を選ぶ。

C、直前の「本物の洞窟内に入ったかのような」という記述を踏まえる。

D、直前の「『通路』の壁面部分だけでなく、ラスコーの洞窟の空間全体を」と直後の「複製・再現」より、〈そのまま完全に＝同じ大きさで〉という意味の語が入ると理解する。

E、直前の「オリジナルの洞窟の閉鎖から始まる一連の複製作業の」より、〈終わり・最終段階〉という意味の語が入ると理解する。

F、直前の「眼前の世界を揺るがす」と直後の「最先端の現代思想」を足したものが入ると理解する。

問四　直前の「洞窟内の環境が急激に悪化し、壁画の損傷が指摘され始める」という記述を踏まえる。

問五　傍線部二行前の「キリスト教の世界観……天地創造は……紀元前六千年あたり」と「それよりも数万年単位で先立つ人類の歴史」「こうした（＝キリスト教の）世界観を大きく外れる」という記述を踏まえ、それを「聖書に語られる神に造られた『人間』という世界観」とまとめた①を選ぶ。

問六　直後の「先史時代の遺物が常に偽物という疑義との戦いから始められていた」という記述を踏まえる。

■フランス文学科■

▲フランス文学・文化・歴史に関するテクストの読解力および思考力・表現力を問う試験▼

一　解答

問一　（あ）―⑤　（い）―②　（う）―①　（え）―③　（お）―④
問二　A―①　B―⑥　C―③　D―④　E―⑤　F―②
問三　レプリカ
問四　②
問五　①
問六　③
問七　近代兵器を作り出した文明が存在しない先史時代は、戦禍の惨劇に幻滅した現代の人々にとって憧憬の対象となる「他者」として機能するから。（六十五字以内）
問八　（一）先史時代は現代から時間的に遠く離れているため、観察不可能であるということ。（三十五字程度）
（二）ヨーロッパ人の直系の祖先であるという想像的な血縁関係を抱きやすいということ。（三十五字程度）

▲解　説▼

≪「先史時代」という現代的な概念≫

問一　（あ）直前の「現代は先史時代から最も遠く離れた時代」と直後の「そうした時間……異議を唱える」より、〈逆適切。また、「作用」をもつのが②「得体の知れない強大な存在」や③「人間の孤独な心情」とするのも不適切である。残る④の内容は、続く最終段落の「人間の側の精神を浄化し、卑俗な日常から飛翔させる」という記述にも合致している。

問十一　課題文は風景画を描くフリードリヒの眼目がどこにあると考えているか、課題文の段落(11)＝最終段落の主張をふまえて説明する。その際、「自然」「精神」「人間」の三つの語を使用することが条件である。最終段落を見ると、「フリードリヒの眼目は…自然の外観…の背後に存在するはずの、世界の『精神』を可視化すること」、「世界は、崇高さや気高さで人間の側の精神を浄化し、卑俗な日常から飛翔させる大きな『精神』を本源としている」とあり、最後の方では「画家のなすことは…人間に及ぼすその『精神』の働きを可視化すること」とある。これらの内容について、自然の外観と世界の精神との関係、そして、世界の精神が人間に及ぼす働きとは何かが明確になるよう、端的にまとめればよい。

問十二　第一段落に「《氷の海》は、極北の冬の海を写生として再現したものではない」、「現実には起こり得ない凍結のさまを見せている」、「全体は想像で組み立てられている」とあるので、①「ありのままに描いている」は課題文著者の評価とは異なる。

問十三　問八ですでに見た通り、第六段落で、《エルベ川の夕暮》における「夕暮の自然」は「人間の思惑を凌駕していく大きな深さをもつもの」であり、「その深さは…この眼前の光景を世界の全体的な存在に連絡させる作用をも」つとされている。したがって、④「観る人に日々の労働の意味を伝えている」は課題文著者の評価とは異なる。

の「ごく身近に感じさせる」はいずれも不適切である。

問七　「崇高」とは〝気高く尊いさま〟、あるいは〝人知を超えた壮大な美しさ、それに伴う高揚感〟などを言う。傍線部(7)の少し前に「自然から人間が受け取る感情的な反映を超えて」とあるので、単に特定の感情が呼び起こされることにしか言及していない①の「自然の姿が…恐怖に近い感情を引き起こす」と②の「自然の…さまに…思慕を抱く」はいずれも不適切。また、「人間が自然のただなかに存在することを直接揺するような」ともあるので、④の「人間の精神を…硬直させる」も不適切である。

問八　課題文は《エルベ川の夕暮》について、第六段落で「画家は激しさもなければ異変があるわけでもない夕暮の自然を、人間の傍らにありながら人間の思惑を凌駕していく大きな深さをもつものとして表わしている」とまとめている。したがって、②「甘えを…受け入れて」ほしいというのは人間の思惑であり不適切。③「郷愁の念」も本作とは無関係なので不適切である。また、自然の大きな深さを前にしては、人間は卑小であり、④「卑小さを…忘れさせる」も不適切である。

問九　空欄(9)の前後を見ると、まず「この絵にはかすかな (9) が仕組まれている」として、その具体的な内容が説明された上で、「この双曲線様の構造は…空間の深さを演出する。それは、画家が…眼にした光景から受ける感動をどう表わすかについて工夫した絵画的な (9) となっている」とある。つまり、実際の風景を写生として再現したのではなく、意図的に組み立てられたということである。しかし、それが①「悪意」によるとは書かれておらず、②「精神」では日本語として意味が通らない。また、④「錯誤」は間違いや認識と事実の不一致を意味するので文意に合わない。残る③「詐術」は〝他人をだます手段・はかりごと〟を意味する。

問十　傍線部(10)の少し前から見ると、「人間の傍らにありながら人間の思惑を凌駕していく大きな深さ」、すなわち「自然空間の広大さ」のもつ「この眼前の光景を世界の全体的な存在に連絡させる作用」が「人間にとって精神的な深さ」になるとある。したがって、この「作用」から導かれるものとして、①「厄災に適切に対応できる想像力」は不

(い)　いわゆる「東京大空襲」と呼ばれる夜間空襲では、爆撃の規模もさることながら、春先の強風で火災が延焼したことにより、犠牲者数が膨れ上がった。このことを知っていれば、三月の日付を選ぶのは難しくない。

問三　大航海時代は、キリスト教布教熱や航海技術の発達に後押しされる形で一五世紀に始まり、一七世紀まで続いた。この時代は、西欧ではルネサンス盛期〜末期と、日本では戦国〜織豊政権時代と重なる。

(あ)①シケイロスは二〇世紀メキシコ革命後の壁画運動の指導者、③ドラクロワは一九世紀フランスのロマン主義を代表する画家。②ジョットと④ボッティチェリは、ともにルネサンス期イタリアの画家ではあるが、前者は一三〜一四世紀に活躍したルネサンス絵画の先駆者であり、後者は一五世紀のルネサンス全盛期に活躍している。

(い)①狩野永徳は織豊政権時代の桃山文化を、②尾形光琳は江戸時代中期の元禄文化をそれぞれ代表する画家。③下村観山と④藤島武二は、ともに明治〜昭和期に活躍したが、前者は日本画家、後者は洋画家である。

問四　空欄(4a)と(4b)の前後を見ると、「人間には到底抗いがたい自然の力を強調することによって…無人の海の大いなる[(4a)]を表わし」とあるので、①の「無感動」や②の「無関心」はあまり適切ではない。また、「難破船の無惨と…氷の切先の峻厳さとの対比は、人間の営みとは無縁のところで自らの営為を冷淡に展開する自然の[(4b)]を鮮明にする」とあるので、②の「孤独」や④の「神性」もあまり適切ではない。残る③の「無慈悲」「非情」は「そこに、人間を顧みることのない自然の冷酷さや恐ろしさを読み取るのも可能ではある」という説明にも合致している。

問五　「峻」は〝高く険しい〟という字義をもち、「峻厳」もそれと同様に、〝山などが険しく厳しいさま〟のほか、〝態度・性格が厳しいさま、妥協や甘えを許さないさま〟を言う。①は「厳しく／険しく式典に参加する」とは言わないので不適切。また、②刃物の鋭さや③運命の過酷さを表すためには使われない。

問六　「相貌」とは〝顔かたち〟、あるいは〝物事の様相〟のこと。また、「そばだてる」は〝一際高くそびえ立たせる〟、あるいは〝耳目の注意力を集中させる〟こと。したがって、①の「ひとりでに一転させる」、②の「対決姿勢を」、③

祖である。

二 解答

問一　(1a)創案　(1b)間隙　(1c)皮相

問二　(あ)―①　(い)―①

問三　(あ)―④　(い)―①

問四　③

問五　④

問六　④

問七　③

問八　①

問九　③

問十　④

問十一　自然の構造や現象のうちに現れる世界の精神を捉え、崇高さや気高さで人間の側の精神を浄化するその働きを可視化すること。(五〇～六〇字)

問十二　①

問十三　④

▲解　説▼

《風景画家の眼目》

問二　(あ)　ドレスデンの無差別空爆が始まった日付を正確に知らなくても、消去法で解答できる。一九四五年四月末にアドルフ＝ヒトラーが自殺、②の五月八日にドイツは無条件降伏しているので、それ以後の日付は不適。

されるのを聴きにいくと言っており、東洋人（石川啄木）の歌でありながら、街・人々・社会の中にいる者の孤独を表現しているため、課題文の見解とは相いれない。

問七　傍線部(7)は、〈感情‐客観的‐社会化されたもの〉と〈知性‐主観的‐人格的なもの〉を対比する主張である。したがって、②は感情が「それぞれに特有のもの」、すなわち主観的であるとする点で不適切。また、課題文が「より高い倫理的意義に達することが問題」（第九段落）としているのは、あくまでも孤独についてであるため、③のように感情全般について「極めて高い倫理性が要求される」とするのは不適切である。④の「各人を倫理的な高みへと導く」、「他者に対する優位性の獲得」も、課題文の主張とは無関係であり、不適切である。

問八　段落(8)＝最終段落には、「物が真に表現的なものとして我々に迫るのは孤独において」、「我々が孤独を超えることができるのはその呼び掛けに応える自己の表現活動において」、「表現することは物を救うことであり、物を救うことによって自己を救うこと」とある。したがって、①は「自分自身と対象をそれぞれまったく個別の存在として尊重」が課題文の見解から外れている。②は「他者の要請に応えるという社会性を獲得」が不適。④は表現について「世界はその完全な姿を表す」とするのみで、孤独と表現の関係の軸となる自己の表現活動に触れていないため不適。

問九　（あ）③のウェルギリウスは古代ローマの詩人で、ダンテの『神曲』にも登場する。ダンテはルネサンスの先駆者とされるイタリアの詩人、ミルトンはルネサンス後のイギリス市民革命期の詩人。①のモリエールは一七世紀フランス古典主義喜劇の大成者、シェークスピアは一六世紀末イギリス・ルネサンス期の劇作家。②のモーツァルトは一八世紀オーストリア・古典派音楽の、バッハは一七～一八世紀ドイツ・バロック音楽の作曲家。④のニーチェは一九世紀ドイツの実存主義哲学者、ヘーゲルは一八～一九世紀のドイツ観念論の大成者である。

（い）②の紀貫之は醍醐天皇の時代の歌人、井原西鶴は江戸前期・元禄文化の代表的な劇作家、上田秋成は江戸後期・化政文化の小説家。①の滝廉太郎は明治期の西洋音楽家、高三隆達は織豊～江戸初期の日蓮宗の僧。③の鶴屋南北（四世）は化政期の、近松門左衛門は元禄期の劇作家。④の契沖は元禄期の国学者、道元は鎌倉初期の曹洞宗の開接結び付けている①とは相いれない。

問三　空欄（3ａ）の直前を見ると、死や孤独のように「その条件以外にその実体を捉えることのできぬもの」が「実体性のないもの」とされ、「実体性のないものは実在性のないものといえるか」と問われている（第二段落）。それを受けて、「古代哲学」は「（3ａ）のないところに（3ｂ）を考えることができなかった」ため、実体性のない死や孤独は、単に実体性のあるものの「欠乏…を意味するに過ぎなかった」、すなわち、それ自体としては実在を認められなかったとあるので、（3ａ）には「実体性」、（3ｂ）には「実在性」が入る。それに対し、「近代科学」は実体を捉えられなくても「条件に依って思考することを教えた」ため、死や孤独の「（3ｃ）を示した」とあり、（3ｃ）には「実在性」が入る。

問四　先の問で見たように、第三段落では「古代哲学」と「近代科学」の思考が対比されているため、①の「すなわち」、②の「したがって」、③の「そうであるので」といった順接は適切ではない。

問五　第四段落では「孤独というのは独居のことではない」という主張の根拠が述べられている。まず、「独居は孤独の一つの条件」かつ「外的な条件」なので、（5ａ）には、②逆接の「けれども」や④傾向の「ともすれば」は不適切。次いで、先の事実に加えて「ひとは孤独を逃れるために独居しさえする」、すなわち、孤独が独居の条件にさえなるのだから、なおのこと「孤独というのは独居のことではない」という流れになるので、（5ｂ）に①結論の「つまり」は不適切。

問六　傍線部（6）には「孤独を味うために…東洋人は自然の中に入った。…自然が社会の如きものであった」とある。①は、〝寂しさから住まいを出てあたりを眺めてみると、どこも同じように寂しい秋の夕暮れである〟という意味。②は、〝私が思うのと同じように、お前も私を愛しいと思っておくれ、山桜よ、桜の花以外に私を知る人などいないのだから〟という意味。③は、〝白鳥は悲しくはないのだろうか、空の青色にも海の青色にも染まることなく漂っている〟という意味。しかし、④は、故郷を懐かしむ気持ちから、停車場（＝駅）の人ごみの中に入って地元の方言が話

ドイツ文学科

▲文化・思想・歴史に関するテクストの読解力および思考力・表現力を問う試験▼

一

解答

問一 (1a) センリツ (1b) キョモウ (1c) ゴビュウ

問二 ①

問三 ④

問四 ④

問五 ③

問六 ④

問七 ①

問八 ③

問九 (あ)―③ (い)―②

▲解 説▼

《孤独と表現の関係》

問二 傍線部(2)は、あくまでも「死が恐しいのは…死の条件によってである」という事実との類似性によって「孤独が恐しいのは…孤独の条件によってである」ということを説明しているに過ぎない。よって、孤独を死の条件として直

二　古文。『浜松中納言物語』の一節。平安時代の物語に特徴的な主語等の省略が多く、人物関係を確実に把握しながら展開を追うことが重要。文法、敬語、語意、人物指摘など基本的知識の高いレベルでの理解を要求している。記述問題は文章の流れが正確に理解できていないと全く歯が立たない。例年通り、やや難の出題。

三　漢文。王安石『孔子世家議』からの出題。『史記』の本紀、世家、列伝の区分を孔子を世家に置くことで司馬遷自身が乱しているという内容。太史公＝司馬遷＝史記の作者、という基礎知識が大前提。その上で孔子を列伝に置くべきという王安石の考えが読み取れれば選択肢の問題は対応できるはず。記述問題は句法、読みを踏まえた書き下し、口語訳、内容説明だが、本文の展開把握を前提としており簡単ではない。しっかりした分量・内容の評論、古文、そして漢文を複数の記述問題とともに七五分で終えるとなると至難の業といえるだろう。その意味で二〇二二年度同様のやや難の出題。

傍線部前後は、世家においてもそれに従って孔子の道が大になるわけではなく、列伝に置いたからといってそれに従って孔子の道が小になるわけではないという展開になっており、dが妥当。aは世家においても「それによることが偉大だということにはならない」は意味が通じない。bは世家に置くと「大きな効果を発揮する」では本文の基本的主旨と乖離する。cは世家におくことによらなければ大きな禍を招く、という内容は、文章から全く読み取れない。

問五　「何」は疑問、反語で用いる疑問詞。「特」は「とくに」と副詞で用いるが、「特」を動詞で使う訓読みがないことからも、「特」に返っては読まないことがわかる。そしてこの文章が、孔子を公侯で国を伝える「世家」に位置づけていることへの疑問を述べており、「仲尼の才は、帝王たるも可なり」という直前との対応を考えると、どうして公侯だけといえるだろうか、いえないという反語で書き下すのが妥当だと読み取れる。「特」も限定の「ただ…のみ」で訓読すると「ただ…のみならんや」となり、書き下し・意味両面でしっくりくる。

問六　食い違っているところというのが波線部の内容であり、これを文章の内容に即して説明する。ここでの食い違いは司馬遷が『史記』の中で、帝王なら本紀、公侯で国を与えられ子孫に継いだ者は世家、諸侯で特別な事績のある者は列伝として区分しているが、孔子は支配する国を持ったことはないので、「列伝」に入れるべきで、「世家」に入れたことは食い違いだというのが筆者王安石の考えだと読み取れる。

❖講　評

㊀　現代文。出典は松浦寿輝『明治の表象空間』。二〇二二年度同様A、Bの複数資料問題であるが、同じ出典の一連の部分を分割したもので、一つの文章として把握できる。本文は大槻文彦が著した『言海』と『語法指南』は西欧の科学的観察の方法で言語の探求をしたという内容。文章の内容は理解しやすく、選択肢も迷わすものはそれほどない。ただしっかりした読み取りを前提とした記述問題が二問あり時間的に厳しい。問題自体は標準だが、時間も勘案するとやや難のレベル。

極摯《きょくし》の論《ろん》に非《あら》ざるなり。夫《そ》れ仲尼の才《さい》は、帝王《ていおう》たるも可《か》なり。何《なん》ぞ特《た》だに公侯たるのみならんや。仲尼の道は、天下《てんか》を世《よよ》にするも可なり。何ぞ特だに其の家を世にするのみならんや。之を世家に処《お》くも、仲尼の道は、従《したが》って大《だい》ならず。之を列伝に置《お》くも、仲尼の道は、従って小《しょう》ならず。而《しか》るに遷や、自《みずか》ら其の例を乱《みだ》せり。所謂《いはゆる》抵牾《ていご》する所多《おお》きなり。

◀解　説▶

問一　この文章では『史記』で、孔子の事績を「世家」に入れたことについて論じている。ポイントは「太史公」で、これは官職であるが、『史記』では司馬遷が自身を表す際に「太史公」と記している。また、「本紀」「世家」「列伝」は『史記』の部立である。

問二　冒頭からの読み取りを基本に、「孔子を列して世家と為すは、奚《なん》ぞ其の進退《しんたい》拠《よ》る所《ところ》無《な》きや」の部分の意味を把握する。「進退」の意味が読み取りにくいが、この後の文脈で、孔子は旅人で、土地を支配する権力は無いという内容が続くので、それが孔子の「進退」にあたる。そういう人生を送った孔子を、国を代々世襲する公侯の事績を述べる「世家」に位置づけているのは根拠がなく、おかしいといっていることがわかり、編纂方針に合っていないことを批判しているaが適切であることがわかる。bは『史記』における孔子の位置づけが主題であり、孔子自身の身の処し方ではない。cは、位置づけの問題ではあるが、はっきり世家に位置づけられており、その位置づけた区分がおかしいと批判している。dは史料についての批判は述べられていない。

問三　傍線部前から展開を読み取ると、孔子は国を治めたことはなく、孔子を列するのに「伝を以て宜なるかな」、つまり列伝が妥当であると言っている。この読み取りからdの理想の政治を実現しようとしたが、領国を持ったことはないの説明が妥当。aは孔子の功績についての説明は妥当だが、わずかな土地も支配していないことに言及されていない。b、「伝承によってしか知ることができない」、c、「取り上げ方で評価が変わることはない」は列伝に載せるべき評価の説明にはなっていないので外れる。

問四　この文章では、孔子は列伝が妥当であり、世家に置かれていることに疑問を呈しているという基本を押さえると、

問五　(一)なんぞただにこうこうたるのみならんや。
(二)どうしてただ諸侯の地位にあるだけだろうか。いや帝王であることも可能である。
問六　孔子は領国がなかったので「列伝」に位置づけるべきなのに、領国を世襲する諸侯を記述する「世家」に位置づけているということ。

◆全　訳◆

太史公（＝司馬遷）は、帝王の事績を叙述する時には「本紀」といい、諸侯が国を世襲する叙述は「世家」といい、公卿で特記すべきものは「列伝」というのは、これがその例（＝『史記』の叙述の凡例）である。その中で孔子を書き並べて世家に入れるのは、どうして本人の挙動に根拠とすることがないのか。孔子は旅人である。衰えた時の世にあって落ち着かず、わずかな土地を支配する権力もなかった。これは書き並べるには列伝に入れることに賛成できる。どうして世家に入れるのか。おそらく仲尼（孔子）がほとんど聖人同様の人物の資質を身につけ、その教化が盛んなことが万世に光り輝いていることによるという理由で、これを世家としてその地位を高めたのではないか。これはまた考え尽くされた至当な議論ではない。そもそも孔子の才能は、帝王の地位についても可能なほどである。どうしてただ諸侯の地位にあるだけだろうか（いや帝王であることも可能である）。仲尼の道は、天下を代々引き継ぐことができる。どうしてただ卿・大夫といった高位高官の領地を継ぐ働きだけだろうか。孔子を世家においたとしても、仲尼の道はそれによって偉大になるわけではない。これを列伝においても、仲尼の道はそれによって小さく価値のないものになるわけではない。それなのに司馬遷は自らが決めた凡例を乱した。いわゆる食い違いが多いのだ。

読み　太史公《たいしこう》、帝王を叙《の》ぶるには、則《すなは》ち本紀《ほんぎ》と曰《い》ひ、公侯《こうこう》の国を伝ふるには、則ち世家《せいか》と曰ひ、公卿《こうけい》の特起《とくき》するには、則ち列伝《れつでん》と曰ふ、此《こ》れ其《そ》の例なり。其の孔子《こうし》を列《れつ》して世家と為《な》すは、奚《なん》ぞ其の進退《しんたい》拠《よ》る所《ところ》無《な》きや。孔子は、旅人《たびびと》なり。衰季《すいき》の世《よ》に棲棲《せいせい》として、尺土《せきど》の柄《へい》無し。此れ之《これ》を列するに伝《でん》を以《もつ》て宜《むべ》なるかな。曷《なん》ぞ世家と為さんや。豈《あ》に仲尼《ちゆうじ》の将聖《しようせい》の資《し》を躬《み》にし、其の教化《きようか》の盛《さか》んなること、万世《ばんせい》に舄奕《せきえき》たるを以ての故《ゆゑ》に、之を世家と為して以て之を抗《たか》くするか。又《ま》たしいので、中納言との対面を躊躇していること。

（二）傍線部直前が難解であり「憚られる」理由説明が難しい。「世を隔てたり」に「『世』は『国』を指す」と〈注〉がついていることがポイント。日本と唐と国を隔てているといっても、という把握から、「かたじけなき御かげどもの、御おもて伏せにてもあるべきかな」の部分が、おそれおおい唐后のご威光への「おもて伏せ」、つまり不名誉になるだろうという内容を読み取る。つまり、尼君が粗末な草庵で中納言と対面することは、娘である唐后の名誉を傷つけることになると思っていることを説明する。

問七　「この消息の伝へ」は唐后の手紙を中納言が持ってきたこと。「よろづ忘れ給ふなるべし」とは、尼君がすべて忘れてしまったのだろう、ということ。何を忘れたかを説明することが不可欠。問六でも確認したとおり、傍線部の段落では尼君は草庵の粗末さを思い、唐后となった娘の名誉も考え中納言と対面することを躊躇している。それでも「もののはづかしさもおぼえず」とあるので、娘からの手紙が来たことですべての恥ずかしさを忘れてしまったという内容を説明する。

問八　問に「尼君の言葉」と指定され案内する内容であることが示されているので、「しるべし聞こえよ」は「案内し申し上げなさい」という内容であり、この場面の展開から中納言を案内する以外にはない。

三

出典　王安石『孔子世家議』

解答

問一　c
問二　a
問三　d
問四　d

かとどきどきして、お手紙をご覧になった、という展開。ここから「かかること」はリード文からも説明される、中納言が手紙を持ってきたということを指すと読み取れるだろう。

問三　敬意の対象確定には、文法的に尊敬、謙譲、丁寧を確認し、文脈を通して主語を読み取り、訳出していく必要がある。アの「給へる」は四段活用動詞已然形に完了「り」の連体形であり、四段活用動詞の「給ふ」は尊敬であるので、問二の続きの文脈から尼君が聞きなさった心地と解釈でき、尼君への敬意。イの「さぶらふ」は中納言をこちらにお連れして話をするのが「よいのではございませんか」と聖が尼君に丁寧語で語りかけており、尼君への敬意。ウの「聞こえ」はヤ行下二段活用「聞こゆ」であり、〝申し上げる〟の意の謙譲語。唐后から尼君への手紙に、この手紙を託した中納言に「何でも申し上げなさい」と書いてあり、尼君をへりくだらせることで中納言へ敬意を示している。エの「まうで」は謙譲語で〝参上する〟の意。聖に案内されて中納言が尼君の所にやってくる場面であり、中納言をへりくだらせて尼君に敬意を払っている。

問四　文脈把握から傍線部分での尼君の心情を読み取る問題。これほどお思い捨て果てたこの世への思いが、生き別れた娘である唐后のお手紙をご覧になると、やはり「さめがたげにおぼされて」とあり、さめがたいのは捨て去ったはずの現世への思いと読み取ることができる。この世のつながりである娘とのつながりに未練があるということで、この読みから現世への執着が断ち切れないというbが適切。

問五　「御こころざし」の内容を読み取る問題だが、傍線部は聖の発言の中にあり、展開と会話の内容を把握する必要がある。聖は、「並の人が思いよるはずもない山路を、自らたずね入りなさったおこころざし」と述べており、吉野に隠棲して仏道修行している尼君を、わざわざ訪ねてきて手紙を渡そうとする中納言の「御こころざし」を語っている。この内容を説明しているのはa。b・dは唐后の思いの説明になっており外れる。また、中納言は唐后の生母を訪ねてきただけで、出家の意思はなく、cは誤読の選択肢。

問六　（一）「憚られる」の内容は傍線部の前の文脈から、この世を捨てている住まいながら、草庵の粗末なことが恥ずかいになられて、なんの前世の因縁で、（自分と唐后は）やはり親子の縁を結びながら、言葉を聞き交わすことさえなく、親燕が子燕に去られてしまうと詩にあるような親子の別れのように別れてしまったことよ、などと思い続けられることも、前世までもがひどく恨めしい因縁である（と感じられる）。聖は「たいそう尊いことに、普通の人が思いつくはずもございませんような山路を、みずからたずね入りなさった（中納言の）おこころざしは、世の常にはないようですので、こちらに入れ申し上げなさって、詳細ないきさつを、お聞きになり、申し上げなさるようなことが、よいのではございませんか」と申し上げる。

（現世への）思いを捨てている住まいなどの、草の庵は（粗末で、人に見られるのが）恥ずかしい様子であるのを、（中納言に）見られて知られ申し上げるのも、国を隔てているとは言いながら、もったいない（唐后の）ご威光などへの、不名誉でもあるかもしれないと、（中納言と会うことは）遠慮すべきことであるように思われるけれど、このお手紙に、「（この手紙を託した中納言を）よそよそしく思い申し上げず、みずから何でも申し上げなさい」とあり、「私の身代わりだとまで思いなさい」とあるのは、しかるべきことのようであるらしい。自分（＝尼君）の心も、あまりにこの世から離れてしまったからだろうか、恥ずかしさも感じない。ひとつはこの手紙が届いたことで、すべて忘れなさったのだろう。南向き正面のような部屋を、あれこれ取り繕って、「そうであるならやはり、ご案内申し上げなさい」と言うので、（聖は戻って中納言に）「これこれ（のことです）。おいでなさいますでしょうか、ということでございます」と申し上げる。（中納言は）お思いやるかたなく、はるか遠くの（唐后の）ご関係のあたりと思うと、とても心ひかれ、待ち遠しくお思いになったので、喜びながら参上なさる。

◀解　説▶

問一　「ひとへに」は〝ひたすら、いちずに〟などの意味で使う副詞。

問二　「かかること」、つまり「このようなこと」とは何を指すかを文脈から読み取る問題。尼君の昨夜の夢に唐后が見えなさったので、后のことをお思いになりながら一日中勤行なさっていたところに、「かかること」をお聞きになり夢日常生活をかたちづくる「普通語」を網羅する。それを「メタ言語」として新しく創出した日本語文法によって正確に定義して示す。この両者が「相補的な関係」であることがわかるだろう。

二

出典　『浜松中納言物語』〈巻第三〉

解答

問一　c
問二　d
問三　c
問四　b
問五　a
問六　（一）尼君が、粗末な草庵で中納言と対面すること。
（二）唐の后の生母として、粗末な草庵にいる恥ずかしい姿を中納言に見せると、娘の立場を汚すことになるから。
問七　唐后からの手紙が来たことで、尼君は恥ずかしいという思いなどすべて忘れなさってしまったのだろうということ。
問八　中納言

◆全　訳◆

竹林の中に通う路があったので、聖はこの文箱を取って、持って（尼君のもとへ）参上してしまった。尼君は一心に勤行なさって、昨夜夢に唐の后が見えなさっていたので、（勤行する心の）もう片方の心で（后のことを）お思いになりながら、一日中勤行なさっていたところに、このような（手紙が届いた）ことを突然お聞きになった心地は、夢か何かだろうと胸がどきどきして、このお手紙を開けてご覧になることは、しみじみと悲しいという言葉もありきたりで言い尽くせないほどだ。これほど思い捨て切ってしまった現世の思いが、このお手紙をご覧になると、やはりさめがたいようにお思

dで説明されている。a・bは直感的理解という出発点を否定する内容で本文の展開からは誤り。cは直感的に理解しても「大量の単語に対して行い続けることは困難なため」とあり「文体を創始」しなければならなかったことの説明にはなっていない。

問六　大槻がウェブスター英語辞典の「オクタボ」を先行辞書に挙げたことが徴候的と筆者が述べるのはなぜかを読み取る。最後の段落で、ウェブスター英語辞典が「外圧」となり『言海』が創出されたこと、さらにこの辞典が英国からの言語的な独立という愛国精神を背景にしており、『言海』も日本のナショナリティ形成に影響していることの二点で「徴候的」といえる。この二点を説明した選択肢はないので注意が必要。a、「『言海』がナショナリズムの形成のために編纂される契機」が、本文の展開と異なる。b、『言海』が国学を引き継がなかったことや、西欧の「外圧」という「徴候的」の二つ目の内容が説明されており妥当。c、『オクタボ』の翻訳だけでは語釈が成立しなかった、とは本文にはない。d、西欧の「外圧」が日本の言語文化の否定をもたらしたのではなく、「洋学」という外圧を経て「日本普通語」が浮上したというのが本文の説明であり、誤りの選択肢。

問七　ア、校長として「赴任」。イ、『言海』完成後も増訂に心を砕いたという意味である。ウ、施設から施設へ駆け回ったという文脈。エ、語彙の大部分を占有するというニュアンス。

問八　言語の記述において「恣意的」「趣味的な記述」ではないどのような態度が必要かを答える。二重傍線部から後にあるとおり、恣意的、趣味的記述ではなく、選択した方法を資料全体に対して貫徹して、原理の解明に向かう態度であり、『語法指南』では「システム性」を備え、直感的に理解している「普通語」を正確に定義するための簡潔明快なメタ言語の文体を創始し、それを「普通語」の全体に対して網羅的に行ったとある。

問九　『言海』本文と『語法指南』の「相補的な関係」、つまり二つが補う関係とはどのようなことを意味するか、読み取り説明する。文章Bの第五段落に、近代的体裁による『言海』の歴史的意義として、本文の「網羅性」と『語法指南』の「システム性」が挙げられ、これを具体的に示すと両者の相補関係が説明できる。『言海』は当時の日本人の去の復元であったのに対し、『言海』の場合はその当時の日本人の日常生活にある「普通語」を記し、確定させることだったとわかり、これはaの選択肢で説明されている。bは「『普通語』の範囲を超えても」の内容が本文にはない。cは「英語を通した目で記述し尽くすことによって、近代的な『普通語』を創造」が本文の内容から外れる。確かに最後の段落でウェブスター英語辞典の媒介で「日本普通語」の総体は視界にくっきりと浮上したとあるが、「普通語」を創造したとは読み取れない。dは古語が少なからず含まれていると本文にあるが、「洋学の手法を用いながら網羅的に記述し」たとは読み取れない。

問四　A、「普通語」については『言海』の引用以降で説明されるが、固有名詞、学術語、専門語、特殊な雅語、古語、さらに方言を排した、当時の日本人の日常生活の一部分をかたちづくっているものであり、傍線部後にあるとおり、「『普通』に教養ある日本人ならば直感的に理解可能なもの」であることがわかる。この読み取りからdが妥当。bは当時の日本人にとって古語が少なからず含まれているという表現もあり迷うが、文学的古言は参照の対象ではあるものの「編纂の主要目的との関わりが薄かった」（文章Bの第七段落）という記述からすると外れる。a、「文献学的知識や詩的感性が無くても収録できる」は大槻側の問題で「普通語」の説明ではない。c、「日常会話の中で」という限定は本文ではされていない。

B、「普通」に書いている文体は、本文で端的にまとめられてはいないが、やはり傍線部前後から、詩的感性の必要がない正確に定義する簡潔明快な文章であることが読み取れるだろう。この説明はdが最適。「文語であっても」という表現に引っかかるが、『言海』冒頭部分の引用を見る限り、文語で記述されていることは明らかだろう。a、「高尚な文体」、b、「話すとおりに書いた言文一致体」、c、「読者の琴線に触れる」はここでの「普通」とはいえない。

問五　傍線部で意味を直感的に理解していることと、それを定義する簡潔明快な文章を書くことに隔たりがある、と筆者が考えるのはなぜかという問。傍線部直後に「『普通語』を『普通』に記述する或るメタ言語の文体を創始した」とあり、当時は直感的理解を普通に記述する文体がなかったから「天地の隔たり」があったと読み取れる。この内容は

◆要　旨◆

A　明治日本の植物知は、現象観察の方法を資料全体に貫徹し原理を解明して発展したが、言語の探求も同様の流れだった。

B　明治二十年代初頭、国学を受け継ぎつつ西欧文典にも遜色ない日本語文法が大槻文彦『語法指南』で示された。これは辞書『言海』と相補的関係にあり、洋学者で官僚の大槻が、当時の日本人が直感的に理解できる「普通語」を『言海』で網羅し、単語を「普通」に記述して正確に定義する文体を『語法指南』で示したという歴史的意義がある。大槻は英国からの言語的独立を目指した合衆国の辞書『オクタボ』に倣い、『言海』も明治日本において政治的役割を演じたといえる。

◆解　説◆

問一　①「ぎりぎりと」は擬態語で、ここでは「原理の解明へ向かって」いく「徹底的な思考の持続」を、弓を引き絞ってゆくさまにたとえている。弓を引き絞るさまとしてふさわしいのはa。

②「畢生《ひっせい》」はあまり見ない言葉かもしれないが、後にある「畢竟《ひっきょう》」が〝結局〟という意味であることから類推して、人生を「畢《お》える」までの事業、ということでb、「人生全体をかけた」が最適だとわかるだろう。c、「人生で最後の」では「後半生の丸々全体」に合わない。

問二　「近代的体裁」を持った『言海』はどのような方法を採用しているか、適切でない選択肢を選ぶ問題。aは文章Bの最終部分に、bは傍線部の前の行に、dは傍線部の後の文脈で説明される。eは傍線部後の引用部分に「部門類別ノ方ニ拠ラザルヲ法トスベシ」とあることから、適切だと判断できる。文章Bの最初の部分に「国学の系譜に連なる日本語論を受け継ぎつつ」とあるところから、cの「国学者たちの研究成果は利用しない」は適さない。文章全体の把握が必要な問であり、他の問題に解答しながら確認した方が効率的かもしれない。

問三　「『言海』の野心」がどのようなことを意図した野心かを傍線部前後から読み取ると、国学者の古語研究の目的が過

国文学科

▲現代文・古文・漢文の読解力を問う試験▼

一

出典 松浦寿輝『明治の表象空間』＜第Ⅱ部 歴史とイデオロギー 19 分類――システム（一）＞（新潮社）

解答

問一 ①―a ②―b

問二 c

問三 a

問四 A―d B―d

問五 d

問六 b

問七 ア、赴任 イ、腐心 ウ、奔走 エ、占

問八 思いつきではなく、対象範囲を確定し正確に定義しながら網羅的に言語を記述する態度。（四十字以内）

問九 『言海』に当時の普通語を網羅的に収め、それを『語法指南』による新たな高次言語で正確に定義、記述するという相互関係のこと。（六十字以内）

■一般選抜（学部学科試験・共通テスト併用方式）：総合人間科学部

問題編

▶試験科目・配点

学科	試験区分	試験教科・科目		配　点
教育・社会	大学入学共通テスト	外国語	『英語（リーディング，リスニング）』，『ドイツ語』，『フランス語』のうちから１科目選択	60 点
		国語	『国語』	40 点
		地理歴史または公民または数学	「日本史Ｂ」，「世界史Ｂ」，「地理Ｂ」，「倫理」，「政治・経済」，『倫理，政治・経済』，『数学Ⅰ・数学Ａ』のうちから１科目選択	40 点
	大学独自試験	学部学科適性試験	【教育・社会・看護学科　共通試験】 人間と社会に関わる事象に関する論理的思考力，表現力を問う総合問題	100 点
※心理	大学入学共通テスト	外国語	『英語（リーディング，リスニング）』，『ドイツ語』，『フランス語』のうちから１科目選択	60 点
		国語	『国語』	40 点
		地理歴史または公民または数学	「日本史Ｂ」，「世界史Ｂ」，「地理Ｂ」，「倫理」，「政治・経済」，『倫理，政治・経済』，『数学Ⅰ・数学Ａ』のうちから１科目選択	40 点
	大学独自試験	学部学科適性試験	心理学のための理解力と思考力を問う試験	80 点
社会福祉	大学入学共通テスト	外国語	『英語（リーディング，リスニング）』，『ドイツ語』，『フランス語』のうちから１科目選択	60 点
		国語	『国語』	40 点
		地理歴史または公民または数学	「日本史Ｂ」，「世界史Ｂ」，「地理Ｂ」，「倫理」，「政治・経済」，『倫理，政治・経済』，『数学Ⅰ・数学Ａ』のうちから１科目選択	40 点
	大学独自試験	学部学科適性試験	社会および社会福祉に関する理解力と思考力を問う試験	80 点

学科	試験区分	試験教科・科目		配　点
※看護	大学入学共通テスト	外国語	『英語（リーディング，リスニング）』，『ドイツ語』，『フランス語』のうちから１科目選択	60点
		国語	『国語』	40点
		数学または理科	下記①～④のうちから１つ選択 ①『数学Ⅰ・数学Ａ』および『数学Ⅱ・数学Ｂ』，②「化学基礎」および「生物基礎」（基礎を付した科目は２科目の合計点を１科目の得点とみなす），③「化学」，④「生物」	40点（数学は各20点）
	大学独自試験	学部学科適性試験	【教育・社会・看護学科　共通試験】 人間と社会に関わる事象に関する論理的思考力，表現力を問う総合問題	100点

▶備　考

※心理学科，看護学科では，面接試験を実施する。２段階での選抜とし，第１次試験合格者にのみ第２次試験として面接を実施し，最終合否判定を行う。

＊大学入学共通テストの英語の技能別の配点比率は，リーディング100点：リスニング100点（200点満点）とする。

＊大学入学共通テストの国語は，古文，漢文を含む。

＊大学入学共通テストの選択科目を指定科目数以上受験した場合は，高得点の科目を合否判定に利用する。第１解答科目・第２解答科目の区別も行わない。

＊大学入学共通テストの得点は，各学科の配点に応じて換算して利用する。

＊任意で提出した外国語外部検定試験結果は，CEFRレベル（A2以上）ごとに得点化し，大学入学共通テストの外国語の得点（200点満点）に上限付きで加点される。

教育・社会・看護学科

◀人間と社会に関わる事象に関する
論理的思考力，表現力を問う総合問題▶

（75分）

(注) 記述式の解答は，各解答欄にていねいに記入すること。数字，ローマ字については，1マスに1字とする。

Ⅰ 次の文章は、いわゆる「ネット右翼」について社会科学的な検討を試みたものである。これを読んで、後の設問に答えなさい。

1．はじめに

ネット右翼になりやすいのはどのような人か。この問いに答えるのはそれほど容易ではない。そのためには、「ネット右翼」を定義し、そこに該当する人とそうでない人を分けたうえで、両者の属性や意識を比較する必要がある。

ネット右翼をその行動―インターネットでの右派的・排外主義A※的書き込みや情報の拡散―によって定義づけるとすれば、彼らを特定するための最も適切な手段は、インターネット上の書き込みから判断することだろう。ただし、このように書き込みをもとにネット右翼を特定してその特徴を調べる手法には、いくつか問題がある。第一に、一人が複数のアカウントをもっていたり、bot(機械による自動発言システム)による書き込みがおこなわれている可能性があるため、アカウント数をそのままネット右翼の人数と見なすことができない。第二に、たとえbotなどを除外し、ネット右翼といえる個人を特定できたとしても、性別や年齢など、その人がどのような人なのかを示す情報を得るのは困難である。

そこで第二の手段として、「ネット右翼かどうか」を判別するための質問を含む社会調査をおこない、ネット右翼を特定する方法がとられる。性別や年齢、職業、収入、さまざまな社会意識についても尋ねれば、ネット右翼とそうでない人が(　　　ア　　　)。辻大介は調査会社の登録モニター※を対象に、①中国と韓国への排外的態度、②保守的・愛国的政治志向の強さ、③政治や社会問題に関するネット上での意見発信・議論への参加経験を調べ、これら三つの条件によってネット右翼を定義した。その結果、「ネット右翼」の割合は2007年には1.3%、14年には1.8%とわかった。

辻の研究はネット右翼の背景に迫ろうとする点でカッキテキ[1]なものだが、サンプルサイズが小さいため、ネット右翼に含まれる人は50人を下回り、その特徴を示すうえで十分とはいえない。そこで、本章ではネット右翼の特徴を捉えるために十分な人数の対象者を含むウェブ調査のデータを分析し、ネット右翼になりやすいのは誰か、という問いに答える。

さらに、ネット右翼よりも保守志向の弱い層を「オンライン排外主義者」と名づけ、その特徴も分析する。辻の定義にもみられるように、保守志向はネット右翼の条件の一つと考えられるが、その一方で、近年では歴史的保守主義と切り離されたネット右翼の存在も指摘されている。本書ではこのような層を「オンライン排外主義者」としてネット右翼と分けて考える。両者に同質性はあるのか、あるいはそれぞれ異なる特徴をもつのかについては、これまでの研究では示されていない。そこで、本章では両者の共通点と差異を探る。

分析には2017年12月に実施された「市民の政治参加に関する世論調査」のデータを用いる。この調査の対象者は、調査会社の登録モニターのうち、20歳から79歳で東京都市圏に居住する男女である。サンプルは、東京都市圏の年齢・性別に基づく人口分布を反映するように割り付けている。サンプルサイズは77,084人である。調査会社のウェブ調査モニターを対象にするため、高学歴層、インターネット使用ヒンド[2]が高い層に対象者が偏っている点は注意が必要だろう。

2．(　　　　　イ　　　　　)

ネット右翼の定義は、「ネット右翼とは誰か」という問いの根幹に関わる。本章では、辻の定義に従って、①中国・韓国への否定的態度、②保守的政治志向、③政治・社会問題に関するネット上での意見発信や議論、という三つの条件をすべて満たす場合にネット右翼と見なす。一方、①中国・韓国への否定的態度と③政治・社会問題に関するネット上での意見発信や議論という二つの条件を満たすが、②の保守的政治志向がみられない場合には、オンライン排外主義者と定義する。

両者の定義を詳しくみていこう。ある人がネット右翼やオンライン排外主義者の条件を満たすかどうかは、次の手順で判断した。まず、中国・韓国への否定的態度の有無は、中国・韓国への好感度をもとに判断した。「もっとも嫌い」を０、「もっとも好き」を10とする11段階で尋ねている。どちらの国に対しても「もっとも嫌い」を意味する０を選んでいる場合に、否定的態度が「ある」と判断した。これに該当するのは対象者の21.5%である。

次に、保守的政治志向の有無を、「靖国公式参拝」と「憲法九条の改正」に対する賛否と、「国家・国旗を教育の場で教えるのは、当然である」と「子どもたちにもっと愛国心や国民の責務について教えるよう、戦後教育を見直すべき」への同意の程度を用いて測定した。前者二項目に対しては「賛成」「やや賛成」「どちらともいえない」「やや反対」「反対」「わからない」の６つの選択肢から、後者二項目については、「そう思う」「ややそう思う」「どちらともいえない」「あまりそう思わない」「そう思わない」の５つの選択肢から、それぞれ回答を選んでもらっている。これら４項目すべてに対して、「賛成・やや賛成」または「そう思う・ややそう思う」と回答している場合、保守的政治志向「あり」とする。これに該当するのは11.8%だった。

最後に、政治・社会問題に関するネット上での意見発信や議論については、「あなたは、過去１年間に政治や社会の問題について、インターネットやSNSで次のようなことをしたことがありますか」という問いのなかの項目として、「ツイッターなどのソーシャル・メディアで、自分の意見や考えを書き込んだ」「ツイッターなどのソーシャル・メディアで、自分の考えと合う意見を拡散した」「インターネット上のニュース記事や動画サイトに自分の意見や考えをコメントとして書き込んだ」「インターネットやSNSで友人や知人に自分の意見を伝えたり、議論したりした」の４つを示し、それぞれ「よくした」「したことがある」「したことはない」の３つから2ヒンドを選んでもらうことで測定した。このうち１つでも「よくした」または「したことがある」と回答した場合に、インターネット上での政治的意見発信「あり」とした。該当するのは20.2％である。

これら3つの変数の関係は、図1の通りにまとめられる。

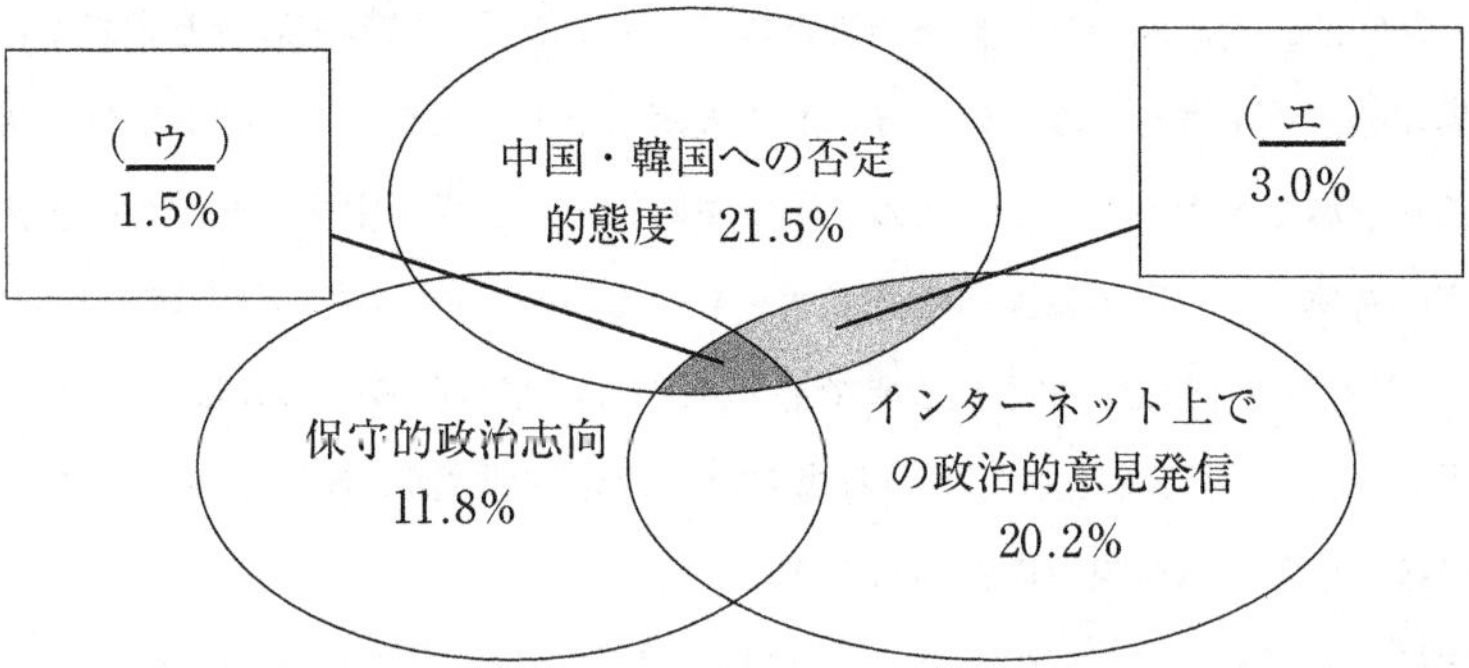

図1　ネット右翼とオンライン排外主義者の定義と状況

オンライン排外主義者とネット右翼の違いは、前者が保守的な政治志向を必ずしももたない点にある。保守的政治志向が「ある」とは、先に挙げた4つの項目すべてに一定程度賛成の場合だった。つまり、そのうちのどれか1つでも反対または中間的態度(「わからない」を含む)を選んでいる場合、保守的政治志向は「ない」こととして分類される。したがって、オンライン排外主義者でも、項目によっては(　　　オ　　　)。実際、オンライン排外主義者のうち、靖国神社公式参拝には39.0％、憲法改正には29.2％、国旗・国歌教育には51.7％、愛国心教育には35.8％が賛成している(「賛成・やや賛成」または「そう思う・ややそう思う」を選択した場合を賛成と見なした)。このうち靖国神社の公式参拝については、ネット右翼でもオンライン排外主義者でもない人(非ネット排外層)よりも賛成の割合が高い。中国・韓国との政治的関係に関わるイシューについては、オンライン排外主義者は非ネット排外層よりも(　　　カ　　　)。

3．どのような人がネット右翼になりやすいのか

では、どのような人がネット右翼やオンライン排外主義者になりやすいのだろうか。ここでは、ネット右翼の特徴として挙げられることが多い要素として、社会的属性※、社会経済的地位※、階層帰属意識※に着目して、その特徴をみていこう。

ネット右翼のイメージとして、若年男性、特に社会経済的に弱い立場の若者というものがある。古谷経衡はネット右翼のステレオタイプB として、「学歴における低学歴」「年収における低所得」「社会的地位・立場における底辺」を挙げる。また、排外主義運動への参加者にインタビューしたジャーナリストの安田浩一も、彼らのなかには不安定雇用が多いと述べている。排外主義運動参加者とネット右翼がどのくらい重なるかは明確ではないが、安田の指摘は排外主義と不安定雇用に関連があることを印象づける。

若年層の雇用の不安定化を、ネット右翼の広がりの原因として指摘する研究もある。例えば高原基彰は、若年不安定雇用層の将来不安を、2000年代以降のインターネット上にみられる「嫌韓・嫌中」を伴うナショナリズムの源泉だとする。高原の説は以下のようなものだ。C 1990年代半ば以降、若年層を中心に増大した不安定雇用層は、将来への不安の本来の原因である雇用や社会保障の問題を問うのではなく、外部に疑似的な敵を探す。このとき、保守系雑誌メディアの言説を参照することで、近隣諸国を疑似的な敵と見なすナショナリズムが生じた。

このロジックは、極右政党支持のメカニズムとして指摘されてきた近代化の敗者理論と似ている。この理論によれば、近代化が進展し、大量生産から多品種少量生産への移行や、高度な技能を要する生産様式への移行が生じるなかで、非ジュクレン3 労働者は職を失い、周辺化されていく。また、近代化が進むとライフスタイルは多様化し個人化していく。このような変化への反発として、「近代化の敗者」たちは、かつての民族的・文化的に同質だった過去への回帰を求め、文化的保守主義を掲げる極右政党に投票する。

(出典：永吉希久子「ネット右翼とは誰か—ネット右翼の規定要因」(樋口直人、永吉希久子、松谷満、倉橋耕平、ファビアン・シェーファー、山口智美著)『ネット右翼とは何か』青弓社、2019年　による。一部改変)

[注(※)]

○排外主義　自民族や自国の短所と他民族・他国の長所にはいっさいに目をつぶり、後者を理由もなく排斥する思想ないしイデオロギー。

○登録モニター　調査会社や研究者から依頼があった場合に調査に協力することをあらかじめ約束した人々の集団のこと。

○社会的属性　個人を特徴づける社会的な性質のうち、性別・年齢など本人には選ぶことができないものを意味することが多い。本章のように、一度獲得した後に変更が難しいという意味で、学歴を含むことがある。

○社会経済的地位　個人を特徴づける社会的な性質のうち、競争や本人の努力によって獲得されたと理解されているもの。

○階層帰属意識　個人の社会的な地位についての一指標。客観的な地位帰属ではなく、個人の主観的な帰属意識に着目したもの。社会調査においては、本人の生活水準について、上・中・下などの主観的認識を聞くことが多い。

設　問

(1)　下線部1から3のカタカナに相当する漢字を楷書で書きなさい。

(2)　下線部Aで使われている「排外主義」について、近年それが現れた社会問題として最も適当なものを、次のうちから一つ選びなさい。

①　民族自決主義

②　オキュパイ運動

③　バイオエシックス

④　ヘイトスピーチ

(3)　下線部B「ステレオタイプ」という用語の説明として最も適当なものを、次のうちから一つ選びなさい。

①　普遍的無意識層にある、いくつかのパターン、人類に共通した神話的・原初的な心のイメージ。

②　異なる文化の間においては、互いに優劣や善悪の関係にはないという考え方。

③　ものの見方が紋切り型で、固定的なパターンにより事実を認識したり理解したりする捉え方。

④　すべての人間は理性を共有し、理性の命ずる法則に従い、同じ権利義務を持つ平等な存在であるとする見方。

(4)　文中の空欄(　ア　)に入る文として最も適当なものを、次のうちから一つ選びなさい。

①　どのように憎しみ合っているかを知ることができる
②　どのように社会に影響を与えているかを考察することができる
③　どのように異なっているのかを調べることができる
④　どのように関連しているのかを明らかにすることができる
⑤　どのように存在し活動しているのかを報告することができる

(5)　空欄(　イ　)に、この節に適当な「見出し」を記しなさい(15字以内)。

(6)　図1の空欄(　ウ　)(　エ　)に入る文言についてそれぞれ適当なものを、選択肢から一つ選びなさい。

(選択肢)

①　近代化の敗者　　②　ネット右翼　　③　ジャーナリスト
④　歴史的保守主義者　　⑤　オンライン排外主義者　　⑥　右翼
⑦　非ネット排外層　　⑧　ウェブの登録モニター

(7)　空欄(　オ　)(　カ　)に入る文言の組み合わせについて適当なものを、選択肢から一つ選びなさい。

	(　オ　)	(　カ　)
①	リベラルな傾向を示すものもある	リベラルな傾向を示している
②	強い政治的志向性を示すことがある	強い政治的志向性を示している
③	中立的な傾向を示すものもある	中立的な傾向を示している
④	保守的な傾向を示すものもある	保守的傾向を示している

(8) 下線部Cを検証するため、筆者は調査の結果から次ページの表1を作った。以下の①から⑩の文章について、正しければ○を、間違っていれば×を、選びなさい。計算が必要な場合は計算して解答すること。

① 年齢の側面から見た場合、サンプル人数が一番多いのは30代である。

② 年齢が上がれば上がるほどネット右翼の割合は増える。

③ 男性の方が女性よりもネット右翼やオンライン排外主義者が多い。

④ 学歴が低いほど、ネット右翼やオンライン排外主義者は多くなる。

⑤ 正規雇用労働者が(無職も含めた)サンプル全体に占める割合は52.6%(小数点以下第二位を四捨五入)である。

⑥ その正規雇用において、ネット右翼は1.7%とやや多い。

⑦ 年収が分かっている人のうち年収が600万円以上の人の割合は51.7%(小数点以下第二位を四捨五入)だが、調査の性質上高所得者が実際よりも多い可能性がある。

⑧ 年収とネット右翼の間には明確な関係を見出すのが難しいが、年収が低いほどオンライン排外主義者になりやすいとは言える。

⑨ 自らの生活水準を、社会の中で「上」と答える人と「下の下」と答える人でネット右翼が多い。

⑩ 全体に、オンライン排外主義者の方がネット右翼よりも多い。

(9) 下線部Cの通り、非正規雇用の増加など雇用の不安定化が排外主義、もしくはネット右翼の広がりの原因であるという議論がある。表1の結果から、この議論が正しいと言えるか、理由を含めて答えなさい(句読点とも50字以内)。

表1　社会的属性・社会経済的地位によるネット右翼・オンライン排外主義者の分布

		ネット右翼(%)	オンライン排外主義者(%)	人数
年齢	20代	1.2	3.4	6,205
	30代	1.5	3.3	16,451
	40代	1.8	3.2	23,068
	50代	1.5	2.9	16,405
	60代	1.3	2.3	12,520
	70代	1.5	1.4	2,435
性別	男性	2.1	3.4	40,887
	女性	0.8	2.5	36,197
学歴	中学・高校卒	1.4	3.0	21,578
	短大・高専・大学卒	1.5	3.0	55,506
就業状況	正規	1.7	3.3	34,076
	非正規	1.1	2.6	15,146
	経営者・自営業	2.8	4.2	7,390
	学生	1.0	3.3	904
	無職	1.1	2.3	19,568
年収	100万円未満	1.5	3.5	1,652
	100万円以上300万円未満	1.6	3.3	8,079
	300万円以上600万円未満	1.6	3.0	22,532
	600万円以上900万円未満	1.5	2.9	17,283
	900万円以上	1.8	3.0	17,197
	わからない	0.9	2.6	10,341
生活水準の認識	下の下	2.3	5.6	5,264
	下の上	1.7	3.8	14,743
	中の下	1.3	2.6	30,954
	中の上	1.5	2.4	24,639
	上	2.8	3.2	1,484

Ⅱ　次の文章を読んで、後の設問に答えなさい。

近年における情報通信技術の進化と普及は、私たちの社会生活をその根本から大きく変化させつつある。その波は子どもたちの世界にも届いていて、ついに2020年度から、小学校でもプログラミング教育が必修化された。

議論を行った「小学校段階における論理的思考力や創造性、問題解決能力等の育成とプログラミング教育に関する有識者会議」が、報告書である「小学校段階におけるプログラミング教育の在り方について(議論の取りまとめ)」(以下「議論の取りまとめ」と略記)の冒頭で提起するのは、［　a　］、という問いである。

第4次産業革命とは、18世紀末に始まる水力や蒸気機関による工場の機械化としての第1次産業革命、20世紀初頭からの電力を用いた大量生産としての第2次産業革命、1970年代以降の電子工学や情報技術を用いたさらなるオートメーション化の進展としての第3次産業革命に続く、新たな技術革新である。

その特徴の第1は、IoT(internet of things)とビッグデータである。従来のインターネットは［　b　］が情報の受け渡しの対象だったが、今や工場の生産機械や家庭の家電製品などのさまざまなモノがインターネットにつながり、遠隔・自動での複雑な制御が可能になっている。また、交通や気象から個人の健康状況まであらゆる情報がデジタルデータ化され、これらをネットワークで結んで集約し、分析・活用することで、新たな付加価値を生み出せるようになりつつある。

特徴の第2は、AI(人工知能)である。コンピュータが自律的に学ぶことを可能にしたディープ・ラーニング技術の進展によって、人間がコンピュータにすべての指示を与えなくとも、コンピュータが自ら学習し、一定の判断を行うことが可能となってきた。

こうした技術革新により、従来人間によって行われていた労働が大幅にAIやロボットによって［　c　］されることが予想されているのである。

実は学校という制度は、第1次産業革命に伴って誕生した。2022年、日本で最初に誕生した全国の小学校が150周年を迎えるが、それらは［　d　］年、つまり明治政府が日本最初の近代学校制度を制定した年に開校した学校である。

明治期の日本は欧米に学び、工業化の推進を目指した。大規模機械生産の登場は、定型的な単純労働に従事する人材を大量に必要とするが、それを効率的に供給する社会装置として、今日まで続く近代学校の制度や方法が整備されたのである。そこでは、教師から教わった「正解」をそのままの形で保持し、迅速かつ正確に再生することが重視されていたが、それは当時の工業生産の特質と酷似していた。

第4次産業革命によって［ c ］される労働とは、まさにそのような労働であるから、それを支えてきた従来型の学力もまた、無用の長物となるのは必至である。近年、大学入試の在り方が大きく変化しており、思考力や表現力、さらには個性の重視といった動きが顕著であるが、これらもまた、第4次産業革命の進展と決して無関係ではない。

とは言え、コンピュータは人間とは異なる。いくら優秀になったとはいえ、与えられた目的の範囲内で処理を行っていることに変わりはない。

一方、「人間は、感性を豊かに働かせながら、どのような未来を創っていくのか、どのように社会や人生をよりよいものにしていくのかという目的を自ら考え出すことができる。多様な文脈が複雑に入り交じった環境の中でも、場面や状況を理解して自ら目的を設定し、その目的に応じて必要な情報を見いだし、情報を基に深く理解して自分の考えをまとめたり、相手にふさわしい表現を工夫したり、答えのない課題に対して、多様な他者と協働しながら目的に応じた納得解を見いだしたりすることができるという強みを持っている」と「議論の取りまとめ」は述べている。

第1次産業革命が人々にもたらした労働の在り方は、いわば人間の［ e ］であった。そして、そこへの人材供給のために整備された学校教育も、多分に共通した特質を内在している。電球や蓄音機の発明者として知られるエジソンは、子ども時代、素朴で真剣な「なぜ」の問いを発し続けたが故にわずか3ヶ月で放校処分となったと言われるが、何と理不尽なことだろう。そのエジソンが第2次産業革命をもたらしたのは、まさに時代の［ f ］である。

第4次産業革命は、第1次産業革命が要請した、暗記中心の受動的で定型的な学習との決別を可能にしてくれる。AIの進展により、もはや人間はコンピュータにできることをしなくてよい。そして、人間にこそできること、人間ならではの強みを伸ばすことに、教育はそのリソースを集中できるし、集中すべきである。その意味で、AI時代の到来は、A教育の「人間化」時代の到来でもある。

そのような意味での教育の「人間化」を達成する前提として不可欠になってくるのが、［　g　］手段として、第4次産業革命をもたらした数々の技術革新を主体的に使いこなす資質・能力の育成であり、今後のプログラミング教育において、特に「プログラミング的思考」が重視される所以でもある。この点に関して「議論の取りまとめ」は、次のように述べている。

「子供たちが、情報技術を効果的に活用しながら、論理的・創造的に思考し課題を発見・解決していくためには、コンピュータの働きを理解しながら、それが自らの問題解決にどのように活用できるかをイメージし、意図する処理がどのようにすればコンピュータに伝えられるか、さらに、コンピュータを介してどのように現実世界に働きかけることができるのかを考えることが重要になる。そのためには、自分が意図する一連の活動を実現するために、どのような動きの組合せが必要であり、一つ一つの動きに対応した記号を、どのように組み合わせたらいいのか、記号の組合せをどのように改善していけば、より意図した活動に近づくのか、といったことを論理的に考えていく力が必要になる。こうした『プログラミング的思考』は、急速な技術革新の中でプログラミングや情報技術の在り方がどのように変化していっても、普遍的に求められる力であると考えられる」

つまり、小学校プログラミング教育が目指すのは、コンピュータのあらゆる動作の背後にある基本的な論理の理解であり、独特な思考様式としてのプログラミング的思考の感得なのである。

小学校プログラミング教育の最大のねらいがプログラミング的思考にあるのならば、すでに在来の教科学習の中でもある程度培われているとも言える。

典型は、算数で学ぶ計算手続きであろう。たとえば、B二桁以上の引き算では、まず一の位の数同士を比べ、引く数が引かれる数より小さいか同じであれば、そのまま一の位の引き算を実行するが、大きければ十の位から1を減じ、これを一の位の数として10を加えた後に引き算を実行する。このように条件によって後の処理を変えることを分岐といい、プログラミングにおける重要な要素の一つである。さらに、同様の手続きを位ごとに繰り返す(反復)ことで、どんなに大きな数でも間違いなく計算することができる。子どもたちは算数の授業を通して、すでにプログラミング的思考を経験しているのである。

さらには、音楽の授業でも、４小節なり８小節のメロディーが、時に分岐しながら一定のパターンで反復されることで楽曲が生み出されていることを経験している。この事実への気付きは、プログラミング的思考を促進するに違いない。

ならば、必ずしもコンピュータを用いなくてもよいのではないか、との疑問が生じるのは自然なことであろう。たしかに、コンピュータを使わずに紙と鉛筆で行うプログラミング教育も可能であり、時に効果的でもある。

と同時に、実際にCコンピュータでプログラミングを行うことによってこそ感得できるものもある。はじめてプログラミングに挑んだ子どもたちは、よく「先生、今日はこいつ、機嫌が悪いみたい。昨日と同じようにプログラムしているのに、さっきから全然言うことをきかないんだ」などと言う。あるいは「先生、さっきからコンピュータはずっと同じことを繰り返してくれていて、そろそろ疲れたんじゃないかなぁ。私が命令したんだけれど、何かかわいそうになってきたので、止めていいですか」という子もいた。

コンピュータには機嫌の良し悪しはないし、疲れも飽きもしない。プログラムした通りに、いつでも、またいつまでも動き続ける。そして、少しでもミスがあればまったく動かなかったり、意図したのとはすっかり異なる動作を平然と実行したりする。

それは、これまで子どもたちが経験してきた人間同士の関わりなりコミュニケーションとは、まったく異質な経験であろう。このようなコンピュータと人間の本質的な違いに気付くのが、コンピュータとうまく付き合うための重要なポイントであり、プログラミング的思考の最初のやま場でもある。そしてそれには、実際にコンピュータと関わる経験が不可欠になってくる。

コンピュータを用いてプログラミングを経験することのさらなる意義は、「メタ学習」である。「メタ」とは上位のという意味であるから、メタ学習とは学習に関する学習ということになる。

たとえば、知識観や学習観、つまり知識とは、学ぶとは何かについて、子どもたちは経験を足場に主観的な概念を形成している。従来型の教育では、知識は本の中にあり、学習とはそれを頭の中に正確にコピーし、記憶することだと思いがちであった。このような知識観や学習観は、暗記中心の受動的で定型的な学習で事足りた時代には、さほどの問題を生じなかったかもしれない。しかし、唯一絶対の正解ではなく、その都度の納得解や最適解を常に求め続けることが要求されるこれからの時代には、およそ対応できるものではない。

その点、プログラミングでは、不完全な状態から出発して、他人に教わったり助け合ったりしながら、少しずつ完成度を高めていけばよいという経験をする。これが、知識とはどこかに存在するものではなく、自分たちが力を合わせて生み出すものであり、しかも徐々に、またどこまでもよりよいものにしていくことができるという知識観をもたらす。

また、プログラミングでは繰り返し試行錯誤しながら作業を進め、その途上でスキルアップが図られていく。そこから、学ぶとは自ら目当てや問いや見通しを持ち、自分なりのやり方で対象に関わり、返ってくる反応を見ながら、概念を形成したり修正したりすることだと気付く。しかも、努力は必ず何らかの成果をもたらすと実感し、失敗(D)さえも、次に何をすべきかを告げてくれる価値ある情報と見なせるようになっていくのである。

これらのメタ学習は、プログラミング的思考の重要な一部であると共に、今後の学校教育が目指す学力論の一側面でもある。そしてそれは、コンピュータを用いたプログラミングの経験を通して、きわめて自然に、また着実に育成することが期待できるのである。

設　問

(1)　空欄 a に入る文として最も適当なものを、次のうちから一つ選びなさい。

①　第 4 次産業革命は教育に何をもたらすのか

②　従来の産業革命と第 4 次産業革命の決定的な違いは何か

③　日本の学校教育は第 4 次産業革命に対応可能か

④　大学入試改革は第4次産業革命を支えることができるか

⑤　第4次産業革命の下でも定型労働は必要とされるか

(2)　空欄bに入る語句として最も適当なものを、次のうちから一つ選びなさい。

①　コンピュータ

②　社会

③　半導体

④　人間

⑤　通信回線

(3)　空欄cに入る語句として最も適当なものを、次のうちから一つ選びなさい。

①　進化・普及

②　発展・統合

③　補助・代替

④　吟味・批判

⑤　深化・拡充

(4)　空欄dに入る適当な数字を記しなさい。

(5)　空欄eに入る語句として最も適当なものを、次のうちから一つ選びなさい。

①　社会化

②　個性化

③　分断化

④　無力化

⑤　機械化

(6)　空欄 f に入る語句として最も適当なものを、次のうちから一つ選びなさい。

①　必然

②　皮肉

③　偶然

④　逆行

⑤　潮流

(7)　以下のアからウは、それぞれ、下線部A「教育の『人間化』時代」において、さらに拡充すべき学習と言えるか。言えるものには○を、言えないものには×を、選びなさい。

ア　そろばんの練習

イ　漢字の書き取り

ウ　歴史の年号の暗記

(8)　空欄 g に入る文として最も適当なものを、次のうちから一つ選びなさい。

①　多様な他者と協働する

②　よりよい目的を考え出す

③　正解ではなく納得解を見いだす

④　自らが設定した目的を実行する

⑤　時代が求める学力を身につける

(9)　下線部Bでは、引き算の学習を例に、プログラミング的思考の考え方が述べられている。これを参考に、以下のような計算間違いを繰り返す子どもは、正しい計算手続きのどこをどう誤っていると考えられるか、記しなさい（句読点とも40字以内）。

$$\begin{array}{r} 4\ 2\ 6 \\ -1\ 5\ 8 \\ \hline 3\ 3\ 2 \end{array}$$

⑽　下線部C「コンピュータでプログラミングを行うことによってこそ感得できるもの」とは何か、記しなさい(句読点とも60字以内)。

⑾　下線部D「失敗」の意味として最も適当なものを、次のうちから一つ選びなさい。

①　仲間との人間関係上のトラブル

②　先生に努力を認めてもらえなかったこと

③　意図したのとは異なる結果

④　コンピュータの機械的な不具合

⑤　友達に遅れをとること

心理学科

◀心理学のための理解力と思考力を問う試験▶

(75分)

(注) 記述式の解答は，各解答欄にていねいに記入すること。数字，ローマ字については，1マスに2字とする。

1 次の文章を読んで後の問い(問1～問7)に答えなさい。

乳児はまだ言語がわからないけれど、それでもこちらの気持ちを声から読み取ることができるのではないか。私たちがそのように考えるのは、あやしたら笑ってくれたとか、イライラしながら話しかけたらぐずり始めたとか、そのようなことがあるからでしょうか。

(　ア　)、このような乳児の反応は、相手の声からその気持ちを読み取った上でのものではない可能性があります。乳児は相手の働きかけのタイミングが自分の応答とかみ合ったものになっているかに非常に敏感です。大人のほうは「あやしたら笑ってくれた」と思っていても、それは、声の調子から大人の嬉しい気持ちを読み取ったのではなく、子ども自身が声を出したり手足をばたつかせるのに対して、絶妙なタイミングで声を出したり表情を変化させたりして応じてくれる大人の様子を喜んでいるだけなのかもしれません。(　イ　)、大人が「自分のイライラが伝わってしまった」と思う場合も、声の調子からイライラを読み取ったのではなく、子ども自身の動きや声にタイミングよく応答してくれない相手に子どもはイラだったということなのかもしれません。(　ウ　)、あやしたら笑ってくれたとか、せかせかと話しかけたらぐずり始めたというのを見て、大人が「子どもは周囲の人の気持ちに敏感なのだ」と思っても、それは子どもが声の調子から話し手の気持ちを読み取っているからではないかもしれないのです。

したがって、乳児は相手の声からその気持ちを読み取ることができるのかについてもう少し厳密に調べるには、子どもが話し手と長々とやりとりする中でどのような表情やふるまいを示すようになっていくかを見るのではなく、特定の感情音声を(　エ　)聞かされた直後の子どもの反応やふるまいを観察する必要があります。そして、そのようなことを調べた研究には、おおよそ以下のような二つの系統があります。

まず一つ目の系統は、“そもそもヒトが特定の感情と意図をほかの人に伝えようとするとき、その話し方は、言語や文化によらず、同じような抑揚になっているのではないか”といった指摘に対応した研究群です。たとえば、子どもをほめるとき、英語なら“Good(グーーッド)”、イタリア語であれば“Bravo(ブラーーボ)”などと言いますが、その言い方、つまり声の高さの時間にともなう変化(ピッチパターン)はゆったりとした大きな山形になります。また、子どもを制止するときは、英語でも(“No!”)イタリア語でも(“Non!”)と低い声で短くピシリとした言い方になります。このように、褒めたり制止したりとごく基本的なメッセージを相手に伝えようとするときの言い方は、言語や文化を超えて似たようなものになるようです。ということは、これら基本的なメッセージに対応するこのような言い方(ピッチパターン)は、ヒトという種に生得的に備わっているということではないでしょうか。もしそうだとすれば、そのような“言い方”で伝えられるメッセージの意味は、ごく幼い子どもにも、それこそ言語や文化を超えて伝わるはずです。

(オ)そのような発想で、アメリカの心理学者ファーナルドは、フランス語やイタリア語を話す母親が子どもをほめたり制止したりするときの発話を録音しておき、それをアメリカで育つ5か月児に聞かせて反応を観察しました。すると、子どもたちは、制止の発話を聞いたときには、ほめる発話を聞いたときより、笑顔がなくなり眉をひそめるなど緊張した様子を示したのです。アメリカの子どもたちは、それらの言語は聞いたことがなかったにもかかわらず、その“言い方”から、発話が伝えようとするおおよそのメッセージ、つまり、今はリラックスして楽しい気分でいてよいのか、それとも緊張して何かに身構えなければならないのかを、正しく受け取ることができたのです。

確かに、私たちの話し方は、ゆったりと気持ちに余裕があるときと、緊急事態に身構えているときでは違ってきます。また、それぞれの場合の話し方には、スピードや抑揚など誰にでも共通の特徴が見られます。そのような“話し方”が伝えるメッセージは、言語を超えて、非常に小さな子どもにも伝わるということなのでしょう。

もう一つの系統の研究では、乳児における声からの感情の読み取りを検討するのに、社会的参照(social referencing)の状況が利用されています。社会的参照とは、曖昧でどうしたらよいかよくわからない状況において、ほかの人のその状況に対する評価を参照することです。1歳近くになると子どもは、たとえば、見たこともないおもちゃを目の前にするなどして自分がどうふるまったらよいかがはっきりしないとき、身近な大人の様子をうかがって、それを参考にした行動をとるようになります。このとき、その“身近な大人”の表情は見えないようにして声だけ聞かせて子どものふるまいを観察すれば、子どもが声から感情を読み取ることができるのかを調べることができるというわけです。

ここで「表情は見えないけれど声だけは聞こえるというのはいったいどういう状況なのだろう？」と思われた方も少なくないかもしれません。この場合母親は、子どもに背を向けて、新しいおもちゃと子どもとのあいだに立つようにしました。こうすると子どもは、母親の表情を見ることはできませんが、声を聞くことはできます。〈　1　〉このような状況で、母親が怖そうな調子で「まあ怖い(How frightful)！」と言った場合と、嬉しそうな調子で「まあ楽しい(How delightful)！」と言った場合で、子ども(12か月児)の反応を観察しました。結果として、怖そうな調子の発話を耳にした子どもは、母親のほうを見る時間が長くなり、新しいおもちゃから離れようとしたり、眉をひそめるなどの否定的な表情を多く見せました。ということは、12か月の子どもは声の調子から、母親がこの状況を緊張して警戒しなければならないと感じていることを読み取れるということです。

以上のように見てくると、ゼロ歳半ばから1歳くらいまでの子どもは、話し手が肯定的な気持ちかどうかをその話し方からおおよそ読み取ることができると言ってよさそうです。

上で紹介した社会的参照の研究では、怖そうな口調で「まあ怖い！」と言われた場合と、嬉しそうな口調で「まあ楽しい！」と言われた場合で、子どもの反応を検討していました。〈　2　〉ですから厳密に考えるなら、このときの子どものふるまいは、言語内容にしたがったものなのか、声の調子から話し手の感情を読み取ってそうしたものなのかは区別できません。もちろんこの研究でfrightfulやdelightfulなどが入ったセリフが使われたのは、それらの単語がこの時期の子どもにはまだ難しいだろうとの判断があったからです。その(　カ　)、この研究の対象になった12か月児には、それらの単語がわからず、したがって言語内容は理解できなかった可能性もあります。

そうは言っても、子どもが本当に声の調子だけから話し手の気持ちを読み取ることができるのかを厳密に調べようとするなら、やはり子どもが言語をどれだけ理解できるようになっているかということも加味して分析しなければなりません。〈　3　〉アメリカの発達心理学者フレンドは、もう少し上の月齢の15か月児で、社会的参照の状況でどうふるまうかを観察するだけでなく、それぞれの子どもがどれだけ言語を理解できるようになっているかも調べました。〈　4　〉

この研究では、新しいおもちゃがあってそれで遊んでも大丈夫なのかどうかがはっきりしない状況において、新しいおもちゃにかかわることをすすめ励ます言葉(‘Good look’、‘Nice play’)、あるいは、おもちゃに触らないよう制止する言葉(‘Bad stop’、‘Don't touch’)が呈示されました。〈　5　〉半数の子どもは、これらの発話が内容と一致した感情抑揚で話されるのを聞き(一致条件)、残り半数の子どもは、言語内容とは一致しない感情を帯びた口調で話されるのを聞きました(不一致条件)。

そうやって子どものふるまいを観察してみると、全体としては、一致条件の子どもだけでなく不一致条件の子どもも、言語内容よりは口調に影響されていました。つまり、言語内容がどのようなものだろうと、励ますような口調の発話を聞けば、制止するような口調の発話を聞いたときより、そのおもちゃで遊ぶ時間は長くなったのです。

この全体としての結果だけをみると、結局、この時期の子どもは言語内容がわからないのか聞いていないということになりそうです。しかし、子どもの言語理解のレベルを考慮した分析をしてみると、少し違うことが見えてきました。単語が多くわかるようになっていた子どもほど、一致条件でも不一致条件でも、言語内容の影響を受けていたのです。

“不一致条件だけでなく一致条件でも”というのがどういうことなのかは少々イメージしづらいかもしれません。行われた分析にそって説明してみましょう。まず、“言語内容が(励ますような)肯定的なものだった場合に子どもがおもちゃで遊んだ時間”から、“言語内容が(制止するような)否定的なものだった場合におもちゃで遊んだ時間”を引いて差を求めます。この差が(　キ　)いということは、子どものふるまい方が、言語内容が肯定的か否定的かということの影響を強く受けていたということです。そしてこの差が、一致条件であろうと不一致条件であろうと、わかる単語が多い子どもほど(　キ　)かったのです。

言語がわかるようになればその影響を受けるようになるというのは、当たり前と言えば当たり前です。それでも、その効果が、(　ク　)条件だけでなく(　ケ　)条件でも同じように見られたのは興味深いところです。これが何を意味しているかと言えば、言語がわかるようになると、(　ケ　)条件においてすら、子どもに伝わるメッセージはよりクリアなものになるということです。子どもの側からすれば、言語がわかるようになれば、相手の気持ちは、口調からなんとか推し量っていた時とは段違いの明瞭さで伝わってくるということです。そしてそれはつまり、子どもたちはそれ以前にも相手の口調からこの状況はOKなのかそうでないのかをだいたい読み取ることはできていたものの、この“だいたいわかる”というのは、言語が伝える情報の明瞭さにはとうてい及ばないものだったということではないでしょうか。

問1　空欄(　ア　)～(　ウ　)に入れる語の組み合わせとして最も適切なものを、次の①～⑥のうちから一つ選びなさい。

①　ア．また　　イ．つまり　　ウ．ただし

②　ア．つまり　　イ．ただし　　ウ．また

③　ア．ただし　　イ．また　　ウ．つまり

④　ア．つまり　　イ．また　　　ウ．ただし

⑤　ア．ただし　　イ．つまり　　ウ．また

⑥　ア．また　　　イ．ただし　　ウ．つまり

問2　空欄(　エ　)に入れるのに最も適切な語を、次の①～⑤のうちから一つ選びなさい。

①　一回だけ

②　空腹時に

③　小さい声で

④　ねむい時に

⑤　あやされながら

問3　傍線部(オ)「そのような発想」とはどのようなことか。以下の空欄に50字以内で記して説明しなさい(句読点も字数に含める)。

基本的なメッセージの言い方は、(　　　　　　　　　　　　　　　　　　　　)。

問4　以下の文章が入るのに最も適した位置を、本文中の〈　1　〉～〈　5　〉のうちから一つ選びなさい。

つまり、子どもに聞かせた発話は、言語内容と口調が一致していました。

問5　空欄(　カ　)に入れるのに最も適切な語を、次の①～⑤のうちから一つ選びなさい。

①　原則に則って

②　持論に反して

③　不手際のため

④　目論見どおり

⑤　予断を許さず

問6　空欄(　キ　)～(　ケ　)に入れる語の組み合わせとして最も適切なものを、次の①～④のうちから一つ選びなさい。

①　キ．大き　ク．一致　ケ．不一致

②　キ．大き　ク．不一致　ケ．一致

③　キ．小さ　ク．一致　ケ．不一致

④　キ．小さ　ク．不一致　ケ．一致

問7　本文の内容を150字以内で要約しなさい(句読点も字数に含める)。

【出典】

以下の文献を一部改変して作成

針生悦子 ことばの育ちの認知科学 新曜社 2021年、p. 70 -75

2　以下の問1から問7については、各文章を読み、資料(図表1～10)から読み取れる結果として、最も適切なものを①～③のうちから一つ選びなさい。問8については、問題文と表を読み、最も適切なものを①～④のうちから一つ選びなさい。

問1　2020年時点における高齢化率(総人口に占める65歳以上の割合)は28.8%と推計される。

①　資料から読み取れる内容として、正確である。

②　資料から読み取れる内容として、誤りである。

③　この資料だけでは正誤を判断できない。

問2　成人以上のいずれの年齢階級においても、10年前の2010年の就業率と比較して、2020年の就業率は増加している。

①　資料から読み取れる内容として、正確である。

②　資料から読み取れる内容として、誤りである。

③　この資料だけでは正誤を判断できない。

問3　高齢者世帯(65歳以上の者のみで構成するか、又はこれに18歳未満の未婚の者が加わった世帯)の平均所得金額(平成30年の1年間の所得)は、世帯の可処分所得を世帯人員の平方根で割って調整すると、その他の世代の世帯の約6割である。

①　資料から読み取れる内容として、正確である。

②　資料から読み取れる内容として、誤りである。

③　この資料だけでは正誤を判断できない。

問4　2010年時点の健康寿命と比較して、2016年時点での健康寿命は男女ともに延びており、男女それぞれの健康寿命の延び率は同期間における平均寿命の延び率を上回っている。

①　資料から読み取れる内容として、正確である。

②　資料から読み取れる内容として、誤りである。

③　この資料だけでは正誤を判断できない。

問5　2010年時点に比べて、2019年時点での高齢者(65歳以上)のインターネット利用率は増加している。

①　資料から読み取れる内容として、正確である。

②　資料から読み取れる内容として、誤りである。

③　この資料だけでは正誤を判断できない。

問6　日本における60歳以上の高齢者の生活満足度は、若者に比べて高い。

①　資料から読み取れる内容として、正確である。

②　資料から読み取れる内容として、誤りである。

③　この資料だけでは正誤を判断できない。

問7　年齢を問わず、日本では資料内の他の国に比べて友人がいる人の数が少なく、また互いに相談しあったり、病気の時に助け合う近所の人がいる人の数も少ないが、これらの人の数はいずれも近年増加している。

① 資料から読み取れる内容として、正確である。

② 資料から読み取れる内容として、誤りである。

③ この資料だけでは正誤を判断できない。

図表1　高齢化の推移と将来推計

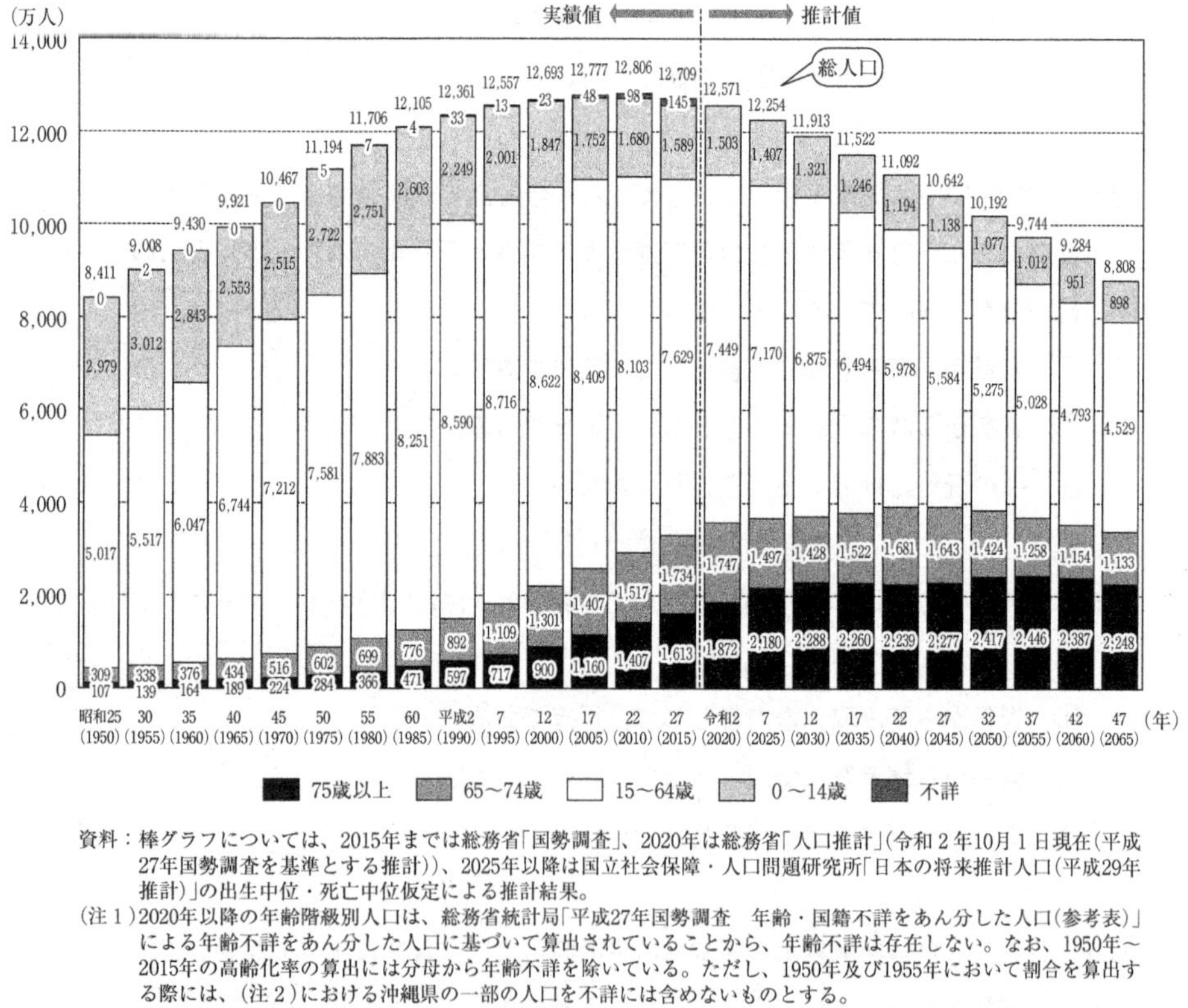

資料：棒グラフについては、2015年までは総務省「国勢調査」、2020年は総務省「人口推計」(令和2年10月1日現在(平成27年国勢調査を基準とする推計))、2025年以降は国立社会保障・人口問題研究所「日本の将来推計人口(平成29年推計)」の出生中位・死亡中位仮定による推計結果。

(注1)2020年以降の年齢階級別人口は、総務省統計局「平成27年国勢調査　年齢・国籍不詳をあん分した人口(参考表)」による年齢不詳をあん分した人口に基づいて算出されていることから、年齢不詳は存在しない。なお、1950年～2015年の高齢化率の算出には分母から年齢不詳を除いている。ただし、1950年及び1955年において割合を算出する際には、(注2)における沖縄県の一部の人口を不詳には含めないものとする。

(注2)沖縄県の昭和25年70歳以上の外国人136人(男55人、女81人)及び昭和30年70歳以上23,328人(男8,090人、女15,238人)は65～74歳、75歳以上の人口から除き、不詳に含めている。

(注3)将来人口推計とは、基準時点までに得られた人口学的データに基づき、それまでの傾向、趨勢を将来に向けて投影するものである。基準時点以降の構造的な変化等により、推計以降に得られる実績や新たな将来推計との間には乖離が生じ得るものであり、将来推計人口はこのような実績等を踏まえて定期的に見直すこととしている。

図表２　年齢階級別就業率の推移

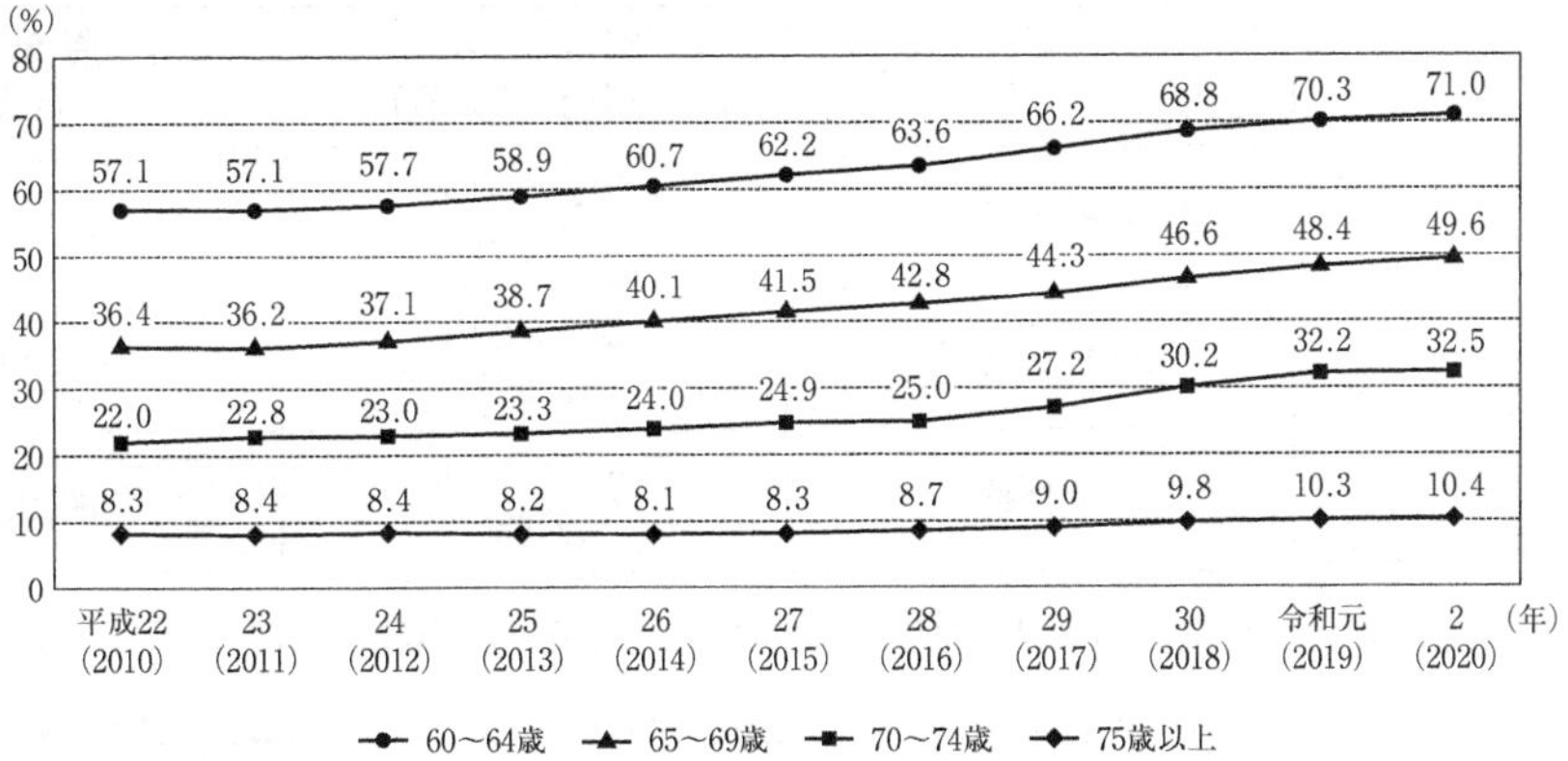

資料：総務省「労働力調査」
（注１）「就業率」とは、15歳以上人口に占める就業者の割合をいう。
（注２）平成23年は岩手県、宮城県及び福島県において調査実施が一時困難となったため、補完的に推計した値を用いている。

図表３　60歳以上の者の暮らし向き

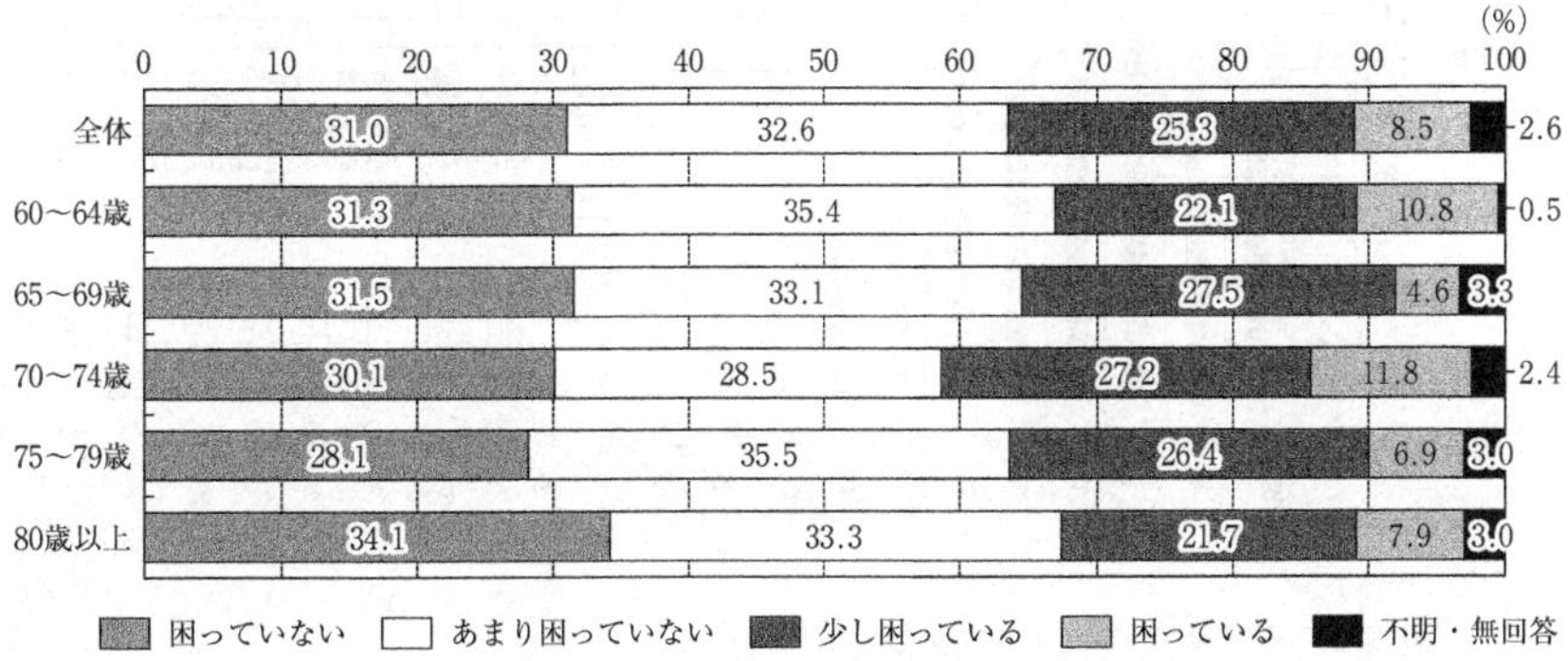

資料：内閣府「高齢者の生活と意識に関する国際比較調査」（令和２年度）
（注１）調査対象は、全国の60歳以上の男女。
（注２）四捨五入の関係で、足し合わせても100％にならない場合がある。

図表４　高齢者世帯の所得

区分	平均所得金額 （平均世帯人員）	平均等価可処分 所得金額
高齢者世帯	312.6万円 (1.56)	218.5万円
その他の世帯	664.5万円 (2.90)	313.4万円
全世帯	552.3万円 (2.48)	290.0万円

資料：厚生労働省「国民生活基礎調査」（令和元年）（同調査における平成30（2018）年１年間の所得）

（注１）高齢者世帯とは、65歳以上の者のみで構成するか、又はこれに18歳未満の未婚の者が加わった世帯をいう。

（注２）等価可処分所得とは、世帯の可処分所得を世帯人員の平方根で割って調整したものをいう。

（注３）その他の世帯とは、全世帯から高齢者世帯と母子世帯を除いた世帯をいう。

図表５　高齢者世帯の所得階層別分布

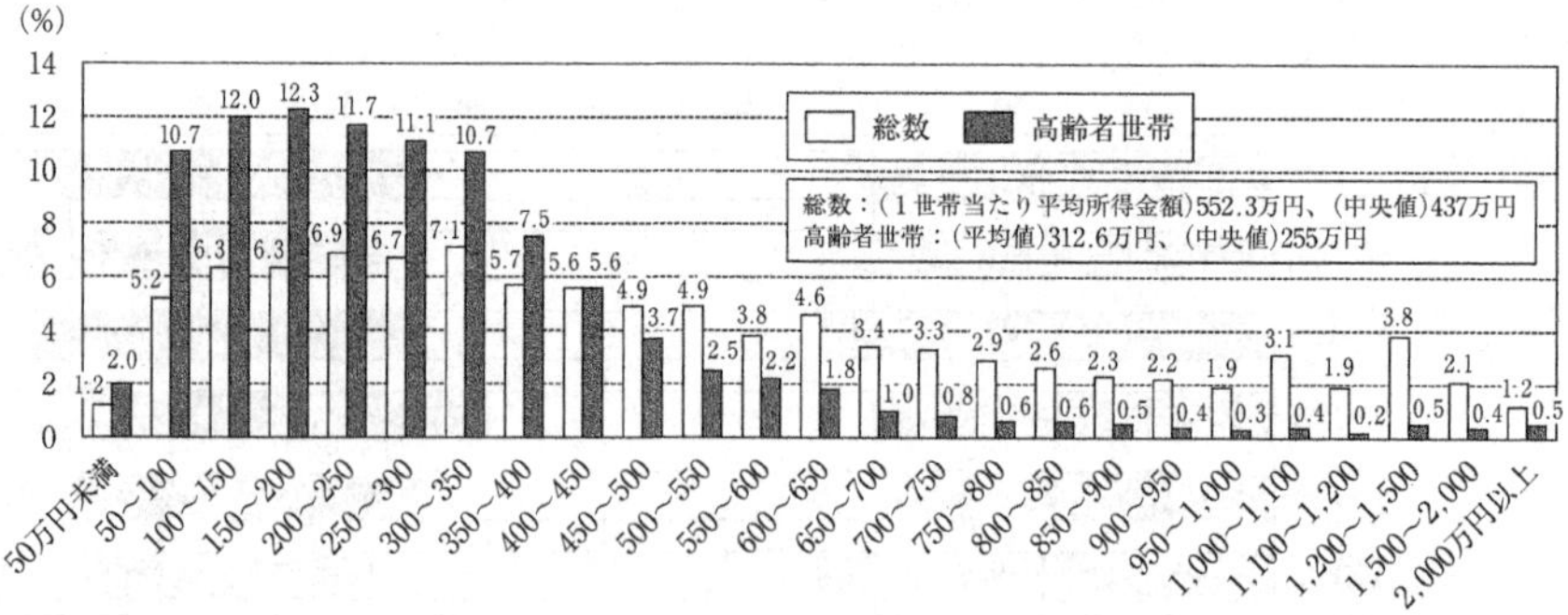

資料：厚生労働省「国民生活基礎調査」（令和元年）

（注）高齢者世帯とは、65歳以上の者のみで構成するか、又はこれに18歳未満の未婚の者が加わった世帯をいう。

図表6　健康寿命と平均寿命の推移

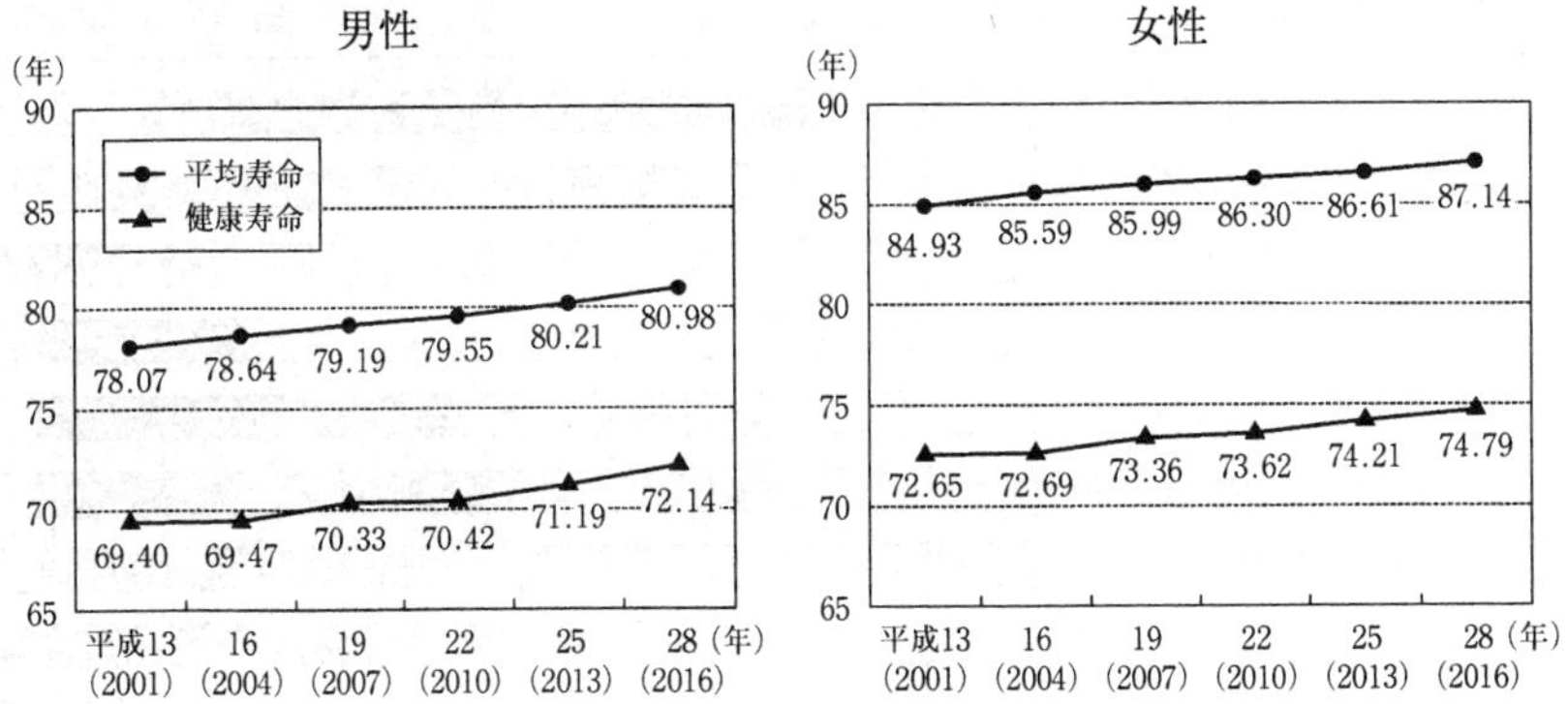

資料：平均寿命：平成13・16・19・25・28年は、厚生労働省「簡易生命表」、平成22年は「完全生命表」
　　　健康寿命：厚生労働省「第11回健康日本21（第二次）推進専門委員会資料」

図表7　利用者の年齢階級別インターネット利用率

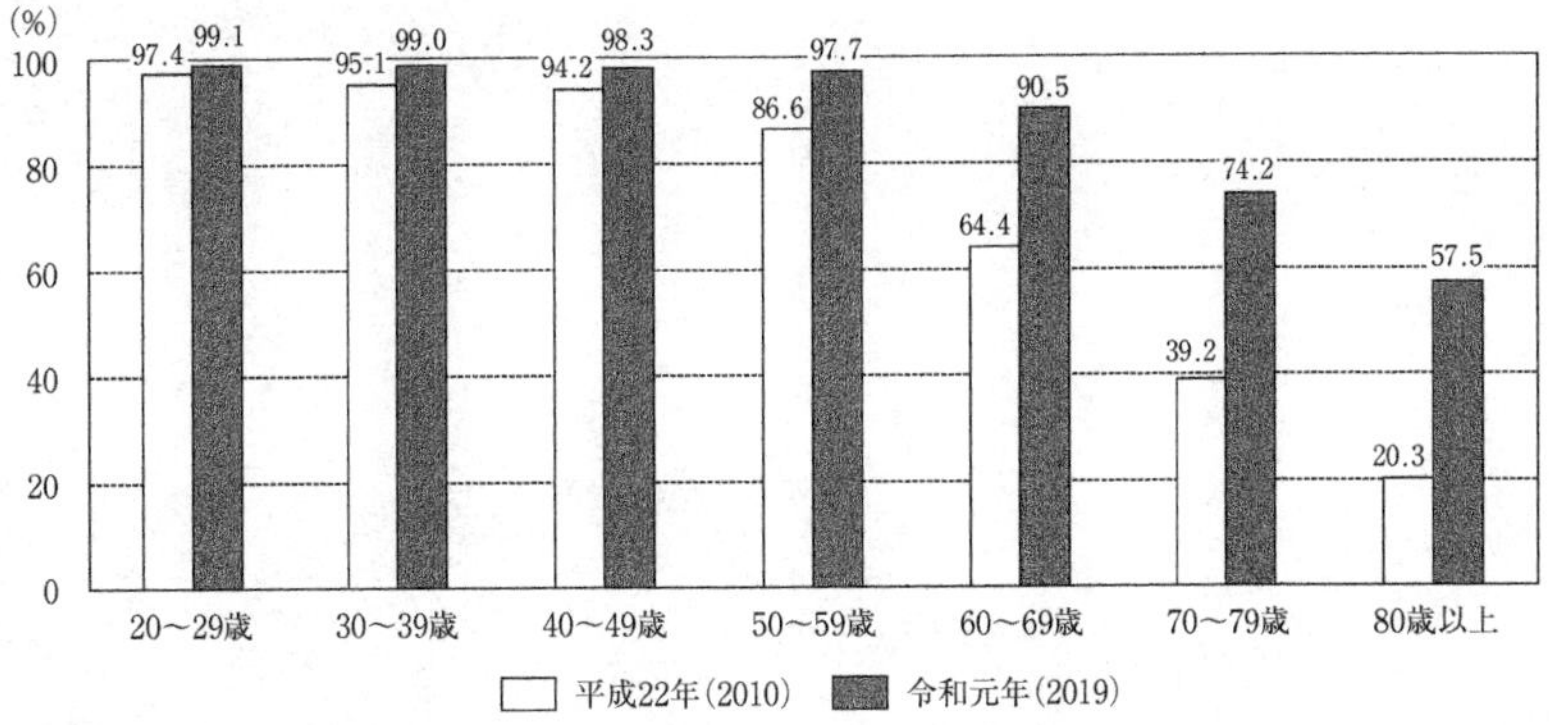

資料：総務省「通信利用動向調査」
（注1）無回答を除く。
（注2）令和元年は調査票設計が例年と異なることから、他の年と結果を比較する際には注意を要する。

図表8 生活満足度

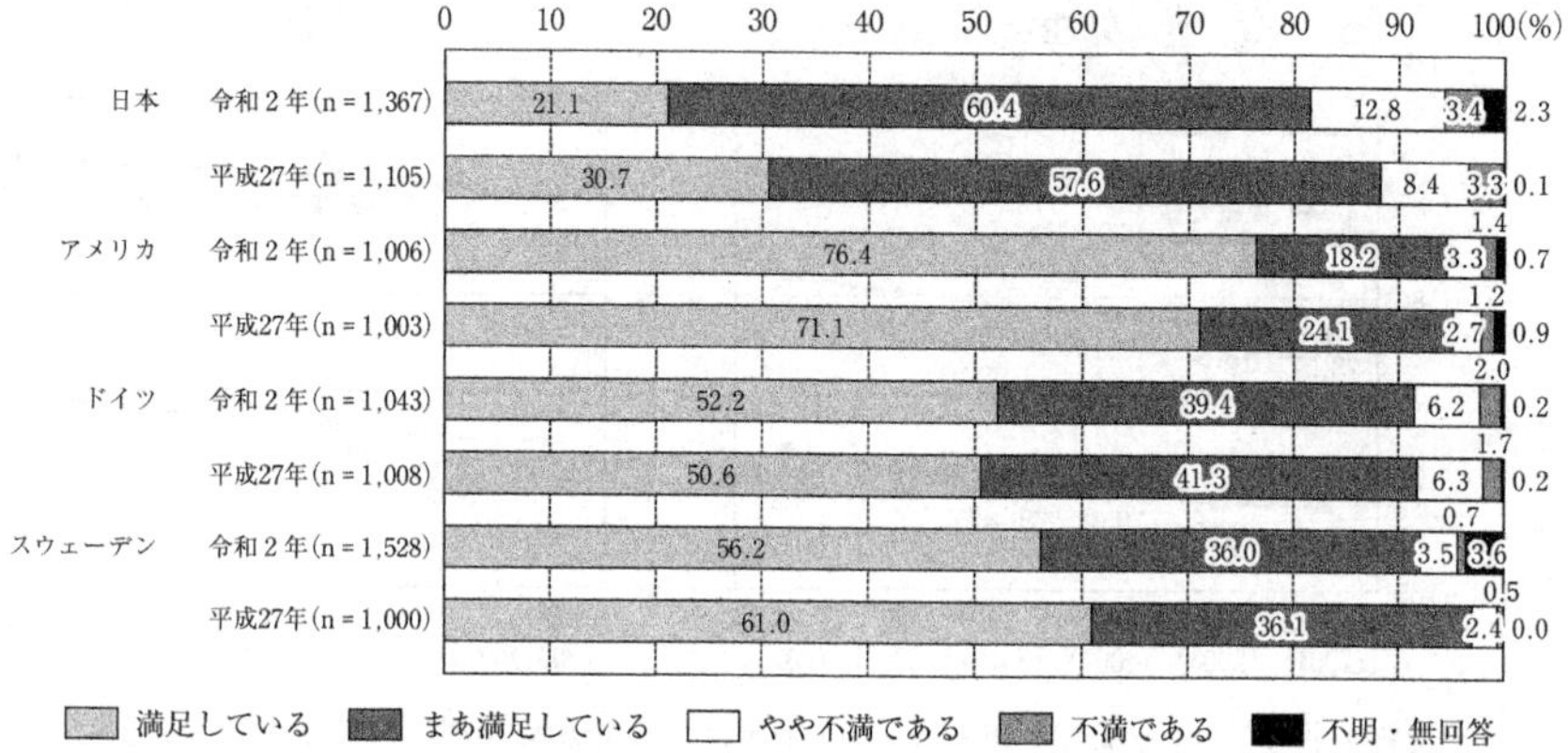

注：60歳以上を対象にした調査である。

図表9　近所の人とのつきあい方（複数回答）

（%）

	日本	アメリカ	ドイツ	スウェーデン
上段：令和2年（全体）	（n = 1,367）	（n = 1,006）	（n = 1,043）	（n = 1,528）
下段：平成27年（全体）	（n = 1,105）	（n = 1,003）	（n = 1,008）	（n = 1,000）
お茶や食事を一緒にする	14.2	27.4	46.3	25.4
	24.2	24.9	50.1	35.9
趣味をともにする	11.2	19.6	16.1	6.0
	15.6	13.5	16.3	9.2
相談ごとがあった時、相談したり、相談されたりする	20.0	42.1	45.1	26.3
	18.6	28.3	48.3	31.2
家事やちょっとした用事をしたり、してもらったりする	5.5	19.1	6.4	1.8
	5.2	15.2	7.3	3.2
病気の時に助け合う	5.0	38.9	30.1	8.9
	5.9	27.0	31.9	16.9
物をあげたりもらったりする	48.7	28.6	17.9	14.9
	41.9	18.4	14.3	24.3
外でちょっと立ち話をする程度	64.7	39.7	45.3	88.5
	67.3	45.9	38.7	89.7
その他	10.6	5.8	2.7	6.5
	9.7	6.1	1.3	8.4
不明・無回答	1.9	0.9	0.6	1.8
	0.6	-	1.2	-

注：60歳以上を対象にした調査である。

図表10　家族以外の友人の有無

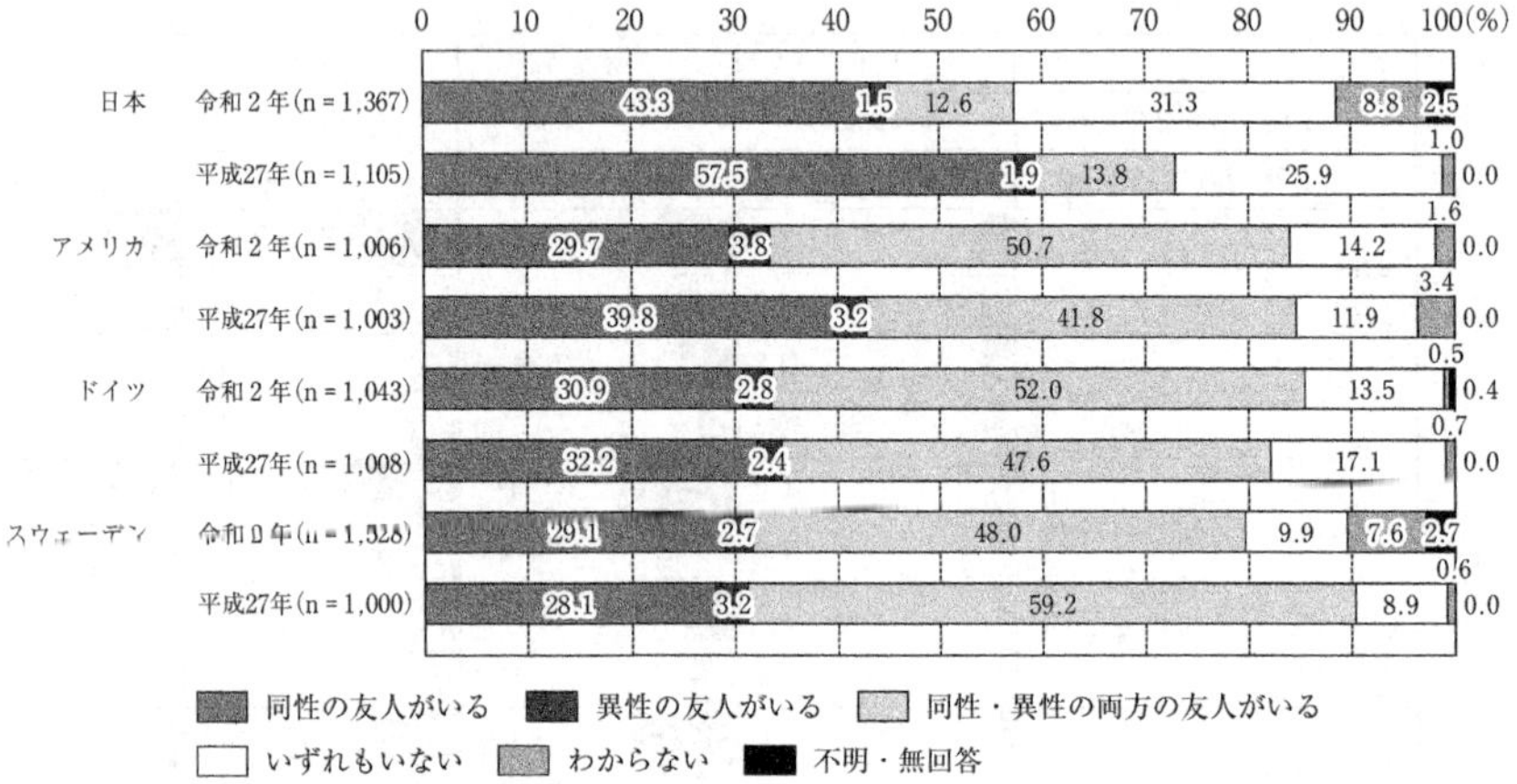

注：60歳以上を対象にした調査である。

問８　以下の表は内閣府が行った第９回高齢者の生活と意識に関する国際比較調査の結果の一部であり、日本を含めた４カ国在住の60歳以上の男女個人を対象としている。表中の数値は「あなたは、現在、どの程度生きがい(喜びや楽しみ)を感じていますか。」という設問に対する回答であり、それぞれの回答選択肢への回答者数を示している。「大変感じている」を５点、「多少感じている」を４点、「どちらとも言えない」を３点、「あまり感じていない」を２点、「まったく感じていない」を１点とした上で、日本在住者における平均値と分散を算出し、正しい答えに最も近い組み合わせを次の①～④のうちから一つ選びなさい。なお、計算の際には小数点以下第３位を四捨五入して使用すること。

① 平均値3.78、分散0.99

② 平均値3.69、分散0.97

③ 平均値3.78、分散1.37

④ 平均値3.69、分散1.22

表　各国における「現在、どの程度生きがい(喜びや楽しみ)を感じていますか」という問いに対する回答(人数)

	大変感じている (5)	多少感じている (4)	どちらとも言えない (3)	あまり感じていない (2)	まったく感じていない (1)
日本	322	599	238	153	23
アメリカ	577	275	58	54	26
ドイツ	265	314	333	108	21
スウェーデン	759	506	115	77	30

【出典】

問 1 ～ 7

「内閣府　令和 3 年版高齢社会白書」をもとに、一部改変して作成

https://www8.cao.go.jp/kourei/whitepaper/index-w.html

(2022年 8 月11日アクセス)

問 8

「内閣府　第 9 回高齢者の生活と意識に関する国際比較調査」をもとに、一部改変して作成

https://www8.cao.go.jp/kourei/ishiki/r02/zentai/pdf_index.html

https://www8.cao.go.jp/kourei/ishiki/r02/zentai/pdf/5_2 .pdf

(2022年 8 月11日アクセス)

社会福祉学科

◀社会および社会福祉に関する理解力と思考力を問う試験▶

(75分)

(注) 記述式の解答は，各解答欄にていねいに記入すること。数字，ローマ字については，1マスに2字とする。

1 次の説明にあてはまる適切な語句を解答欄に記入しなさい。

問1 多数の人が同時に消費でき、代金を支払わない人を排除できず、ある人の消費によって他の人の消費が妨げられない財のこと。

問2 発達段階に基づいて分ける人間の生活周期のこと。

問3 15歳～49歳の女性を対象とし、各年齢の出生率を合計した指標のこと。

問4 所得が高くなるにつれて税率が高くなる課税方式のこと。

問5 家事労働などのように、生活に不可欠でありながら賃金が支払われない労働のこと。

問6 「ゆりかごから墓場まで」をスローガンとし、イギリスの社会保障制度を充実させるきっかけとなった、1942年に発表された報告。

問7 ある集団が他の集団と比べて歴史的に不平等な状態にある場合、格差是正のために採られる積極的な優遇措置のこと。

問8　全国民を加入対象とし、一定の要件を満たせば、老齢・障害・遺族の基礎年金が支給される制度。

問9　男女の人権尊重、社会制度・慣行の中立化、家庭生活と職業生活との両立等を基本理念とし、1999年に公布された法律。

問10　個人所得の総額から直接税や社会保険料などを差し引いた残りの所得のこと。

2　以下の問いに答えなさい。

問1　下記の図は、日本における所得格差を示す指標であるジニ係数の推移である。図から読み取れることを説明したうえで、格差社会の問題点を複数あげ、その対応策として行われていることや、今後考えられることについて述べなさい。字数は全て合わせて500字以上600字以内とする。

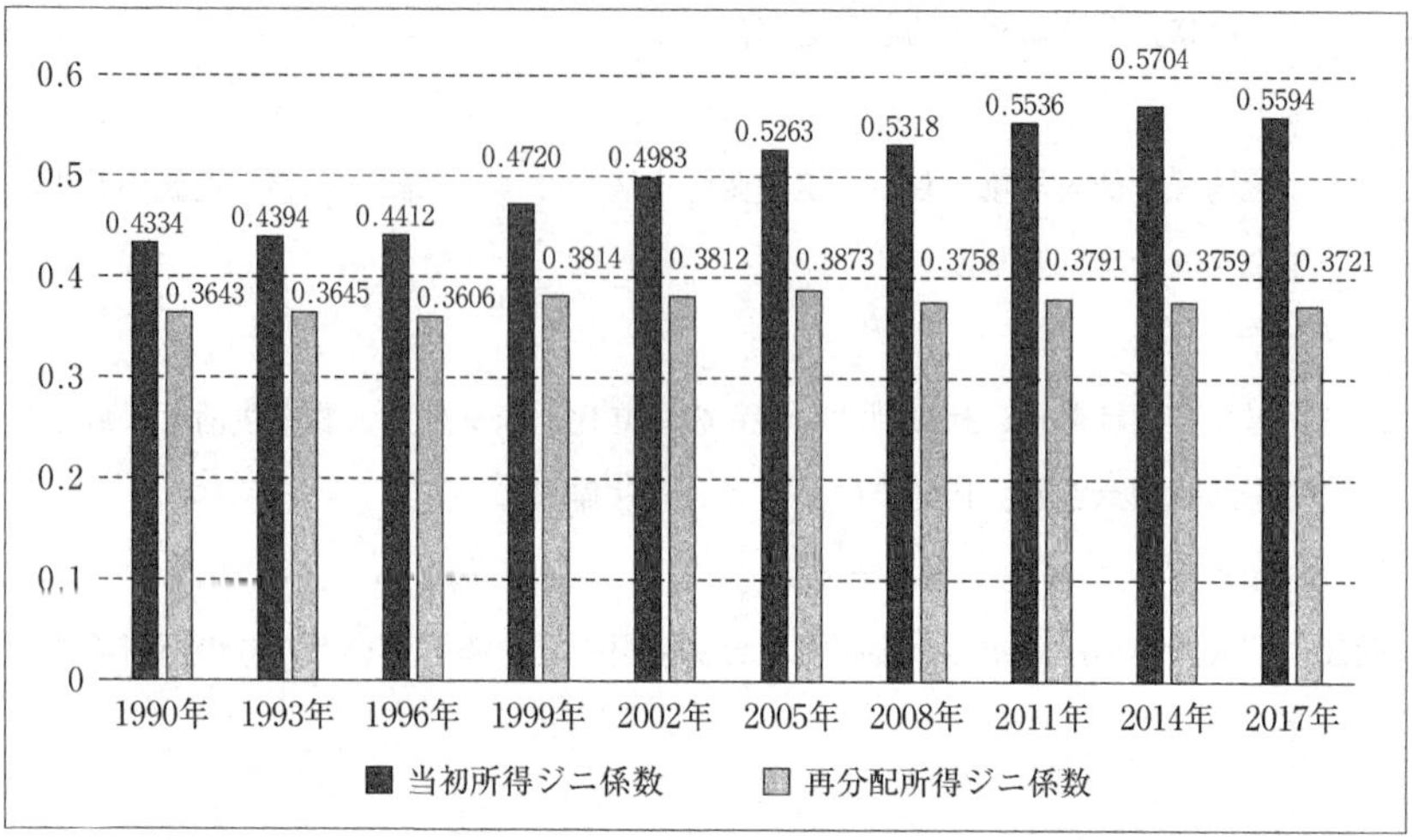

『令和 2 年版厚生労働白書』をもとに作成

解答編

教育・社会・看護学科

◀人間と社会に関わる事象に関する
論理的思考力，表現力を問う総合問題▶

I **解答** (1) 1．画期的　2．頻度　3．熟練
(2)—④　(3)—③　(4)—③

(5)ネット右翼の定義と測定（15 字以内）

(6)ウ—②　エ—⑤　(7)—④

(8)①—×　②—×　③—○　④—×　⑤—×　⑥—○　⑦—○　⑧—○　⑨—○　⑩—○

(9)ネット右翼，排外主義とも，非正規よりも正規や経営者・自営業の方が割合が高いため，正しいとは言えない。(50 字以内)

◀解　説▶

≪ネット右翼とはどのような人か≫

(2)排外主義が現れた社会問題を選ぶ。排外主義の定義は資料文末尾［注(※)］で説明されている。最適な具体例は④「ヘイトスピーチ」である。

(4)空欄アに入る文を選ぶ。アを含む段落の冒頭で「第二の手段」とあるのは，第 1 段落で挙げられている「『ネット右翼』を定義し，そこに該当する人とそうでない人を分けたうえで，両者の属性や意識を比較する」手段である。この部分が空欄アを含む段落の第 1・2 文と重複していることを踏まえ，「比較する」という内容を示す③が適当。

(5)空欄イに，第 2 節に適当な「見出し」を記す。この節の第 1 段落は「ネット右翼」の定義についての文章である。また，次段落以降ではネット右翼とオンライン排外主義者の「定義を詳しくみていこう」として，実際の測定方法について具体的に語られている。この 2 点をまとめるとよい。

(6)図 1 の空欄ウ・エに入る文言を選ぶ。

ウ．第2節の第1段落第2文に「①中国・韓国への否定的態度，②保守的政治志向，③政治・社会問題に関するネット上での意見発信や議論，という三つの条件をすべて満たす場合にネット右翼と見なす」とある。この条件は，図1のベン図の3集合と対応している。よって，空欄ウは②「ネット右翼」が適当。

エ．ベン図の中で「中国・韓国への否定的態度」と「インターネット上での政治的意見発信」の2条件を満たし，かつ「保守的政治志向」が当てはまらない部分である。ここは，第3節直前の段落の第1文「オンライン排外主義者とネット右翼の違いは，前者が保守的な政治志向を必ずしももたない点にある」より，「オンライン排外主義者」を示すことがわかる。よって，空欄エは⑤が適当。

(7)空欄オ・カに入る文言の組み合わせを選ぶ。空欄オを含む文の直前の2つの文に，「保守的政治志向が『ある』とは，先に挙げた4つの項目すべてに一定程度賛成の場合」であり，「そのうちのどれか1つでも反対または中間的態度（『わからない』を含む）を選んでいる場合，保守的政治志向は『ない』こととして分類される」とある。つまり，仮に3つの項目に賛成（保守的）であっても，賛成でない項目が1つでもあれば，オンライン排外主義者に分類されるということである。よって，オは④の「保守的な傾向を示すものもある」が最適。

また，空欄カも，その直前の文「(オンライン排外主義者は）靖国神社の公式参拝については，ネット右翼でもオンライン排外主義者でもない人(非ネット排外層）よりも賛成の割合が高い」と同様の傾向を示す④「保守的傾向を示している」が最適。以上より，④が適当。

(8)表1のデータと照らして選択肢の文章について，正しいか否かを判断する。計算が必要な場合は計算して解答する。

①ー×　表1「年齢」の「人数」が最多なのは，「30代」ではなく「40代」である。

②ー×　表1「年齢」の「ネット右翼（%)」の数値は，「50代」以降は増加傾向にない。

④ー×　ネット右翼の割合は，表1「学歴」が高い方が若干高く，オンライン排外主義者については学歴による差がみられない。

⑤ー×　表1「就業状況」の「正規」の「人数」は，「34,076」である。

サンプルの総数は77,084（34,076 + 15,146 + 7,390 + 904 + 19,568　※この総数は，第2節直前の段落内「サンプルサイズ」の値からも確認可能）。よって，正規雇用労働者の割合は，34,076 ÷ 77,084 = 0.4420…より，44.2%であり，「52.6%」ではない。

⑦―○　表1「年収」の「600万円以上900万円未満」と「900万円以上」の「人数」の合計は17,283 + 17,197 = 34,480。「年収が分かっている人のうち」とあるので，分母は「わからない」を除く，66,743（1,652 + 8,079 + 22,532 + 17,283 + 17,197）。よって，「年収が600万円以上の人の割合」は34,480 ÷ 66,743 = 0.5166…より，「51.7%」である。選択肢後半の「調査の性質上高所得者が実際よりも多い可能性がある」については，課題文の第2節直前文に「調査会社のウェブ調査モニターを対象にするため，高学歴層，インターネット使用頻度が高い層に対象者が偏っている」とあることから推測できる。

⑧―○　表1「年収」の「オンライン排外主義者（%）」の数値は，「100万円未満」から「100万円以上300万円未満」にかけて，割合が高くなっている。

(9)下線部Cに関し，「非正規雇用の増加など雇用の不安定化が排外主義，もしくはネット右翼の広がりの原因である」という議論が，表1の結果から正しいと言えるか否かを，理由を含めて論じる。ネット右翼，オンライン排外主義者ともに，「就業状況」が「非正規」の割合が最も高いわけではないので，この議論は表1と整合しない。

Ⅱ　解答

(1)―①　(2)―④　(3)―③　(4)1872　(5)―⑤　(6)―②
(7)ア―×　イ―×　ウ―×　(8)―④

(9)引く数が引かれる数より大きなときに，位ごとに大きい数から小さい数を引いている。(40字以内)

(10)コンピュータと人間との本質的な違いに気付くことと，最適解や改良を求める中でメタ学習として形成される知識観や学習観。(60字以内)

(11)―③

◀解　説▶

≪第4次産業革命と小学校教育≫

(1)空欄aに入る文を選ぶ。第1段落にあるように，「近年における情報通信技術の進化と普及」の波が「子どもたちの世界にも届いて」おり，その結果，「小学校でもプログラミング教育が必修化された」ことを前提に進められた議論が，空欄ａが冒頭で提起される報告書である。よって，プログラミング教育導入に至る時代背景の説明に応じた①「第４次産業革命は教育に何をもたらすのか」が適当。

⑸空欄ｅに入る語句を選ぶ。第７段落第１文にあるように，学校制度は「第１次産業革命に伴って誕生した」ものである。第８段落では，明治期の工業化推進に際し，大規模機械生産で必要な単純労働に従事する人材を「供給する社会装置として，…近代学校の制度や方法が整備された」とある。よって，⑤「機械化」が適当。

⑹空欄ｆに入る語句を選ぶ。第１次産業革命期には，⑸でみた通り，工場の機械化が進む中で，学校教育は労働人材を供給する装置となった。この時期に子ども時代を過ごしたエジソンは，「素朴で真剣な『なぜ』の問いを発し続けたが故に…放校処分となった」（空欄ｆの直前）。時代に応じた学校教育では学ぶことができなかったそのエジソンが，第２次産業革命をもたらしたという事実を考えると，②「皮肉」が適当。

⑺選択肢ア～ウについて，下線部Ａ「教育の『人間化』時代」に拡充すべき学習と言えるか否かを判断する。まず，「教育の『人間化』」の意味については，下線部Ａを含む文の直前の２つの文で書かれている。人間はコンピュータにできることをしなくてよく，「人間ならではの強みを伸ばすことに，教育はそのリソースを…集中すべき」という主旨である。以上から選択肢を検討すると，ア「そろばんの練習」，イ「漢字の書き取り」，ウ「歴史の年号の暗記」の３つとも，コンピュータに任せられることなので，×となる。

⑻空欄ｇに入る文を選ぶ。まず，空欄ｇは直後の「手段として，…技術革新を主体的に使いこなす」につながることに留意する。そして，空欄ｇ直後の段落では，その「主体的」な側面が，「課題を発見・解決していく」「自らの問題解決」「自分が意図する一連の活動を実現するために」「より意図した活動に近づくのか」といった言葉で示されている。以上より，④「自らが設定した目的を実行する」が適当。

⑽下線部Ｃ「コンピュータでプログラミングを行うことによってこそ感得できるもの」とは何かを記す。課題文では，２つの要素が挙げられている。

第1に，下線部Cを含む段落の2つ後の段落に「コンピュータと人間の本質的な違いに気付くのが…重要なポイントであり，…それには，実際にコンピュータと関わる経験が不可欠」とある。

第2に，その次の段落の冒頭に「コンピュータを用いてプログラミングを経験することのさらなる意義は，『メタ学習』」であり，「メタ学習とは学習に関する学習」であると述べられている。続く段落以降でさらに，メタ学習の概要である「知識観や学習観」，プログラミングにおけるその意味が説明されているので，その部分の要点を盛り込んでまとめる。

心理学科

◀心理学のための理解力と思考力を問う試験▶

1 **解答**　問1．③　問2．①

問3．ヒトに生得的に備わっていて，その言い方によって，メッセージの意味は乳児にも伝わるはずだということ（50字以内）

問4．〈2〉　問5．④　問6．②

問7．乳児は話し手の気持ちをその口調からおおよそ読み取ることができるといえる。基本的なメッセージに対応する話し方は生得的に備わっており，身近な大人の声の調子だけから状況を読むこともできるからだ。しかしそれは，言語がわかるようになった子どもに言語が伝える情報の明瞭さにはとうてい及ばないと考えられる。（150字以内）

◀解　説▶

≪子どもは他者の気持ちをどう読み取るか≫

問1．空欄(ア)～(ウ)に入れる語の組み合わせとして最も適切なものを選ぶ。(ア)は，「乳児は…できるのではないか」（第1段落）と考えることに対し，「相手の声から…ではない可能性があります」（第2段落）としているため，前の内容に対して推量や疑問を導く「ただし」が入る。(イ)の前後にある，「あやしたら…」と，「自分のイライラが…」（第2段落）は，第1段落でも並列されていた具体例であるため，「また」が入る。(ウ)から始まる文章は，先の2つの具体例が示す内容についてのまとめとなっているため，「つまり」が入る。

問2．空欄(エ)に入れるのに最も適切な語句を選ぶ。第3段落を見ると，「もう少し厳密に調べるには」，「話し手と長々とやりとりする中で…見るのではなく」，「特定の感情音声を（　エ　）聞かされた直後…を観察する必要があります」とある。したがって，「長々と」と対照的な「一回だけ」が適切。

問3．傍線部(オ)「そのような発想」とはどのようなことか，説明する。傍線部の直前に,「基本的なメッセージに対応する…言い方…は，…生得的に備わっている…とすれば，…メッセージの意味は，ごく幼い子どもにも，…言語や文化を超えて伝わるはず」(第 4 段落) とあり，続く第 5 段落の観察の内容もそれに対応している。したがって，この部分を「基本的なメッセージの言い方は,」に続く形で簡潔にまとめればよい。

問 4．設問に示された文章が入るのに最も適した位置を，課題文中から選ぶ。挿入すべき文章の冒頭にある「つまり」は,「要するに」「言い換えると」という意味の副詞。よって,「言語内容と口調が一致してい」たと言い換えられる,「怖そうな口調で…言われた場合と，嬉しそうな口調で…言われた場合」(第 10 段落) という記述の直後の〈 2 〉が適切。

問 5．空欄㋕に入れるのに最も適切な語を選ぶ。㋕の前後を見ると,「それらの単語がこの時期の子どもにはまだ難しいだろうとの判断」のもとで行われた研究の結果,「12 か月児には，それらの単語がわから…なかった」(第 10 段落) とあるので,「計画通り」「考えをめぐらせた通り」という意味で「目論見どおり」が適切。

問 6．空欄㋖～㋘に入る語の組み合わせとして最も適切なものを選ぶ。「“不一致条件だけでなく一致条件でも”というのがどういうことなのか…説明してみましょう」(第 15 段落) とあることに注意しつつ，いずれの条件で得られた結果を筆者が「興味深い」と判断しているのかを読み取ることが求められる。一致条件の場合は，口調など言語以外のものと言語内容が一致しているため，言語がわからなくても，子どもには，その内容に従ったふるまいが可能で，言語がわかるようになったからといってもその影響は大きくないと予想されたにもかかわらず，実際には，言語理解が進むほど「一致条件でも不一致条件でも言語内容の影響を受けていた」，つまり，一致条件においてすら，子どもへの影響が大きくなった点を興味深いと考えている。よって，②が適切。

問 7．課題文の内容を要約する。課題文は，冒頭の「乳児はまだ言語がわからないけれど，…こちらの気持ちを声から読み取ることができるのではないか」(第 1 段落) という問いに対し，生得的な「話し方」に着目した「一つ目の系統」(第 4 ～ 6 段落),「社会的参照」に着目した「もう一つの系統」(第 7・8 段落) の検証を経て,「以上のように見てくると，ゼロ歳半ばから 1 歳くらいまでの子どもは，話し手が肯定的な気持ちかどうかをその話し方からおおよそ読み取ることができる」（第9段落）という結論に至る。しかし，「厳密に調べようとするなら，…子どもが言語をどれだけ理解できるようになっているかということも加味」（第11段落）する必要があり，最終的な結論は「つまり，子どもたちはそれ以前にも相手の口調から…だいたい読み取ることはできていたものの」，それは「言語が伝える情報の明瞭さにはとうてい及ばないものだった」（最終段落）となっている。この論展開が明示されるよう，端的にまとめればよい。

2　解答

問1．①　問2．③　問3．②　問4．①　問5．③
問6．③　問7．②　問8．①

◀解　説▶

≪高齢化の進行状況とその実態≫

問1．図表1を読み取る。2020年の推計値から，65～74歳と75歳以上の人口の合計が総人口に占める割合を計算する。

問2．図表2を読み取る。設問文に「成人以上のいずれの年齢階級においても」とあるが，図表2には60歳以上のデータしか示されていない。

問3．図表4を読み取る。設問文の「世帯の可処分所得を世帯人員の平方根で割って調整」したものが図表4の「(平均) 等価可処分所得（金額)」であり，「高齢者世帯」の平均等価可処分所得金額は「その他の世帯」の平均等価可処分所得金額の約7割である。

問4．図表6を読み取る。設問文の前半（「…男女ともに延びており」）についてはグラフの傾きから判断できる。後半の「延び率」は「(2016年時点の値－2010年時点の値）÷2010年時点の値」で求められるので，男女それぞれの健康寿命と平均寿命について計算すればよい。

問5．図表7を読み取る。設問文の「高齢者（65歳以上）のインターネット利用率」は，65歳以上の人口に占めるインターネット利用者の割合である。しかし，図表7はあくまで年齢階級別のデータであり，そこから65歳以上の利用者数を計算するには，各年齢階級のそれぞれについて，実際の人口と利用率を掛け合わせ，それらを合計する必要がある。与えられた資料の中に，2010年と2019年の年齢階級別人口を示すものはない。

問6．図表8を読み取る。図表8から「日本における60歳以上の高齢者の生活満足度」は読み取れるが，与えられた資料の中に「若者」の生活満足度を示すものはない。

問７．図表９・10 を読み取る。いずれも 60 歳以上を対象にした調査の結果ではあるが，設問文の「これらの人の数はいずれも近年増加している」は図表９・10 のデータ範囲内では誤りであり，必然的に，60 歳未満の状況がどうであれ，「年齢を問わず…これらの人の数はいずれも近年増加している」とするのは誤りである。

問８．設問文と表から日本在住者における平均値と分散を計算し，正しい答えに最も近い組み合わせを選ぶ。「平均値」は各選択肢それぞれについて「選択肢の点数×選択肢への回答者数」を計算し，その合計を「回答者数の合計」で割れば求められる。また，「分散」とはデータの散らばりの大きさを示す指標であり，各データと平均値との差（＝偏差）を２乗し，その合計をデータ数で割って求める。表の場合，各選択肢それぞれについて「(選択肢の点数－平均値）の２乗×選択肢への回答者数」を計算し，その合計を「回答者数の合計」で割れば求められる。

社会福祉学科

◀社会および社会福祉に関する理解力と思考力を問う試験▶

1　解答

問１．公共財　問２．ライフ＝サイクル
問３．合計特殊出生率　問４．累進課税
問５．シャドウ＝ワーク（無償労働，アンペイド＝ワークも可）
問６．ベヴァリッジ報告
問７．アファーマティブ＝アクション（ポジティブ＝アクション，積極的格差是正措置も可）
問８．国民年金　問９．男女共同参画社会基本法
問10．可処分所得

◀解　説▶

≪社会福祉に関わる用語問題≫

与えられた説明にあてはまる適切な語句を答える。社会福祉学に関わる法・制度・専門用語などについて，基本的な定義が示されている。

問１．例えば公園や図書館，道路などが公共財に当たる。

問３．合計特殊出生率は，法的かつ生物学的に出産可能とされる年齢層について，各年齢の出生率を合計したもの。これによって，一人の女性が生涯に出産する子どもの数が算出される。

問４．所得税や贈与税などがこれに当たる。

問５．「シャドウ＝ワーク」はイリイチの用語。

問６．「ゆりかごから墓場まで」というのは国民が無償で医療サービスを受けられる皆保険中心の制度で，第二次世界大戦後のイギリスにおける福祉国家政策の基盤。その基礎となった報告書を提出者の名から「ベヴァリッジ報告」と呼ぶ。

問７．性別や人種，障害の有無などによって生じる，教育や職業選択の機会などの格差が歴史的な社会構造に起因する場合，改善し平等な社会制度を実現するために積極的に制度的な優遇措置をとることをアファーマティ

ブ＝アクションという。ヨーロッパではポジティブ＝アクションという。

問 8．現行制度では 20 歳以上 60 歳未満の加入者が規定の保険料を支払い，老齢年金は 65 歳以降に，支払った金額や期間に応じて支給される。

問 9．性別による差別をなくすために，教育や雇用などの社会制度や慣例における性差の解消を図るとともに，少子化や労働人口減少への対策の一環として家庭と仕事の両立などを重視して策定された。

問10．雇用者の場合に「手取り」といわれる金額で，個人が自分の裁量で使用できる金額の意である。

2 **解答例** 図から，当初所得は格差拡大傾向にある。特に 1999 年以降はジニ係数の伸び率が大きく，格差の拡大が続いている。一方で再分配所得ジニ係数は 1990 年の水準からほぼ変化しておらず，再分配を通した格差是正は一定水準で実現していることがわかる。だがそれは拡大傾向にある当初所得格差の是正に多くの社会保障費が費やされているということでもある。

所得格差の拡大は，大多数の人が享受するサービスが得られない低所得層の増加を促す。低所得層では経済的要因により医療や介護，教育，情報取得などの受益機会が失われ，健康や教育の格差，貧困の世代間連鎖が生じる。さらに，衣食住など基本的な生活の維持にも支障が生じる場合がある。

これらの格差に対し，日本では累進課税をはじめ，生活保護や医療扶助，年金支給等による所得の再分配が行われている。また就労支援や教育支援，民間レベルでは子ども食堂などの支援活動も実施されてきた。

しかし公的な社会保障制度は，高齢化により年金・医療・介護費等の支出増大が深刻化している。そのため今後，支給額の縮減や医療・介護の個人負担率増加，生活保護基準の変更など支出の抑制が進み，格差の拡大を助長する可能性が高い。したがって，社会保障費の財源確保に加え，子どもの貧困など是正措置の不十分な領域への税制優遇措置や雇用の安定化促進など，所得格差を縮小する具体的な対策がさらに広く議論されると考えられる。(500 字以上 600 字以内)

◀解　説▶

≪格差と社会保障≫

ジニ係数の推移を示した図を読み取り，格差社会の問題点を複数あげ，現行の対応策，今後考えられることについてまとめる設問である。図の読み取り以外は，格差社会や社会保障に関する基本的な知識が問われている。

まずは，図を読み取るところから始める。ジニ係数は，数値が1に近いほど格差が大きく，0に近いほど格差が少ないことを示す。再分配前の「当初所得ジニ係数」は，1990 年の 0.4334 を最小値として増加傾向にあり，特に 1999 年以降は上がり幅が大きい。2017 年に若干減少しているが，1990 年代の数値と比較して考えれば，増加した状態と考えてよい。ここから，1990 年代の水準と比べて，当初所得の格差は拡大しているといえる。

一方，「再分配所得ジニ係数」は，累進課税をはじめ，医療費や扶養者による税額控除，生活保護，社会保険の給付等が行われた時点での所得格差を示す。こちらは 1990 年の水準が 0.3643 で，そこから微増傾向にはあるものの，おおむね横ばいである。当初所得よりもジニ係数が低いので，再分配後は所得格差が小さくなっており，格差の是正効果が現れていることがわかる。同時に，所得格差が拡大傾向にある中で再分配所得が横ばいなので，再分配のための社会保障費の支出が増大していることも推測できる。

次に，格差社会の問題点について。図からうかがえるのは相対的貧困，つまり，その社会の大多数の人々が享受しているものを得ることができない貧困層の問題である。格差の広がりは機会格差や受益格差を生じる。例えば，家庭の経済状況が原因で修学旅行や進学を諦めることや，健康保険料を支払えず保険証がなく医療受診ができないことなどである。教育の機会格差は就職の機会や選択肢の格差を通して雇用条件や収入の安定にもつながり，貧困の世代間連鎖につながりやすい。また医療や介護の受益格差は健康格差にも結びつく。情報格差や関係性の欠如も生じる可能性が高い。

これらに対する対応策が再分配である。累進課税のほか，公的にさまざまな社会保障制度があり，生活保護や年金，医療費の軽減などの経済的な再分配支援を含む。また就職支援や教育支援なども行われている。

しかし特に若い世代の相対的貧困に関しては，十分な支援が行われているとはいえないことも指摘されている。また既存の社会保障制度は，少子高齢化に伴ってその限界が指摘されて久しい。したがって今後考えられることとしては，これらの問題の深刻化とそれを軽減するための具体的な対策の促進が想定される。

具体的な対策として，財源確保のための増税や，医療の窓口負担率や年金支給時期の変更など，すでに議論が進んでいるものについては，日頃から新聞などでニュースに目を通していれば解答できる。また，若年低所得層における生活保障，雇用支援などのあり方など今後議論が必要になる可能性のある問題についても，想定できる範囲で指摘すればよい。

格差社会の問題点以降については，1で出題された語の中にもヒントが隠されているので，うまく利用するとよい。

//////////////////// · memo · ////////////////////

2022年度

問題と解答

■一般選抜（学部学科試験・共通テスト併用型）

問題編

▶試験科目・配点

学部	試験区分	試験教科・科目		配　点
神※	大学入学共通テスト	外国語	『英語（リーディング，リスニング）』，『ドイツ語』，『フランス語』のうちから１科目選択	60 点
		国語	『国語』	40 点
		地理歴史または公民	「日本史Ｂ」，「世界史Ｂ」，「地理Ｂ」，「倫理」，「政治・経済」，『倫理，政治・経済』のうちから１科目選択	40 点
	大学独自試験	学部学科適性試験	キリスト教と聖書の基礎に関する理解力と思考力を問う試験	100 点
文（哲）	大学入学共通テスト	外国語	『英語（リーディング，リスニング）』，『ドイツ語』，『フランス語』のうちから１科目選択	60 点
		国語	『国語』	40 点
		地理歴史または公民または数学	「日本史Ｂ」，「世界史Ｂ」，「地理Ｂ」，「倫理」，「政治・経済」，『倫理，政治・経済』，『数学Ⅰ・数学Ａ』のうちから１科目選択	40 点
	大学独自試験	学部学科適性試験	哲学への関心および読解力・思考力・表現力を問う試験	100 点
文（史）	大学入学共通テスト	外国語	『英語（リーディング，リスニング）』，『ドイツ語』，『フランス語』のうちから１科目選択	60 点
		国語	『国語』	40 点
		地理歴史	「日本史Ｂ」，「世界史Ｂ」のうちから１科目選択	40 点
	大学独自試験	学部学科適性試験	歴史学をめぐる試験	100 点
文（国文）	大学入学共通テスト	外国語	『英語（リーディング，リスニング）』，『ドイツ語』，『フランス語』のうちから１科目選択	60 点
		国語	『国語』	40 点
		地理歴史または公民	「日本史Ｂ」，「世界史Ｂ」，「地理Ｂ」，「倫理」，「政治・経済」，『倫理，政治・経済』のうちから１科目選択	40 点
	大学独自試験	学部学科適性試験	現代文・古文・漢文の読解力を問う試験	100 点

学部	試験区分	試験教科・科目		配　点
文（英文）	大学入学共通テスト	外国語	『英語（リーディング，リスニング）』	50点
		国語	『国語』	50点
		地理歴史または公民	「日本史Ｂ」，「世界史Ｂ」，「地理Ｂ」，「倫理」，「政治・経済」，『倫理，政治・経済』のうちから１科目選択	50点
	大学独自試験	学部学科適性試験	英語適性検査（英語長文読解とその内容に基づく英語小論文により，理解力・思考力・表現力を問う）	100点
文（ドイツ文）	大学入学共通テスト	外国語	『英語（リーディング，リスニング）』，『ドイツ語』，『フランス語』のうちから１科目選択	60点
		国語	『国語』	40点
		地理歴史または公民	「日本史Ｂ」，「世界史Ｂ」，「地理Ｂ」，「倫理」，「政治・経済」，『倫理，政治・経済』のうちから１科目選択	40点
	大学独自試験	学部学科適性試験	文化・思想・歴史に関するテクストの読解力および思考力・表現力を問う試験（日本語の文章の読解力および思考力・表現力を問う）	100点
文（フランス文）	大学入学共通テスト	外国語	『英語（リーディング，リスニング）』，『ドイツ語』，『フランス語』のうちから１科目選択	60点
		国語	『国語』	40点
		地理歴史または公民	「日本史Ｂ」，「世界史Ｂ」，「地理Ｂ」，「倫理」，「政治・経済」，『倫理，政治・経済』のうちから１科目選択	40点
	大学独自試験	学部学科適性試験	フランス文学・文化・歴史に関するテクストの読解力および思考力・表現力を問う試験	100点
文（新聞）	大学入学共通テスト	外国語	『英語（リーディング，リスニング）』，『ドイツ語』，『フランス語』のうちから１科目選択	60点
		国語	『国語』	40点
		地理歴史または公民	「日本史Ｂ」，「世界史Ｂ」，「地理Ｂ」，「倫理」，「政治・経済」，『倫理，政治・経済』のうちから１科目選択	40点
	大学独自試験	学部学科適性試験	ジャーナリズムに関する基礎的学力試験	100点
総合人間科（教育・社会）	大学入学共通テスト	外国語	『英語（リーディング，リスニング）』，『ドイツ語』，『フランス語』のうちから１科目選択	60点
		国語	『国語』	40点
		地理歴史または公民または数学	「日本史Ｂ」，「世界史Ｂ」，「地理Ｂ」，「倫理」，「政治・経済」，『倫理，政治・経済』，『数学Ⅰ・数学Ａ』のうちから１科目選択	40点
	大学独自試験	学部学科適性試験	【教育・社会・看護学科　共通試験】 人間と社会に関わる事象に関する論理的思考力，表現力を問う総合問題	100点

学部	試験区分	試験教科・科目		配　点
総合人間科※（心理）	大学入学共通テスト	外国語	『英語（リーディング，リスニング）』，『ドイツ語』，『フランス語』のうちから１科目選択	60 点
		国語	『国語』	40 点
		地理歴史または公民または数学	「日本史Ｂ」，「世界史Ｂ」，「地理Ｂ」，「倫理」，「政治・経済」，『倫理，政治・経済』，『数学Ⅰ・数学Ａ』のうちから１科目選択	40 点
	大学独自試験	学部学科適性試験	心理学のための理解力と思考力を問う試験	80 点
総合人間科（社会福祉）	大学入学共通テスト	外国語	『英語（リーディング，リスニング）』，『ドイツ語』，『フランス語』のうちから１科目選択	60 点
		国語	『国語』	40 点
		地理歴史または公民または数学	「日本史Ｂ」，「世界史Ｂ」，「地理Ｂ」，「倫理」，「政治・経済」，『倫理，政治・経済』，『数学Ⅰ・数学Ａ』のうちから１科目選択	40 点
	大学独自試験	学部学科適性試験	社会および社会福祉に関する理解力と思考力を問う試験	80 点
総合人間科※（看護）	大学入学共通テスト	外国語	『英語（リーディング，リスニング）』，『ドイツ語』，『フランス語』のうちから１科目選択	60 点
		国語	『国語』	40 点
		数学または理科	下記①～④のうちから１つ選択 ①『数学Ⅰ・数学Ａ』および『数学Ⅱ・数学Ｂ』，②「化学基礎」および「生物基礎」（基礎を付した科目は２科目の合計点を１科目の得点とみなす），③「化学」，④「生物」	40 点（数学は各 20 点）
	大学独自試験	学部学科適性試験	【教育・社会・看護学科　共通試験】 人間と社会に関わる事象に関する論理的思考力，表現力を問う総合問題	100 点

▶備　考

※神学部神学科，総合人間科学部心理学科・看護学科では，面接試験を実施する。２段階での選抜とし，第１次試験合格者のみ第２次試験として面接を行い，最終合否判定を行う。

＊大学入学共通テストの英語の技能別の配点比率は，リーディング 100 点：リスニング 100 点（200 点満点）とする。

＊大学入学共通テストの国語は，古文，漢文を含む。

＊大学入学共通テストの選択科目を指定科目数以上受験した場合は，高得点の科目を合否判定に利用する。第１解答科目・第２解答科目の区別も行わない。

＊大学入学共通テストの得点は，各学科の配点に応じて換算して利用する。

＊任意で提出した外国語外部検定試験結果は，CEFR レベル（A2 以上）ごとに得点化し，大学入学共通テストの外国語の得点（200 点満点）に上限付きで加点される。

神学部

◀キリスト教と聖書の基礎に関する理解力と思考力を問う試験▶

（75分
解答例省略）

(注) 記述式の解答は，各解答欄にていねいに記入すること。数字，ローマ字については，1マスに2字とする。

以下は、「神の啓示に関する教義憲章」の一部である。これをよく読んで、問1～問9について答えなさい。

みことばによって万物を創造しかつ保持する神は、人々に対し被造物のうちにご自分についての永遠のあかしを示している。そしてさらに、上にある救いへの道を開こうとして、1人祖たちに最初からご自分を現したのである。しかし、彼らの堕落後は、あがないの約束をして彼らに救いの希望を抱かせ、たえず人類を心にかけた。それは、よい行いに努めながら救いを求めるすべての人に永遠のいのちを与えるためであった。そして、ご自分のときが来ると、2神はアブラハムを大きな民にしようとして召し出した。族長たち以後はこの民をモーセと預言者たちを通して教え導いたが、それは、ご自分が唯一の生ける真の神であり摂理の父であり正しい審判者であることを彼らが認め、また、3約束された救い主を待望するようになるためであった。神はこうして幾世紀にもわたって福音のために道を準備したのである。

しかし、預言者たちを通して幾度もさまざまな方法で語った後、神は「終わりの時代には、御子によってわたしたちに語った」のである。というのは、人々の間に住んで神の内奥を人々に語るために、4自分の子すなわちすべての人を照らす永遠のみことばを遣わしたからである。それゆえ、肉となったみことばであり、「人々に」遣わされた「人」である5イエス・キリストは、「神のことばを語り」、父からなすようにとゆだねられた救いのわざをなし遂げるのである。それゆえ、キリストを見る者は父をも見ることになる。キリストは、ご自身の全現存と出現により、ことばとわざにより、6しるしと奇跡により、そしてとくにその7死と死者からの栄えある復活により、最後には8真理の霊の派遣により、啓示を余すところなく完成するとともに、神による証言として次のことを確証するのである。すなわち、われわれを罪と死の闇から解放して永遠のいのちによみがえらせるために、神はわれわれの傍らにいるということを。

それゆえ、このキリスト教の営みは決定的な新しい契約として決して過ぎ去ることはなく、われわれの主イエス・キリストの栄えある再臨までは、もはやいかなる新しい公的啓示も期待すべきではない。

「神の啓示に関する教義憲章」第２バチカン公会議公文書公式訳改訂特別委員会監訳『第二バチカン公会議公文書　改訂公式訳』(カトリック中央協議会、2013年)

問１　下線部１について。

聖書には、次のように、人祖が造られた様子が描かれている。「主なる神は、土(アダマ)の塵で人(アダム)を形づくり、その鼻に命の息を吹き入れられた。人はこうして生きる者となった。」このことが記されているこの書物は何か。次の中から適切なものを選び、記号で答えなさい。

㋐申命記、㋑出エジプト記、㋒詩編、㋓創世記、㋔ヨハネの黙示録

問２　下線部２について。

神は、アブラハムとその子孫に約束の地を与えられた。それは、現在のパレスチナ地方であるが、「乳と蜜が流れる地」とも語られる。その地は何と呼ばれるか。次の中から適切なものを選び、記号で答えなさい。

㋐イスラエル、㋑カナン、㋒ユダ、㋓ガリラヤ、㋔サマリア

問3　下線部3について。

救い主とはキリストのことであり、ヘブライ語ではメシアと言う。メシアは、ダビデの子孫から生まれ、この世に真の平和を実現し人類を救う、と考えられていた。それが、イエスにおいて実現した。次の対話を読んで、以下の問いに答えなさい。

「イエスが言われた。『それでは、あなたがたはわたしを何者だと言うのか。』…、『あなたはメシア、生ける神の子です』と答えた。」

(1)　イエスの問い掛けに応えている人物は誰か。彼は、十二人の弟子たちのリーダー的存在であった。次の中から適切なものを選び、記号で答えなさい。

㋐アンデレ、㋑ヤコブ、㋒ユダ、㋓トマス、㋔ペトロ

(2)　彼の後継者は、現在に至るまで教皇として受け継がれている。2019年11月に来日した教皇は誰か。次の中から適切なものを選び、記号で答えなさい。

㋐ヨハネ・パウロ二世、㋑パウロ六世、㋒フランシスコ、㋓ベネディクト十六世、㋔ヨハネ二十三世

問4　下線部4について。

次の文章中の下線部が、具体的にどのようなことを意味するのか、32～40字以内で説明しなさい。

「初めに言があった。言は神と共にあった。言は神であった。この言は、初めに神と共にあった。万物は言によって成った。成ったもので、言によらずに成ったものは何一つなかった。言の内に命があった。命は人間を照らす光であった。光は暗闇の中で輝いている。暗闇は光を理解しなかった。……。<u>言は肉となって、わたしたちの間に宿られた</u>。わたしたちはその栄光を見た。それは父の独り子としての栄光であって、恵みと真理とに満ちていた。」

問5　下線部5について。

イエス・キリストの言葉と行いは、主に、四つの福音書に記されている。それらは、(　㋐　)による福音書、(　㋑　)による福音書、(　㋒　)による福音書、そして(　㋓　)による福音書である。また、初代教会の発展の様子は、(　㋔　)言行録に描かれている。㋐～㋔に適切な語句をいれなさい。

問6　下線部6について。

次の文章中の(　1　)と(　2　)には、どのような言葉が入るか。それぞれ適切なものを選び、記号で答えなさい。

「三日目に、ガリラヤの(　1　)で婚礼があって、イエスの母がそこにいた。イエスも、その弟子たちも婚礼に招かれた。(　2　)が足りなくなったので、母がイエスに、『(　2　)がなくなりました』と言った。……。イエスは、この最初のしるしをガリラヤの(　1　)で行って、その栄光を現された。それで、弟子たちはイエスを信じた。」

(1)　㋐エマオ、㋑カナ、㋒サマリア、㋓エルサレム、㋔ベツレヘム
(2)　㋐ぶどう酒、㋑塩、㋒水、㋓パン、㋔お札

問7　下線部7について。

復活について述べている次の文章を読んで、以下の問いに答えなさい。

「最も大切なこととしてわたしがあなたがたに伝えたのは、わたしも受けたものです。すなわち、キリストが、聖書に書いてあるとおりわたしたちの罪のために死んだこと、葬られたこと、また、聖書に書いてあるとおり(　　　)日目に復活したこと、ケファに現れ、その後十二人に現れたことです。次いで、五百人以上もの兄弟たちに同時に現れました。そのうちの何人かは既に眠りについたにしろ、大部分は今なお生き残っています。次いで、ヤコブに現れ、その後すべての使徒に現れ、そして最後に、月足らずで生まれたようなわたしにも現れました」

(コリントの信徒への手紙一　15：3－8)。

⑴　下線部の「わたし」とは誰か。

⑵　(　　　)に適切な数字を入れなさい。

問8　下線部8について。

真理の霊とは聖霊のことであるが、キリスト教において、神は、父と子と聖霊という三つの位格(ペルソナ)を持っていると言われる。このことは、一般的に何と言われるか。漢字で記しなさい。

問9　神と人間との関係は、「救いの歴史」と言われるが、それはいったいどのようなことを意味するのか。問題文を参考にしながら、160〜200字で述べなさい。

出典追記：(問1・問3・問4・問6・問7)『聖書　新共同訳』

文学部 哲学科

◀哲学への関心および読解力・思考力・表現力を問う試験▶

（75分）

(注)　記述式の解答は，各解答欄にていねいに記入すること。数字，ローマ字については，１マスに２字とする。

(問題Ⅰ)以下の設問に関して，正しい解答をａ，ｂ，ｃ，ｄの中から一つ選択し，その記号を解答欄にマークせよ。

(1)　古代ギリシアの哲学者アリストテレスが提唱した説はどれか。

ａ．無知の知　　ｂ．イデア論　　ｃ．質料形相論　　ｄ．不動心(アパテイア)

(2)　中世スコラ哲学において，一般に唯名論を主張したとされるのは誰か。

ａ．アウグスティヌス　　ｂ．トマス・アクィナス

ｃ．ドゥンス・スコトゥス　　ｄ．ウィリアム・オッカム

(3)　18世紀ドイツの哲学者イマヌエル・カントが提唱した説でないものはどれか。

ａ．一般意志　　ｂ．定言命法　　ｃ．コペルニクス的転回　　ｄ．批判哲学

(4)　『論理哲学論考』や『哲学探究』などを著したルートヴィヒ・ウィトゲンシュタインが提唱した理論(概念)はどれか。

ａ．観察の理論負荷性　　ｂ．パラダイムシフト

ｃ．反証可能性　　ｄ．言語ゲーム

(5)　『言葉と物』，『監獄の誕生』，『性の歴史』などを著し，狂気の歴史や規律権力論などを論じたフランスの哲学者は誰か。

ａ．クロード・レヴィ＝ストロース　　ｂ．ミシェル・フーコー

ｃ．ジル・ドゥルーズ　　ｄ．ジャック・デリダ

（問題Ⅱ）以下の文章を読み，問１～４について，指定された字数内で答えよ。ただし，字数には句読点も含まれる。

ある主張を相対化する，それはその主張の否定にも選択の余地を与えることにほかならない。例えばある人が「神は存在する」と主張し，同時に自分のその主張を相対化するということは，他の立場にとっては「神は存在しない」が正しくなるかもしれないと認めることであり，それゆえ，「神は存在しない」という主張を引き受けるという選択肢もありうると認めることである。その上でその人は，「神は存在する」という主張を正しいものとする立場を選びとったのである。「神は存在しない」という主張は，その人としては選択しないだろうが，しかし，絶対に選択不可能というわけではない。これが，相対化ということにほかならない。

だとすれば，①相対主義の主張自身を相対化するとき，私は，相対主義の否定，すなわち絶対主義にも選択の余地を与えることになる。私は，自分の前に「相対主義か絶対主義か」という選択肢を開いて，その上で相対主義を選ぶ。そして人によっては，それこそが相対主義を徹底するということだ，と言うだろう。なるほど，相対主義者である私の前に「相対主義か絶対主義か」という選択肢が開かれること，そのこと自体に矛盾はない。しかし，それが相対主義として一貫した態度なのだと言われると，当惑せずにはおれない。

相対主義を否定するという選択肢を，相対主義者として，とりうるのだろうか。不可能だろう。もちろん②相対主義者が相対主義を捨てることには矛盾はない。それは単なる転身である。しかし，③相対主義であり続けつつ，なお同時に相対主義を捨てるというのは，あからさまに矛盾している。

立場αでは相対主義が正しく，立場βでは絶対主義が正しいとしよう。そのとき，相対主義者は立場βを選択するという可能性を本気で引き受けることができるのだろうか。あくまでも相対主義者として立場βを選ぶということは，「私は立場βを選んだので絶対主義を主張するが，選択肢としては立場αもありえたのだ」と考えることにほかならない。しかし絶対主義者はまさに自分の立場を絶対的と考えるのであるから，絶対主義に立つや否や，立場βを絶対に正しいものとし，立場αを絶対に誤っているものとして切り捨てるだろう。絶対主義は立場の複数性を否定する。他の立場の可能性を選択肢として残しつつ絶対主義になるなどということは，ありえないのである。

だとすれば，相対主義をとり続けようとする者にとっては，立場βはとりえない選択肢でしかない。「相対主義者として一貫するために相対主義自身も相対化する」という言葉は，なんとなく気分は分からないでもないが，つまりは「相対主義であり続けるために相対主義を捨てることも辞さない」ということであり，単純に，意味不明である。

かくして，④相対主義それ自身はなんらかの絶対性を持たねばならない。そう結論したい。「すべての主張の正しさは立場に相対的である」という相対主義の主張Rを，R自身に適用することはできないのである。とはいえそれは，RをR自身に対する例外とみなすことではない。そうではなく，Rはそもそも主張ではないと言いたい。Rは主張ではない。だから，Rが言う「すべての主張」の中には含まれない。

（出典：野矢茂樹(2011)『語りえぬものを語る』，講談社）

問１　下線部①のように著者が述べるのはなぜか。その理由について，「主張」と「否定」という言葉を用いて60字以上120字以内で説明せよ。

問２　下線部②における「矛盾」と「転身」の違いを本文に即して60字以上120字以内で説明せよ。

問３　下線部③のように著者が述べるのはなぜか。その理由について，100字以上160字以内で説明せよ。

問４　下線部④のように著者が結論づけるのはなぜか。その理由について100字以上160字以内で説明せよ。

（問題Ⅲ）以下の５つの哲学的問いの中から一つを選択し，解答用紙の所定欄の冒頭に自身の選んだテーマの記号（ａ～ｅ）を記した上で，その問いに対するあなた自身の考えを400字以上600字以内で論理的に記述せよ。

※字数には句読点も含まれる。

ａ．言語が異なれば思考も異なるか

ｂ．人工知能（AI）は「人間」の概念をどう変えるか

ｃ．新型コロナと人権

ｄ．「生まれてこないほうがよかった」（反出生主義）

ｅ．鑑賞者のいない芸術は無意味か

文学部 英文学科

◀英語適性検査▶

（75分）

問題は2つのパートに分かれる。 1 のリーディング問題を解答した上で，その文章の内容に基づく 2 のライティング問題の答案を作成しなさい。

1 リーディング

以下の［1］～［6］のパラグラフに分けられた英文を読み，(1)～(15)の問いに対する答えとして最も適切なものを，それぞれ(a)～(d)から1つ選びなさい。なお，＊印のついた語句については，文章の末尾に注が与えられている。

［1］ In his “Essay on the Principle of Population,” of 1798, the English parson* Thomas Malthus insisted that human populations would always be “checked”(1) by the failure of food supplies to keep pace with population growth. For a long time, it looked as if what Malthus called the “dark tints”(3) of his argument were unduly*, even absurdly, pessimistic. As Paul Roberts writes in *The End of Food*, “Until late in the twentieth century, the modern food system was celebrated as a monument to humanity’s greatest triumph. We were producing more food—more grain, more meat, more fruits and vegetables—than ever before, more cheaply than ever before, and with a degree of variety, safety, quality and convenience that preceding generations would have found bewildering*.” The world seemed to have been liberated from a Malthusian “long night of hunger and drudgery*.”

[2] Now the "dark tints" have returned. The World Bank recently announced that thirty-three countries are confronting food crises, as the prices of various staples have soared. From January to April of 2008, the cost of rice on the international market went up a hundred and forty-one per cent. Pakistan has reintroduced ration cards*. In Egypt, the Army has started baking bread for the general population. The Haitian Prime Minister was ousted* after hunger riots. The current crisis could push another hundred million people deeper into poverty. Is the world's population about to be "checked" by its (　4　) to produce enough food?

[3] Paul Roberts is the second author in the past couple of years to publish a book entitled *The End of Food*—the first, by Thomas F. Pawlick, appeared in 2006. Pawlick, an investigative journalist from Ontario, was concerned with such predicaments* as the end of the tasty tomato and its replacement by "red tennis balls." (The modern tomato, he reported, contains far less calcium and Vitamin A than its 1963 counterpart.) These worries seem rather tame compared with Roberts's; his book grapples with the possible termination of food itself, and its replacement by—what? Cormac McCarthy's novel *The Road* contains a vision of a future in which just about the only food left is canned, from happier times; when the cans run out, the humans eat one another. Roberts lacks McCarthy's Biblical cadences*, but his narrative is intended to be no less terrifying.

[4] Roberts's work is part of a second wave of food-politics books, which has taken the genre to a new level of apocalyptic foreboding*. The first wave was led by Eric Schlosser's *Fast Food Nation* (2001), and focussed on the perils of junk food. *Fast Food Nation* painted an alarming picture—one learned about the additives* in a strawberry milkshake, the traces of excrement* in hamburger meat—but it also left some readers with a feeling of mild complacency*, as they closed the book and turned to (8) a wholesome supper of spinach and ricotta tortellini*. There is no such

reassurance to be had from the new wave, in which Roberts's book is joined by other books on food. All of these authors agree that the entire system of Western food production is in need of radical change, right down to the spinach. Roberts opens with a description of E.-coli*-infected spinach from California, which killed three people in 2006 and sickened two hundred others. The E. coli was traced to the guts of a wild boar that may have tracked the bug in from a nearby cattle ranch. Industrial farming(10) means that even those on a vegan* diet may reap the nastier effects of intensive meat production. It is no longer enough for individuals to switch to "healthier" choices in the supermarket. Schlosser asked his readers to consider the chain of consequences they set in motion every time they sit down to eat in a fast-food outlet. Roberts wants us to consider the "chain of transactions and reactions" represented by each of our food purchases—"by each ripe melon or freshly baked bagel, by each box of cereal or tray of boneless skinless chicken breasts." This time, we(11) are all implicated.

[5] Like Malthus, Roberts sees humanity increasingly struggling to meet its food needs. He predicts that in the next forty years, as agriculture is threatened by climate change, "demand for food will rise precipitously*," outstripping supply. The reasons for this, however, are not strictly Malthusian. For Malthus, famine was inevitable because the math of human existence did not add up: the means of subsistence* grew only arithmetically (1, 2, 3), whereas population grew geometrically (2, 4, 8). By this analysis, food production could never catch up with fertility rates. Malthus was wrong, on both counts. In his essay, Malthus couldn't envisage any innovations for increasing yield beyond "dressing" the soil with cattle manure*. In the decades after he wrote, farmers in England took advantage of new machinery, powerful fertilizers*, and higher-yield seeds, and supply rose faster than demand. As the availability of food

increased, and people became more prosperous, fertility rates fell.

[6] Malthus could not have imagined that demand might increase catastrophically even where populations were static or falling. The problem is not just the number of mouths to feed; it's the quantity of food that each mouth consumes when there are no natural constraints. As the world becomes richer, people eat too much, and too much of the wrong things—above all, meat. Since it takes on average four pounds of grain to make a single pound of meat, Roberts writes, "meatier diets also geometrically increase overall food demands" even in those parts of Europe and North America where fertility rates are low. Malthus knew that some people were more "frugal" than others, but he hugely underestimated the capacity of ordinary human beings to keep eating. Even now, there is no over-all food shortage when measured by global subsistence needs. Despite the current food crisis, last year's worldwide grain harvest was colossal*, five per cent above the previous year's. We are not yet living on Cormac McCarthy's scorched earth. Yet demand is increasing ever faster. As of 2006, there were eight hundred million people on the planet who were hungry, but they were outnumbered by the billion who were overweight. Our current food predicament resembles a Malthusian scenario—misery and famine—but one largely created by overproduction rather than underproduction. Our ability to produce vastly too many calories for our basic needs has skewed* the concept of demand, and generated a wildly dysfunctional market.

出典：Bee Wilson, "The Last Bite: Is the World's Food System Collapsing?", *The New Yorker*, May 19, 2008.（一部改変）

〈注〉

parson: 牧師

unduly: 過度に

bewildering: 当惑させるような

drudgery: 苦役，つらい仕事

ration card: 配給カード

oust: (地位・職などから)追放する

predicament: 苦境

Biblical cadence: 聖書の厳かなリズム

apocalyptic foreboding: 終末論的な予見

additive: 添加物

excrement: 排泄物

complacency: 自己満足

tortellini: トルテッリーニ(パスタの一種)

E. coli: 大腸菌

vegan: 完全菜食主義者の

precipitously: 急激に

subsistence: (最低限の)生活，生存

cattle manure: 牛糞

fertilizer: 肥料

colossal: 巨大な，途方もない

skew: 外れる，それる

〈設問〉

パラグラフ［1］について

(1) Choose the correct meaning of the underlined word.

(a) inspected

(b) reduced

(c) paid

(d) agreed

(2) According to Malthus, what can be observed when human populations are "checked"?

(a) There is global overeating.

(b) There is close examination.

(c) There is mass starvation.

(d) There is widespread disease.

(3) Which of the following best matches the meaning of "dark tints"?

(a) anxious feelings

(b) expansive hunger

(c) total blindness

(d) uncertain skepticism

パラグラフ[2]について

(4) Which best fills in the (　4　)?

(a) unwillingness

(b) inability

(c) cause

(d) effect

(5) According to the World Bank, all of the following occurred during a food crisis EXCEPT?

(a) The cost of food rose dramatically.

(b) Food supplies were strictly controlled.

(c) The authorities produced food.

(d) Food was wasted.

パラグラフ[3]について

(6) According to the paragraph, which *The End of Food* seems more

pessimistic?

(a) The one written by Pawlick.

(b) The one written by Roberts.

(c) The one written by McCarthy.

(d) The one written by Malthus.

(7) What is Pawlick worried about?

(a) Fruits and vegetables are less delicious and nutritious.

(b) There are fewer agricultural laborers.

(c) The price of tomatoes has risen too much.

(d) The number of food suppliers is decreasing.

パラグラフ[4]について

(8) Why did some people start eating "a wholesome supper of spinach and ricotta tortellini"?

(a) Because it was traditional.

(b) Because it was fashionable.

(c) Because it was healthy.

(d) Because it was homemade.

(9) According to the paragraph, all of the following are true of second wave "food-politics books" EXCEPT?

(a) They uncover the source of the contaminants.

(b) They lay blame on the whole agricultural industry.

(c) They attack complacency of consumers.

(d) They allow feelings of virtuousness.

(10) What is a possible effect of "industrial farming"?

(a) It can control the spread of viruses from meat production to vegetable production.

(b) Vegetarians do not have to worry about how meat is produced.

(c) You suffer from the cost of meat industry even if you eat only vegetables.

(d) Farmers are forced to work much harder than before.

(11) To whom does "we" refer?

(a) all humans

(b) meat-eaters

(c) people on a diet

(d) vegetarians

パラグラフ[5]について

(12) According to the paragraph, which of the following did Malthus predict correctly?

(a) Human fertility rates will fall despite an abundance of food.

(b) Food production will go beyond human reproduction.

(c) Invention will increase food yield sufficiently.

(d) None of the above.

パラグラフ[6]について

(13) According to the paragraph, which of the following did Malthus imagine?

(a) The demand for food could rise independently of fertility rates.

(b) The level of thrift differs on an individual basis.

(c) Crises arise when food supply exceeds population.

(d) Masses of people would be able to overeat.

(14) The overweight outnumber the starving because ＿＿＿＿＿.

(a) The poor eat too few calories

(b) The poor cannot afford meat

(c) The rich appreciate vegetables

(d) The rich eat meat to excess

パラグラフ[1]〜[6]について

(15) Which of the following conveys a main idea of this article?

(a) We have moved from a crisis of overproduction of food to one of underproduction of food.

(b) We have moved from a crisis of unhealthy food to one of healthy food.

(c) We have moved from a crisis of insufficient food supply to one of too much bad food.

(d) We have moved from a crisis of slow food to one of fast food.

2 ライティング

このテキストで述べられている世界の食糧問題に関する歴史的問題を，小学生に対して分かりやすく順序だてて説明する文章を120ワード以内の英語で書きなさい。

文学部 新聞学科

◀ジャーナリズムに関する基礎的学力試験▶

（75 分）

(注) 記述式の解答は，各解答欄にていねいに記入すること。数字，ローマ字については，1マスに2字とする。

問1　次の各事項について，もっとも関連の深い項目を選択肢の中から2つずつ選び，正しい組み合わせの番号を答えなさい。

(1) 渋沢栄一

〈選択肢〉

①　三菱財閥　②　東京商工会議所　③　新幹線　④　製紙業

⑤　熊谷市

〈組み合わせ〉

A．①と②　B．①と③　C．①と④　D．①と⑤　E．②と③

F．②と④　G．②と⑤　H．③と④　I．③と⑤　J．④と⑤

(2) 放送法の外資規制違反問題

〈選択肢〉

①　受信料　②　TOB　③　東北新社　④　総務省　⑤　5G

〈組み合わせ〉

A．①と②　B．①と③　C．①と④　D．①と⑤　E．②と③

F．②と④　G．②と⑤　H．③と④　I．③と⑤　J．④と⑤

(3) 子ども食堂

〈選択肢〉

① フードバンク　② 少子化対策　③ 職業体験
④ コーポラティブハウス　⑤ ひとり親家庭

〈組み合わせ〉

A. ①と②　B. ①と③　C. ①と④　D. ①と⑤　E. ②と③
F. ②と④　G. ②と⑤　H. ③と④　I. ③と⑤　J. ④と⑤

(4) 新疆ウイグル自治区

〈選択肢〉

① 独立運動　② ファストファッション　③ ロヒンギャ　④ 枯葉剤
⑤ ミンスク

〈組み合わせ〉

A. ①と②　B. ①と③　C. ①と④　D. ①と⑤　E. ②と③
F. ②と④　G. ②と⑤　H. ③と④　I. ③と⑤　J. ④と⑤

(5) 大坂なおみ

〈選択肢〉

① BLM　② ドーピング　③ インタビュー拒否
④ コマーシャリズム　⑤ Change.org

〈組み合わせ〉

A. ①と②　B. ①と③　C. ①と④　D. ①と⑤　E. ②と③
F. ②と④　G. ②と⑤　H. ③と④　I. ③と⑤　J. ④と⑤

(6) フィルターバブル

〈選択肢〉

① プラスチック　② SNS　③ ペーパーレス　④ SFX
⑤ エコーチェンバー

〈組み合わせ〉

A．①と②　B．①と③　C．①と④　D．①と⑤　E．②と③

F．②と④　G．②と⑤　H．③と④　I．③と⑤　J．④と⑤

問2　次の文章を読み，述べられている内容と関連する任意の事例をあげて，１０００字程度であなたの考えを書きなさい。

人間関係には，たがいの距離感によって測られるヨコのほかに，上下というタテもあります。そのことを明示する例として，ここでは関係しあう人たちがたがいに相手を名指す「呼びかけ」の仕方について考えてみましょう。

たとえば相手の名前を呼ぶときに，呼び捨てにするか，「～さん」にするか，「～君」にするか，あるいは「～ちゃん」にするかの違いはどうでしょうか。呼び捨てにするのは，そこにはっきりとした上下関係があるか，きわめて近い対等の関係かのどちらかでしょう。「～ちゃん」は子ども同士か，年長者が年少者に向かって使うものです。もちろん，大人同士でも，幼なじみや親密な関係には使われることもあります。「～君」にはあきらかに上から下への方向が見られます。逆の場合は「～さん」ですが，上から下であっても女性には「～」さんが使われるのが普通でしょう。ここには女性に対する敬意が読みとれますが，仕事などで男女を区別しないことを意識して，どちらにも「～君」や「～さん」を使う場合もあるでしょう。

このように，ほとんど無自覚に使う「呼びかけ」のことばには，たがいの距離や上下の関係を考えて使うという暗黙のルールがあります。ルイ・アルチュセールは，この「呼びかけ」(interpellation)のなかにある強い権力関係に注目しました。たとえば警官が巡回中に見かけた人を「おい！」と呼びかけたとします。気づかぬふりをすると，次には「おい，こら，そこのお前！」とつづきました。ここにはどんな関係が読みとれるでしょうか。

アルチュセールは「役割」に似た意味のことばとして「主体」(subject)を使います。人はさまざまな「主体」が寄せあつまってひとりの「個人」(individual)になります。けれども，個々の関係のなかでは，ひとつの「主体」同士でかかわりあう場合も少なくありません。そこに上下や大小，あるいは強弱の関係があれば，呼びかけられた者は，その「呼びかけ」のことばに反応することを強制されます。「おい！」などとは失礼な，と感じても，相手が強者であれば，「はい」と返事をしなければなりません。その瞬間に，呼びかけられた者は，呼びかけた者が想定した「主体」になるのです。

（渡辺潤「コミュニケーションを考えるための基礎」より抜粋）

総合人間科学部
教育・社会・看護学科

◀人間と社会に関わる事象に関する
論理的思考力，表現力を問う総合問題▶

（75分）

（注）記述式の解答は，各解答欄にていねいに記入すること。数字，ローマ字については，１マスに１字とする。

Ⅰ　次の文章はわが国で実施された世論調査について書かれたものである。これを読んで、後の設問に答えなさい。

表１は、政府によって継続的に実施されている「国民生活に関する世論調査」(2012年)における、「お宅の生活の程度は、世間一般からみて、どうですか」という質問への回答を示したものである。この質問項目は、同調査の中で最も注目度の高い質問項目といっていいだろう。これに対する回答分布にもとづいて中流社会論※や下流社会論※が展開されてきたことも事実である。質問文には「世間一般からみて」という文言が含まれており、自分の生活のいわば「［　a　］評価」を尋ねている。したがって、ここで「中」のいずれかに自分の生活を位置づけるということは、直接的には「おおむね世間並み」の生活をしているという以上のことを意味しない。それぞれの階層について会話調にいえば、「上」は「私は世間様よりかなりいい生活をさせてもらっています」、「中の上」は「私は世間様の平均より少しいい生活をさせてもらっています」、「中の中」は、「私の生活は、いたって世間並み（普通）の水準です」、「中の下」は「私の生活レベルは、平均よりは少し貧しい生活です」、「下」は「私は最下層の生活です」、といったところであろう。

Q　お宅の生活の程度は、世間一般からみて、どうですか。
この中から１つお答えください。

㋐	上	1.1
㋑	中の上	12.9
㋒	中の中	55.7
㋓	中の下	23.7
㋔	下	5.4
	わからない	1.2

＊国民生活に関する世論調査(2012年)　（単位：%）

表１

この質問文からすると、本来ならば回答が「中の中」を中心にした正規分布※に近いかたちになってもいいはずだ。また、「上」あるいは「中の上」と答える人と、「中の下」および「下」と答える人の割合はある程度均衡が取れていてよいはずである。ところが、表１の調査結果では、「上」と答えた人よりも「下」と回答した回答者が約 b 倍にのぼり、「中の下」に自分の生活を位置づけた人は「中の上」に位置づけた人の c 倍近くいる。「上」ないしは「中の上」と回答した人は合わせて d %、それに対して「中の下」ないしは「下」と回答した人は合わせて29%となる。つまり世間の平均的な生活水準よりもいい生活をしているとする人よりも、それよりも劣った生活をしているという人が e 倍ほど存在していることになるのである。

Aそうだとしたらこの回答分布はおかしくないか、という疑問も湧く。そこで、過去の「国民生活に関する世論調査」をひも解くと、面白い事実がわかる。同調査では、1964年から1973年まで、調査対象者本人だけでなく、訪問調査員も同様の５段階で調査対象者の生活レベルを位置づけている。そこで、調査員という「他者」からみた判断と本人の回答を照合してみるといい。【ア】筆者は、投票行動研究も専門としているが、アメリカでの投票行動の古典的な著作である「民衆の選択(ピープルズ・チョイス)」を思い出した。【イ】この研究は1940年のアメリカ大統領選挙を題材として、投票者はいつ、どのようにして投票意思を決定するのかを実証的に明らかにしようとした大変面白い研究で、コロンビア大学の研究グループが行ったものである。【ウ】彼らは投票行動が各有権者の社会的境遇によって大きく左右されるとの仮説から、宗教や居住地域、そして社会経済的地位を有力な要因として仮説を立てた。【エ】そして、社会経済的地位に関しては、調査対象者による回答ではなく訪問調査員が判断することにしたのであった。【オ】つまり、このような点について自分で答えさせるよりも、あらかじめ判断する基準について訓練を受けた調査員が判断した方がよいとされたのである。訪問調査員は、本人の属性データBだけでなく家の状況や回答者本人の言葉づかいなども考慮に入れてどの程度の地位にあたるかを判断した。

さて、階層意識に関する自己判断つまり回答者本人の判断と他者の判断が異なる場合、調査対象者の回答傾向について以下の①から③の３つの可能性が考えられる。

①自分の生活が人並み以上であると回答して、いわば見栄を張りたがる。

②本人は自分の生活が人並み（この場合「中の中」）と答える傾向が強い。

③“私は、たいした生活をしていません”と、生活程度を実態よりも低めに回答する傾向がある。

①が当てはまるとすれば、本人の回答は調査員の判断よりも上の生活程度に位置づける傾向が見られるはずだ。また③が当てはまるとすれば、「上」や「中の上」に位置づけるパーセンテージは調査員の方が高く、「中の下」や「下」に位置づけるパーセンテージは調査員判断よりも本人判断の方が高くなるはずだ。

「上」+「中の上」：1964-1973

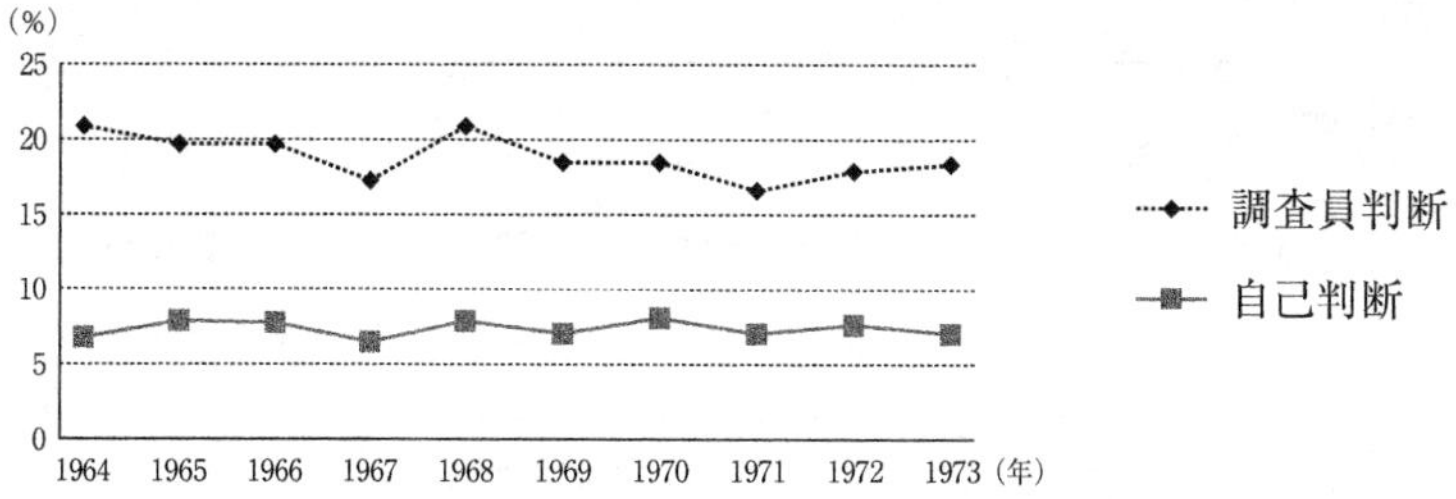

＊国民生活に関する世論調査(1964～73年)

図1

さて、結果はいずれの年の調査においても、調査員判断と自己判断には同じ傾向を示す大きな乖離《かいり》がみられた。図1に示すように「上」ないし「中の上」に位置づけた割合は、本人の回答よりも調査員の判断の方が一貫して高い。調査員は回答者が世間より生活程度が高いとみなしたケースがおよそ2割であったのに対して、回答者でそのように回答したのは1割に満たなかったのである。そして、図2に示すように、「中の下」あるいは「下」とする割合は常に回答者の方が調査員よりもかなり高かった。これらのデータから先に挙げた3つの仮説のうち、①(自分の生活が人並み以上であると回答して、いわば見栄を張りたがる)は該当せず、③(生活程度を実態よりも低めに回答する傾向がある)が該当するといえる。そして②(自分の生活が人並みと答える傾向が強い)については、C「中の中」に位置づけた比率は回答者と調査員でほぼ同水準であり、また一貫した傾向はみられなかったので、該当しないことがわかった。つまり、このような質問に対して自分の生活を実際よりも低く回答する傾向がある。

「中の下」+「下」：1964-1973

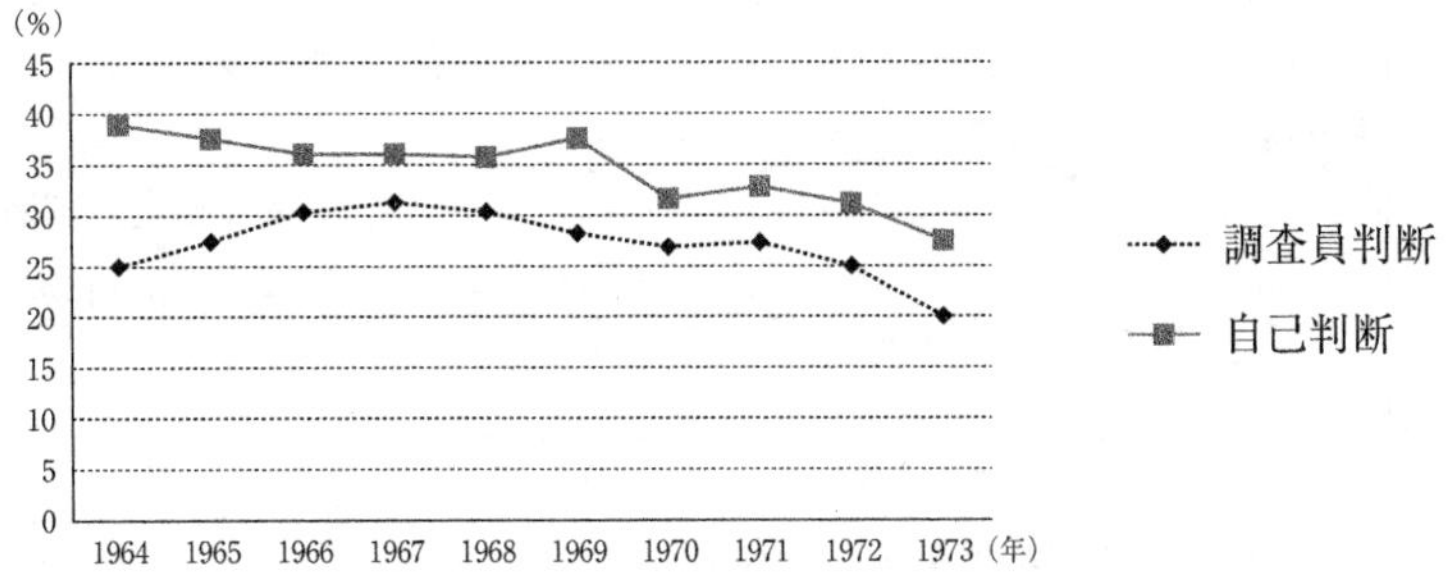

＊国民生活に関する世論調査(1964～73年)

図2

またこれら2つの図に示した1964年から1973年という期間は、東京オリンピック、東海道新幹線が開通した1964年から1970年の大阪万博を経て1973年の石油ショックに至るまでの高度経済成長期であったが、興味深いのは回答者、調査員ともに「上」あるいは「中の上」に位置づけた人の割合が、ほとんど増えていないことである。それに対して「中の下」あるいは「下」に位置づけた割合に関しては、調査員、回答者ともに減少傾向を示している。これらの調査結果は、［　f　］、と多くの人が認識していたことを表しているD。

また、さらに以前の1958年(昭和33年)の「国民生活に関する世論調査」での生活程度に関する質問と回答分布をみてみよう(表2、3)。

Q	お宅の暮らし向きは、全国的にみればどうですか。この中から選んでください。	
	上	0.2
	中上	3.4
	中中	37
	中下	32
	下	17
	不明	10

＊国民生活に関する世論調査(1958年)　　　　(単位：%)

表2

Q	この辺(部落・町内)では、どの程度だと思いますか。 この中から選んでください。	
	上	1
	中上	8
	中中	43
	中下	27
	下	14
	不明	7

＊国民生活に関する世論調査(1958年)　　(単位：%)

表3

この時は、現在とは質問文のワーディング(言葉づかい)が異なるが、「不明」という人が今より多い。政治世論調査でも認められることだが、1960年代初頭までは「わからない」と答える人が今よりも多かった。当時はまだ、人々が“調査慣れ”しておらず、「わからない」と答える人が多かったことがその一因として考えられる。また、自分の生活程度に関しては、全国的な位置づけ(表2)のほかに、面白いことに“この辺(部落※・町内)では”どの程度かという質問も設定されており(表3)、「不明」の割合は少し [g] なっている。この時期はまだ後に三種の神器のひとつとなる [h] も普及していない時期であり、「全国的にみれば」といわれてもわからない人も多かったのだろう。けれども町内などの“この辺”ということになると、より具体的に自分の生活の位置づけができると考えられるが、それでも世間よりも上、ここでは「上」や「中上」と答えた人は [i] 割程度にすぎないのに対して、世間よりも下、つまり「中下」や「下」と答えた人は [j] 割に達する。目に見える狭い範囲に限定しても、自分の生活程度を低めに答える傾向に変わりはなかった。

「国民生活に関する世論調査」で回答者が生活程度を低めに答えるのは、調査方法が個別訪問面接法※を採用しているからだという仮説もありうるだろう。[k] ということも可能性としてはある。しかしながら、訪問留置法※による調査でも同様の回答傾向が認められる。調査方法の問題ではないようだ。

(出典：井田正道『世論調査を読む：Q&Aから見る日本人の〈意識〉』丸善出版、

2013年　による。一部改変)

[注(※)]

○中流社会論　戦後日本の経済成長によって、日本国民の大多数が自分を中流階級だと考えるに至ったという議論。

○下流社会論　低成長経済の到来によって、日本国民のなかに自らを「下流」と位置づけ、生活意欲の低さなどを示す新しい階層が生まれたとする議論。

○正規分布　分布の中央が一番高く、両側に向かって次第に低くなる釣り鐘型のグラフの形を持つ分布。

○部落　主に農漁山村地域における小規模な行政上の単位。

○個別訪問面接法　調査員が対象者を訪問し、その場で対象者にインタビューしたり対象者に回答を記入してもらったりすることで回答を得る調査方法。

○訪問留置法　調査員が調査票を持って対象者を訪問し、調査目的の説明や調査票への回答の依頼を行い、一定期間後に再訪問して回答済みの調査票を回収する調査方法。

設　問

(1)　空欄ａに入る最も適当な語句を、次のうちから一つ選びなさい。

①　自己

②　相対

③　深層

④　平均

⑤　過少

(2)　空欄ｂからｅに入る適当な数値を記しなさい。ただし全て整数で記すこと。

(3)　下線部Ａ「そうだとしたら」から下線部Ｄ「表している」までの部分に付けるべき適当な「見出し」を記しなさい(20字以内)。

(4) 次の一文が入るべき箇所として最も適当なものは問題文の空欄【ア】〜【オ】のうちどれか。選択肢から一つ選びなさい。

ちなみに調査員のみによる階層判断は終戦直後といってよい1948年調査において、すでに行われている。

(選択肢)　① ア　② イ　③ ウ　④ エ　⑤ オ

(5) 下線部B「属性データ」の例として適当でないものを、次のうちから一つ選びなさい。

① 学歴
② 資産の量
③ 家柄
④ 職業
⑤ 収入

(6) 下線部Cについて、なぜそう言えるのか。その説明として最も適当なものを、次のうちから一つ選びなさい。なお、「不明」(わからない)と答えた割合(図1、2には表示されていない)は、1964年から1973年の期間にわたって一定であったものとする。

① 1964年に「上」または「中の上」と答えた割合は調査員が約20%、回答者が5%強であり、「中の下」または「下」と答えた割合は調査員が約35%、回答者が約50%である。これらを合計すると、調査員、回答者ともに約55%である。

② 1968年に「上」または「中の上」と答えた割合は調査員が約20%、回答者が約10%であり、「中の下」または「下」と答えた割合は調査員が約30%、回答者が約35%である。これらを合計すると、調査員が約50%、回答者が約45%である。

③　1970年について「上」または「中の上」と答えた割合は調査員が約20%、回答者が約10%であり、「中の下」または「下」と答えた割合は調査員が約30%、回答者が約40%である。これらを合計すると、調査員、回答者ともに約50%である。

④　1973年について「上」または「中の上」と答えた割合は調査員が約25%、回答者が約15%であり、「中の下」または「下」と答えた割合は調査員が約20%、回答者が約25%である。これらを合計すると、調査員が約45%、回答者が約40%である。

(7)　表２、表３の情報を文章の議論に即して１つのグラフにまとめた場合、最も適当なものを、下のグラフ①～④のうちから一つ選びなさい。

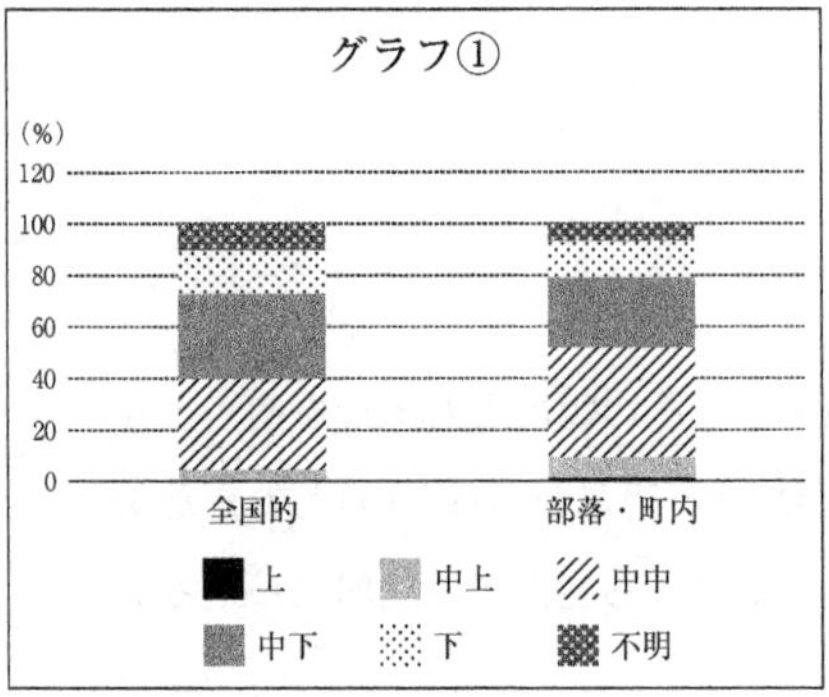

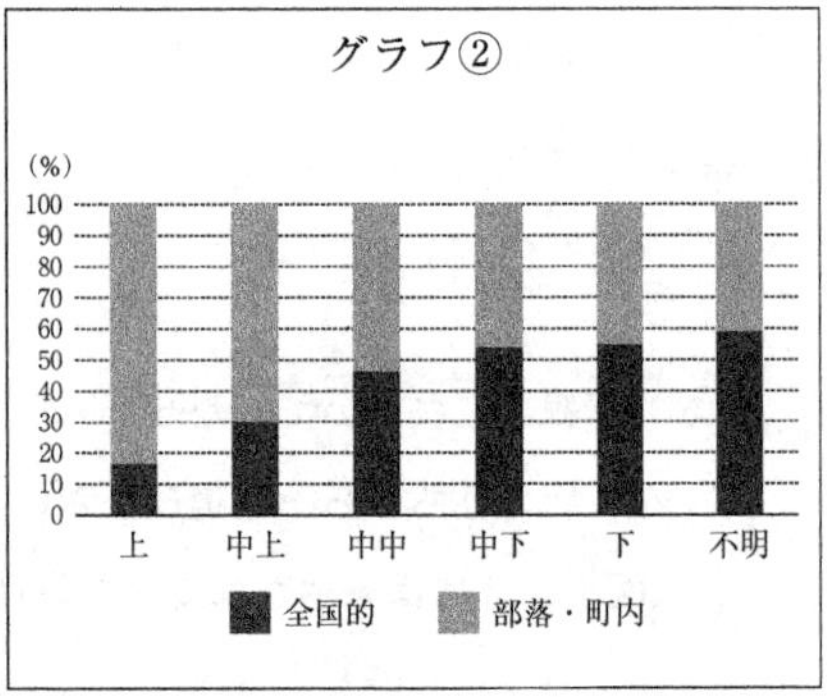

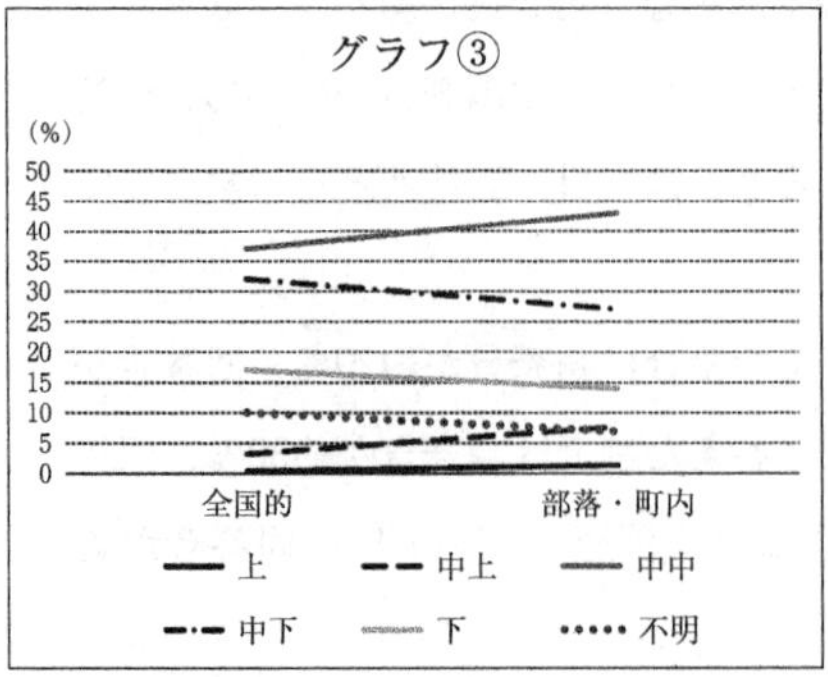

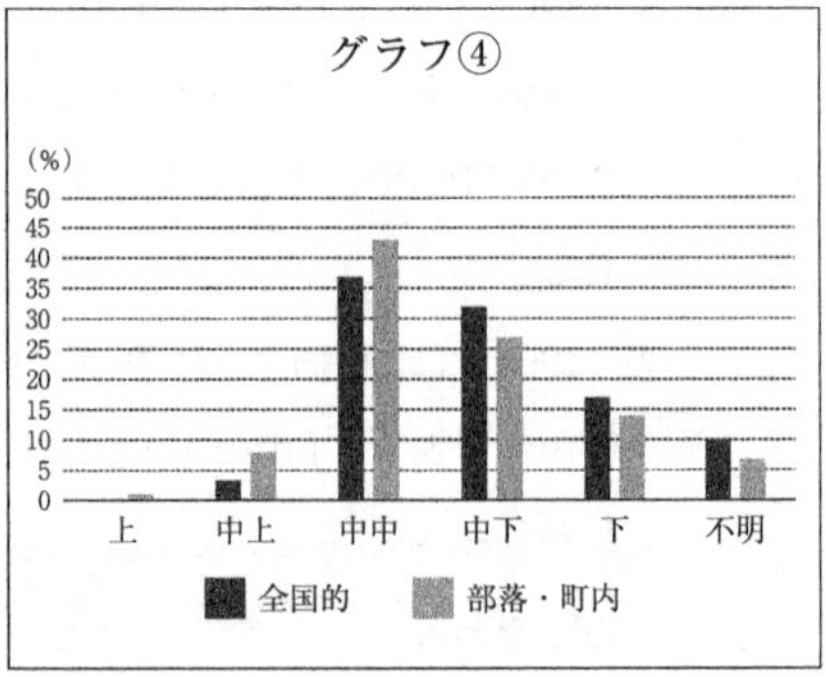

(8)　空欄 f に入る最も適当な文を、次のうちから一つ選びなさい。

①　高度経済成長は「中の中」に相当する層を大きく増やした

②　高度経済成長は「豊かな生活をする層」の増加をもたらした

③　高度経済成長は社会のなかの生活水準の低い層を減少させた

④　高度経済成長の成果は東京オリンピックによって示された

⑤　高度経済成長によって人々の生活水準の実感は変わらなかった

(9)　空欄 g に入る適当な語句を記しなさい。

(10)　空欄 h には、ある名詞が入る。適当な語句を記しなさい。

(11)　空欄 i と j に入る適当な数値を記しなさい。ただし整数で記すこと。

(12)　空欄 k に入る適当な文を考えて記しなさい(句読点とも45字以内)。

Ⅱ　次の文章を読んで、後の設問に答えなさい。

私たちは、考えることで自由になれる。そして共に考えることで共に自由になれる——それこそが哲学の真義である。

ではそれは、どのようにして可能なのか。「考えること」と「自由になること」は、どのような関係にあるのか。そもそも、ここで言う「自由」とは、どのようなものなのか——まずはこの点から考えていこう。

考えるだけで自由になるなんて、自由はそんなにお手軽なものなのか、それは自由の安売りではないのか、と思うかもしれない。だが、ここで問題にしようとしている自由は、世間一般で言われる自由や、哲学で論じられる自由とは違う。

一般に「自由」という言葉ですぐに思いつくのは、いわゆる奴隷のような拘束や抑圧からの自由、思想や良心の自由、信教の自由、集会・結社・表現の自由など、憲法でホショウ[1]されているような種類の自由である。

だがこれらの自由は、制度や法律の問題で、ここで扱おうとしている「考える」ことで得られる自由とは、ほとんど関係がない。思想や良心の自由とか、表現の自由は関係があると思うかもしれないが、これは心の中で考えていること、その表明が他者や社会、国家から干渉を受けたり、禁止されたりしないということである。

しかし私が問題にしているのは、自ら考えることで自分が自由になる、ということだ。それは制度や法律で規制されていてもいなくても、周囲からどんな影響を受けようとも、いずれにせよ可能である。

次に、もう少し日常的なところで言うと、選択の自由というのがある。選択肢が多ければ、私たちは自由であり、選択肢がなければ、不自由であるということだ。たしかにそういう気がする。

［　a　］、私たちは選択肢が多すぎて[2]コンワクし、何を選んでいいか分からなくなり、不自由だと思うこともある。私たちが日々、あらゆることをいちいち選ばねばならないとしたら、そんな面倒なことはない。

そのような時、私たちは選択肢などないほうがいいとさえ思うだろう。選ばなくていいなら、そのほうが気分的には自由かもしれない。別のことに集中し、やりたいこともできる。このように選択肢と自由は、それほど単純な相関関係にはない。

［　b　］、いずれにせよ、これもまた、ここで問題にしている、考えることで実現する自由とは、直接関係ない。選択肢が多かろうが少なかろうが、自由になれる時はなれるし、なれない時はなれないのだ。

こうした一般に言われる自由とは異なり、哲学においてより根本的な問題として議論されてきたのは、人間の自由の原理的な可能性についてである。［　c　］、「運命論」や「決定論」との関連で出てくる「そもそも人間は自由でありうるのか」という問いである。すべては何らかの力や規則――運命であれ自然法則であれ――によって決まっているのではないか。そこに人間の自由の余地などないのではないか。私たちが自由だと思っているのは、[3]ゲンソウにすぎないのではないか。

このような観点から、人間の自由を否定することもできる。だがそうすると、どんなひどい犯罪でも、自然法則や運命に従って起きただけとなり、その行為に対する責任を問えなくなり、人を裁く根拠も失われかねない。

逆に誰かが素晴らしいことを成し遂げても、わざわざ称賛する価値もなくなってしまう。結局すべては、ただあらかじめ決まっていた通り生じる「［　d　］」にすぎないのか……。いやいや、この世がそんなにむなしくていいわけがない。だったらどうやって人間の自由の可能性を確保するのか。

奴隷のように拘束されていてもいなくても、思想や良心の自由、集会や表現の自由がどれくらい法的に$_{1}$ホショウされていようといまいと、あるいは、運命論や決定論によって人間の自由が原理的に否定されようとされまいと、どれもこれもここでは大した問題ではない。

私たちが現実を生きていくうえでもっと切実なのは、社会的な条件や物理的な条件が同じであっても、自由だと感じる時と感じない時がある、ということだ。つまり自由の感覚である。

それは主観的な状態であるがゆえに、客観的に見て自由かどうかは関係ない。まして決定論や運命論が言うように、自由なんて本当は原理的に不可能であってもかまわない。自由だと感じることは、痛みと同じように、私たちが生きる現実である。

痛みについては、「いやいや、それはあなたがそう思い込んでいるだけで、本当は痛くないんですよ」とは言えない。それと同じである。$_{3}$ゲンソウだろうが何だろうが、［　e　］が問題なのだ。

他方で、体が不自由であったり、経済的に困窮していたりするがゆえに、できることが限られていたとしても、本人がそれを気にせず、あるいは自ら引き受けて生きていれば、自由を感じているかもしれない。

このように感覚としての自由は、感じているかぎり、存在することが否定できない現実である。逆に感じられなくなれば、傍からどれほど自由に見えようと、やはりその人は自由ではないのだ。

また私たちは、自分の不自由さをはっきりと感じていない場合もある。牢獄で鎖につながれていたり、何の選択肢もないまま、ひたすら人から命じられたことをしていたりするのではないかぎり、私たちは日々、それなりに自由を感じて暮らしている。

今日の夕食、夏休みの予定、誰といっしょに過ごすか、いろんなところで自ら選ぶことができ、それなりに自由を感じている。ダラダラと4ダセイで、これといった生きがいもメリハリもなく暮らしていても、見たいテレビ番組を選ぶ時に、ささやかな自由を感じているだろう。

したがって感覚としての自由については、さまざまな深さ、強さがあると言える。その点で、ある人がその時々に自由かどうか、どれくらい自由なのかは、本人ですら明確には言えないだろう。

けれどもそれは、まさに私たちが生きている現実の状況を表しているのではないか。自分が自由なのかどうか、いったい誰がいつでも確信をもって断言することができるだろうか。

私たちは何かの折に、ふと解放されたように感じる。今まで自分がいかに不自由であったか、いかに何かに縛られていたかを、体全体で感じることがある。

このような感覚としての自由は、考えることとどのような関係にあるのか。なぜ考えることで、私たちは自由を感じるのか。

哲学対話で私たちは自ら問い、考え、語り、他の人がそれを受け止め、応答する。そして問いかけられ、さらに思考が促される。こうして私たちはお互いを鏡にして、そこから翻って自らを振り返る。

それは抽象的な言葉で言えば、「相対化」とか「対象化」ということだろう。自分自身から、そして自分の置かれた状況、自分のもっている知識やものの見方から距離をとる。その時私たちは、Aそれまでの自分自身から解き放たれる。自分を縛っていたもの——役割、立場、境遇、常識、固定観念など——がゆるみ、身動きがとりやすくなる。

それは体の感覚としても表れる。対話が哲学的になると、体が軽くなった感じ、底が抜けて宙に浮いた感じがする。その時おそらくは、自分が思い込んでいた前提条件が分かって、それが揺らぐか、取っ払われたのだ。

自分とは違う考え方、ものの見方を他の人から聞いた時、新たな視界が開けるのは、文字通り目の前の空間が広がって明るくなる開放感として表れる。今まで分かっていたことが分からなくなると、いわゆるモヤモヤした感覚、それこそ靄《もや》の中に迷い込んだ感じがする。

そうしたもろもろの感覚は、どこか似たところがある。何かから切り離された感じ。自分をつないでいたもの、自分が立っていた地盤から離れる。それは一方では、自分を縛りつけていたものからの解放感であり、他方で、自分を支えていたものを失う不安定感である。

解放感と不安定感——この両義的感覚は、まさしく自由の感覚であろう。それはある種の高揚感と緊張感を伴っている。対話の時に経験する全身がざわつく感じ、快感と不快感が混じった、どちらとも言えない感覚はそれなのではないか。

自由にはもう一つの重要な点がある。それは個人と自由との関係である。私たちは、自由であることと、一人であることをしばしば結びつける。一人のほうが気ままで自由だと考えることが多い。哲学でも「B他者危害の原則」という考え方がある。

このような表現からも分かるように、個人の自由にとって他者は“障害”とされることが多い。実際、個人どうしの利害や価値観、意向は一致しないのが普通であろう。ある人の自由は他の人の自由と衝突する。そこで他者との間で折り合いをつける必要が出てくる。他の人と関わることは、自由を制限するネガティヴな要因となる。

だから、自分のお金と時間を謳歌《おうか》するシングルをかつて「独身貴族」と呼び、逆に愛する人といっしょになって幸せのはずの結婚を「人生の墓場」と表現した。今でも、人といっしょにいるのは煩わしいと思う人はいる。一人で生きているほうが気楽だ、自由気ままでいられる。だが本当にそうなのだろうか。本当にそれだけなのだろうか。

他者が根本的に自由の妨げなのだとすれば、他者と共に生きるのは、仕方がないからであって、できれば他の人などいないほうがいいのだろうか。だとすれば、人と関わって生きているかぎり、私たちの人生は妥協の産物でしかないだろう。

実際、他の人といることで譲歩したり、我慢したりしないといけないことはある。けれども他者と共にいても、あるいは共にいるからこそ、自由だと感じることもあるのではないか。それに私たちは、どこかでまずC自由の“味”を覚えた後に、それが抑えられたり妨げられたりする状態として不自由さを感じるのではないか。

私たちは生まれてから（あるいは生まれる以前から）、他の人との間で、他の人といっしょに生きている。最初の自由の感覚は、そこで身につけたはずだ。その時他者は、自由の障害ではなく、むしろ [f] だったにちがいない。他者との関わりがあるからこそ、個人の自由が可能になり、そのうえで他者が時に障壁になるのではないか。

だとすれば、この自由の感覚は、成長するにつれて、薄まることはあっても、けっして失われることはないだろう。私たちの自由を妨げるのが他者なら、私たちを自由にしてくれるのも他者だということは、実は大人になっても変わらないはずだ。

これはたんなる理屈ではない。対話において哲学的瞬間に感じる自由は、感覚じたいが個人的であり、主観的であるとしても、だからといって、他者と共有できないわけではない。そこで自分が感じる自由は、まさにその場で他の人と共に問い、考え、語り、聞くことではじめて得られるものである。だからそれは、他者と共に感じる自由なのだ。

こうしてD私たちは考えることで自由になり、また他の人といっしょに考えることで、お互いが自由になる——哲学対話は、このような固有の、そしておそらくは、より深いところにある自由を実感し理解する格好の機会なのである。

（出典：梶谷真司『考えるとはどういうことか：0歳から100歳までの哲学入門』幻冬舎、2018年　による。一部改変）

設　問

⑴　下線部1から4のカタカナに相当する漢字を楷書で書きなさい。

⑵　空欄a、b、cに入る語句として適当なものを、それぞれの選択肢から一

つ選びなさい。

a ① むしろ ② さらに ③ けれども
④ したがって ⑤ つまり

b ① そこで ② とはいえ ③ ところで
④ しかも ⑤ たしかに

c ① もしくは ② それゆえ ③ なるほど
④ なぜなら ⑤ すなわち

(3) 空欄dに入る語句として最も適当なものを、次のうちから一つ選びなさい。

① 過程
② 未来
③ 過去
④ 現実
⑤ 出来事

(4) 空欄eに入る文として最も適当なものを、次のうちから一つ選びなさい。

① 自由を手に入れられるか否か
② 自由に振る舞えるか否か
③ 自由を追求できるか否か
④ 自由だと感じるか否か
⑤ 自由を放棄するか否か

(5) 下線部A「それまでの自分自身から解き放たれる」の説明として最も適当なものを、次のうちから一つ選びなさい。

① 自分自身と他者との距離を置くことで、人間関係に悩むことがなくなる
② 自分自身の考えを他者の考えと比較することで、他者の視点で物事を考えられる

③　自分自身を縛っていたものを否定することで、自由が妨げられなくなる

④　自分自身のそれまでの考えを改めることで、新しい視点で物事を考えられる

⑤　自分自身を客観視することで、自分が思い込んでいた前提条件から自由になる

(6)　下線部B「他者危害の原則」の説明として最も適当なものを、次のうちから一つ選びなさい。

①　他者にとって害になることに対して、自由を認めるべきだという考え方

②　他者にとって害になるかどうかに関わらず、自由を認めるべきだという考え方

③　他者にとって害にならないかぎり、自由を認めるべきだという考え方

④　他者にとって害になるかどうか分からないならば、自由を認めないという考え方

⑤　他者にとって害にならなくても、自由を認めないという考え方

(7)　下線部C「自由の“味”」の意味について説明しなさい(句読点とも40字以内)。

(8)　空欄 f に入る語句として最も適当なものを、次のうちから一つ選びなさい。

①　意味

②　前提

③　対象

④　要素

⑤　推進

(9)　下線部D「私たちは考えることで自由になり、また他の人といっしょに考えることで、お互いが自由になる」と筆者が主張する理由を述べなさい(句読点とも60字以内)。

総合人間科学部 心理学科

◀心理学のための理解力と思考力を問う試験▶

（75分）

（注）記述式の解答は，各解答欄にていねいに記入すること。数字，ローマ字については，1マスに2字とする。

1 次の文章を読んで後の問い（問1～問7）に答えなさい。

日常生活を改めて振り返ってみると、湯のみ茶碗に茶を注ぐ、ワイングラスにワインを注ぐ、やかんや鍋に水をためる、バスタブに湯をためるなどなど、液体を容器に注いであふれさせないようにするという行為は日常茶飯事である。これらを行うにはたいていの場合、視覚的な手がかりを使う。だが、目の見えない人にはそれができない。ではどうするか。

私は失明して半年後、盲学校に復帰した頃、自立訓練の一環としてやかんからコップに湯を注ぐ練習をした。指導される際、まず、第一に「音をよく聴くこと」、第二に容器をもった際の重さの変化と容器の表面を触った際の温度の変化を手がかりにするようにと教えられた。（　ア　）「音をよく聴くこと」とはいったいどういうことなのか、当時はさっぱり理解することができなかった。なぜなら、音をどのように聴けばよいのか、そのコツを教えてもらえなかったからだ。

湯を注ぐ練習は、目が見えなくても湯を注ぐことができるという安心感にはつながったが、実はあまり実用的ではなかった。第一に容器の種類、たとえば、陶器、ガラス、プラスチックなどにより重さが異なるので、同じ材質、同じサイズの容器でなければ容器の重さがわからない。ゆえに、重さは内容量の絶対的な手がかりにはなりにくいからである。

第二に、容器の種類により熱伝導の特性が異なるし、そもそも注ぐ液体の温度もさまざまである。沸騰した湯もあれば、ぬるま湯、冷水もある。そうすると、温度もまた、絶対的な手がかりにはなりにくい。重さ感覚、温度感覚は決まりきった容器を利用して、常に一定の温度の液体を注ぐのであれば手がかりになりうるが、状況によって温度がさまざまに変化する液体を多種多様な容器に注ぐとなると、これらはあてにならない。さらに、「指を容器に入れるな」という強い指導があったので、液体面を直接触るという方法も使えない。ある全盲の教員から自立訓練指導を受けていた当時、「指を容器に入れないとお茶を注げないのであれば、自立どころか結婚もできない」と厳しい口調で諭されたことが強く心に残っている。心理・社会的な「視覚障害者という自己」の確立という意味合いがあるのか、それとも全盲者のプライドなのか、はたまた叱咤激励というだけの言葉のあや程度なのか、今となっては知るよしもないが。

それでは、容器に茶をどのようにして注げばよいのか。残された手がかりの有力候補は音だ。ビン、やかん、急須から液体を容器に注ぎ込み、容器からあふれないように止めるにはどうしたらよいか。目の見えない人に指導する手引きがあるので紹介する。

お茶、その他液体のつぎ方

お茶などの液体を安全、確実に適量注ぐ技術は、日常的に行う機会が多い操作である。(中略)音や質量の変化、時間の経過、水や湯が注出される感覚、熱の伝わり方などの手がかりを総合して適量を判断できるようになるためには反復指導が効果的である。(中略)

内容(中略)

①音の変化は口の小さな丈の高いグラスや魔法びんなどで有効である。指導者がグラスに水を適量注ぎ、その時の音の変化を聞かせ、次に音のみで適量を判断させる。(後略)

視覚障害者調理指導研究会編『視覚障害者の調理指導』社会福祉法人視覚障害者支援総合センター、1981年、34頁

音をよく聴いていると、液体が容器にたまっていくにつれて、音の高さが上昇していく。そして、液体が容器からあふれると、音の高さの上昇が止まる。この音の高さの変化のパターンを利用すれば、容器にたまっていく液体面の上昇と、容器の縁から液体面までの距離を推定できるはずである。このテーマに取り組んだのがケーブとピッテンジャー(Cabe & Pittenger, 2000)であった。彼らは、巧みな実験装置を用いて、液体面の上昇にともなう音の高さ(正確には容器が空気で満たされている部分の基本共鳴周波数)の上昇が、容器にたまっていく水位を正確に判断するための手がかりになりえることを示した。

容器の中に液体が注がれると、容器を満たしていた空気と液体が入れ替わる。液体が容器の底面あるいは液面に接触すると、液面の変形と水滴の跳ね上がりが起こり、気泡が発生し破裂する。気泡の発生と破裂、液体の振動が、容器に液体がたまっていく時の音の源となる。この振動が容器内の空気に伝播し、空気が占めている部分に相当する容器を共鳴させる。これがある時点における共鳴音である。

液体が増えていくにつれて連続的に基本共鳴周波数とその倍音成分が上昇する。変化が止まるのは液面が容器の縁に到達した時点である。容器や液体表面に液体が接触して気泡の振動が起きるためには、液体表面の変形が起きるように勢いよく液体が注がれる必要がある。さらに、容器の容積がある程度大きくないと、共鳴音も小さく音の高さの変化も少ない。ゆえに、猪口や浅い茶碗に酒や茶をあふれさせないように注ぐのは、目の見えない人にとって「至難の業」なのである。

このような場合の解決策は、急須と茶碗、やかんと容器との距離をあまり近づけすぎずに、高い位置からできるだけ勢いよく液体を注ぎ込むことである。液体をあふれさせずに注ぎやすい容器は、マグカップのように、ある程度の直径と高さがある円筒形がよい。慣れないうちは、液体が器からあっという間にあふれ出してしまうが、意外とうまくいくことも多い。ただし、これには、音を聴きながら液体を注ぐという学習が不可欠であることは想像に難くないだろう。うまくできるようになるまでには少なからぬ犠牲(つまり、テーブルが洪水になる大災害)も払うことがあるかもしれない。したがって、挑戦してみたい読者には、くれぐれも熱湯や酒やジュースなど、やけどやこぼれた時の後始末がたいへんな液体を使わないほうがよいことをアドバイスしておこう。いずれにせよ、(　イ　)は液体を注ぎ込む時の手がかりとなりうるのである。

私もケーブらの実験に触発されて類似した実験を行ってみた。(　　ウ　　)だけで水面の高さを判断できるかを確かめるためであった(伊藤、2006)。まず、半径が二センチメートル、三センチメートル、五センチメートルのガラス製ビーカーに水を等速で注ぎ込み、水が容器にたまっていく音を録音した。さらに、基本共鳴周波数の変化の理論値をもとに、これらの音を擬似的に生成した。実際に録音した音と擬似的に生成した音を実験参加者に聴いてもらい、それぞれの音が満水までたまった音なのか、容器の半ば(中水)までたまった音なのかを判断してもらった。どの音も聴こえている時間は同じであった。

表4－1　実録音と擬似生成音の中水と満水の正答率(%)(n＝24)(伊藤、2006より改変)

	実録音	擬似生成音
中水　平均値	79.2	76.3
中水　標準偏差	(4.31)	(6.63)
満水　平均値	70.0	72.5
満水　標準偏差	(5.92)	(4.48)

表4－1は、実際に録音した三種類の容器の音(実録音)と、それらを擬似的に生成した三種類の容器の音(擬似生成音)の中水、満水の正答率の平均値である。

(中略)

実際に録音した音には基本共鳴周波数だけではなく、気泡の発生と破裂音なども含まれているが、擬似生成音にはそれらが含まれてはいない。つまり、音情報として重要なのは、連続的な変化の量から構成されている音の高さの変化パターンであることがわかる。先に、容器に湯を注ぐ訓練の中で「音をよく聴く」ように指導されたと述べた。これらの実験からわかるように、「音をよく聴く」とはまさに音の変化に注意を傾けるということだったのである。

（中略）

雨音というと、京都の寺の縁側に座って竹林に降り注ぐ雨滴の音を聴いたことを思い出す。その場で私が聴いていた音といえば、まず雨粒が竹の葉に落ちて音を出す。次に、雨粒は竹の幹にも当たって音を出す。そして、地面に衝突して音を出す。竹林からの音がこのような順序で聴こえてきたように記憶している。座って聴いている私より高い位置に葉がついていると、その雨音を聴いている聴取者である私にとっては、上方に多数の雨粒の衝突音からなる「音のかたまり」（あるいは、音の重なり）が知覚される。そして、上方の葉からしたたり落ちた雨粒は幹や地面に降り注ぎ、「ばらけた音」となって聴こえてくる。

竹林の場合、上方でひとまとまりとなった雨音は「サー」という音として聴こえる。聴取者から近い竹の葉や幹から発せられた雨滴衝突音は相対的に大きく聴こえ、遠くからの音は小さく聴こえる。遠くの竹に当たった雨滴衝突音が近くの竹に遮蔽されたり音波が回折されたりすることもあろう。その結果、竹林が生成する降雨由来の事象音により、竹林の広さ、竹の密度、竹の葉の量、竹の太さなど竹林の所与の属性を反映した独特な「音の眺望（サウンド・パースペクティヴ）」が生まれる。

（中略）

先に取り上げた竹林に降り注ぐ雨滴音の場合、聴いている人の三四〇メートル前方の竹に雨滴が当たって音が生まれたとする。気温が一定で音速が変わらないとすれば、その音は一秒後に聴いている人の耳にやってくる。この音が耳に到達するほんの千分の一秒前に、（　　　　エ　　　　）前方の地面に雨滴が跳ね返って音が生まれたとすると、異なる音波同士のこの二つの音は聴いている人の耳に同時に到達する。雨滴が衝突した対象が竹の葉なのか、落下した地表面が砂利なのか、水たまりなのかで、生じる音も異なる。すると、異なる二つの音は「音の重なり」という現象になる。遠方から到来した音と近傍で生じた音が混ざったり重なったりする。これらの結果として、聴取者が占める場所に雨天特有の包囲音構造が構成される。この構造にはその場所を特徴づける音情報が含まれる。すなわち、この情報は事象の源から聴取者までの距離により決定される伝播時間を内包する。

音と光では速度が異なることにより、音の伝播時間と光の伝播時間とは大きく異なる。これが、広がりのある場所を一点から聴取すること（サウンド・パースペクティヴ）と広がりのある場所を一点から見通すこと（つまり光のパースペクティヴ）とを分かつことになる。一点から広がりのある場所を聴く時、（中略）聴こえている音には場所の特性だけでなく、すでに継起した事象の生成と、一瞬の事象の生成が反映されている。このように、ある位置を占める聴取者に到来する音は、その場所を特徴づけるという側面と、「ここ」で聴こえる過去・現在の瞬間の事象の継起という側面、いわば「場所」と「時間」の二つの側面をもつ。

（中略）

私たちは視覚による知覚様式を、人が周囲を認識する際の不変原理として当然のように受け入れがちである。視覚を使って周囲を知覚することを考える時、認知科学者や情報処理学者は「時間」を無数の「静止」が連続していることと仮定して、その一つの静止時点において見えた静止画像からなる視覚情報を中枢神経系が処理するというプロセスを想定することが多々ある。ところが、視覚が対象とする光に比べて聴覚、振動知覚が対象とする音や振動などの波には、このプロセスは成り立たない。なぜならば、これらの波は断片視（スナップショットビジョン）（Gibson, 1979　古崎・古崎・辻・村瀬訳、1985）を前提にできないからだ。音波や振動からある一瞬を取り出そうとしたとたんに、もはやそれらは音波や振動ではなくなる。音波を含めた振動そのものが「時間経過」であるからだ。

音を聴くということは、一瞬一瞬の気圧の状態を受け取るだけでは成立しえない。空気圧などの媒質の連続的な変化を感受してはじめて音を聴くということが成り立つ。今の瞬間の音を聴く（振動を知覚する）ということは、直前の瞬間の波を知覚していることをも包含している。換言すれば、今、この瞬間に聴いている音、知覚している振動には、たとえ「たったほんの短い前とはいえ」、過去の音や振動の様態が反映されており、さらには、到来するであろう未来の気圧変化を予見する情報も含まれている。つまり、音や振動の知覚には明確な過去、現在、未来の境界はない、ということである。

（出典：伊藤精英「音が描く日常風景―振動知覚的自己がもたらすもの」金子書房2021年による。一部改変。）

問1　空欄(　ア　)に入れるのに最も適当な語を、次の①～⑤のうちから選びなさい。

①　したがって

②　さらに

③　あるいは

④　このように

⑤　しかし

問2　空欄(　イ　)に入れるのに最も適当な語を、次の①～⑤のうちから選びなさい。

①　温度

②　器

③　高さ

④　音

⑤　重さ

問3　空欄(　ウ　)に入れるのに最も適当な語を、次の①～⑤のうちから選びなさい。

①　共鳴周波数の変化

②　容器の半径の違い

③　気泡の発生の有無

④　破裂音の有無

⑤　訓練の有無

問4　文中にある筆者の行った実験の結果からわかることは何か。最も適当なものを、次の①～⑤のうちから選びなさい。

①　実際に録音した音は、疑似生成音に比べて、正答率は低くなる。

②　音の変化の知覚は、訓練で獲得する技能ではなく生得的なものである。

③　音だけを頼りにしても、容器に液体が満たされていくことを知覚できる。

④　音の変化に注意を向けるよりも、破裂音に注意を向けることが大切である。

⑤　満水のほうが中水よりも手がかりが多く、正答率の平均値は高くなる。

問5　空欄(　エ　)に入れるのに最も適当な語を、次の①～⑤のうちから選びなさい。

①　三四ミリメートル

②　三四センチメートル

③　三四〇センチメートル

④　三四メートル

⑤　三四〇メートル

問6　「音の眺望」とはどういうことか。音の眺望が生まれる理由を考慮しながら、A(　　　)は10字以内、B(　　　　)は30字以内で、説明しなさい(句読点を含む)。

音は光よりA(　　　)ため、ある場所で聴こえる音には、B(　　　　)ということ。

問7　本文全体の内容を150字以内で縮約しなさい(句読点を含む)。

2 以下の問１から問７の文章を読み、資料（表１～11）から読み取れる結果として、最も適切なものを①～③の中から一つ選びなさい。

問１　健康食品の摂取状況について回答した男女それぞれの中で、男性でたんぱく質の補充のために健康食品を摂取している人の割合は、女性でたんぱく質の補充のために健康食品を摂取している人の割合より低い。

① 資料から読み取れる内容として正確である
② 資料から読み取れる内容として誤りである
③ この資料だけでは正誤を判断できない

問２　30歳代男性では、食習慣改善について、関心はあるが改善するつもりはない理由として、仕事が忙しくて時間がないという理由が最も多い。

① 資料から読み取れる内容として正確である
② 資料から読み取れる内容として誤りである
③ この資料だけでは正誤を判断できない

問３　食生活に影響を与えている情報源として、テレビをあげる人の割合は、年齢階級が上がるほど高くなる。

① 資料から読み取れる内容として正確である
② 資料から読み取れる内容として誤りである
③ この資料だけでは正誤を判断できない

問４　外食が多いことが、食塩摂取量８ｇ／日以上になる原因となっている。

① 資料から読み取れる内容として正確である
② 資料から読み取れる内容として誤りである
③ この資料だけでは正誤を判断できない

問５　男女ともに民間や公的機関の配食サービスを全く利用しない人の割合は、20歳代から60歳代にかけて徐々に上昇し、70歳代では低下する。

① 資料から読み取れる内容として正確である

② 資料から読み取れる内容として誤りである

③ この資料だけでは正誤を判断できない

問6　男女ともに肥満でも食習慣の改善に取り組みもせず、改善する意思もないものは半数以上いる。

① 資料から読み取れる内容として正確である

② 資料から読み取れる内容として誤りである

③ この資料だけでは正誤を判断できない

問7　食習慣の改善に6ヶ月以上取り組んでいる女性は、関心はあるが改善するつもりはない女性と比較して、平均してより多くの情報源から食生活に影響を受けている。

① 資料から読み取れる内容として正確である

② 資料から読み取れる内容として誤りである

③ この資料だけでは正誤を判断できない

表1．外食を利用している頻度—外食を利用している頻度、年齢階級別、人数、割合—総数・男性・女性、20歳以上

		総数		20－29歳		30－39歳		40－49歳		50－59歳		60－69歳		70歳以上	
		人数	%	人数	%	人数	%	人数	%	人数	%	人数	%	人数	%
総数	総数	5,707	100.0	447	100.0	552	100.0	898	100.0	894	100.0	1,170	100.0	1,746	100.0
	毎日2回以上	29	0.5	6	1.3	2	0.4	7	0.8	1	0.1	11	0.9	2	0.1
	毎日1回	139	2.4	13	2.9	17	3.1	33	3.7	26	2.9	31	2.6	19	1.1
	週4－6回	224	3.9	36	8.1	35	6.3	43	4.8	52	5.8	35	3.0	23	1.3
	週2－3回	626	11.0	107	23.9	101	18.3	132	14.7	85	9.5	100	8.5	101	5.8
	週1.回	902	15.8	114	25.5	136	24.6	188	20.9	149	16.7	159	13.6	156	8.9
	週1回未満	2,522	44.2	146	32.7	215	38.9	408	45.4	477	53.4	569	48.6	707	40.5
	全く利用しない	1,265	22.2	25	5.6	46	8.3	87	9.7	104	11.6	265	22.6	738	42.3
男性	総数	2,670	100.0	221	100.0	254	100.0	428	100.0	414	100.0	564	100.0	789	100.0
	毎日2回以上	23	0.9	4	1.8	1	0.4	7	1.6	1	0.2	9	1.6	1	0.1
	毎日1回	111	4.2	8	3.6	13	5.1	28	6.5	21	5.1	27	4.8	14	1.8
	週4－6回	184	6.9	25	11.3	28	11.0	36	8.4	47	11.4	31	5.5	17	2.2
	週2－3回	363	13.6	59	26.7	57	22.4	69	16.1	52	12.6	65	11.5	61	7.7
	週1回	427	16.0	52	23.5	62	24.4	96	22.4	66	15.9	78	13.8	73	9.3
	週1回未満	1,005	37.6	60	27.1	73	28.7	155	36.2	176	42.5	244	43.3	297	37.6
	全く利用しない	557	20.9	13	5.9	20	7.9	37	8.6	51	12.3	110	19.5	326	41.3
女性	総数	3,037	100.0	226	100.0	298	100.0	470	100.0	480	100.0	606	100.0	957	100.0
	毎日2回以上	6	0.2	2	0.9	1	0.3	0	0.0	0	0.0	2	0.3	1	0.1
	毎日1回	28	0.9	5	2.2	4	1.3	5	1.1	5	1.0	4	0.7	5	0.5
	週4－6回	40	1.3	11	4.9	7	2.3	7	1.5	5	1.0	4	0.7	6	0.6
	週2－3回	263	8.7	48	21.2	44	14.8	63	13.4	33	6.9	35	5.8	40	4.2
	週1回	475	15.6	62	27.4	74	24.8	92	19.6	83	17.3	81	13.4	83	8.7
	週1回未満	1,517	50.0	86	38.1	142	47.7	253	53.8	301	62.7	325	53.6	410	42.8
	全く利用しない	708	23.3	12	5.3	26	8.7	50	10.6	53	11.0	155	25.6	412	43.1

（元年）

注）生活習慣調査票の設問1に回答した者を集計対象とした。

設問1　あなたは、外食(飲食店での食事)をどのくらい利用していますか。
あてはまる番号を1つ選んで○印をつけて下さい。

表２．民間や公的機関の配食サービスを利用している頻度—民間や公的機関の配食サービスを利用している頻度、年齢階級別、人数、割合—総数・男性・女性、20歳以上

		総 数		20 － 29 歳		30 － 39 歳		40 － 49 歳		50 － 59 歳		60 － 69 歳		70 歳以上	
		人数	%	人数	%	人数	%	人数	%	人数	%	人数	%	人数	%
総数	総数	5,706	100.0	447	100.0	552	100.0	896	100.0	895	100.0	1,169	100.0	1,747	100.0
	毎日２回以上	10	0.2	2	0.4	0	0.0	2	0.2	1	0.1	2	0.2	3	0.2
	毎日１回	35	0.6	3	0.7	6	1.1	2	0.2	6	0.7	4	0.3	14	0.8
	週４－６回	80	1.4	5	1.1	6	1.1	14	1.6	13	1.5	12	1.0	30	1.7
	週２－３回	79	1.4	7	1.6	9	1.6	14	1.6	12	1.3	11	0.9	26	1.5
	週１回	90	1.6	11	2.5	12	2.2	19	2.1	9	1.0	10	0.9	29	1.7
	週１回未満	144	2.5	17	3.8	21	3.8	15	1.7	21	2.3	29	2.5	41	2.3
	全く利用しない	5,268	92.3	402	89.9	498	90.2	830	92.6	833	93.1	1,101	94.2	1,604	91.8
男性	総数	2,669	100.0	221	100.0	254	100.0	427	100.0	414	100.0	564	100.0	789	100.0
	毎日２回以上	8	0.3	2	0.9	0	0.0	1	0.2	1	0.2	2	0.4	2	0.3
	毎日１回	22	0.8	3	1.4	4	1.6	1	0.2	6	1.4	3	0.5	5	0.6
	週４－６回	51	1.9	2	0.9	2	0.8	9	2.1	11	2.7	9	1.6	18	2.3
	週２－３回	38	1.4	4	1.8	4	1.6	8	1.9	6	1.4	7	1.2	9	1.1
	週１回	37	1.4	6	2.7	5	2.0	9	2.1	4	1.0	4	0.7	9	1.1
	週１回未満	64	2.4	9	4.1	11	4.3	7	1.6	7	1.7	13	2.3	17	2.2
	全く利用しない	2,449	91.8	195	88.2	228	89.8	392	91.8	379	91.5	526	93.3	729	92.4
女性	総数	3,037	100.0	226	100.0	298	100.0	469	100.0	481	100.0	605	100.0	958	100.0
	毎日２回以上	2	0.1	0	0.0	0	0.0	1	0.2	0	0.0	0	0.0	1	0.1
	毎日１回	13	0.4	0	0.0	2	0.7	1	0.2	0	0.0	1	0.2	9	0.9
	週４－６回	29	1.0	3	1.3	4	1.3	5	1.1	2	0.4	3	0.5	12	1.3
	週２－３回	41	1.4	3	1.3	5	1.7	6	1.3	6	1.2	4	0.7	17	1.8
	週１回	53	1.7	5	2.2	7	2.3	10	2.1	5	1.0	6	1.0	20	2.1
	週１回未満	80	2.6	8	3.5	10	3.4	8	1.7	14	2.9	16	2.6	24	2.5
	全く利用しない	2,819	92.8	207	91.6	270	90.6	438	93.4	454	94.4	575	95.0	875	91.3

（元年）

注） 生活習慣調査票の設問３に回答した者を集計対象とした。

設問３ あなたは、民間や公的機関による定期的な配食サービスをどのくらい利用していますか。あてはまる番号を１つ選んで○印をつけて下さい。

※ 配食サービスとは、主に自宅での摂取用として、主食、主菜及び副菜の組合せを基本（主食なしのものを含む。）とする、１食分を単位とした調理済みの弁当形式の食事（冷凍食品、チルド食品等を含む。）の配食サービスをさします。

表3．健康食品の摂取状況―健康食品の摂取状況、年齢階級別、人数、割合―総数・男性・女性、20歳以上

		総数		20－29歳		30－39歳		40－49歳		50－59歳		60－69歳		70歳以上	
		人数	%	人数	%	人数	%	人数	%	人数	%	人数	%	人数	%
総数	総数	5,701	100.0	447	100.0	552	100.0	897	100.0	894	100.0	1,166	100.0	1,745	100.0
	はい	1,963	34.4	109	24.4	153	27.7	292	32.6	324	36.2	440	37.7	645	37.0
	いいえ	3,738	65.6	338	75.6	399	72.3	605	67.4	570	63.8	726	62.3	1,100	63.0
男性	総数	2,668	100.0	221	100.0	254	100.0	428	100.0	414	100.0	563	100.0	788	100.0
	はい	805	30.2	44	19.9	59	23.2	118	27.6	127	30.7	192	34.1	265	33.6
	いいえ	1,863	69.8	177	80.1	195	76.8	310	72.4	287	69.3	371	65.9	523	66.4
女性	総数	3,033	100.0	226	100.0	298	100.0	469	100.0	480	100.0	603	100.0	957	100.0
	はい	1,158	38.2	65	28.8	94	31.5	174	37.1	197	41.0	248	41.1	380	39.7
	いいえ	1,875	61.8	161	71.2	204	68.5	295	62.9	283	59.0	355	58.9	577	60.3

（元年）

注）　生活習慣調査票の設問4で「1（はい）」と回答し、設問4－1に回答した者、及び設問4に「2（いいえ）」と回答した者を集計対象とした。

設問4　あなたは、サプリメントのような健康食品（健康の維持・増進に役立つといわれる成分を含む、錠剤、カプセル、粉末状、液状などに加工された食品）を食べたり、飲んだりしていますか。あてはまる番号を1つ選んで○印をつけて下さい。

（設問4－1）　健康食品を利用する目的は何ですか。あてはまる番号をすべて選んで○印をつけて下さい。

表4．健康食品を摂取している目的―健康食品を摂取している目的、年齢階級別、人数、割合―総数・男性・女性、20歳以上

		総数		20－29歳		30－39歳		40－49歳		50－59歳		60－69歳		70歳以上	
		人数	%	人数	%	人数	%	人数	%	人数	%	人数	%	人数	%
総数	総数	1,963	－	109	－	153	－	292	－	324	－	440	－	645	－
	健康の保持・増進	1,400	71.3	44	40.4	92	60.1	184	63.0	234	72.2	339	77.0	507	78.6
	たんぱく質の補充	193	9.8	33	30.3	16	10.5	33	11.3	28	8.6	39	8.9	44	6.8
	ビタミンの補充	617	31.4	64	58.7	64	41.8	116	39.7	94	29.0	118	26.8	161	25.0
	ミネラルの補充	215	11.0	17	15.6	19	12.4	40	13.7	30	9.3	49	11.1	60	9.3
	その他	315	16.0	15	13.8	30	19.6	53	18.2	54	16.7	69	15.7	94	14.6
男性	総数	805	－	44	－	59	－	118	－	127	－	192	－	265	－
	健康の保持・増進	582	72.3	19	43.2	37	62.7	70	59.3	94	74.0	155	80.7	207	78.1
	たんぱく質の補充	84	10.4	22	50.0	10	16.9	18	15.3	11	8.7	10	5.2	13	4.9
	ビタミンの補充	243	30.2	19	43.2	30	50.8	42	35.6	33	26.0	52	27.1	67	25.3
	ミネラルの補充	87	10.8	7	15.9	7	11.9	19	16.1	10	7.9	21	10.9	23	8.7
	その他	123	15.3	7	15.9	7	11.9	19	16.1	18	14.2	28	14.6	44	16.6
女性	総数	1,158	－	65	－	94	－	174	－	197	－	248	－	380	－
	健康の保持・増進	818	70.6	25	38.5	55	58.5	114	65.5	140	71.1	184	74.2	300	78.9
	たんぱく質の補充	109	9.4	11	16.9	6	6.4	15	8.6	17	8.6	29	11.7	31	8.2
	ビタミンの補充	374	32.3	45	69.2	34	36.2	74	42.5	61	31.0	66	26.6	94	24.7
	ミネラルの補充	128	11.1	10	15.4	12	12.8	21	12.1	20	10.2	28	11.3	37	9.7
	その他	192	16.6	8	12.3	23	24.5	34	19.5	36	18.3	41	16.5	50	13.2

（元年）

注1）　生活習慣調査票の設問4で「1（はい）」と回答し、設問4－1に回答した者を集計対象とした。

注2）　複数回答のため、内訳合計が100％にならない。

表５．食習慣改善の意思―食習慣改善の意思、年齢階級別、人数、割合―総数・男性・女性、20歳以上

		総数		20－29歳		30－39歳		40－49歳		50－59歳		60－69歳		70歳以上	
		人数	%	人数	%	人数	%	人数	%	人数	%	人数	%	人数	%
総数	総数	5,674	100.0	444	100.0	551	100.0	894	100.0	891	100.0	1,167	100.0	1,727	100.0
	改善することに関心がない	762	13.4	73	16.4	73	13.2	106	11.9	98	11.0	132	11.3	280	16.2
	関心はあるが改善するつもりはない	1,407	24.8	124	27.9	138	25.0	240	26.8	239	26.8	278	23.8	388	22.5
	改善するつもりである（概ね６ヶ月以内）	802	14.1	75	16.9	116	21.1	192	21.5	148	16.6	153	13.1	118	6.8
	近いうちに（概ね１ヶ月以内）改善するつもりである	245	4.3	26	5.9	38	6.9	52	5.8	44	4.9	36	3.1	49	2.8
	既に改善に取り組んでいる（６ヶ月未満）	391	6.9	32	7.2	43	7.8	71	7.9	84	9.4	80	6.9	81	4.7
	既に改善に取り組んでいる（６ヶ月以上）	858	15.1	23	5.2	45	8.2	89	10.0	149	16.7	248	21.3	304	17.6
	食習慣に問題はないため改善する必要はない	1,209	21.3	91	20.5	98	17.8	144	16.1	129	14.5	240	20.6	507	29.4
男性	総数	2,658	100.0	221	100.0	253	100.0	427	100.0	413	100.0	563	100.0	781	100.0
	改善することに関心がない	439	16.5	41	18.6	38	15.0	70	16.4	61	14.8	88	15.6	141	18.1
	関心はあるが改善するつもりはない	654	24.6	57	25.8	62	24.5	113	26.5	103	24.9	138	24.5	181	23.2
	改善するつもりである（概ね６ヶ月以内）	354	13.3	28	12.7	60	23.7	85	19.9	66	16.0	69	12.3	46	5.9
	近いうちに（概ね１ヶ月以内）改善するつもりである	100	3.8	14	6.3	13	5.1	25	5.9	21	5.1	11	2.0	16	2.0
	既に改善に取り組んでいる（６ヶ月未満）	154	5.8	17	7.7	16	6.3	31	7.3	33	8.0	30	5.3	27	3.5
	既に改善に取り組んでいる（６ヶ月以上）	389	14.6	11	5.0	15	5.9	40	9.4	72	17.4	117	20.8	134	17.2
	食習慣に問題はないため改善する必要はない	568	21.4	53	24.0	49	19.4	63	14.8	57	13.8	110	19.5	236	30.2
女性	総数	3,016	100.0	223	100.0	298	100.0	467	100.0	478	100.0	604	100.0	946	100.0
	改善することに関心がない	323	10.7	32	14.3	35	11.7	36	7.7	37	7.7	44	7.3	139	14.7
	関心はあるが改善するつもりはない	753	25.0	67	30.0	76	25.5	127	27.2	136	28.5	140	23.2	207	21.9
	改善するつもりである（概ね６ヶ月以内）	448	14.9	47	21.1	56	18.8	107	22.9	82	17.2	84	13.9	72	7.6
	近いうちに（概ね１ヶ月以内）改善するつもりである	145	4.8	12	5.4	25	8.4	27	5.8	23	4.8	25	4.1	33	3.5
	既に改善に取り組んでいる（６ヶ月未満）	237	7.9	15	6.7	27	9.1	40	8.6	51	10.7	50	8.3	54	5.7
	既に改善に取り組んでいる（６ヶ月以上）	469	15.6	12	5.4	30	10.1	49	10.5	77	16.1	131	21.7	170	18.0
	食習慣に問題はないため改善する必要はない	641	21.3	38	17.0	49	16.4	81	17.3	72	15.1	130	21.5	271	28.6

（元年）

注）生活習慣調査票の設問５で「１（改善することに関心がない）」～「６（既に改善に取り組んでいる（６ヶ月以上））」と回答し、設問６に回答した者、及び設問５で「７（食習慣に問題はないため改善する必要はない）」と回答した者を集計対象とした。

設問５　あなたは、食習慣を改善してみようと考えていますか。あてはまる番号を１つ選んで◯印をつけて下さい。

設問６　あなたの健康な食習慣の妨げとなっていることは何ですか。あてはまる番号をすべて選んで◯印をつけて下さい。

表６．BMIの状況別、食習慣改善の意思─BMIの状況、食習慣改善の意思、人数、割合─総数・男性・女性、20歳以上

		総数		やせ 18.5未満		普通 18.5以上25未満		肥満 25以上	
		人数	%	人数	%	人数	%	人数	%
総数	総数	4,191	100.0	335	100.0	2,719	100.0	1,137	100.0
	改善することに関心がない	504	12.0	56	16.7	317	11.7	131	11.5
	関心はあるが改善するつもりはない	1,067	25.5	81	24.2	701	25.8	285	25.1
	改善するつもりである（概ね６ヶ月以内）	575	13.7	31	9.3	357	13.1	187	16.4
	近いうちに（概ね１ヶ月以内）改善するつもりである	178	4.2	8	2.4	91	3.3	79	6.9
	既に改善に取り組んでいる（６ヶ月未満）	288	6.9	18	5.4	172	6.3	98	8.6
	既に改善に取り組んでいる（６ヶ月以上）	678	16.2	45	13.4	456	16.8	177	15.6
	食習慣に問題はないため改善する必要はない	901	21.5	96	28.7	625	23.0	180	15.8
男性	総数	1,918	100.0	73	100.0	1,209	100.0	636	100.0
	改善することに関心がない	290	15.1	19	26.0	180	14.9	91	14.3
	関心はあるが改善するつもりはない	499	26.0	16	21.9	324	26.8	159	25.0
	改善するつもりである（概ね６ヶ月以内）	235	12.3	4	5.5	134	11.1	97	15.3
	近いうちに（概ね１ヶ月以内）改善するつもりである	77	4.0	1	1.4	29	2.4	47	7.4
	既に改善に取り組んでいる（６ヶ月未満）	107	5.6	2	2.7	54	4.5	51	8.0
	既に改善に取り組んでいる（６ヶ月以上）	293	15.3	8	11.0	196	16.2	89	14.0
	食習慣に問題はないため改善する必要はない	417	21.7	23	31.5	292	24.2	102	16.0
女性	総数	2,273	100.0	262	100.0	1,510	100.0	501	100.0
	改善することに関心がない	214	9.4	37	14.1	137	9.1	40	8.0
	関心はあるが改善するつもりはない	568	25.0	65	24.8	377	25.0	126	25.1
	改善するつもりである（概ね６ヶ月以内）	340	15.0	27	10.3	223	14.8	90	18.0
	近いうちに（概ね１ヶ月以内）改善するつもりである	101	4.4	7	2.7	62	4.1	32	6.4
	既に改善に取り組んでいる（６ヶ月未満）	181	8.0	16	6.1	118	7.8	47	9.4
	既に改善に取り組んでいる（６ヶ月以上）	385	16.9	37	14.1	260	17.2	88	17.6
	食習慣に問題はないため改善する必要はない	484	21.3	73	27.9	333	22.1	78	15.6

（元年）

注１）生活習慣調査票の設問５で「１（改善することに関心がない）」〜「６（既に改善に取り組んでいる（６ヶ月以上））」と回答し、設問６に回答した者、及び設問５で「７（食習慣に問題はないため改善する必要はない）」と回答した者のうち、身長と体重の測定を行った者を集計対象とした。

注２）BMIは体重(kg)／(身長(m))^{2}で算出し、小数点第３位で四捨五入した値を使用した。

注３）BMIの判定は下記のとおり。
やせ：18.5未満
普通：18.5以上25未満
肥満：25以上

表７．食塩摂取量の状況別、食習慣改善の意思―食塩摂取量の状況、食習慣改善の意思、人数、割合―総数・男性・女性、20歳以上

		食塩摂取量			
		8g/日未満		8g/日以上	
		人数	%	人数	%
総数	総　数	1,551	100.0	3,288	100.0
	改善することに関心がない	231	14.9	405	12.3
	関心はあるが改善するつもりはない	374	24.1	822	25.0
	改善するつもりである（概ね6ヶ月以内）	215	13.9	453	13.8
	近いうちに（概ね1ヶ月以内）改善するつもりである	73	4.7	139	4.2
	既に改善に取り組んでいる（6ヶ月未満）	128	8.3	211	6.4
	既に改善に取り組んでいる（6ヶ月以上）	236	15.2	522	15.9
	食習慣に問題はないため改善する必要はない	294	19.0	736	22.4
男性	総　数	545	100.0	1,716	100.0
	改善することに関心がない	105	19.3	265	15.4
	関心はあるが改善するつもりはない	139	25.5	420	24.5
	改善するつもりである（概ね6ヶ月以内）	59	10.8	234	13.6
	近いうちに（概ね1ヶ月以内）改善するつもりである	23	4.2	65	3.8
	既に改善に取り組んでいる（6ヶ月未満）	36	6.6	93	5.4
	既に改善に取り組んでいる（6ヶ月以上）	85	15.6	255	14.9
	食習慣に問題はないため改善する必要はない	98	18.0	384	22.4
女性	総　数	1,006	100.0	1,572	100.0
	改善することに関心がない	126	12.5	140	8.9
	関心はあるが改善するつもりはない	235	23.4	402	25.6
	改善するつもりである（概ね6ヶ月以内）	156	15.5	219	13.9
	近いうちに（概ね1ヶ月以内）改善するつもりである	50	5.0	74	4.7
	既に改善に取り組んでいる（6ヶ月未満）	92	9.1	118	7.5
	既に改善に取り組んでいる（6ヶ月以上）	151	15.0	267	17.0
	食習慣に問題はないため改善する必要はない	196	19.5	352	22.4

（元年）

注）生活習慣調査票の設問５で「１（改善することに関心がない）」～「６（既に改善に取り組んでいる（６ヶ月以上））」と回答し、設問６に回答した者、及び設問５で「７（食習慣に問題はないため改善する必要はない）」と回答した者のうち、栄養摂取状況調査票に回答した者を集計対象とした。

表８．健康な食習慣の妨げとなる点―健康な食習慣の妨げとなる点、年齢階級別、人数、割合―総数・男性・女性、20歳以上

		総数		20 － 29 歳		30 － 39 歳		40 － 49 歳		50 － 59 歳		60 － 69 歳		70 歳以上	
		人数	%	人数	%	人数	%	人数	%	人数	%	人数	%	人数	%
総数	総数	4,465	－	353	－	453	－	750	－	762	－	927	－	1,220	－
	仕事（家事・育児等）が忙しくて時間がないこと	1,226	27.5	124	35.1	230	50.8	354	47.2	282	37.0	174	18.8	62	5.1
	外食が多いこと	234	5.2	45	12.7	35	7.7	59	7.9	53	7.0	28	3.0	14	1.1
	自分を含め，家で用意する者がいないこと	233	5.2	16	4.5	15	3.3	25	3.3	48	6.3	48	5.2	81	6.6
	経済的に余裕がないこと	371	8.3	31	8.8	53	11.7	87	11.6	62	8.1	74	8.0	64	5.2
	面倒くさいこと	1,128	25.3	126	35.7	180	39.7	228	30.4	198	26.0	198	21.4	198	16.2
	その他	483	10.8	35	9.9	42	9.3	61	8.1	98	12.9	102	11.0	145	11.9
	特にない	1,575	35.3	81	22.9	69	15.2	150	20.0	216	28.3	410	44.2	649	53.2
	わからない	205	4.6	19	5.4	14	3.1	27	3.6	24	3.1	35	3.8	86	7.0
男性	総数	2,090	－	168	－	204	－	364	－	356	－	453	－	545	－
	仕事（家事・育児等）が忙しくて時間がないこと	524	25.1	52	31.0	99	48.5	165	45.3	117	32.9	73	16.1	18	3.3
	外食が多いこと	165	7.9	24	14.3	24	11.8	43	11.8	42	11.8	23	5.1	9	1.7
	自分を含め，家で用意する者がいないこと	142	6.8	10	6.0	11	5.4	16	4.4	28	7.9	32	7.1	45	8.3
	経済的に余裕がないこと	156	7.5	15	8.9	17	8.3	33	9.1	25	7.0	40	8.8	26	4.8
	面倒くさいこと	491	23.5	61	36.3	66	32.4	105	28.8	83	23.3	92	20.3	84	15.4
	その他	196	9.4	17	10.1	16	7.8	29	8.0	42	11.8	39	8.6	53	9.7
	特にない	753	36.0	40	23.8	40	19.6	73	20.1	106	29.8	197	43.5	297	54.5
	わからない	105	5.0	9	5.4	5	2.5	15	4.1	13	3.7	21	4.6	42	7.7
女性	総数	2,375	－	185	－	249	－	386	－	406	－	474	－	675	－
	仕事（家事・育児等）が忙しくて時間がないこと	702	29.6	72	38.9	131	52.6	189	49.0	165	40.6	101	21.3	44	6.5
	外食が多いこと	69	2.9	21	11.4	11	4.4	16	4.1	11	2.7	5	1.1	5	0.7
	自分を含め，家で用意する者がいないこと	91	3.8	6	3.2	4	1.6	9	2.3	20	4.9	16	3.4	36	5.3
	経済的に余裕がないこと	215	9.1	16	8.6	36	14.5	54	14.0	37	9.1	34	7.2	38	5.6
	面倒くさいこと	637	26.8	65	35.1	114	45.8	123	31.9	115	28.3	106	22.4	114	16.9
	その他	287	12.1	18	9.7	26	10.4	32	8.3	56	13.8	63	13.3	92	13.6
	特にない	822	34.6	41	22.2	29	11.6	77	19.9	110	27.1	213	44.9	352	52.1
	わからない	100	4.2	10	5.4	9	3.6	12	3.1	11	2.7	14	3.0	44	6.5

（元年）

注１）　生活習慣調査票の設問５で「１（改善することに関心がない）」～「６（既に改善に取り組んでいる（６ヶ月以上））」と回答し、設問６に回答した者を集計対象とした。

注２）　複数回答のため、内訳合計が100％にならない。

表９．食習慣改善の意思別、健康な食習慣の妨げとなる点―食習慣改善の意思、健康な食習慣の妨げとなる点、人数、割合―総数・男性・女性、20歳以上

		総数		改善することに関心がない		関心はあるが改善するつもりはない		改善するつもりである（概ね６ヶ月以内）		近いうちに（概ね１ヶ月以内）改善するつもりである		既に改善に取り組んでいる（６ヶ月未満）		既に改善に取り組んでいる（６ヶ月以上）	
		人数	%	人数	%	人数	%	人数	%	人数	%	人数	%	人数	%
総数	総　数	4,465	－	762	－	1,407	－	802	－	245	－	391	－	858	－
	仕事（家事・育児等）が忙しくて時間がないこと	1,226	27.5	126	16.5	412	29.3	342	42.6	102	41.6	83	21.2	161	18.8
	外食が多いこと	234	5.2	21	2.8	62	4.4	59	7.4	23	9.4	30	7.7	39	4.5
	自分を含め，家で用意する者がいないこと	233	5.2	30	3.9	92	6.5	51	6.4	17	6.9	17	4.3	26	3.0
	経済的に余裕がないこと	371	8.3	62	8.1	124	8.8	77	9.6	15	6.1	24	6.1	69	8.0
	面倒くさいこと	1,128	25.3	185	24.3	416	29.6	260	32.4	75	30.6	77	19.7	115	13.4
	その他	483	10.8	50	6.6	118	8.4	114	14.2	35	14.3	67	17.1	99	11.5
	特にない	1,575	35.3	336	44.1	453	32.2	147	18.3	44	18.0	143	36.6	452	52.7
	わからない	205	4.6	69	9.1	69	4.9	21	2.6	8	3.3	15	3.8	23	2.7
男性	総　数	2,090	－	439	－	654	－	354	－	100	－	154	－	389	－
	仕事（家事・育児等）が忙しくて時間がないこと	524	25.1	73	16.6	164	25.1	144	40.7	41	41.0	39	25.3	63	16.2
	外食が多いこと	165	7.9	17	3.9	46	7.0	39	11.0	14	14.0	19	12.3	30	7.7
	自分を含め，家で用意する者がいないこと	142	6.8	21	4.8	64	9.8	25	7.1	10	10.0	8	5.2	14	3.6
	経済的に余裕がないこと	156	7.5	37	8.4	46	7.0	30	8.5	7	7.0	8	5.2	28	7.2
	面倒くさいこと	491	23.5	109	24.8	186	28.4	99	28.0	28	28.0	24	15.6	45	11.6
	その他	196	9.4	27	6.2	48	7.3	49	13.8	10	10.0	18	11.7	44	11.3
	特にない	753	36.0	188	42.8	217	33.2	66	18.6	18	18.0	58	37.7	206	53.0
	わからない	105	5.0	39	8.9	33	5.0	9	2.5	3	3.0	6	3.9	15	3.9
女性	総　数	2,375	－	323	－	753	－	448	－	145	－	237	－	469	－
	仕事（家事・育児等）が忙しくて時間がないこと	702	29.6	53	16.4	248	32.9	198	44.2	61	42.1	44	18.6	98	20.9
	外食が多いこと	69	2.9	4	1.2	16	2.1	20	4.5	9	6.2	11	4.6	9	1.9
	自分を含め，家で用意する者がいないこと	91	3.8	9	2.8	28	3.7	26	5.8	7	4.8	9	3.8	12	2.6
	経済的に余裕がないこと	215	9.1	25	7.7	78	10.4	47	10.5	8	5.5	16	6.8	41	8.7
	面倒くさいこと	637	26.8	76	23.5	230	30.5	161	35.9	47	32.4	53	22.4	70	14.9
	その他	287	12.1	23	7.1	70	9.3	65	14.5	25	17.2	49	20.7	55	11.7
	特にない	822	34.6	148	45.8	236	31.3	81	18.1	26	17.9	85	35.9	246	52.5
	わからない	100	4.2	30	9.3	36	4.8	12	2.7	5	3.4	9	3.8	8	1.7

（元年）

注１）　生活習慣調査票の設問５で「１（改善することに関心がない）」～「６（既に改善に取り組んでいる（６ヶ月以上））」と回答し、設問６に回答した者を集計対象とした。

注２）　複数回答のため、内訳合計が100％にならない。

表10.　食生活に影響を与えている情報源―食生活に影響を与えている情報源、年齢階級別、人数、割合―総数・男性・女性、20歳以上(前半)

		総　数		20 － 29 歳		30 － 39 歳		40 － 49 歳		50 － 59 歳		60 － 69 歳		70 歳以上	
		人数	%	人数	%	人数	%	人数	%	人数	%	人数	%	人数	%
総数	総　数	5,695	－	445	－	551	－	894	－	892	－	1,168	－	1,745	－
	家族	2,086	36.6	223	50.1	264	47.9	369	41.3	308	34.5	383	32.8	539	30.9
	友人・知人	1,354	23.8	142	31.9	160	29.0	236	26.4	202	22.6	271	23.2	343	19.7
	保健所・保健センター	85	1.5	1	0.2	5	0.9	16	1.8	7	0.8	27	2.3	29	1.7
	医療機関（病院・診療所）	767	13.5	14	3.1	27	4.9	78	8.7	133	14.9	221	18.9	294	16.8
	介護施設	51	0.9	2	0.4	1	0.2	2	0.2	6	0.7	4	0.3	36	2.1
	健康教室や講演会	124	2.2	2	0.4	4	0.7	6	0.7	15	1.7	25	2.1	72	4.1
	スポーツ施設	78	1.4	13	2.9	6	1.1	7	0.8	16	1.8	21	1.8	15	0.9
	テレビ	2,979	52.3	144	32.4	249	45.2	431	48.2	475	53.3	713	61.0	967	55.4
	ラジオ	287	5.0	9	2.0	15	2.7	39	4.4	51	5.7	63	5.4	110	6.3
	新聞	1,030	18.1	10	2.2	12	2.2	76	8.5	140	15.7	295	25.3	497	28.5
	雑誌・本	1,318	23.1	68	15.3	109	19.8	204	22.8	254	28.5	329	28.2	354	20.3
	ポスター等の広告	123	2.2	16	3.6	6	1.1	10	1.1	18	2.0	31	2.7	42	2.4
	ウェブサイト	944	16.6	124	27.9	183	33.2	280	31.3	207	23.2	119	10.2	31	1.8
	ソーシャルメディア（SNS）	441	7.7	127	28.5	121	22.0	118	13.2	49	5.5	17	1.5	9	0.5
	地域や職場のｻｰｸﾙ等ｸﾞﾙｰﾌﾟ活動	136	2.4	15	3.4	9	1.6	11	1.2	18	2.0	28	2.4	55	3.2
	スーパーマーケットやコンビニエンスストア等食品の購入場所	1,003	17.6	94	21.1	147	26.7	186	20.8	189	21.2	167	14.3	220	12.6
	その他	117	2.1	13	2.9	6	1.1	19	2.1	22	2.5	23	2.0	34	1.9
	特にない	770	13.5	56	12.6	68	12.3	98	11.0	131	14.7	135	11.6	282	16.2
	わからない	155	2.7	28	6.3	19	3.4	20	2.2	19	2.1	17	1.5	52	3.0
男性	総　数	2,665	－	221	－	253	－	426	－	413	－	563	－	789	－
	家族	1,094	41.1	96	43.4	115	45.5	198	46.5	169	40.9	220	39.1	296	37.5
	友人・知人	429	16.1	63	28.5	52	20.6	84	19.7	63	15.3	73	13.0	94	11.9
	保健所・保健センター	39	1.5	0	0.0	0	0.0	11	2.6	5	1.2	14	2.5	9	1.1
	医療機関（病院・診療所）	424	15.9	8	3.6	10	4.0	41	9.6	72	17.4	129	22.9	164	20.8
	介護施設	18	0.7	1	0.5	1	0.4	2	0.5	2	0.5	2	0.4	10	1.3
	健康教室や講演会	33	1.2	2	0.9	1	0.4	1	0.2	6	1.5	5	0.9	18	2.3
	スポーツ施設	30	1.1	8	3.6	4	1.6	2	0.5	3	0.7	8	1.4	5	0.6
	テレビ	1,150	43.2	50	22.6	90	35.6	162	38.0	169	40.9	289	51.3	390	49.4
	ラジオ	137	5.1	2	0.9	9	3.6	29	6.8	24	5.8	28	5.0	45	5.7
	新聞	433	16.2	3	1.4	5	2.0	30	7.0	53	12.8	124	22.0	218	27.6
	雑誌・本	392	14.7	20	9.0	29	11.5	68	16.0	70	16.9	97	17.2	108	13.7
	ポスター等の広告	56	2.1	4	1.8	4	1.6	3	0.7	8	1.9	16	2.8	21	2.7
	ウェブサイト	411	15.4	48	21.7	72	28.5	106	24.9	94	22.8	68	12.1	23	2.9
	ソーシャルメディア（SNS）	150	5.6	39	17.6	33	13.0	46	10.8	18	4.4	10	1.8	4	0.5
	地域や職場のｻｰｸﾙ等ｸﾞﾙｰﾌﾟ活動	30	1.1	8	3.6	1	0.4	2	0.5	5	1.2	4	0.7	10	1.3
	スーパーマーケットやコンビニエンスストア等食品の購入場所	361	13.5	35	15.8	48	19.0	61	14.3	70	16.9	68	12.1	79	10.0
	その他	53	2.0	7	3.2	3	1.2	9	2.1	9	2.2	7	1.2	18	2.3
	特にない	446	16.7	39	17.6	46	18.2	55	12.9	72	17.4	90	16.0	144	18.3
	わからない	83	3.1	15	6.8	10	4.0	14	3.3	13	3.1	8	1.4	23	2.9

表10. 食生活に影響を与えている情報源―食生活に影響を与えている情報源、年齢階級別、人数、割合―総数・男性・女性、20歳以上(後半)

		総数		20－29歳		30－39歳		40－49歳		50－59歳		60－69歳		70歳以上	
		人数	%	人数	%	人数	%	人数	%	人数	%	人数	%	人数	%
女性	総数	3,030	－	224	－	298	－	468	－	479	－	605	－	956	－
	家族	992	32.7	127	56.7	149	50.0	171	[illegible]	139	29.0	163	26.9	243	25.4
	友人・知人	925	30.5	79	35.3	108	36.2	152	[illegible]	139	29.0	198	32.7	249	26.0
	保健所・保健センター	46	1.5	1	0.4	5	1.7	5	[illegible]	2	0.4	13	2.1	20	2.1
	医療機関(病院・診療所)	343	11.3	6	2.7	17	5.7	37	[illegible]	61	12.7	92	15.2	130	13.6
	介護施設	33	1.1	1	0.4	0	0.0	0	[illegible]	4	0.8	2	0.3	26	2.7
	健康教室や講演会	91	3.0	0	0.0	3	1.0	5	[illegible]	9	1.9	20	3.3	54	5.6
	スポーツ施設	48	1.6	5	2.2	2	0.7	5	[illegible]	13	2.7	13	2.1	10	1.0
	テレビ	1,829	60.4	94	42.0	159	53.4	269	[illegible]	306	63.9	424	70.1	577	60.4
	ラジオ	150	5.0	7	3.1	6	2.0	10	[illegible]	27	5.6	35	5.8	65	6.8
	新聞	597	19.7	7	3.1	7	2.3	46	[illegible]	87	18.2	171	28.3	279	29.2
	雑誌・本	926	30.6	48	21.4	80	26.8	136	[illegible]	184	38.4	232	38.3	246	25.7
	ポスター等の広告	67	2.2	12	5.4	2	0.7	7	[illegible]	10	2.1	15	2.5	21	2.2
	ウェブサイト	533	17.6	76	33.9	111	37.2	174	[illegible]	113	23.6	51	8.4	8	0.8
	ソーシャルメディア(SNS)	291	9.6	88	39.3	88	29.5	72	[illegible]	31	6.5	7	1.2	5	0.5
	地域や職場のサークル等グループ活動	106	3.5	7	3.1	8	2.7	9	[illegible]	13	2.7	24	4.0	45	4.7
	スーパーマーケットやコンビニエンスストア等食品の購入場所	642	21.2	59	26.3	99	33.2	125	[illegible]	119	24.8	99	16.4	141	14.7
	その他	64	2.1	6	2.7	3	1.0	10	[illegible]	13	2.7	16	2.6	16	1.7
	特にない	324	10.7	17	7.6	22	7.4	43	[illegible]	59	12.3	45	7.4	138	14.4
	わからない	72	2.4	13	5.8	9	3.0	6	[illegible]	6	1.3	9	1.5	29	3.0

(元年)

注1) 生活習慣調査票の設問7に回答した者を集計対象とした。
注2) 複数回答のため、内訳合計が100%にならない。
設問7 あなたの食生活に影響を与えている情報源はどれですか。あてはまる番号をすべて選んで○印をつけてください。

表11.　食習慣改善の意思別、食生活に影響を与えている情報源―食習慣改善の意思、食生活に影響を与えている情報源、人数、割合―総数・男性・女性、20歳以上

		総数		改善することに関心がない		関心はあるが改善するつもりはない		改善するつもりである（概ね6ヶ月以内）		近いうちに（概ね1ヶ月以内）改善するつもりである		既に改善に取り組んでいる（6ヶ月未満）		既に改善に取り組んでいる（6ヶ月以上）		食習慣に問題はないため改善する必要はない	
		人数	%	人数	%	人数	%	人数	%	人数	%	人数	%	人数	%	人数	%
総数	総　数	5,667	−	762	−	1,404	−	802	−	244	−	391	−	856	−	1,208	−
	家族	2,077	36.7	207	27.2	519	37.0	332	41.4	108	44.3	153	39.1	287	33.5	471	39.0
	友人・知人	1,344	23.7	90	11.8	342	24.4	230	28.7	69	28.3	118	30.2	216	25.2	279	23.1
	医療機関（病院・診療所）	762	13.4	29	3.8	118	8.4	121	15.1	33	13.5	100	25.6	254	29.7	107	8.9
	テレビ	2,963	52.3	234	30.7	758	54.0	476	59.4	131	53.7	216	55.2	531	62.0	617	51.1
	ラジオ	283	5.0	14	1.8	71	5.1	51	6.4	12	4.9	22	5.6	61	7.1	52	4.3
	新聞	1,022	18.0	59	7.7	216	15.4	145	18.1	37	15.2	62	15.9	240	28.0	263	21.8
	雑誌・本	1,310	23.1	67	8.8	275	19.6	218	27.2	75	30.7	127	32.5	258	30.1	290	24.0
	ウェブサイト	943	16.6	67	8.8	232	16.5	197	24.6	61	25	89	22.8	142	16.6	155	12.8
	ソーシャルメディア（SNS）	441	7.8	28	3.7	123	8.8	113	14.1	38	15.6	32	8.2	47	5.5	60	5.0
	スーパーマーケットやコンビニエンスストア等食品の購入場所	1,001	17.7	96	12.6	305	21.7	185	23.1	57	23.4	63	16.1	118	13.8	177	14.7
	特にない	765	13.5	251	32.9	193	13.7	44	5.5	15	6.1	22	5.6	52	6.1	188	15.6
男性	総　数	2,654	−	439	−	652	−	354	−	99	−	154	−	389	−	567	−
	家族	1,090	41.1	130	29.6	260	39.9	174	49.2	49	49.5	70	45.5	150	38.6	257	45.3
	友人・知人	425	16.0	33	7.5	104	16.0	80	22.6	21	21.2	34	22.1	59	15.2	94	16.6
	医療機関（病院・診療所）	421	15.9	17	3.9	71	10.9	69	19.5	12	12.1	49	31.8	138	35.5	65	11.5
	テレビ	1,144	43.1	112	25.5	299	45.9	183	51.7	37	37.4	62	40.3	215	55.3	236	41.6
	ラジオ	135	5.1	6	1.4	33	5.1	28	7.9	5	5.1	8	5.2	27	6.9	28	4.9
	新聞	428	16.1	28	6.4	105	16.1	55	15.5	14	14.1	16	10.4	94	24.2	116	20.5
	雑誌・本	390	14.7	22	5.0	89	13.7	64	18.1	14	14.1	34	22.1	83	21.3	84	14.8
	ウェブサイト	411	15.5	38	8.7	96	14.7	80	22.6	23	23.2	32	20.8	68	17.5	74	13.1
	ソーシャルメディア（SNS）	150	5.7	14	3.2	38	5.8	37	10.5	11	11.1	7	4.5	16	4.1	27	4.8
	スーパーマーケットやコンビニエンスストア等食品の購入場所	360	13.6	49	11.2	109	16.7	62	17.5	18	18.2	18	11.7	43	11.1	61	10.8
	特にない	443	16.7	158	36.0	111	17.0	20	5.6	9	9.1	13	8.4	30	7.7	102	18.0
女性	総　数	3,013	−	323	−	752	−	448	−	145	−	237	−	467	−	641	−
	家族	987	32.8	77	23.8	259	34.4	158	35.3	59	40.7	83	35.0	137	29.3	214	33.4
	友人・知人	919	30.5	57	17.6	238	31.6	150	33.5	48	33.1	84	35.4	157	33.6	185	28.9
	医療機関（病院・診療所）	341	11.3	12	3.7	47	6.3	52	11.6	21	14.5	51	21.5	116	24.8	42	6.6
	テレビ	1,819	60.4	122	37.8	459	61.0	293	65.4	94	64.8	154	65.0	316	67.7	381	59.4
	ラジオ	148	4.9	8	2.5	38	5.1	23	5.1	7	4.8	14	5.9	34	7.3	24	3.7
	新聞	594	19.7	31	9.6	111	14.8	90	20.1	23	15.9	46	19.4	146	31.3	147	22.9
	雑誌・本	920	30.5	45	13.9	186	24.7	154	34.4	61	42.1	93	39.2	175	37.5	206	32.1
	ウェブサイト	532	17.7	29	9.0	136	18.1	117	26.1	38	26.2	57	24.1	74	15.8	81	12.6
	ソーシャルメディア（SNS）	291	9.7	14	4.3	85	11.3	76	17.0	27	18.6	25	10.5	31	6.6	33	5.1
	スーパーマーケットやコンビニエンスストア等食品の購入場所	641	21.3	47	14.6	196	26.1	123	27.5	39	26.9	45	19.0	75	16.1	116	18.1
	特にない	322	10.7	93	28.8	82	10.9	24	5.4	6	4.1	9	3.8	22	4.7	86	13.4

（元年）

注1）　生活習慣調査票の設問5で「1（改善することに関心がない）」～「6（既に改善に取り組んでいる（6ヶ月以上））」と回答し、設問6に回答した者のうち、設問7にも回答した者を集計対象とした。

注2）　設問7の回答者の5％未満が選択した項目は集計しなかった。（「保健所・保健センター」「介護施設」「健康教室や講演会」「スポーツ施設」「ポスター等の広告」「地域や職場のサークル等グループ活動」「その他」「わからない」）

注3）　複数回答のため、内訳合計が100％にならない。

【出典】

「厚生労働省　令和元年国民健康・栄養調査報告」をもとに、一部改変して作成

https://www.mhlw.go.jp/stf/seisakunitsuite/bunya/kenkou_iryou/kenkou/eiyou/r1-houkoku_00002.html

https://www.mhlw.go.jp/content/000710991.pdf

（2021年8月14日アクセス）

総合人間科学部 社会福祉学科

◀社会および社会福祉に関する理解力と思考力を問う試験▶

(75 分)

(注) 記述式の解答は，各解答欄にていねいに記入すること。数字，ローマ字については，１マスに２字とする。

1 次の説明にあてはまる適切な語句を解答欄に記入しなさい。

問１　アマルティア・センが提起した概念であり、人が財やサービスを用いて様々な選択肢のなかから、自分のしたいことを自由に選択し、達成できる可能性のこと。

問２　公的年金の財政方式の一つであり、現役世代が納める保険料で、年金受給世代の年金給付を賄う方式のこと。

問３　1994年にカイロで開催された国際人口開発会議にて提唱された、性と生殖に関する健康と権利のこと。

問４　特定の農産物や鉱産物等の一次産品に大きく依存する経済のこと。

問５　雇用形態や性別、年齢、学歴、人種等に関係なく、同じ質、量の労働には同じ水準の賃金を適用すること。

問６　法令により自治体が処理することとされる事務のうち、国(または都道府県)が本来果たすべき役割にかかわるもので、国においてその適正な処理を特に確保する必要があるものとして、法律または政令によって定める事務のこと。

問7　1979年に国連総会で採択された、女性差別の解消や、性役割論の克服等を目指す条約のこと。

問8　一つの国家または社会において、複数の人種・民族・社会的少数者の文化を尊重し、共存を目指す考え方のこと。

問9　地方議会の議決により成立する地方公共団体の法規であり、内容は地方公共団体の事務に関するものであって、法令に違反しないものでなければならない。

問10　1999年のILO総会において初めて用いられた言葉であり、働きがいのある人間らしい仕事のこと。

2　以下の問いに答えなさい。

問1　2007年、内閣府は、仕事と生活の調和を図るため、ワーク・ライフ・バランス憲章を策定した。なぜ日本においてワーク・ライフ・バランスが求められるのか、その社会的背景や社会的課題を複数あげて説明するとともに、ワーク・ライフ・バランスを実現するための対応策について述べなさい。字数は全て合わせて500字以上600字以内とする。

（C）　ゴーギャンとランボー

①　ランボーとゴーギャンはともに現地に行ったが、ランボーにとってそれは自らの限界を理解するためであったのに対して、ゴーギャンはただ現地の生活を求めていた。

②　ランボーとゴーギャンは現地に行った点で共通しているが、ランボーは文学を捨て生活を求めて渡航したのに対して、ゴーギャンはあくまでも芸術の追求として現地に向かった。

③　芸術的な衝動から現地の生活を体験することを求めた点でランボーとゴーギャンは同じだが、ランボーはゴーギャンと異なって、そうすることの限界を認識していた。

④　ゴーギャンとランボーはともに活動的であり現地に向かったが、ランボーは異国で生活することの限界を感じていた一方、ゴーギャンはそこでの生活を作品に昇華できるという自負を持っていた。

問三　傍線部（a）に「そこには、しかし、同じ芸術でも、詩と絵画との根本的な相違といふことがある」と書かれている。ここで挙げられる詩と絵画の相違点を六〇字程度で説明しなさい。

問四　本文では印象派に対するゴーギャンの複雑な態度が示されている。その態度について、「風景」、「アブストラクト」、「外的現実」、「象徴的」という文中の言葉をすべて用いて百字程度で説明しなさい。

(A)　ゴーギャンとピッサロ

①　ピッサロにとって風景はあくまでもその印象が重要だったが、ゴーギャンは風景の現実感に重きを置いた。

②　ピッサロにとって風景画が重要だったのは風景そのものへの関心からだが、ゴーギャンにとって自然の風景は人間との関係で重要なだけである。

③　ピッサロとゴーギャンは自然風景を重要視した点では同じだが、ゴーギャンはタヒチという異国の風景に関心を向けた点で異なる。

④　ゴーギャンは、風景画を重要視したピッサロの考えを棄て去ったため、タヒチの風景にはほとんど関心を向けなかった。

(B)　ゴーギャンとボードレール

①　ボードレールは自己の内面世界の鏡として異邦の国を見、風景を彼独特の方法で描いたが、ゴーギャンはタヒチの人々の文化そのものに関心を向けたため、現地に行く必要を感じていた。

②　ボードレールとゴーギャンは常に人間に関心を向けるという点で共通しているが、ボードレールは風景を人間のように描くのに対して、ゴーギャンは人間と風景の関係を描いた。

③　ボードレールとゴーギャンはともに自己の内面の欲求から異邦へ関心を向けていたが、ボードレールは内部世界の中に作者自らの心象を示していたのに対し、ゴーギャンは内部世界にエクゾチックな気分を内包していた。

④　ボードレールとゴーギャンは共通してエクゾチスムに関心を向けたが、ボードレールはその記憶をもとに創作することができたのに対して、ゴーギャンはその体験を求めていた。

(2)　しかるに

① そして
② したがって
③ 思うに
④ ところが

(3)　やむにやまれないもの

① そうしないではいられないもの
② そうしたくてもできないもの
③ 病的なもの
④ 希望どおりにならないもの

(4)　シニック

① 世の出来事を笑い飛ばす豪旦《たん》な態度
② 芸術に人生を捧げる誠実な態度
③ 世の常識に逆らう反世間的な態度
④ 社会のために身を捧げる献身的な態度

問二　筆者はゴーギャンと傍線(A)、(B)、(C)で示した芸術家、文学者との比較を行なっている。その主旨としてもっとも適当なものをそれぞれの選択肢①～④から一つ選びなさい。

注1　ゴーギャン：フランスの画家（一八四八―一九〇三）。
注2　エクゾチスム：エキゾチシズム。異国の文物を好む趣味。
注3　ピッサロ：フランス印象主義の画家（一八三〇―一九〇三）。
注4　シャルル・ボードレール：フランスの詩人（一八二一―一八六七）。
注5　モーリス島：モーリシャス島。
注6　エクゾチックな：エキゾチックな。
注7　マラルメ：フランスの詩人（一八四二―一八九八）。
注8　セダンテール：「出不精」の意。
注9　アルチュール・ランボー：フランスの詩人（一八五四―一八九一）。

問一　傍線部（1）～（4）の語や表現の文中の意味として、もっとも適当なものをそれぞれの選択肢①～④から一つ選びなさい。

（1）　衝迫

①　体を揺さぶる激しい衝撃
②　心を突き動かす強い欲求
③　激しい動揺を与える刺激
④　差し迫った重大な責任

レールやマラルメにとつては、内部世界がエクゾチックな気分を内包してゐたから、それを外界に求める必要がなかつたと言へるかもしれない。

ゴーギャンはさうではなかつた。彼は自らそのエクゾチスムを身を以《もっ》て体験しなければやまないやうな、活動的な人間だつた。僕が十九世紀最後のロマン派と彼を呼ぶのは、そのためである。その点で彼は、象徴派の中では(C)★注9アルチュール・ランボーに似たところがある。しかしランボーは彼の文学を棄て去つた後に、生活を求めてアフリカやアラビヤへ出掛けて行つた。旅への誘《いざな》ひを実現することは、彼の文学とは関りのない、彼の内部の純粋な(1)衝迫だつた。(2)しかるにゴーギャンは、彼自身の芸術のために、旅への誘ひに身を任せるのだ。彼の中の(3)やむにやまれないものは、常にこの芸術的衝動から出てゐる。彼は気質的には、ランボーと同じやうな、生活を愛する、直情的な、(4)シニックな、一個の野蛮人だつたのだらう。しかしランボーは天才の名にふさはしく、文学の限界と彼の文学の限界とを見抜いて、芸術よりは生活を求めるに至つたが、ゴーギャンはいまだ彼の絵画の全領域を自ら認識することが出来なかつた。彼の持つた恐るべき自信を以てしても、彼は真に自己の満足すべき絵画の世界を見きはめ得なかつた。(a)そこには、しかし、同じ芸術でも、詩と絵画との根本的な相違といふことがある。詩は文字を以て書き、存分に文字を駆使するだけの豊富な想像力を持つてゐれば、如何《いか》なる風景をも喚起することが出来る。しかし絵画、この線と色彩とから成る芸術は、現実に根ざさない限り、彼の風景を喚起し得ない。二十世紀の絵画がアブストラクトの方向に進むのは、十九世紀の自然主義的方法に対する反逆であると共に、線と色とを恰《あたか》も文学に於ける文字のやうに使用して、一つの象徴的世界をそこに喚起しようとする、一種の文学的とも言へる絵画運動である。しかし印象派の洗礼を受けたゴーギャンにとつて、主題としての外的現実は不可避であると思はれたに違ひない。彼はこの制約の中で、如何にして象徴的かつ抽象的になれるかといふ実験に、彼の一生を試みた。

福永武彦『ゴーギャンの世界』より

二　次の文章は、福永武彦の著作『ゴーギャンの世界』からの抜粋である。これを読んで、後の問いに答えなさい。

★注1ゴーギャンにとつて、タヒチに於《お》ける生活は即《すなわ》ちタヒチ人の理解を意味した。そこに彼の★注2エクゾチスムが単なる好奇心の産物ではなく、深く彼自身の内部欲求と結びついてゐる点がある。彼は太陽の照りつける海や黄金色のせせらぎや、マンゴの大木などに感動はしたが、しかし未開の自然に生きる原住民の方に一層深く感動した。自然は人間との関係に於《おい》て、彼の興味を惹《ひ》いたといふにすぎない。タヒチに於ける風景画も少くはないが、殆《ほとん》どは人物を混《まじ》へた風景であり、人物の背景としての風景である。つまり彼は、彼にとつて何等《なんら》かの意味を持つ風景しか描かなかつたし、その風景は、タヒチのやうな景色のよい処《ところ》でも、人間をのぞいては考へられなかつた。このやうな自然がマオリ人をつくり、彼等《かれら》の生活と抜き難く結びついてゐるといふ点に於てしか、彼に興味を覚えさせなかつた。(A)★注3ピッサロの印象主義を棄《す》て去つた以上、単純な風景画は今や彼にとつて大した意味を持たなくなつてゐた。

ゴーギャンのエクゾチスムはフランス象徴主義の詩人たちの場合と或《あ》る点で似通つてゐる。(B)★注4シャルル・ボードレールは若い時に★注5モーリス島に旅行し、その強烈な印象は長く彼の脳裏に残つて、『異邦の薫り』や『髪』のやうな★注6エクゾチックな詩を書いた。しかしそれは、エクゾチックな風景を喚《よ》び起すことによつて彼の内部世界の映像が照し出されたからで、これらの風景は鏡のやうに彼の内部に映し取られてゐた。万物照応といふボードレール的詩法の一つの応用として、海は即ち女の髪であり、国は「お前によく似た遠い国」であり、この類推の中に作者自らの心象を示してゐた。彼の晩年の作『旅』は、パリから一歩も外に出ない者の試みた旅にすぎない。同様に★注7マラルメは、若い時にイギリスへ渡つたことの他には、旅行らしい旅行をしたこともない。それでも彼は『海の微《そよ》風』のやうな詩を書き、遠い彼方《かなた》を夢みてゐた。エクゾチスムは願望として、夢想として、彼の詩作を彩ることはあつても、マラルメ自身は謂《い》はゆる★注8セダンテール（坐《すわ》り家）で、すこぶる腰の重い書斎の人だつた。ボード

③　心で見なくっちゃ、ものごとはよく見えないってことさ。かんじんなことは、目に見えないんだよ。

④　人間はひとくきの葦《あし》にすぎない。自然の中で最も弱いものである。でもそれは考える葦である。

⑤　明晰《せき》ならざるものフランス語にあらず。

⑥　我思うゆえに我あり。

問八　筆者が考える「経験」は、自己との関係においてどのようなものだと書かれているか。傍線部（a）「自己の促し」、（b）「非個人的な傾向」の言葉を使いながら、八〇字程度で書きなさい。

問九　傍線部（5）「本当の経験は必ず誤解されるのがほとんどその宿命だと言ってよい」と筆者が考える理由はどのように書かれているか。七〇字程度で書きなさい。

問五　傍線部（3）「日本人の思考法の特色」を筆者はどのようなものだと考えているか。もっとも適当なものを、次の選択肢①〜④から一つ選びなさい。

① 明治以降の近代化を、千数百年前の大陸文明の摂取と繋《つな》げて考えようとすること。
② 外からのものを受け入れる際、そのままの形ではなく必ず日本化して受容すること。
③ 西欧化、近代化を外見だけでなく言葉、考え方、生活様式としておこなおうとすること。
④ 中国語の影響で日本語の記載法を確立するほど、頑強で器用な考え方をもっていること。

問六　傍線部（4）「不安になってきた」のはなぜか。もっとも適当なものを、次の選択肢①〜④から一つ選びなさい。

① 典型的な分析方法をあてはめてみても、そこからこぼれ落ちる事態が出てくることが自明となったから。
② 経験が教えてくれた自分の性格と在り方が、そもそも日本文化的であることが判明してきたから。
③ 日本人の思想を語ること自体が、これまでの膨大な日本文化の歴史を語ることに他ならないことに気づいたから。
④ 一人の人間が生きる国や文化を明らかにすることはできても、そこに生きる個人を明らかにすることはできないことがわかったから。

問七　傍線部（あ）と（い）で示されたパスカルとデカルトはどちらもフランスの思想家である。それぞれが言った言葉を、次の選択肢①〜⑥から一つ選びなさい。ただし同じ選択肢を二度選ぶことはできない。

① 風立ちぬ、いざ生きめやも。
② 地獄とは他人である。

（エ）　はなはだ

①　非常に
②　迷惑で
③　常識として
④　華美で

問三　傍線部(1)「東京は旧い東京のままでそこにあった」の説明としてもっとも適当なものを、次の選択肢①～④から一つ選びなさい。

①　高速道路、高層建築は十六年前の姿であり、東京の外観は今も変わっていなかった。
②　常に西欧を日本に取り込んでいこうとする東京の姿は、昔も今も変わっていなかった。
③　明治以来、真に近代的といえる建物は東京には存在せず、昔のままの姿であった。
④　戦争後も東京にある建築物に新しいものは存在せず、旧態依然の状態であった。

問四　傍線部(2)「深い安堵の念を覚えた」のはなぜか。もっとも適当なものを、次の選択肢①～④から一つ選びなさい。

①　東京に見出した変化は本質的なものではなく、心の動揺を感じなかったから。
②　東京にビル街や高速道路を発見し、近代化が進んでいることを認めて安心したから。
③　東京は明治から連続しており、文化が継承されていることを初めて認識し、不安が払拭《しょく》されたから。
④　東京は、あくまでも日本であり、西欧が日本化された街であることに気づき、嬉しくなったから。

E　① けれども　② だから　③ もっとも　④ しかしながら

問二　傍線部(ア)〜(エ)の文中の意味としてもっとも適当なものを、それぞれの選択肢①〜④から一つ選びなさい。

(ア)　軌を一にしている

① 唯一無二である
② 独創性が乏しい
③ 方向性が同じである
④ 前例をみなかった

(イ)　離れ技

① 遠くから意思疎通を図る行い
② 常識はずれな行為
③ 的はずれな芸当
④ 思い切った大胆なふるまい

(ウ)　端的に

① てっとりばやく
② 含みをもたせて
③ はしからはしまで
④ 厳密に

ものを私は体験とよび、経験と厳密に区別するのである。そして、直接に提示可能なものは、まさにそのことによって、個人の経験ではないのである。パスカルは、そういう深い促しを「本能」と呼び、(い)デカルトは「真理の種子」と呼んだ。キリスト教はそれに「召命」という名をつけ、こういうものにカント★注2は最も形式的な定義をあたえた。そういうものが人を冒険に投ずるのである。そしてそれを表現することは、本質的には、ある行為、あるいは文学や芸術の創造的行為によってのみ可能となるのであり、またそこにそういうものの最も深い存在根拠が見出されるのである。それは体験のもつ直接的提示の可能性とはおよそ対蹠《しょ》的なものであり、それは不断に暗示と象徴のまわり道を辿り、それを見る者の側にも、その人の経験の成長を必要条件として求めるのである。そういうわけであってみれば、(5)本当の経験は必ず誤解されるのがほとんどその宿命だと言ってよいであろう。

森有正『遥かなノートル・ダム』より

注1　アラン：フランスの人生哲学者・モラリスト（一八六八―一九五一）。
注2　カント：ドイツの哲学者（一七二四―一八〇四）。

問一　文中のA～Eに入るもっとも適当な語を、次の選択肢①～④から一つ選びなさい。

A　①　そして　②　しかし　③　いわば　④　とりわけ
B　①　すべからく　②　なかんずく　③　あるいは　④　やはり
C　①　だから　②　ふと　③　とどのつまり　④　しかし
D　①　まさに　②　ついには　③　とはいっても　④　ままならぬ

して、日本人の思考に接近しうると考えていた。これはある意味から言えば間違っているとは思わないし、この方向を厳密に辿《たど》ることによって確実ないくつかの成果を手にすることもできるであろう。またある意味で、日本文化の歴史はこの意味の分析を典型的に行いうる稀有《けう》の実例の一つであろう。しかしやがて私は、こういう分析を典型的に行いうるということ自体に、またそういう事態そのものに(4)不安になってきたのである。それは私の中にひそやかに成長し始めていた経験と、その性格と構造とにおいて、根本的に矛盾する事態だったからである。それはさらに(ウ)端的に言えば、そういう事態は、日本とその文化を定義しえても、一個の人間としての個人というものをすこしも定義してはいない、ということであった。(a)自己の促しというものは、本質的には、そういう(b)非個人的な傾向に対立するものである。非個人的と言っても、具体的な経験が開始される時、各個人の中に働く促しの実現をはばむ要素として個人の内部に自覚されるほかはないのであって、経験はそういう自己の内部における対立を本質的に含むものであり、それを超克して促しの指し示すところに赴き、冒険に身を投ずること、またその結果なのである。私がしばしば引用する句をもう一度引用することを許されるならば、それはアラン★注1の言う「自己の自己に対する対立」であり、(あ)パスカルの「自己の自己に対する同意」なのであって、両者は同じことを意味しているのである。そしてはじめの出発点となる促しそのものは、一見漠然としたものでありながら、欲望とは根本的に異なるもの、いな、はじめは欲望と混在して見分けがたく働いていても、やがてそれと鋭く分離しはじめるものなのである。こういう言い方が(エ)はなはだ独断的に見えることを私は承認する。しかし私にはそう言うよりほかはないのであって、それはまた経験というものがはなはだ厄介な、一切の説明を拒否するものの特質に基くのであり、またそれなしには、個人というものの究極性は根本的に喪《うしな》われてしまうのである。これには一点も甘いところがあってはならないし、内容的には厳密きわまりないものである。それ故に本当の経験というものは、本質的には、直接的提示ができないものなのであって、それにある「名」をつけることができるだけである。（　E　）それを定義し、表現するにはどうしても象徴的な道を採らなければならないのである。そうではなく、直接に提示可能なすべてのて、頭で纏《まと》め上げた事実などでどうなるものでもなかった。そして日が経つにつれて、この印象は確認に変っていった。

東京は外観の上でさえ変っていなかった。高速道路、高層建築、そういうものも戦争があろうがなかろうが当然東京が造るはずであった高速道路、高層建築にほかならなかった。この近代化は東京の近代化、さらに適切に言えば近代の東京化であって、それ以外のものではなかった。これは明治以来の日本の西欧化、より正確には西欧の日本化であって、(ア)全く軌を一にしているというほかはない。そこには何の新しいものもなかった。(1)東京は旧《ふる》い東京のままでそこにあった。私は今ここでそれがよいか悪いかを問題にしているのではない。一つの認定について語っているのである。そして私は、こういう東京に触れた時、(2)深い安堵《ど》の念を覚えたことを否定することができない。丸の内のビル街も高速道路も例外ではない。濃淡のニュアンスを帯びた灰色の建物の群れは、（　D　）東京の、あるいは日本のビル街である。こういう東京の内部にいれば変化は大きく感ぜられるかも知れないが、外から帰ってくると、それは明治から連続した日本である。それは外からくるものを決してそのままでは受けつけず、日本化せずにはおかない、あるいは外部のものに、そのままでは、耐えられない日本なのである。それはさらに遠く溯《さかのぼ》って、千数百年前の大陸文明の摂取以来一貫して認められる日本の大きい傾向である。こういうことは、外形だけの問題ではなく、言葉、考え方、生活様式の隅々まで支配している。言葉一つを取って見ても、かの圧倒的な中国語の影響の下に記載語としての日本語が成立したにもかかわらず、その影響は記載法と語彙の面に限られ、日本語の文章の生命的部分である動詞、助動詞、助詞など、日本人の考え方そのものを表現する部分は驚くべき頑強さをもって存在し続けてきたのである。はては、かの漢文においても見られるように、中国文を日本文として読むという(イ)離れ技まで演ずるに到ったのである。

私は、長いフランス滞在中、日本人の思想について講演することをフランス人からたびたび依頼され、哲学者の集会や大学都市などにおいて、何回か連続して日本人の思想について考えた。私の注意は、始めのうちは、以上述べたような意味における(3)る日本人の思考法の特色に向けられ、殊に言葉の分析を通して、また大陸の文化、ことにその思想、宗教の日本化の道程を通

文学部　フランス文学科

▲フランス文学・文化・歴史に関するテクストの読解力および思考力・表現力を問う試験▼

（七五分）

一

次の文章は、森有正の著作『遥《はる》かなノートル・ダム』からの抜粋である。これを読んで、後の問いに答えなさい。

私がはじめてフランスに渡ったのは、一九五〇年八月であったから、それから十六年の歳月が流れたわけである。当時は戦後五年を経たばかりで戦災の跡もまだなまなましく残り、我々は連合軍の軍事占領下にあって、フランスに渡るのにも日本政府発行のパスポートはなく、占領軍の出国許可書一葉を携えていただけであった。その後講和条約も欧米諸国と結ばれ、新憲法も発布され、東京を始め、戦災各地の復興も行われた。

日本は変わった、と言われる。（　A　）、事実、それが非常に大きい変化であったことは言うまでもない。しかし、こうして年を経てこの変化したという東京に帰ってきて、私は、（　B　）同じ東京に戻ってきたという圧倒的な印象をどうしようもなかった。どこがそうなのか言葉で述べることはむつかしい。しかしそれが同じ東京であり、同じ日本である、ということは動かしがたい印象であった。たしかにそれは印象であった。検証された事実ではなかった。（　C　）その印象は圧倒的であっ

（い）

① A　破壊活動防止法制定　―　B　三世一身法の施行
② A　秩父事件　―　B　御成敗式目の制定
③ A　囲米　―　B　観応の擾乱
④ A　隈板内閣成立　―　B　壬申の乱

④　自分自身を剝き出しにして他者にさらすような仕事であった

問十一　（11）にはすべて同じ言葉が入る。もっとも文意に合うものを、次の①～⑥のうちから一つ選びなさい。

①　自然
②　世界
③　写実
④　内面
⑤　個性
⑥　意志

問十二　この文章では、自画像は中世の絵画では重要視されず、「近代絵画にいたって重要な意味をもつようになった」と書かれているが、「A　近代の出来事」—「B　中世の出来事」の組み合わせとして正しいものはどれか、**次の(あ)か(い)の問題のどちらかを選択し**、それぞれの①～④のうちから一つ選びなさい。**選択した問の記号(あ)ないし(い)もマークすること。**

(あ)　①　A　ウィーン会議　—　B　五賢帝の時代
②　A　水力紡績機の発明　—　B　マグナ＝カルタの調印
③　A　ヴェルダン条約　—　B　第三回十字軍
④　A　ワルシャワ条約機構　—　B　グーテンベルクの活版印刷術の改良

問八　(8-A)と(8-B)の空欄に入る言葉の組み合わせ(A―B)として、もっとも適切なものを次の①～④のうちから一つ選びなさい。

① 個人主義 ― 全体主義
② 写実主義 ― 抽象表現主義
③ 感覚主義 ― 神秘主義
④ 唯美主義 ― 超現実主義

問九　(9-A)と(9-B)の空欄に入る言葉の組み合わせ(A―B)として、もっとも適切なものを次の①～④のうちから一つ選びなさい。

① 動機 ― 抵抗
② 欲望 ― 賛意
③ 引力 ― 批判
④ 機能 ― 制御

問十　(10)に入る文としてもっとも適切なものはどれか、次の①～④のうちから一つ選びなさい。

① 自分と世界とのつながりを断絶するような仕事であった
② 絶え間なく変化する自らを否定するような仕事であった
③ 刻々に自分という存在の意味を確かめるような仕事であった

した問の記号（あ）ないし（い）もマークすること。

（あ）　次の①～④の画家のうち、印象派に属するとされる画家は誰か、答えなさい。

①　デューラー　②　ベラスケス　③　ドラクロワ　④　ルノワール

（い）　次の①～④の画家のうち、フランス印象派に影響を与えた画家は誰か、答えなさい。

①　葛飾北斎　②　梅原龍三郎　③　黒田清輝　④　狩野永徳

問六　［（6）］に入るもっとも適切な文を次の①～④のうちから一つ選びなさい。

①　われわれの眼に見えるがままにある

②　われわれにとって見えるものである

③　われわれの眼と結びついている

④　われわれの自画像である

問七　傍線部（7）「いわば眼のなかに反省意識がなだれこんだのであって」とあるが、ここでの「反省意識」とはどのような意味か。もっとも適切なものを次の①～④のうちから一つ選びなさい。

①　眼で見えることをなおざりにしてきたことを顧みること

②　眼の中に映る世界をしっかりと直視すること

③　眼では見えない世界を懸命に見ようとすること

④　眼が世界を示す絶対な媒体であることを疑問視すること

のうちから一つ選びなさい。

① 自分と他者を切り離して眺めること
② 自分に対して他者と同様に気楽に構えること
③ 自分と他者を同じ距離感で眺めること
④ 自分が他者にどのように映るかを意識すること

問三　傍線部(3)「自画像を描く画家は、このような経験を、きわめて凝縮されたかたちで味わう」とあるが、「このような経験」とは何か。**七〇字から八〇字**で説明しなさい。ただし、必ず文中に「鏡」「仮面」を使用すること。

問四　傍線部(4)「たとえば中世の画家たちにおいては、そういう感覚とともに立ち現われる自分自身を描くことなどは絵の主題とはならなかった」とあるが、筆者がこのように考える理由としてもっとも適切なものを次の①〜④のうちから一つ選びなさい。

① 中世の画家が自分自身と向き合った時に自分とは別の人間が語りかけてくることはなかったから
② 中世の画家はキリストやマリア、使徒などのうちに自分自身の姿を描いたから
③ 中世の画家にとって世界は自分自身とは無関係であったから
④ 中世の画家は自分という存在を問題視しなかったから

問五　傍線部(5)に関して、**次の(あ)か(い)の問題のどちらかを選択し**、それぞれの①〜④のうちから一つ選びなさい。**選択**

ゴッホは精神に異常を来たし、彼は、この世とのかかわりそのものが断ち切られかねぬ危機的な状況におちいるのである。彼は、発作に苦しみながらも、おどろくべき意志の力をもって制作を続けるのだが、そういう彼にとって、自画像を描くことは、［(10)］と言ってよかろう。自分を描くことによって、彼は自分をつかみ直す。そして、そうして描かれた彼の自画像のなかには、美的なものと聖的なものとの激しいたたかいの場であったゴッホという画家の精神そのものが、根源的なかたちで描き出されるのである。

対象の具体的再現という要素が弱まった現代の絵画においては、画家も、かつてのように自画像を試みなくなっているかも知れぬ。［(11)］というものに対する信頼が消え去ったところから、画家たちは歩み始めているとも言える。だが、自分自身と向かいあうという経験を無視すべきではあるまい。［(11)］など信用せぬというのならそれもよい。だが、［(11)］を信用せぬという自分が、いったいどういう顔をしているかということを、たとえば自画像を通して確かめることは、やはり必要なことではなかろうか。

出典　粟津則雄『沈黙に向きあう』青土社（二〇〇五年）一六八～一七三頁

問一　［(1a)］には「シュウサク」、［(1b)］には「セイミョウ」、［(1c)］には「キレツ」という読みの漢字（それぞれ二文字）が入る。それを書きなさい。

問二　傍線部（2）「自分をモデルとした場合は、眼と対象とのあいだの均衡をゆるがしかねぬ何かを多少とも感ぜざるをえないだろう」とあるが、ここに言う「眼と対象とのあいだの均衡」とはどのようなことか。もっとも適切なものを次の①～④

ている。(7)いわば眼のなかに反省意識がなだれこんだのであって、そのことから生ずる内部のドラマが、彼らのかずかずの自画像の動機なのである。

　自画像のこのような特質を危機的なものまで推し進めたのはおそらくゴッホだろう。ゴッホがオランダを去って、アントワープにしばらく滞在したのちパリへやって来たのは、一八八六年二月のことであるが、彼はパリで、印象主義の全身的な洗礼を受ける。オランダでは、代表作「馬鈴薯を喰う人びと」が典型的に示すような、まるで泥でぬりあげたような絵を描いていたゴッホの画面に急速かつ徹底的に光と色彩とが流れこみ、これが同じ画家の手になるものかと思われるほどだ。だが、このように印象主義に身を委ねながらも、彼は一八八七年一年だけで、二十二点にも及ぶ自画像を残しているのであって、印象主義が自画像とのかかわりが薄いことを思えばこれは注意していいことだ。彼が、一種のヴァリエーションのように同じポーズでくり返し描いていることや、さまざまな技法を試みていることから見て、自分をモデルとして印象主義の手法を身につけようとしたというような理由もなくはないだろうが、この数の多さはそれだけでは説明しにくい。やはりその奥には、自分という存在についてのゴッホの固執が働いていたと見るべきだろう。

　〔8-A〕の徹底化である印象主義が、きわまるところ、対象の存在そのものを無数の光の効果のなかに解体してしまったということは、モネの最晩年の作品を見るといかにもよくわかる。そこでは、木も草も水も、それらしい外見を失い、まるで現代の〔8-B〕の絵のように、その画面は、光と色彩の混沌とした渦と化する。印象主義のなかにはそういう解体の〔9-A〕が働いているのであって、ゴッホが自画像を描き続けたことには、そういう〔9-A〕に対する〔9-B〕が働いていたと考えていい。

　アルルやサン・レミの時代においては、この〔9-B〕はさらに切迫したものとなる。問題は、印象主義による対象の解体に留まるものではない。八八年の十二月末に、ゴーギャンとの同居生活が、「耳切り事件」という悲劇的な破局に終ったあと、によって新たに強力な均衡を打ち立てようとする人もいるだろう。だがどのような対応をするにせよ、われわれの根源と結びつく内的なドラマが問題となるという点では共通していると言ってもいい。

　自画像のこのような特質から見て、それが近代の画家においてとりわけ重要な意味を持つのは当然のことだ。画家個人の自我や内面が問題となるのは、近代において著しいことだからである。もちろん、いつの時代においても、画家が自分自身と向かいあうということはあっただろう。自分自身と向かいあったときに覚えるあのふしぎな感覚とも無縁ではあるまい。だが、(4)たとえば中世の画家たちにおいては、そういう感覚とともに立ち現われる自分自身を描くことなどは絵の主題とはならなかった。彼らの自分は、キリストやマリアを描くことのうちに、使徒や悪魔を描くことのうちに充分に生かされたのであって、そういう行為からはなれた自分自身など彼らにとって何の意味もなかったからだろう。そういう自分自身が問題となるのは、自我と世界との或る対立があるせいだが、彼らにとっては、そういう対立は存在しないのである。

　というわけだから、自画像は近代絵画にいたって重要な意味を持つようになったのだが、とりわけ、ゴッホ、ゴーギャン、セザンヌなどのいわゆる後期印象派の画家たちにおいてそのことがはっきり見てとれるのは注意していいことだ。モネのよう(5)な印象派の画家にしても自画像を描いていないわけではないが、世界は［(6)］とする強力な視覚的一元論を推し進めたモネにとっては、世界と自分とはその眼を通して充分につながっている。セザンヌがモネについて、「なんとすばらしい眼だろう、だが眼にすぎない」と評したのは周知のことだろうが、［(1b)セイミョウ］で生き生きとした光の受容器と化したモネにとって、そういう自分自身は問題とはならぬ。彼にとって、自分自身もまた光を運ぶ単なる媒体にすぎないのである。もっとも、モネの自画像にも、他の肖像画とは異なるものが微妙にしみとおっているが、それは彼が目ざしたものではなかった。

　一方、ゴッホやゴーギャンやセザンヌは、そのありようは異なるにしても、いずれも印象主義に対する内的な批判と乗りこえをその中心的動機として出発している。世界と自分自身とのあいだの或る［(1c)キレツ］を核としてその絵画を作りあげ

だろう。

　だが、自分自身と向かいあうということには、それだけでは片付かぬところがある。もちろん、画家の眼は、モデルが他人であるにせよ自分自身であるにせよ、それらを対象として客観的に眺めようとするだろうが、(2)自分をモデルとした場合は、眼と対象とのあいだの均衡をゆるがしかねぬ何かを多少とも感ぜざるをえないだろう。

　われわれは、顔を洗ったり、ひげをそったり、あるいは化粧をしたりするために、一日何度か、鏡のなかの自分自身に向かいあう。まずたいていは、さし当っての仕事にかまけて、それ以上注意を払うことなく終ってしまうだろうが、それでも時には、洗顔や化粧といったことを忘れて、自分自身を眺めてしまう時間があるのではなかろうか。私の場合は、見なれているはずの自分の顔が何か別人のように見えてきて、その別人が、私に何か語りかけようとしているような印象を受けることがよくあった。そして、顔に石鹸をぬりたくったまま、鏡のなかの自分と長いあいだ向かいあっていたものだ。馬鹿馬鹿しいとは思っても、鏡のなかの私のまなざしが妙に粘っこくまといついてきて、容易に眼が離せないのである。

　これは必ずしも私だけの変ったくせではあるまい。こういう経験をするたびにむしろ進んでそのなかにのめりこむのは、私の気質がしからしむるところであろうが、誰しも多少ともこれに類した経験があるはずだ。そしてこれは、日常のなかで何となく自分だと思いこんでいるものが不安にゆらぎ始める瞬間なのである。人びとは、この不安を避け、この奇妙な自分を忘れて、再び日常に戻ろうとする。洗顔や化粧をおえれば、つとめや家事に身を委ね、次々と与えられる仮面のなかに或る安定を得ようとする。だが、思いもかけぬとき、またあの自分が姿をあらわし、われわれに改めて対応を迫る。そして、(3)自画像を描く画家は、このような経験を、きわめて凝縮されたかたちで味わうのである。

　もちろん、この経験に対する対応の仕方は、画家それぞれにおいてさまざまだろう。自分自身と向かいあうことによってなまなましくあらわになった内的なドラマとでも言うべきものを進んで推し進めようとする人もいるだろうし、客観的な造型力

④　価値観と利便性は相いれない関係にあるから

二

次の文章は、粟津則雄「自画像をめぐって」である。これを読んで、後の問一～問十二に答えなさい。

もう二十年以上も昔のことになるが、古今東西のさまざまな画家たちの自画像を主題とした本を書いてみようと思い立ったことがあった。これは私としてはかなり気に入った主題であって、あれこれ調べたり考えたりしていたのである。ところが、他の仕事に追われてなかなか書き出せないでいるうちに、別の著者による自画像についての本が出た。もちろん他の人の本が出たところで、私は私で書けばいいようなものだが、やはり何となく気がそがれるものだ。書くにしてもそれなら別に急ぐこともないと思っているうちに時が過ぎた。書くことを断念したわけではないが、さし当っての関心からは遠ざかっていたのである。

この自画像という主題が久しぶりによみがえったのは、或る雑誌が今年から表紙に画家たちの自画像を使うことになり、その選択と解説を依頼されたからである。かつてのことがあるから、もちろん引き受けた。すでに一月号はレンブラント、二月号はセザンヌというふうに進んでいるが、こういうことは重なるもので、つい先頃、ＮＨＫの「日曜美術館」で、レンブラントの自画像について話をした。それやこれやで、この主題について改めて思いめぐらしているところだ。

画家が自画像を描くのは、まず第一に、自分自身ほど気楽なモデルはないからである。他人をモデルとした場合とくらべてポーズは限られているが、いつでも気が向いたときに、思うがままのスタイルで、気のすむまで描くことが出来る。気が乗らなければ止めることが出来る。だから、画家が、少なくとも (1a)シュウサク として自画像を試みるのはごく自然なこと

問五　［（5）］に入るもっとも適切な言葉はどれか。次の①～④のうちから一つ選びなさい。

①　疑似装置　②　重要機関　③　基本装備　④　下部組織

問六　［（6）］に入るもっとも適切な言葉はどれか。次の①～④のうちから一つ選びなさい。

①　支配体系　②　価値体系　③　学問体系　④　情報体系

問七　筆者の考える図書目録とＯＰＡＣデータベースの相違とは何か。次の①～④のうちから、もっとも適切なものを一つ選びなさい。

①　ＯＰＡＣデータベースの場合、その制作者は書籍に関する具体的な情報を収集して整理する

②　ＯＰＡＣデータベースの場合、その制作者は書籍の重要度とジャンルに分けて整理する

③　ＯＰＡＣデータベースの場合、その制作者の特定の思想に基づいて情報を整理する

④　ＯＰＡＣデータベースの場合、その制作者の利便性に基づいて情報を整理する

問八　傍線部（7）「ＢｎＦリシュリュー館の中央閲覧室は、近時改装されて、中心のはっきりしない単なる円形大空間になっている」とあるが、筆者がこのように考える理由としてもっとも適切なものを次の①～④のうちから一つ選びなさい。

①　はっきりとした中心が置かれる空間は利便性が悪いから

②　固定された価値観を示すことが避けられているから

③　世界全体よりも、個人にとっての利便性が重要だから

問一　（1a）には「チンザ」、（1b）には「ユウエン」、（1c）には「キヒ」という読みの漢字（それぞれ二文字）が入る。それを書きなさい。

問二　傍線部（2a）、（2b）、（2c）が付けられた語句の正しい読み方をそれぞれカタカナで書きなさい。

問三　傍線部（3）について筆者が考える「プルンク・ザールの中央に立つ皇帝カールⅥ世像を見れば解ける」「謎」とはどんな「謎」か。次の①～④のうちからもっとも適切なものを一つ選びなさい。

①　なぜプルンク・ザールは楕円形の閲覧室であるのかという謎
②　なぜカールⅥ世は帝国の最大の地図を集めたのかという謎
③　なぜ書物は無限の世界を創造することができるのかという謎
④　なぜ西欧では古代ローマ以来、円形建造物の伝統があるのかという謎

問四　傍線部（4）に関して、カールⅥ世がハプスブルク帝国を統治した十八世紀に活躍した作家は誰か、**次の（あ）か（い）の問題のどちらかを選択し**、それぞれの①～④のうちから一つ選びなさい。**選択した問の記号（あ）ないし（い）もマークすること。**

（あ）①　ドストエフスキー　②　デフォー　③　ストラボン　④　イプセン
（い）①　幸田露伴　②　鴨長明　③　松尾芭蕉　④　上田秋成

に時間の要素もいれれば、まさに無限と言ってよいこの世のさまざまな有様を、そのまま我が物にすることは、いくらハプスブルク皇帝であっても難しい。しかしそこに書籍という中間物をはさめば、世界らしきものを時空を超えて設定でき、そして自らがその中央に君臨しうる。つまり図書館は世界支配の［（5）］であったのだ。

世界把握・世界支配はなにも図書館だけではない。書籍を用いれば、世界像を設定でき、コントロールできる。近代的な百科事典は、あらゆることを知るための道具と理解されているが、その類いのかつての書物、例えば東洋における「類書」などは、皇帝の命令で（2c）編纂され、天地人に関わるすべての事象を記載しようとしていた。皇帝が世界を整理し把握し支配するための道具であった。

さらに図書目録というものもある。世界の事象を記載した書籍を把握することは、世界把握そのものであった。書籍を雑然とならべるのではなく、一定の秩序のもとに配列する行為は、自らの［（6）］で世界を理解することにほかならない。中国では、ちょうど紀元ごろに最初の図書目録が作られて以来、書籍を重要度で区別し、ジャンルに分けて記述することが行われてきた。それによって特定の思想に基づく世界理解が提案されていたのである。いっぽう現代、図書目録に代わって普及したOPACデータベースは、書名、著者名、刊行年、価格など、さまざまな情報を含む点で図書目録と似ているが、そこには利便性があるだけで、価値観の提案はない。むしろ［（1c）キヒ］されてきたのであろう。そして現代の価値評価は、読者と称する匿名の人々が投票する評価サイトの星の数に委ねられる。個人の利便性だけに基準をもつこの仕組みは、世界理解の固定的な方向性を示してはいない。文学作品や書籍自体に、「某某賞」という投票イベントが流行るのも、これと同じ流れにある。（7）BnFリシュリュー館の中央閲覧室は、近時改装されて、中心のはっきりしない単なる円形大空間になっている。

出典　加藤好郎・木島史雄・山本昭編『書物の文化史―メディアの変遷と知の枠組み―』
丸善出版株式会社（二〇一八年）一一八頁（一部改変）

文学部 ドイツ文学科

▲文化・思想・歴史に関するテクストの読解力および思考力・表現力を問う試験▼

（七五分）

一

次の文章は、木島史雄「円形図書館と書籍評価サイト」である。これを読んで、後の問一～問八に答えなさい。

西欧の図書館に出かけると、円形の大空間にしばしば出会う。最も有名なのはかつて大英博物館の中央に［（1a）チンザ］したリーディングルームであるが、これは大英図書館が博物館から独立・移転してありふれた閲覧室になり、いっぽう博物館に残った円形部屋も、案内所と土産物屋のための（2a）曖昧な空間になってしまった。パリのフランス国立図書館（BnF）の旧館にも円形閲覧室がある。ウィーンには、こちらは楕円だがオーストリア国立図書館プルンク・ザールがある。これら円形閲覧室は、近代大図書館の象徴とも言える空間であった。ローマのパンテオン以来、円形建造物の伝統があるとはいえ、（2b）執拗なまでの円形図書室にはどんな思いが込められているのであろうか。（3）その謎はプルンク・ザールの中央に立つ皇帝カールⅥ世像を見れば解ける。彼は（4）十八世紀初めにハプスブルク帝国の最大版図を保持した皇帝であった。その彼が中心に立って四周を見回すとすれば、それは世界そのものであるに相違ない。空間的に［（1b）ユウエン］の距離をもつ宇宙から微細の世界まで、それ

c　孟子
d　韓非子

問五　波線部Aを書き下し文にし、口語訳せよ。

問六　波線部Bについて
（一）　この文脈に適合する形で書き下し文にせよ。
（二）　「是」が何を指しているか具体的に分かるように口語訳せよ。

c　どうして、まちがいだと言い切れようか。

d　決して度がすぎたことではない。

問二　次の中から、二重傍線部が傍線部2と同じ意味・用法であるものを一つ選べ。

a　君子好以道徳、故其民帰道。

b　能寛容、因衆以成天下之大事矣。

c　自古及今、未嘗有也。

d　下之和上、猶響之応声。

問三　傍線部3は何を指すか。もっとも適切なものを次の中から一つ選べ。

a　人間が感覚や心で快楽を感受し得るための要件。

b　人間の感覚や心が欲する快楽をもたらす事物一つ一つ。

c　人間の感覚や心が快楽を十分享受できるようにするための訓練。

d　人間の感覚や心で十分に快楽を感じ取るための身体器官。

問四　荀子は、「人の本性は悪である」と主張した。これと正反対の主張をした人物を、次の中から一人選べ。

a　荘子

b　墨子

欲《シ》レ綦《メント》レ臭《ヒヲ》、心欲《ス》レ綦《メント》レ佚《たのシミヲ》。此《ノ》五綦《きナル》者《ハ》、A人情之所必不免也。養《フニ》二五綦《ナル》者《ヲ》一有《リ》レ具。無《ケレバ》二3其《ノ》具一、則《チ》五綦《ナル》者不《ル》レ可《カラ》二得《テ》而致《ス》一也。万乗之国《ニシテ》可《ク》レ謂《フ》二広大富厚《ト》一矣、加《フルニ》有《リ》二治《ち》弁《べん》彊固《きょうこ》之道一焉。B若是則《チ》怡《い》愉《ゆニシテ》無《ク》二患難一矣、然《ル》後《ニ》養《フ》二五綦《ヲ》一之具《モ》具《ハル》也。故《ニ》百楽者生《ズル》二於治国《ヨリ》一者也、憂患者生《ズル》二於乱国《ヨリ》一者也。急《ニシテ》レ逐《フヲ》レ楽《ヲ》而緩《ニスル》二治国《ヲ》一者《ハ》、非《ザル》二知《ル》レ楽《ヲ》者《ニ》一也。

（『荀子』王覇篇）

〈注〉○佚…やすんずる。　○万乗…一万台の戦闘用の車。「万乗之国」とは、戦闘用の車一万台を徴発できる大国のこと。
○治弁彊固…「弁」は〝おさめる〟、「彊」は〝つよい〟。　○怡愉…よろこびたのしむ。

問一　傍線部1はどのような意味か。もっとも適切なものを次の中から一つ選べ。

a　何とゆきすぎたことではないか。

b　とんでもないあやまりである。

a　文華秀麗集　　b　和漢朗詠集　　c　古今著聞集　　d　後拾遺和歌集

問七　破線部Ⅰ「あはれをましたる」とあるが、何に何が加わって「あはれをました」のか、説明せよ。

問八　破線部Ⅱ「おろかなるべきことかは」とあるが、なぜこう言えるのか、説明せよ。

問九　破線部Ⅲ「袖の氷ひまなし」とはどういうことか、説明せよ。

問十　破線部Ⅳ「うぐひすのはつねかひなき今日にもあるかな」を掛詞に注意しながら現代語訳せよ。

三

次の文章を読んで、後の問に答えよ。なお、設問の関係上、返り点・送り仮名を省いたところがある。

国危《フケレバ》則《チ》無《ク》二楽君一、国安《ケレバ》則《チ》無《シ》二憂君一。乱《ルレバ》則《チ》国危《フク》、治《マレバ》則《チ》国安《シ》。今君《タル》レ人《ニ》者《ハ》、急《ニシテ》レ逐《フヲ》レ楽《ヲ》而緩《ニス》二治国《ヲ》一。[1]豈不過甚矣哉。譬之是[2]由好声色而恬無耳目也。豈不哀哉。夫《レ》人之情、目欲《シ》レ綦《きはメント》レ色《ヲ》、耳欲《シ》レ綦《メント》レ声《ヲ》、口欲《シ》レ綦《メント》レ味《ヲ》、鼻

a　道理にかなったご様子なので、おっしゃることはない。

b　断念されるご様子なので、お耳に入れることなどない。

c　ごもっともなご様子なので、お声がけのしようもない。

d　不本意なご様子なので、お聞き入れなさらない。

問四　傍線部2「御衣の色変はりぬ」とはどういうことか。もっとも適切なものを次の中から一つ選べ。

a　出家したということ。

b　喪服を着たということ。

c　衣が色あせたということ。

d　葬儀が終わったということ。

問五　傍線部3「睦月のついたちゆゆし」とはどういうことか。もっとも適切なものを次の中から一つ選べ。

a　正月一日は立春であるから、恋しく思い出されるということ。

b　正月一日に夜を明かすのは、不吉なことであるということ。

c　正月一日はめでたい日であるから、何事も趣き深く見えるということ。

d　正月一日に悲しみに暮れているのは、縁起の悪いことであるということ。

問六　傍線部4「公任」が撰者となった作品を次の中から一つ選べ。

とあれど、人々これを御覧じて、詠みたまはずなりぬ。御忌のほどもいみじうあはれなる事ども多かり。

（『栄花物語』）

〈注〉○殿…藤原道長。女院（詮子）の弟。　○内…一条天皇。女院（詮子）の子。　○御湯…薬湯。　○鳥辺野…京都市東山区にあった火葬場。　○木幡…京都府宇治市。藤原氏の墓所があった。　○不断の御読経…毎日、間断なく経を読むこと。　○御果て…四十九日の法要。　○船岡…京都市北区紫野にあった丘陵。貴族の宴遊が行われた。　○左衛門督公任君…藤原公任。

問一　二重傍線部ア～エのうち、他の三つと品詞が異なるものを次の中から一つ選べ。

a　ア　　b　イ　　c　ウ　　d　エ

問二　波線部W～Zの敬語の敬意の対象の組み合わせとして適切なものを次の中から一つ選べ。

a　W　殿　　X　内　　Y　女院　　Z　殿
b　W　内　　X　殿　　Y　内　　Z　女院
c　W　殿　　X　女院　　Y　内　　Z　殿
d　W　女院　　X　内　　Y　殿　　Z　内

問三　傍線部1「ことわりの御有様なれば、聞こえさせん方なし」の解釈としてもっとも適切なものを次の中から一つ選べ。

二

次の文章は、女院（詮子《せんし》）が病のため転居した後の場面である。これを読んで後の問に答えよ。

所など変へさせたまへれば、さりともなど頼もしう思しめすほどに、渡らせたまひて二三日ありて、遂にむなしくならせたまひぬ。殿の御心地たとへ[W]きこえさせん方なし。内にも聞こしめして、日ごろもあるにもあらぬ御心地を、すべていとど思し入らせたまひて、つゆ御湯をだに[X]きこしめさで、いといみじう[ア]ておはします。[1]ことわりの御有様なれば、聞こえさせん方なし。長保三年十二月二十二日のことなり。ほどなどもいと寒く、雪などもいと高く降りて、おほかたの月日さへ残りすくなく、暦の軸あらはになりたるも、[I]あはれをましたるほどの御事なり。

かくて三日ばかりありて、鳥辺野《とりべの》にぞ御葬送あるべき。雪のいみじきに、殿よりはじめたてまつり[イ]て、よろづの殿上人、いづれかは残り仕うまつらぬはあらん、おはしますほどの儀式有様いふもおろかなり。殿の御心に入れあつかひきこえさせたまふに、内の御心ざしのかぎりなさあひ添ひたるほどは、[II]おろかなるべきことかは。さて夜もすがら殿よろづにあつかひきこえさせたまひて、暁になれば、みな帰らせたまひぬ。雪のいみじきに、常の御幸《みゆき》にはかくやはありしと思ひ出で[Y]きこえさするにも、[III]袖の氷ひまなし。暁には、殿御骨懸けさせたまひて、木幡《こはた》へ渡らせたまひて、日さし出で[ウ]て還《かへ》らせ[Z]たまへり。さてほどもなく[2]御衣の色変はりぬ。内にもあはれにて過ぐさせたまふ。天下、諒闇《りょうあん》になりぬ。

はかなくて年も暮れぬ。[3]睦月のついたちゆゆしなどいふも事よろしきをりのことにこそありけれ、いづくもこの御光にあたりつるかぎりはみなくれまどひたり。念仏はさらなり、年ごろの不断の御読経、すべてさるべき御事、御果てまでと掟《おき》[エ]てさせたまふ。内にはやがて御手づから御経書かせたまふ。正月七日子の日に当たりたれば、船岡《ふなをか》もかひなき春のけしきなるに、[4]左衛門督公任君、院の台盤所にとぞありし、

誰がためか松をも引かん[IV]うぐひすのはつねかひなき今日にもあるかな

認されている。

c　共同体の中で報復が報復を呼ぶという限りのないプロセスが生み出される事態は、国家間の貿易交渉によって象徴されている。

d　暴力を不法な暴力とそうではない暴力に区別しつつ、共同体の秩序を維持するところに、宗教的な社会の特色がある。

問七　波線部Xはどういうことか。句読点等を含めて四〇字以内で説明せよ。

問八　波線部Yの「互酬性における報復的側面」が「国家に吸収される」ということは具体的にどのようなことか。Aの文章を踏まえ、句読点等を含めて三〇字以内で説明せよ。

問九　二重傍線部A〜Eのカタカナをそれぞれ漢字に直せ。

われているということ。

b　暴力が暴力を呼ぶという互酬的な作用を回避する方策として、近代的な法体系が存在しているということ。

c　ヤノマモインディオ族のように複雑な法から無縁のところで生きる者にとって、近代的な法体系が羨望に値する価値を持たないということ。

d　近代的な法と政治が整備されているところでも、整備されていないところでも、暴力が共同体の存続を危うくしているということ。

問五　傍線部5に関する説明としてもっとも適切なものを次の中から一つ選べ。

a　自分の財産への危難を回避する場合のみにおいて、人々が武装することは法によって認められる。

b　法は自己の維持の方法として警察や軍隊を使用し、またそうした警察や軍隊の使用が暴力的なものと見なされないようにする。

c　法は暴力を共同体の存続を危うくするものとして見なすために、自己の維持のために暴力を用いることを肯定しない。

d　法は自国の外に存在する暴力を不法な暴力として位置づけ、そうした暴力の排除を軍隊によって実現する。

問六　本文の内容に合致するものを次の中から一つ選べ。

a　現代社会においては暴力が法によって独占されることで、強権政治が生み出される可能性が減少しつつある。

b　戦争は個人どうしの関係として規定されておらず、戦争において武装を解いていない敵兵に加害行為を行うことは容

問二　傍線部2はどういう効果か。もっとも適切なものを次の中から一つ選べ。

a　特定の個人や少数の集団への攻撃によって、集団内の異分子を一掃するという効果。

b　特定の個人や少数の集団を排除することで、集団内での自己の優位性を高めるという効果。

c　特定の個人や少数の集団に危害を加えることで、社会の諸集団のあいだの葛藤を最終的に克服するという効果。

d　特定の個人や少数の集団を非難することで、心理的な脅威を和らげるという効果。

問三　傍線部3に関する説明としてもっとも適切なものを次の中から一つ選べ。

a　共同体の中で暴力が生じたときに、報復が報復を呼んでいくという連鎖を防止するために、法的秩序は暴力を行使する。

b　存続が危うくなっている社会を正常に戻すために、法的秩序は共同体にとって当たり障りのない特定の集団を排撃する暴力を備えている。

c　法的秩序は報復の対象をずらすことで、互酬的な作用に基づく復讐の自動的運動を押さえ込むという目的に基づいて暴力を発揮する。

d　法的秩序は報復の増殖の責任を特定の個人に帰着させ、それに対して暴力を発動する。

問四　傍線部4の「ヤノマモインディオ族の若者」は、この文脈でどのようなことを示すために持ち出されているか。もっとも適切なものを次の中から一つ選べ。

a　ヤノマモインディオ族のように、近代的な法律と政治から隔たったところで生きる者たちのあいだでも、敵討ちが行化し、互酬性における互恵的側面は、国家に吸収されることで福祉や安全などの公共の福利として一般化された、と。国家は暴力を独占し、さらに自らを道徳的行為のEユイイツの対象としたのである。

（河野哲也『善悪は実在するか』）

〈注〉ジラール…文芸批評家。
ドゥ・ヴァール…動物行動学者。本文中に「先のドゥ・ヴァール」とあるように、この文章よりも前の部分でドゥ・ヴァールが言及されている。ただしこの言及箇所を知らなくとも読解に影響はない。
ハンナ・アレント…哲学者。
ベンヤミン…批評家。

問一　傍線部1はどういうものか。もっとも適切なものを次の中から一つ選べ。

a　暴力の連鎖を発動する者を暴力によって制圧し、存続が危うくなっている共同体の秩序を回復するための営み。

b　死んでも惜しくない生き物を犠牲にすることで、共同体における暴力を限りない互酬性のプロセスのなかに導くための営み。

c　暴力が暴力を呼ぶという互酬的な作用を断ち切り、暴力をいっそう合目的的に用いるようにするための営み。

d　復讐が復讐を呼ぶなかで、暴力の対象を変化させ、いけにえに向かわせることで、暴力の連鎖を停止するための営み。

的が暴力をもって合目的的に追求されうるようなすべての領域に、まさに法的暴力のみがそれなりのしかたで実現しうる法的目的を、設定することを迫るのだ。

それゆえ、法社会による暴力の独占は独裁性や強権政治を呼び込みやすい点で危険と考える人びと（たとえば、北米の人びと）は、市民のもつ火力が警察と軍隊を合わせた火力をダトウできるように武装する権利を手放さないのである（この権利のデメリットについては日本ではとてもしばしばマスメディアで報じられているが、そのメリットについてはいかなるメディアでも、まったくと言ってよいほど論じられない。なぜであろうか）。

自らが最大の暴力でありながら他の一切の暴力を否定するという矛盾は、典型的には死刑や戦争というかたちで露呈する。戦争に関しては、「正当防衛」や「緊急避難（刑法上、自分や他人の生命、身体、財産などに対する現在の危難を避けるため、やむを得ずに行った加害行為のこと）」という、人びとにも認めている権利の延長として捉えることが可能であるが、死刑は、弁護しようがなく法的社会の自己矛盾を露呈している（戦争とは国家どうしの関係であり、個人どうしの関係ではない。戦争における個人は、敵兵とたまたま兵士として敵対しているにすぎない。各国は他国を敵とするだけであり、個人を敵とすることはできない。それゆえ、敵兵は武装している限り私たちはこれを殺す権利をもっているのであり、降伏し武装を解いたとたんに、敵兵はただちに一個人にもどる。これが近代における戦争法の基礎にある考え方であるが、ここにも見られるように暴力は完全に国家に吸収されているのである）。

B

したがって、このように言えるだろう。互酬性における報復的側面は、国家に吸収されることで法（とくに刑法）として一般あるいは、先のドゥ・ヴァールは、ブラジルのアマゾナス州に暮らしている4ヤノマモインディオ族の若者が、はじめて近代的な司法制度に触れたときの逸話を取り上げている（『利己的なサル、他人を思いやるサル』）。その若者はただちにその利点を理解して、州知事を訪ねて自分たちの部族のためにも法律と政治を作ってほしいと懇願したという。彼の親族の多くは暴力で命を落としており、当然、敵討ちも行なわれ、その報復の標的になるのを恐れた若者は、自分は襲撃に参加していないと説明してまわるのが習いになっていたというのである。

ハンナ・アレントも、「復讐というのは、最初の罪にたいする反活動の形で行なわれる活動」であり、この過程を続けた場合、「行為者と受難者は共に、活動過程の無慈悲な自動的運動の中に巻き込まれ、この活動過程は、許しがなければけっして終わることはない」と述べている（『人間の条件』）。復讐の連鎖は、人をBコウソクし、自由をCウバう過程である。復讐は過去志向的であり、未来と変化の到来を妨げる。

しかし以上の論点は、法哲学においてはすでに自覚されてひさしいものかもしれない。暴力とは通常、不法な暴力のことであり、5法の実行（警察や軍隊の使用）そのものは暴力とは見なされてはいない。法が正当な力であるためには、法が暴力的であってはならない（同意によって法は守られなければならない）とされている。

こうして、法は社会の暴力を独占し、暴力を自己に属するものと属さないものに振り分け、自己に属する暴力を自己の維持の手段とする。法は、自己の外に不法な暴力を措定して、自己自身を非暴力として演出するのである。ベンヤミンは『暴力批判論』において以下のように述べている。

> 現代ヨーロッパの法関係は、権利主体としての個人についていえば、場合によっては暴力をもって合目的的に追求されうる個人の自然目的を、どんな場合にも許容しないことを、特徴的な傾向としている。すなわち、この法秩序は、個人の目

社会におけるその方策が供犠なのである。

供犠は、死んでも惜しくない別の生き物（生贄《いけにえ》の動物、あるいは人間）を、文字通りに「身代わり」としていけにえに捧《ささ》げることで、暴力の矛先を向け変える。供犠は、拡散した暴力をいけにえの上に集中させ、共同体にとって当たり障りのない対象にその捌《は》け口を与える社会的装置である。

このジラールの考えを支持するかのように、心理学では2「贖罪《しょくざい》のヤギ」と言われる効果が発見されている。それは、心理的な葛藤や脅威を軽減するために、特定の個人や少数の集団を排撃したり攻撃したりする集団行動であり、学校でのいじめからヒトラーのユダヤ人虐殺まで広く認められる現象である。しかし、葛藤や脅威の真の原因を克服したわけではないので、ひとつの「贖罪」が行なわれると次の対象が探し出されることになる。

さて、ここで注目すべきは供犠の本質ではなく、次のジラールの主張である。互酬的な暴力を回避するために人間が用いる方策にはいくつかある。宗教がいまだに重要であるような社会の中で、復讐の対象をすり替えて問題を回避する方策が供犠である。これに対して現代社会では、法体系が復讐を合理化し、復讐についての絶対的な独占権を有している。この法による暴力の独占によって、復讐を押さえ込み、激化させないようにしているのである。

そのために3法的秩序は強大な暴力を必要とする。ジラールによれば、法体系の根底には、供犠と同じ暴力が持ち越されているのだ（ここで「暴力」とは何かを定義しておくなら、「人を無力化する強制力」としておく。その最も端的な表れは、もちろん人を殺すことである。他方、権力とは、「他者を服従させる力」と定義できる）。

報復は互酬性の一側面である。互酬性は、特定の行為をAバイカイとした二者間の相互的なやり取りである。その相互性を停止させるには、二者から超越している第三者が介入し、一定の規則によって新しい秩序構造を成立させなければならない。これは国際政治の交渉過程、たとえば、停戦過程や貿易交渉などを見れば、明らかであろう。

文学部　国文学科

▲現代文・古文・漢文の読解力を問う試験▼

（七五分）

一

次の文章を読んで、後の問に答えよ。AとBのあいだには数行分の文章があるが、Bの内容はAを踏まえて書かれている。なお設問の都合上、本文中の小見出しなどを省略した。

A

ジラールは、『暴力と聖なるもの』という著作の中で、聖書やユダヤ古文書、ギリシャ悲劇、前ソクラテス派の著作、文化人類学からの報告などのさまざまな資料をもとにして、1供犠（いけにえの儀式）がどのような社会的機能をもつかを解明している。

結論から言えば、供犠とは暴力の拡散を防止するための暴力である。ジラールによれば、共同体の中で何らかの暴力が発生した場合、互酬的な作用に基づいて暴力は暴力を呼び、復讐《ふくしゅう》は復讐を呼んでいく。互酬性は限りのないプロセスを生み、報復の増殖は小さな社会の存続自体を危うくしかねないほどになる。社会はこの暴力の連鎖を断ち切る必要があるが、宗教的なもとにそれらの人びとが抑圧され、自立の権利を奪われ、差別されてゆく過程も見受けられる。このような事例について具体例を掲げ、二〇〇字程度で論述しなさい。

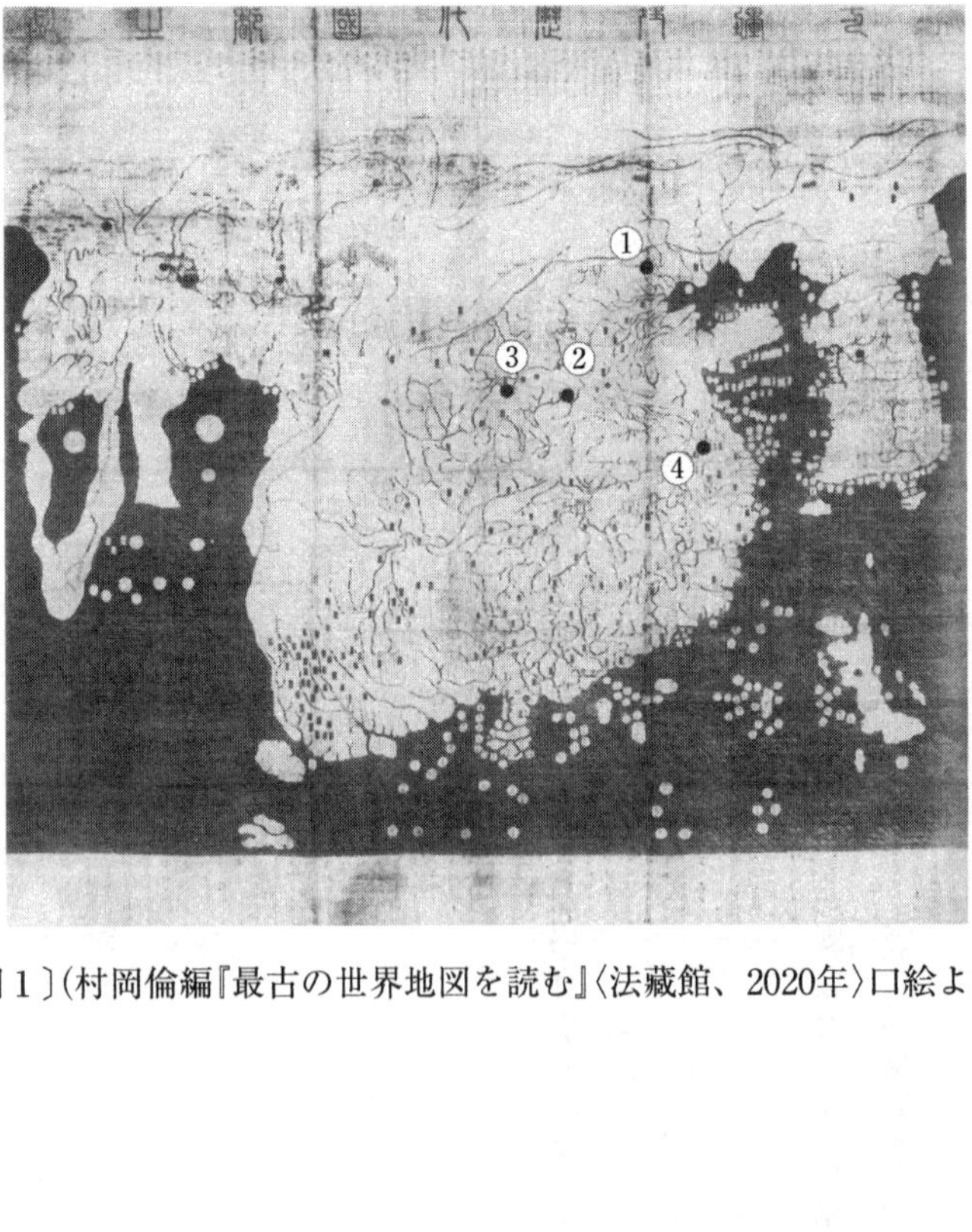

〔図１〕（村岡倫編『最古の世界地図を読む』〈法藏館、2020年〉口絵より）

③　クナシリ・メナシの戦い　　④　箱館戦争

問2　傍線部(a)について。樺太にこのような残留者が生じたのは、どのような経緯からか。八〇字程度で論述しなさい。

問3　空欄（　オ　）に当てはまる民族名を、カタカナ三文字で答えなさい。

問4　傍線部(b)について。次の問いのうちいずれか一つを選び、問いの番号をマークしたうえで、解答を二〇〇字程度で論述しなさい。

(1)　文永の役・弘安の役の顛末について説明しなさい。

(2)　モンゴル(元)は、日本を除く東アジア・東南アジアのどのような国に遠征し、どのような影響を与えたか説明しなさい。

問5　傍線部(c)について。なぜモンゴル帝国には、北から日本を攻める意図がなかったと考えることができるのか。図1では、「何が詳細に描かれ、何が描かれていないか」に注意し、一〇〇字程度で説明しなさい。

問6　傍線部(g)について。樺太のような境界領域に生活する「国家に属さない人びと」が、問題文で述べたような交易を担いつつ、最終的に国家に収斂されてゆく様子は、歴史のうちに多く確認することができる。また近代に入ると、帝国主義の

(10) 空欄（　キ　）に当てはまる人物は誰か。最も適切な人名を、次のうちから一つ選び、記号で答えなさい。

①　大黒屋光太夫　②　最上徳内　③　近藤重蔵　④　間宮林蔵

(11) 空欄（　ク　）に当てはまる文献は何か。最も適切な書名を、次のうちから一つ選び、記号で答えなさい。

①　北槎聞略　②　辺要分界図考　③　東韃地方紀行　④　赤蝦夷風説考

(12) 空欄（　ケ　）には、当時の清国の都の名称が当てはまる。その位置はどこか。図1に示した①～④のうちから、最も適切なものを一つ選び、記号で答えなさい。

(13) 空欄（　コ　）には、ある伝染病の名称が当てはまる。これは、ヨーロッパでは古代ギリシア以来たびたび流行し、大航海時代にアメリカ大陸へ持ち込まれて先住民に甚大な被害を与え、日本では七三七（天平九）年に大流行し、当時の政権首班であった藤原四子らの命を奪った。この伝染病とは何か。最も適切なものを、次のうちから一つ選び、記号で答えなさい。

①　インフルエンザ　②　コレラ　③　天然痘　④　ペスト

(14) 空欄（　サ　）には、和人の収奪に対する（　オ　）の最後の蜂起が当てはまる。最も適切なものを、次のうちから一つ選び、記号で答えなさい。

①　コシャマインの戦い　②　シャクシャインの戦い

③　フレンチ＝インディアン戦争　　④　サラトガの戦い

(7)　空欄（　カ　）に当てはまる人物は誰か。最も適切な人名を、次のうちから一つ選び、記号で答えなさい。

①　イヴァン三世　　②　イヴァン四世　　③　ミハイル＝ロマノフ　　④　ピョートル一世

(8)　傍線部(e)の主体となったイェルマークは、どのような集団の首領であったか。その集団について説明した文章として最も適切なものを、次のうちから一つ選び、記号で答えなさい。

①　貴族とヨーマンの中間に位置し、大土地所有で勢力を伸ばして、地方政治における支配階級の一端を担った。
②　エルベ川以東に住む地主貴族で、農場領主制を基盤に富を獲得、官僚・軍隊の中心勢力となった。
③　一八世紀以降は国家支配に組み込まれ、辺境防備や、革命運動の弾圧における軍事力に転化された。
④　ヨーロッパ最大の少数民族で、起源はインドにあるといい、移動生活で知られる。

(9)　傍線部(f)の紛争の結果、結ばれた条約はどのようなものであったか。その内容について説明した文章として最も適切なものを、次のうちから一つ選び、記号で答えなさい。

①　国境をアルグン川とスタノヴォイ山脈とし、通商や不法越境者の処罰を規定した。
②　モンゴル地区の国境画定、通商規定、北京におけるロシア正教会の設置などの規定からなる。
③　開港場の増加、外国人の内地旅行の自由、外交使節の北京常駐、キリスト教布教の自由などが規定された。
④　黒竜江左岸がロシア領、ウスリー川以東を共同管理地と定めた。

①　アムール川　②　エニセイ川　③　黄河　④　幌内川

(4)　空欄（　ウ　）に当てはまる人物の説明として、最も適切なものはどれか。次のうちから一つ選び、記号で答えなさい。

①　もと平夏部の族長で、黄巣の乱平定の功績により、李姓を与えられた。
②　平西王を嗣ぎ、都を興慶府へ遷した。
③　猛安・謀克の編制を行い、宋と連携して燕京を攻めた。
④　一一四一年にはカラハン朝を滅ぼした。

(5)　空欄（　エ　）に当てはまる人物の説明として、最も適切なものはどれか。次のうちから一つ選び、記号で答えなさい。

①　チンギス＝ハンの第三子で、金を滅ぼし、首都カラコルムを建設した。
②　チンギス＝ハンの孫で、ロシアにキプチャク＝ハン国を建てた。
③　兄モンケの死の翌年に開平府で即位、のちに都を大都に遷した。
④　サマルカンドを都に明への遠征を目論んだが、その途上で病死した。

(6)　傍線部（d）に該当する出来事として、最も適切なものはどれか。次のうちから一つ選び、記号で答えなさい。

①　アンボイナ事件　②　カーナティック戦争

事実、抑圧的な漁業経営を続けていた飛騨屋の使用人を含む、和人七〇人余りが殺害された（　サ　）の発端は、『夷酋列像』にも描かれた同地の長人ツキノエが、毛皮を得るためのラッコ猟で、ウルップ島へ渡っている間に勃発したものらしい。従来の歴史理解では、一三世紀の元寇においても、一九世紀の幕末においても、世界／日本の接点は、九州や関東ばかりに注目が集まってきた。しかし北方でも、（　オ　）のような(g)国家に属さない人びとを仲立ちに濃密な交流が行われ、情報や物産が、国境を越えて流通していたのである。樺太は、そうした国際交流の、常に最前線であったといえるだろう。

〔参考文献〕松浦茂『清朝のアムール政策と少数民族』（京都大学学術出版会、二〇〇六年）、
中村和之「『北からの蒙古襲来』をめぐる諸問題」（菊池俊彦編『北東アジアの歴史と文化』北海道大学出版会、二〇一〇年）、
三浦慎悟『動物と人間――関係史の生物学――』（東京大学出版会、二〇一八年）

問1　以下の(1)～(14)のうちから、七問を選んで答えなさい（八問以上選んだ場合は〇点とする）。

(1)　空欄（　ア　）に当てはまる語句は何か。最も適切なものを、次のうちから一つ選び、記号で答えなさい。

①　北半分　②　南半分　③　オホーツク海側　④　全島

(2)　空欄（　ア　）の領有に至った条約とは何であったか。最も適切なものを、次のうちから一つ選び、記号で答えなさい。

①　日露協約　②　樺太・千島交換条約　③　ポーツマス条約　④　ヴェルサイユ条約

(3)　空欄（　イ　）に当てはまる語句は何か。最も適切なものを、次のうちから一つ選び、記号で答えなさい。

巻中に詳細に記している。なお、清朝はやはり安定的な毛皮確保のため、一定の数量の毛皮貢納（ギンギツネ皮二枚、テン皮一〇〇枚、ホッキョクギツネ皮九枚で作った敷物二枚、アカギツネ皮九枚で作った敷物四枚、テン皮一七枚で作った衣料一二枚）を実現した辺民の有力者へ、高貴な身分の女性を降嫁させ、二人併せて多くの下賜品と特別待遇を与える制度を実施した。この婿をホジホン、下賜された女性をサルガンジュイという。辺民有力者の側は、下賜品と特権、交易の利益を目的に、ホジホンの輩出と、関連の家どうしが姻戚関係を結ぶことを通じ、権力の集中を図っていった。

現在、北海道大学附属図書館に所蔵される『カラフトナヨロ（樺太名寄）文書』は、かつて、樺太ナヨロ村で惣乙名（複数村落の統括者）を務めたヤエンコロ（　オ　）一族が所有していた。その一号文書は、紙面に「管理三姓地方兵丁副都統印」を押した清・乾隆帝の勅旨で、一七七五（乾隆四〇）年、トー氏族のハライダ（氏族長）・ガシャンイダ（郷長）に至ったものらしい。内容は、「（　ケ　）に高貴な女性を嫁に下賜されんとやって来る辺民たちが、冬から春の季節に訪れるため、（　コ　）にかかって死ぬ者が多い。彼らは（　コ　）に対する耐性がないようで、険しく長い距離をやって来た果てに命を落としてしまうとは、非常に哀れである。時期を早め、爽やかな七～九月にやって来させ、速やかに措置して送り返せ」とのことで、まさにホジホン／サルガンジュイの制度に関わるものであった。この政治的かつ経済的な毛皮交易のネットワークに、サハリン（　オ　）たちも組み込まれていたことが推測される。なお一六四三年、オランダ東インド会社のフリース艦隊が樺太を調査した際、同地の（　オ　）たちは良質な毛皮の入った箱を幾つも持ち、オランダ人とは交易しようとしなかったという。フリース艦隊の調査はのちに『韃靼図』に結実、北海道の地図を初めてヨーロッパへもたらした。

一七九〇（寛政二）年、松前藩の蠣崎波響が、（　サ　）にて同藩に味方した（　オ　）の有力者を描いた『夷酋列像』には、鮮やかな蝦夷錦を身に纏い、ロシアのフロック・コートを羽織った堂々たる姿がみえ、一般の（　オ　）観を覆す内容を持っている。そこにはフィクションや誇張もあるが、一方で、先述のような越境的交易で利益を得ていた彼らの実像も浮かび上がる。

向きもある。しかし、(c)モンゴル帝国の世界観を反映した世界地図「混一疆理歴代国都之図」(図1)によると、彼らには北方から日本列島へ侵攻しようという意志はなかったとみられる。

ところで、この事件の背景に見え隠れする毛皮交易は、一七〜一八世紀に世界規模の争奪戦へ発展してゆく。主要な舞台は、北アメリカ大陸のハドソン湾周辺と、先の（　イ　）流域から樺太にかけての地域で、前者ではオランダ、イギリス、フランスが侵出、先住民のローカルな自給自足品であった毛皮を世界経済に巻き込み、ビーバー、テン、シカ、キツネ、ラッコなどを絶滅寸前に至るまで乱獲してゆく。(d)それらは〈新大陸〉の領有も含めた激しい抗争へ展開し、その過程で代理戦争に駆り出された先住民たちの、共同体や文化が破壊されていったことにも注意しなければならない。

後者においては、まずロシアの激烈な関与があった。同国では、一六世紀の（　カ　）の頃から、(e)ウラル山脈以東のシベリアを開拓していったが、その主目的は毛皮の獲得にあり、クロテンを中心に、クロギツネ、キタリスなどが乱獲されていった。ロシアも先住民を利用、現物による人頭税を課したが、抵抗すれば略奪・殺戮も厭わず、結果としてウラル周辺の少数民族が激減、一二の部族が消滅したという。彼らはかかる凶行のうちに移動し、一七世紀半ばには、ユーラシア大陸の東端へ到達した。(f)一六八九年、ここで清との戦争に敗れたため南下の方途は閉ざされたが、東進はさらに続き、一八世紀前半にはベーリング海峡を発見するに至る。そうしてついに北米と繋がる北西航路を開発、アラスカを経て、アメリカやイギリスと衝突することになるのである。一方、戦勝によってロシアとの国境を確定させた清は、正式に（　イ　）流域を版図に加えて以降、同川沿岸から左岸内陸部、サハリンに居住する少数民族を「辺民」に編成した。辺民とは、戸籍に登録されない辺境の人々を指す。彼らは、当初はニングタ(寧古塔)副都統、一七七九(乾隆四四)年以降はイランハラ(依蘭哈喇)副都統に統括され、兵役を負わないかわりに毎年各戸一枚ずつのテン皮貢納を義務化された。一八〇九(文化六)年、鎖国中にもかかわらず海を渡り、現地を踏査した（　キ　）は、清朝の仮府において行われる先住民の毛皮貢納の様子、周囲で賑わう毛皮交易の様子を、著書『（　ク　）』

た。

特徴ある文化としては、先史時代から確認できる北方狩猟民の動向を無視するわけにはゆかないが、いわゆる世界史／日本史の接点で考えるなら、まず一三世紀の、「北からの蒙古襲来」に注目すべきかもしれない。

当時、東西に拡大したモンゴル帝国は、（　イ　）下流のヌルガン（現ロシア、ハバロフスク地方トィル）に、東征元帥府を置いていた。かつて（　ウ　）の金朝が築いた奴児干《ヌルガン》城を継承、周辺諸民族を支配する拠点にしようとしたらしい。宋濂・高啓撰『元史』巻一一九 列伝第六／木華黎／碩徳によると、一二六三（中統四）年頃、「遼東の斡拙、吉烈滅二種の民、数《しば》しば寇を為す」との情況が続き、（　エ　）は鎮定者の人選に苦労したが、諸臣の推薦を受け、チンギス＝ハンに仕えた建国の功臣ムカリ（木華黎）の子孫、シデ（碩徳）を派遣した。シデは現地に到着すると、数万戸から徴集した兵を要衝に配置し、反乱の首魁を詰問して処刑、従った者を脅しつけて降伏させ、（　エ　）から賞賜されたという。文中にある「斡拙」はツングース系の現ウデヘ、「吉烈滅」は現ニヴフと考えられ、ともに（　イ　）流域に展開する、狩猟・漁労の民族を指す。同地は、クロテンなど上質の毛皮の産地として知られるが、モンゴルもその安定的獲得を図り、彼ら狩猟民を内属させて毛皮の朝貢を要求したらしい。

ところでこの翌年、至元元年には、「骨嵬」なる民族が同地で紛争を起こし、元軍に鎮圧されている。『元史』巻五 世祖本紀第二／至元元年一一月辛巳条には、「骨嵬を征す。是より先、吉里迷内付して言はく、『其の国の東に骨嵬・亦里于両部有り。歳に来りて疆《さかい》を侵す』といふ。故に往きて之を征す」とある。内属したニヴフを「骨嵬」「亦里于」が圧迫しており、要請に応えたモンゴル軍が攻撃を加えたとみられる。「骨嵬」は、ツングース諸語で（　オ　）を意味するkuyi・kuiに漢字の音を当てたもので、サハリン（　オ　）を指すものと思われる。「亦里于」も同系統の民族だろう。モンゴル（元）軍は以降もたびたび征討を行い、一二八五（至元二二）年には樺太へ屯田を開始、一三〇八（至大元）年にはついに彼らを服属させて、やはり毛皮朝貢を要求している。なお先に述べたとおり、日本史研究者のなかには、(b)この事件を文永・弘安の役に準え、「北からの蒙古襲来」と呼ぶ

文学部 史学科

▲歴史学をめぐる試験▼

（七五分）

次の問題文をよく読んで、関連する以下の問いに答えなさい。

【問題文】

二〇二一年三月、主要全国紙に、「全国樺太連盟が解散」との記事が載った。同連盟の結成は一九四八（昭和二三）年で、(a)当初は残留者の帰還促進や引揚者の生活支援を担ったが、やがて樺太での生活や戦争体験を語り継ぐ活動に注力してきた。しかし、会員の高齢化や減少により存続が難しくなり、解散のやむなきに至ったという。この地域は、世界／日本の関係の歴史に、どのような重要性を持っているのだろうか。

「樺太」とは現在のロシア領サハリンで、その（　ア　）は、第二次世界大戦の敗戦まで日本が領有していた。長さ九四八㎞に及ぶ南北に長い島嶼で、北端で（　イ　）の河口域に繋がり、東側で千島列島やカムチャッカ半島とともに、オホーツク海を囲い込んでいる。その地勢からも類推できるとおり、樺太は古くから、東西南北の民族や国家、文化の結節点として機能してき

解答編

文学部 哲学科

◀哲学への関心および読解力・思考力・表現力を問う試験▶

I

解答 (1)― c (2)― d (3)― a (4)― d (5)― b

◀解 説▶

≪哲学史に関する知識≫

(1) c が正解。アリストテレス（前 384〜前 322 年）は，本質である形相（エイドス）は質料（ヒュレー）の中に内在し，生成発展して実現していくという存在論を唱えた。

a．「無知の知」とは，自分が無知であることを自覚することを哲学の出発点にすることを説いたソクラテス（前 469〜前 399 年）のことば。

b．イデア論とは，永遠不変の本質であるイデアがイデア界に存在することを主張したプラトン（前 427〜前 347 年）の思想。

d．不動心（アパテイア）とは，ヘレニズム時代にゼノン（前 335〜前 263 年）が創始したストア派が理想とした境地で，情念に心を乱されない状態のこと。

(2) d が正解。イギリスのスコラ哲学者ウィリアム＝オッカム（1285 頃〜1349 年頃）は，現実的なものは感覚的に認識された事物のみであるという唯名論の立場から，経験を超えた命題は哲学から排除するべきであると主張した。

a．アウグスティヌス（354〜430 年）はキリスト教の教義の確立につとめた古代キリスト教会最大の教父。

b．トマス＝アクィナス（1225 頃〜74 年）は中世スコラ哲学の大成者で，信仰と理性の関係を基礎づけた。

c．ドゥンス＝スコトゥス（1265/6～1308 年）は中世の神学者・哲学者。神の存在や個物の存在について考察した。

⑶ b・c・d はカント哲学の用語なので，a が正解。「一般意志」とは，社会契約説を唱えたルソー（1712～78 年）の用語で，公共の利益をめざす意志のこと。

b．定言命法は「つねに～すべし」と命じる命法。カントは命法を二種類に区別し，「もし～なら～せよ」という仮言命法に従って，他の目的達成のための手段として行われる行為には道徳的価値を認めず，普遍的な定言命法によって導かれた行為のみを道徳的価値のある行為とした。

c．コペルニクス的転回とは，カント（1724～1804 年）が「認識が対象に従うのではなく，対象が認識に従う」と述べて従来の認識の仕方を逆転させたことを，地動説を唱えたコペルニクスの転換にたとえて表現したもの。

d．経験論と合理論を批判しつつ総合し，理性の能力の限界について検討したカント哲学の立場を批判哲学という。

⑷正解は d。「言語ゲーム」はウィトゲンシュタイン（1889～1951 年）の後期哲学の概念。われわれの日常生活において行われる言語活動は一定の規則に従って行われるゲームであると説いた。

a．「観察の理論負荷性」とは，観察は理論から独立してあるのではなく，どういう理論を受け入れているかによって，何が観察されるかも変わってくるという科学哲学の考え方。

b．パラダイムとは研究者に共有されている科学的な考え方のモデルのこと。モデルとなる問いや答えを与えるパラダイムが転換することを「パラダイムシフト」という。アメリカの科学哲学者クーン（1922～96 年）は，科学は知識の積み重ねによって進歩していくのではなく，パラダイムシフトによる科学革命が断続的におこることによって進むという新たな科学史観を提示した。

c．「反証可能性」はポパー（1902～94 年）の用語で，「言明が偽である可能性」を意味する。ポパーは，反証可能性がある言明を科学的な言明として，反証可能性のない言明（非科学的言明）から区別した。

⑸ b が正解。『言葉と物』『監獄の誕生』『性の歴史』はフランスの哲学者ミシェル＝フーコー（1926～84 年）の著書。彼は構造主義の影響を受け

解答編

ながら，独自の思想を展開した。

a．クロード＝レヴィ＝ストロース（1908～2009 年）はフランスの哲学者で，ブラジルの先住民の調査を行い，社会的・文化的な構造によって事象や行為の意味が決められるという構造主義を提唱した。著書に『親族の基本構造』『悲しき熱帯』『野生の思考』。

c．ジル＝ドゥルーズ（1925～95 年）はフランスの哲学者で，ポスト構造主義の思想家。西洋哲学の伝統を「同一性」の哲学であるとして批判し，「差異の哲学」を提唱した。著書に『差異と反復』『アンチ・オイディプス』。

d．ジャック＝デリダ（1930～2004 年）はフランスの哲学者で，ポスト構造主義の思想家。構造主義の中にも西洋哲学の特色である二項対立が存在することを指摘し，西洋哲学の基礎を崩して新しい哲学を模索する脱構築を唱えた。著書に『エクリチュールと差異』。

II　解答例　≪相対主義についての考察≫

問 1．ある主張を相対化するということは，その主張の否定にも選択の余地を与えるということである。相対主義自体がひとつの主張である以上，相対主義という主張を相対化することによって，相対主義を否定する立場である絶対主義の主張を認めることになるため。(60 字以上 120 字以内)

問 2．矛盾とは，相対主義者が自分の立場をとりつつ同時に相対主義を否定する選択肢をとるというように，相反する主張を同時に支持することであるが，転身とは，相対主義者が自分の主義を捨てて他の主義を選択するように，ある主張から別の主張に転じることである。(60 字以上 120 字以内)

問 3．矛盾とはある主張とそれを否定する主張が同時に存在することである。相対主義でありつつ，相対主義を捨てて，相対主義を否定する絶対主義を選択することは，「他の立場の可能性を選択肢として残しつつ」「立場の複数性を否定する」という相反する主張を同時に自分の中に含むことになるので，矛盾であるといえる。(100 字以上 160 字以内)

問 4．相対主義の立場を一貫させるために相対主義自身を相対化することは，相対主義自身の主張を捨てることになる。したがって，「すべての主張の正しさは立場的に相対的である」という相対主義の主張 R は，この主張 R 自身には適用することはできない。このように，相対主義は自分自身を相対化することはできず，ある種の絶対性をもつことになるから。(100 字以上 160 字以内)

◀解　説▶

≪相対主義を主張するということ≫

相対主義について考察した課題文を読み，設問に答える。解答の形式はいずれも論述形式で，設問に答えることで相対主義の理解を深めることを出題のねらいとしている。

解答を作成する前提として「相対主義」の意味を確認しておく必要がある。「相対主義」とは，真理や価値はそれ自体で存在する絶対的なものではなく，認識する意識との関連によって変化するという考え方で，なんらかの絶対者を認めるという「絶対主義の対義語」になっている。「相対主義」「絶対主義」という言葉そのものには良い・悪いという価値観は付随しないが，現代社会の諸課題の分野では，異文化理解のための姿勢として，「文化相対主義」を評価すべき考え方，「自民族中心主義」は戦争や紛争を引き起こすため否定すべき考え方として学習する。課題文に述べられている「相対主義」「絶対主義」も，「相対主義」を「文化相対主義」，「絶対主義」を「自民族中心主義」に近いものと解釈してよいだろう。

課題文では「相対化する」という意味を，「ある主張の否定にも選択の余地を与えること」と定義している。また，相対主義の対立である絶対主義の説明を裏返せば，「相対化する」とは「立場の複数性を否定しないこと」「他の立場の可能性を選択肢として残すこと」とも言える。では，自分の意見が様々な意見の一つでしかないと認識をもちながら，目の前に絶対主義者が現れたとき，相対主義者はどのような道を選択すればよいのか。相対主義者が常に矛盾を抱えていることを理解したうえで，いかにして矛盾を克服すべきかを考える必要がある。

国際社会で文化相対主義が自明のルールといえるほど浸透しつつあるが，きれいごとやお題目で終わってしまってはいないだろうか。他者との対立をいかに克服することができるか，現代のわれわれにつきつけられた問題を解決するための道を考えるうえで，課題文の理解が役立つのではないか。

1．課題文冒頭部の「ある主張を相対化する」ことが「その主張の否定にも選択の余地を与えること」だとする箇所が解答の手掛かりになる。この部分を踏まえたうえで，絶対主義が相対主義の否定であることを確認する。

2．「矛盾」と「転身」の違いについて説明する。下線部②の記述に「転身」とは「相対主義者が相対主義を捨てること」と明記されている。続く下線部③の「相対主義であり続けつつ，なお同時に相対主義を捨てるというのは，あからさまに矛盾している」という記述を採用してまとめるとよい。

3．相対主義をとりながら相対主義を捨てるのは矛盾であると著者が述べる理由を説明する。まずは，「相対主義」と「相対主義の否定」という二つの相反する立場を同時に自身のうちに含む状態をイメージしよう。下線部③に続く段落で述べられている説明を「相対主義の否定」を理解し説明するとよい。また，課題文で言及されている「立場 α」「立場 β」を軸にした解答も可能。絶対主義が正しいとする「立場 β」を相対主義者が選択するなら，「立場 α」を選択することができなくなる。この場合，相対主義者が相対主義者でなくなることになり，矛盾が生じる。

4．相対主義が絶対性を持たなければならないのはなぜか，その理由を説明する。下線部④に続く，「R は主張ではない」という記述が意味する内容を理解する必要がある。相対主義（立場 α）か絶対主義（立場 β）かのどちらかを選ぶという，相対主義を絶対主義と並ぶ主張の一つとするのではなく，多様な主張を生かすため，さまざまな主張を超えた絶対的なルールとして採用するという発想を理解したい。

Ⅲ　**解答例**

テーマの記号：a

われわれは言語なしに混沌のままの世界を認識することはできず，必ず言語を通して世界を認識している。生まれたての赤ん坊は，最初は目も見えていないが，やがて光と闇を感覚によって経験し，その後，ことばを学ぶことによって，その単語が示す概念を理解していく。たとえば「朝」「夜」ということばを知り，そこに「起きる」「寝る」という行動が結びついて，「朝は起きて活動を始める」という意味を理解していくというように。ことばにはものの名称を示す記号としての役割の他に，意味や価値を与える役割も果たしている。われわれは「名づける」ことによって混沌とした世界を区切り，意味や価値を付加しているのである。

そして，その区切り方は言語によって異なる。たとえば，フランス語では「蝶」も「蛾」も「papillon」であり，日本語のように分けない。また，日本語では「水」「湯」と温度によって呼び方を分けているが，英語では「water」と一括りにされる。世界の区切り方が異なるということは，境界線によって区切られた物や現象に与えられた意味も異なるということである。このように，言語が異なれば世界の見え方は異なるため，おのずと思考も異なる。われわれは言語を用いて認識し思考しているからである。したがって，新しい言語を学ぶということは新しい思考方法に出会うことだといえる。(400字以上600字以内)

◀解　説▶

≪哲学的な問いについての論述≫

与えられた5つの哲学的問いの中から1つを選び，自分の考えを述べる。〔解答例〕ではaを選び，「言語が異なれば思考も異なるか」という問いに対し，「異なる」という立場に立って論述を展開した。言語学の基礎的な教養があれば論述を作成しやすいだろう。入門書として鈴木孝夫の『ことばと文化』(岩波書店) を勧めておきたい。

〔解答例〕以外のテーマについて，論述を作成する際のヒントを挙げておく。

b．古来，さまざまな思想家が人間の定義を行ってきたが，その中でも最も大きな特徴はやはり「考える」「思考する」ことができるという点にあった。しかし人工知能 (AI) の出現により，コンピュータによって人間の脳の働きをある程度再現するようになった現代において，従来の人間の定義は再考を余儀なくされる。「人間」とはそもそもどういう独自性を有するのかを人工知能 (AI) と比較して考察するとよい。

c．この数年，新型コロナの流行により，われわれの生活スタイルや価値観が否応なしに変化を迫られる事態となったことを踏まえてのテーマである。感染対策が優先されることで，外出する自由や働く機会さえ制限される場合もある。そのような状況下でわれわれの人権はどのように守られるべきか，具体的に考察してみてほしい。国家によるロックダウンを行った欧米や，「自粛要請」という対応策をとった日本における人権に対する考え方の違いを比較してみてもよいだろう。

d．ショッキングなテーマではあるが，このような思想をもつ人が存在することを知ったうえで，反出生主義そのものの是非についての議論を展開することも可能である。また，生きる意味を見つめ直したり，古くからくり返されてきた人間の営みの意味について考察してみてもよいだろう。

ｅ．音楽・美術・演劇・文学といった芸術に関わる活動は，作品を誰かに鑑賞してもらうことを想定して行われる活動であると定義すれば，鑑賞者のいない芸術は無意味といえる。しかし，作品を制作する過程そのものが制作者に癒しなどの効果を与える点に注目すれば，鑑賞者がいなくても芸術として成立しうるため，無意味ではないと結論づけることもできる。芸術活動の意義を考察することで，与えられたテーマに答えることが求められている。

文学部 英文学科

◀英語適性検査▶

1 **解答** (1)―(b) (2)―(c) (3)―(a) (4)―(b) (5)―(d) (6)―(b) (7)―(a) (8)―(c) (9)―(d) (10)―(c) (11)―(a) (12)―(d) (13)―(b) (14)―(d) (15)―(c)

◆全 訳◆

≪現代的な食料需要が引き起こす危機≫

［1］ イギリス人の牧師トーマス＝マルサスは，1798 年の著作『人口の原理に関する小論』の中で，食料の供給が人口増加のペースについていけないため人口は常に「抑制」されると主張した。長い間，マルサスが自身の主張の「暗い色合い」と呼んだものは，過度に，それどころかばかげたほどに悲観的であるかのように見えた。ポール＝ロバーツが『食の終わり』で書いているように，「20 世紀の後期まで，現代の食システムは人類最大の勝利の金字塔として称賛された。私たちはかつてないほど多くの食料――多くの穀物，多くの肉，多くの野菜と果物――をかつてないほど安く生産し，その種類の豊富さや安全性や品質や利便性には，前の世代の人々なら当惑を覚えたことだろう」。世界はマルサスの言う「飢えと苦役の長い夜」から解放されたように思われた。

［2］ 今，「暗い色合い」が戻ってきた。世界銀行は先日，さまざまな必需食料品の価格が急騰し，33 の国々が食料危機に瀕していると報告した。2008 年 1 月から 4 月までに，国際市場での米の価格は 141 パーセント上昇した。パキスタンは配給カードを再導入した。エジプトでは，軍隊が一般の人々のためにパンを焼き始めた。ハイチの首相は飢餓暴動の末に追放された。現在の危機によって，さらに 1 億人が貧困状態に追いやられることになるかもしれない。十分な食料を生産できないことによって，世界の人口はまさに「抑制」されようとしているのだろうか？

［3］ ポール＝ロバーツは，この数年間に『食の終わり』と題した本を出

版した 2 人目の筆者である——最初の本は，トーマス＝F. ポーリックによって 2006 年に出版されたものだ。ポーリックはオンタリオ州出身の調査ジャーナリストで，味のいいトマトの終わりと「赤いテニスボール」による置き換わりなどの苦境を心配していた。（彼の報告によると，現代のトマトは，1963 年のものと比べて，含まれているカルシウムとビタミン A がはるかに少ない）このような心配がロバーツのものと比較するとかなり退屈に思われるのは，ロバーツの本が，食料そのものに起こる可能性がある終末とその代わり——何が代わりになるだろうか？——を扱っているからだ。コーマック＝マッカーシーの小説『道』には，ほぼ唯一残された食べものは幸福だった時代の缶詰で，缶詰がなくなると人間が共食いをする，という未来の姿が含まれている。ロバーツにはマッカーシーのような聖書の厳かなリズムが欠けているが，彼の語り口には同様に人を恐れさせる意図がある。

［4］ ロバーツの著書は食料政策に関する本の第二の波の一部で，このジャンルを終末論的な予見という新たなレベルへと引き上げた。第一の波は，エリック＝シュローサーの『ファストフード国家』（2001 年）に先導され，ジャンクフードの危険性に焦点を当てた。『ファストフード国家』は驚くべき実情を描いた——読者はストロベリーミルクシェイクの添加物やハンバーガーの肉に含まれていた微量の排泄物について知ることになった——が，一部の読者に軽い自己満足の感情を残したのは，彼らが本を閉じ，ほうれん草とリコッタのトルテッリーニという体によい夕食へ向かったからだ。ロバーツの本にその他の食に関する本が加わってできた新しい波には，そこから得られる安心感など存在しない。これらの本の著者たち全員が，まさにほうれん草にいたるまで，欧米の食料生産システム全体に根本的な改革の必要があるという認識で一致している。ロバーツは，大腸菌で汚染されたカリフォルニア産ほうれん草によって，2006 年に 3 人が亡くなり，他に 200 人が病気になったという説明から始めている。その大腸菌の経路は，病原菌を近くの牛の牧場から持ち込んだ可能性があるイノシシの体内まで遡った。工業型農業は，完全菜食主義の食事をする人々でさえも集約的食肉生産による一層厄介な影響を受けるかもしれないということを意味する。もはや個人がスーパーマーケットで「より健康的な」食品を選ぶだけでは十分ではない。シュローサーは読者に，ファストフード店で食事を

始めるたびに自分たちが引き起こす一連の結果について考えるよう求めた。ロバーツは，自分たちが購入する食品一つ一つ――「完熟メロンや焼き立てベーグルの一つ一つ，シリアルの箱や骨なし皮なし鶏胸肉のトレーの一つ一つ」――が意味している「一連の取引と反作用」について我々が考えるよう望んでいる。今回は，我々全員が関係しているのだ。

［5］ マルサスと同じように，ロバーツは人類が自分たちの食料需要を満たすのにますます苦労するようになっているのを目にしている。彼は，農業が気候変動に脅かされているので，今後 40 年間で「食料需要が急激に高まり」，供給を上回るだろうと予測している。しかしながら，これが起こる理由は厳密にはマルサス主義ではない。マルサスにとって，人類の存在を計算すると帳尻が合わなかったので，飢饉は不可避だった。つまり，生活資材は算術級数的にしか増えないが（1，2，3），人口は幾何級数的に増加する（2，4，8）からだった。この分析によれば，食料生産は出生率に決して追いつけないことになる。マルサスはどちらの計算についても正しくなかった。マルサスは著作の中で，土を牛糞で「肥やす」こと以外に生産量を増やす技術革新を予想できなかった。彼の執筆から数十年後，イギリスの農民は新しい機械，強力な肥料，高収量種子を利用し，供給の方が需要よりも速く上昇した。手に入る食料が増加して，人々が裕福になるにつれて，出生率は下がった。

［6］ マルサスは，人口が一定であるか減少している場合でさえも需要が破局的に増加するとは想像できなかっただろう。問題は，食べさせなければならない人の数だけではなく，自然制約がない時に各人が消費する食料の量である。世界が豊かになるにつれ，人々は過食になり，間違った物――とりわけ肉――を食べ過ぎる。1 ポンドの肉を生産するのに平均 4 ポンドの穀物が必要である以上，ヨーロッパや北米の出生率が低い地域でさえ，「肉の多い食事も食料需要全体を幾何級数的に増加させる」とロバーツは書いている。マルサスは，一部の人たちが他の人たちよりも「倹約的」であることは理解していたが，普通の人間が食べ続ける能力を大いに過小評価していた。現在でも，世界規模で生存に必要な量で測ると，全体での食料不足はない。現在の食料危機にもかかわらず，昨年の世界の穀物収穫量は巨大で，その前年を 5 パーセント上回っていた。我々はまだ，コーマック＝マッカーシーの描いたような焦土と化した地で生きているので

はない。しかし，需要はさらに急速に増加している。2006年の時点で地球上には飢えに苦しむ人が8億人いたが，肥満の人はそれを超える10億人だった。現在我々が抱える食料の苦境はマルサスのシナリオ――困窮と飢饉――に似ているが，過少生産ではなく主に過剰生産によって生み出されているものだ。我々の基本的要求をはるかに上回ったカロリーを生産する能力は需要の概念を歪め，ひどく機能不全に陥った市場を作り出してしまった。

◀解　説▶

［1］

(1)「下線が引かれた語の正しい意味を選びなさい」

下線部を含む動詞部（would always be “checked”）の主語は human populations「人間の数，人口」で，受動態の文になっている。その動作主は by 以下に表された the failure of food supplies to keep pace with population growth「食料の供給が人口増加のペースについていけないこと」であるから，check は「～を抑制する」の意味で用いられているとわかる。よって，(b)「減少させ（られる）」が正解。check が「～を調べる」の意味では文意が通らないので，(a)「～を詳しく調べ（られる）」は不適切である。(c)「支払（われる）」 (d)「認め（られる）」

(2)「マルサスによると，人口が『抑制』される時に何が見られるか？」

第1段第1文（In his “Essay …）の that 節中に，by 以下の出来事によって「人口が『抑制』される」と述べられている。したがって，その時には by 以下の出来事「食料の供給が人口増加のペースについていけないこと」が見られることになる。この出来事とほぼ同じ内容を表している(c)「大規模な飢餓がある」が正解。(a)「世界規模の過食がある」 (b)「綿密な調査がある」 (d)「広範囲にわたる病気がある」

(3)「“dark tints”の意味に最もよく一致するのは次のうちのどれか？」

tint は「色合い」の意味で，下線部(3)を含む文は，「長い間，マルサスが自身の主張の『暗い色合い』と呼んだものは，過度に，それどころかばかげたほどに悲観的であるかのように見えた」の意味になる。his argument「彼の主張」とは，直前の文（In his “Essay …）の that 節の内容「食料供給が間に合わないことで人口は常に抑制される」ことを指している。この主張が「暗い色合い」をもつのは，人を不安にするからと考えるのが自然。よって，(a)「不安な感情」が適切。第２段第１文（Now the “dark tints” …）にあてはめても，(a)が適切であるとわかる。(b)「広範囲の飢餓」は，主張している事柄そのものになる。(c)「全くの無知」や(d)「不確かな疑念」は，マルサスが自身の主張の性質を言い表す表現としては不適切。

［２］

(4)「(　4　) に入れるのに最も適切なのはどれか？」

第２段では，2008 年に必需食料品の価格が急騰して，世界各国で食料不足が起きていることが説明されている。空所を含む文は，この内容を受けたものであり，第１段第１文（In his “Essay …）の that 節の内容を受けたものでもある。したがって，第２段の食料不足を言い表し，第１段第１文の failure を言い換えた表現でもある，(b)「無能，(～することが) できないこと」が入る。(a)「不本意」 (c)「理由」 (d)「効果，影響」

(5)「世界銀行によると，…を除き，以下のすべてが食料危機の間に起きた」

(a)「食品の価格が劇的に上昇した」は，第２段第２・３文（The World Bank …）の内容に合致する。(b)「食料の供給が厳しく規制された」は，同段第４文（Pakistan has reintroduced …）で，食料が配給制になったことが述べられており，合致する。(c)「当局が食料を生産した」は，同段第５文（In Egypt, the …）の内容に合致する。(d)「食料が無駄になった」は，本文中で述べられていない。よって，(d)が正解。

［３］

(6)「この段落によると，より悲観的に思われるのはどの『食の終わり』か？」

第３段第１文（Paul Roberts is …）から，最初に『食の終わり』というタイトルの本を書いたのはポーリックで，２番目がロバーツだとわかる。この２冊を比較して，同段第４文（These worries seem …）で，「このような心配はロバーツのものと比較するとかなり退屈に思われる」と述べられている。tame は「精彩を欠く，退屈な」の意味。主語の These worries は，同段第２・３文（Pawlick, an investigative …）の「味がよくて栄養価が高いトマトがなくなる」というポーリックの心配を指している。一方，ロバーツが『食の終わり』で扱っている内容は，同段第４文のセミコロン以下に,「食料そのものに起こる可能性がある終末とその代わり――何が代わりになるのか」であると述べられている。これらのことから,「食料そのものがなくなる」というロバーツが書いた本の方が悲観的であると言える。(b)が正解。(c)と(d)は『食の終わり』というタイトルの本を書いていない。

(7)「ポーリックは何について懸念しているか？」

第3段第2・3文（Pawlick, an investigative …）から,ポーリックは「味がよくて栄養価が高いトマトがなくなる」ことに懸念を示しているとわかるので,(a)「果物や野菜の味と栄養が低下している」が正解。(b)「農業労働者が少なくなりつつある」,(c)「トマトの価格が高くなりすぎた」,(d)「食材業者の数が減りつつある」は,いずれも本文中に記述がない。

［4］

(8)「『ほうれん草とリコッタのトルテッリーニという体によい夕食』を食べ始めた人たちがいたのはなぜか？」

下線部(8)中の wholesome は「体によい」の意味。第4段第3文（*Fast Food Nation* …）から,下線部(8)の食事を始めた人たちは,『ファストフード国家』の読者の一部だとわかる。『ファストフード国家』については,同段第2文（The first wave …）と第3文の前半で説明されており,ジャンクフードの危険性に着目した本で,読者はファストフードに含まれる有害物質について知らされたと述べられている。したがって,ファストフードが健康に与える危険性を知った読者が下線部(8)の夕食に向かったことになるから,(c)「健康によいから」が正解となる。同段第5～8文（All of these …）で,ほうれん草ですら汚染されていることが述べられたあと,同段第9文（It is no …）で,「もはや個人がスーパーマーケットで『より健康的な』食品を選ぶだけでは十分ではない」と述べられていることからも,下線部(8)の夕食を選んだ理由は「健康によいから」だとわかる。(a)「伝統的だから」,(b)「はやっているから」,(d)「自家製だから」については,本文中に記述がない。

(9)「この段落によると,…を除き,以下のすべてが『食料政策に関する本』の第二の波にあてはまる」

まず,第一の波と第二の波を整理しておく。第4段第1文（Roberts's work is …）から,ロバーツの著書は食料政策に関する本の第二の波の一部であることが，同段第 2 文（The first wave …）から，シュローサーの本は第一の波に入ることがわかる。同段第 5 文（All of these …）の All of these authors「これらの著者たち全員」は，同段第 4 文（There is no …）から，第二の波の本の著者たちを指すとわかる。次に，順に選択肢の内容を確認していく。(a)「それらは汚染物質源を明らかにする」は，同段第 6・7 文（Roberts opens with …）の内容に合致し，これはロバーツが明らかにしたことだから，第二の波に該当。(b)「それらは農産業全体に責任を負わせている」は，同段第 5 文（All of these …）の「これらの著者たち全員が欧米の食料生産システム全体に根本的な改革の必要があるという認識で一致している」という内容に合致し，第二の波に該当。(c)「それらは消費者の自己満足を非難する」に関しては，同段第 9 文（It is no …）の「もはや個人がスーパーマーケットで『より健康的な』食品を選ぶだけでは十分ではない」という内容に合致し，第二の波に該当。(d)「それらは有徳感を与える」については，本文中に言及がない。よって，(d)が正解。

(10)「『工業型農業』が与えうる影響は何か？」

下線部(10)を含む文は，「工業型農業は，完全菜食主義の食事をする人々でさえも集約的食肉生産による一層厄介な影響を受けるかもしれないということを意味する」の意味。この内容に合致する，(c)「たとえ野菜しか食べないとしても，食肉産業の代償に苦しむ」が正解。本文で用いられている動詞 reap は「(報いなど) を受ける」の意味で，選択肢では suffer from ～ に，本文の those on a vegan diet が，選択肢では even if you eat only vegetables にそれぞれ言い換えられている。(a)「それはウイルスが食肉生産から野菜生産へ広がるのを抑えることができる」と(b)「菜食主義者は肉がどのように生産されるかについて心配する必要はない」は，同段第 6・7 文（Roberts opens with …）で，ほうれん草から見つかった大腸菌は牛の牧場が汚染源であることがわかったと述べられているので不適切。(d)「農家は以前よりもはるかに過酷な労働を強いられる」は本文中に記述がない。

(11)「『我々』が指しているのは誰か？」

下線部(11)を含む文は「今回は，我々全員が関係している」の意味。This time「今回は」と述べているのは，第 4 段第 10 文（Schlosser asked his …）で，第一の波に属するシュローサーがファストフード店で食事をする人々を対象にしていたのと対比させるためと考えられ，下線部⑾の we は，同段第 11 文（Roberts wants us …）中の us と our と同じ人々を指すことになる。第 11 文では，「ロバーツは，自分たちが購入する食品の一つ一つが意味している『一連の取引と反作用』について我々が考えるよう望んでいる」と述べて，メロン，ベーグル，シリアル，鶏肉を挙げ，あらゆる食品に及ぶことを示している。それを食べる人間も限定されないので，(a)「すべての人間」が正解となる。以上の理由から，(b)「肉を食べる人」と(d)「菜食主義者」は不適切。(c)「ダイエット中の人」については本文中に記述がない。

［5］

⑿「この段落によると，マルサスが正しく予測したのは次のうちのどれか？」

まず，第 5 段で述べられている，マルサスが予測したことについて整理する。第 1 文（Like Malthus, Roberts …）の「人類が自分たちの食料需要を満たすのに苦労する」は，現在目撃されていることなので，正しい予測と言える。第 4・5 文（For Malthus, famine …）の「人口の増加は食料供給の増加を上回るので，食料生産が出生率に追いつくことはなく，飢餓は避けられない」という予測は，第 6 文（Malthus was wrong, …）で「間違っていた」と述べられる。第 7・8 文（In his essay, …）からは，生産量を増やす農業の技術革新に関する予測が正しくなかったことがわかる。次に選択肢を順に見ていく。(a)「人間の出生率は豊富な食料があるにもかかわらず低下するだろう」と(b)「食料生産は人間の生殖を上回るだろう」は第 4・5 文より，(c)「技術革新は食料生産を十分に増やすだろう」は第 7・8 文より，マルサスが正しく予測したことではないとわかる。よって，(d)「上記のいずれでもない」が正解となる。

［6］

⒀「この段落によると，マルサスが想像したのは次のうちのどれか？」

第 6 段第 5 文（Malthus knew that …）の前半で「一部の人たちが他の人たちよりも『倹約的』であることは理解していた」と述べられているので，(b)「倹約の度合いは個々人で異なる」が正解。frugal は「質素な，倹約する」の意味の形容詞で，選択肢中の thrift は「倹約，節約」の意味の名詞。(a)「食料需要は出生率とは無関係に上昇しうる」は，同段第 1 文（Malthus could not …）の「マルサスは，人口が一定であるか減少している場合でさえも需要が破局的に増加するとは想像できなかっただろう」に合致しない。(c)「食料供給が人口を上回る時に，危機が生じる」は，同段第 11 文（Our current food …）で，現在の食料危機は過少生産ではなく過剰生産によって生み出されたという点がマルサスのシナリオにはないと述べられているので，誤り。(d)「多数の人々が過食できるだろう」は，同段第 5 文の後半部（but he hugely …）で「彼（マルサス）は普通の人間が食べ続ける能力を大いに過小評価していた」とあるので，誤り。

(14)「…なので，肥満の人の数が飢えている人の数よりも多い」

「飢えている人よりも肥満の人の数が多い」ことは，第 6 段第 10 文（As of 2006, …）で述べられている。その原因は，同段第 3 文（As the world …）の「世界が豊かになるにつれ，人々は過食になり，とりわけ肉を食べ過ぎる」と言える。したがって，これに合致する，(d)「金持ちは過度に肉を食べる」が正解。(a)「貧しい人々は摂取するカロリーが少な過ぎる」，(b)「貧しい人々は金銭的に肉を食べる余裕がない」，(c)「金持ちは野菜を好む」はいずれも本文中に記述がない。

[1]～[6]

(15)「この記事の要旨を伝えているのは次のうちのどれか？」

第 1 段で，18 世紀末にマルサスが主張したような状況は現実には起きていないことが述べられる一方で，第 2 段では，現在，食料危機が起きていると述べられ，これがこの記事のテーマになっている。現在の食料危機については，第 6 段第 11 文（Our current food …）で，「過少生産ではなく主に過剰生産によって生み出されている」，第 6 段最終文（Our ability to …）では，「我々の基本的要求をはるかに上回ったカロリーを生産する能力は需要の概念を歪め，ひどく機能不全に陥った市場を作り出してしまった」と述べている。この最終文で述べられている「基本的要求をはるかに上回ったカロリー」とは，第 6 段第 3 文（As the world …）の「人々は間違った物――とりわけ肉――を食べ過ぎる」ことを指している。したがって，(c)「我々は不十分な食料供給の危機から不適切な食べものが多すぎるという危機へ移行した」が正解。(a)「我々は食料の過剰生産の危機から食料の過少生産の危機へ移行した」は，第 6 段第 11 文に合致しない。(b)「我々は健康に悪い食べものの危機から健康によい食べものの危機へ移行した」については，健康への影響は第4段で言及されているだけで，本文の中心的な内容とは言えず，そのような移行があったとも述べられていないので不適切。(d)「我々はスローフードの危機からファストフードの危機へ移行した」については，スローフードの危機があったとは述べられていないし，現在の食料危機はファストフードに限られたものではないことが述べられているので不適切。

2 **解答例** At the end of the 18th century, Thomas Malthus argued that population would increase at a rate greater than that of food supply, which would in turn curb population growth due to famine. However, in the following century, owing to great advances in agricultural technology, people succeeded in producing more food. Therefore, food supply increased more than its demand, and as people became richer, birth rates declined. Despite the fact that grain harvest is sufficient to feed the world's population, we still face food crisis, because rich people eat too much food, especially meat, which needs large amounts of grain to produce. Hence, the current problem is caused by the demand made by those who eat excessively. (120語以内)

◀解　説▶

〔解答例〕の全訳を以下に示す。

「18世紀末に，トーマス＝マルサスは，人口は食料供給よりも増加のスピードが速く，結果，飢饉によって人口の増加は抑制されると主張した。しかし，次の世紀には，農業技術のめざましい発達によって，人々はより多くの食料を生産することに成功した。その結果，食料供給は需要を上回り，人々が裕福になるにつれて，出生率は低下した。穀物収穫量は世界の人々の食料として十分であるにもかかわらず，我々は現在も食料危機に直面している。裕福な人々が食べ過ぎている，とりわけ，生産するのに大量の穀物を必要とする肉を食べ過ぎているのがその原因である。こうして現在の危機は，食べ過ぎている人々の生み出す需要によって引き起こされているのだ」

求められているのは，本文で取り上げられている問題を 120 語以内の英語で要約することである。設問には，「世界の食糧問題に関する歴史的問題を，小学生に対して分かりやすく順序だてて説明する文章」とあるので，トーマス＝マルサスの主張を述べた上で，彼の仮説が現実にはならなかった理由を説明し，最後に，現在の食料問題について説明するのがよい。現在の食料問題に関しては，第 4 段で「第一の波」と「第二の波」の説明があるが，120 語以内で要約するためにはファストフードの危険性を訴えた「第一の波」に触れる余裕はないだろう。以下に各段の要旨をまとめる。

第 1 段：マルサスの主張した食料供給不足は現実には起きなかった。
第 2 段：現在，主要穀物の価格が高騰し，食料不足が起きている国がある。
第 3 段：将来的には食料がなくなるという問題提起がなされている。
第 4 段：現在起きている食料危機は，すべての人に関係している。
第 5 段：食料供給が増え，人々が裕福になった結果，出生率は下がった。
第 6 段：裕福な人々が食べ過ぎていることが，現在の食料危機を引き起こしている。

❖講　評

2022 年度も長文読解問題 1 題とその内容を踏まえた自由英作文 1 題の大問 2 題の出題で，試験時間は 75 分であった。

1の読解問題は食料危機に関する英文で，英文そのものには難解な構文がなく，読みやすい。設問の選択肢にも紛らわしいものはほとんどないので，確実に得点しておきたい。(1)で問われた “check” の意味を知らなかったという受験生は，よく使う単語でも文脈に合う意味を辞書で確認する習慣，単語帳を使って学習する場合は，一つの意味だけでなく掲載されているさまざまな意味をきちんと覚える習慣を身につけたい。

2の自由英作文では，1の英文の要約が求められた。1,000 語超の英文を 120 語以内で要約するためには，英文のポイントを押さえ，できるだけ簡潔な表現を用いることが求められるので，難度は高い。

自由英作文の難度を考えると，75 分の試験時間に余裕はない。時間配分に十分注意しながら解答すること。確かな読解力と表現力が求められる良問であった。

文学部 新聞学科

◀ジャーナリズムに関する基礎的学力試験▶

1 **解答** (1)—F　(2)—H　(3)—D　(4)—A　(5)—B　(6)—G

2 **解答例** 課題文によれば，人間関係にはたがいの距離感によって測られるヨコの関係のほかに上下というタテの関係もある。相手を名指す「呼びかけ」はこのような距離や上下の関係を考えて使われていることから，その中には強い権力関係が存在する。人は本来様々な「役割」あるいは「主体」が寄り集まった「個人」であるにもかかわらず，上下や大小あるいは強弱の関係があるなかで強者から呼びかけられれば，呼びかけられた者はその「呼びかけ」に反応し，強者に従属する「主体」にならざるを得ない。

課題文の内容に関連した事例として，日本の学校においてよく見られる「起立・礼」の所作について考えてみたい。私の学校も含めて多くの学校では，授業の始まりと終わりに授業を担当する教師への感謝の気持ちのあらわれとして，生徒全員が起立し，先生に礼をすることになっている。しかし，この「起立・礼」という所作は，感謝の気持ちの表明というより先生—生徒の上下関係の確認であり，このとき生徒は先生の指導に従うべき「主体」となる。生徒を教育，指導するという先生の立場から，先生と生徒との間には一定の上下関係が必要なことは確かである。そして「起立・礼」などといった所作は，その上下関係を生徒に繰り返し意識させ内面化するために一定程度の効力をもつと考えられる。その一方で，先生と生徒の関係が上下関係のみによって固定化されてしまうことの危険性にも目を向ける必要があるだろう。上下関係が固定化すれば，先生の側から見た生徒の行動は，階層的な権力秩序からの逸脱行為かどうかという尺度からのみ評価されてしまう。しかしその生徒は同時に子でもあり，友人でもあり，先輩・後輩でもあるということを認めることが，その生徒の行動を正しく理解するために必要であるはずだ。

コミュニケーションを通じて情報を交換，共有し，相互に理解を深めることは，それぞれの「個人」が多彩な「主体」をもっていることを認め合うことを意味すると考えられる。しかしタテの人間関係が固定化されてしまい，人々がひとつの「主体」同士でかかわりあうことになるとき，コミュニケーションを通じてたがいに「個人」として理解を深めあう可能性は阻害されてしまう。先生と生徒の関係からもわかるように，他者が多様な「主体」を有した「個人」であることを認めることが，コミュニケーションを通じた相互理解にとって必須であると思われる。(1000 字程度)

◀解　説▶

≪「呼びかけ」のなかにある権力関係≫

課題文で述べられている内容と関連する適当な任意の事例を挙げて，意見論述を行う問題である。

課題文の内容は３点にまとめられる。①人間関係にはたがいの距離感によって測られるヨコの関係のほかに上下というタテの関係も存在する（第１段落)。②相手を名指す「呼びかけ」は，相手との距離や上下の関係を考えて使われていることから，その中には強い権力関係が存在する（第２・３段落)。③人は本来，様々な「役割」あるいは「主体」が寄り集まった「個人」であるが，返事を強制する強者からの「呼びかけ」は，呼びかけられた者を強者が想定する者，すなわち強者に従う弱者という「主体」としてしまう（第４段落)。

論述の構成としては，課題文の内容要約，課題文の内容と関連する具体的な事例の提示，課題文の主旨を踏まえた意見論述，となるだろう。〔解答例〕では，第１段落で課題文の内容を要約した後，第２段落で学校での授業前後の「起立・礼」の所作を挙げ，第３段落で「個人」が互いの多様な「主体」を認め合うコミュニケーションの必要性を主張した。具体的な事例の提示においては，「呼びかけ」と同様に上下の人間関係が露呈するようなコミュニケーションの仕方，所作を挙げればよい。〔解答例〕で挙げたもの以外では，「スクールカースト」やジェンダー秩序の中にも上下関係を強制する「呼びかけ」や所作を見出しうるであろう。また意見論述においては独創的な意見を論じる必要はなく，基本的には〔解答例〕のように課題文の内容を踏まえつつそれを発展させる方向で記述すればよい。課題文の内容について違和感や疑問点を指摘することで批判的な意見論述を作成することも不可能ではないが，限られた字数の中で課題文の内容を全否定するような議論を行うことは難しいだろう。

なお課題文で言及されるルイ＝アルチュセールは，マルクスの著作について独創的な読み方を行い，現代思想に大きな影響を与えた 20 世紀フランスの哲学者である。課題文中の「個人」「主体」「呼びかけ」はいずれもアルチュセールの「イデオロギー論」で重要な意味をもつ概念であるが，本問に関しては背景知識がなくとも課題文の内容は理解可能である。

総合人間科学部
教育・社会・看護学科

◀人間と社会に関わる事象に関する
論理的思考力，表現力を問う総合問題▶

I **解答**

(1)―②

(2)b．5　c．2　d．14　e．2

(3)生活水準に関する本人と他者の判断の乖離（20 字以内）

(4)―①　(5)―③　(6)―②　(7)―④　(8)―③

(9)低く　(10)テレビ　(11)i．1　j．4

(12)回答者としては，目の前の調査員に「自分の生活水準が世間よりも高い」と答えるのは抵抗がある（45 字以内）

◀解　説▶

≪世論調査と日本人の意識≫

(1)空欄 a に入る語句を選ぶ。a を含む文には「『世間一般からみて』という文言が含まれており」とある。これを手がかりにすると，世間全体における自分の位置づけを意味する選択肢を選べばよい。②「相対」が適当。

(2)空欄 b ～ e に入る数値を整数で答える。

d・e．「上（1.1)」と「中の上（12.9)」を足すと 14％（空欄 d）。これが平均的な生活水準よりもいい生活をしていると判断した人の割合に該当する。一方，「中の下」と「下」を足すと，（課題文より）29％で，これが平均的な生活水準よりも劣った生活をしていると判断した人の割合に該当する。この 29％は前者 14％の約 2（空欄 e）倍となる。

(3)下線部Aから始まり下線部Dで終わる部分（以下A～D部分とする）に付けるべき見出しを 20 字以内で記入する。見出しは，一般的に，（その見出し）以降の文章の内容やテーマを端的に表すものが的確である。A～D部分の全体像をまとめると，筆者はまず，階層の自己判断が正規分布にならないのはおかしくないか，という問題提起を行っている。そして，その理由をひも解くにあたり，「調査員と本人の回答の照合」という視点から，3 つの仮説を立て，検証している。

〔解答〕においては，このＡ～Ｄ部分のテーマが何かを考える。下線部Ａの前と下線部Ｄ以降（最終段落前まで）では，本人の回答のみについて議論しているのに対し，Ａ～Ｄ部分では，調査員と本人の意識を比較し，両者に乖離があると述べている。よって，この部分を字数内にまとめる。ちなみに，下線部Ｄを含む段落の直前で，筆者が仮説③「…生活程度を実態よりも低めに回答する傾向がある」を最終的に採用しているため，③をそのまま利用した受験生もいるかもしれないが，この内容は，Ａ～Ｄ部分全体の見出しとしては限定的すぎる。設問がわざわざＡ～Ｄに区切っている意図を押さえる必要がある。

⑷文章の挿入箇所として適当なものを選ぶ。この種の問題では，挿入文を踏まえつつ，各空欄の前後関係をよく読むことが重要なのは当然だが，その際注意すべきは，指示語，重複する言葉や言い換え表現，接続詞である。空欄【イ】の直後は「この研究」，【ウ】の直後は「彼ら」，【エ】の直後は「社会経済的地位」である。これらは直前の文章を受けている。また，【オ】の直後は，「つまり」の接続関係からみて，空欄の後にくる内容の方向性が前の内容と連続していないと不自然である。消去法から【ア】が残り，【ア】に挿入して文意が通るので適当。

⑹下線部Ｃの根拠となる説明を選ぶ。各選択肢の数値は微妙に異なっているが，図１の数値と照らして丁寧に読めば，②に絞り込める。

⑺表２・表３の情報を，文脈に即してグラフ化する際に最適なものを選ぶ。ここで問題になっている「文章の議論」が取り上げているのは，表２・表３の直後の展開からすると，「不明」と回答した人の割合が，部落や町内からみたときの場合と全国的にみたときの場合とを比べると，前者で低くなっている，という内容である。この情報をもっとも容易にみてとることができるのは，④である。また，この問題のように，連続した階級（ここでは階層）を設定し，そのデータの分布（散らばり具合）を把握するには，ヒストグラム（④のようなグラフ）が適当である。

⑻空欄ｆに入る文章を選ぶ。課題文の空欄ｆの直前には，回答者，調査員とも「上＋中の上」と判断した割合がほとんど増えていないのに対し，「下＋中の下」の割合は減少傾向にある，と書かれている。ここから素直に，③が適当。なお，結果として，「中の中」と判断する層の比率が増えたと推察できるが（事実，高度経済成長期には中間層が増えた），①のよ

うな高度経済成長が「中の中」の層を「大きく増やした」という認識までは2つの図からは読み取れない。

⑽空欄hに入る語句を記入する。高度経済成長期における三種の神器としては，1950 年代後半に白黒テレビ，洗濯機，冷蔵庫の3つから始まり，その後，カラーテレビ，クーラー，自家用乗用車（いわゆる 3C）が新三種の神器とされた。これらの製品のうち，空欄h前後の文脈に沿う（つまり，各家庭に世間全体の情報を知らしめる機能をもつ）のはテレビである。設問と文脈からでは，白黒かカラーか絞り込めないため，解答は「テレビ」にとどめておくのが無難だろう。

⑿空欄kに入れるべき文を 45 字以内で記入する。空欄kの直前の文章では，回答者（本来「上＋中の上」である層）が生活程度を低めに答えるのは，調査方法（個別訪問面接法）によるものだとの仮説を示している。しかし，空欄k直後の部分では，調査方法の問題ではないとし，この仮説を棄却している。この流れに相応しい文章を空欄kに挿入する。

空欄kを含む文章までは，調査方法の問題であるという仮説の立場で書かなければならない。そこで，調査方法の違いに注目する。課題文末尾の[注]によれば，個別訪問面接法と訪問留置法の違いは，調査員がその場で回答を得るのか，それとも，その場では回答を得ず，調査票を置いて，後日調査表を回収するのかという点である。この個別訪問面接法の特徴と，回答者が生活程度を低めに回答することとの関係を考えると，「その場」であるがゆえに，控えめな内容を答えていた可能性を想定できる。このような主旨の文面を，空欄k直後の文言につながるように字数内で作成する。

Ⅱ 解答

⑴1．保障　2．困惑　3．幻想　4．惰性

⑵a―③　b―②　c―⑤

⑶―⑤　⑷―④　⑸―⑤　⑹―③

⑺人が他者といっしょに生きるなかで得られる，解放感と不安定感を併せもつ感覚。（40 字以内）

⑻―②

⑼対話を通じてそれぞれの考えを語り合うことで，お互いが自分のもっている知識やものの見方から距離をとれるようになるから。（60 字以内）

◀解　説▶

≪考えることと自由の感覚≫

(3)空欄dに入る語句を選ぶ。空欄dの直前の段落2文目で「どんなひどい犯罪でも，……責任を問えなくなり」という一方，空欄dを含む段落で「逆に誰かが素晴らしいことを……称賛する価値もなくなってしまう。結局すべては……」という展開になっている。これらの情報を手がかりにすると，dが述べているのは，わたしたちが悪いと思っていることも良いと思っていることも結局は自然法則に従って起こる単なる出来事である，ということである。よって，⑤「出来事」が適当。

(4)空欄eに入る文を選ぶ。空欄eを含む段落の2段落前で「私たちが現実を生きていくうえでもっと切実なのは……自由だと感じる時と感じない時がある，ということ……自由の感覚である」とし，次の段落でも，主観的に見た自由について論じられている。よって，④「自由だと感じるか否か」が適当。

(5)下線部Aの説明として最適なものを選ぶ。下線部Aの直前の文章にあるように「自分自身から……距離をとる」ことによって，自分自身から解き放たれ，その結果，「自分を縛っていたもの」がゆるむ。この時の状況としては，下線部Aの直後の段落に，「自分が思い込んでいた前提条件が……取っ払われたのだ」とある。よって，⑤が適当。

(6)他者危害の原則とは，J.S.ミルが『自由論』において提唱したもので，③の「他者にとって害にならないかぎり，自由を認めるべきだという考え方」である。

(7)下線部Cの意味を40字以内で説明する。自由の感覚がどのようなものかについては，下線部Cを含む節の直前の段落（前節の最終段落）冒頭に「解放感と不安定感……まさしく自由の感覚であろう」とある。これだけでは字数が足りないので，自由のもう1つの重要な要素である「他者との関係」を加える。下線部Cを含む段落とその次の段落で，そもそも自由とは，他者と共にいることで（いるからこそ）身につく感覚だと論じられている。以上2つの要素を字数内にまとめればよい。

(8)空欄fに入る語句を選ぶ。空欄fの直後の文章に「他者との関わりがあるからこそ，個人の自由が可能になり」とあるように，自由は「他者ありき」であることが述べられている。②「前提」が適当。

⑼下線部Dの主張の理由を 60 字以内で説明する。まず，自由の感覚とは，設問⑺において，解放感と不安定感を併せもつ感覚であると確認した。こうした自由の感覚と，「考えること」および「他の人と考えること」の関係を掘り下げて説明すればそのまま解答になる。

まず，考えることで解放感や不安定感が得られるプロセスについては，「このような感覚としての自由は」から始まる課題文第 3 節で詳しく説明されている。特に同節第 3 段落で，自分自身を相対化する，自分から距離をとることで，「それまでの自分自身から解き放たれる」，とある。同節第 6 段落にも書かれている，この「切り離された感じ」（より具体的には，解放感と不安定感）が自由の感覚だという。一方「他の人と考えること」との関係については，上のような「相対化」の作業が対話を通じて達成されるものであることが第 3 節で説明されている。さらに，下線部Dの直前の段落において，この対話による自由の感覚は，他者と共有可能であることも述べられている。以上の内容を踏まえながら，字数以内にまとめる。

総合人間科学部 心理学科

◀心理学のための理解力と思考力を問う試験▶

1 **解答**　問1．⑤　問2．④　問3．①　問4．③
問5．②

問6．A．伝播する速度が遅い（10 字以内）
B．場所の特性だけでなく過去・現在の瞬間の継起という側面がある（30 字以内）
問7．「音を聴く」とは，媒質の連続的な変化を感受するということである。視覚による知覚様式が断片視を前提とするのとは異なり，聴覚・振動知覚が対象とする音波や振動そのものが「時間経過」であるために，「音の眺望」は場所を特徴づける側面をもつとともに，「ここ」で聴こえる過去・現在の事象の継起という側面をもつ。（150 字以内）

◀解　説▶

≪「音の眺望」について≫

問1．空所補充の問題。現代文の問題と考えてよい。接続詞の空所を補充するためには，空所の前後の文章がどのような関係になっているかを確認する必要がある。空所の直前を見ると「コップに湯を注ぐ練習」の中で「指導される際，……と教えられた」とあり，空所直後の述語部分をみると「さっぱり理解することができなかった」とあることから，空所の前後は「教えられたがわからなかった」という流れ，すなわち逆接の関係となる。したがって正解は逆接の接続詞「しかし」である。

問2．空所補充の問題。空所の直後には「液体を注ぎ込む時の手がかり」とある。「手がかり」という表現をキーとして本文をみると，「手がかりの有力候補は音だ」（第5段落），「彼らは，……音の高さ……の上昇が，容器にたまっていく水位を正確に判断するための手がかりになりえることを示した」（第6段落）とあるので，空所に入るべき語は「音」である。

問3．空所補充の問題。第10段落の空所の直後をみると筆者が行った実験の目的が述べられており，空所に入るべき内容は，液体を器に注ぐときに生じる音の中で，聴取者が水面の高さを判断する材料となる要素であることがわかる。第 12 段落には実験の詳細として「実際に録音した音には基本共鳴周波数だけではなく，気泡の発生と破裂音なども含まれているが，疑似生成音にはそれらが含まれてはいない」「音情報として重要なのは，……音の高さの変化パターンである」とあり，この変化パターンは「液体面の上昇にともなう音の高さ」（第 6 段落）であることから，空所に入れるべき語句は「共鳴周波数の変化」である。

問 4．図表読み取りの問題。表 4 ― 1 は「実録音と疑似生成音の中水と満水の正答率」を表したものである。以下，表および本文から読み取れる情報と各選択肢を検討する。①実録音と疑似生成音の正答率は，中水の場合は実録音の方が高く，満水の場合は疑似生成音の方が高いため，誤りである。②そもそも音の変化を知覚することで液体をこぼさずに器に注ぐ，という行為は筆者の自立訓練として行われており，その時点ですでに誤りといえる。また，この知覚が生得的なものか否かという議論は本文中では行われていない。④問 3 でみたように，この実験の目的は「共鳴周波数の変化だけ」で水面の高さを判断できるかを確かめることである。また，疑似生成音が破裂音を除いて作られていることからもわかる通り，破裂音はノイズであり，誤り。⑤満水の正答率はいずれも中水より低く，また手がかりの多さは両者ともに変わらないため，誤り。③は本文中の実験結果と矛盾せず，③が正解である。

問 5．空所補充の問題。ただし実質的には計算問題である。空所のある段落の冒頭に「聴いている人の三四〇メートル前方の竹に雨滴が当たって音が生まれ……その音は一秒後に聴いている人の耳にやってくる」とある。ここで説明されているのはいわゆる「音速」で，一般には 15℃（常温）で秒速約 340 m とされている。空所の直前に「千分の一秒」とあり，空所の後に「この二つの音は聴いている人の耳に同時に到達する」とあるから，空所に入るべき数値は 340 m の千分の一である②の 34 センチメートルである。

問 6．空所補充の問題。「音の眺望」が生まれる理由を考慮したうえで問題文中の空所を補充することが求められている。空所 A の直前に「音は光より」とあるので，音と光が比較されている箇所をみると，最後から 3 つ目の段落に「音と光では速度が異なることにより，音の伝播時間と光の伝播時間とは大きく異なる」とある。光の伝播速度（本文中には記載がないが，光速＝秒速約 30 万 km）が音速より速いことは言うまでもない。空所Ｂには「ある場所で聴こえる音」の特徴が入るが，空所Ａでみたように音の伝播時間は光より遅く，したがって聴取者の位置から遠いところで生じた音と近いところで生じた音にはタイムラグがある。音の眺望には場所の特性を示すという側面もあるが，空所Ａが伝播時間に言及しているため，空所Ｂに入れる語句の中心は「音の眺望」には「時間経過」が含まれる，という部分である。以上の内容を字数内にまとめる。

問７．要約の問題。本文の中心的なテーマは「音の眺望」である。また，その特徴は「連続的な変化」あるいは「時間経過」というキーワードで表現されている。要約する際には具体例を省くため，筆者がテーマについて考えるきっかけとなったエピソード（第１～５段落など）や，具体例のみを記した段落（第 13・14 段落など）の内容は要約には含めない。

2　解答

問１．①　問２．③　問３．②　問４．③　問５．②
問６．②　問７．①

◀解　説▶

≪食習慣についてのアンケートから読み取り≫

問１．表４を読み取る。ただし，「健康食品の摂取状況について回答した男女それぞれの中で」なので，母数を表３の人数として計算する。

問２．表８「健康な食習慣の妨げとなる点」の 30 歳代男性については「仕事（家事・育児等）が忙しくて時間がない（48.5%）」が最も高いが，食生活改善の意思別の数値ではない。また，表９「関心はあるが改善するつもりはない」の男性については「特にない（33.2%）」が最も高いが，年齢階級別の数値ではない。注１）にあるように，これらはいずれも設問５で１～６と回答し，かつ設問６に解答した総数に対する割合であり，「関心はあるが改善するつもりはない」と回答した 30 歳代男性のみの内訳とは言えないため，この資料だけでは正誤を判断できない。

問３．表 10 を読み取る。性別への言及はないため「総数」で比較すればよい。20 歳代（32.4%）～60 歳代（61.0%）までは「年齢階級が上がるほど高くなる」といえるが，70 歳代が 55.4% と 60 歳代と比較して低くなっているため，問題文の記述は誤りである。

問 4．食塩摂取量については，食習慣改善の意思との関係として表 7 があるが，外食の割合との関係は不明であり，この資料だけでは正誤を判断できない。

問 5．表 2 を読み取る。民間や公的機関の配食サービスを全く利用しない人の割合は，男性では 40 歳代（91.8%）から 50 歳代（91.5%）にかけていったん低下しており，女性でも 20 歳代（91.6%）から 30 歳代（90.6%）にかけていったん低下している。よって，問題文の記述は誤りである。

問 6．表 6 を読み取る。「肥満でも食習慣の改善に取り組みもせず，改善する意思もないもの」なので，「改善することに関心がない」「関心はあるが改善するつもりはない」「食習慣に問題はないため改善する必要はない」の割合を足し合わせればよい。男性ではそれぞれ 14.3%，25.0%，16.0%で，計 55.3%だが，女性ではそれぞれ 8.0%，25.1%，15.6%で，計 48.7%となり，半数には達しない。よって問題文の記述は誤りである。

問 7．やや難。表 11 を読み取る。複数回答であるためわかりにくいが，「平均して」ということなので，１人当たりいくつの情報源から影響を受けたか，ということであり，つまるところ，「特にない」を除いた選択肢のうちいくつを選んだか，ということになる。よって，「特にない」以外の割合の合計を出して比較すればよい。「関心はあるが改善するつもりはない」女性の割合を足し合わせれば 233.4%であり，「既に改善に取り組んでいる（６ヶ月以上)」は 270.0%となる。このことは，食生活に影響を与えている情報源として選んだものが，１人当たりそれぞれ 2.334 個，2.700 個であったことを意味する。よって，内容として正確である。

総合人間科学部　社会福祉学科

◀社会および社会福祉に関する理解力と思考力を問う試験▶

1　**解答**　問1．ケイパビリティ（潜在能力）
問2．賦課方式
問3．リプロダクティブ・ヘルス／ライツ
問4．モノカルチャー経済
問5．同一労働同一賃金　問6．法定受託事務
問7．女子差別撤廃条約　問8．多文化主義
問9．条例　問10．ディーセント・ワーク

◀解　説▶

≪ワーク・ライフ・バランスに関わる用語問題≫

与えられた説明にあてはまる適切な語句を答える。

問1．アマルティア＝センはインドの経済学者。飢餓・貧困・男女不平等などを研究テーマとし，社会科学全体に大きな影響を与えている。

問2．公的年金の財政方式には，大きく分けて賦課方式と積立方式の2つがある。

問3．「……健康と権利のこと」とあるので，それら双方を表す「ヘルス／ライツ」とする。

問6．法定受託事務の主な例として，国政選挙・旅券の交付・国道の管理・戸籍・生活保護などについての事務処理が挙げられる。

問7．日本も女子差別撤廃条約の批准国であり，男女雇用機会均等法の整備など，条約は男女の平等に関する様々な取り組みの基盤となっている。

問8．似た意味の語句に文化多元主義があるが，そちらは，より広い社会の支配的な文化において，諸文化が価値あるものとして受け入れられており，そのために互いを尊重しあっている状態をよしとする考え方のこと。支配的な文化を必要とする点で，多文化主義とは異なる。

問10．全ての人に，権利が保障され，十分な収入を生み出し，適切な社

会的保護が与えられる生産的な仕事があることを目指すディーセント・ワークの推進は，現在でも ILO（国際労働機関）の主たる役割とされている。

2 **解答例** 日本においてワーク・ライフ・バランスが求められる理由として，労働者の生活の質の低下と労働力不足が挙げられる。現在の日本では，非正規雇用が増加する一方，サービス残業や休日出勤など，正規雇用の長時間労働が慣習化している。そのため，賃金格差の拡大だけでなく，過労による健康状態の悪化が社会問題となっている。加えて，少子・高齢化に伴って労働力が不足しており，女性や高齢者の潜在的労働力の活用も重要な課題となっている。こうした問題・課題の解決に向けて，誰もが多様な働き方を選ぶことができ，仕事と仕事以外の生活とを調和させ，双方を充実させられる環境づくりが求められているのである。

ワーク・ライフ・バランスを実現するには，まず，日本の労働慣習が見直されなければならない。個々の企業が法令を遵守して労働時間を適正化し，有給休暇や産前産後・育児休暇の取得を推進すべきである。また，雇用形態によらず適正な給与水準を保障する必要がある。健康診断やカウンセリングなど，専門家とも連携すべきだろう。加えて，特に女性が仕事と結婚・出産・育児などとを両立しやすい環境を整備しなければならない。各ライフイベントがキャリアの中断に直結しないよう，継続就業を支援するほか，男性の育児参加も推進する必要がある。また，育児や介護を個人や家庭に委ねるのではなく，地域ぐるみで支える枠組みを構築することも重要だろう。(500 字以上 600 字以内)

◀解　説▶

≪ワーク・ライフ・バランスを実現するには≫

なぜ日本においてワーク・ライフ・バランスが求められるのか，その社会的背景や社会的課題を複数挙げて説明するとともに，ワーク・ライフ・バランスを実現するための対応策について述べる。考察に当たっては，先の1で言及されていた，自己実現・少子高齢化・多様性・ジェンダー平等・地方自治といった論点もヒントになるだろう。

まず，日本においてワーク・ライフ・バランスが求められる理由を説明する。この際，社会的背景や社会的課題を複数挙げることが条件となっている。ワーク・ライフ・バランス（仕事と生活の調和）とは，仕事と仕事以外の生活との調和をとり，その両方を充実させる働き方・生き方のこと，および，誰もがそのような働き方・生き方をできることをいう。この概念は，仕事が暮らしを支え，生きがいや喜びをもたらす一方，家事・育児・介護，心身の休息や自己啓発，地域活動への参加など，仕事以外の生活も暮らしには不可欠であり，双方を充実させる好循環があってこそ，人生の喜びは増していくという考えに基づいている。

ところが，日本では，経済低迷によって非正規雇用が大幅に増加し，経済的な自立が難しい層が生じる一方，正規雇用の労働時間は高止まりとなり，心身の疲労から健康を害する，仕事以外の時間をもてない労働者が増えている。また，共働き世帯が多いにもかかわらず，職場・家庭・地域に残存する性別役割分担意識によって，働き方が制限され，仕事と結婚や子育てとの両立が難しい。このことは，急速な少子化の要因でもあるが，福祉制度も含めた社会基盤が旧来のままであるため，女性や高齢者も含めた多様な人材を活かすことができず，労働力不足に拍車がかかっている。こうした社会的背景や社会的課題のうちから２つ以上を取り上げ，ワーク・ライフ・バランスの実現が課題解決に繋がることを説明すればよい。

次いで，ワーク・ライフ・バランスを実現するための対応策について述べる。当然ながら，先に取り上げた社会的背景や社会的課題との対応を意識しておく必要がある。〔解答例〕では，前半で労働者の生活の質（QOL）の低下と労働力不足の２点を取り上げているため，対応策として，労働慣習の見直しと女性支援を挙げた。他にも，性別役割分担意識に言及した場合は，ひとりひとりの意識改革に加えて，企業レベルでは公正な評価制度の確立や多様な人材育成の努力，国・地方公共団体レベルでは性別に中立な税制度・社会保障制度の整備などが挙げられるだろう。いずれにせよ，設問要求との対応が明示され，論旨の一貫性が保たれるよう，構成を工夫することが肝要である。

は〈人間をのぞいて風景だけで考えられる〉と推測する。

(B)傍線後部に注目。ボードレールに関して「強烈な印象は長く彼の脳裏に残つて」「エクゾチックな風景を喚び起すことによつて彼の内部世界の映像が照し出された」とあり、ゴーギャンに関しては次の段落で「彼は自らそのエクゾチスムを身を以て体験しなければやまない」とあるので、これらを踏まえて選択肢を選ぶ。

(C)傍線後部に注目。ランボーに関して「文学を棄て去つた後に、生活を求めてアフリカやアラビヤへ出掛けて行つた」とあり、ゴーギャンに関しては「彼自身の芸術のために」「芸術的衝動から出てゐる」とあるので、これらを踏まえて選択肢を選ぶ。

問三　直後で〈詩と絵画の相違〉を確認すると「詩は文字を以て書き……想像力を持つてゐれば、如何なる風景をも喚起することが出来る」「絵画、この線と色彩とから成る芸術は、現実に根ざさない限り、彼の風景を喚起し得ない」とあるので、これらをまとめて記述をおこなう。

問四　印象派に対するゴーギャンの態度に関して確認すると、まず第一段落に「印象主義を棄て去つた以上、単純な風景画は今や彼にとつて大した意味を持たなくなつてゐた」とある。また第三段落には「二十世紀の絵画がアブストラクトの方向に進むのは……線と色とを恰も文学に於ける文字のやうに使用して、一つの象徴的世界をそこに喚起しようとする」とあるが、これは〈二十世紀の抽象画は問二の(B)の正解選択肢④で確認したように、内部世界の心象を目の前の現実(＝風景)なしに描き出すことを目指した〉という意味だと理解する。その上で「しかし印象派の洗礼を受けたゴーギャンにとつて、主題としての外的現実(＝風景)は不可避であると思はれた」ので「この制約の中で、如何にして象徴的かつ抽象的になれるかといふ実験に、彼の一生を試みた」のだと理解し、これらをまとめて記述をおこなう。

そういう事態は、日本とその文化を定義しえても、一個の人間としての個人というものをすこしも定義してはいない、ということであった」とあるので、この記述を踏まえて選択肢を選ぶ。

問八　まず(a)と(b)との関係を〈対立関係〉と捉えた上で後部を見ると「経験はそういう自己の内部における対立を本質的に含む」「それを超克して促しの指し示すところに赴き、冒険に身を投ずること、またその結果なのである」とあるので、これらをまとめて記述をおこなう。

問九　直前の「そういうわけであってみれば」という語を手がかりにして前部を見ると「体験のもつ直接的提示の可能性とはおよそ対蹠的なもの」「不断に暗示と象徴のまわり道を辿り」「それを見る者の側にも、その人の経験の成長を必要条件として求める」とあるので、これらをまとめて記述をおこなう。

二　解答

問一　(1)―②　(2)―④　(3)―①　(4)―③

問二　(A)―②　(B)―④　(C)―②

問三　文字で書く詩は想像力でいかなる風景も喚起できるが、線と色彩で描く絵画は現実に根ざさない限り風景を喚起できない、という違い。(六〇字程度)

問四　ゴーギャンは印象主義を捨てた以上単純な風景に意味を抱けなかったが、一方でアブストラクト的運動とも異なり主題としての外的現実は不可避であると考え、現実の風景という制約下で象徴的かつ抽象的絵画を試みようとした。(百字程度)

▲解　説▼

《ゴーギャンにとってのタヒチ》

問二　(A)傍線前部に注目。ゴーギャンに関して「風景は、タヒチのやうな景色のよい処ででも、人間をのぞいては考へられなかつた」「自然がマオリ人をつくり、彼等の生活と抜き難く結びついてゐる」とあるので、ここからピッサロ

▲解　説▼

≪日本文化の定義と一個の人間としての個人の定義の違い≫

問一　A、直前の「日本は変わった」と直後の「事実……大きい変化であった」より〈順接・強調〉を表す語が入ると理解する。

B、空欄を外しても、直前の「私は」と直後の「同じ東京に戻ってきた」の文意が変化しないので〈強意・強調〉を表す語が入ると理解する。

C、直前の「印象であった。検証された事実ではなかった」と直後の「その印象は圧倒的であって」より〈対立・逆接〉を表す語が入ると理解する。

D、空欄を外しても、直前の「建物の群れは」と直後の「東京の、あるいは日本のビル街である」の文意が変化しないので〈強意・強調〉を表す語が入ると理解する。

E、前部の「本当の経験というものは……直接的提示ができない」と直後の「それを定義し、表現するには……象徴的な道を採らなければならない」より〈原因→結果〉を表す語が入ると理解する。

問三　〈何が「そのまま」なのか〉を念頭に置いて後部を見ると、「明治から連続した日本」「外からくるものを……日本化せずにはおかない」とあるので、この記述を踏まえて選択肢を選ぶ。

問四　後部を見ると「東京の内部にいれば変化は大きく感ぜられるかも知れないが、外から帰ってくると、それは明治から連続した日本である」とあるので、ここから〈東京の変化は東京の本質を変えていない〉という点を理解する。

問五　直前の「以上述べたような意味」を手がかりにして前部を見ると、前段落に「外からくるものを決してそのままでは受けつけず、日本化せずにはおかない」「こういうことは……考え方……の隅々まで支配している」とあるので、この記述を踏まえて選択肢を選ぶ。

問六　直後の「それは……からである」という〈理由表現〉を手がかりにして後部を見ると「それはさらに端的に言えば、

文学部　フランス文学科

▲フランス文学・文化・歴史に関するテクストの読解力および思考力・表現力を問う試験▼

一

解答

問一　A―①　B―④　C―④　D―①　E―②

問二　(ア)―③　(イ)―④　(ウ)―①　(エ)―①

問三　②

問四　①

問五　②

問六　④

問七　(あ)―④　(い)―⑥

問八　経験とは個人の内部に本質的なものとして存在する自己の促しと非個人的な傾向という対立を超克して、促しの指し示すところに赴き身を投ずること、またはその結果である。(八〇字程度)

問九　本当の経験とは直接的提示が不可能で暗示と象徴によってしか提示できないものであり、しかも見る者にも経験の成長を必要条件として求めるものだから。(七〇字程度)

くなっているかも知れぬ」の部分に着目しよう。ゴッホは自分をつかみ直すために自画像を描き、その自画像は「ゴッホという画家の精神そのもの」を表出している。この説明を踏まえれば、現代の画家が試みなくなっているのは画家自身を捉えるために自画像を描くことであると理解できる。「(11)というものに対する信頼が消え去った」という記述は現代の画家がこのように自画像を描かなくなった背景の説明である。すると、④内面と⑤個性が候補として残る。しかしかつての自画像が表しているのはそれを描いた画家自身の「精神そのもの」であるので、それを言い表す言葉としては「内面」は弱い。最もふさわしいのは「個性」である。①・②はそれに対する信頼が失われたことは述べられていないので不適。⑥意志の信頼についてもまったく触れられていないので不適。

問十二　(あ)ヨーロッパの近代を市民革命と産業革命のあった十八世紀後半から第二次世界大戦の終戦まで、中世を古代ローマ帝国の滅亡以降ルネサンス以前とすると、②が適当。Aの水力紡績機はアークライトの発明品で一七六九年に特許が取られている。Bのマグナ=カルタの調印は一二一五年のジョン王の時代。①Aのウィーン会議は近代に当たるが、Bの五賢帝の時代は古代ローマ帝国であり不適。③Aのヴェルダン条約もBの第三回十字軍も中世で不適。④Aのワルシャワ条約機構は第二次世界大戦後であり、Bのグーテンベルクの活版印刷術の改良はルネサンス期のことで不適。

(い)日本の近代を明治維新から太平洋戦争の終戦まで、中世を院政期以降織豊政権以前とすると、②が適当。Aの秩父事件は一八八四年に起こった自由民権運動の激化事件。Bの御成敗式目は鎌倉時代の一二三二年に制定された。①Aの破壊活動防止法は戦後の制定、Bの三世一身法は古代の土地所有法でどちらも不適。③Aの囲米は江戸時代の食糧貯蔵制度で不適。Bの観応の擾乱は南北朝期に起こった北朝方の内紛で、中世に当たる。④隈板内閣は大隈重信首相と板垣退助内相のもと成立した憲政党内閣で近代に当たるが、Bの壬申の乱は古代の内乱であり不適。

問六　モネの「強力な視覚的一元論」を表す言葉を選ぶ。一元論とはすなわち一つの原理（ここでは視覚）から世界を理解しうるとする立場である。よって、①が最も適切。③がやや紛らわしいが、文中に入れてみれば、後段で同じことが言われているのでふさわしくないことがわかるだろう。

問七　モネに代表される印象派が眼で見たものを世界として絶対視したのに対して、後期印象派は見たものと世界との同一性を疑う。筆者はこれを「世界と自分自身とのあいだの或る亀裂」としている。この懐疑が「反省意識」である。よって、正答は④。①・②は視覚の絶対性を疑っていないので不適。③のようなことは述べられていないので不適。

問八　空欄（8-A）は、印象主義が何の徹底化と言えるのか、で考える。本文中で印象主義は、眼に見えるものを絶対視する視覚重視の絵画として取り上げられている。よって、同じく見えるがままを描こうとした写実主義が適切である。抽象表現主義は戦後アメリカで台頭してきた芸術潮流であり、そこでは事物は具象性を奪われて融け去ってしまう。よって空欄（8-B）にも適当で、正答は②。

問九　印象主義は、自分の視覚を絶対視するため、突きつめていけば、その対象を「光と色彩の混沌とした渦」に解体していく。しかしゴッホは印象主義の技法を取り入れながらも対象の解体へと流されることなく自己を確認するかのように自画像を描き続けた、というのがこの段落の趣旨である。そのため、これは印象主義に対するゴッホの「抵抗」と言えるだろう。最適な組み合わせは①。「動機」はここでは物事を引き起こす原因となる力を指す。

問十　精神に異常を来たし、その発作に苦しむゴッホにとって、自画像はいかなる意味をもっていたのかを選ぶ。空欄（10）の直後に「自分を描くことによって、彼は自分をつかみ直す」とあるので、正答は③。①はゴッホが自画像を描くことによって抵抗しようとした当のものなので不適。②・④の内容は本文中にないので不適。

問十一　やや難。空欄（11）を含む段落の一文目で「対象の具体的再現という要素が弱まった現代の絵画」とあるが、写実に対する信頼は、必死に自画像を描いて抵抗しようとしたゴッホの時点で失われている。よって、③は不適。（11）にあてはまる言葉を考えるためには、「対象の具体的再現」ではなくむしろ「画家も、かつてのように自画像を試みな分だと思いこんでいるもの」が、同じく第六段落の「次々と与えられる仮面」である。すなわち、日常生活の中で、その場面に応じて「こういう顔をしているだろう」と思いこんでいる、想定上の自分の顔のことである。ところが鏡を見てみると、自分は実際にはそのような顔をしていない。そこに、自分が別人のように思えてくるという動揺と不安が忍びこんでくる。こうした内容をまとめればよい。

問四　傍線部(4)を含む段落の二文目に、「画家個人の自我や内面が問題となるのは、近代において著しいことだからである」と述べられている。中世の画家たちはそれを問題としなかったということなので、正答は④。傍線部(4)の直前の文で、「自分自身と向かいあったときに覚えるあのふしぎな感覚とも無縁ではあるまい」と述べられているので①は不適。また直後の文では、「彼らの自分は、キリストやマリアを描くことのうちに……」とあるが、そこに自分を描き込んだのではなく、そうした画題を描くことに内面が生かされたということなので②は不適。同じ段落の最後に、自我と世界との対立が中世の画家には存在しなかったと述べられているが、それは世界が自分自身と無関係であるのではなく、自我が世界と対立しえるほど問題になっていないということである。よって③は不適。

問五　(あ)印象派に属するとされる画家としては、④ルノワールが適当。①デューラーはルネサンス期のドイツの画家。この時期のドイツの画家としては他にクラナハとブルクマイアーが著名である。②ベラスケスはバロック期のスペインの画家。代表作の一つは「女官たち」。③ドラクロワはフランスの画家で時代的にも最も近いが、ロマン派に属している。よく知られた「民衆を導く自由の女神」を思い浮かべれば、印象派の作品とはまったく違うことが判断できるだろう。

(い)日本の浮世絵が大胆な構図と色使いでフランス印象派に影響を与え、「ジャポニスム」と呼ばれる日本趣味への傾倒を生み出したことは、西洋史上よく知られているので、ぜひ押さえておきたい。よって正答は①の葛飾北斎。②梅原龍三郎は洋画家で不適。印象派のルノワールに師事している。③黒田清輝は洋画家で不適。また、②・③ともに活躍したのは印象派の成立以後である。④狩野永徳は織豊政権期に活躍した狩野派の画家で不適。

問八　②
問九　①
問十　③
問十一　⑤
問十二　（あ）―②　（い）―②

▲解　説▼

《自画像の精神》

問二　「眼と対象とのあいだの均衡」の意味内容として適切なものを選ぶ問題。傍線部(2)の直前の箇所で、「モデルが他人であるにせよ自分自身であるにせよ、それらを対象として客観的に眺めようとするだろうが」と述べられている。しかし自分をモデルとした場合、これが揺らぐことになるというのが、傍線部(2)の趣旨なので、正答は③。①は紛らわしいが、「自分と他者を切り離して眺める」という点で、「あいだの均衡」にはあてはまらないので不適。②に関しては、たしかに第三段落で「自分自身ほど気楽なモデルはない」とあるが、「自分に対して他者と同様に気楽に構える」という記述はないので不適。④は他者の眼を気にするということであり、描き手の画家の眼とは異なるので不適。

問三　傍線部(3)「自画像を描く画家は、このような経験を、きわめて凝縮されたかたちで味わう」とあるが、「このような経験」とは何かを説明することが求められている。また、「鏡」と「仮面」という語を使用することが条件とされている。第五段落の内容からすると、「このような経験」は、鏡の中の自分が別人であるかのように見えてしまい、しかもそれがなかなか消え去ることなく対応を求めてくるかのように感じられるという経験である。さらに、本文は、第六段落で、「そしてこれは、日常のなかで何となく自分だと思いこんでいるものが不安にゆらぎ始める瞬間なのである」と続けて、「このような経験」のもつ意味を説明している。この説明に現れている「日常のなかで何となく自である。①に関しては、「世界を整理し把握し支配する」という記述が手掛かりになる。この記述によれば、「支配」は世界理解の後にくる帰結である。この設問が問うているのは世界理解が従っている前提であるから、①支配体系は不適。③・④の学問や情報では限定され過ぎているため不適。

問七　ＯＰＡＣデータベースは、書名などの「さまざまな情報を含む」が、図書目録とは違い「価値観の提案はない」と述べられている。つまり、具体的な情報を収集して整理するところまでしかしない。よって①が適当。②・③はＯＰＡＣデータベースではなく、図書目録の特徴であり不適。④は「制作者の利便性に基づいて情報を整理する」のではなく、使用者にとっての利便性に基づくと考えられるので不適。

問八　筆者は、特定の価値観によって整序された図書目録から、没思想的で特定の価値観を排したＯＰＡＣデータベースへ、という変化の流れの中に、ＢｎＦリシュリュー館の改装を位置づけている。正答は②。①・③・④ともに「利便性」という言葉が入っているので迷うかもしれないが、筆者が重視しているのは利便性ではない。世界を把握し秩序づける特権的な誰かの視点を排除する潮流が、この文章のテーマである。

二　解答

問一　(1a)習作　(1b)精妙　(1c)亀裂

問二　③

問三　鏡に向かった際に、日常のなかで与えられてきた仮面が剝ぎ取られて別人のもののように見える自分の顔が、不安を呼び起こして執拗に自分自身に対応を迫ってくるという経験。(七〇字から八〇字)

問四　④

問五　(あ)―④　(い)―①

問六　①

問七　④

問四　(あ)②のデフォー（一六六〇―一七三一）が適当。彼の『ロビンソン＝クルーソー』は一七一九年の刊行。この作品は、イギリスだけではなく、ドイツでも、「ロビンゾナーデ」と総称される追従作品が生まれるほど広く読まれていた。ドイツ文学科志望の受験生であれば押さえておきたい。①ドストエフスキー、④イプセンは十九世紀後半に活躍している。彼らの時代は、文学の潮流で言えば、十九世紀前半以降の写実主義とそれに続く自然主義が隆盛した時代に当たる。③ストラボンは古代ローマ時代の学者。

(い)やや難。④上田秋成（一七三四―一八〇九）が適当。今日代表作とされる『雨月物語』の刊行は一七七六年で、時代的には田沼意次の時代に当たる。①幸田露伴は明治期の人物。『五重塔』が有名。②鴨長明は鎌倉時代前期の人物で、随筆『方丈記』を著した。③松尾芭蕉は元禄文化の代表的俳人で、没年は一六九四年で十七世紀中の人物だが、元禄年間は一六八八年から一七〇四年までであり、代表作『おくのほそ道』も一七〇二年の刊行なので、芭蕉の活動の期間が十八世紀にかかっていないことを判断するのはやや難しい。

問五　ここまでの文脈は、プルンク・ザールの楕円形図書室の中心にはハプスブルク家の神聖ローマ皇帝カールⅥ世の像があり、周囲を見回しているが、この構図は皇帝が書物を媒介にして世界全体を支配していることを象徴している、というものである。実際、「まさに無限と言ってよいこの世のさまざまな有様を、そのまま我が物にすることは、いくらハプスブルク皇帝であっても難しい」と言われていることから、皇帝が世界の全てを現実に支配しているわけではないことがわかる。よって①の疑似装置が適当。それ以外の②・③・④では、「世界支配」という言葉が皇帝が現実に世界を支配しているという文字通りの意味になってしまうため不適である。

問六　空欄(6)を含む段落を見ると、その冒頭には、「世界の事象を記載した書籍を把握することは、世界把握そのものであった」とあり、それに引き続く文章では、図書目録がそのような把握の例であるとして、そのやり方を具体的に説明している。すなわち、書籍を重要度で区別し、ジャンルに分けて記述することで、特定の思想に基づく世界理解が提案されていたことが述べられている。こうした世界理解は何に従うのかが問われているので、②価値体系が適当

文学部　ドイツ文学科

▲文化・思想・歴史に関するテクストの読解力および思考力・表現力を問う試験▼

一　解答

問一　(1a)鎮座　(1b)悠遠　(1c)忌避
問二　(2a)アイマイ　(2b)シツヨウ　(2c)ヘンサン
問三　①
問四　(あ)—②　(い)—④
問五　①
問六　②
問七　①
問八　②

▲解　説▼

《円形図書室の原理》

問三　ここでいう「謎」とは、傍線部(3)直前の「執拗なまでの円形図書室にはどんな思いが込められているのであろうか」という疑問を指す。よって①が適当。紛らわしいのは④だが、傍線部(3)の直前に「ローマのパンテオン以来、円形建造物の伝統があるとはいえ」と言われているので、筆者はこのこと自体を謎と考えてはいないことがわかる。

史、古典常識と基本的知識について高いレベルで理解しているかが問われている。記述問題には和歌解釈が出題されているが、本文の展開把握を前提とした掛詞の読み取りが求められている。例年通り、やや難の出題。

三　漢文。『荀子』からの出題。君主が国を治める重要性を述べた文章であるが、抽象的な説明により論じられていて主旨を把握しにくい。設問は句法の知識を基本に本文を読み取り解答するものが中心であり、基礎知識を確実におさえておく必要がある。記述問題も句法、読みを踏まえた書き下し、本文の展開を前提としたもので、確実な漢文読解の基礎が問われている。二年連続で儒家の知識が問われている。二〇二一年度同様のやや難の出題。

得るために必要な「具《そな》え」であると解釈でき、aの「要件」が最適といえる。bの「快楽をもたらす事物一つ一つ」は、きれいな色やおいしい食べ物のことで、患難があっても存在する。cの「訓練」が必要だとすれば、「人之情」として五綦を求めるとはいえなくなる。dは「身体器官」とあり、目や耳などの感覚器そのもののことである。

問四　荀子は儒家の思想家で、「性悪説」を唱えた。これと正反対の主張は「性善説」でありcの孟子が唱えている。a、荘子は道家、b、墨子は兼愛、非攻の墨家、d、韓非子は法家の思想家。

問五　「必不〜」は全部否定の句法で、副詞の下に打消がくる。逆に「不必〜」と打消の下に副詞がくると、副詞を打ち消すことになるので「必ずしも…ず」と読む部分否定になる。全部否定、部分否定は頻出なので、確認すること。書き下しは「必ず免れざる」という読みになる。口語訳は〝人の情として必ず（決して）逃れられない〟となる。

問六　「若是」は「かくのごとく」という読みになる。文脈に適合させるためには、直後に「則」があるので、仮定の形にするのが妥当。「是くのごとくんば」「是くのごとくなれば」と読む。口語訳は、「是」の内容を具体的に説明するので、直前にある「広大富厚」「治弁彊固」を、国の広大さと富、政治が治まっているという内容を説明した上で、仮定の表現を付け加える。

❖講　評

一　現代文。出典は河野哲也の『善悪は実在するか』。前近代では供犠により、現代社会では法体系が暴力を独占することにより復讐を押さえ込むが、法は暴力でありながら他の暴力を否定する矛盾をはらむという内容。A、B二つの文章からなるが、同じ出典の一連の部分を分割したもので、一つの文章として読んで問題はない。文章の内容は理解しやすいものであり、選択肢、記述ともそれほど迷わすものはない。難易度は標準の問題で、例年よりやや易しくなった。

二　古文。『栄花物語』の一節。女院の死と女院の弟藤原道長、息子である一条天皇の嘆きを描く。平安時代の文章で主語等の省略は多く、選択、記述問題とも人物関係を確実に把握しながら展開を追うことが重要。文法、敬語、文学たる者《もの》は、楽を逐《お》ふを急《きゆう》にして治国《ちこく》を緩《ゆるやか》にす。豈《あ》に過《あやま》つこと甚《はなはだ》しからずや。之《これ》を譬《たと》ふるに是《こ》れ由《な》ほ声色《せいしよく》を好《この》みて而《しか》も恬《てん》として耳目《じもく》無きがごときなり。豈に哀《かな》しからずや。夫《そ》れ人《ひと》の情《じやう》、目《め》は色《いろ》を綦《きは》めんと欲《ほつ》し、耳《みみ》は声《こえ》を綦めんと欲し、口《くち》は味《あじ》を綦めんと欲し、鼻《はな》は臭《にほ》ひを綦めんと欲し、心《こころ》は佚《たの》しみを綦めんと欲す。此《こ》の五綦《ごき》なる者《もの》は、人情《にんじやう》の必《かなら》ず免《まぬが》れざる所《ところ》なり。五綦なる者を養ふに具《ぐ》有《あ》り。其《そ》の具無ければ、則ち五綦なる者得《え》て致《いた》すべからざるなり。万乗《ばんじやう》の国にして広大富厚《こうだいふこう》と謂《い》ふべく、加《くは》ふるに治弁彊固《ちべんきやうこ》の道有り。是《か》くの若《ごと》くんば則ち怡愉《いゆ》にして患難《かんなん》無く、然《しか》る後《のち》に五綦を養ふの具も具《そな》はるなり。故《ゆゑ》に百楽《ひやくらく》は治国より生《しやう》ずる者なり、憂患《いうくわん》は乱国《らんごく》より生ずる者なり。楽を逐ふを急にして治国を緩にする者は、楽を知る者に非《あら》ざるなり。

◀解　説▶

問一　「豈不～哉（乎）」は「あに～ずや」と読んで〝なんと～ではないか〟という意味の詠嘆の句法。「豈」は反語で用いるので、〝どうして～ではないか。いや～だ。〟と直訳しても、肯定して強めるという意味合いは取れるだろう。傍線部は〝何と過ちが甚だしいではないか〟という訳になり、bの「とんでもないあやまりである。」が最適。aは詠嘆の訳になっているが、今の君主は安楽を追求し、治国をいい加減にするという傍線直前の流れからは、「ゆきすぎた」という表現は文脈にあてはまらない。

問二　「由」には〝もとづく〟という意味の「～による」、〝～から〟という意味の「より」、理由の意味の「よし」などの用法があるが、「譬」が「たとえる」であると読めれば、これをたとえると〝～のようだ〟の意味で解釈でき、「なほ～ごとし」の再読文字での読みが妥当であることがわかる。dが「猶ほ～ごとし」の再読文字の形。aは「ゆゑに」、bは「よりて」で原因・理由を表す。cは「より」で起点を表す。

問三　傍線部の前の文脈は、人間の目や耳などの器官や心がほしがり追求しようとする欲望である「五綦」が提示され、この五綦を養うのに「具」があり、それがなければ五綦を「得て致すべからざるなり」となっている。また、波線部Bの後に、患難がない状態になった後で五綦を養う「具も具《そな》はる」とある。したがって「具」は感覚や心で楽しみを

解答

問一　b
問二　d
問三　a
問四　c
問五　書き下し文：人情の必ず免れざる所なり。
　口語訳：人の情として決して逃れられないものである。
問六　(一)是くのごとくんば（是くのごとくなればも可）
　(二)国が広大で富んでいて、政治が治まり強固であれば

◆全　訳◆

国が危うければ安楽な君主はなく、国が安泰であれば憂い心配する君主もいない。乱れれば国は危うく、治まれば国は安泰だ。今人民に君として君臨する者は、安楽を追求することを急いで国を治めることには緩やかに対応する。何と過ちの甚だしいことではないか。これをたとえると美声や美色を好みながら、耳や目がなくても満足しているようなものだ。何と哀れではないか。そもそも人の心として、目は美しい色を追求しようとし、耳は美しい音を追求しようとし、口はうまい味を追求しようとし、鼻はよい香りを追求しようとし、心は楽しみを追求しようとする。この五つの求めるものは、人の情として決して逃れられないところである。この五つの求めるものを養うには具《そな》えがいる。その具えがなければ、五つの求めるものを、手に入れて満足することはできない。大国は広大で富が豊富だということができ、それに加えよく治まり強固であるという道がある。このようであれば喜び楽しんで患難はなく、そうして五つの求めるものを養うための具えもそなわる。だから百もの楽しみは治まった国から生じ、憂いや患難は乱れた国より生じる。安楽を追求することを急いで国を治めることを緩やかにするのは、真の安楽を知る者ではない。

読み　国危《くにあや》ふければ則《すなは》ち楽君《らくくん》無《な》く、国安《やす》ければ則ち憂君《いうくん》無し。乱《みだ》るれば則ち国危うく、治《おさ》まれば則ち国安し。今人《いまひと》に君《きみ》

展開が読み取れる。これを説明したのがd。

問六　藤原公任は歌謡集『和漢朗詠集』の撰者。『文華秀麗集』は平安時代初期に嵯峨天皇の勅命により編纂された勅撰漢詩集。『古今著聞集』は鎌倉時代の説話集。『後拾遺和歌集』は、平安中期十一世紀後半の白河天皇の勅命による勅撰和歌集。

問七　何に何が加わって「あはれをまし」たのか、読み取る問題。破線部の前の文脈を確認すると、女院の亡くなった日が十二月二十二日で、ひどく寒く雪が高く積もっているだけでなく、年の瀬も押し迫ったころでさえあることがわかる。女院が亡くなった悲しみに加えて、その日のわびしい雰囲気もあって悲しさが増したと読み取れるだろう。

問八　「おろかなるべきことかは」は女院の葬送に儀式が並一通りのものであるだろうか、いやそのはずはなく盛大であったということ。なぜそのように言えるかを説明する問題。その背景は破線部前にあるとおり、殿と内のお気持ちがあるから。道長は女院の弟であり、内は女院の子であるので、心を込めて儀式を執り行ったことが盛大な葬送になった理由と言える。

問九　涙によって袖が濡れるのは類型的表現。「氷ひまなし」とは涙によって濡れた袖が凍ってしまい、その氷の隙間がないということであり、この日が寒い日であったことと、女院が亡くなった悲しみで大量の涙を流したことを表している。

問十　その年初めてうぐいすが鳴く「初音」も女院への悲しみで聞いてもしかたがないという内容の和歌。この初音に、正月子（ね）の日の「初子（はつね）」を掛けている。「初子」の日は宮中では宴が行われた。

三

出典　『荀子』〈王覇篇〉

ない、と語り手がへりくだることで「殿」に敬意を払っている。

X、「きこしめす」は「聞く」や「食ふ」などの尊敬であり、ここは「内」が薬湯を〝お飲みになる〟の意。

Y、Wと同じ謙譲の補助動詞「きこえさす」で、〝思い出し申し上げる〟の意。直前の「常の御幸にはかくやはありし」の「し」（過去の助動詞「き」の連体形）に着目する。いつもの御幸はこのようであったかと思い出し申し上げる、と、亡くなった女院の生前の御幸を思い出していることが読み取れたかがポイントになる。「御幸」は上皇・法皇・女院のお出かけのことである。天皇のお出かけは「行幸」であるので、ここは「内」ではなく「女院」に対しての敬意になる。

Z、葬送を執り行った「殿」がお帰りになったという尊敬の補助動詞。

以上の組み合わせがaであるが、Yは難解であり、W、Xの部分で判断できれば正答を導けるだろう。

問三　傍線部の現代語訳ができているかを問う問題。「ことわり」は〝道理、筋道〟の意。ここは、母の女院が亡くなり、一条天皇が薬湯さえお飲みにならないで、とても気落ちしていらっしゃるという直前の文脈から、そのように落ち込むのは道理であるご様子であるので、何も申し上げるようなこともできない、という展開。よって、cが最適。a、「おっしゃる」は尊敬であり、「聞こえさす」の訳出として不適。「ことわり」が現代のような辞退、断念の意味で使われるのは中世以降と思われ、b、「断念」、d、「不本意」の解釈は不適。

問四　「色変はる」は喪に入り、喪服を着る意味で使う。傍線部の後にも「天下、諒闇になりぬ」とあり、「諒闇」は天皇が父母の喪に服す期間のことを指していることからも、喪服を着て喪に服すという読み取りが妥当。

問五　「睦月のついたちゆゆし」の内容を読み取る問題だが、解釈の難しい部分で、文脈での判断が必要となる。ここは傍線部後にある係り結びの「こそ〜けれ」以降の読み取りがポイント。「こそ〜けれ」で文が終わらず次につながる場合は逆接になり、「睦月のついたちに悲しんでいるのは不吉だ」などと言うのは特に悪いことのないときのことであって、（女院が亡くなったばかりの今はそんなことも言っていられず）どこも悲しみにくれつづけていた、というとはあったか（、いや、こんなにひどく雪が降る日に御幸をすることなどなかった、）と思い出し申し上げるにも、（涙に濡れて凍る）袖の氷の隙間はない（くらい悲しみの涙にくれた）。暁には、殿が（女院の）お骨を（首に）掛けなさって、木幡へ移動なさって、日が昇ってからお帰りなさった。そうしてまもなく御衣の色が（喪服に）変わった。帝におかせられても悲しみの思いでお過ごしなさる。天下、諒闇（＝天皇が父母の喪に服する期間）になった。

むなしく年も暮れた。睦月のついたちは（涙を流して悲しんだら）不吉だなどと言うのもとくに悪いことのないときのことであって、（女院が亡くなったばかりの今は）どこもこの（女院のための）お恵みにあずかっていたかぎりはみな（悲しみに）くれまどっている。念仏はいうまでもなく、年来の（女院のための）不断の御読経、すべてのしかるべき御行事、御果て（＝女院の四十九日の法要）の日までと取り決めなさる。帝におかせられてはそのままご自身の手でお経をお書きなさる。正月七日が子の日にあたっているので、船岡の遊びも張り合いのない（今年の）春の気色であるので、左衛門督公任君（が詠んだ）、院の台盤所（にいる女房たち）にとあった（歌）、

　誰のために（子の日の）松をも引こうか。鶯の初音《はつね》もかいがない今日の初子《はつね》の日であることよ。

とあるけれど、人々はこれをご覧になって、（あまりの素晴らしさに、ふさわしい返歌をつくることができず）詠みなさらないで終わった。御忌みの喪に服しているあいだもたいそうしみじみと悲しいことなどが多くあった。

▲解　説▼

問一　「て」を文法的に識別する問題。アの前の「いみじう」は形容詞のウ音便であり、「て」は形容詞の連用形とサ行四段活用動詞「おはします」とをつなぐ接続助詞。イもラ行四段活用動詞の連用形「たてまつり」と次の部分をつなぐ接続助詞。ウはダ行下二段活用動詞「さし出づ」の連用形とラ行四段活用動詞「還る」をつなぐ接続助詞。エはタ行下二段活用動詞「掟つ」の未然形活用語尾。

問二　敬意の問題では、主語を確定しながら本文の展開が正しく読めているかを問われている。

　W、「きこえさす」は謙譲の補助動詞で〝申し上げる〟と解釈する。殿のお気持ちはたとえ申し上げるような方法も

問五　d

問六　b

問七　女院の亡くなった悲しさに、その日がひどく寒く大雪も降って、わびしい年の瀬でさえあったことが加わった。

問八　女院の葬儀は、弟の道長が心を込めて執り行い、子である一条天皇のお志も反映された葬儀であり、盛大なものになるはずだから。

問九　悲しくて大量に流した涙で濡れた袖が凍り、その氷の隙間はないくらいだったということ。

問十　うぐいすが春に初めて鳴く初音の声も聞いても、正月七日初子の日であっても、しかたがない今日であることよ。

◆全　訳◆

（女院は転居して）所などを変えなさったので、いくらなんでも（命は大丈夫だろう）などと心強くお思いになっているうちに、お移りなさって二、三日で、ついにお亡くなりになってしまった。殿（＝道長）のお気持ちはたとえて申し上げるようなこともできない。帝も（母の女院の死を）お聞きになって、これまでも呆然としていたお気持ちを、まったくますます思い詰めなさって、少しもお薬湯をさえ飲みなさらないで、とてもひどく（嘆い）ていらっしゃった。（お嘆きも）道理であるご様子であるので、（慰めの言葉を）申し上げることもできない。長保三年十二月二十二日のことである。時節などもとても寒く、雪などもたいそう高く積もって、おおよその（年内の）月日までも残り少なく、（年末まで残り少ないので）暦の軸が見えるようになったことも、しみじみと悲しみを募らせる時節の御事柄である。

　そうして（亡くなって）三日ほどあって、鳥辺野に御葬送が行われることになる。雪がひどく降るときに、殿よりはじめ申し上げて、すべての殿上人、誰が（葬送に行かないで）残ってお仕えしない者がいるだろうか、参列なさるときの儀式の様子は言うまでもないことだ。殿がお心にいれ（大切に）取り扱い申し上げなさることに、帝のお心ざしの限りなさが添えられたことで、並一通り（の葬儀）になるはずはない（＝盛大に行われた）。そうして夜通し殿が様々に取り扱い申し上げなさって、暁になると、皆お帰りなさった。雪がひどいので、（女院の生前の）いつもの御幸にはこのようなこ第三者の必要性を述べている。

d、後半の「宗教的な社会の特色がある」が大きな誤り。宗教的な社会は「供犠」による関係ない対象への暴力であり、法による暴力の区別と秩序の維持は近代のもの。

問七　「法的社会の自己矛盾」がどういうことかを説明する記述問題。波線部のある段落冒頭の「自らが最大の暴力でありながら他の一切の暴力を否定するという矛盾」が自己矛盾の端的な説明。この説明に波線部の法的社会であるという点を付け加えると不足のない説明になるだろう。法は暴力を独占し社会の中での暴力を完全否定しながら、法自身が死刑という究極の暴力を行使することが自己矛盾である。

問八　波線部の「互酬性における報復的側面」が「国家に吸収される」という内容は具体的にどのようなことか、Aの文脈から説明する問題。字数が三〇字しかないことに注意が必要。互酬性における報復的側面は、暴力とそれによる報復が連鎖的に起こること。それが国家に「吸収される」を説明するのが難しいが、波線部の後を見ると、互恵的側面は国家に吸収されることで公共の福利となるとあり、個人的な関係性を国家が責任をもって肩代わりするというイメージで問題ないだろう。具体的にどのようなことか、という問いなので、暴力を受けたことで生じる加害者への報復を国家が代わって行うという内容を字数内でまとめる。

二

出典　『栄花物語』〈巻第七〉

解答

問一　d
問二　a
問三　c
問四　b

るのは、宗教が重要であるような前近代の「供犠」。ｃの「報復の対象をずらす」、ｄの「報復の増殖の責任を特定の個人に帰着させ」るのも前近代の「供犠」の考え方。

問四　「ヤノマモインディオ族の若者」は、部族による暴力とその報復の標的になることを恐れていたが、法が介入して秩序構造を成立させる近代的司法制度を見て、その利点をすぐに理解する。これは近代的な法が近代以前の互酬的な暴力の回避を実現することを示している。この内容はｂで説明されている。ａ、「近代的な法律と政治から隔たったところで生きる者たちのあいだでも、敵討ちが行われている」という説明は明らかに誤り。近代から隔たっているからこそ敵討ちが残っていたのだ。ｃ、「羨望に値する価値を持たない」は本文と逆の説明。選択肢を最後まで確認し引っかからないようにしたい。ｄ、近代的な法が整備されていないところで暴力が共同体の存続を危うくしており、そうならないための近代的な法整備である。

問五　「法の実行」、つまり警察や軍隊の使用は暴力とは見なされてはいない。法自身が非暴力と認められなければ、不法な暴力となってしまうからだ。そのため法は正当な力と法に属さない暴力とを振り分け、法自身は非暴力として演出する。これにはｂの、自己の維持の方法として警察や軍隊を使用し、それが暴力的なものと見なされないようにするという説明が合致する。個人が武装する権利は、法の暴力独占による独裁制への危惧によるものであり、ａは誤りの内容。ｃは自己の維持のために暴力を用いることを「肯定しない」が誤り。否定しないであれば正しい説明となる。ｄ、軍隊は「正当防衛」「緊急避難」のためのものであって、自国の外の暴力が不法だから排除するわけではない。

問六　本文の読み取りをもとに選択肢を判断する。

ａ、法による暴力の独占が独裁制や強権政治につながるために、個人の武装する権利を手放さない社会があるわけであり、法により強権政治の可能性が減少するわけではない。

ｂ、Ａの最終段落に「敵兵は武装している限り私たちはこれを殺す権利をもっている」とあり、本文に合致する。

ｃ、報復が報復を呼ぶというプロセスは貿易交渉によって象徴されているわけではない。貿易交渉の説明は調停する体系が暴力の独占によって復讐を押さえ込むと主張する。暴力は不法であるが、法の実行は不当な暴力とみなされていない。法は自らに属する暴力とそうでない暴力を振り分け、自己に属する暴力を自己の維持の手段とする。法自身が最大の暴力でありながら他の暴力を否定するという矛盾は死刑や戦争という形で、特に死刑は法の自己矛盾として露呈する。

B　互酬性の報復的側面は国家に吸収され法として、互恵的側面は福祉や安全という公共の福利として一般化された。

◀解　説▶

問一　「供犠」とはどういうものかを読み取る問題。傍線部の次段落冒頭に「結論から言えば」とある通り、「供犠」とは、「暴力の拡散を防止するための暴力」であり、共同体で暴力が発生し復讐の連鎖が起きるときに別の生き物を「身代わり」として捧げて暴力の矛先を変えることである。この内容に合致するのはd。a、暴力によって制圧してしまっては「供犠」を捧げる必要はない。bの互酬性とは〝互いに酬いる〟つまり相手の暴力をお互いに返す復讐のことであり、「互酬性のプロセス」の中に導いてしまっては暴力は止まらない。c、暴力をいっそう合目的的に用いるのはこの後論じられる近代社会の法による暴力であり、「供犠」の説明ではない。

問二　「贖罪のヤギ」の効果を読み取る問題。傍線部の次の文の「それは」という指示語から、心理的な葛藤や脅威を軽減するために、特定の個人や少数の集団を攻撃する集団行動が、「贖罪のヤギ」の効果だとわかる。これは特定の個人や少数の集団を非難することで、心理的な脅威を和らげるというdで説明されている。a、「集団内の異分子を一掃」、b、「集団内での自己の優位性を高める」は明らかに外れる。cは「葛藤を最終的に克服する」の部分が誤り。本文では「葛藤や脅威の真の原因を克服したわけではない」と述べられている。

問三　「法的秩序」の内容を読み取ったうえで最適な説明を選択する問題。傍線部前後の文脈によると、現代社会では法体系が復讐についての独占権を有し、暴力を独占して復讐を押さえ込む。それは、傍線部の次段落で説明されているとおり、復讐を行う二者間に法という第三者が介入することである。この読み取りから、aの報復が報復を呼ぶ連鎖を法的秩序が暴力を行使して防止するという内容が最適。bの共同体にとって当たり障りのない特定の集団を排撃す

文学部　国文学科

▲現代文・古文・漢文の読解力を問う試験▼

一

出典　河野哲也『善悪は実在するか――アフォーダンスの倫理学』〈第四章　道徳の規範性はどこからくるのか〉（講談社）

解答

問一　d
問二　d
問三　a
問四　b
問五　b
問六　b
問七　法的社会自らが最大の暴力でありながら、他の一切の暴力を否定するという矛盾のこと。（四〇字以内）
問八　暴力を受けたことに対する報復を国家が個人に代わって行うこと。（三〇字以内）
問九　A、媒介　B、拘束　C、奪　D、打倒　E、唯一

◆要　旨◆

A　ジラールは、前近代の社会では供犠によって復讐の対象をすり替えて互酬的な暴力を回避したが、現代社会では法

↓先住民は自立した部族社会を営む
↓英仏の北米での抗争（フレンチ＝インディアン戦争）に巻き込まれる
↓イギリスが北米を制覇
↓イギリスからアメリカが独立し、先住民の生活圏への進出を強める
③近代に、先住民がアメリカという国家にどのように抑圧されたかを示す。
↓アメリカの西部開拓
↓先住民との衝突・抗争・支配（チェロキー族の涙の旅路など）
↓アパッチ族ジェロニモのような抵抗運動（鎮圧）
④先住民の自立を奪い差別している事例を示す。
↓ジャクソン大統領の先住民強制移住法制定＝先住民の土地を奪い保留地へ強制移住
↓国家の支配に組み込み同化政策を推進

世界史選択の人は第6段落のあたりから「B：北米大陸の先住民」を見出し，具体例とするのがよいのではなかろうか。もちろんそれ以外の事例を選んでもかまわない。ここではAとBについて，それぞれの解答作成のポイントを説明したい。

(A)北海道のアイヌ
①まずは彼らがどのような交易を担っていたかを説明する。
↓道南に進出した和人との毛皮や海産物の交易
②アイヌが国家に収斂されていく過程について知るところを示す。
↓江戸時代に松前藩が幕府からアイヌとの交易独占権を認められる
↓場所請負制に移行する中でアイヌに対する不公平な交易が行われる
↓アイヌの反乱・抵抗↓鎮圧
↓対等な交易相手ではなく隷属的労働者として酷使
③近代に，アイヌが日本という国家にどのように抑圧されたかを示す。
↓明治政府による同化政策
北海道旧土人保護法によりアイヌ保護を名目に農民化を進める
④アイヌの自立を奪い差別している事例を示す。
↓同化政策によりアイヌの文化・習俗を破壊

(B)北米大陸の先住民（インディアン）
①まずは彼らがどのような交易を担っていたかを説明する。
↓北米に入植したフランス人やイギリス人との毛皮交易
②先住民が国家に収斂されていく過程について知るところを示す。

②東南アジアの遠征：ビルマ（パガン朝）・ベトナム（陳朝・チャンパー）・ジャワ島（シンガサーリ朝）

③影響1：モンゴルがユーラシアを統一しジャムチ（駅伝制）の整備をしたことで、東アジアと西方を結ぶ陸上交易・交通が活性化する。

④影響2：元代には大運河が修築され大都と中国南部・南シナ海を結ぶ海運が発達＝東南アジアの海上交易ともつながる。

⑤影響3：ジャワ島では元の侵攻を機にシンガサーリ朝が滅び、マジャパヒト王国が興る。

問5　モンゴル帝国が北から日本を攻める意図がなかったと考えうる根拠について、図1を参考にしながら一〇〇字程度で説明する。その際、図1に「何が詳細に書かれ、何が描かれていないか」に注意せよとある。図1を見ると、「中国沿岸や朝鮮半島」は詳細に描かれているが、日本列島については詳細に描けておらず、さらには「北海道・樺太」が描かれていないことがわかる。問題文の第4段落と第5段落から、モンゴル勢が樺太に侵攻していることがわかり、彼らと樺太に大きな接点があることはわかっているにもかかわらず、モンゴル帝国の世界観を示す図1に樺太が描かれていないということは、彼らが「樺太がこの地図上ではどこにあるのか」について詳細にわかっていないと推測できよう。さらに日本列島の向きや大きさ、位置も、朝鮮半島と比べてみると明らかに正確さを欠いている。これも彼らが日本周辺の地理について詳らかではないことを示している。これらを踏まえて、解答を一〇〇字程度でまとめたい。

問6　やや難問。境界領域に生活する「国家に属さない人びと」が①交易を担いつつ、②最終的に国家に収斂されてゆく様子、さらに③近代に入り帝国主義のもとにそうした人々が抑圧され、④自立の権利を奪われ、差別されてゆく過程、以上について具体的事例を挙げて二〇〇字程度で説明する。

解答にあたりどの「国家に属さない人びと」を選択するかが問題になるが、限られた解答時間の中であるから、問題文の中からヒントを見出したい。そうすると日本史選択の人は最終段落のあたりから「A：北海道のアイヌ」を、から二つの戦役について、「A：それがなぜ起こるのか（原因）」「B：その戦役がどういった意味をもつのか（結果・意義）」も視野に入れ、丁寧に説明すればよい。ただし、字数が二〇〇字と限られているのでA・Bについても短い言葉でまとめたい。要約力の試される問題である。ポイントは以下の5つ。

①原因：モンゴル（元）のフビライが日本に再三朝貢を要求→日本は拒否
②文永の役：元と高麗の軍勢3万が九州北部（博多）に上陸
　→元軍と御家人衝突＝集団戦法と火器（てつはう）に苦戦
　→内部対立などによって元・高麗軍撤退
③戦間期：モンゴル再来に備え異国警固番役の強化、防塁（石塁）の設置
④弘安の役：南宋を滅ぼした元は旧南宋兵などを含めた14万の軍勢を東路軍と江南軍とに分け再度来襲
　→上記対策により博多上陸を阻止
　→暴風雨に見舞われ元軍は大打撃を受け敗退
⑤結果・意義：御家人の幕府への不満が高まる。
　多大な出費にもかかわらず十分な恩賞が出ず困窮
　得宗専制により北条氏へ権力が集中

(2)モンゴル（元）が日本を除く東アジア・東南アジアで「A：どのような国に遠征」し、「B：どのような影響を与えたか」を二〇〇字程度で説明する。Aで遠征した国家を書き出し、Bの影響を一国一国ではなくできるだけまとめて示したい。また「影響」は様々考えられるが、これも字数が二〇〇字と限られるため教科書や図説で見られる「モンゴル制覇による交易ネットワーク」を想起し、交易・経済への影響を軸に考えるとよいだろう。ポイントは以下の5つ。

①東アジアの遠征：チベット・西夏・金・南宋・高麗

は判断が難しい。正解は③の『東韃地方紀行』であるが、これは教科書レベルを超える詳細な事項。①の『北槎聞略』は桂川甫周の、④の『赤蝦夷風説考』は工藤平助の著作であり、これらは教科書レベルであるので違うと判断できる。しかし②の『辺要分界図考』も教科書レベルを超える詳細な事項。近藤重蔵の著作である。

(13)問題文中の「大航海時代にアメリカ大陸へ持ち込まれて先住民に甚大な被害を与え」や「藤原四子らの命を奪った」という部分がヒントになる。正解は③の天然痘である。

(14)空欄(サ)の前の「一七九〇（寛政二）年」という年代と問題文中の「(　オ　)の最後の蜂起」というヒントから、③のクナシリ・メナシの戦いと判断できる。なおあわせて問3でも問われる空欄(オ)に入るカタカナ3文字の民族名を確定するヒントにもなる。①不適。コシャマインの戦いは一四五七年に起こったアイヌの蜂起。②不適。シャクシャインの戦いは一六六九年に起こったアイヌの蜂起。④不適。「箱館戦争」は、戊辰戦争最後の新政府軍と榎本武揚率いる旧幕府軍の戦い（別名：五稜郭の戦い）のこと。

問2　樺太に残留者が生じた経緯について八〇字程度で説明する。傍線部前の「同連盟の結成は一九四八（昭和二三）年」や傍線部後の「樺太での生活や戦争体験」といった部分から、第二次世界大戦時に日本領であった樺太（南樺太）が戦争に巻き込まれたことを想起する。ここからソ連による日本侵攻と、それが決定されたのがヤルタ協定であったことが導き出せれば、ほぼ解答は完成する。集団引き上げでも帰還できず残留してしまった理由については、一九四九年に集団引き上げがいったん打ち切りになったことや、ソ連に技術者として必要とされ留め置かれたなど様々であるが、この字数ではすべて書ききれない。

問3　空欄(オ)の初出部分「『骨嵬』は、ツングース諸語で(　オ　)を意味する」から正解を導き出すのは難しいが、その後幾度となく(オ)は出てくる。最終段落の(オ)までくると、空欄(サ)の判断とともに「アイヌ」と特定できるだろう。

問4　(1)文永の役と弘安の役の顛末について二〇〇字程度で説明する。「顛末」とは「物事の一部始終」のことである

(4)空欄(ウ)の後ろに「金朝」とあるので、金の建国者である完顔阿骨打に関する記述③を選択する。①不適。タングートの平夏部の族長で、黄巣の乱平定の功績により、唐皇室から李姓を賜ったのは拓跋思恭である。②不適。平西王を嗣ぎ、興慶府に都を遷したのは西夏の建国者李元昊である。④不適。一一四一年にカラハン朝を滅ぼしたのは、カラキタイの建国者である耶律大石。

(5)空欄(エ)の前に「一二六三（中統四）年頃」とあるので、この頃のモンゴル帝国の君主を想起しよう。フビライが大ハンに即位するのが一二六〇年なので、ここはフビライに関する記述③を選択する。①不適。チンギス＝ハンの第三子で金を滅ぼしたのはオゴタイである。②不適。チンギス＝ハンの孫でロシアにキプチャク＝ハン国を建てたのはバトゥである。④不適。サマルカンドを都とし、明への遠征途上で病死したのはティムールである。

(8)イェルマークはコサックの首領であったので、コサックに関する説明文③を選択する。①不適。貴族とヨーマンの中間に位置するのはイギリスにおける地主階級のジェントリである。治安判事など地方政治を担った階層である。②不適。エルベ川以東の地主貴族で、農場領主制の富を基盤として官僚や軍隊の中心となったのはユンカーである。④やや難。不適。インドに起源をもつ、ヨーロッパ最大の少数民族で移動生活を送ったのはロマである。

(9)傍線部(f)に「一六八九年」「清との戦争」とあることから、この紛争の結果結ばれた条約はネルチンスク条約であると判断できる。その内容を示す選択肢は①である。②不適。モンゴル地区の国境画定や通商規定を定めたのは、一七二七年のキャフタ条約である。ロシア・清間で結ばれた。③不適。外国人の内地旅行の自由や外交使節の北京常駐を認めたのは一八五八年の天津条約である。アロー戦争後、英・仏・露・米と清の間で結ばれた。④不適。黒竜江左岸をロシア領、ウスリー川以東を共同管理地としたのは、一八五八年のアイグン条約である。ロシア・清間で結ばれた。

(10)・(11)難問。空欄(キ)は、その前の「一八〇九（文化六）年」「現地（すなわちサハリンとその対岸）を踏査した」という部分をヒントに④の間宮林蔵と判断したい。これは教科書レベルである。しかしその著書である空欄(ク)

島にマジャパヒト王国が興るなど政治変動が起こるとともに、元の交易重視の影響もあって海上交易が活性化した。（二〇〇字程度）

問5　図1は中国沿岸や朝鮮半島は詳細に描いているが、北海道や樺太を描いておらず、日本列島は位置・向き・大きさとも正確さを欠いている。よってモンゴルには樺太の南に日本列島が続くという地理的認識はなかったと考えられる。（二〇〇字程度）

問6　蝦夷地のアイヌは、道南に進出した和人と毛皮等の交易を行っていた。江戸時代、松前藩がアイヌとの交易を行ったが、交易条件への不満からアイヌは度々蜂起しては鎮圧され、場所請負制により和人商人が交易を代行するようになると、アイヌは隷属的労働者として酷使されるようになり自立性が失われた。さらに明治政府は、日本民族と同化させることをめざし、北海道旧土人保護法でアイヌの農民化を推進するなど、アイヌの文化・習俗を破壊した。（二〇〇字程度）

別解　世界史選択者向け

北米の先住民は自立した部族社会を営み、フランスやイギリスの入植者と毛皮交易などを行っていたが、英仏両国が北米で戦争を展開すると、これに巻き込まれた。イギリスからの独立を達成したアメリカが西部開拓を進めると、先住民との衝突が繰り返された。ジャクソン大統領は強制移住法で先住民の居住区を指定、彼らの土地を奪った。先住民もアパッチ族のジェロニモの抵抗のように反抗を続けるが、結局は敗れ、同化政策を受けることとなった。（二〇〇字程度）

◀解　説▶

≪樺太のアイヌの国際交流≫

問1　14問の中から7問を選択して解答する。8問以上選んで解答した場合、0点となるとの但し書きがあるので注意したい。

文学部　史学科

▲歴史学をめぐる試験▼

解答

問1　(1)—②　(2)—③　(3)—①　(4)—③　(5)—③　(6)—③　(7)—②　(8)—③　(9)—①　(10)—④　(11)—③　(12)—①　(13)—③　(14)—③

問2　第二次世界大戦末期、ヤルタ協定に基づいて突如ソ連が日本領であった南樺太に侵攻し、支配下においた。その混乱状態のなか、集団引き上げでも帰還できない人が生じた。(八〇字程度)

問3　アイヌ

問4　(1)元のフビライは、一二七四年、朝貢を拒否した日本に高麗軍もあわせた三万の兵で侵攻した。軍勢は博多に上陸し、御家人を集団戦法や火器で苦しめたが、内部対立などにより撤退した(文永の役)。一二八一年に元は旧南宋の兵などを加えた一四万の軍勢を東路軍と江南軍とに分け再び来襲したが、防塁により上陸を阻まれる中、暴風雨に襲われ敗退した(弘安の役)。国内では得宗専制により北条氏への権力集中が進み、恩賞も不十分であった御家人の不満が高まった。(二〇〇字程度)

(2)モンゴル(元)は西夏・金・南宋を滅ぼし、チベットや高麗を属国化した。またビルマのパガン朝を滅ぼしたが、ベトナムの陳朝やジャワ島への遠征は激しい抵抗にあい失敗に終わった。こうした遠征の結果、東アジアではジャムチの整備により東西交流が活性化し、中国では大運河の補修によって海運の発展が促された。東南アジアではジャワ

//////////////////// · memo · ////////////////////

//////////////////// · memo · ////////////////////

/////////////////// · memo · ///////////////////

2025年版　大学赤本シリーズ

国公立大学 その他

171 〔国公立大〕医学部医学科 総合型選抜・学校推薦型選抜※ 医 総推
172 看護・医療系大学〈国公立 東日本〉※
173 看護・医療系大学〈国公立 中日本〉※
174 看護・医療系大学〈国公立 西日本〉※
175 海上保安大学校／気象大学校
176 航空保安大学校
177 国立看護大学校
178 防衛大学校 総推
179 防衛医科大学校（医学科） 医
180 防衛医科大学校（看護学科）

※No.171～174の収載大学は赤本ウェブサイト（http://akahon.net/）でご確認ください。

私立大学①

北海道の大学（50音順）

201 札幌大学
202 札幌学院大学
203 北星学園大学
204 北海学園大学
205 北海道医療大学
206 北海道科学大学
207 北海道武蔵女子大学・短期大学
208 酪農学園大学（獣医学群〈獣医学類〉）

東北の大学（50音順）

209 岩手医科大学（医・歯・薬学部） 医
210 仙台大学 総推
211 東北医科薬科大学（医・薬学部） 医
212 東北学院大学
213 東北工業大学
214 東北福祉大学
215 宮城学院女子大学 総推

関東の大学（50音順）

あ行（関東の大学）

216 青山学院大学（法・国際政治経済学部－個別学部日程）
217 青山学院大学（経済学部－個別学部日程）
218 青山学院大学（経営学部－個別学部日程）
219 青山学院大学（文・教育人間科学部－個別学部日程）
220 青山学院大学（総合文化政策・社会情報・地球社会共生・コミュニティ人間科学部－個別学部日程）
221 青山学院大学（理工学部－個別学部日程）
222 青山学院大学（全学部日程）
223 麻布大学（獣医、生命・環境科学部）
224 亜細亜大学
226 桜美林大学
227 大妻女子大学・短期大学部

か行（関東の大学）

228 学習院大学（法学部－コア試験）
229 学習院大学（経済学部－コア試験）
230 学習院大学（文学部－コア試験）
231 学習院大学（国際社会科学部－コア試験）
232 学習院大学（理学部－コア試験）
233 学習院女子大学
234 神奈川大学（給費生試験）
235 神奈川大学（一般入試）
236 神奈川工科大学
237 鎌倉女子大学・短期大学部
238 川村学園女子大学
239 神田外語大学
240 関東学院大学
241 北里大学（理学部）
242 北里大学（医学部） 医
243 北里大学（薬学部）
244 北里大学（看護・医療衛生学部）
245 北里大学（未来工・獣医・海洋生命科学部）
246 共立女子大学・短期大学
247 杏林大学（医学部） 医
248 杏林大学（保健学部）
249 群馬医療福祉大学・短期大学部
250 群馬パース大学 総推
251 慶應義塾大学（法学部）
252 慶應義塾大学（経済学部）
253 慶應義塾大学（商学部）
254 慶應義塾大学（文学部） 総推
255 慶應義塾大学（総合政策学部）
256 慶應義塾大学（環境情報学部）
257 慶應義塾大学（理工学部）
258 慶應義塾大学（医学部） 医
259 慶應義塾大学（薬学部）
260 慶應義塾大学（看護医療学部）
261 工学院大学
262 國學院大學
263 国際医療福祉大学 医
264 国際基督教大学
265 国士舘大学
266 駒澤大学（一般選抜T方式・S方式）
267 駒澤大学（全学部統一日程選抜）

さ行（関東の大学）

268 埼玉医科大学（医学部） 医
269 相模女子大学・短期大学部
270 産業能率大学
271 自治医科大学（医学部） 医
272 自治医科大学（看護学部）／東京慈恵会医科大学（医学部〈看護学科〉）
273 実践女子大学 総推
274 芝浦工業大学（前期日程）
275 芝浦工業大学（全学統一日程・後期日程）
276 十文字学園女子大学
277 淑徳大学
278 順天堂大学（医学部） 医
279 順天堂大学（スポーツ健康科・医療看護・保健看護・国際教養・保健医療・医療科・健康データサイエンス・薬学部） 総推
280 上智大学（神・文・総合人間科学部）
281 上智大学（法・経済学部）
282 上智大学（外国語・総合グローバル学部）
283 上智大学（理工学部）
284 上智大学（TEAPスコア利用方式）
285 湘南工科大学
286 昭和大学（医学部） 医
287 昭和大学（歯・薬・保健医療学部）
288 昭和女子大学
289 昭和薬科大学
290 女子栄養大学・短期大学部 総推
291 白百合女子大学
292 成蹊大学（法学部－A方式）
293 成蹊大学（経済・経営学部－A方式）
294 成蹊大学（文学部－A方式）
295 成蹊大学（理工学部－A方式）
296 成蹊大学（E方式・G方式・P方式）
297 成城大学（経済・社会イノベーション学部－A方式）
298 成城大学（文芸・法学部－A方式）
299 成城大学（S方式〈全学部統一選抜〉）
300 聖心女子大学
301 清泉女子大学
303 聖マリアンナ医科大学 医
304 聖路加国際大学（看護学部）
305 専修大学（スカラシップ・全国入試）
306 専修大学（前期入試〈学部個別入試〉）
307 専修大学（前期入試〈全学部入試・スカラシップ入試〉）

た行（関東の大学）

308 大正大学
309 大東文化大学
310 高崎健康福祉大学
311 拓殖大学
312 玉川大学
313 多摩美術大学
314 千葉工業大学
315 中央大学（法学部－学部別選抜）
316 中央大学（経済学部－学部別選抜）
317 中央大学（商学部－学部別選抜）
318 中央大学（文学部－学部別選抜）
319 中央大学（総合政策学部－学部別選抜）
320 中央大学（国際経営・国際情報学部－学部別選抜）
321 中央大学（理工学部－学部別選抜）
322 中央大学（5学部共通選抜）
323 中央学院大学
324 津田塾大学
325 帝京大学（薬・経済・法・文・外国語・教育・理工・医療技術・福岡医療技術学部）
326 帝京大学（医学部） 医
327 帝京科学大学 総推
328 帝京平成大学 総推
329 東海大学（医〈医〉学部を除く－一般選抜）
330 東海大学（文系・理系学部統一選抜）
331 東海大学（医学部〈医学科〉） 医
332 東京医科大学（医学部〈医学科〉） 医
333 東京家政大学・短期大学部 総推
334 東京経済大学
335 東京工科大学
336 東京工芸大学
337 東京国際大学
338 東京歯科大学
339 東京慈恵会医科大学（医学部〈医学科〉） 医
340 東京情報大学
341 東京女子大学
342 東京女子医科大学（医学部） 医
343 東京電機大学
344 東京都市大学
345 東京農業大学
346 東京薬科大学（薬学部） 総推
347 東京薬科大学（生命科学部） 総推
348 東京理科大学（理学部〈第一部〉－B方式）
349 東京理科大学（創域理工学部－B方式・S方式）
350 東京理科大学（工学部－B方式）
351 東京理科大学（先進工学部－B方式）
352 東京理科大学（薬学部－B方式）
353 東京理科大学（経営学部－B方式）
354 東京理科大学（C方式、グローバル方式、理学部〈第二部〉－B方式）
355 東邦大学（医学部） 医
356 東邦大学（薬学部）

2025年版　大学赤本シリーズ

私立大学②

357 東邦大学(理・看護・健康科学部)
358 東洋大学(文・経済・経営・法・社会・国際・国際観光学部)
359 東洋大学(情報連携・福祉社会デザイン・健康スポーツ科・理工・総合情報・生命科・食環境科学部)
360 東洋大学(英語〈3日程×3カ年〉)
361 東洋大学(国語〈3日程×3カ年〉)
362 東洋大学(日本史・世界史〈2日程×3カ年〉)
363 東洋英和女学院大学
364 常磐大学・短期大学 総推
365 獨協大学
366 獨協医科大学(医学部) 医

な行(関東の大学)

367 二松学舎大学
368 日本大学(法学部)
369 日本大学(経済学部)
370 日本大学(商学部)
371 日本大学(文理学部〈文系〉)
372 日本大学(文理学部〈理系〉)
373 日本大学(芸術学部〈専門試験併用型〉)
374 日本大学(国際関係学部)
375 日本大学(危機管理・スポーツ科学部)
376 日本大学(理工学部)
377 日本大学(生産工・工学部)
378 日本大学(生物資源科学部)
379 日本大学(医学部) 医
380 日本大学(歯・松戸歯学部)
381 日本大学(薬学部)
382 日本大学(N全学統一方式－医・芸術〈専門試験併用型〉学部を除く)
383 日本医科大学 医
384 日本工業大学
385 日本歯科大学
386 日本社会事業大学 総推
387 日本獣医生命科学大学
388 日本女子大学
389 日本体育大学

は行(関東の大学)

390 白鷗大学(学業特待選抜・一般選抜)
391 フェリス女学院大学
392 文教大学
393 法政大学(法〈Ⅰ日程〉・文〈Ⅱ日程〉・経営〈Ⅱ日程〉学部－A方式)
394 法政大学(法〈Ⅱ日程〉・国際文化・キャリアデザイン学部－A方式)
395 法政大学(文〈Ⅰ日程〉・経営〈Ⅰ日程〉・人間環境・グローバル教養学部－A方式)
396 法政大学(経済〈Ⅰ日程〉・社会〈Ⅰ日程〉・現代福祉学部－A方式)
397 法政大学(経済〈Ⅱ日程〉・社会〈Ⅱ日程〉・スポーツ健康学部－A方式)
398 法政大学(情報科・デザイン工・理工・生命科学部－A方式)
399 法政大学(T日程〈統一日程〉・英語外部試験利用入試)
400 星薬科大学 総推

ま行(関東の大学)

401 武蔵大学
402 武蔵野大学
403 武蔵野美術大学
404 明海大学
405 明治大学(法学部－学部別入試)
406 明治大学(政治経済学部－学部別入試)
407 明治大学(商学部－学部別入試)
408 明治大学(経営学部－学部別入試)
409 明治大学(文学部－学部別入試)
410 明治大学(国際日本学部－学部別入試)
411 明治大学(情報コミュニケーション学部－学部別入試)
412 明治大学(理工学部－学部別入試)
413 明治大学(総合数理学部－学部別入試)
414 明治大学(農学部－学部別入試)
415 明治大学(全学部統一入試)
416 明治学院大学(A日程)
417 明治学院大学(全学部日程)
418 明治薬科大学 総推
419 明星大学
420 目白大学・短期大学部

ら・わ行(関東の大学)

421 立教大学(文系学部－一般入試〈大学独自の英語を課さない日程〉)
422 立教大学(国語〈3日程×3カ年〉)
423 立教大学(日本史・世界史〈2日程×3カ年〉)
424 立教大学(文学部－一般入試〈大学独自の英語を課す日程〉)
425 立教大学(理学部－一般入試)
426 立正大学
427 早稲田大学(法学部)
428 早稲田大学(政治経済学部)
429 早稲田大学(商学部)
430 早稲田大学(社会科学部)
431 早稲田大学(文学部)
432 早稲田大学(文化構想学部)
433 早稲田大学(教育学部〈文科系〉)
434 早稲田大学(教育学部〈理科系〉)
435 早稲田大学(人間科・スポーツ科学部)
436 早稲田大学(国際教養学部)
437 早稲田大学(基幹理工・創造理工・先進理工学部)
438 和洋女子大学 総推

中部の大学(50音順)

439 愛知大学
440 愛知医科大学(医学部) 医
441 愛知学院大学・短期大学部
442 愛知工業大学 総推
443 愛知淑徳大学
444 朝日大学 総推
445 金沢医科大学(医学部) 医
446 金沢工業大学
447 岐阜聖徳学園大学 総推
448 金城学院大学
449 至学館大学 総推
450 静岡理工科大学
451 椙山女学園大学
452 大同大学
453 中京大学
454 中部大学
455 名古屋外国語大学 総推
456 名古屋学院大学 総推
457 名古屋学芸大学 総推
458 名古屋女子大学 総推
459 南山大学(外国語〈英米〉・法・総合政策・国際教養学部)
460 南山大学(人文・外国語〈英米を除く〉・経済・経営・理工学部)
461 新潟国際情報大学
462 日本福祉大学
463 福井工業大学
464 藤田医科大学(医学部) 医
465 藤田医科大学(医療科・保健衛生学部)
466 名城大学(法・経営・経済・外国語・人間・都市情報学部)
467 名城大学(情報工・理工・農・薬学部)
468 山梨学院大学

近畿の大学(50音順)

469 追手門学院大学 総推
470 大阪医科薬科大学(医学部) 医
471 大阪医科薬科大学(薬学部) 総推
472 大阪学院大学 総推
473 大阪経済大学 総推
474 大阪経済法科大学 総推
475 大阪工業大学 総推
476 大阪国際大学・短期大学部 総推
477 大阪産業大学 総推
478 大阪歯科大学(歯学部)
479 大阪商業大学 総推
480 大阪成蹊大学・短期大学 総推
481 大谷大学 総推
482 大手前大学・短期大学 総推
483 関西大学(文系)
484 関西大学(理系)
485 関西大学(英語〈3日程×3カ年〉)
486 関西大学(国語〈3日程×3カ年〉)
487 関西大学(日本史・世界史・文系数学〈3日程×3カ年〉)
488 関西医科大学(医学部) 医
489 関西医療大学 総推
490 関西外国語大学・短期大学部 総推
491 関西学院大学(文・法・商・人間福祉・総合政策学部－学部個別日程)
492 関西学院大学(神・社会・経済・国際・教育学部－学部個別日程)
493 関西学院大学(全学部日程〈文系型〉)
494 関西学院大学(全学部日程〈理系型〉)
495 関西学院大学(共通テスト併用日程〈数学〉・英数日程)
496 関西学院大学(英語〈3日程×3カ年〉) 新
497 関西学院大学(国語〈3日程×3カ年〉) 新
498 関西学院大学(日本史・世界史・文系数学〈3日程×3カ年〉) 新
499 畿央大学 総推
500 京都外国語大学・短期大学 総推
502 京都産業大学(公募推薦入試) 総推
503 京都産業大学(一般選抜入試〈前期日程〉)
504 京都女子大学 総推
505 京都先端科学大学 総推
506 京都橘大学 総推
507 京都ノートルダム女子大学 総推
508 京都薬科大学 総推
509 近畿大学・短期大学部(医学部を除く－推薦入試) 総推
510 近畿大学・短期大学部(医学部を除く－一般入試前期)
511 近畿大学(英語〈医学部を除く3日程×3カ年〉)
512 近畿大学(理系数学〈医学部を除く3日程×3カ年〉)
513 近畿大学(国語〈医学部を除く3日程×3カ年〉)
514 近畿大学(医学部－推薦入試・一般入試前期) 医 総推
515 近畿大学・短期大学部(一般入試後期) 医
516 皇學館大学 総推
517 甲南大学 総推
518 甲南女子大学(学校推薦型選抜) 新 総推
519 神戸学院大学 総推
520 神戸国際大学 総推
521 神戸女学院大学 総推
522 神戸女子大学・短期大学 総推
523 神戸薬科大学 総推
524 四天王寺大学・短期大学部 総推
525 摂南大学(公募制推薦入試) 総推
526 摂南大学(一般選抜前期日程)
527 帝塚山学院大学 総推
528 同志社大学(法、グローバル・コミュニケーション学部－学部個別日程)

2025年版　大学赤本シリーズ

私立大学③

529 同志社大学(文・経済学部−学部個別日程)
530 同志社大学(神・商・心理・グローバル地域文化学部−学部個別日程)
531 同志社大学(社会学部−学部個別日程)
532 同志社大学(政策・文化情報〈文系型〉・スポーツ健康科〈文系型〉学部−学部個別日程)
533 同志社大学(理工・生命医科・文化情報〈理系型〉・スポーツ健康科〈理系型〉学部−学部個別日程)
534 同志社大学(全学部日程)
535 同志社女子大学 総推
536 奈良大学 総推
537 奈良学園大学 総推
538 阪南大学 総推
539 姫路獨協大学 総推
540 兵庫医科大学(医学部) 医
541 兵庫医科大学(薬・看護・リハビリテーション学部) 総推
542 佛教大学 総推
543 武庫川女子大学 総推
544 桃山学院大学 総推
545 大和大学・大和大学白鳳短期大学部 総推
546 立命館大学(文系−全学統一方式・学部個別配点方式)／立命館アジア太平洋大学(前期方式・英語重視方式)
547 立命館大学(理系−全学統一方式・学部個別配点方式・理系型3教科方式・薬学方式)
548 立命館大学(英語〈全学統一方式3日程×3カ年〉)
549 立命館大学(国語〈全学統一方式3日程×3カ年〉)
550 立命館大学(文系選択科目〈全学統一方式2日程×3カ年〉)
551 立命館大学(IR方式〈英語資格試験利用型〉・共通テスト併用方式)／立命館アジア太平洋大学(共通テスト併用方式)
552 立命館大学(後期分割方式・「経営学部で学ぶ感性+共通テスト」方式)／立命館アジア太平洋大学(後期方式)
553 龍谷大学(公募推薦入試) 総推
554 龍谷大学(一般選抜入試)

中国の大学(50音順)

555 岡山商科大学 総推
556 岡山理科大学 総推
557 川崎医科大学 医
558 吉備国際大学 総推
559 就実大学 総推
560 広島経済大学
561 広島国際大学 総推
562 広島修道大学
563 広島文教大学 総推
564 福山大学／福山平成大学
565 安田女子大学 総推

四国の大学(50音順)

567 松山大学

九州の大学(50音順)

568 九州医療科学大学
569 九州産業大学
570 熊本学園大学
571 久留米大学(文・人間健康・法・経済・商学部)
572 久留米大学(医学部〈医学科〉) 医
573 産業医科大学(医学部) 医
574 西南学院大学(商・経済・法・人間科学部−A日程)
575 西南学院大学(神・外国語・国際文化学部−A日程／全学部−F日程)
576 福岡大学(医学部医学科を除く−学校推薦型選抜・一般選抜系統別日程) 総推
577 福岡大学(医学部医学科を除く−一般選抜前期日程)
578 福岡大学(医学部〈医学科〉−学校推薦型選抜・一般選抜系統別日程) 医 総推
579 福岡工業大学
580 令和健康科学大学 総推

医 医学部医学科を含む
総推 総合型選抜または学校推薦型選抜を含む
DL リスニング音声配信　新 2024年 新刊・復刊

掲載している入試の種類や試験科目，収載年数などはそれぞれ異なります。詳細については，それぞれの本の目次や赤本ウェブサイトでご確認ください。

akahon.net
赤本｜ 検索

難関校過去問シリーズ

出題形式別・分野別に収録した
「入試問題事典」 20大学 73点
定価2,310〜2,640円(本体2,100〜2,400円)

先輩合格者はこう使った!
「難関校過去問シリーズの使い方」

61年，全部載せ!
要約演習で，総合力を鍛える
東大の英語
要約問題 UNLIMITED

国公立大学

東大の英語25カ年[第12版] 改
東大の英語リスニング20カ年[第9版] DL 改
東大の英語 要約問題 UNLIMITED
東大の文系数学25カ年[第12版] 改
東大の理系数学25カ年[第12版] 改
東大の現代文25カ年[第12版] 改
東大の古典25カ年[第12版] 改
東大の日本史25カ年[第9版] 改
東大の世界史25カ年[第9版] 改
東大の地理25カ年[第9版] 改
東大の物理25カ年[第9版] 改
東大の化学25カ年[第9版] 改
東大の生物25カ年[第9版] 改
東工大の英語20カ年[第8版] 改
東工大の数学20カ年[第9版] 改
東工大の物理20カ年[第5版] 改
東工大の化学20カ年[第5版] 改
一橋大の英語20カ年[第9版] 改
一橋大の数学20カ年[第9版] 改
一橋大の国語20カ年[第6版] 改
一橋大の日本史20カ年[第6版] 改
一橋大の世界史20カ年[第6版] 改
筑波大の英語15カ年 新
筑波大の数学15カ年 新
京大の英語25カ年[第12版]
京大の文系数学25カ年[第12版]
京大の理系数学25カ年[第12版]
京大の現代文25カ年[第2版]
京大の古典25カ年[第2版]
京大の日本史20カ年[第3版]
京大の世界史20カ年[第3版]
京大の物理25カ年[第9版]
京大の化学25カ年[第9版]
北大の英語15カ年[第8版]
北大の理系数学15カ年[第8版]
北大の物理15カ年[第2版]
北大の化学15カ年[第2版]
東北大の英語15カ年[第8版]
東北大の理系数学15カ年[第8版]
東北大の物理15カ年[第2版]
東北大の化学15カ年[第2版]
名古屋大の英語15カ年[第8版]
名古屋大の理系数学15カ年[第8版]
名古屋大の物理15カ年[第2版]
名古屋大の化学15カ年[第2版]
阪大の英語20カ年[第9版]
阪大の文系数学20カ年[第3版]
阪大の理系数学20カ年[第9版]
阪大の国語15カ年[第3版]
阪大の物理20カ年[第8版]
阪大の化学20カ年[第6版]
九大の英語15カ年[第8版]
九大の理系数学15カ年[第7版]
九大の物理15カ年[第2版]
九大の化学15カ年[第2版]
神戸大の英語15カ年[第9版]
神戸大の数学15カ年[第5版]
神戸大の国語15カ年[第3版]

私立大学

早稲田の英語[第11版] 改
早稲田の国語[第9版] 改
早稲田の日本史[第9版] 改
早稲田の世界史[第2版] 改
慶應の英語[第11版] 改
慶應の小論文[第3版] 改
明治大の英語[第9版] 改
明治大の国語[第2版] 改
明治大の日本史[第2版] 改
中央大の英語[第9版] 改
法政大の英語[第9版] 改
同志社大の英語[第10版]
立命館大の英語[第10版]
関西大の英語[第10版]
関西学院大の英語[第10版]

DL リスニング音声配信
新 2024年 新刊
改 2024年 改訂

いつも受験生のそばに — 赤本

大学入試シリーズ＋α
入試対策も共通テスト対策も赤本で

入試対策

赤本プラス

赤本プラスとは，過去問演習の効果を最大にするためのシリーズです。「赤本」であぶり出された弱点を，赤本プラスで克服しましょう。

大学入試 すぐわかる英文法 DL
大学入試 ひと目でわかる英文読解
大学入試 絶対できる英語リスニング DL
大学入試 すぐ書ける自由英作文
大学入試 ぐんぐん読める
　英語長文〔BASIC〕DL
大学入試 ぐんぐん読める
　英語長文〔STANDARD〕DL
大学入試 ぐんぐん読める
　英語長文〔ADVANCED〕DL
大学入試 正しく書ける英作文
大学入試 最短でマスターする
　数学I・II・III・A・B・C
大学入試 突破力を鍛える最難関の数学
大学入試 知らなきゃ解けない
　古文常識・和歌
大学入試 ちゃんと身につく物理
大学入試 もっと身につく
　物理問題集（①力学・波動）
大学入試 もっと身につく
　物理問題集（②熱力学・電磁気・原子）

入試対策

英検® 赤本シリーズ

英検®（実用英語技能検定）の対策書。
過去問集と参考書で万全の対策ができます。

▶過去問集（2024年度版）
英検®準1級過去問集 DL
英検®2級過去問集 DL
英検®準2級過去問集 DL
英検®3級過去問集 DL

▶参考書
竹岡の英検®準1級マスター DL
竹岡の英検®2級マスター CD DL
竹岡の英検®準2級マスター CD DL
竹岡の英検®3級マスター CD DL

CD リスニングCDつき　DL 音声無料配信
新 2024年新刊・改訂

入試対策

赤本プレミアム

赤本の教学社だからこそ作れた，
過去問ベストセレクション

東大数学プレミアム
東大現代文プレミアム
京大数学プレミアム〔改訂版〕
京大古典プレミアム

入試対策

赤本メディカルシリーズ

過去問を徹底的に研究し，独自の出題傾向をもつメディカル系の入試に役立つ内容を精選した実戦的なシリーズ。

〔国公立大〕医学部の英語〔3訂版〕
私立医大の英語〔長文読解編〕〔3訂版〕
私立医大の英語〔文法・語法編〕〔改訂版〕
医学部の実戦小論文〔3訂版〕
医歯薬系の英単語〔4訂版〕
医系小論文 最頻出論点20〔4訂版〕
医学部の面接〔4訂版〕

入試対策

体系シリーズ

国公立大二次・難関私大突破へ，自学自習に適したハイレベル問題集。

体系英語長文　体系世界史
体系英作文　体系物理〔第7版〕
体系現代文

入試対策

単行本

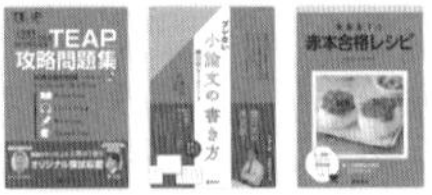

▶英語
Q&A即決英語勉強法
TEAP攻略問題集 CD
東大の英単語〔新装版〕
早慶上智の英単語〔改訂版〕

▶国語・小論文
著者に注目! 現代文問題集
ブレない小論文の書き方 樋口式ワークノート

▶レシピ集
奥薗壽子の赤本合格レシピ

入試対策　共通テスト対策

赤本手帳

赤本手帳（2025年度受験用）プラムレッド
赤本手帳（2025年度受験用）インディゴブルー
赤本手帳（2025年度受験用）ナチュラルホワイト

入試対策

風呂で覚えるシリーズ

水をはじく特殊な紙を使用。いつでもどこでも読めるから，ちょっとした時間を有効に使える！

風呂で覚える英単語〔4訂新装版〕
風呂で覚える英熟語〔改訂新装版〕
風呂で覚える古文単語〔改訂新装版〕
風呂で覚える古文文法〔改訂新装版〕
風呂で覚える漢文〔改訂新装版〕
風呂で覚える日本史〔年代〕〔改訂新装版〕
風呂で覚える世界史〔年代〕〔改訂新装版〕
風呂で覚える倫理〔改訂版〕
風呂で覚える百人一首〔改訂版〕

共通テスト対策

満点のコツシリーズ

共通テストで満点を狙うための実戦的参考書。
重要度の増したリスニング対策は
「カリスマ講師」竹岡広信が一回読みにも
対応できるコツを伝授！

共通テスト英語〔リスニング〕
　満点のコツ〔改訂版〕新 DL
共通テスト古文 満点のコツ〔改訂版〕新
共通テスト漢文 満点のコツ〔改訂版〕新

入試対策　共通テスト対策

赤本ポケットシリーズ

▶共通テスト対策
共通テスト日本史〔文化史〕

▶系統別進路ガイド
デザイン系学科をめざすあなたへ

2025 年版　大学赤本シリーズ　No. 280

上智大学

（神学部・文学部・総合人間科学部）

2024 年 7 月 10 日　第 1 刷発行

ISBN978-4-325-26338-8

定価は裏表紙に表示しています

編　集　教学社編集部

発行者　上原 寿明

発行所　教学社

〒606-0031

京都市左京区岩倉南桑原町56

電話　075-721-6500

振替　01020-1-15695

印　刷　加藤文明社